स्वप्न शब्दकोश

1000+ स्वप्न और 1000 प्रतीकों के द्वारा अपने स्वप्न और दशर्न को समझें

By
Dr. Arvind Ephraim
(M.Th, MSS, DSS, D.Th)

परिचय (INTRODUCTION)

ड्रीम डिक्शनरी (Dream Dictionary)

सपनों और दर्शन (visions) को बाइबिल की समझ के द्वारा समझना

सपने (dreams) आकस्मिक नहीं होते। वे बिना अर्थ के केवल चित्र नहीं हैं। वे एक आत्मिक भाषा (spiritual language) हैं — एक ऐसा क्षेत्र जहाँ परमेश्वर बोलता है, जहाँ नियतियाँ (destinies) प्रकट होती हैं, और जहाँ छिपी हुई वास्तविकताएँ उजागर होती हैं।

बाइबिल स्पष्ट रूप से कहती है:

"क्योंकि परमेश्वर एक बार कहता है, वरन् दो बार भी, तौभी मनुष्य उस पर ध्यान नहीं देता। स्वप्न में, रात्रि के दर्शन में..."

— अय्यूब 33:14–15 (BSI)

पवित्रशास्त्र (Scripture) की शुरुआत से ही, सपने परमेश्वर के संचार (communication) का एक दिव्य माध्यम रहे हैं।

यूसुफ ने अपने भविष्य को सपनों में देखा (उत्पत्ति 37)।

फिरौन ने एक स्वप्न में राष्ट्रीय भविष्य देखा (उत्पत्ति 41)।

दानिय्येल ने उन रहस्यों की व्याख्या की जिन्हें कोई मनुष्य समझ नहीं सकता था (दानिय्येल 2)।

यहाँ तक कि नए नियम में भी, परमेश्वर ने स्वप्नों के द्वारा जीवन और निर्णयों को निर्देशित किया (मत्ती 1–2)।

इसका अर्थ एक ही है:

सपने साधारण नहीं हैं — वे आत्मिक संदेश (spiritual messages) हैं।

हालाँकि, हर सपना परमेश्वर की ओर से नहीं होता। कुछ सपने आत्मा (soul) से उत्पन्न होते हैं (सभोपदेशक 5:3), और कुछ आत्मिक युद्ध (spiritual warfare) से प्रभावित होते हैं।

इसी कारण, स्वप्नों की व्याख्या (interpretation) कोई विकल्प नहीं है — यह आवश्यक (essential) है। बिना समझ के, एक व्यक्ति दिव्य चेतावनियों (divine warnings) को अनदेखा कर सकता है, अवसरों को खो सकता है, या भ्रम (confusion) में पड़ सकता है।

यह पुस्तक, **ड्रीम डिक्शनरी (Dream Dictionary)**, केवल अर्थों का एक और संग्रह नहीं है।

यह जीवन भर के आत्मिक अनुभव (spiritual experience), विवेक (discernment), और सेवकाई (ministry) का परिणाम है।

वर्षों से, डॉ. अरविंद इफ्रैम (Dr. Arvind Ephraim) यूट्यूब (YouTube) और अन्य सोशल मीडिया प्लेटफॉर्म्स पर लाइव स्वप्नों की व्याख्या करते रहे हैं, और विभिन्न देशों, पृष्ठभूमियों, और परिस्थितियों के लोगों की सेवकाई करते रहे हैं।

हजारों वास्तविक स्वप्न व्याख्याओं के माध्यम से, पैटर्न (patterns) पहचाने गए, प्रतीकों (symbols) को समझा गया, और बाइबिल की समझ को व्यावहारिक अनुभव के द्वारा और अधिक स्पष्ट किया गया।

यह पुस्तक उसी यात्रा का फल है।

इस पुस्तक के भीतर आप पाएंगे:

1000 से अधिक स्वप्न व्याख्याएँ, जो स्पष्टता और बाइबिल की समझ के साथ समझाई गई हैं

1000 से अधिक प्रतीक, जिनके द्वारा सपनों और दर्शनों को समझा जा सकता है

लाइव स्वप्न व्याख्या सेवकाई के माध्यम से देखे गए वास्तविक आत्मिक पैटर्न

हर प्रकार के स्वप्न को समझने के लिए बाइबिल की नींव

प्रार्थना निर्देश (prayer instructions), उपवास मार्गदर्शन (fasting guidance), और भजन (Psalms) आधारित आत्मिक युद्ध की रणनीतियाँ

सकारात्मक और नकारात्मक दोनों प्रकार के सपनों के प्रति कैसे प्रतिक्रिया करनी है, इसका स्पष्ट मार्गदर्शन

यह केवल जानकारी (information) नहीं है —

यह विवेक (discernment) के लिए आत्मिक प्रशिक्षण (spiritual training) है।

हर सपना एक संदेश लेकर आता है।

कुछ सपने उन्नति (promotion), सफलता (breakthrough), और

परमेश्वर की कृपा (divine favor) की घोषणा करते हैं।

दूसरे सपने आक्रमण (attacks), देरी (delays), छिपे हुए शत्रु (hidden enemies), या आत्मिक युद्ध को प्रकट करते हैं।

भ्रम (confusion) और स्पष्टता (clarity) के बीच का अंतर इस बात पर निर्भर करता है कि आप सपने के पीछे के संदेश को समझते हैं या नहीं।

बाइबिल कहती है:

"निश्चय ही प्रभु यहोवा कुछ नहीं करता, जब तक कि वह अपना भेद अपने दास भविष्यद्वक्ताओं पर प्रकट न करे।"

— आमोस 3:7 (BSI)

परमेश्वर आज भी बोल रहा है — सपनों के द्वारा, दर्शनों के द्वारा, और आत्मा (Spirit) के द्वारा।

लेकिन बहुत से लोगों के पास यह समझ नहीं है कि वे जो देखते हैं, उसकी व्याख्या कैसे करें।

यह पुस्तक उसी अंतर को भरने के लिए बनाई गई है।

जब आप इस पुस्तक को पढ़ें, तो इसे साधारण रूप से न लें।

इसे प्रार्थना (prayer), नम्रता (humility), और आत्मिक संवेदनशीलता (spiritual sensitivity) के साथ पढ़ें।

जो परमेश्वर बाइबिल में सपनों के द्वारा बोलता था, वही आज भी बोल रहा है — और वह अपनी इच्छा (will) आपको प्रकट करना चाहता है।

इस पुस्तक को बनने दें:

आपके सपनों को समझने के लिए एक मार्गदर्शक (guide)

आत्मिक युद्ध के लिए एक उपकरण (tool)

विवेक के लिए एक मैनुअल (manual)

और आपके जीवन में छिपे हुए संदेशों को खोलने की एक कुंजी (key)

यह बात याद रखें:

सपने संदेश हैं — लेकिन उनकी व्याख्या नियति (destiny) को खोलती है।

प्रार्थना है कि यह कार्य आपको स्पष्टता (clarity), अधिकार (authority), और आत्मिक समझ (spiritual understanding) में चलने में सहायता करे।

अध्याय 1 – सपनों के प्रकार और स्वप्न देखने वाले

सपने परमेश्वर की निगरानी प्रणाली के रूप में

सपने मन की इधर-उधर भटकती हुई साधारण गतिविधियाँ नहीं हैं; वे उन मार्गों में से एक हैं जिनके द्वारा परमेश्वर मनुष्यों से बातें करता है, उन्हें चेतावनी देता है, छिपी हुई बातों को प्रकट करता है, और आने वाले समय के लिए तैयार करता है। बाइबल बार-बार दिखाती है कि जब मनुष्य सोया होता है, और स्वाभाविक रूप से अपने बचाव की स्थिति में नहीं होता, तब परमेश्वर उससे स्वप्नों में बात करता है। "क्योंकि परमेश्वर एक बार कहता है, वरन दो बार भी, तौभी मनुष्य उस पर ध्यान नहीं देता। स्वप्न में, रात के दर्शन में, जब मनुष्यों पर गाढ़ी नींद छा जाती है, और वे अपनी-अपनी खाट पर पड़े रहते हैं,"

— अय्यूब 33:14–15 (BSI) इसका अर्थ यह है कि सपने एक प्रकार की आत्मिक निगरानी प्रणाली की तरह काम करते हैं, जो उन बातों को प्रकट करते हैं जिन्हें दिन के समय आँखें नहीं देख सकतीं। जब किसी विश्वासी का स्वप्न जीवन स्वस्थ होता है, तब वह समयों को, खतरों को, निर्देशों को, और परमेश्वर की दिशा को पहचान सकता है। जब यह निगरानी प्रणाली छेड़छाड़ का शिकार हो जाती है, बिगड़ जाती है, या पूरी तरह चुप करा दी जाती है, तब मनुष्य आत्मा में अंधेपन के साथ जीने लगता है। बहुत से विश्वासी प्रार्थना करते हैं, उपवास रखते हैं, कलीसिया जाते हैं, फिर भी उलझन में रहते हैं, क्योंकि वह माध्यम जिसके द्वारा परमेश्वर रात में निर्देश देता है, वह क्षतिग्रस्त हो चुका होता है। पवित्रशास्त्र दिखाता है कि स्वप्न निर्देश दे सकते हैं (उत्पत्ति 31:24), चेतावनी दे सकते हैं (मत्ती 2:12),

सुधार कर सकते हैं (दानिय्येल 2:28), और छिपी हुई बातों को उजागर कर सकते हैं (उत्पत्ति 40)। इसलिए किसी मनुष्य के स्वप्न जीवन की दशा अक्सर उसकी भीतरी आत्मिक संवेदनशीलता की दशा को प्रकट करती है। शत्रु इस सच्चाई को समझता है, और इसीलिए वह स्वप्नों पर बहुत आक्रामक रूप से हमला करता है। इसी कारण पवित्रशास्त्र चेतावनी देता है:

“संयमी और जागते रहो; क्योंकि तुम्हारा विरोधी शैतान गर्जनेवाले सिंह के समान इस खोज में रहता है, कि किस को फाड़ खाए।”

— 1 पतरस 5:8 (BSI) शत्रु मनुष्य को निगलने का एक तरीका यह है कि वह उसकी आत्मिक समझ को बंद कर दे, और स्वप्न अक्सर उसके पहले निशानों में से एक होते हैं। इसी कारण विश्वासियों के बीच अलग-अलग प्रकार के स्वप्न अनुभव पाए जाते हैं, और हर प्रकार को समझने के लिए विवेक और प्रार्थना आवश्यक है।

वे लोग जो बिलकुल सपने नहीं देखते

कुछ लोग कहते हैं कि वे कभी कोई सपना नहीं देखते। यह स्थिति गंभीर है, और इसे कभी हल्के में नहीं लेना चाहिए। बाइबल के अनुसार, जब परमेश्वर ने मनुष्य को बनाया, तब उसने उसे इस प्रकार रचा कि वह आत्मिक बातें ग्रहण कर सके, और उनमें स्वप्न भी शामिल हैं। योएल 2:28 कहता है: “तुम्हारे बूढ़े स्वप्न देखेंगे, और तुम्हारे जवान दर्शन देखेंगे।” — योएल 2:28 (BSI) इसका अर्थ यह है कि स्वप्न देखना सामान्य आत्मिक क्रिया का एक भाग है। जब स्वप्न पूरी तरह अनुपस्थित हो जाते हैं, तो यह संकेत है कि कुछ आत्मिक रूप से टूट गया है या अलग हो गया है। पवित्रशास्त्र में आत्मिक मृतता का संबंध अक्सर समझ की कमी से जोड़ा गया है। “क्या आँखें रहते तुम नहीं देखते, और कान रहते नहीं सुनते?” — मरकुस 8:18 (BSI) उसी प्रकार, यदि किसी मनुष्य की आत्मा स्वप्न ग्रहण ही नहीं कर रही, तो यह आत्मिक सजगता के खो जाने का चिन्ह हो सकता है। ऐसा व्यक्ति आत्मिक रूप से खुला और असुरक्षित होता है, क्योंकि उसे रात के समय कोई चेतावनी नहीं मिलती, कोई दिव्य रोक नहीं मिलती, और कोई आत्मिक सतर्क संकेत नहीं मिलता। शत्रु ऐसे लोगों को पसंद

करता है, क्योंकि वे न तो अपने चारों ओर हो रही बातों को पहचान पाते हैं, और न आने वाली बातों को।

यह स्थिति साधारण प्रार्थना से नहीं, बल्कि गंभीर प्रार्थना और छुटकारे की मांग करती है। जब सपने पूरी तरह गायब हो जाते हैं, तो इसका अर्थ है कि भीतर का चौकीदार चुप करा दिया गया है। हबक्कूक 2:1 कहता है: "मैं अपनी चौकी पर खड़ा रहूंगा, और गढ़ पर चढ़कर ठहरा रहूंगा, और यह देखने की बाट जोहूंगा, कि वह मुझ से क्या कहेगा।" — हबक्कूक 2:1 (BSI) सपने उस चौकसी का हिस्सा हैं। जब चौकीदार स्थायी रूप से सो जाता है, तब खतरा बिना पहचाने भीतर प्रवेश कर जाता है। बहाली पश्चाताप, समर्पण, और परमेश्वर से यह प्रार्थना करने से आरम्भ होती है कि वह आत्मिक संवेदनशीलता को फिर से लौटा दे।

वे लोग जो सपने देखते हैं पर याद नहीं रख पाते

एक और वर्ग उन लोगों का है जो जानते हैं कि उन्होंने सपना देखा, लेकिन उन्हें कुछ भी याद नहीं रहता। यह स्थिति उनसे अलग है जो बिलकुल सपना नहीं देखते। यहाँ सूचना तो आती है, परन्तु समझ के स्तर तक पहुँचने से पहले ही चुरा ली जाती है। अय्यूब 33:16 कहता है: "तब वह मनुष्यों के कान खोलता है, और उनकी शिक्षा पर मुहर करता है," — अय्यूब 33:16 (BSI) जब स्मरण शक्ति रुक जाती है, तब शिक्षा समझ तक पहुँचने से पहले ही खुल जाती है या खो जाती है। बाइबल दिखाती है कि स्मरण केवल प्राकृतिक क्षमता का विषय नहीं है; उस पर आत्मिक प्रभाव भी हो सकता है। दानिय्येल ने स्वप्नों को अपनी प्राकृतिक बुद्धि से नहीं, बल्कि परमेश्वर की सहायता से जाना (दानिय्येल 2:19)। इसलिए भूल जाना एक आत्मिक हमला भी हो सकता है, जिसका उद्देश्य स्पष्टता को रोकना है। शत्रु जानता है कि यदि कोई सपना याद रह जाए, तो उसके विषय में प्रार्थना की जा सकती है, उसकी व्याख्या की जा सकती है, और उसके अनुसार कदम उठाया जा सकता है। इसलिए हमला स्मरण पर किया जाता है। व्यावहारिक रूप से यह ऐसे दिखाई देता है कि मनुष्य जागता है और उसे भीतर से गहरी अनुभूति होती है कि कुछ महत्वपूर्ण हुआ था, लेकिन वह उसे पकड़ नहीं पाता। नीतिवचन 4:7 कहता है:

"बुद्धि श्रेष्ठ है; इसलिये बुद्धि प्राप्त कर; और जो कुछ तू प्राप्त करे उस में समझ भी प्राप्त कर।" — नीतिवचन 4:7 (BSI) समझ के लिए स्मरण आवश्यक है। ऐसे लोगों को विशेष रूप से यह प्रार्थना करनी चाहिए कि उनके स्वप्न वापस स्मरण में आएँ, उन्हें स्पष्टता मिले, और आत्मिक जानकारी सुरक्षित रहे।

डरावने सपने और भय उत्पन्न करने वाले स्वप्न

डरावने सपने सामान्य स्वप्न नहीं होते। वे अक्सर बार-बार आने वाले, भय से भरे हुए, और भावनात्मक रूप से थका देने वाले होते हैं। बाइबल रात के आतंक को एक वास्तविक आत्मिक अनुभव के रूप में मानती है। "तुझे रात के भय से डरना न होगा।" — भजन संहिता 91:5 (BSI) "रात का भय" यह संकेत करता है कि नींद के समय होने वाले कुछ आक्रमण व्यवस्थित और संगठित आत्मिक हमले हो सकते हैं। जब डरावने सपने बार-बार आने लगते हैं, तो यह संकेत हो सकता है कि किसी शक्ति को इस उद्देश्य से लगाया गया है कि विश्राम को युद्ध में बदल दिया जाए। नींद ताजगी देने के बजाय थकावट देने लगती है। अय्यूब ने ऐसा अनुभव किया जब उसने कहा: "जब मैं सोचता हूं, कि मेरी खाट मुझे शान्ति देगी, और मेरा बिछौना मेरा दु:ख कुछ हल्का करेगा, तब तू मुझे स्वप्नों से डराता, और दर्शनों से मुझे भयभीत करता है,"

— अय्यूब 7:13–14 (BSI) यह दिखाता है कि भयावह स्वप्न आत्मिक रूप से प्रेरित हो सकते हैं। ऐसे सपनों का सामना प्रार्थना, वचन की घोषणा, और आत्मिक अधिकार के साथ किया जाना चाहिए। परमेश्वर अपने बच्चों को सिखाने के लिए भय का उपयोग नहीं करता। "क्योंकि परमेश्वर ने हमें भय की नहीं पर सामर्थ्य, और प्रेम, और संयम की आत्मा दी है।" — 2 तीमुथियुस 1:7 (BSI) कोई भी सपना जो लगातार भय, घबराहट, या यातना उत्पन्न करे, उसका विरोध किया जाना चाहिए, उसे डाँटा जाना चाहिए, और प्रार्थना के द्वारा निष्फल किया जाना चाहिए।

बहुत अधिक सपने और घुटन पैदा करने वाली जानकारी

कुछ लोग एक ही रात में बहुत सारे सपने देखते हैं—दस, पंद्रह, या उससे भी अधिक। परिणाम यह होता है कि स्पष्टता आने के बजाय वे उलझन में

जागते हैं। पवित्रशास्त्र बहुत अधिक स्वप्न और बिना समझ के भारीपन के बारे में चेतावनी देता है: "क्योंकि बहुत स्वप्न देखने से और बहुत बातें करने से व्यर्थता ही होती है।" – सभोपदेशक 5:7 (BSI) हर सपना समान महत्व नहीं रखता। यह एक ऐसी रणनीति हो सकती है जिसमें मन को इतना भर दिया जाता है कि विवेक खो जाए। महत्वपूर्ण स्वप्न महत्वहीन स्वप्नों के नीचे दब जाते हैं। मरथा ने जागते जीवन में यही अनुभव किया– वह बहुत सी बातों में उलझी रही, जबकि एक ही बात आवश्यक थी (लूका 10:41–42)। यही सिद्धांत रात के समय भी लागू हो सकता है। शत्रु ध्यान को बांटकर मुख्य बात को कमजोर करता है। ऐसे स्वप्न देखने वालों को बहुतायत के लिए नहीं, बल्कि विवेक के लिए प्रार्थना करनी चाहिए। याकूब 1:5 कहता है: "यदि तुम में से किसी को बुद्धि की घटी हो, तो परमेश्वर से मांगे, जो बिना उलाहना दिए सब को उदारता से देता है; और उसको दी जाएगी।" – याकूब 1:5 (BSI) बुद्धि यह अलग करती है कि क्या आवश्यक है और क्या केवल शोर है। परमेश्वर विश्वासी को यह सिखाकर स्पष्टता लौटाता है कि वह सब आवाज़ों में से उसकी आवाज़ को पहचाने।

चेतावनी वाले स्वप्न और परमेश्वर की सावधानियाँ

चेतावनी देने वाले स्वप्न परमेश्वर की दया की सबसे स्पष्ट अभिव्यक्तियों में से एक हैं। पवित्रशास्त्र में परमेश्वर ने बार-बार स्वप्नों का उपयोग इसीलिए किया कि विपत्ति आने से पहले मनुष्य को सचेत कर दे। यूसुफ को स्वप्न में चेतावनी दी गई कि वह मिस्र भाग जाए ताकि यीशु को हेरोदेस मार न सके: "उन के चले जाने के बाद, देखो, प्रभु का दूत यूसुफ को स्वप्न में दिखाई देकर कहने लगा, उठ, बालक और उसकी माता को साथ ले कर मिस्र को भाग जा।" – मत्ती 2:13 (BSI) यह दिखाता है कि चेतावनी वाले स्वप्न डराने के लिए नहीं, बल्कि बचाने के लिए होते हैं। जो लोग बार-बार चेतावनी वाले स्वप्न प्राप्त करते हैं, वे अक्सर आत्मिक रूप से संवेदनशील होते हैं, चाहे वे अभी इसे पूरी तरह समझते न हों। परमेश्वर उन्हें जानकारी सौंपता है क्योंकि वह जानता है कि वे सुनेंगे। ऐसे स्वप्नों में दुर्घटनाएँ, यात्रा न करने के निर्देश, संबंधों के विषय में सावधानी, या छिपे

हुए खतरे का खुलासा हो सकता है। ऐसे स्वप्नों को अनदेखा करना परिणाम लाता है। नीतिवचन 22:3 कहता है: “चतुर तो विपत्ति को देखकर छिप जाता है, परन्तु भोले लोग आगे बढ़कर दण्ड पाते हैं।” – नीतिवचन 22:3 (BSI) अक्सर स्वप्न वही पूर्व-दृष्टि प्रदान करते हैं। फिर भी, चेतावनी वाले स्वप्नों का उत्तर घबराहट से नहीं, बल्कि प्रार्थना से देना चाहिए। जब पौलुस को आने वाली बेड़ियों की चेतावनी मिली, तब भी उसने प्रार्थना की और परमेश्वर की इच्छा के अनुसार आगे बढ़ा (प्रेरितों के काम 21:10–13)। हर चेतावनी का अर्थ यह नहीं कि उससे भागना है; कुछ चेतावनियाँ तैयारी के लिए होती हैं। प्रार्थना में विवेक ही यह निर्धारित करता है कि परमेश्वर “रुक”, “ठहर”, या “पहले से प्रार्थना कर” कह रहा है।

उल्टे स्वप्न देखने वाले और भ्रमित करने वाले परिणाम

कुछ लोग एक विचित्र स्थिति से गुजरते हैं: अच्छे सपनों के बाद बुरी घटनाएँ होती हैं, और बुरे सपनों के बाद अच्छे परिणाम निकलते हैं। यह विरोधाभास मनुष्य के भीतर भय और उलझन उत्पन्न करता है, यहाँ तक कि वह अच्छे सपनों से डरने लगता है और बुरे सपनों को शुभ समझने लगता है। पवित्रशास्त्र कहता है: “परमेश्वर गड़बड़ी का नहीं, परन्तु शान्ति का कर्ता है।” – 1 कुरिन्थियों 14:33 (BSI) इसलिए यह पैटर्न परमेश्वर की ओर से नहीं है। अक्सर यह स्थिति दूषित स्वप्नों की अपेक्षा दूषित व्याख्या का परिणाम होती है। यूसुफ के सपने अच्छे थे, लेकिन उसके भाइयों ने उन्हें बैर की दृष्टि से समझा, जिसके कारण अंततः उनकी पूर्ति होने से पहले अस्थायी कष्ट आया (उत्पत्ति 37)। किसी स्वप्न का तत्काल परिणाम हमेशा उसके अंतिम अर्थ को प्रकट नहीं करता। रोमियों 8:28 हमें स्मरण दिलाता है:

“हम जानते हैं, कि जो लोग परमेश्वर से प्रेम रखते हैं, उनके लिये सब बातें मिलकर भलाई ही उत्पन्न करती हैं।” – रोमियों 8:28 (BSI)

विलंब या अस्थायी विरोध परमेश्वर की योजना को रद्द नहीं करता। ऐसे लोगों को स्वप्नों के प्रति भावनात्मक प्रतिक्रिया देना बंद करना होगा और आत्मिक प्रतिक्रिया देना सीखना होगा। स्वप्नों को प्रार्थना में वापस

परमेश्वर के पास ले जाना चाहिए। यिर्मयाह 23:28 कहता है: "जिस नबी ने स्वप्न देखा हो, वह स्वप्न कहे; और जिसके पास मेरा वचन हो, वह मेरा वचन सच्चाई से कहे।"

— यिर्मयाह 23:28 (BSI) अंतिम अधिकार स्वप्नों के पैटर्न का नहीं, परमेश्वर के वचन का होना चाहिए।

दिनभर के काम से जुड़े स्वप्न

कुछ स्वप्न ऐसे होते हैं जिनमें दिनभर की गतिविधियाँ ही रात में फिर से चलने लगती हैं—दफ्तर का काम, ट्रैफिक, बातचीत, रोज़ के काम, या अन्य सामान्य दृश्य। सभोपदेशक 5:3 इसे स्पष्ट रूप से बताता है: "क्योंकि काम की बहुतायत से स्वप्न आता है।" — सभोपदेशक 5:3 (BSI) ऐसे स्वप्न अक्सर आत्मिक संदेश नहीं, बल्कि दिनभर के मानसिक अवशेष होते हैं। फिर भी, हर ऐसा सपना पूरी तरह निरर्थक नहीं माना जाना चाहिए। यदि यह पैटर्न लगातार चलता रहे, तो यह थकान, चिंता, या भीतरी विश्राम की कमी को प्रकट कर सकता है। भजन संहिता 127:2 कहती है: "वह अपने प्रिय जन को नींद देता है।" — भजन संहिता 127:2 (BSI) जब नींद विश्राम देने के बजाय काम की निरंतरता बन जाए, तो यह दिखाता है कि भीतर का विश्राम टूट गया है। परमेश्वर की योजना यह है कि नींद मनुष्य को नया करे, न कि दिनभर के बोझ को दोहराती रहे। फिर भी, विश्वासियों को यह मानकर नहीं चलना चाहिए कि हर कामकाजी सपना अर्थहीन ही है। परमेश्वर परिचित चित्रों के द्वारा भी बोल सकता है, जैसे उसने फिरौन से गायों और बालियों के माध्यम से बात की (उत्पत्ति 41)। अंतर यह है कि क्या वह केवल बेमतलब दोहराव है, या उसमें आत्मिक जोर, दोहराव, और परमेश्वर की छाप है। प्रार्थना इस भेद को समझने में सहायता करती है।

स्वप्नों के स्रोत को पहचानना

पवित्रशास्त्र स्वप्नों के कई स्रोत बताता है: परमेश्वर, मनुष्य की आत्मा या मन, और आत्मिक विरोध। "हे प्रियो, हर एक आत्मा की प्रतीति न करो; वरन आत्माओं को परखो कि वे परमेश्वर की ओर से हैं कि नहीं।" — 1 यूहन्ना 4:1 (BSI) स्वप्नों को पवित्रशास्त्र, शांति, और उनके आत्मिक फल

के आधार पर परखा जाना चाहिए। परमेश्वर की ओर से आने वाले स्वप्न उसके वचन के साथ मेल खाते हैं और धार्मिकता, पश्चाताप, तैयारी, या आज्ञाकारिता की दिशा में ले जाते हैं। मन की ओर से आने वाले स्वप्न दिनभर के विचारों, भावनाओं, कल्पनाओं, और दबावों का प्रतिबिंब होते हैं। विरोधी आत्मिक प्रभाव से आने वाले स्वप्न भय, गड़बड़ी, दोषबोध, और बार-बार बंधन की भावना पैदा करते हैं। यीशु ने कहा: "उनके फलों से तुम उन्हें पहचान लोगे।" — मत्ती 7:16 (BSI) किसी स्वप्न का प्रभाव ही उसके स्रोत के विषय में बहुत कुछ बता देता है। फिर भी, किसी विश्वासी को कभी भी स्वप्नों को नज़रअंदाज़ नहीं करना चाहिए, और न ही उन्हें पवित्रशास्त्र से ऊपर उठाना चाहिए। स्वप्न सेवक हैं, स्वामी नहीं। "तेरा वचन मेरे पांव के लिये दीपक, और मेरे मार्ग के लिये उजियाला है।" — भजन संहिता 119:105 (BSI) स्वप्न थोड़े समय के लिए किसी बात को उजागर कर सकते हैं; परन्तु स्थायी मार्गदर्शन परमेश्वर का वचन ही देता है।

स्वप्न देखने वाले की जिम्मेदारी

हर स्वप्न देखने वाले के ऊपर एक जिम्मेदारी होती है। परमेश्वर मनोरंजन के लिए नहीं बोलता। आमोस 3:7 कहता है: "निश्चय प्रभु यहोवा बिना अपने दास भविष्यद्वक्ताओं पर अपना भेद प्रगट किए कुछ भी नहीं करता।" — आमोस 3:7 (BSI) यद्यपि हर स्वप्न देखने वाला नबी नहीं होता, फिर भी हर प्रकाशन उत्तर की मांग करता है। स्वप्नों की उपेक्षा आत्मिक संवेदनशीलता को कमजोर कर देती है। स्वप्नों का गलत उपयोग मनुष्य को भय या घमंड की ओर ले जा सकता है। परन्तु स्वप्नों का सही व्यवहार बुद्धि, प्रार्थनाशीलता, और आज्ञाकारिता उत्पन्न करता है। मरियम ने दिव्य प्रकाशन का सही उत्तर दिया: "मरियम ने इन सब बातों को अपने मन में रखकर सोचती रही।" — लूका 2:19 (BSI) स्वप्नों पर मनन होना चाहिए, उनके लिए प्रार्थना की जानी चाहिए, और उन्हें परमेश्वर के वचन के साथ मिलाया जाना चाहिए। जब स्वप्नों को सही रूप से समझा जाता है, तब वे वृद्धि, सुरक्षा, और दिशा के साधन बन जाते हैं। जब उनका गलत उपयोग किया जाता है, तब वे भय और उलझन का कारण बन जाते हैं। परमेश्वर

ऐसे परिपक्व स्वप्न देखने वाले चाहता है जो स्थिर, विवेकी, और प्रार्थनाशील हों।

टूटी हुई स्वप्न-जीवन की बहाली

एक बिगड़ा हुआ या क्षतिग्रस्त स्वप्न-जीवन फिर से बहाल किया जा सकता है। पवित्रशास्त्र कभी यह नहीं सिखाता कि यदि कोई आत्मिक हानि हो गई है, तो वह स्थायी ही रहेगी, यदि मनुष्य पश्चाताप और प्रार्थना के साथ परमेश्वर की ओर लौटे। भजन 23:3 कहता है: "वह मेरे जी में जी ले आता है।" — भजन संहिता 23:3 (BSI) यह बहाली केवल भावनाओं की नहीं, बल्कि उन भीतरी साधनों की भी है जिनके द्वारा परमेश्वर हमसे बातें करता है—और उनमें स्वप्न भी शामिल हैं। जब स्वप्न गायब हो जाते हैं, दूषित हो जाते हैं, या अपनी स्पष्टता खो देते हैं, तब उत्तर भय नहीं, बल्कि लौटना है—प्रार्थना की ओर लौटना, पवित्रता की ओर लौटना, और परमेश्वर के वचन के साथ फिर से स्वयं को मिलाना। दानिय्येल ने स्वप्नों की समझ अपनी स्वाभाविक बुद्धि पर आधारित नहीं की; उसने जान-बूझकर परमेश्वर को खोजा। "तब दानिय्येल ने अपने घर जाकर... अपने साथियों को यह बात बताई, कि वे इस भेद के विषय में स्वर्ग के परमेश्वर से दया चाहें।" — दानिय्येल 2:17–18 (BSI) यह दिखाता है कि स्वप्नों की स्पष्टता जानबूझकर की गई प्रार्थना का उत्तर होती है। जब विश्वासी मांगते हैं, ठहरते हैं, और अपने को समर्पित करते हैं, तब परमेश्वर उनकी स्वप्न-संवेदनशीलता को फिर से लौटा देता है। बहुत से विश्वासी घनिष्ठ संगति के बिना व्याख्या चाहते हैं। लेकिन पवित्रशास्त्र दिखाता है कि प्रकाशन सम्बन्ध से बहता है। "यहोवा की गुप्त बात उसके भय मानने वालों ही पर प्रगट होती है।"

— भजन संहिता 25:14 (BSI)

यहाँ "भय" का अर्थ डर नहीं, बल्कि आदर, सम्मान, और आज्ञाकारिता है। जब आज्ञाकारिता लौटती है, तब प्रकाशन स्वाभाविक रूप से लौटता है।

पवित्रता और स्वप्न का द्वार

सपनों का संबंध हृदय की दशा से बहुत गहराई से जुड़ा हुआ है। यीशु ने कहा: "धन्य हैं वे, जिनके मन शुद्ध हैं, क्योंकि वे परमेश्वर को देखेंगे।" —

मत्ती 5:8 (BSI) परमेश्वर को देखना केवल जागते समय के दर्शनों तक सीमित नहीं है; इसमें रात के समय के अनुभव भी शामिल हैं। अशुद्धता आत्मिक समझ को मन्द कर देती है, परन्तु शुद्धता आत्मिक दृष्टि को तीक्ष्ण करती है। जब विश्वासी पाप, कड़वाहट, समझौता, या आत्मिक लापरवाही को स्थान देते हैं, तब स्वप्न अक्सर या तो विकृत हो जाते हैं या रुक जाते हैं। दाऊद इस सम्बन्ध को समझता था; इसलिए उसने प्रार्थना की: “हे परमेश्वर, मुझ में शुद्ध मन उत्पन्न कर, और मेरे भीतर स्थिर आत्मा नया कर।” — भजन संहिता 51:10 (BSI) शुद्ध हृदय आत्मिक स्पष्टता को लौटाता है। बहुत सी स्वप्न-संबंधी समस्याएँ सीधे दुष्टात्मिक आक्रमण नहीं होतीं; वे आत्मिक उपेक्षा का परिणाम भी हो सकती हैं। पवित्रता का अर्थ यह नहीं कि मनुष्य त्रुटिहीन हो जाए; इसका अर्थ है परमेश्वर के लिए अलग किया जाना। जैसे-जैसे विश्वासी अपनी आदतों, विचारों, और मनोवृत्तियों को छोड़ते हैं जो पवित्र आत्मा को दुख देती हैं, वैसे-वैसे स्वप्न धीरे-धीरे फिर से साफ होने लगते हैं। परमेश्वर वहाँ स्पष्ट रूप से बोलता है जहाँ उसका आदर किया जाता है।

रात की चौकसी के रूप में प्रार्थना

बाइबल बार-बार प्रार्थना को रात की सुरक्षा के साथ जोड़ती है। “मैं चैन के साथ लेट जाऊंगा और सो रहूंगा; क्योंकि हे यहोवा, केवल तू ही मुझे निडर बसाए रखता है।” — भजन संहिता 4:8 (BSI)

रात के समय की प्रार्थना वह सीमा रेखा स्थापित करती है जिसके भीतर स्वप्न कार्य करते हैं। जब प्रार्थना अनुपस्थित होती है, तब रात असुरक्षित क्षेत्र बन सकती है। यीशु ने स्वयं भी आत्मिक असुरक्षा से बचने के लिए जागते और प्रार्थना करते रहने पर बल दिया: “जागते और प्रार्थना करते रहो, कि तुम परीक्षा में न पड़ो।” — मत्ती 26:41 (BSI) प्रार्थना के बिना सोना भीतरी मनुष्य को खुला छोड़ देना है। सोने से पहले की प्रार्थना कोई धार्मिक रस्म नहीं है; यह आत्मिक स्थिति निर्धारण है। जो विश्वासी लगातार अपनी नींद परमेश्वर को सौंपते हैं, वे कम हमले, अधिक स्पष्ट स्वप्न, और गहरी शांति का अनुभव करते हैं। जब प्रार्थना पहले से

अधिकार स्थापित कर देती है, तब रात उस अधिकार के अधीन प्रतिक्रिया करती है।

स्वप्नों में पवित्र आत्मा की भूमिका

स्वप्न तब तक अपने पूर्ण उद्देश्य तक नहीं पहुँचते, जब तक पवित्र आत्मा उनमें शामिल न हो। यीशु ने कहा: "परन्तु सहायक अर्थात पवित्र आत्मा, जिसे पिता मेरे नाम से भेजेगा, वह तुम्हें सब बातें सिखाएगा।" — यूहन्ना 14:26 (BSI)"सब बातें" सिखाने में प्रतीकों, अर्थों, समय, और उद्देश्य की समझ भी शामिल है। पवित्र आत्मा के बिना स्वप्न केवल उलझन बनकर रह जाते हैं।पवित्र आत्मा स्मरण दिलाता है, व्याख्या करता है, और यह प्रकट करता है कि उसके अनुसार क्या करना है। वह भूले हुए स्वप्नों को याद दिला सकता है, धुंधले संदेशों को स्पष्ट कर सकता है, और बता सकता है कि कौन-सी प्रतिक्रिया आवश्यक है। रोमियों 8:14 कहता है: "क्योंकि जितने लोग परमेश्वर के आत्मा के चलाए चलते हैं, वे ही परमेश्वर के पुत्र हैं।" — रोमियों 8:14 (BSI) स्वप्न भी उन्हीं मार्गों में से एक हो सकते हैं जिनके द्वारा यह अगुवाई प्रकट होती है। पवित्र आत्मा पर निर्भरता मनुष्य को स्वप्नों के प्रति अस्वस्थ आसक्ति से बचाती है, और साथ ही यह सुनिश्चित करती है कि वह उनका सही उत्तर दे। पवित्र आत्मा हमेशा विश्वासी को मसीह, शांति, और आज्ञाकारिता की ओर ले जाएगा —भय, कल्पना, या अटकलों की ओर नहीं।

स्वप्न की व्याख्या में परिपक्वता

हर स्वप्न किसी कार्यवाही की मांग नहीं करता, और हर स्वप्न की व्याख्या तुरंत आवश्यक नहीं होती। आत्मिक परिपक्वता संयम सीखती है। यूसुफ ने वर्षों तक प्रतीक्षा की, तब जाकर उसके स्वप्नों का अर्थ पूर्ण रूप से प्रकट हुआ (उत्पत्ति 37–41)। समय परमेश्वर का है। "यदि वह विलम्ब भी करे, तो उसकी बाट जोह, क्योंकि वह निश्चय पूरी होगी।" — हबक्कूक 2:3 (BSI) अपरिपक्व स्वप्न देखने वाले तुरंत प्रतिक्रिया करते हैं; परिपक्व लोग प्रार्थना करते हैं, प्रतीक्षा करते हैं, और पवित्रशास्त्र में पुष्टि खोजते हैं। नीतिवचन 19:2 चेतावनी देता है: "जो उतावली से दौड़ता है, वह चूकता है।" — नीतिवचन 19:2 (भावार्थ BSI शैली) स्वप्नों के उत्तर में

उतावलापन अक्सर गड़बड़ी पैदा करता है। परमेश्वर उत्साह से अधिक आज्ञाकारिता को महत्व देता है। स्वप्न उपकरण हैं, ट्रॉफी नहीं। जब विश्वासी परिपक्वता में बढ़ते हैं, तब स्वप्न उनके परमेश्वर के साथ चलने में सहायता करते हैं, न कि उन पर शासन करने लगते हैं।

स्वप्नों में परमेश्वर का उद्देश्य

स्वप्नों में परमेश्वर का अंतिम उद्देश्य केवल जिज्ञासा जगाना नहीं, बल्कि मनुष्य को उसके साथ ठीक स्थिति में लाना है। वह रास्ते को सीधा करने, हृदय को तैयार करने, और सत्य को प्रकट करने के लिए बोलता है। “मैं तुझे बुद्धि दूंगा और जिस मार्ग में तुझे चलना होगा उसमें तेरी अगुवाई करूंगा।” — भजन संहिता 32:8 (BSI)स्वप्न उन्हीं तरीकों में से एक हो सकते हैं जिनसे यह मार्गदर्शन आता है। जो स्वप्न धार्मिकता, पश्चाताप, प्रार्थना, या आज्ञाकारिता की ओर नहीं ले जाते, उन्हें परखा जाना चाहिए। परमेश्वर केवल जानकारी देने के लिए नहीं बोलता; वह परिवर्तन लाने के लिए बोलता है। यशायाह 55:11 कहता है:

“वैसा ही मेरा वचन भी होगा जो मेरे मुंह से निकलता है; वह व्यर्थ मेरे पास न लौटेगा, परन्तु जो मेरी इच्छा है उसे वह पूरा करेगा।” — यशायाह 55:11 (BSI) स्वप्न भी इस सिद्धांत से बाहर नहीं हैं। जब स्वप्न परमेश्वर के उद्देश्य को पूरा करते हैं, तब विश्वासी भय और भ्रम में नहीं, बल्कि बुद्धि, शांति, और निश्चय में बढ़ता है।

भय के बिना सजग रहना

एक स्वस्थ स्वप्न-जीवन सजगता उत्पन्न करता है, चिंता नहीं। पवित्रशास्त्र प्रतिज्ञा करता है: “जिसका मन तुझ में स्थिर है, उसकी तू पूर्ण शान्ति के साथ रक्षा करता है।” — यशायाह 26:3 (BSI) यदि स्वप्नों पर ध्यान भय से प्रेरित हो, तो वह बंधन की ओर ले जाएगा; लेकिन यदि परमेश्वर के अधीन हो, तो वह विश्वास और स्थिरता को बढ़ाएगा। विश्वासियों को कभी भी स्वप्नों को विश्वास का स्थान नहीं लेने देना चाहिए। विश्वास परमेश्वर के वचन में जड़ित है, न कि रात के अनुभवों में। स्वप्न पुष्टि कर सकते हैं; लेकिन शासन पवित्रशास्त्र करता है। जब यह क्रम बना रहता है, तब शांति सुरक्षित रहती है। सजग होने का अर्थ आसक्त होना नहीं है।

इसका अर्थ है जागरूक होना, प्रार्थनाशील होना, और उचित उत्तर देना। परमेश्वर अपने लोगों को संतुलन में चलाना चाहता है।

दूसरों को स्वप्नों के विषय में सिखाना

जो लोग स्वप्नों को समझते हैं, उनके ऊपर यह जिम्मेदारी भी है कि वे दूसरों को जिम्मेदारी से सिखाएँ। यिर्मयाह 23:28 चेतावनी देता है कि सत्य को कल्पना के साथ नहीं मिलाना चाहिए। स्वप्नों के विषय में शिक्षा हमेशा पवित्रशास्त्र में जड़ी हुई होनी चाहिए, व्यक्तिगत विचारों, निजी धारणाओं, या आत्मिक अहंकार में नहीं।

स्वप्नों की शिक्षा लोगों को प्रार्थना, पश्चाताप, और परमेश्वर पर निर्भरता की ओर ले जानी चाहिए—न कि व्याख्या करने वालों पर निर्भरता की ओर। पौलुस ने कहा: "जैसा मैं मसीह के पीछे चलता हूं, तुम भी मेरे पीछे चलो।"

— 1 कुरिन्थियों 11:1 (BSI) इसका अर्थ यह है कि सच्ची आत्मिक अगुवाई हमेशा लोगों को मनुष्य के पास बांधने के बजाय मसीह की ओर ले जाती है। जिम्मेदार शिक्षा कलीसिया को भय, धोखे, और आत्मिक अनुभवों के दुरुपयोग से बचाती है। यदि स्वप्नों के विषय में शिक्षा असंतुलित हो जाए, तो लोग या तो हर बात को सपना बना देंगे, या हर सपने से डरने लगेंगे। दोनों गलत हैं। सही शिक्षा विश्वासियों को स्थिर बनाती है।

स्वप्न और जवाबदेही

परमेश्वर मनुष्य को दिए गए प्रकाशन के विषय में उससे उत्तरदायित्व भी मांगता है। लूका 12:48 कहता है: "जिसे बहुत दिया गया है, उससे बहुत मांगा भी जाएगा।" — लूका 12:48 (BSI) यदि किसी मनुष्य को बार-बार स्वप्नों के द्वारा दिशा, चेतावनी, या प्रकाशन मिलता है, और वह लगातार उनकी अवहेलना करता है, तो संभव है कि धीरे-धीरे वह धारा कम होने लगे। यह आवश्यक नहीं कि यह दण्ड हो; यह कभी-कभी हटाए जाने जैसा भी हो सकता है—जैसे किसी ने उस आवाज़ का मान नहीं रखा, तो वह कम सुनाई देने लगी। जवाबदेही का अर्थ है सही प्रतिक्रिया देना—प्रार्थना

के द्वारा, आज्ञाकारिता के द्वारा, या धैर्य के साथ प्रतीक्षा के द्वारा। जब विश्वासी स्वप्नों को हल्का समझते हैं, तो उनकी आत्मिक संवेदनशीलता मन्द पड़ सकती है। जब वे प्रकाशन का आदर करते हैं, तो स्पष्टता बढ़ती है। परमेश्वर वहाँ बोलता है जहाँ उसकी आवाज़ का मान किया जाता है।

संतुलित स्वप्न देखने वाला बनना

एक संतुलित स्वप्न देखने वाला न तो अज्ञानी होता है और न आसक्त। वह स्वप्नों का आदर करता है, उन्हें पवित्रशास्त्र की कसौटी पर परखता है, उनके लिए प्रार्थना करता है, और बुद्धि के साथ उत्तर देता है। नीतिवचन 3:5–6 इस मनोवृत्ति को बहुत अच्छे से बताता है: "तू सम्पूर्ण मन से यहोवा पर भरोसा रखना, और अपनी समझ का सहारा न लेना। उसी को स्मरण करके सब काम करना, तब वह तेरे लिये सीधा मार्ग निकालेगा।" – नीतिवचन 3:5–6 (BSI) स्वप्न दिशा का एक भाग हैं, सम्पूर्ण दिशा नहीं। जब विश्वासी स्वप्नों को परमेश्वर के वचन, पवित्र आत्मा, और प्रार्थना के अधीन रखते हैं, तब स्वप्न बोझ नहीं, आशीष बन जाते हैं। यही संतुलन आत्मिक परिपक्वता की पहचान है, और यही विश्वासी को आगे आने वाले अध्यायों में और अधिक गहरी जिम्मेदारियों के लिए तैयार करता है।

अध्याय 2 – स्वप्न प्रदूषण

जब मनुष्य सोते हैं तब शत्रु की चाल

स्वप्न प्रदूषण शत्रु की सबसे सूक्ष्म और प्रभावशाली युक्तियों में से एक है। यीशु ने इस सिद्धांत को बहुत स्पष्ट रूप से बताया जब उन्होंने कहा: "परन्तु जब लोग सो रहे थे, तो उसका बैरी आकर गेहूं के बीच जंगली बीज बो गया, और चला गया।" — मत्ती 13:25 (BSI) नींद असुरक्षा का एक समय दर्शाती है। जब शरीर विश्राम करता है, तब भी आत्मिक जगत सक्रिय रहता है। इसी कारण शत्रु रात को निशाना बनाता है—ताकि जो वह दिन के समय खुले रूप से नहीं बो सकता, उसे वह रात में बो दे। शत्रु हमेशा खुला आक्रमण नहीं करता; वह अक्सर चुपचाप बोता है। आरम्भिक अवस्था में जंगली बीज गेहूं जैसे दिखाई देते हैं, उसी प्रकार प्रदूषित स्वप्न भी शुरू में हानिरहित, साधारण, या केवल उलझन भरे प्रतीत हो सकते हैं। परन्तु समय के साथ उनके प्रभाव विनाशकारी हो जाते हैं। यदि एक भी दूषित स्वप्न का सामना न किया जाए, तो वह मनुष्य की भावनाओं, निर्णयों, संबंधों, और यहाँ तक कि उसके आत्मिक आत्मविश्वास को भी प्रभावित कर सकता है। शैतान जानता है कि जो बात रात में बार-बार किसी मनुष्य के भीतर प्रवेश करती है, वही बाद में दिन के समय उसकी प्रतिक्रियाओं को आकार देने लगती है। बाइबल लगातार भीतर के मनुष्य की रक्षा करने के लिए कहती है। "सब से अधिक अपने मन की रक्षा कर; क्योंकि जीवन का मूल स्रोत वही है।" — नीतिवचन 4:23 (BSI) स्वप्न सीधे मन, हृदय, और कल्पना के क्षेत्र से होकर गुजरते हैं। जब प्रदूषण बिना रोके भीतर प्रवेश करता है, तब वह जीवन के स्रोतों को प्रभावित करने लगता है—शांति, आनन्द, संबंध, और दिशा सब पर उसका प्रभाव पड़ने लगता है।

प्रदूषण और परमेश्वर की गंभीर प्रतिक्रिया

पवित्रशास्त्र में प्रदूषण को कभी हल्के में नहीं लिया जाता। इसका अर्थ है अशुद्धता, अपवित्रता, दूषित होना, या उस वस्तु का भ्रष्ट हो जाना जिसे परमेश्वर पवित्र कहता है। बाइबल बहुत स्पष्ट रूप से कहती है: "यदि कोई परमेश्वर के मन्दिर को नाश करे, तो परमेश्वर उसे नाश करेगा; क्योंकि परमेश्वर का मन्दिर पवित्र है, और वह तुम हो।" — 1 कुरिन्थियों 3:17 (BSI) यह दिखाता है कि परमेश्वर अपवित्रता को कितना गंभीरता

से देखता है—चाहे वह शारीरिक हो या आत्मिक। स्वप्न प्रदूषण खतरनाक इसलिए है क्योंकि यह भीतर के मन्दिर को प्रभावित करता है। परमेश्वर गुप्त स्थानों में होने वाली बातों को अनदेखा नहीं करता। "क्योंकि यहोवा सब के मनों को जांचता है, और उनकी सब कल्पनाओं के विचारों को समझता है।" — 1 इतिहास 28:9 (BSI) जो बातें बार-बार भीतर के मनुष्य को अशुद्ध करती हैं, वे आत्मिक रुकावट उत्पन्न करती हैं। जब प्रदूषण बना रहता है, तब आत्मिक संवेदनशीलता घटने लगती है, प्रार्थना कठिन लगने लगती है, और स्वर्ग मौन सा प्रतीत होने लगता है—इसलिए नहीं कि परमेश्वर दूर चला गया है, बल्कि इसलिए कि प्रदूषण सहभागिता में बाधा डाल रहा होता है। पवित्रता हमेशा परमेश्वर का स्तर है। "धन्य हैं वे, जिनके मन शुद्ध हैं, क्योंकि वे परमेश्वर को देखेंगे।" — मत्ती 5:8 (BSI) जो भी बात पवित्रता पर आक्रमण करती है—विशेषकर स्वप्नों के माध्यम से—उसे तुरंत गंभीरता से लिया जाना चाहिए। स्वप्न प्रदूषण न मनोरंजन है, न कल्पना का खेल, और न कोई हानिरहित बात। यह भीतर की वेदी पर सीधा आक्रमण है।

स्वप्न प्रदूषण नियंत्रण और चालबाज़ी का एक साधन

बुरे स्वप्न उन मुख्य साधनों में से एक हैं जिनका उपयोग शैतान लोगों को भावनात्मक और आत्मिक रूप से नियंत्रित करने के लिए करता है। पवित्रशास्त्र शैतान को छल करने वाला बताता है, जो सूक्ष्म तरीकों से काम करता है। "और कुछ अचरज नहीं; क्योंकि शैतान भी अपने आप को ज्योतिर्मय दूत का रूप धरता है।" — 2 कुरिन्थियों 11:14 (BSI) स्वप्नों में धोखा अधिक आसानी से काम करता है, क्योंकि उस समय तर्क करने की शक्ति कम होती है और भावनाएँ अधिक तीव्र होती हैं।

प्रदूषित स्वप्नों के द्वारा शत्रु झूठे दोष, सन्देह, भय, वासना, लज्जा, और भ्रम के बीज बोता है। ये बीज बाद में अचानक उत्पन्न हुए घृणा भाव, बिना कारण का भय, या निर्दोष लोगों के प्रति भावनात्मक दूरी के रूप में प्रकट हो सकते हैं। जैसे जंगली बीज चुपचाप गेहूं के बीच बढ़ते हैं, वैसे ही नियंत्रण और चालबाज़ी बार-बार आने वाले दूषित स्वप्नों के द्वारा धीरे-धीरे बढ़ती है। बाइबल यह भी बताती है कि शत्रु योजनाबद्ध युक्तियाँ बनाता

है। “वह धूर्तों की युक्तियों को निष्फल कर देता है, यहां तक कि उनके हाथों से काम सफल नहीं होता।” – अय्यूब 5:12 (BSI) इसका अर्थ है कि स्वप्न प्रदूषण कोई आकस्मिक बात नहीं है; यह एक सोची-समझी युक्ति है, जिसे पहचानना और प्रार्थना व सत्य के द्वारा नष्ट करना आवश्यक है।

दूषित स्वप्न किस प्रकार संबंधों को नष्ट करते हैं

स्वप्न प्रदूषण के सबसे विनाशकारी प्रभावों में से एक है संबंधों का टूटना। शत्रु अक्सर सपनों का उपयोग वहाँ सन्देह बोने के लिए करता है जहाँ कोई प्रमाण नहीं होता। दिए गए उदाहरण में एक पुरुष ने स्वप्न में अपनी पत्नी के विषय में अनैतिक दृश्य देखा। वह सपना प्रकाशन नहीं था; वह नियंत्रण और भ्रम का साधन था। परन्तु जागने के बाद उसी से क्रोध, आरोप, और भावनात्मक हिंसा उत्पन्न हुई। बाइबल बिना सत्य जाने निर्णय लेने के विरुद्ध चेतावनी देती है। “जो किसी बात को सुने बिना उत्तर देता है, वह उसकी मूर्खता और लज्जा की बात होती है।” – नीतिवचन 18:13 (BSI) यदि कोई व्यक्ति प्रदूषित स्वप्नों के आधार पर, बिना प्रार्थना और बिना पुष्टि के कार्य करता है, तो वह अन्याय की ओर बढ़ता है। शैतान का उद्देश्य यह है कि स्वप्न निर्दोष लोगों के विरुद्ध हथियार बन जाएँ, विशेषकर विवाह और परिवारों के भीतर। शास्त्र शैतान को भाइयों पर दोष लगाने वाला कहता है। “क्योंकि हमारे भाइयों पर दोष लगाने वाला... गिरा दिया गया।” – प्रकाशितवाक्य 12:10 (BSI) जब किसी स्वप्न में बिना पुष्टि के आरोप दिखाई दें, तो उन्हें अस्वीकार कर देना चाहिए। यदि ऐसा न किया जाए, तो विश्वास टूटता है, प्रेम कमजोर होता है, और एकता भंग हो जाती है। शत्रु का लक्ष्य हमेशा विभाजन होता है, और स्वप्न प्रदूषण उसके सबसे शांत लेकिन प्रभावी साधनों में से एक है।

प्रदूषण की भावनात्मक और आत्मिक कीमत

स्वप्न प्रदूषण निराशा, दुःख, दोषबोध, और कभी-कभी गहरी लज्जा उत्पन्न करता है। लोग बेचैनी के साथ जागते हैं, भावनात्मक रूप से थके हुए महसूस करते हैं, या आत्मिक दोषभावना में दबे हुए होते हैं, जबकि उन्हें समझ भी नहीं आता कि ऐसा क्यों हो रहा है। यह पवित्र आत्मा का काम

नहीं है। "सो अब जो मसीह यीशु में हैं, उन पर दण्ड की आज्ञा नहीं।" — रोमियों 8:1 (BSI) जब प्रदूषण को अनदेखा किया जाता है, तो वह बढ़कर बार-बार होने वाले दबाव का रूप ले सकता है—डरावनी नींद, टूटा हुआ विश्राम, या प्रार्थना से बचने की इच्छा। अय्यूब ने इसी प्रकार के अनुभव का वर्णन किया जब रात के दर्शन विश्राम के स्थान पर भय लाए (अय्यूब 7:13–14)। परमेश्वर की इच्छा यह है कि नींद मनुष्य को बहाल करे, न कि उसे सताए। इसी कारण दूषित स्वप्नों को कभी भी अनदेखा या सामान्य नहीं मानना चाहिए। शत्रु बार-बार दोहराव के द्वारा मनुष्य को थका देना चाहता है। परन्तु परमेश्वर ने हर ऐसी युक्ति को निष्फल करने के लिए अधिकार, सत्य, और प्रार्थना प्रदान की है।

दूषित स्वप्नों के पैटर्न को पहचानना

दूषित स्वप्न अक्सर पहचाने जा सकने वाले ढाँचों में आते हैं। बाइबल सिखाती है कि जैसे प्रकाश में व्यवस्था होती है, वैसे ही अंधकार के भी अपने पैटर्न होते हैं। "ताकि शैतान हम पर चाल न चल सके, क्योंकि हम उसकी युक्तियों से अनजान नहीं हैं।" — 2 कुरिन्थियों 2:11 (BSI) जब कुछ विशेष प्रकार के स्वप्न बार-बार आने लगें, तो वह अब केवल संयोग नहीं रह जाता; वह एक आत्मिक पैटर्न का प्रमाण होता है, जिसका सामना किया जाना चाहिए।

स्वप्नों में यौन संबंध होना प्रदूषण के सबसे सामान्य रूपों में से एक है। ऐसे स्वप्न भीतर के मनुष्य को अशुद्ध करते हैं और अपराधबोध, आत्मिक कमजोरी, तथा अधिकार की कमी उत्पन्न करते हैं। यीशु ने स्पष्ट कहा कि अशुद्धता का आरम्भ भीतर से होता है: "क्योंकि बुरे विचार, हत्या, परस्त्रीगमन, व्यभिचार..." — मत्ती 15:19 (BSI) यद्यपि शरीर सो रहा होता है, फिर भी मन और आत्मिक क्षेत्र पर आक्रमण हो सकता है। ऐसे स्वप्न हमेशा व्यक्तिगत इच्छा का चिन्ह नहीं होते; वे आत्मिक आक्रमण भी हो सकते हैं। नंगेपन, अजीब विवाह, या अनजान व्यक्तियों के साथ संबंध वाले स्वप्न अक्सर वाचा के प्रदूषण को दर्शाते हैं। परमेश्वर वाचा का आदर करता है, और शत्रु उसी पर आक्रामक आक्रमण करता है। "जिसे परमेश्वर ने जोड़ा है, उसे मनुष्य अलग न करे।" — मत्ती 19:6 (BSI) जब

स्वप्नों में अजीब या अनधिकृत जुड़ाव दिखाई दें, तो उन्हें प्रार्थना में अस्वीकार करना चाहिए, क्योंकि उनका उद्देश्य पहचान को भ्रमित करना और वैध संबंधों को कमजोर करना होता है।

अशुद्ध प्रतीक और आत्मिक प्रदूषण

मल, गंदा पानी, या गंदगी में तैरने वाले स्वप्न आत्मिक अशुद्धता की ओर संकेत करते हैं। पवित्रशास्त्र में पानी का प्रयोग बार-बार शुद्धि या अशुद्धता के प्रतीक के रूप में किया गया है। "मुझे मेरे अधर्म से भली भांति शुद्ध कर, और मेरे पाप से मुझे पवित्र कर।" — भजन संहिता 51:2 (BSI) गंदा पानी दूषित आत्मिक प्रवाह का प्रतीक हो सकता है—अर्थात सत्य में गलती का मिश्रण, या जीवन में भ्रष्टता का प्रवेश। स्वप्नों में गंदा पैसा लेना या सिक्के बीनना अक्सर अशुद्ध लाभ या समझौते वाली आशीष का चिन्ह होता है। बाइबल कहती है: "धर्म के साथ थोड़ी सी वस्तु अन्याय के बड़े लाभ से उत्तम है।" — नीतिवचन 16:8 (BSI) शत्रु ऐसे स्वप्नों के द्वारा ऐसा लालच बोना चाहता है जिसमें लाभ तो दिखे, पर उसके साथ आत्मिक कीमत जुड़ी हो। स्वप्नों में कुत्तों द्वारा हमला किया जाना या चाटा जाना भी बाइबिल के प्रतीकों में आता है। पवित्रशास्त्र में कुत्ते कई स्थानों पर अशुद्धता, तिरस्कार, या अशुद्ध आत्मिक प्रभावों का संकेत देते हैं। "कुत्तों से सावधान रहो..." — फिलिप्पियों 3:2 (BSI) ऐसे स्वप्न परेशान करने वाले आत्मिक हस्तक्षेप और अतिक्रमण की ओर संकेत करते हैं, जिनका विरोध करना चाहिए, उनसे डरना नहीं चाहिए।

विकृत पहचान और सीमाओं का टूटना

रक्त-संबंधों के भीतर अनैतिक स्वप्न, लिंग भ्रम, या अप्राकृतिक संबंधों वाले स्वप्न प्रदूषण के अत्यन्त तीव्र रूप हैं। ये प्रकाशन नहीं हैं; ये उल्लंघन हैं। परमेश्वर ने अपने वचन में सीमाएँ बहुत स्पष्ट रूप से निर्धारित की हैं। लैव्यव्यवस्था 18 में बार-बार कहा गया है: "तू किसी की नग्नता न उघाड़ना..." — लैव्यव्यवस्था 18 (BSI) जब स्वप्नों में ऐसी सीमाएँ टूटती हुई दिखाई दें, तो यह पहचान, नैतिक व्यवस्था, और परमेश्वर द्वारा ठहराई गई सीमाओं पर हमला होता है। बलात्कार जैसे स्वप्न विशेष रूप से

आघात देने वाले होते हैं। वे भय, लज्जा, और लाचारी उत्पन्न करते हैं। पवित्रशास्त्र दिखाता है कि हिंसा कभी भी परमेश्वर की ओर से नहीं आती। "यहोवा धर्मी को परखता है, परन्तु दुष्ट और उपद्रव से प्रीति रखने वाले से उसका मन घृणा करता है।" — भजन संहिता 11:5 (BSI) ऐसे स्वप्नों का सामना तुरंत प्रार्थना में किया जाना चाहिए; उन्हें भीतर दबाकर स्वीकार नहीं करना चाहिए। स्वप्नों में अजीब बच्चों को जन्म देना अक्सर ऐसी बात को उत्पन्न करने का संकेत होता है जो परमेश्वर से नहीं आई—जैसे प्रदूषण से जन्मी योजनाएँ, संबंध, या निर्णय। यीशु ने कहा: "जो शरीर से जन्मा है वह शरीर है, और जो आत्मा से जन्मा है वह आत्मा है।" — यूहन्ना 3:6 (BSI) परमेश्वर भ्रम को जन्म नहीं देता; शत्रु देता है।

अशुद्धता के कारण बंद होता हुआ स्वर्ग

जब प्रदूषण बना रहता है, तो पवित्रशास्त्र दिखाता है कि आत्मिक पहुँच सीमित होने लगती है। "तुम्हारे अधर्म के कामों ने तुम को तुम्हारे परमेश्वर से अलग कर दिया है..." — यशायाह 59:2 (BSI) इसका अर्थ यह नहीं कि परमेश्वर अपने लोगों को छोड़ देता है, परन्तु यह अवश्य है कि सहभागिता भारी हो जाती है। प्रार्थना बोझिल लगती है, आराधना सूखी लगती है, और स्पष्टता कम होने लगती है। परमेश्वर पवित्र है और वह अशुद्धता के साथ सहभागिता नहीं रखता। "पवित्र बनो, क्योंकि मैं पवित्र हूं।" — 1 पतरस 1:16 (BSI) यदि दूषित स्वप्नों को सहन किया जाए, तो वे ऐसा वातावरण बना देते हैं जिसमें आत्मिक अधिकार कमजोर होने लगता है। इसी कारण दूषित स्वप्नों का सामना तुरंत और पूरी गंभीरता से किया जाना चाहिए। फिर भी, प्रदूषण का अर्थ स्थायी अस्वीकृति नहीं है। परमेश्वर हमेशा शुद्धि का मार्ग देता है। "यदि हम अपने पापों को मान लें, तो वह विश्वासयोग्य और धर्मी है, जो हमारे पापों को क्षमा करे और हमें सब अधर्म से शुद्ध करे।" — 1 यूहन्ना 1:9 (BSI) शुद्धि उपलब्ध है, परन्तु उसे जानबूझकर खोजना पड़ता है।

बुरे स्वप्नों के स्वभाव को समझना

बुरे स्वप्न अन्तिम वास्तविकता नहीं होते; वे छाया की तरह कार्य करते हैं। पवित्रशास्त्र सिखाता है कि शत्रु भ्रम और नियंत्रण के द्वारा काम करता है।

"क्योंकि हमारे हथियार शारीरिक नहीं, पर परमेश्वर के लिये गढ़ों को ढा देने के लिये सामर्थी हैं।" – 2 कुरिन्थियों 10:4 (BSI) कोई स्वप्न केवल इसलिए वास्तविकता नहीं बन जाता क्योंकि वह देखा गया; वह तभी प्रभावी बनता है जब उस पर विश्वास कर लिया जाए, उससे डर लिया जाए, या उसके अनुसार गलत ढंग से कार्य किया जाए। बुरे स्वप्न निर्णय नहीं हैं; वे साधन हैं। उनका उद्देश्य विचारों, भावनाओं, और अपेक्षाओं को प्रभावित करना है। इसी कारण बुरे स्वप्न के बाद भय को कभी शासन नहीं करने देना चाहिए। "क्योंकि परमेश्वर ने हमें भय की नहीं पर सामर्थ्य, प्रेम और संयम की आत्मा दी है।" – 2 तीमुथियुस 1:7 (BSI) प्रार्थना बुरे स्वप्नों के स्रोत को रोकती है। जब अधिकार का प्रयोग किया जाता है, तब शत्रु पीछे हटता है। "शैतान का सामना करो, तो वह तुम से भाग जाएगा।" – याकूब 4:7 (BSI) यह विरोध सक्रिय होना चाहिए, निष्क्रिय नहीं।

भय: वह ईंधन जो बुरे स्वप्नों को शक्ति देता है

भय सबसे शक्तिशाली ईंधनों में से एक है जो दूषित स्वप्नों को प्रभाव देता है। बाइबल स्पष्ट दिखाती है कि भय उस चीज़ के लिए द्वार खोल सकता है जिसे शत्रु पूरा करना चाहता है। अय्यूब ने एक गम्भीर बात कही: "क्योंकि जिस बात से मैं बहुत डरता था वही मुझ पर आ पड़ी, और जिससे मैं भय खाता था वही मुझ पर आ पड़ा।" – अय्यूब 3:25 (BSI) यह एक खतरनाक सच्चाई प्रकट करता है: भय उस बात को सक्रिय कर सकता है जो अन्यथा निर्बल रह सकती थी। किसी बुरे स्वप्न के बाद शत्रु अक्सर यह देखने की प्रतीक्षा करता है कि मनुष्य की प्रतिक्रिया क्या होगी। यदि भय को स्वीकार कर लिया जाए, तो स्वप्न प्रभाव पकड़ लेता है। यदि भय को प्रार्थना और विश्वास के द्वारा अस्वीकार कर दिया जाए, तो स्वप्न अपना अधिकार खो देता है। परमेश्वर बार-बार अपने लोगों को न डरने की आज्ञा देता है क्योंकि भय भरोसे को कमजोर करता है। "मत डर; केवल विश्वास रख।" – मरकुस 5:36 (BSI) विश्वास भय को निष्फल कर देता है, और आस्था बुरे स्वप्नों के प्रभाव को तोड़ देती है। इसी कारण विश्वासियों को दूषित स्वप्नों के बाद कभी घबराना नहीं चाहिए। घबराहट सहमति है।

प्रार्थना विरोध है। जिस क्षण भय अस्वीकार किया जाता है, उसी क्षण शत्रु की पकड़ टूटने लगती है।

स्वप्नों के बाद की गई और न की गई प्रतिक्रिया

किसी स्वप्न के बाद मनुष्य क्या करता है—या क्या नहीं करता—यह बहुत महत्व रखता है। पवित्रशास्त्र प्रतिक्रिया में जिम्मेदारी सिखाता है। "सो ध्यान से देखो कि कैसी चाल चलते हो; निर्बुद्धियों की नाईं नहीं पर बुद्धिमानों की नाईं चलो।" — इफिसियों 5:15 (BSI) बुद्धि उत्तर देती है; मूर्खता अनदेखा करती है। बार-बार आने वाले बुरे स्वप्नों को अनदेखा कर देने से वे समाप्त नहीं हो जाते—वे और गहरे जड़ पकड़ लेते हैं।

प्रार्थना एक कार्य है। चुप्पी भी एक कार्य है। जब विश्वासी प्रार्थना करने, विरोध करने, या शुद्धि खोजने से इंकार करते हैं, तो वे अनजाने में शत्रु को आगे बढ़ने की अनुमति देते हैं। होशे 4:6 कहता है: "मेरी प्रजा ज्ञान के न होने से नाश हो गई।" — होशे 4:6 (BSI) उचित प्रतिक्रिया की कमी दोहराव को निमंत्रण देती है। दूसरी ओर, आक्रामक प्रार्थना शत्रु की योजना को उलट देती है। दाऊद ने कहा: "जिस दिन मैंने पुकारा, उस दिन तूने मुझे उत्तर दिया; तूने मेरे प्राण में शक्ति देकर मुझे हियाव बंधाया।" — भजन संहिता 138:3 (BSI) सही प्रतिक्रिया भय को अधिकार में बदल देती है।

बाहर निकलने का पहला कदम: नया जन्म और पश्चाताप

स्वप्न प्रदूषण से स्वतंत्रता आत्मिक समायोजन से आरम्भ होती है। यीशु ने कहा: "मैं तुझ से सच सच कहता हूं, यदि कोई नया जन्म न पाए तो परमेश्वर का राज्य देख नहीं सकता।" — यूहन्ना 3:3 (BSI) नया जन्म आत्मिक अधिकार और परमेश्वर के सामने वैध स्थिति को पुनः स्थापित करता है। उसके बिना प्रार्थना की नींव कमजोर होती है। नए जन्म के बाद पश्चाताप आता है। पश्चाताप लज्जा नहीं है; वह शुद्धि का मार्ग है। "इसलिये मन फिराओ और लौट आओ, कि तुम्हारे पाप मिटाए जाएं।" — प्रेरितों के काम 3:19 (BSI) चाहे ज्ञात अशुद्धता हो या अज्ञात, उसे परमेश्वर के सामने ईमानदारी से लाना आवश्यक है। पश्चाताप उस आत्मिक कचरे को साफ करता है जो प्रदूषण को आकर्षित करता है।

सच्चे पश्चाताप का परमेश्वर तुरंत उत्तर देता है। शुद्धि से सहभागिता, संवेदनशीलता, और प्रार्थना में अधिकार फिर से लौटते हैं।

शुद्धि के साधन के रूप में परमेश्वर का वचन

परमेश्वर का वचन भीतर के मनुष्य को शुद्ध करता है। यीशु ने कहा: "जो वचन मैं ने तुम से कहा है, उसके कारण तुम पहले ही शुद्ध हो।" – यूहन्ना 15:3 (BSI) जहाँ वचन बहुतायत से बसता है, वहाँ दूषित स्वप्न अपनी शक्ति खोने लगते हैं। जब पवित्रशास्त्र हृदय को भर देता है, तब अंधकार को विश्राम का स्थान नहीं मिलता। वचन पर मनन करना मन को नया करता है और कल्पना को फिर से व्यवस्थित करता है। "अपने चाल-चलन को इस संसार के समान न बनाओ; परन्तु तुम्हारी बुद्धि के नए हो जाने से तुम्हारा चाल-चलन भी बदलता जाए।" – रोमियों 12:2 (BSI) क्योंकि स्वप्न मन के क्षेत्र से होकर गुजरते हैं, इसलिए मन का नया होना स्वप्नों की गुणवत्ता को सीधे प्रभावित करता है। वचन से भरा हुआ विश्वासी दिव्य प्रभाव के अधीन सोता है। पवित्रशास्त्र की उपेक्षा भीतर के मनुष्य को खुला छोड़ देती है। वचन का लगातार पढ़ना, उस पर मनन करना, और उसे मुख से घोषित करना ऐसी आत्मिक सीमाएँ खड़ी करता है जो रात की घड़ी की रक्षा करती हैं।

प्रतिदिन की सुरक्षा के रूप में पवित्रता

आत्मिक युद्ध में पवित्रता कोई वैकल्पिक बात नहीं है। "सब मनुष्यों के साथ मेल-मिलाप और उस पवित्रता का पीछा करो, जिसके बिना कोई प्रभु को न देखेगा।" – इब्रानियों 12:14 (BSI) प्रभु को देखना केवल जागते समय के अनुभवों तक सीमित नहीं है; इसमें आत्मिक भेंट, स्पष्टता, और दिव्य संवाद भी शामिल हैं—स्वप्नों में भी। समझौते से भरा जीवन आत्मिक रक्षा को कमजोर करता है। पवित्रता उसे मजबूत करती है। पवित्रता का अर्थ त्रुटिहीन होना नहीं है; उसका अर्थ है उस हर बात से अलग होना जो अशुद्ध करती है। जब विश्वासी इस बात की रक्षा करते हैं कि वे क्या देखते हैं, क्या सुनते हैं, और किस बात को अपने भीतर स्थान देते हैं, तब वे प्रदूषण को उसके स्रोत पर ही कम कर देते हैं। परमेश्वर उनका आदर

करता है जो उसका आदर करते हैं। "जो मेरा आदर करते हैं, मैं उनका आदर करूंगा।" — 1 शमूएल 2:30 (BSI) आदर सुरक्षा को जन्म देता है।

शुद्धि में पवित्र आत्मा की भूमिका

पवित्र आत्मा स्वप्न-जीवन को शुद्ध और पुनःस्थापित करने में अत्यन्त महत्वपूर्ण भूमिका निभाता है। पवित्रशास्त्र कहता है:

"पर तुम धोए गए, और पवित्र किए गए, और प्रभु यीशु मसीह के नाम से, और हमारे परमेश्वर के आत्मा से धर्मी ठहरे।" — 1 कुरिन्थियों 6:11 (BSI) धोया जाना केवल एक बार की घटना नहीं; यह एक चलती रहने वाली प्रक्रिया भी है। पवित्र आत्मा से परिपूर्ण होना आत्मिक विरोध की शक्ति को बढ़ाता है। आत्मा विवेक को तेज करता है, नम्रता से समझाता है, और प्रार्थना को सामर्थ्य देता है। जहाँ पवित्र आत्मा का शासन होता है, वहाँ प्रदूषण प्रभुत्व नहीं जमा सकता। पवित्र आत्मा के साथ नियमित संगति रात में शांति और प्रार्थना में अधिकार उत्पन्न करती है।

प्रार्थना, उपवास, और आत्मिक अधिकार

कुछ प्रकार के प्रदूषण अधिक गहरी आत्मिक तैयारी की माँग करते हैं। यीशु ने कहा: "यह जाति बिना प्रार्थना और उपवास के किसी रीति से नहीं निकल सकती।" — मत्ती 17:21 (BSI शैली) उपवास शरीर की मांगों को दबाता है और आत्मिक संवेदनशीलता को बढ़ाता है। प्रार्थना अधिकार को लागू करती है। रात की प्रार्थनाएँ सीमाएँ स्थापित करती हैं। "मैं आधी रात को उठकर तेरे धर्ममय नियमों के कारण तेरा धन्यवाद करूंगा।" — भजन संहिता 119:62 (BSI) रणनीतिक प्रार्थना बार-बार चलने वाले चक्रों को तोड़ती है और शांतिपूर्ण नींद को बहाल करती है। नियमित आत्मिक अनुशासन से अधिकार बढ़ता है। जब अधिकार बढ़ता है, तब आक्रमण पीछे हटते हैं।

बुरे स्वप्नों के स्रोत को बंद करना

शत्रु प्रवेश-द्वारों के माध्यम से कार्य करता है। उन द्वारों को बंद करना आवश्यक है। पवित्रशास्त्र मसीह के बलिदान के द्वारा विजय की घोषणा करता है। "वे मेम्ने के लोहू के कारण, और अपनी गवाही के वचन के कारण, उस पर जयवन्त हुए।" — प्रकाशितवाक्य 12:11 (BSI) यीशु का

लोहू शुद्धि, सुरक्षा, और विजय का प्रतीक है। विश्वास से भरी प्रार्थना इस सत्य को आत्मिक रूप से लागू करती है। जब विश्वासी मसीह के पूरे हुए कार्य पर स्थिर खड़े रहते हैं, तब बुरे स्वप्नों के द्वारा छोड़ी गई अशुद्ध जमा पूँजी अपनी वैध जमीन खो देती है। स्रोत को बंद कर देने से बार-बार होने वाला आक्रमण रुकता है। तब विजय केवल अस्थायी नहीं रहती, बल्कि स्थिर हो जाती है।

पहले के बुरे स्वप्नों को निष्फल करना

पहले के दूषित स्वप्नों को भय के साथ याद नहीं रखना चाहिए; उन्हें रद्द करना चाहिए। पवित्रशास्त्र शत्रु की योजनाओं को निष्फल करने का अधिकार देता है। "मैं तुम से सच कहता हूं, जो कुछ तुम पृथ्वी पर बांधोगे, वह स्वर्ग में बंधेगा..." — मत्ती 18:18 (BSI) बांधना अधिकार का एक कार्य है। प्रार्थना पुराने प्रभावों को भी निष्फल कर सकती है। जब विश्वास के साथ शत्रु का सामना किया जाता है, तब उसकी मंशा उलट दी जाती है। परमेश्वर उस बात को भी बहाल करता है जिसे प्रदूषण ने नष्ट करने का प्रयास किया था। "जितने वर्ष टिड्डियों ने... खा लिए, मैं उनकी भरपाई तुम को कर दूंगा।" — योएल 2:25 (BSI) टकराव के बाद बहाली आती है।

प्रदूषण से पवित्रता तक

स्वप्न प्रदूषण वास्तविक है, परन्तु मसीह में विजय निश्चित है। परमेश्वर की इच्छा पवित्रता, शांति, और विश्राम है। "आओ, हम आपस में वाद-विवाद करें... चाहे तुम्हारे पाप लाल रंग के हों, तौभी वे हिम के समान उजले हो जाएंगे।" — यशायाह 1:18 (BSI) जब विश्वासी पश्चाताप, पवित्रता, प्रार्थना, और वचन में चलते हैं, तब रात फिर से विश्राम का स्थान बन जाती है। स्वप्न फिर स्पष्ट होने लगते हैं, भय अपनी शक्ति खो देता है, और आत्मिक विश्वास लौट आता है। परमेश्वर उस सब को फिर से बहाल करता है जिसे शत्रु भ्रष्ट करना चाहता था।

अध्याय 3 – सपनों का बाइबिलीय परिचय

पवित्रशास्त्र में सपनों का परमेश्वर द्वारा लगातार उपयोग

उत्पत्ति से लेकर प्रेरितों के काम तक, बाइबिल सपनों और दर्शनों को ऐसे जानबूझकर उपयोग किए गए साधनों के रूप में प्रस्तुत करती है, जिनके द्वारा परमेश्वर अपनी इच्छा प्रकट करता है, अपनी योजना की रक्षा करता है, और अपने सेवकों को सही स्थान पर स्थापित करता है। सपने कभी आकस्मिक अनुभव नहीं थे; वे ऐसे रणनीतिक माध्यम थे जिनके द्वारा परमेश्वर वह बात बताता था जिसे मनुष्य अपनी बुद्धि, तर्क, या अनुभव से नहीं जान सकता था। पवित्रशास्त्र कहता है: "निश्चय प्रभु यहोवा बिना अपने दास भविष्यद्वक्ताओं पर अपना भेद प्रगट किए कुछ भी नहीं करता।" — आमोस 3:7 (BSI) यह स्थापित करता है कि प्रकाशन परमेश्वर की कार्य-प्रणाली का एक भाग है, कोई अपवाद नहीं। पुराने नियम में परमेश्वर ने अक्सर सपनों का उपयोग इतिहास में किसी घटना के घटित होने से पहले भविष्य को तैयार करने के लिए किया। सपनों के द्वारा वाचाएँ प्रकट हुईं, खतरों के विरुद्ध चेतावनियाँ दी गईं, गलत कार्यों को सुधारा गया, और चुने हुए लोगों को प्रभाव, प्रबंध, और प्रावधान के स्थानों पर उठाया गया। ये सपने केवल व्यक्तिगत प्रोत्साहन नहीं थे; वे ऐसे साधन थे जिनके द्वारा

पूरे-के-पूर८ राष्ट्र सुरक्षित रखे गए, न्याय के अधीन आए, या मार्गदर्शन पाए। परमेश्वर ने सपनों का उपयोग केवल व्यक्तियों को आशीष देने के लिए नहीं, बल्कि अपनी छुटकारे की योजना को आगे बढ़ाने के लिए भी किया। इसलिए सपने एक प्रकार की दिव्य घोषणा का कार्य करते हैं। जब परमेश्वर सपनों के द्वारा बोलता है, तब वह कोई प्रयोग नहीं कर रहा होता; वह कुछ घोषित कर रहा होता है। पवित्रशास्त्र कहता है: "परमेश्वर मनुष्य नहीं है कि वह झूठ बोले..." — गिनती 23:19 (BSI) बाइबिल में हर सपना अपने साथ गंभीरता, परिणाम, और जिम्मेदारी लेकर आता था।

इब्राहीम और वाचा का दर्शन

परमेश्वर ने सबसे पहले इब्राहीम के द्वारा यह दिखाया कि सपने और दर्शन वाचा से कैसे जुड़े हुए हो सकते हैं। पवित्रशास्त्र कहता है: "इन बातों के पश्चात यहोवा का यह वचन दर्शन में अब्राम के पास पहुंचा, 'हे अब्राम, मत डर; मैं तेरी ढाल और तेरा बहुत बड़ा प्रतिफल हूं।'" — उत्पत्ति 15:1 (BSI) यह दर्शन किसी प्रतीकात्मक उलझन से भरा हुआ नहीं था; यह सीधा आश्वासन और वाचा की पुष्टि था। उस समय इब्राहीम देरी और अनिश्चितता से जूझ रहा था। परमेश्वर ने उससे साधारण रूप से बात नहीं की; उसने एक ही दर्शन में उसके भय, उसकी पहचान, और उसकी नियति —तीनों को संबोधित किया। परमेश्वर ने फिर से स्थापित किया कि इब्राहीम का भविष्य परिस्थितियों पर निर्भर नहीं है, बल्कि दिव्य प्रतिज्ञा पर निर्भर है। इससे यह पता चलता है कि बहुत बार दर्शन तब आते हैं जब विश्वास दबाव में होता है। इस भेंट के द्वारा परमेश्वर ने एक सिद्धांत स्थापित किया: सपने और दर्शन वाचा को मजबूत करने का कार्य कर सकते हैं। जब परमेश्वर किसी मनुष्य को स्वप्न या दर्शन के द्वारा अपनी प्रतिज्ञा स्मरण दिलाता है, तब वह उसका मनोरंजन करने के लिए नहीं, बल्कि उसे भरोसे में स्थिर करने के लिए ऐसा करता है।

अबीमेलेक: ऐसे सपने जो पाप को रोकते हैं

परमेश्वर ने सपनों का उपयोग गलत काम को रोकने के लिए भी किया। जब अबीमेलेक, जो गरार का राजा था, सारा को अपने घर में ले आया, तब उसे रात में एक चेतावनी भरा सपना मिला। पवित्रशास्त्र कहता है:

"रात को परमेश्वर ने स्वप्न में अबीमेलेक के पास आकर उससे कहा, 'देख, जिस स्त्री को तू ले आया है, उसके कारण तू मरने पर है...'" – उत्पत्ति 20:3 (BSI) अबीमेलेक इब्राहीम की वाचा का भागीदार नहीं था, फिर भी परमेश्वर ने उससे बात की, क्योंकि उसका अपना उद्देश्य खतरे में था। यह दिखाता है कि जब उसकी योजना की रक्षा आवश्यक होती है, तब परमेश्वर अविश्वासियों से भी सपनों के द्वारा बात कर सकता है। उस स्वप्न ने व्यभिचार को रोका, सारा की रक्षा की, और उस वंश को सुरक्षित रखा जिसके द्वारा परमेश्वर की प्रतिज्ञा पूरी होनी थी। यह सपना सिद्ध करता है कि सपने दिव्य रोक के रूप में भी कार्य कर सकते हैं। आगे परमेश्वर ने कहा: "मैं ने भी तुझे मेरे विरुद्ध पाप करने से रोक रखा..." – उत्पत्ति 20:6 (BSI) अर्थात् परमेश्वर ने एक स्वप्न के द्वारा उस कार्य को रोक दिया जो उसकी योजना को बिगाड़ सकता था।

याकूब और पहुंच का सपना

याकूब को एक स्वप्न में परमेश्वर का सामना तब हुआ जब वह एसाव से भाग रहा था। पवित्रशास्त्र कहता है: "उस ने स्वप्न में देखा, कि क्या देखता है कि पृथ्वी पर एक सीढ़ी लगी हुई है, और उसका सिरा स्वर्ग तक पहुंचा हुआ है..."

– उत्पत्ति 28:12 (BSI) इस स्वप्न ने एक ऐसी बात प्रकट की जिसे याकूब अभी तक नहीं समझता था–कि स्वर्ग उसकी यात्रा में सक्रिय रूप से जुड़ा हुआ था। उस समय याकूब आत्मिक रूप से परिपक्व नहीं था, फिर भी परमेश्वर ने उसे पहुंच, उपस्थिति, और प्रतिज्ञा का दर्शन दिया। परमेश्वर ने उसके अनिश्चित जीवन में पहचान की आवाज़ बोली। उसने कहा: "मैं तेरे संग रहूंगा, और जहां कहीं तू जाएगा वहां तेरी रक्षा करूंगा..." – उत्पत्ति 28:15 (BSI) यह दिखाता है कि सपने और दर्शन तब भी परमेश्वर की उपस्थिति का परिचय दे सकते हैं जब व्यक्ति का चरित्र अभी पूरी तरह विकसित नहीं हुआ हो। उस स्वप्न ने एक साधारण स्थान को पवित्र स्थान में बदल दिया। याकूब ने कहा: "निश्चय यहोवा इस स्थान में है..." – उत्पत्ति 28:16 (BSI) बहुत बार सपने मनुष्य की आँखें खोलते हैं कि परमेश्वर उसके निकट ही है।

यूसुफः ऐसे सपने जो नियति को आकार देते हैं

यूसुफ के सपने भविष्य में मिलने वाले अधिकार की भविष्यवाणी थे। पवित्रशास्त्र कहता है: “उसने एक और स्वप्न देखा और अपने भाइयों को बताया...” – उत्पत्ति 37:9 (BSI) उन स्वप्नों के प्रतीक स्पष्ट थे– अधिकार, ऊँचाई, और मान्यता। परन्तु स्पष्टता ने स्वीकार्यता उत्पन्न नहीं की; उसने विरोध उत्पन्न किया।

यूसुफ के भाइयों ने समय को गलत समझा, पर अर्थ को नहीं। उनका बैर उस स्वप्न को रद्द नहीं कर सका; उलटे वही उस पूरी प्रक्रिया का एक भाग बन गया जिसके द्वारा वह सपना पूरा होना था। परमेश्वर ने उनकी प्रतिक्रिया का उपयोग यूसुफ को मिस्र, कारागार, और अंततः राजमहल तक पहुँचाने के लिए किया। इससे पता चलता है कि स्वप्न नियति तो प्रकट कर सकते हैं, परन्तु पूरा मार्ग नहीं दिखाते। यूसुफ का जीवन यह सिखाता है कि सपने कष्ट से पहले आ सकते हैं, कष्ट को हटाने के लिए नहीं। फिर भी परमेश्वर उसके साथ बना रहा। पवित्रशास्त्र कहता है: “पर यहोवा यूसुफ के संग-संग रहा...” – उत्पत्ति 39:21 (BSI) सपने परीक्षाओं को समाप्त नहीं करते; वे यह सुनिश्चित करते हैं कि परीक्षाओं के बीच भी उद्देश्य बना रहेगा।

कारागार में यूसुफः ऐसे सपने जो बंद द्वार खोलते हैं

जब यूसुफ कारागार में था, तब भी परमेश्वर ने सपनों के द्वारा अपनी योजना को आगे बढ़ाना बंद नहीं किया। फिरौन के दो सेवकों–पिलानेहारे और पकानेवाले–ने एक ही रात में अपने-अपने परेशान करने वाले सपने देखे। पवित्रशास्त्र कहता है: “मिस्र के राजा के पिलानेहारे और पकानेवाले ने... एक ही रात में स्वप्न देखा, और हर एक के स्वप्न का अपना अर्थ था।” – उत्पत्ति 40:5 (BSI) ये साधारण सपने नहीं थे; इनमें बहुत सटीक परिणाम छिपे हुए थे। यूसुफ ने इन सपनों की व्याख्या अपनी योग्यता या अनुभव के आधार पर नहीं की। उसने कहा: “क्या अर्थ बताना परमेश्वर का काम नहीं?” – उत्पत्ति 40:8 (BSI) यह एक बहुत महत्वपूर्ण सिद्धांत स्थापित करता है: बाइबिल के अनुसार स्वप्न की व्याख्या परमेश्वर पर

निर्भरता से आती है, केवल मानवीय बुद्धि से नहीं। उस व्याख्या की सटीकता ने यह सिद्ध किया कि बंदीगृह में भी परमेश्वर यूसुफ के साथ था। जब वे स्वप्न पूरे हुए, तब यह प्रमाणित हुआ कि जीवन और मृत्यु पर भी परमेश्वर का ही अधिकार है। पिलानेहारा फिर से अपने पद पर लौटा दिया गया, और पकानेवाला मार डाला गया—बिलकुल वैसे ही जैसे यूसुफ ने बताया था। यह घटना दिखाती है कि सपने कभी-कभी न्यायिक साधनों की तरह भी काम करते हैं, जिनके द्वारा वह परिणाम प्रकट होता है जो दिव्य अधिकार के अधीन पहले से निश्चित हो चुका है।

फिरौन के सपने और राष्ट्रीय संरक्षण

दो वर्ष बाद, परमेश्वर ने सपनों का उपयोग राष्ट्रीय स्तर पर किया। फिरौन ने गायों और बालियों का सपना देखा—ऐसे प्रतीक जो देखने में सामान्य लगे, परन्तु उनमें भविष्यवाणी का भार था। पवित्रशास्त्र कहता है: "दो पूरे वर्ष बीतने पर फिरौन ने स्वप्न देखा..." — उत्पत्ति 41:1 (BSI) यहाँ समय महत्वपूर्ण था। परमेश्वर ने यूसुफ को मुक्त करने और आगे बढ़ाने के लिए ठीक समय की प्रतीक्षा की। एक बार फिर यूसुफ ने परमेश्वर को ही स्रोत माना। उसने कहा: "यह मेरे बस की बात नहीं; परमेश्वर ही फिरौन को उत्तर देगा..." — उत्पत्ति 41:16 (BSI) इन सपनों ने अकाल और प्रबन्ध—दोनों को एक साथ प्रकट किया। उनमें चेतावनी भी थी और समाधान भी। परमेश्वर ने केवल समस्या ही प्रकट नहीं की; उसने तैयारी का रास्ता भी दिखाया। इन्हीं सपनों के कारण यूसुफ मिस्र में दूसरे स्थान का अधिकारी बना। पवित्रशास्त्र कहता है: "तू मेरे घर पर प्रधान रहेगा, और मेरी सारी प्रजा तेरी आज्ञा मानेगी..." — उत्पत्ति 41:40 (BSI) इस प्रकार परमेश्वर ने सपनों का उपयोग करके अपने सेवक को अधिकार के स्थान पर पहुँचाया, राष्ट्रों को सुरक्षित रखा, और अपनी वाचा की प्रजा की रक्षा की।

शमूएलः ऐसे दर्शन जो भविष्यद्वक्ताई अधिकार स्थापित करते हैं

परमेश्वर ने शमूएल से तब बात की जब वह अभी बालक ही था। पवित्रशास्त्र कहता है: "तब यहोवा ने आकर पहले की नाईं पुकारा, 'शमूएल! शमूएल!'" — 1 शमूएल 3:10 (BSI) यद्यपि शमूएल ने पहले समझा कि एली उसे बुला रहा है, परन्तु वह आवाज़ परमेश्वर की थी।

इससे यह दिखाई देता है कि बहुत बार परमेश्वर पूर्ण समझ विकसित होने से पहले ही संवाद आरम्भ कर देता है।

शमूएल को जो संदेश मिला वह सरल नहीं था—वह एली के घराने पर आने वाले न्याय से सम्बन्धित था। फिर भी शमूएल ने उसे विश्वासयोग्यता के साथ कह दिया। बाद में पवित्रशास्त्र कहता है: "शमूएल बढ़ता गया, और यहोवा उसके संग रहा, और उसकी कोई बात निष्फल न जाने दी।" — 1 शमूएल 3:19 (BSI) अर्थात् आज्ञाकारिता ने प्रकाशन को प्रमाणित किया। शमूएल का अनुभव यह दिखाता है कि सपने और दर्शन जीवन के आरम्भिक समय में भी किसी के बुलावे को स्थापित कर सकते हैं। परमेश्वर द्वारा दी गई बात के प्रति विश्वासयोग्यता ही आगे भी दिव्य संवाद की निरन्तरता को निर्धारित करती है।

गिदोन और शत्रु का सपना

परमेश्वर ने कभी-कभी अपने सेवकों को प्रोत्साहित करने के लिए असामान्य स्त्रोतों का भी उपयोग किया। गिदोन ने एक शत्रु सैनिक को उसका सपना बताते हुए सुना। पवित्रशास्त्र कहता है: "जब गिदोन वहां पहुंचा, तब एक मनुष्य अपने साथी से एक स्वप्न कह रहा था..." — न्यायियों 7:13 (BSI) उस स्वप्न की व्याख्या में गिदोन की विजय का संकेत था। वह सपना गिदोन को नहीं, बल्कि उसके शत्रु को दिया गया था। फिर भी उससे गिदोन का विश्वास मजबूत हुआ। पवित्रशास्त्र कहता है: "जब गिदोन ने स्वप्न और उसका अर्थ सुना, तब उसने दण्डवत किया..." — न्यायियों 7:15 (BSI) इसका अर्थ यह है कि परमेश्वर के वचन की पुष्टि कभी-कभी सबसे असम्भव पात्रों के माध्यम से भी हो सकती है। उस स्वप्न के द्वारा परमेश्वर ने गिदोन के भय को दूर किया। बहुत बार सपनों के द्वारा मिलने वाला उत्साह इस बात का प्रमाण होता है कि परमेश्वर अपने लोगों को कठिन आज्ञाकारिता के लिए तैयार कर रहा है।

सुलैमान: ऐसा सपना जिसमें बुद्धि दी गई

परमेश्वर गिबोन में सुलैमान को स्वप्न में दिखाई दिया। पवित्रशास्त्र कहता है:

"गिबोन में यहोवा ने रात को सुलैमान को स्वप्न में दर्शन देकर कहा, 'मांग, मैं तुझे क्या दूं?'" – 1 राजा 3:5 (BSI) यह सपना किसी सामान्य अनुभव जैसा नहीं था; यह दिव्य स्रोतों को माँगने का निमंत्रण था। सुलैमान ने धन नहीं, बुद्धि मांगी। परमेश्वर ने उस प्रार्थना को आदर दिया। आगे वह कहता है: "और जो तू ने नहीं मांगा, वह भी मैं तुझे देता हूं..." – 1 राजा 3:13 (BSI) यह दिखाता है कि स्वप्न कभी-कभी ऐसे दिव्य लेन-देन के क्षण बन सकते हैं जिनमें प्रकाशन के समय किया गया चुनाव पूरे जीवन की दिशा तय कर देता है। सुलैमान की बुद्धि ने वर्षों तक इस्राएल पर शासन किया। एक ही स्वप्न भेंट ने एक पूरे राष्ट्र का प्रवाह बदल दिया। आज भी परमेश्वर सपनों के द्वारा दिशा और सामर्थ्य दे सकता है।

जकर्याह और परमेश्वर के समय की घोषणा

नए नियम में भी परमेश्वर ने वही स्थापित तरीका जारी रखा—प्राकृतिक साधनों से परे जानकारी देने के लिए दर्शन और स्वप्नों का उपयोग। वृद्ध याजक जकर्याह को मन्दिर में सेवा करते समय परमेश्वर का दर्शन मिला। पवित्रशास्त्र कहता है: "प्रभु का एक दूत धूप की वेदी की दाहिनी ओर खड़ा हुआ उसे दिखाई दिया।" – लूका 1:11 (BSI) इस दर्शन ने यह घोषणा की कि पुत्र के लिए उसकी बहुत पुरानी प्रार्थना का उत्तर मिल चुका है। यह संदेश केवल व्यक्तिगत नहीं था; वह भविष्यद्वक्ताई महत्व भी रखता था। यूहन्ना बपतिस्मा देने वाला जन्म लेगा, जो प्रभु का मार्ग तैयार करेगा। जकर्याह ने आयु और देरी के कारण विश्वास करने में संघर्ष किया, फिर भी दर्शन स्थिर रहा। पवित्रशास्त्र कहता है: "क्योंकि परमेश्वर के यहां कोई बात असम्भव नहीं।" – लूका 1:37 (BSI) यह अनुभव दिखाता है कि दर्शन अक्सर उस बिन्दु पर आते हैं जहाँ देरी और पूर्ति आपस में मिलती हैं। परमेश्वर ने इस दर्शन के द्वारा यह घोषित किया कि दिव्य समय जैविक सीमा से ऊँचा है। प्रकाशन उम्र, शक्ति, या सामाजिक स्थिति पर निर्भर नहीं था; वह परमेश्वर के उद्देश्य पर निर्भर था।

यूसुफ: ऐसे सपने जो मसीहा की रक्षा करते हैं

मरियम के पति यूसुफ को कई स्वप्न मिले जिन्होंने सीधे-सीधे परमेश्वर की छुटकारे की योजना की रक्षा की। जब वह सोच रहा था कि वह

चुपचाप मरियम को छोड़ दे, तब परमेश्वर ने हस्तक्षेप किया। पवित्रशास्त्र कहता है: "जब वह इन बातों पर विचार ही कर रहा था, तो क्या देखता है कि प्रभु का दूत उसे स्वप्न में दिखाई देकर कहता है..." – मत्ती 1:20 (BSI) उस स्वप्न ने यह स्पष्ट किया कि मरियम का गर्भ परमेश्वर की ओर से है। यदि यह स्वप्न न आता, तो यूसुफ की धार्मिक इच्छा भी परमेश्वर की योजना को बाधित कर सकती थी। यहाँ स्वप्न सुधार देने वाले मार्गदर्शन के रूप में कार्य कर रहा था। बाद में परमेश्वर ने फिर यूसुफ को स्वप्न में चेतावनी दी कि वह हेरोदेस की योजना से बचने के लिए मिस्र भाग जाए। "उठ, बालक और उसकी माता को साथ ले कर मिस्र को भाग जा..." – मत्ती 2:13 (BSI) इसके बाद भी परमेश्वर ने स्वप्न के द्वारा ही यूसुफ को यह बताया कि कब लौटना सुरक्षित है। इन स्वप्नों ने यीशु के जीवन की रक्षा की और भविष्यवाणी को पूरा किया। यहाँ स्वप्न वैकल्पिक नहीं थे; वे परमेश्वर की सुरक्षा योजना का आवश्यक अंग थे।

पीलातुस की पत्नी: ऐसी चेतावनी जिसे अनदेखा किया गया

यीशु के मुकदमे के समय परमेश्वर ने पीलातुस की पत्नी को भी एक स्वप्न के द्वारा चेतावनी दी। पवित्रशास्त्र कहता है: "उस धर्मी के साथ कुछ काम न रखना; क्योंकि आज मैं ने स्वप्न में उसके कारण बहुत दुख उठाया है।" – मत्ती 27:19 (BSI) यह सपना अन्याय के विरुद्ध चेतावनी था। चेतावनी स्पष्ट थी, परन्तु उसका पालन नहीं किया गया। पीलातुस ने दिव्य चेतावनी से अधिक राजनीतिक दबाव को महत्व दिया। इससे एक गंभीर सत्य प्रकट होता है: सपने चेतावनी दे सकते हैं, परन्तु वे मनुष्य को आज्ञाकारी बनने के लिए मजबूर नहीं करते। जिम्मेदारी सुनने वाले के ऊपर रहती है। यह स्वप्न इस बात का प्रमाण है कि जब न्याय निकट भी हो, तब भी परमेश्वर चेतावनी देता है। सपने हमेशा परिणाम नहीं रोकते; कभी-कभी वे किए गए चुनावों के विरुद्ध गवाही बन जाते हैं।

हनन्याह: ऐसा दर्शन जो आज्ञाकारिता उत्पन्न करता है

परमेश्वर ने हनन्याह को एक दर्शन के द्वारा निर्देश दिया कि वह शाऊल के पास जाए, जो उस समय विश्वासियों का सताने वाला माना जाता था। पवित्रशास्त्र कहता है: "दमिश्क में हनन्याह नाम एक चेला था; और प्रभु ने

उससे दर्शन में कहा, 'हनन्याह!'" — प्रेरितों के काम 9:10 (BSI) यह निर्देश सुविधा नहीं, बल्कि भरोसा मांगता था। हनन्याह ने पहले प्रश्न किया, परन्तु अंत में आज्ञा मानी। उसकी आज्ञाकारिता के द्वारा शाऊल की दृष्टि लौट आई और उसका बुलावा स्थापित हुआ। उसने कहा: "हे भाई शाऊल, प्रभु यीशु... ने मुझे भेजा है कि तू फिर से देख सके..." — प्रेरितों के काम 9:17 (BSI) यह दर्शन दिखाता है कि सपने और दर्शन बहुत बार विश्वासियों को ऐसी आज्ञाकारिता में बुलाते हैं जो आरामदायक नहीं होती। परमेश्वर प्रकाशन का उपयोग केवल जानकारी देने के लिए नहीं, बल्कि लोगों को चलाने के लिए भी करता है।

कुरनेलियुस: ऐसे दर्शन जो सुसमाचार के द्वार खोलते हैं

रोमी सूबेदार कुरनेलियुस को एक दर्शन मिला जिसमें उसे पतरस को बुलाने के लिए कहा गया। पवित्रशास्त्र कहता है: "तेरी प्रार्थनाएं और तेरे दान परमेश्वर के सामने स्मरण के लिये पहुंचे हैं।" — प्रेरितों के काम 10:4 (BSI) इस दर्शन ने अन्यजातियों के लिए कलीसिया का द्वार खोलने की प्रक्रिया शुरू की। परमेश्वर ने पहले कुरनेलियुस से बात की, फिर पतरस को एक दूसरे दर्शन के द्वारा उसी बात की पुष्टि दी। इस दोहरी प्रकाशना ने स्पष्टता और एकता दोनों को सुनिश्चित किया। परमेश्वर ने अपने उद्देश्य को पूरा करने के लिए दोनों पक्षों पर दर्शन का प्रबन्ध किया। इस दर्शन के अनुसार आज्ञाकारिता करने के परिणामस्वरूप कुरनेलियुस और उसका घराना उद्धार में आया। यह दिखाता है कि सपने और दर्शन उन द्वारों को खोल सकते हैं जिन्हें परम्परा ने बंद कर दिया था।

पतरस: ऐसा दर्शन जो सिद्धान्त को सुधारता है

स्वर्ग से उतारी गई चादर के विषय में पतरस का दर्शन उसकी लम्बे समय से बनी हुई समझ को चुनौती देता है। परमेश्वर ने उससे कहा: "जिसे परमेश्वर ने शुद्ध ठहराया है उसे तू अशुद्ध न कह।" — प्रेरितों के काम 10:15 (BSI) यह दर्शन केवल व्यवहार को नहीं, बल्कि समझ को सुधार रहा था। परमेश्वर ने इस दर्शन के द्वारा प्रकट किया कि उद्धार जाति, परम्परा, या व्यवस्था की सीमाओं में बंद नहीं है। इस दर्शन ने पतरस को अन्यजातियों को बिना पक्षपात स्वीकार करने के लिए तैयार किया। यहाँ

दिव्य स्पष्टता के द्वारा धर्मशास्त्रीय समझ सुधारी गई। यह दर्शन दिखाता है कि जब पवित्रशास्त्र सही प्रकार से समझा जाए, तब सपने और दर्शन मनुष्य की समझ को नया आकार दे सकते हैं।

पौलुस: रात के दर्शन के द्वारा दिशा

सेवकाई के दौरान पौलुस को एक रात में दर्शन मिला, जिसने उसके मिशन की दिशा बदल दी। पवित्रशास्त्र कहता है: "रात को पौलुस को एक दर्शन हुआ; कि एक मकिदुनियाई पुरुष खड़ा हुआ उससे बिनती करके कहता है..."

— प्रेरितों के काम 16:9 (BSI) इस दर्शन ने उसके प्रेरितिक कार्य को नए क्षेत्र की ओर मोड़ दिया। पौलुस ने बिना देर किए प्रतिक्रिया दी। पवित्रशास्त्र कहता है: "हमने समझ लिया कि परमेश्वर ने हमें उन्हें सुसमाचार सुनाने के लिये बुलाया है।" — प्रेरितों के काम 16:10 (BSI) अर्थात् प्रकाशन के बाद तुरन्त आज्ञाकारिता आई। इस एक दर्शन ने यूरोप के लिए सुसमाचार का द्वार खोल दिया। एक रात का दर्शन मसीही इतिहास के विस्तार की दिशा बदलने वाला सिद्ध हुआ।

नए नियम के सपनों में दिखाई देने वाले पैटर्न

नए नियम में सपनों और दर्शनों का उपयोग लगातार स्पष्ट उद्देश्यों के लिए हुआ—मार्गदर्शन, सुधार, सुरक्षा, और परमेश्वर के कार्य का विस्तार। वे कभी भी अनियमित या बिना उद्देश्य के अनुभव नहीं थे। पवित्रशास्त्र कहता है: "आत्मा सब बातें, वरन परमेश्वर की गूढ़ बातें भी जांचता है।" — 1 कुरिन्थियों 2:10 (BSI)

हर दर्शन परमेश्वर के वचन के साथ मेल खाता था और उसकी योजना को आगे बढ़ाता था। किसी भी स्वप्न ने पवित्रशास्त्र का विरोध नहीं किया; वे उसी की पूर्ति और विस्तार का साधन बने। परमेश्वर ने अपनी कलीसिया को आगे बढ़ाने के लिए सपनों और दर्शनों का प्रयोग किया।

कलीसिया में सपनों और दर्शनों की जिम्मेदारी

सपनों के साथ जिम्मेदारी जुड़ी होती है। परमेश्वर प्रकट करता है, परन्तु मनुष्य को आज्ञा माननी होती है। पवित्रशास्त्र कहता है: "वचन पर चलने वाले बनो, और केवल सुनने वाले नहीं..." — याकूब 1:22 (BSI) जो

प्रकाशन अनदेखा किया जाता है, वह हानि उत्पन्न करता है; और जो आज्ञाकारिता में ग्रहण किया जाता है, वह फल लाता है। प्रारम्भिक कलीसिया ने सपनों और दर्शनों को गंभीरता, प्रार्थना, और उत्तरदायित्व के साथ लिया। वे व्यक्तिगत घमण्ड का साधन नहीं बने; वे कलीसिया की सेवा के लिए थे। यह आदर्श आज भी उतना ही प्रासंगिक है।

परमेश्वर की अपरिवर्तनीय रीति

इब्राहीम से लेकर पौलुस तक, परमेश्वर ने लगातार सपनों और दर्शनों का उपयोग अपनी इच्छा को प्रकट करने, रक्षा करने, सुधारने, और अपने उद्देश्य को आगे बढ़ाने के लिए किया। पवित्रशास्त्र कहता है: "यीशु मसीह कल और आज और युगानुयुग एकसा है।" — इब्रानियों 13:8 (BSI) परमेश्वर का स्वभाव नहीं बदलता, और उसके तरीके भी अपनी मूल प्रकृति में बदलते नहीं। सपने आज भी दिव्य संवाद के साधन हो सकते हैं, यदि उन्हें ठीक प्रकार से समझा जाए, पवित्रशास्त्र की कसौटी पर परखा जाए, और आज्ञाकारिता के साथ उनका उत्तर दिया जाए। परमेश्वर आज भी बोलता है। जिम्मेदारी आज भी वही है—सुनना, परखना, और आज्ञा मानना।

अध्याय 4 – स्वप्न और दर्शन के 12 छिपे हुए बाइबिल के नियम

विवेक, प्रकाशन और आत्मिक परिपक्वता के लिए एक बाइबिल ढांचा

स्वप्न और दर्शन मसीही जीवन के सबसे गलत समझे जाने वाले क्षेत्रों में से एक हैं। कुछ विश्वास करने वाले इन्हें पूरी तरह अनदेखा कर देते हैं, जैसे कि परमेश्वर कभी इनका उपयोग ही नहीं करता। जबकि कुछ लोग इन्हें

बहुत अधिक महत्व दे देते हैं और हर स्वप्न को शास्त्र के समान महत्व देते हैं। दोनों ही गलतियाँ भ्रम पैदा करती हैं। बाइबल हमें स्वप्नों और दर्शनों को तुच्छ समझने की अनुमति नहीं देती, लेकिन यह भी अनुमति नहीं देती कि हम इनके द्वारा नियंत्रित हों।

पवित्रशास्त्र दिखाता है कि परमेश्वर सच में स्वप्नों और दर्शनों के द्वारा बोलता है। उसने राजाओं को चेतावनी दी, भविष्यद्वक्ताओं का मार्गदर्शन किया, परिवारों की रक्षा की, भविष्य की घटनाओं को प्रकट किया, छिपी हुई बातों को उजागर किया और अपने सेवकों को इनके द्वारा मजबूत किया। लेकिन यही बाइबल यह भी चेतावनी देती है कि कुछ स्वप्न झूठे होते हैं, कुछ शरीर से आते हैं, कुछ चिंता के कारण होते हैं, और कुछ धोखे से जुड़े होते हैं। इसलिए स्वप्नों को कभी भी हल्के में नहीं लेना चाहिए।

लक्ष्य केवल स्वप्नों की व्याख्या करना नहीं है। लक्ष्य है परमेश्वर की आवाज़ को पहचानना। एक स्वप्न रात में आ सकता है, लेकिन विवेक परमेश्वर के वचन के प्रकाश में बनता है। एक दर्शन अलौकिक लग सकता है, लेकिन उसकी सच्चाई को शास्त्र से जांचा जाना चाहिए। आत्मिक परिपक्वता इस बात से सिद्ध नहीं होती कि किसी के पास कितने स्वप्न हैं, बल्कि इससे कि वह उन्हें प्राप्त करने के बाद परमेश्वर के साथ कितनी निष्ठा से चलता है।

ये बारह बाइबिल के नियम हमें समझने में मदद करते हैं कि स्वप्न और दर्शन पवित्रशास्त्र में कैसे काम करते हैं। ये मनुष्य द्वारा बनाए गए सूत्र नहीं हैं। ये वे पैटर्न हैं जो बाइबल में बार-बार दिखाई देते हैं। जब इन नियमों को समझा जाता है, तो विश्वास करने वाले उस चीज़ को ग्रहण कर सकते हैं जो वास्तव में परमेश्वर से है, जो झूठा है उसे अस्वीकार कर सकते हैं, और सत्य में सुरक्षित रह सकते हैं।

1. दिव्य पहल का नियम

परमेश्वर तय करता है कि वह कब स्वप्न और दर्शन के द्वारा बोलेगा

अय्यूब 33:14–15

"क्योंकि परमेश्वर बार-बार बोलता है, परन्तु लोग उसे पहचानते नहीं। वह

स्वप्नों में, रात के दर्शनों में बोलता है, जब मनुष्य गहरी नींद में अपने बिस्तरों पर सोते हैं।"

पहला छिपा हुआ नियम यह है कि सच्चा प्रकाशन परमेश्वर की पहल से शुरू होता है, मनुष्य के नियंत्रण से नहीं। बाइबल में स्वप्नों को कभी भी ऐसी चीज़ के रूप में नहीं दिखाया गया जिसे मनुष्य तकनीक, प्रयास या किसी रीति के द्वारा उत्पन्न कर सके। एक व्यक्ति हर रात सो सकता है, लेकिन केवल परमेश्वर ही तय करता है कि कौन सी रात प्रकाशन का समय बनेगी। यह सत्य स्वप्न देखने वाले को नम्र बनाता है और प्रकाशन को परमेश्वर के अधीन रखता है।

आज बहुत लोग स्वप्नों को इस तरह देखते हैं जैसे प्रकाशन एक आत्मिक कौशल है जिसे सीखा जा सकता है। लेकिन बाइबिल का प्रकाशन कभी भी मनुष्य की इच्छा से शुरू नहीं होता। यह परमेश्वर की दया से शुरू होता है। वह सामान्य जीवन को रोकता है क्योंकि उसने बोलने का निर्णय लिया है। यही कारण है कि शास्त्र प्रकाशन को प्राप्त की जाने वाली चीज़ के रूप में दिखाता है, न कि बनाई जाने वाली चीज़ के रूप में। हम अपने आप को परमेश्वर के सामने रखते हैं, लेकिन वही अदृश्य जगत को खोलने वाला है।

यह नियम हमें आत्मिक घमंड से बचाता है। यदि कोई व्यक्ति यह सोचने लगे कि स्वप्न यह प्रमाण हैं कि वह दूसरों से अधिक आत्मिक है, तो उसने पहले ही प्रकाशन को गलत समझ लिया है। परमेश्वर ने इब्राहीम, दानिय्येल और यूसुफ से बात की, लेकिन उसने अबीमेलेक, लाबान, फिरौन, नबूकदनेस्सर और पीलातुस की पत्नी से भी बात की। इसका मतलब यह है कि स्वप्न हमेशा आत्मिक परिपक्वता का पुरस्कार नहीं होते। कभी-कभी वे चेतावनी होते हैं, हस्तक्षेप होते हैं, प्रकट करने के लिए होते हैं, या परमेश्वर के नियंत्रण का कार्य होते हैं। परमेश्वर किसी विश्वास करने वाले से वाचा के कारण बोल सकता है, या किसी अविश्वासी से अपनी दया और व्यवस्था के कारण।

दानिय्येल 2:28

"परन्तु स्वर्ग में एक परमेश्वर है जो भेदों को प्रकट करता है..."

यह पद दिखाता है कि प्रकाशन परमेश्वर के सिंहासन से आता है, मनुष्य की क्षमता से नहीं। छिपी हुई बातें केवल बुद्धि से नहीं मिलतीं, वे परमेश्वर के निर्णय से प्रकट होती हैं। इसलिए स्वप्न यह प्रमाण नहीं है कि मनुष्य शक्तिशाली है, बल्कि यह प्रमाण है कि परमेश्वर अनुग्रह करता है। चेलापन में यह सिखाना बहुत जरूरी है: सबसे सुरक्षित स्वप्न देखने वाला वही है जो जानता है कि प्रकाशन का स्वामी परमेश्वर ही है।

2. दिव्य उद्देश्य का नियम

परमेश्वर बिना उद्देश्य के कोई प्रकाशन नहीं देता

उत्पत्ति 37:5

"एक रात यूसुफ ने एक स्वप्न देखा, और जब उसने अपने भाइयों को बताया, तो वे उससे और भी अधिक बैर रखने लगे।"

परमेश्वर से आया हुआ कोई भी सच्चा स्वप्न कभी खाली नहीं होता। स्वर्ग कभी भी बिना कारण के नहीं बोलता। परमेश्वर द्वारा दिया गया हर स्वप्न एक उद्देश्य लेकर आता है, भले ही वह उद्देश्य तुरंत समझ में न आए। कभी उद्देश्य चेतावनी देना होता है। कभी मार्गदर्शन करना। कभी सांत्वना देना, भविष्य की घटनाओं को प्रकट करना, खतरे को दिखाना, प्रार्थना के लिए बुलाना, या किसी को आने वाले दुख के लिए तैयार करना। लेकिन बाइबल में दिव्य प्रकाशन कभी भी बिना उद्देश्य के नहीं होता।

यूसुफ के स्वप्न उसे केवल आश्चर्यचकित करने के लिए नहीं दिए गए थे। वे उसके जीवन के लिए परमेश्वर की दीर्घकालीन योजना को प्रकट करने के लिए दिए गए थे। स्वप्न गड्ढे से पहले आया, जेल से पहले आया, और महल से पहले आया। इसका मतलब है कि परमेश्वर कभी-कभी प्रक्रिया से पहले ही मंज़िल दिखा देता है। स्वप्न पहले आता है, लेकिन उसकी पूर्ति धीरे-धीरे होती है। इसी कारण अपरिपक्वता अक्सर प्रकाशन को गलत तरीके से संभालती है। कोई व्यक्ति सच्चा स्वप्न पा सकता है, लेकिन उसे गलत समय पर बोल सकता है, गलत अर्थ लगा सकता है, या तुरंत पूरा होने की अपेक्षा कर सकता है। यूसुफ का स्वप्न सच्चा था, लेकिन उसे अभी भी टूटने, शुद्ध होने और तैयार होने की प्रक्रिया से गुजरना था।

यह नियम हमें सिखाता है कि जब परमेश्वर कोई स्वप्न देता है, तो सही प्रश्न केवल यह नहीं है, "इस चिन्ह का क्या अर्थ है?" बल्कि यह भी है, "परमेश्वर क्या कर रहा है?" उद्देश्य अक्सर व्याख्या की कुंजी होता है। स्वप्न में चिन्ह हो सकते हैं, लेकिन चिन्हों के पीछे परमेश्वर का इरादा होता है। परमेश्वर केवल चित्र नहीं भेज रहा, वह दिशा, बोझ, चेतावनी या तैयारी दिखा रहा है।

आमोस 3:7

"निश्चय ही प्रभु यहोवा कुछ नहीं करता जब तक कि वह अपने दास भविष्यद्वक्ताओं पर अपनी योजना प्रकट न करे।"

यह दिखाता है कि प्रकाशन अक्सर परमेश्वर के कार्य से जुड़ा होता है। परमेश्वर इसलिए प्रकट करता है क्योंकि वह कुछ कर रहा है। वह इसलिए दिखाता है क्योंकि वह तैयार कर रहा है, सुधार रहा है या हस्तक्षेप कर रहा है। चेलापन में यह समझना जरूरी है: स्वप्न आत्मिक मनोरंजन नहीं हैं। वे अक्सर आज्ञाकारिता, प्रार्थना, विवेक और परमेश्वर के कार्य में भागीदारी के लिए बुलावा होते हैं।

3. शास्त्र की सर्वोच्चता का नियम

परमेश्वर का वचन हर स्वप्न, दर्शन और भविष्यवाणी का न्याय करता है

भजन संहिता 138:2

"मैं तेरे पवित्र मन्दिर की ओर दण्डवत करता हूँ और तेरे नाम का धन्यवाद करता हूँ तेरी करूणा और सच्चाई के कारण, क्योंकि तूने अपने वचन को अपने सारे नाम से बड़ा किया है।"

तीसरा नियम विवेक का आधार है: बाइबल सर्वोच्च अधिकार है। स्वप्न आ सकते हैं, दर्शन आ सकते हैं, भावनाएँ आ सकती हैं, भविष्यवाणी के शब्द आ सकते हैं, लेकिन शास्त्र अंतिम मानक रहता है। परमेश्वर कभी भी स्वप्न में ऐसा नहीं बोलता जो उसके वचन के विरुद्ध हो।

यहीं बहुत से विश्वास करने वाले कमजोर हो जाते हैं। वे मान लेते हैं कि क्योंकि कोई अनुभव अलौकिक लगा, इसलिए वह सच्चा ही होगा। लेकिन बाइबल यह नहीं सिखाती कि तीव्रता सच्चाई का प्रमाण है। कोई चीज़ शक्तिशाली लग सकती है और फिर भी झूठी हो सकती है। कोई चीज़

बहुत स्पष्ट हो सकती है और फिर भी शरीर से हो सकती है। कोई चीज़ भावनात्मक हो सकती है और फिर भी भटका सकती है। लिखित वचन स्थायी प्रकाशन है; स्वप्न अस्थायी प्रकाशन हैं। स्थायी को हमेशा अस्थायी का न्याय करना चाहिए।

नीतिवचन 30:5–6

"परमेश्वर का हर एक वचन खरा है... उसके वचनों में कुछ मत बढ़ा, कहीं ऐसा न हो कि वह तुझे डाँटे और तू झूठा ठहरे।"

यह भाग दो बातें स्पष्ट करता है: परमेश्वर का वचन पहले से ही शुद्ध है, और मनुष्य उसमें कुछ नहीं जोड़ सकता। स्वप्न सत्य की पुष्टि कर सकते हैं, उसे लागू कर सकते हैं या किसी को जागृत कर सकते हैं, लेकिन वे कभी भी नया सिद्धांत नहीं बनाते जो शास्त्र से टकराए। बाइबल स्वप्नों के अनुसार नहीं बदलती; स्वप्नों को बाइबल के सामने झुकना पड़ता है।

इसका गहरा अर्थ यह है कि शास्त्र केवल नियमों की किताब नहीं है। यह परमेश्वर के चरित्र का प्रकाशन है। इसलिए जब हम किसी स्वप्न को शास्त्र से परखते हैं, तो हम केवल यह नहीं देखते कि कोई पद मेल खाता है या नहीं। हम यह पूछते हैं: क्या यह यीशु मसीह में प्रकट परमेश्वर के स्वभाव के अनुसार है? क्या यह पवित्रता, सत्य, नम्रता, प्रेम, मन फिराव और आज्ञाकारिता के अनुसार है? कोई भी स्वप्न जो किसी को मसीह से दूर ले जाए, पवित्रता से दूर ले जाए, या बाइबिल के सत्य से दूर ले जाए, वह झूठा है, चाहे वह कितना भी अलौकिक क्यों न लगे।

2 तीमुथियुस 3:16–17

"हर एक पवित्रशास्त्र परमेश्वर की प्रेरणा से रचा गया है... ताकि परमेश्वर का जन सिद्ध बने।"

परिपक्व विश्वास करने वाला वह नहीं है जिसके पास सबसे अधिक अनुभव हैं, बल्कि वह है जो वचन में सबसे अधिक स्थिर है।

4. आत्माओं को परखने का नियम

हर आत्मिक अनुभव परमेश्वर से नहीं होता

1 यूहन्ना 4:1

"हे प्रियो, हर एक आत्मा की प्रतीति न करो, परन्तु आत्माओं को परखो कि वे परमेश्वर की ओर से हैं या नहीं..."

यह नियम हमें बताता है कि आत्मिक जगत वास्तविक है, लेकिन सब कुछ पवित्र नहीं है। हर अलौकिक चीज़ परमेश्वर से नहीं होती। हर अदृश्य चीज़ भरोसेमंद नहीं होती। हर आत्मिक अनुभव पवित्र आत्मा से नहीं आता। इसलिए बाइबल अंधविश्वास नहीं सिखाती; वह परखना सिखाती है।

आत्माओं को परखने का मतलब है संदेश के पीछे के स्रोत को जांचना। केवल अनुभव पर्याप्त नहीं है। मुख्य प्रश्न यह नहीं है, "कुछ आत्मिक हुआ क्या?" बल्कि यह है, "यह किस आत्मा से आया?" बाइबल दिखाती है कि आत्मिक अनुभव परमेश्वर से भी आ सकते हैं, मनुष्य की आत्मा से भी, और धोखे की आत्माओं से भी। इसलिए विवेक कोई विकल्प नहीं है; यह आज्ञा है।

इसका गहरा पहलू यह है कि धोखा अक्सर प्रकाश के रूप में आता है। झूठ कभी खुद को खुले रूप में झूठ नहीं कहता। वह धार्मिक भाषा, आंशिक सत्य, भावनात्मक प्रभाव या आत्मिक वातावरण के साथ आता है। इसलिए बहुत से सच्चे विश्वास करने वाले भी धोखा खा सकते हैं यदि वे केवल अनुभव को देखें और स्रोत को न जांचें।

2 कुरिन्थियों 11:14

"क्योंकि शैतान भी अपने आप को ज्योतिर्मय स्वर्गदूत का रूप धारण करता है।"

इसीलिए कलीसिया को गहरा विवेक वापस लाना होगा। कोई व्यक्ति बहुत शक्तिशाली स्वप्न देख सकता है, लेकिन वह भय, घमंड, महत्वाकांक्षा या भ्रम से भी आ सकता है। सही परख यह है: क्या यह मसीह का आदर करता है? क्या यह शास्त्र के अनुसार है? क्या यह पवित्रता उत्पन्न करता है? क्या यह व्यक्ति को परमेश्वर की ओर ले जाता है या अपने आप की ओर?

आत्माओं को परखना कठोर होना नहीं है; यह बाइबिल के अनुसार होना है। एक परिपक्व चेला न तो भोला होता है और न कठोर। वह परमेश्वर के लिए खुला रहता है, लेकिन सत्य के अधीन रहता है।

5. मसीह-केंद्रित प्रकाशन का नियम

हर सच्चा प्रकाशन अंत में यीशु की ओर ही संकेत करता है

1 यूहन्ना 4:2–3

“इसी से तुम परमेश्वर के आत्मा को पहचानते हो... जो यीशु मसीह को शरीर में आया हुआ मानता है, वह परमेश्वर की ओर से है...”

परमेश्वर से आया हुआ हर सच्चा स्वप्न अंत में मसीह की ओर ले जाएगा। उसमें चिन्ह, चेतावनी, चित्र या रहस्यमय दृश्य हो सकते हैं, लेकिन उसकी गहराई में वह यीशु के व्यक्तित्व, कार्य और प्रभुता के साथ मेल खाएगा। पवित्र आत्मा कभी यीशु से प्रतिस्पर्धा नहीं करता। वह हमेशा उसे महिमा देता है।

यूहन्ना 16:14

“वह मेरी महिमा करेगा...”

इसका अर्थ है कि परमेश्वर से आया हुआ स्वप्न खुद को केंद्र नहीं बनाएगा। वह किसी व्यक्ति को गुप्त ज्ञान में उलझाकर उद्धारकर्ता से दूर नहीं करेगा। झूठा प्रकाशन अक्सर अनुभव के प्रति आकर्षण पैदा करता है। सच्चा प्रकाशन मसीह के प्रति आदर उत्पन्न करता है। झूठा प्रकाशन लोगों को बार-बार अपने अनुभव के बारे में बात करने पर मजबूर करता है। सच्चा प्रकाशन लोगों को पहले से अधिक यीशु के अधीन कर देता है।

इसका गहरा सत्य यह है: यीशु केवल प्रकाशन का एक हिस्सा नहीं है, वह उसका केंद्र है। इब्रानियों में लिखा है कि पहले परमेश्वर ने कई तरीकों से बात की, लेकिन अब उसने अपने पुत्र के द्वारा पूर्ण रूप से बात की है। इसलिए हर स्वप्न को मसीह के अधीन समझना चाहिए।

इब्रानियों 1:1–2

“पहले परमेश्वर ने... नबियों के द्वारा... और अब इन अंतिम दिनों में अपने पुत्र के द्वारा...”

कोई भी स्वप्न जो मसीह को कम करता है, उसके सुसमाचार को हटाता है, किसी और मध्यस्थ को बढ़ाता है, या मनुष्य को क्रूस से ऊपर रखता है — वह परमेश्वर से नहीं हो सकता। सच्चा प्रकाशन यीशु के प्रति प्रेम, उसके पूरे किए गए कार्य में विश्वास, उसकी प्रभुता के अधीनता, और उसकी आज्ञाओं के पालन को गहरा करता है।

6. अनेक गवाहों का नियम

परमेश्वर अक्सर अपनी बात की पुष्टि करता है

2 कुरिन्थियों 13:1

"हर एक बात दो या तीन गवाहों के द्वारा स्थिर की जाए।"

परमेश्वर अक्सर महत्वपूर्ण प्रकाशनों की पुष्टि करता है। वह उन्हें दोहराव के द्वारा, शास्त्र के द्वारा, पवित्र आत्मा की अंदरूनी गवाही के द्वारा, परिपक्व सलाह के द्वारा, परिस्थितियों के द्वारा, या किसी दूसरे विश्वासी के द्वारा स्वतंत्र रूप से वही बात कहकर पुष्टि कर सकता है। पुष्टि विवेक का स्थान नहीं लेती, लेकिन स्पष्टता को मजबूत करती है।

सबसे स्पष्ट उदाहरण फिरौन का दो बार स्वप्न देखना है।

उत्पत्ति 41:32

"दो बार स्वप्न देखने का अर्थ है कि बात परमेश्वर की ओर से निश्चित है..."

दोहराव ने यह दिखाया कि बात स्थिर है। जब परमेश्वर किसी महत्वपूर्ण बात पर जोर देता है, तो वह अक्सर उसे पुष्टि करता है। यह उसकी दया है। परमेश्वर जानता है कि मनुष्य गलत समझ सकता है, इसलिए वह संदेश को मजबूत करता है — क्योंकि हम कमजोर हैं।

इसका गहरा अर्थ यह है कि पुष्टि हमें जल्दबाजी से बचाती है। बहुत से लोग एक ही स्वप्न, एक ही भावना या एक ही अनुभव के आधार पर बड़े निर्णय ले लेते हैं। लेकिन शास्त्र धैर्य और पुष्टि सिखाता है। विशेष रूप से बड़े निर्णयों में — विवाह, सेवकाई, स्थान परिवर्तन, सुधार, या जीवन के बड़े कदम — पुष्टि की प्रतीक्षा करना बुद्धिमानी है।

1 कुरिन्थियों 14:29

"भविष्यद्वक्ता बोलें और दूसरे लोग परखें..."

इसका मतलब है कि विवेक व्यक्तिगत ही नहीं, सामूहिक भी है। परमेश्वर अक्सर अपनी आवाज़ को आत्मिक जवाबदेही के वातावरण में पुष्टि करता है। जो स्वप्न शास्त्र और बुद्धिमान सलाह के प्रकाश में टिक नहीं सकता, वह जीवन को निर्देशित करने के योग्य नहीं है।

7. आत्मिक फल का नियम

स्वप्न का फल उसके स्रोत को प्रकट करता है

मत्ती 7:16

“तुम उन्हें उनके फलों से पहचानोगे...”

यह नियम बहुत महत्वपूर्ण है क्योंकि स्वप्न को केवल उसके विषय से नहीं, बल्कि उसके परिणाम से भी परखा जाना चाहिए। वह क्या उत्पन्न करता है? उस व्यक्ति के जीवन में क्या होता है जिसने उसे देखा? क्या वह मन फिराव लाता है या विद्रोह? नम्रता या घमंड? शांति या डर? उपासना या आत्म-प्रशंसा?

झूठा स्वप्न कुछ समय के लिए प्रभावशाली लग सकता है, लेकिन उसका फल समय के साथ दिखता है। धोखे से आया हुआ स्वप्न भ्रम, आसक्ति, घमंड या बंधन उत्पन्न करता है। शरीर से आया हुआ स्वप्न केवल भावनात्मक हलचल पैदा करता है, लेकिन जीवन में परिवर्तन नहीं लाता। लेकिन परमेश्वर से आया हुआ स्वप्न — चाहे वह चेतावनी ही क्यों न हो — पवित्र फल उत्पन्न करता है। वह प्रार्थना, मन फिराव, बुद्धिमानी, सावधानी, गहरा विश्वास और आज्ञाकारिता लाता है।

याकूब 3:17

“ऊपर से आने वाली बुद्धि पहले शुद्ध होती है, फिर मेल रखने वाली...”

स्वर्गीय बुद्धि का स्वभाव पहचाना जा सकता है। वह शुद्ध है, शांतिपूर्ण है, नम्र है। वह घमंड को नहीं बढ़ाती। वह विद्रोह को नहीं जगाती। वह अशुद्धता नहीं लाती। इसका मतलब है कि परमेश्वर से आया हुआ कठोर स्वप्न भी परमेश्वर के स्वभाव को दिखाएगा। वह समझाता है, लेकिन बिगाड़ता नहीं। वह चेतावनी देता है, लेकिन नियंत्रित नहीं करता।

इसका गहरा सबक यह है कि हमें केवल यह नहीं पूछना चाहिए, “स्वप्न कितना शक्तिशाली था?” बल्कि यह भी, “उससे क्या फल उत्पन्न हो रहा

है?" फल समय लेता है, इसलिए विवेक भी समय लेता है। सबसे सुरक्षित व्यक्ति वह है जो जल्दी निष्कर्ष नहीं निकालता, बल्कि फल को देखता है।

8. आज्ञाकारिता का नियम

प्रकाशन सबसे सुरक्षित आज्ञाकारी व्यक्ति के हाथ में होता है

यूहन्ना 14:21

"जो मेरी आज्ञाओं को मानता है और उन पर चलता है... मैं अपने आप को उस पर प्रकट करूंगा।"

परमेश्वर अपने आप को सबसे सुरक्षित रूप से उन लोगों को प्रकट करता है जो उसकी आज्ञा मानने के लिए तैयार होते हैं। प्रकाशन जिज्ञासा को संतुष्ट करने के लिए नहीं दिया जाता, बल्कि जीवन को सीधा करने के लिए दिया जाता है। इसलिए आज्ञाकारिता और प्रकाशन एक-दूसरे से जुड़े हैं।

बहुत से विश्वास करने वाले मार्गदर्शन चाहते हैं, लेकिन आज्ञाकारिता से बचते हैं। वे छिपी हुई बातें जानना चाहते हैं, लेकिन स्पष्ट बातों को अनदेखा करते हैं। लेकिन परमेश्वर उन लोगों को गहरा मार्गदर्शन देने के लिए बाध्य नहीं है जो बुनियादी सत्य को नहीं मानते। जो व्यक्ति प्रार्थना नहीं करता, वचन को अनदेखा करता है, समझौता करता है और सुधार को अस्वीकार करता है — वह प्रकाशन को सही तरीके से संभालने की स्थिति में नहीं है।

भजन संहिता 25:14

"यहोवा की गोपनीय बातें उन्हीं के लिए हैं जो उससे डरते हैं..."

परमेश्वर का भय प्रकाशन के लिए सुरक्षा बनाता है। आज्ञाकारिता किसी को योग्य नहीं बनाती, लेकिन उसे भरोसेमंद बनाती है। समर्पित हृदय उस बात को संभाल सकता है जिसे विद्रोही हृदय बिगाड़ देगा। इसलिए बाइबल में जिन लोगों को महत्वपूर्ण स्वप्न और दर्शन मिले — जैसे दानिय्येल, यूसुफ, पौलुस — वे पहले से ही परमेश्वर के साथ चल रहे थे।

इसका गहरा अर्थ यह है कि आज्ञाकारिता आत्मिक सुनने को शुद्ध करती है। पाप विवेक को धुंधला कर देता है। घमंड व्याख्या को बिगाड़ देता है। अपनी इच्छा प्रकाशन को अपने मतलब के अनुसार मोड़ देती है। लेकिन

आज्ञाकारी हृदय अधिक सीखने योग्य, अधिक सावधान और परमेश्वर के मार्ग के अनुसार हो जाता है। इसलिए सबसे बड़ी तैयारी स्वप्नों के लिए नहीं, बल्कि दैनिक चेलापन में विश्वासयोग्यता है।

9. दिव्य चेतावनी का नियम

परमेश्वर कभी-कभी स्वप्नों के द्वारा बचाने, रोकने और दिशा बदलने के लिए बोलता है

मत्ती 2:12

“और स्वप्न में यह चेतावनी पाकर कि हेरोदेस के पास फिर न जाएँ…”

बाइबल में स्वप्नों का एक दयालु उद्देश्य चेतावनी देना है। परमेश्वर कभी-कभी रात में इसलिए बोलता है क्योंकि आगे खतरा होता है। ये चेतावनियाँ परमेश्वर की देखभाल को दिखाती हैं। परमेश्वर वह देखता है जो मनुष्य अभी नहीं देख सकता, और अपनी दया में वह नींद को भी तोड़कर जीवन, बुलाहट, वाचा, पवित्रता या समय की रक्षा करता है।

बाइबल में इसके कई उदाहरण हैं: अबीमेलेक को सारा के बारे में चेतावनी दी गई। लाबान को याकूब को नुकसान न पहुँचाने के लिए चेतावनी दी गई। यूसुफ को यीशु के साथ मिस्र भागने के लिए चेतावनी दी गई। ज्योतिषियों को हेरोदेस के पास वापस न जाने के लिए चेतावनी दी गई। पीलातुस की पत्नी को यीशु के विषय में स्वप्न में चेतावनी मिली। ये सब दिखाते हैं कि स्वप्न स्वर्ग की सुरक्षा का साधन हो सकते हैं।

उत्पत्ति 20:3

“परन्तु रात को परमेश्वर ने स्वप्न में आकर उससे कहा…”

इसका गहरा अर्थ यह है कि चेतावनी देने वाले स्वप्न परमेश्वर को केवल बोलने वाला नहीं, बल्कि रक्षक भी दिखाते हैं। वह केवल जानकारी देने के लिए नहीं बोलता, बल्कि बचाने के लिए बोलता है। कभी-कभी वह पूरी जानकारी नहीं देता, बल्कि केवल इतना बताता है कि व्यक्ति सही दिशा में चल सके।

फिर भी, चेतावनी देने वाले स्वप्नों को भी परखा जाना चाहिए। केवल डर होना इस बात का प्रमाण नहीं है कि स्वप्न परमेश्वर से है। झूठी चेतावनी घबराहट, बंधन और डर पैदा करती है। सच्ची चेतावनी प्रार्थना, समझदारी

और परमेश्वर पर निर्भरता लाती है। परमेश्वर चेतावनी देता है बचाने के लिए, डराने के लिए नहीं।

10. मनुष्य और आत्मा की गतिविधि का नियम

कुछ स्वप्न मन, भावनाओं, तनाव और शारीरिक स्थिति से आते हैं

सभोपदेशक 5:3

"बहुत काम करने से स्वप्न आते हैं..."

यह नियम बहुत आवश्यक है क्योंकि बहुत से विश्वास करने वाले हर चीज़ को आत्मिक बना देते हैं। बाइबल सच्चाई से बताती है कि हर स्वप्न प्रकाशन नहीं होता। कुछ स्वप्न केवल मन और आत्मा की गतिविधि होते हैं। वे तनाव, डर, इच्छा, थकान, भूख, यादों या शारीरिक स्थिति से उत्पन्न होते हैं।

यशायाह 29:8

"भूखा मनुष्य स्वप्न में खाता है..."

यह पद दिखाता है कि शरीर की स्थिति भी स्वप्न को प्रभावित कर सकती है। इसका मतलब है कि हर स्वप्न का आत्मिक अर्थ नहीं होता। कई बार स्वप्न केवल यह दिखाते हैं कि मन में क्या चल रहा है।

यह नियम हमें अतिशयोक्ति से बचाता है। हर अजीब स्वप्न की व्याख्या करना जरूरी नहीं है। हर दृश्य भविष्यवाणी नहीं होता। कई बार समझदारी यह है कि हम पहचानें कि यह केवल मन की प्रक्रिया है।

लेकिन इसका एक गहरा पहलू भी है। ऐसे स्वप्न भी दिल की स्थिति दिखा सकते हैं। वे डर, दर्द या इच्छाओं को प्रकट कर सकते हैं। इसलिए वे पूरी तरह बेकार नहीं हैं, लेकिन उन्हें परमेश्वर का सीधा संदेश भी नहीं माना जाना चाहिए।

11. झूठे स्वप्न और आत्मिक नकलीपन का नियम

कुछ स्वप्न धोखे से आते हैं और उन्हें अस्वीकार करना चाहिए

यिर्मयाह 23:32

"मैं उन झूठे स्वप्न देखने वालों के विरुद्ध हूँ..."

बाइबल स्पष्ट रूप से सिखाती है कि झूठे स्वप्न होते हैं। इसका मतलब है कि स्वप्नों का क्षेत्र केवल प्रकाशन का नहीं, बल्कि धोखे का भी हो सकता है। शैतान सत्य नहीं बना सकता, लेकिन वह उसे तोड़-मरोड़ सकता है।

व्यवस्थाविवरण 13:1–3

"यदि कोई स्वप्न देखने वाला उठे... और कहे कि दूसरे देवताओं के पीछे चलो..."

यह पद दिखाता है कि कोई चिन्ह सच हो सकता है, लेकिन संदेश फिर भी गलत हो सकता है। इसलिए केवल सटीकता सत्य का प्रमाण नहीं है। यदि कोई स्वप्न व्यक्ति को परमेश्वर से दूर ले जाता है, तो वह गलत है।

इसका गहरा अर्थ यह है कि शैतान का उद्देश्य केवल डराना नहीं, बल्कि भटकाना है। वह लोगों को स्वप्नों के पीछे दौड़ाकर उन्हें अस्थिर कर सकता है। इसलिए जो भी स्वप्न आज्ञाकारिता, पवित्रता और मसीह से दूर ले जाए, उसे तुरंत अस्वीकार करना चाहिए।

12. दिव्य व्याख्या का नियम

स्वप्न का सही अर्थ केवल परमेश्वर से आता है

उत्पत्ति 40:8

"क्या स्वप्नों का अर्थ बताना परमेश्वर का काम नहीं है?"

अंतिम नियम यह है कि व्याख्या भी परमेश्वर से ही आती है। केवल स्वप्न देखना पर्याप्त नहीं है; उसका सही अर्थ समझना भी जरूरी है। बहुत से लोग यहीं गलती करते हैं — वे स्वप्न को अपने विचारों या भावनाओं के अनुसार समझ लेते हैं।

दानिय्येल 2:22

"वह गूढ़ और गुप्त बातें प्रकट करता है..."

इसका मतलब है कि चिन्ह हमेशा अपने आप स्पष्ट नहीं होते। एक ही चिन्ह अलग-अलग स्वप्नों में अलग अर्थ रख सकता है। केवल परमेश्वर ही सही अर्थ जानता है।

इसका गहरा पहलू यह है कि व्याख्या में नम्रता और धैर्य चाहिए। कभी-कभी परमेश्वर तुरंत अर्थ नहीं बताता क्योंकि वह चाहता है कि हम उसे खोजें। कुछ स्वप्न समय के साथ समझ में आते हैं।

इसका एक और पहलू यह है कि हर स्वप्न को तुरंत सबके सामने नहीं बताना चाहिए। कभी-कभी उसे अपने दिल में रखना और परमेश्वर से समझना बेहतर होता है।

अंतिम निष्कर्ष

ये 12 नियम विश्वास करने वाले की रक्षा कैसे करते हैं

स्वप्न और दर्शन बाइबल के अनुसार परमेश्वर के बोलने के साधन हैं। लेकिन उन्हें चेलापन के ढांचे से अलग नहीं किया जाना चाहिए। परमेश्वर स्वप्न इसलिए नहीं देता कि लोग रहस्यमय चीजों में उलझ जाएँ, बल्कि इसलिए देता है कि वे सत्य, आज्ञाकारिता और परमेश्वर के साथ गहरे संबंध में बढ़ें।

ये 12 नियम हमें दिखाते हैं कि:

परमेश्वर ही प्रकाशन की शुरुआत करता है।

परमेश्वर उद्देश्य के साथ बोलता है।

परमेश्वर अपने वचन के विरुद्ध नहीं बोलता।

परमेश्वर विवेक की मांग करता है।

परमेश्वर हर बात को मसीह में केंद्रित करता है।

परमेश्वर अपनी बात की पुष्टि करता है।

फल स्रोत को प्रकट करता है।

आज्ञाकारिता सुरक्षा देती है।

परमेश्वर चेतावनी देकर बचाता है।

कुछ स्वप्न मन से आते हैं।

कुछ स्वप्न झूठे होते हैं।

सही व्याख्या परमेश्वर से आती है।

इसलिए एक परिपक्व चेला स्वप्नों के पीछे नहीं भागता, और न ही उन्हें तुच्छ समझता है। वह वचन में स्थिर रहता है, पवित्र आत्मा के प्रति संवेदनशील रहता है, बुद्धिमान सलाह के अधीन रहता है, और परमेश्वर के सामने नम्र रहता है।

एक स्वप्न एक पल में आ सकता है, लेकिन विवेक जीवन भर में बनता है।

सबसे सुरक्षित विश्वास करने वाला वह नहीं है जिसके पास सबसे अधिक स्वप्न हैं, बल्कि वह है जो हर स्वप्न को यीशु मसीह की प्रभुता और परमेश्वर के वचन के अधीन रखता है।

A

1. स्वप्न में स्वर्गदूत देखना

अर्थ (बाइबिलीय समझ): स्वप्न में स्वर्गदूत को देखना प्रायः परमेश्वर की ओर से संवाद, सुरक्षा, या आश्वासन का चिन्ह होता है। पवित्रशास्त्र में स्वर्गदूत संदेशवाहक और सेवक आत्माएँ हैं, जिन्हें उन लोगों की सहायता के लिए भेजा जाता है जो उद्धार के वारिस हैं। ऐसा स्वप्न सामान्यतः प्रार्थना, उलझन, या परिवर्तन के समय में दिखाई देता है, और यह दिखाता है कि परमेश्वर ने सुन लिया है और उत्तर दिया है। **बाइबिलीय आधार:** "क्या वे सब सेवक आत्माएं नहीं, जो उद्धार पाने वालों की सेवा के लिये भेजी जाती हैं?"

— इब्रानियों 1:14 (BSI) **खतरे का स्तर:** कोई खतरा नहीं

(जब तक किं संदेश पवित्रशास्त्र के विरोध में न हो) **तुरंत क्या करें:** परमेश्वर का धन्यवाद करें। स्पष्टता और वचन के द्वारा पुष्टि के लिए

प्रार्थना करें। स्वर्गदूतों की आराधना न करें—उस परमेश्वर पर ध्यान रखें जिसने उन्हें भेजा है। **भविष्यवाणी-संबंधी घोषणा प्रार्थना:** "पिता, मैं आपकी अगुवाई और सुरक्षा को ग्रहण करता हूँ। मेरे जीवन के विषय में आपने जो भी संदेश भेजा है, वह यीशु के नाम में पूरी रीति से प्रकट हो।"

2. स्वर्गदूत से चाबी प्राप्त करना

अर्थ (बाइबिलीय समझ): यह स्वप्न अलौकिक प्रवेश, अधिकार, और ऐसे द्वारों का संकेत देता है जिन्हें कोई मनुष्य बंद नहीं कर सकता। चाबी अनुमति, नियंत्रण, और अधिकार का प्रतीक है। जब स्वप्न में कोई स्वर्गदूत चाबी देता है, तो इसका अर्थ प्रायः यह होता है कि परमेश्वर आपको एक नए समय, अवसर, या जिम्मेदारी में प्रवेश दे रहा है। **बाइबिलीय आधार:** "और मैं दाऊद के घराने की कुंजी उसके कंधे पर रखूंगा; और वह खोलेगा, और कोई बन्द न करेगा..." – यशायाह 22:22 (BSI) **खतरे का स्तर:** कोई खतरा नहीं
(परन्तु जिम्मेदारी आवश्यक है)
तुरंत क्या करें: प्रार्थना करें कि जब द्वार खुले तो आप उसे पहचान सकें। आत्मिक रूप से जागृत और आज्ञाकारी बने रहें। **भविष्यवाणी-संबंधी घोषणा प्रार्थना:** "प्रभु, आपके अधिकार से मैं हर उस द्वार को ग्रहण करता हूँ जिसे आपने मेरे जीवन के लिए ठहराया है। मैं यीशु के नाम में बिना देर किए दिव्य अवसरों में प्रवेश करता हूँ।"

3. हवाई जहाज़ का सुरक्षित उतरना

अर्थ (बाइबिलीय समझ):हवाई जहाज़ का सुरक्षित उतरना किसी यात्रा, परियोजना, या जीवन की जिम्मेदारी के सफल समापन को दर्शाता है। यह दिव्य मार्गदर्शन, सुरक्षा, और सही समय का चिन्ह है। परन्तु यदि जहाज़ दुर्घटनाग्रस्त हो जाए या बहुत कठिनाई से उतरे, तो यह विरोध, हस्तक्षेप, या जल्दबाज़ी में किए गए कदम का संकेत हो सकता है, जिसके लिए तुरंत प्रार्थना आवश्यक है। **बाइबिलीय आधार:**"अपना मार्ग यहोवा पर छोड़ दे, और उस पर भरोसा रख, वही इसे पूरा करेगा।"– भजन संहिता

37:5 (BSI) **खतरे का स्तर:**सुरक्षित उतरना: कोई खतरा नहीं दुर्घटना / जबरन उतरना: बहुत ऊँचा **तुरंत क्या करें:**यदि सपना अच्छा है—परमेश्वर का धन्यवाद करें और परिश्रमी बने रहें। यदि सपना नकारात्मक है—बड़े निर्णयों में रुकें और बाधा तथा sabotage के विरुद्ध प्रार्थना करें। **भविष्यवाणी-संबंधी घोषणा प्रार्थना:** "प्रभु, मैं आपकी अनुग्रह से अपनी मंज़िल तक पहुँचूँगा। मेरे उद्देश्य को पटरी से उतारने की शत्रु की हर योजना यीशु के नाम में रद्द होती है।"

4. स्वप्न में दुर्घटना

अर्थ (बाइबिलीय समझ): स्वप्न में दुर्घटना देखना प्रायः एक चेतावनी होती है, अन्तिम निर्णय नहीं। यह आगे आने वाले खतरे, लापरवाही, या अदृश्य विरोध का संकेत देता है। परमेश्वर ऐसे स्वप्न भय पैदा करने के लिए नहीं, बल्कि प्रार्थना और सावधानी जगाने के लिए आने देता है। **बाइबिलीय आधार:** "चतुर मनुष्य विपत्ति को देखकर छिप जाता है..." — नीतिवचन 22:3 (BSI) **खतरे का स्तर:** ऊँचा (तुरंत प्रार्थना की आवश्यकता) **तुरंत क्या करें:** जल्दबाज़ी से बचें। परमेश्वर की सुरक्षा के लिए प्रार्थना करें। यदि यात्रा जुड़ी हुई हो, तो आगे बढ़ने से पहले पुष्टि लें। **भविष्यवाणी-संबंधी घोषणा प्रार्थना:** "पिता, मैं अपने जीवन के विरुद्ध हर विपत्ति की योजना को रद्द करता हूँ। मैं यीशु के नाम में दिव्य सुरक्षा के अधीन चलता हूँ।"

5. स्वप्न में तीर अर्थ (बाइबिलीय समझ): तीर आत्मिक आक्रमण, दोषारोपण, या किसी विशेष निशाने पर किए गए विरोध का प्रतीक है। यदि तीर आपको लग जाए, तो यह कमजोरी या खुलापन दिखाता है; यदि तीर आपके हाथ में हो, तो यह अधिकार, प्रतिरोध, और रक्षात्मक स्थिति का संकेत है। **बाइबिलीय आधार:** "कोई हथियार जो तेरे विरुद्ध बनाया जाए सफल न होगा..." — यशायाह 54:17 (BSI) **खतरे का स्तर:** मध्यम से ऊँचा (स्थिति के परिणाम पर निर्भर) **तुरंत क्या करें:** रक्षा और आक्रमण—दोनों प्रकार की प्रार्थना करें। अपने आत्मिक अनुशासन को

मजबूत करें। **भविष्यवाणी-संबंधी घोषणा प्रार्थनाः** "मेरे जीवन के विरुद्ध छोड़ा गया हर तीर निर्बल होकर भेजने वाले की ओर लौटे। मैं प्रभु द्वारा सुरक्षित हूँ, यीशु के नाम में।"

6. स्वप्न में हथियारबन्द लुटेरे

अर्थ (बाइबिलीय समझ): स्वप्न में हथियारबन्द लुटेरों को देखना अक्सर बलपूर्वक छीन लेने, शोषण, या आपके जीवन से कुछ मूल्यवान चीज़ चुराने की योजना का संकेत देता है—चाहे वह आत्मिक, आर्थिक, भावनात्मक, या संबंधों से जुड़ी हो। यह दिखाता है कि आपके जीवन में किसी महत्वपूर्ण चीज़ को निशाना बनाया गया है, विशेषकर अनुग्रह, शांति, साधन, या विश्वास को। यदि लुटेरे सफल हो जाएँ, तो यह कमजोरी का संकेत है; यदि वे असफल रहें, तो यह प्रतिरोध और सुरक्षा का चिन्ह है। **बाइबिलीय आधारः** "चोर किसी और काम के लिये नहीं आता, केवल चोरी करने और घात करने और नष्ट करने को आता है..." — यूहन्ना 10:10 (BSI) **खतरे का स्तरः** बहुत ऊँचा (तुरंत आत्मिक प्रतिक्रिया की आवश्यकता) **तुरंत क्या करें:** दिव्य सुरक्षा के लिए प्रार्थना करें। अपने निर्णयों, पैसों, और संबंधों में सावधान रहें। संवेदनशील बातों को लापरवाही से किसी से न बाँटें। **भविष्यवाणी-संबंधी घोषणा प्रार्थनाः** "मैं घोषणा करता हूँ कि मेरे जीवन से कुछ भी चुराने के लिए ठहराई गई कोई योजना सफल नहीं होगी। मैं प्रभु के द्वारा सुरक्षित हूँ, और मेरा भाग यीशु के नाम में स्थिर है।"

7. स्वप्न में राख

अर्थ (बाइबिलीय समझ): राख का अर्थ परिस्थिति के अनुसार दो प्रकार का हो सकता है। अच्छे अर्थ में, राख किसी युद्ध के समाप्त होने, किसी चीज़ के जलकर समाप्त हो जाने, या किसी पुराने संघर्ष के खत्म हो जाने का संकेत हो सकती है। नकारात्मक अर्थ में, राख हानि, दुःख, अपमान, या विनाश का प्रतीक हो सकती है। कुछ स्थितियों में राख पश्चाताप और परमेश्वर के सामने दीनता की पुकार भी दिखा सकती है। **बाइबिलीय**

आधार: "कि सिय्योन के विलाप करनेवालों को शान्ति दे, और उन्हें राख के बदले श्रृंगार प्रदान करे..."
— यशायाह 61:3 (BSI) **खतरे का स्तर:** निम्न से मध्यम (परिस्थिति पर निर्भर) **तुरंत क्या करें:** परमेश्वर से स्पष्टता मांगें—क्या यह सपना समापन, चेतावनी, या पश्चाताप की पुकार है। बहाली और नएपन के लिए प्रार्थना करें। **भविष्यवाणी-संबंधी घोषणा प्रार्थना:** "प्रभु, जहाँ राख दिखाई दी है, वहाँ मैं आपकी सुन्दरता को ग्रहण करता हूँ। हर हानि का समय यीशु के नाम में गवाही में बदल जाए।"

8. स्वप्न में एम्बुलेंस

अर्थ (बाइबिलीय समझ): एम्बुलेंस प्रायः आपातकाल, संकट, या तुरंत हस्तक्षेप की आवश्यकता को दिखाती है। यदि वह आपके घर या आँगन में आती है, तो यह स्वास्थ्य, परिवार, या निकट संबंधों के विषय में गंभीर चेतावनी हो सकती है। यदि एम्बुलेंस बिना रुके निकल जाए, तो यह टले हुए या टाले गए खतरे का संकेत हो सकता है। **बाइबिलीय आधार:** "मैं यहोवा हूँ, जो तेरा चंगा करनेवाला हूँ।" — निर्गमन 15:26 (BSI) **खतरे का स्तर:** बहुत ऊँचा (विशेषकर यदि वह आपके स्थान पर रुकती है) **तुरंत क्या करें:** घबराएँ नहीं। दिव्य सुरक्षा के लिए प्रार्थना करें। अपने ऊपर और अपने घराने पर जीवन की घोषणा करें। अपने प्रियजनों के लिए मध्यस्थता की प्रार्थना को मजबूत करें। **भविष्यवाणी-संबंधी घोषणा प्रार्थना:** "मैं अपने घराने पर मृत्यु नहीं, जीवन की घोषणा करता हूँ। हर आपात स्थिति यीशु के नाम में दिव्य दया से पलट दी जाए।"

9. आपके घर में वेदी का गिर जाना

अर्थ (बाइबिलीय समझ): वेदी का गिरना आत्मिक उपेक्षा, कमजोर भक्ति, या परमेश्वर के साथ समझौता हुई संगति को दर्शाता है—चाहे व्यक्तिगत स्तर पर या परिवार के भीतर। वेदी आराधना, वाचा, और आत्मिक अधिकार का प्रतीक है। जब वेदी गिरती है, तो आत्मिक व्यवस्था प्रभावित होती है। **बाइबिलीय आधार:** "अपने परमेश्वर यहोवा की टूटी

हुई वेदी को सुधार..."— 1 राजा 18:30 (BSI) **खतरे का स्तर:** मध्यम (आत्मिक चेतावनी) **तुरंत क्या करें:** प्रार्थना, पश्चाताप, और निरंतर भक्ति की ओर लौटें। व्यक्तिगत और पारिवारिक आराधना को फिर से स्थापित करें। आत्मिक ध्यान भटकाने वाली बातों को दूर करें। **भविष्यवाणी-संबंधी घोषणा प्रार्थना:** "पिता, मेरी वेदी को फिर से स्थापित कीजिए और आपके प्रति मेरी भक्ति को नया कीजिए। मेरा घराना सत्य और अग्नि में आपकी सेवा करे, यीशु के नाम में।"

10. स्वप्न में चींटियों का भोजन उठाकर ले जाना

अर्थ (बाइबिलीय समझ): चींटियों को भोजन ले जाते देखना छोटे आरम्भों से स्थिर बढ़ोतरी और प्रबन्ध का संकेत है। यह मेहनत, व्यवस्थित प्रयास, और धीरे-धीरे बढ़ने वाली आशीष का प्रतीक है। ऐसा स्वप्न अक्सर आर्थिक सुधार या सफल कार्यों के पहले दिखाई देता है। **बाइबिलीय आधार:** "हे आलसी, चींटी के पास जा; उसके काम पर ध्यान दे, और बुद्धिमान बन।" — नीतिवचन 6:6 (BSI) **खतरे का स्तर:** कोई खतरा नहीं (यह एक अच्छा चिन्ह है) **तुरंत क्या करें:** छोटी जिम्मेदारियों में विश्वासयोग्य बने रहें। अधीर न हों। निरंतर मेहनत और प्रार्थना करते रहें। **भविष्यवाणी-संबंधी घोषणा प्रार्थना:** "मेरी नियति में कमी नहीं होगी। परमेश्वर की बुद्धि से मेरी मेहनत उचित समय में बहुतायत उत्पन्न करेगी, यीशु के नाम में।"

11. स्वप्न में गर्भपात

अर्थ (बाइबिलीय समझ): स्वप्न में गर्भपात देखना—चाहे वह अपनी इच्छा से हो या जबरदस्ती—प्रायः रुकावट, देरी, या प्रगति के स्वयं नष्ट हो जाने का संकेत है। यह उन विचारों, बुलाहटों, परियोजनाओं, या अवसरों की ओर संकेत करता है जो गर्भ धारण तो हुए, परन्तु परिपक्व होने नहीं दिए गए। आत्मिक रूप से यह भय, निराशा, या दबाव को प्रकट कर सकता है, जिसके कारण आप उस बात को बीच में रोक देते हैं जिसे परमेश्वर विकसित करना चाहता था। **बाइबिलीय आधार:** "किस ने छोटी-छोटी

बातों के दिन को तुच्छ जाना है?" – जकर्याह 4:10 (BSI) **खतरे का स्तर:** मध्यम (चेतावनी देने वाला स्वप्न) **तुरंत क्या करें:** भय, सन्देह, या हिचकिचाहट के लिए पश्चाताप करें। विश्वास, साहस, और आगे बढ़ने की शक्ति के लिए प्रार्थना करें ताकि जो परमेश्वर ने शुरू किया है वह पूरा हो सके। **भविष्यवाणी-संबंधी घोषणा प्रार्थना:** "मेरी नियति का गर्भपात नहीं होगा। जो भी अच्छी बात परमेश्वर ने मेरे भीतर रखी है, वह यीशु के नाम में पूर्ण परिपक्वता तक पहुँचेगी।"

12. स्वप्न में कुल्हाड़ी

अर्थ (बाइबिलीय समझ): कुल्हाड़ी कार्य करने की क्षमता और बाधाओं को काटकर आगे बढ़ने की शक्ति का प्रतीक है। यदि यह अच्छे रूप में दिखाई दे, तो यह परिश्रम, अनुशासन, और सफलता को दर्शाती है। यदि कोई अजनबी व्यक्ति कुल्हाड़ी लेकर आपके विरुद्ध हो, तो यह आपकी प्रगति को काटने या गिराने की विरोधी योजना का संकेत है। **बाइबिलीय आधार:** "कुल्हाड़ी पेड़ों की जड़ पर रखी हुई है..." – मत्ती 3:10 (BSI) **खतरे का स्तर:** निम्न (यदि सामान्य हो) ऊँचा (यदि धमकी देने वाली हो) **तुरंत क्या करें:** परमेश्वर से विवेक मांगें। यदि सपना नकारात्मक हो, तो sabotage और विरोध के विरुद्ध प्रार्थना करें। यदि अच्छा हो, तो एकाग्र और मेहनती बने रहें। **भविष्यवाणी-संबंधी घोषणा प्रार्थना:** "मुझे काटकर गिरा देने के लिए नियुक्त हर शक्ति निष्क्रिय हो जाए। मैं अपने काम को पूरा करने के लिए यीशु के नाम में सामर्थ पाता हूँ।"

13. स्वप्न में सेना की वर्दी / सैनिक वस्त्र अर्थ (बाइबिलीय समझ): स्वप्न में सेना की वर्दी पहनना आत्मिक अधिकार, तैयारी, और युद्ध के लिए परमेश्वर की ओर से मिले समर्थन का संकेत है। ऐसा स्वप्न प्रायः तब आता है जब परमेश्वर किसी विश्वासी को चुनौतियों का सामना करने, विरोध का प्रतिरोध करने, या दूसरों के लिए मध्यस्थता करने के लिए मजबूत कर रहा होता है।

बाइबिलीय आधारः "तू मसीह यीशु का अच्छा सिपाही होने के नाते दुःख उठा।"
— 2 तीमुथियुस 2:3 (BSI) **खतरे का स्तरः** कोई खतरा नहीं (यह सामर्थ देने वाला स्वप्न है) **तुरंत क्या करें:** अपनी प्रार्थना-जीवन को और मजबूत करें। धार्मिकता में स्थिर रहें। आत्मिक रूप से जागते रहें। **भविष्यवाणी-संबंधी घोषणा प्रार्थनाः** "मैं प्रभु से शक्ति ग्रहण करता हूँ। मैं दिव्य अधिकार से वस्त्र पहने हुए हूँ, और मैं यीशु के नाम में पीछे नहीं हटूँगा।"

14. स्वप्न में सेना को युद्ध करते देखना

अर्थ (बाइबिलीय समझ): सेनाओं को युद्ध करते देखना संघर्ष, संकट, या अस्थिरता की ओर संकेत करता है, जो किसी समुदाय, कार्यस्थल, परिवार, या राष्ट्र को प्रभावित कर सकता है। यह दिखाई देने वाली घटनाओं के पीछे चल रहे गहन आत्मिक युद्ध को भी दर्शा सकता है। **बाइबिलीय आधारः** "क्योंकि हमारा यह मल्लयुद्ध लोहू और मांस से नहीं..."— इफिसियों 6:12 (BSI) **खतरे का स्तरः** मध्यम से ऊँचा (मध्यस्थता की चेतावनी) **तुरंत क्या करें:** शांति और दिव्य हस्तक्षेप के लिए प्रार्थना करें। अनावश्यक झगड़ों में न पड़ें। सुरक्षा के लिए मध्यस्थता करें। **भविष्यवाणी-संबंधी घोषणा प्रार्थनाः** "जहाँ संघर्ष बढ़ रहा है वहाँ मैं शांति की घोषणा करता हूँ। विनाश की हर योजना यीशु के नाम में परमेश्वर द्वारा रोक दी जाए।"

15. स्वप्न में तीर (लगा हुआ या हाथ में पकड़ा हुआ)

अर्थ (बाइबिलीय समझ): तीर विशेष रूप से निशाना बनाए गए आक्रमण या केंद्रित विरोध का प्रतीक है। यदि तीर लग जाए, तो यह कमजोरी या खुलेपन का संकेत देता है। यदि तीर आपके हाथ में हो या आप उससे बच निकलें, तो यह शक्ति, जागरूकता, और दिव्य सुरक्षा का चिन्ह है। **बाइबिलीय आधारः** "उनकी जीभ पैना तीर है..." — भजन संहिता 64:3 (BSI) **खतरे का स्तरः** ऊँचा (यदि तीर लग जाए) निम्न (यदि हाथ में हो या आप बच जाएँ) **तुरंत क्या करें:** अपने आत्मिक बचाव को मजबूत करें।

छिपे हुए आक्रमणों और दोषारोपण के विरुद्ध प्रार्थना करें। जागते रहें। **भविष्यवाणी-संबंधी घोषणा प्रार्थना:** "मेरे विरुद्ध छोड़ा गया कोई भी तीर सफल नहीं होगा। मैं हर ओर से प्रभु द्वारा ढका और सुरक्षित हूँ, यीशु के नाम में।"

16. स्वप्न में हवाई अड्डा

अर्थ (बाइबिलीय समझ): स्वप्न में हवाई अड्डा देखना परिवर्तन, तैयारी, और आने वाली यात्रा या गति का संकेत है। इसका अर्थ अक्सर यह होता **है कि** एक समय समाप्त हो रहा है और दूसरा समय आरम्भ होने वाला है। हवाई अड्डा प्रतीक्षा, जाँच, और clearance का स्थान होता है—इसलिए यह सपना दिखा सकता है कि परमेश्वर आपको परिवर्तन, अवसर, या स्थान परिवर्तन के लिए तैयार कर रहा है। यदि हवाई अड्डे पर देरी हो रही हो, तो इसका अर्थ यह हो सकता है कि तैयारी अभी पूरी नहीं हुई है। **बाइबिलीय आधार:** "यहोवा मनुष्य के कदमों को स्थिर करता है..." — भजन संहिता 37:23 (BSI शैली) **खतरे का स्तर:** निम्न (जब तक कि उलझन या उड़ान छूटने की स्थिति न दिखाई दे) तुरंत क्या करें: दिव्य समय और स्पष्टता के लिए प्रार्थना करें। अधीर न हों। अगले कदम के लिए आत्मिक और व्यावहारिक रूप से तैयार हों।**भविष्यवाणी-संबंधी घोषणा प्रार्थना:** "प्रभु, मेरे कदमों को व्यवस्थित कीजिए और मेरे समय को आपके अनुसार मिलाइए। आपने जो मेरे लिए तैयार किया है, उसे मैं यीशु के नाम में नहीं खोऊँगा।"

17. स्वप्न में हवाई जहाज़ दुर्घटनाग्रस्त होना

अर्थ (बाइबिलीय समझ): हवाई जहाज़ का गिरना या दुर्घटनाग्रस्त होना अचानक रुकावट, sabotage, या जल्दबाज़ी में किए गए कदम का प्रतीक है। यह चेतावनी देता है कि यदि किसी योजना में जल्दबाज़ी की जाए या सुरक्षा की उपेक्षा हो, तो वह असफल हो सकती है। आत्मिक रूप से यह घमण्ड, अत्यधिक आत्म-विश्वास, या ऊँची महत्वाकांक्षाओं के विरुद्ध अदृश्य विरोध का संकेत भी हो सकता है। **बाइबिलीय आधार:** "विनाश से पहिले गर्व, और ठोकर खाने से पहिले घमण्ड होता है।" — नीतिवचन

16:18 (BSI) **खतरे का स्तर:** बहुत ऊँचा. (तुरंत चेतावनी) **तुरंत क्या करें:** बड़े निर्णयों में रुकें। सुरक्षा और नम्रता के लिए प्रार्थना करें। आगे बढ़ने से पहले पुष्टि लें। **भविष्यवाणी-संबंधी घोषणा प्रार्थना:** "पिता, मैं अपनी योजनाओं को आपके अधीन करता हूँ। मेरे उद्देश्य के विरुद्ध विनाश की हर योजना यीशु के नाम में रद्द होती है।"

18. स्वप्न में अपने आप को अकेला देखना

अर्थ (बाइबिलीय समझ): स्वप्न में अकेला होना अलगाव, स्वतंत्रता, या शुद्धिकरण के लिए अलग किए जाने के समय का संकेत हो सकता है। सकारात्मक अर्थ में, यह दिखा सकता है कि परमेश्वर आपको व्यक्तिगत रूप से अपने साथ समय देने के लिए अलग कर रहा है। नकारात्मक अर्थ में, यह अकेलेपन, लोगों से हट जाने, या सहारे की कमी की ओर संकेत कर सकता है। **बाइबिलीय आधार:** "मैं तुझे कभी न छोड़ूंगा, और न कभी तुझे त्यागूंगा।"

— इब्रानियों 13:5 (BSI) **खतरे का स्तर:** निम्न से मध्यम (स्वप्न में अनुभव की गई भावना पर निर्भर) **तुरंत क्या करें:** यदि स्वप्न शांतिपूर्ण हो—प्रार्थना, मनन, और एकांत को ग्रहण करें। यदि स्वप्न दुखद या भारी लगे—संगति, प्रार्थना-सहयोग, और प्रोत्साहन खोजें। **भविष्यवाणी-संबंधी घोषणा प्रार्थना:** "मैं कभी त्यागा हुआ नहीं हूँ। परमेश्वर अपनी उपस्थिति और दिव्य सहायता से मुझे चारों ओर से घेरे हुए है, यीशु के नाम में।"

19. स्वप्न में मदिरा / नशीला पेय पीना

अर्थ (बाइबिलीय समझ): स्वप्न में मदिरा पीना प्रायः नियंत्रण खोने, समझौता करने, या दबाव से बचने के प्रयास का प्रतीक है। यह भावनात्मक बोझ, गलत निर्णय, या आत्मिक सुस्ती की चेतावनी दे सकता है। कुछ परिस्थितियों में यह प्रभाव के अधीन होने को भी दिखाता है— अर्थात् आप किसी ऐसी चीज़ से प्रभावित हो रहे हैं जो परमेश्वर की ओर से नहीं है। **बाइबिलीय आधार:** "दाखमधु से मतवाले न बनो... पर आत्मा

से परिपूर्ण होते जाओ।" – इफिसियों 5:18 (BSI) **खतरे का स्तर:** मध्यम (चेतावनी देने वाला स्वप्न)
तुरंत क्या करें: अपनी आदतों, तनाव के स्तर, और प्रभावों की जाँच करें। स्पष्टता, आत्म-संयम, और आत्मिक नएपन के लिए प्रार्थना करें। **भविष्यवाणी-संबंधी घोषणा प्रार्थना:** "प्रभु, मुझे अपने आत्मा से भर दीजिए। मैं हर उस प्रभाव को अस्वीकार करता हूँ जो मेरे विवेक को कमजोर करता है, यीशु के नाम में।"

20. स्वप्न में अलार्म बजना

अर्थ (बाइबिलीय समझ): अलार्म बजना तात्कालिकता, जागरण, या तुरंत कार्य करने के बुलावे का संकेत है। आत्मिक रूप से यह दर्शाता है कि परमेश्वर आपको किसी खतरे, अवसर, या उपेक्षित जिम्मेदारी के विषय में जगा रहा है। यदि अलार्म को अनदेखा किया जाए, तो यह देरी या आत्मिक नींद का संकेत है। **बाइबिलीय आधार:** "हे सोने वाले, जाग... तब मसीह तुझ पर प्रकाश डालेगा।" – इफिसियों 5:14 (BSI) **खतरे का स्तर:** मध्यम (समय-संवेदनशील चेतावनी) **तुरंत क्या करें:** देरी न करें। प्रार्थना करें कि कौन-सी बात तुरंत ध्यान मांग रही है—पश्चाताप, निर्णय, या कार्यवाही। **भविष्यवाणी-संबंधी घोषणा प्रार्थना:** "मैं परमेश्वर की पुकार के प्रति जागता हूँ। मैं यीशु के नाम में आज्ञाकारिता और बुद्धि के साथ उत्तर देता हूँ।"

21. स्वप्न में हवाई अड्डा

अर्थ (बाइबिलीय समझ): स्वप्न में हवाई अड्डा देखना परिवर्तन, तैयारी, और आने वाली यात्रा या गति का संकेत है। इसका अर्थ अक्सर यह होता है कि एक समय समाप्त हो रहा है और दूसरा समय आरम्भ होने वाला है। हवाई अड्डा प्रतीक्षा, जाँच, और clearance का स्थान होता है—इसलिए यह सपना दिखा सकता है कि परमेश्वर आपको परिवर्तन, अवसर, या स्थान परिवर्तन के लिए तैयार कर रहा है। यदि हवाई अड्डे पर देरी हो रही हो, तो इसका अर्थ यह हो सकता है कि तैयारी अभी पूरी नहीं हुई है।

बाइबिलीय आधार: "यहोवा मनुष्य के कदमों को स्थिर करता है..." — भजन संहिता 37:23 (BSI शैली) **खतरे का स्तर:** निम्न (जब तक कि उलझन या उड़ान छूटने की स्थिति न दिखाई दे) **तुरंत क्या करें:** दिव्य समय और स्पष्टता के लिए प्रार्थना करें। अधीर न हों। अगले कदम के लिए आत्मिक और व्यावहारिक रूप से तैयार हों। **भविष्यवाणी-संबंधी घोषणा प्रार्थना:** "प्रभु, मेरे कदमों को व्यवस्थित कीजिए और मेरे समय को आपके अनुसार मिलाइए। आपने जो मेरे लिए तैयार किया है, उसे मैं यीशु के नाम में नहीं खोऊँगा।"

22. स्वप्न में हवाई जहाज़ दुर्घटनाग्रस्त होना

अर्थ (बाइबिलीय समझ): हवाई जहाज़ का गिरना या दुर्घटनाग्रस्त होना अचानक रुकावट, sabotage, या जल्दबाज़ी में किए गए कदम का प्रतीक है। यह चेतावनी देता है कि यदि किसी योजना में जल्दबाज़ी की जाए या सुरक्षा की उपेक्षा हो, तो वह असफल हो सकती है। आत्मिक रूप से यह घमण्ड, अत्यधिक आत्म-विश्वास, या ऊँची महत्वाकांक्षाओं के विरुद्ध अदृश्य विरोध का संकेत भी हो सकता है। **बाइबिलीय आधार:** "विनाश से पहिले गर्व, और ठोकर खाने से पहिले घमण्ड होता है।" — नीतिवचन 16:18 (BSI) **खतरे का स्तर:** बहुत ऊँचा (तुरंत चेतावनी) **तुरंत क्या करें:** बड़े निर्णयों में रुकें। सुरक्षा और नम्रता के लिए प्रार्थना करें। आगे बढ़ने से पहले पुष्टि लें। **भविष्यवाणी-संबंधी घोषणा प्रार्थना:** "पिता, मैं अपनी योजनाओं को आपके अधीन करता हूँ। मेरे उद्देश्य के विरुद्ध विनाश की हर योजना यीशु के नाम में रद्द होती है।"

23. स्वप्न में अपने आप को अकेला देखना

अर्थ (बाइबिलीय समझ): स्वप्न में अकेला होना अलगाव, स्वतंत्रता, या शुद्धिकरण के लिए अलग किए जाने के समय का संकेत हो सकता है। सकारात्मक अर्थ में, यह दिखा सकता है कि परमेश्वर आपको व्यक्तिगत रूप से अपने साथ समय देने के लिए अलग कर रहा है। नकारात्मक अर्थ में, यह अकेलेपन, लोगों से हट जाने, या सहारे की कमी की ओर संकेत

कर सकता है। **बाइबिलीय आधार:** "मैं तुझे कभी न छोड़ूंगा, और न कभी तुझे त्यागूंगा।" – इब्रानियों 13:5 (BSI) **खतरे का स्तर:** निम्न से मध्यम (स्वप्न में अनुभव की गई भावना पर निर्भर) **तुरंत क्या करें:** यदि स्वप्न शांतिपूर्ण हो—प्रार्थना, मनन, और एकांत को ग्रहण करें।
यदि स्वप्न दुखद या भारी लगे—संगति, प्रार्थना-सहयोग, और प्रोत्साहन खोजें। **भविष्यवाणी-संबंधी घोषणा प्रार्थना:** "मैं कभी त्यागा हुआ नहीं हूँ। परमेश्वर अपनी उपस्थिति और दिव्य सहायता से मुझे चारों ओर से घेरे हुए है, यीशु के नाम में।"

24. स्वप्न में मदिरा / नशीला पेय पीना

अर्थ (बाइबिलीय समझ): स्वप्न में मदिरा पीना प्रायः नियंत्रण खोने, समझौता करने, या दबाव से बचने के प्रयास का प्रतीक है। यह भावनात्मक बोझ, गलत निर्णय, या आत्मिक सुस्ती की चेतावनी दे सकता है। कुछ परिस्थितियों में यह प्रभाव के अधीन होने को भी दिखाता है—अर्थात् आप किसी ऐसी चीज़ से प्रभावित हो रहे हैं जो परमेश्वर की ओर से नहीं है। **बाइबिलीय आधार:** "दाखमधु से मतवाले न बनो... पर आत्मा से परिपूर्ण होते जाओ।" – इफिसियों 5:18 (BSI) **खतरे का स्तर:** मध्यम (चेतावनी देने वाला स्वप्न) **तुरंत क्या करें:** अपनी आदतों, तनाव के स्तर, और प्रभावों की जाँच करें। स्पष्टता, आत्म-संयम, और आत्मिक नएपन के लिए प्रार्थना करें। **भविष्यवाणी-संबंधी घोषणा प्रार्थना:** "प्रभु, मुझे अपने आत्मा से भर दीजिए। मैं हर उस प्रभाव को अस्वीकार करता हूँ जो मेरे विवेक को कमजोर करता है, यीशु के नाम में।"

25. स्वप्न में अलार्म बजना

अर्थ (बाइबिलीय समझ): अलार्म बजना तात्कालिकता, जागरण, या तुरंत कार्य करने के बुलावे का संकेत है। आत्मिक रूप से यह दर्शाता है कि परमेश्वर आपको किसी खतरे, अवसर, या उपेक्षित जिम्मेदारी के विषय में जगा रहा है। यदि अलार्म को अनदेखा किया जाए, तो यह देरी या आत्मिक नींद का संकेत है। **बाइबिलीय आधार:** "हे सोने वाले, जाग...

तब मसीह तुझ पर प्रकाश डालेगा।" — इफिसियों 5:14 (BSI) **खतरे का स्तर:** मध्यम (समय-संवेदनशील चेतावनी) **तुरंत क्या करें:** देरी न करें। प्रार्थना करें कि कौन-सी बात तुरंत ध्यान मांग रही है—पश्चाताप, निर्णय, या कार्यवाही। **भविष्यवाणी-संबंधी घोषणा प्रार्थना:** "मैं परमेश्वर की पुकार के प्रति जागता हूँ। मैं यीशु के नाम में आज्ञाकारिता और बुद्धि के साथ उत्तर देता हूँ।"

26. स्वप्न में किसी पशु का आपका पीछा करना

अर्थ (बाइबिलीय समझ): किसी पशु द्वारा पीछा किया जाना भय, दबाव, या आत्मिक विरोध द्वारा पीछा किए जाने का संकेत है। किस प्रकार का पशु है, यह प्रायः आक्रमण के स्वभाव को प्रकट करता है—जंगली पशु अनियंत्रित खतरों को दिखाते हैं, जबकि परिचित पशु किसी ज्ञात स्रोत से आने वाली समस्या को दर्शा सकते हैं। ऐसा स्वप्न अक्सर तब दिखाई देता है जब कोई व्यक्ति सामना करने या प्रार्थना करने से बच रहा हो। **बाइबिलीय आधार:** "मेरा प्राण सिंहों के बीच है; मैं आग उगलने वालों के बीच पड़ा हूँ..." — भजन संहिता 57:4 (BSI) **खतरे का स्तर:** मध्यम से ऊँचा (स्थिति की तीव्रता पर निर्भर) **तुरंत क्या करें:** आत्मिक रूप से भागें नहीं। प्रार्थना में दृढ़ खड़े हों। पहचानें कि आप किस बात से बच रहे हैं, और परमेश्वर की सहायता से उसका सामना करें। **भविष्यवाणी-संबंधी घोषणा प्रार्थना:** "मैं अपनी नियति से भागने से इंकार करता हूँ। जो भी शक्ति अवैध रूप से मेरा पीछा कर रही है, वह परमेश्वर के द्वारा यीशु के नाम में रोक दी जाए।"

27. स्वप्न में किसी पशु का काटना

अर्थ (बाइबिलीय समझ): पशु का काटना सीधा आत्मिक घाव, अपमान, या आक्रमण दर्शाता है। यह अक्सर धोखा, भावनात्मक चोट, या ऐसे शब्दों की ओर संकेत करता है जिन्होंने भीतर चोट पहुँचाई है। यदि काटने से खून निकलता है, तो यह गहरी चोट का संकेत है, जिसके लिए प्रार्थना और चंगाई दोनों आवश्यक हैं। **बाइबिलीय आधार:** "उन्होंने अपनी जीभ

को सर्प की नाईं तेज किया है...” — भजन संहिता 140:3 (BSI) **खतरे का स्तर:** बहुत ऊँचा (तुरंत प्रार्थना आवश्यक) **तुरंत क्या करें:** चंगाई और सुरक्षा के लिए प्रार्थना करें। अपने मन को कटुता से बचाएँ। चोट और अपमान के साथ किसी भी सहमति को तोड़ दें। **भविष्यवाणी-c◌ंबंधी घोषणा प्रार्थना:** “शत्रु द्वारा दिया गया हर घाव प्रभु के द्वारा चंगा हो। मैं यीशु के नाम में पूरी रीति से पुनःस्थापित होता हूँ।”

28. स्वप्न में किसी पशु का पौधों या फसल को खाना

अर्थ (बाइबिलीय समझ): यह सपना आपके हाथों के काम—आर्थिक क्षेत्र, करियर, सेवकाई, या प्रगति—पर हमला करने वाले भक्षक का संकेत देता है। यह अक्सर तब दिखाई देता है जब मेहनत व्यर्थ जा रही हो, या आशीषें परिपक्व होने से पहले ही खाई जा रही हों। **बाइबिलीय आधार:** “मैं तुम्हारे निमित्त भक्षक को डाँटूँगा...” — मलाकी 3:11 (BSI) **खतरे का स्तर:** मध्यम

(आर्थिक या उत्पादकता से जुड़ी चेतावनी) **तुरंत क्या करें:** हानि और व्यर्थता के विरुद्ध प्रार्थना करें। विश्वासयोग्य और अनुशासित बने रहें। stewardship और आज्ञाकारिता की समीक्षा करें। **भविष्यवाणी-संबंधी घोषणा प्रार्थना:** “मेरी मेहनत के विरुद्ध लगाया गया हर भक्षक डाँटा जाता है। मेरी बढ़ोतरी यीशु के नाम में सुरक्षित रहती है।”

29. स्वप्न में मरा हुआ पशु

अर्थ (बाइबिलीय समझ): मरा हुआ पशु देखना अक्सर किसी खतरे के समाप्त हो जाने, पराजित विरोध, या गलत रास्ते के प्रकट हो जाने का संकेत देता है। यदि पशु सड़ रहा हो या उसमें से दुर्गंध आ रही हो, तो यह इस बात की चेतावनी भी हो सकती है कि आप किसी अस्वस्थ या आत्मिक रूप से असुरक्षित वातावरण के निकट हैं। **बाइबिलीय आधार:** “शत्रु का अन्त हो गया...” — भजन संहिता 9:6 (BSI शैली) **खतरे का स्तर:** निम्न (यदि यह विजय का चिन्ह हो) मध्यम (यदि सड़न या दुर्गंध पर जोर हो) **तुरंत क्या करें:**

छुटकारे के लिए परमेश्वर का धन्यवाद करें। यदि यह चेतावनी वाला पहलू हो, तो दिशा बदलें और अस्वस्थ वातावरण से अपने को अलग करें। **भविष्यवाणी-संबंधी घोषणा प्रार्थना:** "जो भी शक्ति मेरे विरुद्ध उठी थी, वह चुप कर दी गई है। मैं यीशु के नाम में विजय और स्पष्टता में चलता हूँ।"

30. स्वप्न में बोलता हुआ पशु

अर्थ (बाइबिलीय समझ): बोलता हुआ पशु धोखे, असामान्य प्रभाव, या ऐसी आत्मिक communication का संकेत है जिसे अवश्य परखा जाना चाहिए। यद्यपि बाइबिल में एक बार परमेश्वर ने बिलाम की गदही के द्वारा बात कराई थी, फिर भी आज ऐसे स्वप्न अधिकतर इस बात की चेतावनी देते हैं कि कोई अजीब सलाह, भ्रमित करने वाली आवाज़, या धोखे भरा प्रभाव आपको गुमराह कर सकता है। **बाइबिलीय आधार:** "सब बातें परखो; जो अच्छी हो उसे पकड़े रहो।" – 1 थिस्सलुनीकियों 5:21 (BSI) **खतरे का स्तर:** मध्यम (विवेक आवश्यक है) **तुरंत क्या करें:** हर संदेश को पवित्रशास्त्र की कसौटी पर परखें। जो कुछ परमेश्वर के वचन के विरुद्ध हो उसे अस्वीकार करें। विवेक के लिए प्रार्थना करें। **भविष्यवाणी-संबंधी घोषणा प्रार्थना:** "मैं केवल सत्य की आवाज़ को ग्रहण करता हूँ। हर धोखा देने वाली आवाज़ मेरे जीवन में यीशु के नाम में चुप हो जाए।"

31. स्वप्न में किसी पशु का आप पर हमला करना

अर्थ (बाइबिलीय समझ): किसी पशु का आप पर हमला करना खुले टकराव, आक्रामक विरोध, या तीव्र हुए आत्मिक युद्ध का संकेत है। पीछा किए जाने वाले स्वप्न से यह अलग है, क्योंकि यहाँ संघर्ष सीधा हो चुका है। ऐसा स्वप्न अक्सर तब आता है जब शत्रु आपकी प्रगति को महसूस करता है और डराने, दबाने, या बलपूर्वक रोकने का प्रयास करता है। **बाइबिलीय आधार:** "यहोवा आप ही तुम्हारे लिये लड़ेगा, और तुम चुपचाप रहोगे।" – निर्गमन 14:14 (BSI) **खतरे का स्तर:** बहुत ऊँचा (सक्रिय आक्रमण) **तुरंत क्या करें:** घबराएँ नहीं। प्रार्थना की ढाल को बढ़ाएँ। परमेश्वर की सुरक्षा की घोषणा करें और डराने वाली हर शक्ति

को अस्वीकार करें। **भविष्यवाणी-संबंधी घोषणा प्रार्थना:** "जो भी शक्ति मेरे विरुद्ध उठी है, वह प्रभु के द्वारा दबा दी जाती है। मैं यीशु के नाम में निडर और सुरक्षित खड़ा हूँ।"

32. स्वप्न में किसी पशु का आपको चाटना

अर्थ (बाइबिलीय समझ): किसी पशु का आपको चाटना प्रायः सूक्ष्म प्रदूषण, चालाक प्रभाव, या अशुद्ध प्रभाव का संकेत है। यह हिंसक आक्रमण जैसा नहीं होता, बल्कि ऐसी धीमी और अनदेखी समझौते की चेतावनी देता है जो देखने में हानिरहित लगे, पर समय के साथ आत्मिक सामर्थ को कमजोर कर दे। **बाइबिलीय आधार:** "धोखा न खाओ; बुरी संगति अच्छे चाल-चलन को बिगाड़ देती है।" – 1 कुरिन्थियों 15:33 (BSI) **खतरे का स्तर:** मध्यम (छिपा हुआ खतरा) **तुरंत क्या करें:** शुद्धि के लिए प्रार्थना करें। अस्वस्थ प्रभावों से दूरी बनाएं। अपनी आत्मिक सीमाओं को मजबूत करें। **भविष्यवाणी-संबंधी घोषणा प्रार्थना:** "मैं हर प्रकार की सूक्ष्म अशुद्धता को अस्वीकार करता हूँ। मैं परमेश्वर के द्वारा शुद्ध और सुरक्षित रखा गया हूँ, यीशु के नाम में।"

33. स्वप्न में किसी पशु का आपके घर में प्रवेश करना

अर्थ (बाइबिलीय समझ): किसी पशु का आपके घर में प्रवेश करना आपके व्यक्तिगत, पारिवारिक, या निजी जीवन में घुसपैठ का संकेत है। यह आत्मिक हस्तक्षेप, घर में अशांति, या बाहरी प्रभाव के कारण घरेलू शांति के प्रभावित होने की ओर इशारा कर सकता है। **बाइबिलीय आधार:** "मैं और मेरा घराना यहोवा की सेवा करेंगे।" – यहोशू 24:15 (BSI) **खतरे का स्तर:** मध्यम से ऊँचा (परिवार से जुड़ी चेतावनी) **तुरंत क्या करें:** अपने घराने की सुरक्षा के लिए प्रार्थना करें। अपने घर को परमेश्वर को समर्पित करें। ऐसी हर बात को हटाएँ जो आत्मिक अशांति को आमंत्रित करती है। **भविष्यवाणी-संबंधी घोषणा प्रार्थना:** "मेरा घर यीशु के लोहू से ढका हुआ है। यहाँ कोई भी घुसपैठ यीशु के नाम में सफल नहीं होगी।"

34. स्वप्न में किसी पशु का बच्चे को जन्म देना

अर्थ (बाइबिलीय समझ): किसी पशु का बच्चे को जन्म देना इस बात का संकेत है कि कोई समस्या या विषय जो पहले छिपा हुआ था, अब प्रकट होने लगा है। यह दिखा सकता है कि जिस बात को आपने अनदेखा किया या सहन किया, वह अब अच्छे या बुरे फल के रूप में सामने आ रही है— यह पशु और पूरे स्वप्न के संदर्भ पर निर्भर करेगा। **बाइबिलीय आधार:** "मनुष्य जो कुछ बोता है, वही काटेगा।" – गलातियों 6:7 (BSI) **खतरे का स्तर:** निम्न से मध्यम (संदर्भ के अनुसार) **तुरंत क्या करें:** परमेश्वर से विवेक माँगें। यदि अर्थ नकारात्मक हो, तो जड़ को उखाड़ फेंकने के लिए प्रार्थना करें। यदि अर्थ अच्छा हो, तो परमेश्वर का धन्यवाद करें और वृद्धि को बुद्धि से सँभालें। **भविष्यवाणी-संबंधी घोषणा प्रार्थना:** "मैं अपने जीवन में केवल वही काटूँगा जो परमेश्वर ने लगाया है। हर गलत बीज यीशु के नाम में उखाड़ दिया जाए।"

35. स्वप्न में किसी पशु का आपकी सहायता करना या आपकी रक्षा करना

अर्थ (बाइबिलीय समझ): जब कोई पशु आपकी सहायता करता है या आपकी रक्षा करता है, तो यह प्रायः अनपेक्षित सहायता, दिव्य सुरक्षा, या परमेश्वर के द्वारा असामान्य साधनों से आपको बचाने का संकेत होता है। यह सपना दिखाता है कि आप अकेले नहीं हैं, चाहे सहायता किसी आश्चर्यजनक स्रोत से क्यों न आए। **बाइबिलीय आधार:** "प्रभु मेरा सहायक है; मैं न डरूँगा।" – इब्रानियों 13:6 (BSI) **खतरे का स्तर:** कोई खतरा नहीं (प्रोत्साहन देने वाला स्वप्न) **तुरंत क्या करें:** परमेश्वर का धन्यवाद करें। नम्र और जागरूक बने रहें। सहायता के पीछे परमेश्वर का हाथ पहचानें। **भविष्यवाणी-संबंधी घोषणा प्रार्थना:** "प्रभु, मैं अपने जीवन में आपकी सहायता को पहचानता हूँ। आप हर समय मेरे लिए सहारा खड़ा करते हैं, यीशु के नाम में।"

36. स्वप्न में किसी पशु का आपके हाथों में मर जाना

अर्थ (बाइबिलीय समझ): किसी पशु का आपके हाथों में मर जाना आपकी सहभागिता के द्वारा किसी संघर्ष के समाप्त होने का संकेत है। यह दिखाता है कि कोई युद्ध, खतरा, या दबाव जो पहले प्रभावशाली था, अब प्रार्थना, आज्ञाकारिता, या दिव्य हस्तक्षेप के कारण अपनी शक्ति खो रहा है। साथ ही, यह आपको याद दिलाता है कि इस परिस्थिति में कार्य करने की जिम्मेदारी आप पर रखी गई थी। **बाइबिलीय आधार:** "परमेश्वर का धन्यवाद हो, जो हमारे प्रभु यीशु मसीह के द्वारा हमें जयवन्त करता है।" – 1 कुरिन्थियों 15:57 (BSI) **खतरे का स्तर:** निम्न (जिम्मेदारी के साथ विजय) **तुरंत क्या करें:** विजय के लिए परमेश्वर का धन्यवाद करें। आत्मिक रूप से ढीले न पड़ें। लगातार प्रार्थना और सावधानी के साथ विजय को स्थिर करें। **भविष्यवाणी-संबंधी घोषणा प्रार्थना:** "जो भी शक्ति मुझसे लड़ी थी, वह पराजित हो गई है। मैं यीशु के नाम में स्थायी विजय में आगे बढ़ता हूँ।"

37. स्वप्न में किसी पशु का आपसे भागना

अर्थ (बाइबिलीय समझ): यह सपना दिखाता है कि भय अब दिशा बदल रहा है। जो पहले आपको धमका रहा था, वही अब पीछे हट रहा है। ऐसा स्वप्न अक्सर प्रार्थना, उपवास, या आत्मिक वृद्धि के समयों के बाद दिखाई देता है, और यह संकेत देता है कि विरोध कमजोर हो गया है। **बाइबिलीय आधार:** "शैतान का सामना करो, तो वह तुम से भाग जाएगा।" – याकूब 4:7 (BSI) **खतरे का स्तर:** कोई खतरा नहीं (छुटकारे का चिन्ह) **तुरंत क्या करें:** दृढ़ बने रहें। पुरानी आदतों में वापस न जाएँ। आत्मिक अनुशासन बनाए रखें। **भविष्यवाणी-संबंधी घोषणा प्रार्थना:** "मैं मसीह में स्थिर खड़ा हूँ। जो भी शत्रु मेरे जीवन से भाग रहा है, वह यीशु के नाम में फिर कभी वापस न आए।"

38. स्वप्न में किसी पशु का बँधा हुआ या जंजीर से जकड़ा हुआ होना

अर्थ (बाइबिलीय समझ): किसी पशु को बँधा हुआ, जंजीर में, या पिंजरे में देखना नियंत्रित विरोध का संकेत है। शत्रु मौजूद तो है, पर वह प्रभावहीन

कर दिया गया है। ऐसा स्वप्न अक्सर तब आता है जब परमेश्वर ने उस चीज़ पर सीमा लगा दी हो जो आपको प्रभावित कर सकती थी। **बाइबिलीय आधार:** "तू यहाँ तक तो आएगा, पर इससे आगे न बढ़ेगा..." — अय्यूब 38:11 (BSI) **खतरे का स्तर:** निम्न (शत्रु रोका गया है) **तुरंत क्या करें:** परमेश्वर की स्तुति करें। भय न करें। पूरी स्वतंत्रता स्पष्ट होने तक प्रार्थना करते रहें। **भविष्यवाणी-संबंधी घोषणा प्रार्थना:** "मेरे विरुद्ध नियुक्त हर शक्ति बँधी रहती है। मैं यीशु के नाम में स्वतंत्रता और अधिकार में चलता हूँ।"

39. स्वप्न में किसी पशु का आपके रास्ते को पार करना

अर्थ (बाइबिलीय समझ): किसी पशु का आपके रास्ते को पार करना रुकावट, ध्यान भटकाने वाली बात, या चेतावनी का संकेत है। यह किसी अस्थायी बाधा को दिखा सकता है, या ऐसा समय जब आगे बढ़ने से पहले सावधानी की आवश्यकता हो। **बाइबिलीय आधार:** "उसी को स्मरण करके सब काम करना, तब वह तेरे लिये सीधा मार्ग निकालेगा।" — नीतिवचन 3:6 (BSI) **खतरे का स्तर:** निम्न से मध्यम (रुककर प्रार्थना करने की चेतावनी) **तुरंत क्या करें:** बड़े निर्णयों में थोड़ी देर ठहरें। आगे बढ़ने से पहले स्पष्टता और दिशा के लिए प्रार्थना करें। **भविष्यवाणी-संबंधी घोषणा प्रार्थना:** "प्रभु, मेरे कदमों को दिशा दीजिए। मैं आपकी इच्छा के बाहर न ठोकर खाऊँगा और न जल्दबाज़ी करूँगा, यीशु के नाम में।"

40. स्वप्न में किसी पशु का शान्तिपूर्वक सोना

अर्थ (बाइबिलीय समझ): शान्तिपूर्वक सोता हुआ पशु बहाल हुई शांति और निष्क्रिय कर दिए गए खतरे का प्रतीक है। यह दिखाता है कि जो बात पहले भय या तनाव उत्पन्न करती थी, वह अब सक्रिय नहीं रही। ऐसा सपना अक्सर तब आता है जब संघर्ष आत्मिक रूप से शांत हो चुका होता है। **बाइबिलीय आधार:** "जब तू लेटेगा, तब भय न खाएगा... और तेरा सोना सुखद होगा।" — नीतिवचन 3:24 (BSI) **खतरे का स्तर:** कोई

खतरा नहीं (शांति और विश्राम का चिन्ह) **तुरंत क्या करें:** परमेश्वर की शांति में विश्राम करें। पुरानी लड़ाइयों को फिर से न खोलें। धन्यवाद करते रहें। **भविष्यवाणी-संबंधी घोषणा प्रार्थना:** "मैं परमेश्वर के विश्राम में प्रवेश करता हूँ। मेरे जीवन का हर तूफ़ान यीशु के नाम में शांत किया गया है।"

41. स्वप्न में किसी पशु का चुपचाप आपके पीछे-पीछे आना

अर्थ (बाइबिलीय समझ): किसी पशु का चुपचाप आपके पीछे चलना किसी लगातार बने हुए मुद्दे, छिपे हुए प्रभाव, या अनदेखे दबाव का संकेत है, जिसने अभी हमला नहीं किया है परन्तु निगरानी कर रहा है। यह सपना अक्सर इस बात की चेतावनी देता है कि कोई बात पृष्ठभूमि में बनी हुई है—जैसे अनसुलझा मामला, आदत, संबंध, या आत्मिक प्रभाव—जिस पर ध्यान देने की आवश्यकता है, इससे पहले कि वह बढ़ जाए। **बाइबिलीय आधार:** "संयमी और जागते रहो; क्योंकि तुम्हारा विरोधी शैतान गर्जनेवाले सिंह के समान घूमता फिरता है..." — 1 पतरस 5:8 (BSI) **खतरे का स्तर:** मध्यम (प्रारम्भिक चेतावनी) **तुरंत क्या करें:** विवेक के लिए प्रार्थना करें। अनसुलझे मामलों को सुलझाएँ। बार-बार आने वाली भीतरी चेतावनी या असहजता को अनदेखा न करें। **भविष्यवाणी-संबंधी घोषणा प्रार्थना:** "मेरे जीवन का पीछा करने वाली हर छिपी हुई योजना प्रकट होकर हटाई जाए। मैं यीशु के नाम में प्रकाश और सुरक्षा में चलता हूँ।"

42. स्वप्न में किसी पशु का आपका रास्ता रोकना

अर्थ (बाइबिलीय समझ): किसी पशु का आपका रास्ता रोकना देरी, विरोध, या परमेश्वर की ओर से सावधानी का संकेत है। कभी-कभी यह रुकावट शत्रु की चाल होती है; और कभी-कभी परमेश्वर ही आपको किसी हानि से बचाने के लिए रोक रहा होता है। यहाँ विवेक बहुत आवश्यक है—यदि स्वप्न में भय हो, तो यह विरोध की ओर संकेत कर सकता है; यदि शांति हो, तो यह दिव्य रोक हो सकती है। **बाइबिलीय आधार:** "यहोवा का दूत उसका विरोध करने के लिये मार्ग में खड़ा हुआ।" — गिनती

22:22–23 (बिलाम का प्रसंग, BSI) **खतरे का स्तर:** निम्न से मध्यम (दिशा से जुड़ी चेतावनी) **तुरंत क्या करें:** जबरदस्ती आगे न बढ़ें। प्रार्थना करें और स्पष्टता आने तक प्रतीक्षा करें। परमेश्वर से पूछें कि रुकना है, रास्ता बदलना है, या सामना करना है। **भविष्यवाणी-संबंधी घोषणा प्रार्थना:** "प्रभु, मैं उन द्वारों को बलपूर्वक नहीं खोलूँगा जिन्हें आपने नहीं खोला। मुझे यीशु के नाम में सही मार्ग में चलाइए।"

43. स्वप्न में किसी पशु का आपके शयनकक्ष में प्रवेश करना

अर्थ (बाइबिलीय समझ): यह सपना आपके निजी, भावनात्मक, या घनिष्ठ क्षेत्र में घुसपैठ का संकेत है। यह शांति, पवित्रता, विचारों, या विश्राम में गड़बड़ी को दिखा सकता है। आत्मिक रूप से यह चेतावनी देता है कि आप ऐसे प्रभावों को स्थान दे रहे हैं जो आपकी निजी भक्ति या नैतिक सीमाओं को प्रभावित कर रहे हैं। **बाइबिलीय आधार:** "विवाह सब में आदरणीय समझा जाए, और बिछौना निष्कलंक रहे..." — इब्रानियों 13:4 (BSI) **खतरे का स्तर:** बहुत ऊँचा (सीमा का उल्लंघन) **तुरंत क्या करें:** शुद्धि और सुरक्षा के लिए प्रार्थना करें। अपने विचारों, मीडिया के उपयोग, और निजी समय की रक्षा करें। अपने भीतरी जीवन को फिर से परमेश्वर को समर्पित करें। **भविष्यवाणी-संबंधी घोषणा प्रार्थना:** "मेरा विश्राम, मेरी पवित्रता, और मेरी शांति प्रभु के द्वारा सुरक्षित है। कोई भी घुसपैठ यीशु के नाम में बनी नहीं रहेगी।"

44. स्वप्न में किसी पशु का बलि किया जाना / काटा जाना

अर्थ (बाइबिलीय समझ): किसी पशु को बलि होते या काटे जाते देखना बलिदान, हानि, या किसी महत्वपूर्ण बात के अन्त का संकेत हो सकता है। यदि यह कार्य जबरदस्ती या हिंसक लगे, तो यह अनावश्यक हानि का संकेत हो सकता है। यदि यह शान्त या उद्देश्यपूर्ण लगे, तो यह किसी बड़े उद्देश्य के लिए समर्पण या छोड़ देने का प्रतीक हो सकता है। **बाइबिलीय आधार:** "अपने शरीरों को जीवित, पवित्र, और परमेश्वर को भावता हुआ बलिदान करके चढ़ाओ..." — रोमियों 12:1 (BSI) **खतरे का स्तर:** निम्न

से मध्यम (संदर्भ के अनुसार) **तुरंत क्या करें:** परमेश्वर से पूछें कि क्या छोड़ना है और क्या बचाना है। अनावश्यक हानि के विरुद्ध और सही समर्पण के लिए बुद्धि हेतु प्रार्थना करें। **भविष्यवाणी-संबंधी घोषणा प्रार्थना:** "प्रभु, मैं केवल वही छोड़ता हूँ जो आप माँगते हैं। जो आपने मेरे लिए ठहराया है, उसे मैं यीशु के नाम में नहीं खोऊँगा।"

45. स्वप्न में किसी पशु का आपको बचाना

अर्थ (बाइबिलीय समझ): किसी पशु का आपको बचाना असामान्य साधनों के द्वारा दिव्य हस्तक्षेप का संकेत है। परमेश्वर अप्रत्याशित लोगों, परिस्थितियों, या साधनों का उपयोग करके आपको छुड़ा सकता है। यह सपना आश्वासन देता है कि सहायता पहले से तैयार की जा चुकी है। **बाइबिलीय आधार:** "हमारा सहायक यहोवा का नाम है..." — भजन संहिता 124:8 (BSI) **खतरे का स्तर:** कोई खतरा नहीं (प्रोत्साहन देने वाला स्वप्न) **तुरंत क्या करें:** धन्यवाद करें। नम्र और ग्रहणशील बने रहें। सहायता के सच्चे स्रोत के रूप में परमेश्वर को पहचानें। **भविष्यवाणी-संबंधी घोषणा प्रार्थना:** "पिता, मैं आपका धन्यवाद करता हूँ कि आपने मेरे लिए सहायता खड़ी की है। मैं यीशु के नाम में कृतज्ञता के साथ आपका छुटकारा ग्रहण करता हूँ।"

B

46. स्वप्न में किसी भवन का मरम्मत होना या फिर से बनाया जाना

अर्थ (बाइबिलीय समझ):

यह सपना बहाली, चंगाई, और परमेश्वर के द्वारा फिर से निर्माण किए जाने का संकेत है। यह दिखाता है कि जो कुछ टूट गया था—चाहे वह नींव हो, चरित्र हो, नियति हो, परिवार हो, या प्रगति—उसे परमेश्वर स्वयं ठीक कर रहा है। जिसे शत्रु ने नष्ट करने का प्रयास किया, उसे परमेश्वर व्यवस्था, उद्देश्य, और सावधानी के साथ फिर से बना रहा है। **बाइबिलीय आधार:** "जो वर्ष टिड्डियों ने खा लिए हैं, उन्हें मैं तुम को फिर दिला दूंगा।" — योएल 2:25 (BSI) **खतरे का स्तर:** कोई खतरा नहीं (यह बहाली का सपना है) **तुरंत क्या करें:**

बहाली के लिए परमेश्वर का धन्यवाद करें। इस प्रक्रिया में सहयोग करें—धैर्य रखें, आज्ञाकारी रहें, और स्थिर बने रहें। **भविष्यवाणी-संबंधी घोषणा प्रार्थना:**

"पिता, मेरे जीवन की हर टूटी हुई बात को फिर से बना दीजिए। मैं यीशु के नाम में दिव्य पुनर्निर्माण और स्थिरता को ग्रहण करता हूँ।"

47. सुंदर भवन या घर का गिर जाना

अर्थ (बाइबिलीय समझ): किसी सुंदर भवन का गिर जाना अचानक आक्रमण, छिपी हुई कमजोरी, या प्रकट हुए घमण्ड का संकेत है। यह चेतावनी देता है कि बाहर से सब कुछ अच्छा दिखने पर भी भीतर अस्थिरता हो सकती है। परमेश्वर ऐसे सपनों को इसलिए आने देता है कि वास्तविक हानि होने से पहले प्रार्थना की जाए। **बाइबिलीय आधार:** "यदि यहोवा घर न बनाए, तो बनाने वालों का परिश्रम व्यर्थ है।" — भजन संहिता 127:1 (BSI) **खतरे का स्तर:** बहुत ऊँचा (रोकथाम के लिए चेतावनी) **तुरंत क्या करें:** दया के लिए पुकारें। अपनी आत्मिक नींव की जाँच करें। प्रार्थना, नम्रता, और आज्ञाकारिता को मजबूत करें। **भविष्यवाणी-संबंधी घोषणा प्रार्थना:**

"प्रभु, जो कुछ आपने मुझे दिया है उसकी रक्षा कीजिए। मेरे जीवन के विरुद्ध गिरावट की हर योजना यीशु के नाम में रद्द हो जाती है।"

48. स्वप्न में टूटा हुआ पुल

अर्थ (बाइबिलीय समझ):

टूटा हुआ पुल रुकी हुई प्रगति, बंद हुए अवसर, या देर से होने वाले परिवर्तन का संकेत है। पुल एक समय से दूसरे समय को जोड़ते हैं; इसलिए पुल का टूटना गति, पहुँच, या आगे बढ़ने की प्रक्रिया पर आक्रमण को दिखाता है। **बाइबिलीय आधार:** "जो समुद्र में मार्ग और प्रचण्ड जल में पथ बनाता है..." — यशायाह 43:16 (BSI) **खतरे का स्तर:** मध्यम से ऊँचा **तुरंत क्या करें:**

देरी के विरुद्ध प्रार्थना करें। परमेश्वर से प्रार्थना करें कि वह पहुँच को फिर से बनाए और आपको बुद्धि से नई दिशा दे। **भविष्यवाणी-संबंधी घोषणा प्रार्थना:** "मेरी यात्रा के हर अवरोध को हटा दिया जाए। परमेश्वर मेरी पहुँच और मेरी प्रगति को यीशु के नाम में फिर से स्थापित करता है।"

49. स्वप्न में अपने आप घर बनाना

अर्थ (बाइबिलीय समझ): अपने आप घर बनाना व्यक्तिगत वृद्धि, नया जीवन, और परमेश्वर के द्वारा आपके जीवन के पुनर्निर्माण के लिए दी जा रही सामर्थ का संकेत है। ऐसा सपना अक्सर पश्चाताप, उद्धार, या जीवन में नई शुरुआत के किसी बड़े निर्णय के बाद दिखाई देता है। **बाइबिलीय आधार:**
"यदि कोई मसीह में है, तो वह नई सृष्टि है..." – 2 कुरिन्थियों 5:17 (BSI) **खतरे का स्तर:** कोई खतरा नहीं (विकास और सामर्थ का चिन्ह) **तुरंत क्या करें:** अनुशासित बने रहें। प्रार्थना, बुद्धि, और निरंतरता के साथ निर्माण करें। **भविष्यवाणी-संबंधी घोषणा प्रार्थना:** "प्रभु, मुझे अपनी इच्छा के अनुसार निर्माण करने के लिए मजबूत कीजिए। मेरा नया जीवन यीशु के नाम में दृढ़ता से खड़ा रहेगा।"

50. स्वप्न में नया पुल दिखाई देना

अर्थ (बाइबिलीय समझ): नया पुल नए अवसरों, दिव्य सम्बन्धों, और नई पहुँच का प्रतीक है। परमेश्वर वहाँ मार्ग खोल रहा है जहाँ पहले कोई मार्ग नहीं था। ऐसा सपना अक्सर उन्नति, परिवर्तन, या उत्तरित प्रार्थना से पहले दिखाई देता है। **बाइबिलीय आधार:** "देखो, मैं एक नई बात करता हूँ..." – यशायाह 43:19 (BSI) **खतरे का स्तर:** कोई खतरा नहीं (यह breakthrough का चिन्ह है) **तुरंत क्या करें:** आत्मिक रूप से तैयार रहें। प्रार्थना करें कि जब अवसर आए तो आप उसे पहचान सकें और सही उपयोग कर सकें। **भविष्यवाणी-संबंधी घोषणा प्रार्थना:** "पिता, मैं उन नए अवसरों में प्रवेश करता हूँ जिन्हें आपने मेरे लिए तैयार किया है। मैं विश्वास के साथ अपने अगले स्तर में यीशु के नाम में पार जाता हूँ।"

51. स्वप्न में अधूरा भवन

अर्थ (बाइबिलीय समझ):

अधूरा भवन देरी, ठहराव, या बीच में रुकी हुई प्रगति का संकेत है। यह अक्सर उन कामों, बुलाहटों, या लक्ष्यों को दर्शाता है जो शुरू तो हुए, पर विरोध, निराशा, या ध्यान भटकने के कारण पूरे नहीं हुए। आत्मिक रूप से

यह चेतावनी देता है कि परमेश्वर ने जो काम आपको पूरा करने को कहा है, उसे बीच में छोड़ न दें। **बाइबिलीय आधार:** "जिस ने तुम में भला काम आरम्भ किया है, वही उसे पूरा करेगा..." – फिलिप्पियों 1:6 (BSI) **खतरे का स्तर:** मध्यम (देरी की चेतावनी) **तुरंत क्या करें:** प्रार्थना और अनुशासन की ओर लौटें। जो आरम्भ किया गया है उसे पूरा करने के लिए परमेश्वर से सामर्थ माँगें। ध्यान भटकाने वाली बातों को दूर करें। **भविष्यवाणी-संबंधी घोषणा प्रार्थना:** "मेरे जीवन की हर देरी टूटती है। मैं अपने काम को बल के साथ पूरा करता हूँ और अपना कार्यभार यीशु के नाम में पूरा करता हूँ।"

52. स्वप्न में बाइबल बाँटना या वितरित करना

अर्थ (बाइबिलीय समझ): यह सपना परमेश्वर के वचन को फैलाने की बुलाहट का संकेत है—चाहे वह शिक्षा के द्वारा हो, सुसमाचार प्रचार के द्वारा, प्रोत्साहन के द्वारा, या धर्मी प्रभाव के द्वारा। इसका अर्थ हमेशा मण्डप की सेवकाई नहीं होता, पर यह अवश्य दिखाता है कि आपके ऊपर सत्य को शब्दों और कार्यों से बाँटने की जिम्मेदारी है। **बाइबिलीय आधार:** "तुम सारे जगत में जाकर सारी सृष्टि के लोगों को सुसमाचार प्रचार करो।" – मरकुस 16:15 (BSI) **खतरे का स्तर:** कोई खतरा नहीं (यह बुलाहट और जिम्मेदारी का संकेत है) **तुरंत क्या करें:** साहस और आज्ञाकारिता के लिए प्रार्थना करें। जहाँ अवसर मिले वहाँ विश्वासयोग्यता से परमेश्वर का वचन बाँटना आरम्भ करें। **भविष्यवाणी-संबंधी घोषणा प्रार्थना:** "प्रभु, मुझे अपने सत्य का पात्र बनाइए। मैं आपके वचन को सामर्थ और विश्वासयोग्यता के साथ यीशु के नाम में लेकर चलता हूँ।"

53. स्वप्न में अपनी बाइबल खो देना

अर्थ (बाइबिलीय समझ): स्वप्न में बाइबल खो देना आत्मिक उपेक्षा, कमजोर हुआ अधिकार, या परमेश्वर के वचन से दूर हो जाने का संकेत है। यदि बाद में वही बाइबल मिल जाती है, तो यह पश्चाताप, क्षमा, और

आत्मिक शक्ति की पुनःस्थापना को दर्शाता है। **बाइबिलीय आधार:** "मैं ने तेरे वचन को अपने हृदय में रख छोड़ा है..." — भजन संहिता 119:11 (BSI) **खतरे का स्तर:** मध्यम (आत्मिक चेतावनी) **तुरंत क्या करें:** पवित्रशास्त्र और प्रार्थना की ओर लौटें। निरंतर भक्ति और आज्ञाकारिता को फिर से स्थापित करें। **भविष्यवाणी-संबंधी घोषणा प्रार्थना:** "पिता, अपने वचन के लिए मेरी भूख को फिर से जगा दीजिए। मैं फिर से आत्मिक अधिकार में यीशु के नाम में चलता हूँ।"

54. स्वप्न में बाइबल पढ़ना

अर्थ (बाइबिलीय समझ): स्वप्न में बाइबल पढ़ना आत्मिक स्वास्थ्य, जागरूकता, और परमेश्वर के सत्य के साथ मेल में होने का संकेत है। यह वृद्धि, स्पष्टता, और दिव्य निर्देश प्राप्त होने को दर्शाता है। **बाइबिलीय आधार:** "मनुष्य केवल रोटी ही से नहीं, परन्तु परमेश्वर के हर एक वचन से जीवित रहेगा।" — लूका 4:4 (BSI) **खतरे का स्तर:** कोई खतरा नहीं (सकारात्मक पुष्टि) **तुरंत क्या करें:** नियमित अध्ययन और मनन जारी रखें। जो कुछ परमेश्वर सिखा रहा है उसे जीवन में लागू करें। **भविष्यवाणी-संबंधी घोषणा प्रार्थना:**

"मेरा आत्मिक जीवन जीवित और बढ़ता हुआ है। परमेश्वर का वचन प्रतिदिन मेरे कदमों को यीशु के नाम में दिशा देता है।"

55. स्वप्न में बीयर या नशीला पेय पीना

अर्थ (बाइबिलीय समझ): यह सपना समझौते, ध्यान भटकने, या आत्मिक संवेदनशीलता के कम होने की चेतावनी देता है। यह भावनात्मक दबाव, गलत प्रभाव, या समस्याओं का सामना प्रार्थना से करने के बजाय उनसे बचने की प्रवृत्ति का संकेत हो सकता है। **बाइबिलीय आधार:** "दाखमधु से मतवाले न बनो... पर आत्मा से परिपूर्ण होते जाओ।" — इफिसियों 5:18 (BSI) **खतरे का स्तर:** मध्यम (चेतावनी देने वाला स्वप्न) **तुरंत क्या करें:** अपनी संगति, प्रभावों, और आदतों की जाँच करें। आत्म-संयम और नई आत्मिक एकाग्रता के लिए प्रार्थना करें। **भविष्यवाणी-संबंधी घोषणा**

प्रार्थना: "प्रभु, मैं हर उस प्रभाव को अस्वीकार करता हूँ जो मेरी आत्मा को सुस्त करता है। मैं यीशु के नाम में स्पष्टता और अनुशासन को चुनता हूँ।"

56. स्वप्न में मुक्केबाज़ी की लड़ाई हारना

अर्थ (बाइबिलीय समझ): मुक्केबाज़ी की लड़ाई हारना आत्मिक कमजोरी, थकावट, या तैयारी की कमी को दर्शाता है। ऐसा स्वप्न अक्सर तब दिखाई देता है जब व्यक्ति दबाव में हो, पर उसकी प्रार्थना, अनुशासन, या एकाग्रता घट गई हो। यह सपना दोष लगाने के लिए नहीं, बल्कि मजबूत होने के लिए बुलाता है। **बाइबिलीय आधार:** "जागते रहो, विश्वास में स्थिर रहो, हियाव बांधो, बलवन्त हो।" – 1 कुरिन्थियों 16:13 (BSI) **खतरे का स्तर:** मध्यम (सामर्थ की चेतावनी देने वाला स्वप्न) **तुरंत क्या करें:** प्रार्थना और उपवास की ओर लौटें। अपनी आत्मिक दिनचर्या को मजबूत करें। अनावश्यक लड़ाइयों में न पड़ें। **भविष्यवाणी-संबंधी घोषणा प्रार्थना:** "मैं प्रभु से सामर्थ ग्रहण करता हूँ। मैं हर कमजोरी से ऊपर उठता हूँ और यीशु के नाम में विजय में खड़ा होता हूँ।"

57. स्वप्न में फोड़ों का गायब हो जाना

अर्थ (बाइबिलीय समझ): फोड़ों का गायब हो जाना चंगाई, छुटकारे, और पीड़ा के अन्त का संकेत है—चाहे वह आत्मिक हो, भावनात्मक हो, या शारीरिक। जो बात पहले दर्द या लज्जा का कारण थी, उसे परमेश्वर अपनी शक्ति से हटा रहा है। **बाइबिलीय आधार:** "मैं यहोवा हूँ, जो तेरा चंगा करनेवाला हूँ।" – निर्गमन 15:26 (BSI) **खतरे का स्तर:** कोई खतरा नहीं (विजय और चंगाई का चिन्ह) **तुरंत क्या करें:** परमेश्वर का धन्यवाद करें। विश्वास और आज्ञाकारिता में बने रहें। अपनी चंगाई की रक्षा प्रार्थना से करें। **भविष्यवाणी-संबंधी घोषणा प्रार्थना:** "प्रभु, मैं सम्पूर्ण चंगाई और बहाली को ग्रहण करता हूँ। हर पीड़ा यीशु के नाम में स्थायी रूप से हट जाती है।"

58. स्वप्न में कूड़ा या गन्दगी जलाना

अर्थ (बाइबिलीय समझ): कूड़ा या गन्दगी जलाना शुद्धिकरण, सफाई, और पुरानी समस्याओं पर अन्तिम विजय का प्रतीक है। परमेश्वर आपके जीवन से वह सब हटा रहा है जो अब वहाँ नहीं रहना चाहिए—जैसे आदतें, बोझ, या पीड़ाएँ। **बाइबिलीय आधार:** "वह चांदी को गलाने और शुद्ध करने वाले की नाईं बैठेगा..." — मलाकी 3:3 (BSI) **खतरे का स्तर:** कोई खतरा नहीं
(शुद्धि और समापन का संकेत) **तुरंत क्या करें:** अतीत को छोड़ दें। जिसे परमेश्वर ने हटा दिया है, उसकी ओर वापस न लौटें। स्वतंत्रता में आगे बढ़ें। **भविष्यवाणी-संबंधी घोषणा प्रार्थना:** "मेरे जीवन की हर बची हुई समस्या भस्म हो जाए। मैं यीशु के नाम में स्वतंत्रता और स्पष्टता में चलता हूँ।"

59. स्वप्न में बस स्टॉप से बस या कार द्वारा ले जाया जाना

अर्थ (बाइबिलीय समझ): यह सपना प्रगति, स्वीकार किए जाने, और वर्तमान प्रयास में सफलता का संकेत देता है। यह अक्सर तब दिखाई देता है जब शिक्षा, करियर, स्थान परिवर्तन, या उन्नति से जुड़ी प्रार्थनाओं का उत्तर निकट हो। **बाइबिलीय आधार:** "यहोवा तुझे पूंछ नहीं, वरन सिर ही ठहराएगा..." — व्यवस्थाविवरण 28:13 (BSI) **खतरे का स्तर:** कोई खतरा नहीं (उन्नति का चिन्ह) **तुरंत क्या करें:** परिश्रमी बने रहें। जिम्मेदारी के लिए तैयार हों। अनुग्रह के लिए परमेश्वर का धन्यवाद करें। **भविष्यवाणी-संबंधी घोषणा प्रार्थना:** "मेरी प्रगति का समय आ गया है। अनुग्रह मुझे यीशु के नाम में आगे लेकर जाता है।"

60. स्वप्न में स्नान करना या अपना शरीर धोना

अर्थ (बाइबिलीय समझ): स्नान करना शुद्धिकरण, नएपन, और आत्मिक पवित्रता का प्रतीक है। यह सपना अक्सर पश्चाताप, प्रार्थना, या सीधे मार्ग पर चलने के निर्णय के बाद दिखाई देता है। यदि सिर धोया जा रहा हो, तो यह नए विचारों या नई सोच का संकेत हो सकता है; और यदि पूरा शरीर धोया जा रहा हो, तो यह सम्पूर्ण नवीनीकरण को दर्शाता है।

बाइबिलीय आधारः "मुझे धो, तब मैं हिम से भी अधिक उजला हो जाऊंगा।" – भजन संहिता 51:7 (BSI) **खतरे का स्तरः** कोई खतरा नहीं (आत्मिक नएपन का चिन्ह) **तुरंत क्या करेंः** आज्ञाकारिता में चलते रहें। अशुद्ध करने वाली बातों से बचें। प्रार्थना और वचन में बने रहें। **भविष्यवाणी-संबंधी घोषणा प्रार्थनाः** "प्रभु, मैं सम्पूर्ण शुद्धि को ग्रहण करता हूँ। मेरा जीवन आपकी इच्छा के साथ यीशु के नाम में नया और सीधा किया जाता है।"

61. स्वप्न में बच्चे को / बच्चों को गोद में उठाना

अर्थ (बाइबिलीय समझ): स्वप्न में बच्चे को उठाना जिम्मेदारी, प्रतिज्ञा, और उस बात का संकेत है जिसे परमेश्वर ने आपको सौंपा है। जो लोग संतान के लिए विश्वास कर रहे हैं, उनके लिए यह आश्वासन और आशा का संकेत हो सकता है। व्यापक अर्थ में, यह उन विचारों, बुलाहटों, या जिम्मेदारियों की ओर भी संकेत करता है जिन्हें परिपक्व होने तक देखभाल, धैर्य, और प्रार्थना की आवश्यकता है। **बाइबिलीय आधारः** "क्या मैं जन्म के समय तक पहुंचाऊं और जन्म लेने न दूं? यहोवा कहता है..." – यशायाह 66:9 (BSI) **खतरे का स्तरः** निम्न (प्रतिज्ञा के साथ जिम्मेदारी) **तुरंत क्या करेंः** देरी के विरुद्ध प्रार्थना करें। जो कुछ परमेश्वर ने आपको सौंपा है उसकी देखभाल करें। भय और अधीरता से बचें। **भविष्यवाणी-संबंधी घोषणा प्रार्थनाः** "जो कुछ परमेश्वर ने मुझे सौंपा है वह नष्ट नहीं होगा। मैं अपनी प्रतिज्ञा को सुरक्षित रूप से उसकी पूर्ति तक यीशु के नाम में लेकर चलता हूँ।"

62. स्वप्न में नवजात शिशु देखना

अर्थ (बाइबिलीय समझ): नवजात शिशु नई शुरुआत, नई आशीषों, और किसी विशेष बात के आरम्भ का संकेत है। यह विवाह, सेवकाई, व्यवसाय, आत्मिक वृद्धि, या लौटे हुए आनन्द से सम्बन्धित हो सकता है। बच्चे की स्थिति यह दर्शाती है कि नया समय किस प्रकार आगे बढ़ेगा। **बाइबिलीय आधारः** "यदि कोई मसीह में है, तो वह नई सृष्टि है..." – 2 कुरिन्थियों 5:17 (BSI) **खतरे का स्तरः** कोई खतरा नहीं (सकारात्मक

आरम्भ) **तुरंत क्या करें:** धन्यवाद दें। इस नए समय की रक्षा प्रार्थना से करें। उसे समय से पहले सबके सामने प्रकट न करें। **भविष्यवाणी-संबंधी घोषणा प्रार्थना:** "पिता, मैं इस नई शुरुआत को ग्रहण करता हूँ। जो कुछ आपने मेरे जीवन में आरम्भ किया है, वह यीशु के नाम में बढ़ेगा और फलेगा-फूलेगा।"

63. स्वप्न में नीला रंग देखना

अर्थ (बाइबिलीय समझ): नीला रंग शांति, भरोसा, विश्वासयोग्यता, और दिव्य आश्वासन का प्रतीक है। यह अक्सर तब दिखाई देता है जब परमेश्वर भय को शांत कर रहा हो, विश्वास को बहाल कर रहा हो, या अपनी उपस्थिति और वाचा की फिर से पुष्टि कर रहा हो। **बाइबिलीय आधार:** "जिसका मन तुझ में स्थिर है, उसकी तू पूर्ण शान्ति के साथ रक्षा करता है..." – यशायाह 26:3 (BSI) **खतरे का स्तर:** कोई खतरा नहीं (शांति और आश्वासन) **तुरंत क्या करें:**
परमेश्वर की शांति में विश्राम करें। चिंता करना छोड़ दें। उसकी अगुवाई पर भरोसा रखें। **भविष्यवाणी-संबंधी घोषणा प्रार्थना:** "मेरा हृदय परमेश्वर की शांति में विश्राम करता है। मैं यीशु के नाम में भरोसे और आश्वासन में चलता हूँ।"

64. स्वंप्न में केला देखना

अर्थ (बाइबिलीय समझ): केला फलवन्तता, सफलता, और मेहनत के प्रतिफल का प्रतीक है। यह अक्सर ऐसे समय में दिखाई देता है जब लगातार की गई मेहनत अब दिखाई देने वाले परिणाम देने वाली हो। **बाइबिलीय आधार:** "तू अपनी कमाई खाएगा..." – भजन संहिता 128:2 (BSI) **खतरे का स्तर:** कोई खतरा नहीं (सफलता का संकेत) **तुरंत क्या करें:** विश्वासयोग्य और परिश्रमी बने रहें। बहुत जल्दी प्रयास छोड़ न दें। **भविष्यवाणी-संबंधी घोषणा प्रार्थना:** "मेरी मेहनत फल उत्पन्न करती है। सफलता और भलाई मेरे जीवन को यीशु के नाम में प्राप्त होती है।"

65. स्वप्न में बुलेट-प्रूफ कपड़े पहनना

अर्थ (बाइबिलीय समझ):

बुलेट-प्रूफ कपड़े असाधारण दिव्य सुरक्षा का संकेत हैं। यह दिखाता है कि परमेश्वर ने आपके जीवन पर आक्रमणों, दोषारोपणों, और हानि के विरुद्ध एक मज़बूत सुरक्षा रखी है—विशेषकर उन समयों में जब आप अधिक दिखाई दे रहे हों या आत्मिक युद्ध के बीच हों। **बाइबिलीय आधार:** "कोई हथियार जो तेरे विरुद्ध बनाया जाए सफल न होगा..." — यशायाह 54:17 (BSI) **खतरे का स्तर:** कोई खतरा नहीं (उच्च स्तर की सुरक्षा) **तुरंत क्या करें:** सुरक्षा के लिए परमेश्वर का धन्यवाद करें। लापरवाह न बनें—प्रार्थनाशील और आज्ञाकारी बने रहें। **भविष्यवाणी-संबंधी घोषणा प्रार्थना:** "मैं दिव्य रीति से सुरक्षित हूँ। मेरे जीवन के विरुद्ध हर आक्रमण यीशु के नाम में असफल होता है।"

66. स्वप्न में कड़वे पत्ते देखना

अर्थ (बाइबिलीय समझ): कड़वे पत्ते अस्थायी कठिनाई का संकेत हैं, जो अन्त में मीठे और महिमामय परिणाम तक ले जाती है। यह ऐसे अप्रिय समय की ओर संकेत करता है जो अन्ततः वृद्धि, बुद्धि, और आदर उत्पन्न करेगा। परमेश्वर आपको स्मरण दिला रहा है कि अन्त प्रक्रिया से बेहतर होगा। **बाइबिलीय आधार:** "यद्यपि वह दुःख देता है, तौभी अपनी करूणा की बहुतायत के अनुसार दया भी करता है।" — विलापगीत 3:32 (BSI) **खतरे का स्तर:** निम्न (प्रक्रिया से जुड़ा हुआ) **तुरंत क्या करें:** धैर्यवान और विश्वासयोग्य बने रहें। शिकायत न करें और बीच में हार न मानें। परमेश्वर की प्रक्रिया पर भरोसा रखें। **भविष्यवाणी-संबंधी घोषणा प्रार्थना:**"मेरा अंतिम भाग महिमामय होगा। मेरी यात्रा की हर कड़वाहट यीशु के नाम में गवाही में बदल जाती है।"

67. स्वप्न में कड़वा कोला देखना

अर्थ (बाइबिलीय समझ): स्वप्न में कड़वा कोला देखना—विशेषकर यदि बहुत मात्रा में हो या आपके घर में हो—गहरे जड़ वाले आत्मिक विरोध या

ऐसी अस्वस्थ नींव का संकेत है जो आपकी प्रगति को प्रभावित कर रही है। यह हठीले विरोध की ओर संकेत करता है, जिसके लिए जानबूझकर की गई प्रार्थना और अलगाव की आवश्यकता है। **बाइबिलीय आधार:** "हर एक पौधा, जो मेरे स्वर्गीय पिता ने नहीं लगाया, उखाड़ा जाएगा।" — मत्ती 15:13 (BSI) **खतरे का स्तर:** बहुत ऊँचा (नींव से जुड़ी चेतावनी) **तुरंत क्या करें:** गलत नींवों के उखाड़े जाने के लिए प्रार्थना करें। अपने जीवन को पूरी तरह परमेश्वर को फिर से समर्पित करें। **भविष्यवाणी-संबंधी घोषणा प्रार्थना:** "मेरी नियति के विरुद्ध काम करने वाली हर बुरी नींव उखाड़ दी जाए। मैं केवल मसीह पर खड़ा हूँ, यीशु के नाम में।"

68. स्वप्न में खटमल देखना

अर्थ (बाइबिलीय समझ): खटमल धीरे-धीरे और छिपकर शांति, धन, या आनन्द को चूसने वाली बातों का प्रतीक हैं। वे छोटे लेकिन लगातार बने रहने वाले मुद्दों या लोगों को दर्शाते हैं जो चुपचाप आपके विश्राम और साधनों को खा रहे हैं। **बाइबिलीय आधार:** "छोटी-छोटी लोमड़ियां दाख की बारियों को बिगाड़ देती हैं..." — श्रेष्ठगीत 2:15 (BSI) **खतरे का स्तर:** मध्यम (छिपी हुई हानि) **तुरंत क्या करें:** पहचानें कि कौन-सी बात आपको चुपचाप कमज़ोर कर रही है। बुद्धि और निर्णायक कार्यवाही के लिए प्रार्थना करें। **भविष्यवाणी-संबंधी घोषणा प्रार्थना:** "मेरे जीवन की हर छिपी हुई निकासी प्रकट होकर हटाई जाएं। मेरी शांति और मेरी व्यवस्था यीशु के नाम में बहाल होती है।"

69. स्वप्न में चमगादड़ देखना

अर्थ (बाइबिलीय समझ): चमगादड़ भ्रम, अंधकार, या आत्मिक हस्तक्षेप का प्रतीक है। क्योंकि चमगादड़ अंधेरे में काम करते हैं, यह सपना धोखा देने वाले प्रभावों, गुप्त बातों, या ऐसे निगरानी करने वाले आत्मिक प्रभावों की चेतावनी देता है जो आपकी प्रगति को देखना या बाधित करना चाहते हैं। **बाइबिलीय आधार:** "अंधकार के निष्फल कामों में सहभागी न बनो..." — इफिसियों 5:11 (BSI) **खतरे का स्तर:** बहुत ऊँचा (आत्मिक

चेतावनी) **तुरंत क्या करें:**
छिपे हुए कामों के प्रकट होने के लिए प्रार्थना करें। प्रार्थना और पवित्रशास्त्र के द्वारा प्रकाश बढ़ाएँ। **भविष्यवाणी-संबंधी घोषणा प्रार्थना:** "मेरे जीवन के आसपास का अंधकार का हर काम प्रकट होकर तितर-बितर हो जाए। मैं यीशु के नाम में परमेश्वर के प्रकाश में चलता हूँ।"

70. स्वप्न में सिर काटा जाना
अर्थ (बाइबिलीय समझ): सिर काटा जाना अधिकार, अगुवाई, या सामर्थ के स्रोत पर आक्रमण का संकेत है। यह प्रभाव को चुप करा देने, व्यवस्था को काट देने, या दिशा को अस्थिर कर देने के प्रयास को दर्शाता है। यह एक गंभीर चेतावनी देने वाला सपना है, जिसके लिए तुरंत प्रार्थना आवश्यक है। **बाइबिलीय आधार:** "यहोवा मेरे जीवन का दृढ़ गढ़ है; मुझे किस का भय होगा?" — भजन संहिता 27:1 (BSI) **खतरे का स्तर:** बहुत ही ऊँचा (तुरंत हस्तक्षेप आवश्यक) **तुरंत क्या करें:** सुरक्षा के लिए तीव्र प्रार्थना करें। जीवन और निरंतरता की घोषणा करें। अपने आत्मिक अधिकार को मजबूत करें। **भविष्यवाणी-संबंधी घोषणा प्रार्थना:** "मैं अपने समय से पहले काटा नहीं जाऊँगा। मेरा अधिकार और मेरी नियति परमेश्वर के द्वारा यीशु के नाम में सुरक्षित हैं।"

71. स्वप्न में मक्खन चाटना या उसका स्वाद लेना
अर्थ (बाइबिलीय समझ): मक्खन समृद्धि, अनुग्रह, और प्रावधान के आनन्द का प्रतीक है। मक्खन चाटना या उसका स्वाद लेना breakthrough, मेहनत के बाद मिठास, और धैर्य के प्रतिफल का संकेत है। यह सपना अक्सर तब आता है जब परमेश्वर दबाव भरे समय के बाद जीवन को सरल और मधुर करने वाला होता है। **बाइबिलीय आधार:** "मैं उनको उत्तम से उत्तम गेहूं खिलाता, और चट्टान के मधु से तुझे तृप्त करता।" — भजन संहिता 81:16 (BSI) **खतरे का स्तर:** कोई खतरा नहीं (breakthrough का चिन्ह) **तुरंत क्या करें:** परमेश्वर का धन्यवाद करें। बढ़ोतरी को बुद्धि और नम्रता से सँभालने की तैयारी करें। **भविष्यवाणी-**

संबंधी घोषणा प्रार्थना: "मेरे जीवन की मिठास का समय आ गया है। मैं परमेश्वर के अनुग्रह के प्रतिफल का आनन्द यीशु के नाम में लेता हूँ।"

72. स्वप्न में अपने शरीर से पूँछ निकलती देखना

अर्थ (बाइबिलीय समझ): यह सपना दासता, हीनभावना, या दबाव से छुटकारे का संकेत है। बाइबिल के अनुसार पूँछ सीमा, दबे होने की स्थिति, और अधीनता का प्रतीक हो सकती है। उसका हटना उन्नति, स्वतंत्रता, और पुनःस्थापित गरिमा का संकेत है। **बाइबिलीय आधार:** "यहोवा तुझे सिर ही ठहराएगा, और पूंछ न होने देगा..." – व्यवस्थाविवरण 28:13 (BSI) **खतरे का स्तर:** कोई खतरा नहीं (छुटकारा और उन्नति) **तुरंत क्या करें:** हर हीन सोच को अस्वीकार करें। परमेश्वर द्वारा दी गई अपनी पहचान में साहस से चलें। **भविष्यवाणी-संबंधी घोषणा प्रार्थना:** "मैं अब किसी सीमा या हीनता में बँधा नहीं हूँ। परमेश्वर की आज्ञा से मैं यीशु के नाम में सिर के रूप में उठता हूँ।"

73. स्वप्न में फीके या टूटे हुए बटन देखना

अर्थ (बाइबिलीय समझ): बटन चीज़ों को जोड़े रखते हैं। फीके या टूटे हुए बटन ढीली पड़ चुकी व्यवस्था, धीमी प्रगति, या जीवन में किसी टूटे हुए जुड़ाव का संकेत हैं—विशेषकर करियर, योजना, या व्यक्तिगत अनुशासन के क्षेत्र में। यह चेतावनी देता है कि छोटी-छोटी अनदेखी की गई बातें बाद में बड़ी रुकावटों का कारण बन सकती हैं। **बाइबिलीय आधार:** "दुर्बल हाथों को दृढ़ करो, और थरथराते घुटनों को स्थिर करो।" – यशायाह 35:3 (BSI) **खतरे का स्तर:** मध्यम (रखरखाव से जुड़ी चेतावनी) **तुरंत क्या करें:** अनदेखे क्षेत्रों को ठीक करें। अनुशासन, योजना, और निरंतरता को फिर से स्थापित करें। **भविष्यवाणी-संबंधी घोषणा प्रार्थना:** "मेरा जीवन फिर से सामर्थ और व्यवस्था को प्राप्त करता है। हर ढीला क्षेत्र यीशु के नाम में बहाल हो जाता है।"

74. स्वप्न में बुलडोज़र चलाना या उसके साथ काम करना

अर्थ (बाइबिलीय समझ): बुलडोज़र बाधाओं को हटाने, विरोध को साफ करने, और आसानी से आगे बढ़ने की शक्ति का प्रतीक है। यह सपना दिखाता है कि परमेश्वर आपको लंबे समय से खड़ी रुकावटों को शीघ्रता से हटाने के लिए सामर्थ दे रहा है। **बाइबिलीय आधार:** "हर एक तराई भर दी जाएगी, और हर एक पहाड़ और पहाड़ी नीची की जाएगी..." – यशायाह 40:4 (BSI) **खतरे का स्तर:** कोई खतरा नहीं (सामर्थ देने वाला स्वप्न) **तुरंत क्या करें:** विश्वास के साथ आगे बढ़ें। विरोध से न डरें। साहसी और धर्मी कदम उठाएँ। **भविष्यवाणी-संबंधी घोषणा प्रार्थना:** "मेरे सामने की हर बाधा हटा दी जाती है। मैं यीशु के नाम में दिव्य सामर्थ से आगे बढ़ता हूँ।"

75. स्वप्न में अपने जन्मदिन को आनन्द से मनाना

अर्थ (बाइबिलीय समझ): अपने जन्मदिन को आनन्द से मनाना उत्तरित प्रार्थनाओं, दीर्घायु, आनन्द, और नए समय में सफल प्रवेश का संकेत है। यह कृतज्ञता, सुरक्षा, और परमेश्वर की स्वीकृति को दर्शाता है। **बाइबिलीय आधार:** "मैं उसको दीर्घायु से तृप्त करूंगा, और अपने किए हुए उद्धार का दर्शन दिखाऊंगा।" – भजन संहिता 91:16 (BSI) **खतरे का स्तर:**

कोई खतरा नहीं (आनन्द और सुरक्षा का चिन्ह) **तुरंत क्या करें:** जीवन के लिए परमेश्वर का धन्यवाद करें। इस नए समय को परमेश्वर के उद्देश्य को फिर से समर्पित करें। **भविष्यवाणी-संबंधी घोषणा प्रार्थना:** "मैं दीर्घायु, आनन्द, और परिपूर्णता को ग्रहण करता हूँ। मेरा नया समय परमेश्वर के द्वारा यीशु के नाम में आशीषित है।"

76. स्वप्न में टोकरी देखना

अर्थ (बाइबिलीय समझ): टोकरी साधनों को संभालने, इकट्ठा करने, और प्रबंधित करने का प्रतीक है। यदि टोकरी रिसती हुई, खाली, या अस्थिर दिखाई दे, तो यह आर्थिक रिसाव, व्यर्थ खर्च, या गलत प्रबंध की ओर संकेत करती है। यदि टोकरी भरी हुई और संतुलित हो, तो यह प्रावधान के इकट्ठा होने का संकेत है, पर साथ ही यह भी दिखाता है कि उसे बचाए

रखने के लिए बुद्धि की आवश्यकता है। **बाइबिलीय आधारः** "बचे हुए टुकड़े बटोर लो, कि कुछ न नष्ट हो।" – यूहन्ना 6:12 (BSI) **खतरे का स्तरः** मध्यम (आर्थिक बुद्धि की चेतावनी) **तुरंत क्या करें:** अपने खर्च करने की आदतों और प्रबन्ध की जाँच करें। आर्थिक निर्णयों में बुद्धि और विश्वासयोग्यता के लिए प्रार्थना करें। **भविष्यवाणी-संबंधी घोषणा प्रार्थनाः** "मेरे धन में हर रिसाव बंद किया जाए। परमेश्वर मुझे मेरे साधनों को सुरक्षित रखने और बढ़ाने की बुद्धि यीशु के नाम में सिखाता है।"

77. स्वप्न में बिस्तर गीला करना

अर्थ (बाइबिलीय समझ): बिस्तर गीला करना लज्जा, अपमान, ठुकराए जाने की भावना, या अनसुलझी भावनात्मक कमजोरी का संकेत है। यह इस बात की ओर संकेत कर सकता है कि व्यक्ति के भीतर उजागर हो जाने का भय है, या पुराने घाव उसकी आत्म-छवि और आत्म-विश्वास को प्रभावित कर रहे हैं।

बाइबिलीय आधारः "जो उसकी ओर ताकते हैं, वे ज्योतिर्मय होते हैं, और उनका मुंह कभी लज्जित न होगा।" – भजन संहिता 34:5 (BSI) **खतरे का स्तरः** मध्यम (भावनात्मक और पहचान की चंगाई की आवश्यकता) **तुरंत क्या करें:** भीतरी चंगाई के लिए प्रार्थना करें। लज्जा और दोषभावना को अस्वीकार करें। मसीह में अपनी पहचान को मजबूत करें। **भविष्यवाणी-संबंधी घोषणा प्रार्थनाः** "मैं लज्जा और भय को अस्वीकार करता हूँ। मैं यीशु के नाम में अनुग्रह, आत्म-विश्वास, और स्वीकार किए जाने में चलता हूँ।"

78. स्वप्न में काला पक्षी देखना

अर्थ (बाइबिलीय समझ): काला पक्षी प्रायः निगरानी, नकारात्मक प्रभाव, या आत्मिक विरोध का प्रतीक है। यह किसी ऐसे प्रभाव की ओर संकेत कर सकता है जो आपको देख रहा हो, आपके वातावरण में हस्तक्षेप कर रहा हो, या आपकी शांति को प्रभावित करने का प्रयास कर रहा हो। **बाइबिलीय आधारः** "फन्दा टूट गया, और हम बच निकले।" – भजन

संहिता 124:7 (BSI) **खतरे का स्तर:** बहुत ऊँचा (आत्मिक सतर्कता की आवश्यकता) **तुरंत क्या करें:** नकारात्मक प्रभावों के प्रकट होने और हटने के लिए प्रार्थना करें। आत्मिक जागरूकता को बढ़ाएँ। **भविष्यवाणी-संबंधी घोषणा प्रार्थना:** "मेरे जीवन के विरुद्ध हर निगरानी करने वाली शक्ति काट दी जाए। मैं यीशु के नाम में परमेश्वर की सुरक्षा में बना रहता हूँ।"

79. स्वप्न में पिंजरे या जाल में फँसा हुआ पक्षी देखना

अर्थ (बाइबिलीय समझ): जाल या पिंजरे में फँसा हुआ पक्षी पकड़े गए अवसरों, देर से मिलने वाली सफलता, या रोकी हुई क्षमता का प्रतीक है। यदि पक्षी शांत हो, तो यह दिखाता है कि छुड़ाया जाना निकट है। यदि वह छटपटा रहा हो, तो यह तुरंत प्रार्थना की आवश्यकता को दर्शाता है। **बाइबिलीय आधार:** "हमारा प्राण चिड़िया की नाईं बहेलियों के जाल से बच निकला है..." — भजन संहिता 124:7 (BSI) **खतरे का स्तर:** मध्यम (देरी की चेतावनी) **तुरंत क्या करें:** छुटकारे और breakthrough के लिए प्रार्थना करें। जीवन के हर रुके हुए क्षेत्र पर स्वतंत्रता की घोषणा करें। **भविष्यवाणी-संबंधी घोषणा प्रार्थना:** "मेरे अवसर मुक्त किए जाएँ। हर देरी टूटे, और मैं यीशु के नाम में स्वतंत्रता से आगे बढ़ूँ।"

80. स्वप्न में अंधेरे पात्र से सफेद पक्षी का निकलना

अर्थ (बाइबिलीय समझ): यह सपना बंधन से छुटकारे और पवित्रता, शांति, या नियति की बहाली का संकेत है। सफेद पक्षी जीवन और स्वतंत्रता का प्रतीक है, जो किसी बन्धन या रोक से बाहर निकल रहा है। **बाइबिलीय आधार:** "वह उन्हें अन्धकार और घोर अन्धकार में से निकाल लाया..." — भजन संहिता 107:14 (BSI) **खतरे का स्तर:** कोई खतरा नहीं (छुटकारे की पुष्टि) **तुरंत क्या करें:** परमेश्वर का धन्यवाद करें। स्वतंत्रता को स्थिर करने और पुराने फंदों से बचने के लिए प्रार्थना जारी रखें। **भविष्यवाणी-संबंधी घोषणा प्रार्थना:** "मैं हर प्रकार की बन्धुआई से

छुड़ाया गया हूँ। मेरी नियति परमेश्वर की सामर्थ से यीशु के नाम में स्वतंत्र चलती है।"

81. स्वप्न में अंडों वाला पक्षी का घोंसला देखना

अर्थ (बाइबिलीय समझ): अंडों वाला पक्षी का घोंसला तैयारी, सुरक्षा, और बढ़ रही प्रतिज्ञाओं का संकेत है। यह उन विचारों, योजनाओं, या आशीषों की ओर संकेत करता है जो अभी दिखाई नहीं दे रही हैं, पर सावधानी से विकसित की जा रही हैं। परमेश्वर आपको दिखा रहा है कि कुछ मूल्यवान चीज़ सही समय तक सुरक्षित रखी जा रही है। **बाइबिलीय आधार:** "जैसे पक्षी अपने घोंसले से उड़ जाता है, वैसे ही वह मनुष्य है जो अपने स्थान से भटक जाता है।" — नीतिवचन 27:8 (BSI) **खतरे का स्तर:** कोई खतरा नहीं (तैयारी में चल रही प्रतिज्ञा) **तुरंत क्या करें:** प्रक्रिया को जल्दी पूरा कराने की कोशिश न करें। जिसे परमेश्वर विकसित कर रहा है उसकी रक्षा प्रार्थना और सावधानी से करें। **भविष्यवाणी-संबंधी घोषणा प्रार्थना:** "जो कुछ परमेश्वर मेरे जीवन में से रहा है, वह अपने समय पर निकलेगा। मैं अपनी प्रतिज्ञा का गर्भपात यीशु के नाम में नहीं होने दूँगा।"

82. स्वप्न में अपने सिर पर किसी अजीब काले हाथ को देखना

अर्थ (बाइबिलीय समझ): सिर पर रखा गया काला हाथ सीमा, ठुकराहट, या रोक के स्थानांतरण का संकेत है। बाइबिल में सिर अधिकार, दिशा, और अगुवाई का प्रतीक है। यह सपना चेतावनी देता है कि कोई आत्मिक हस्तक्षेप आपकी प्रगति को दबाने या आपके निर्णयों को प्रभावित करने का प्रयास कर रहा है। **बाइबिलीय आधार:** "तू मेरे सिर पर तेल मलता है; मेरा कटोरा उमण्ड रहा है।" — भजन संहिता 23:5 (BSI) **खतरे का स्तर:** बहुत ऊँचा (आत्मिक हस्तक्षेप) **तुरंत क्या करें:** हर नकारात्मक स्थानांतरण को हटाने के लिए तीव्र प्रार्थना करें। अपने जीवन पर परमेश्वर के अधिकार की घोषणा करें। **भविष्यवाणी-संबंधी घोषणा प्रार्थना:** "मेरी नियति के

विरुद्ध रखा गया हर हाथ हटा दिया जाए। मेरा सिर यीशु के नाम में अनुग्रह और प्रगति के लिए अभिषिक्त है।"

83. स्वप्न में काले पक्षी को आग में जलते देखना

अर्थ (बाइबिलीय समझ): यह सपना आत्मिक विरोध की पराजय का संकेत है। आग परमेश्वर के न्याय और शुद्धि का प्रतीक है। आग में जलता हुआ काला पक्षी यह दिखाता है कि जो शक्तियाँ गुप्त रूप से आपके विरुद्ध काम कर रही थीं, वे नष्ट की जा रही हैं। **बाइबिलीय आधार:** "क्योंकि हमारा परमेश्वर भस्म करनेवाली आग है।"— इब्रानियों 12:29 (BSI) **खतरे का स्तर:** कोई खतरा नहीं (विजय की पुष्टि) **तुरंत क्या करें:** छुटकारे के लिए परमेश्वर का धन्यवाद करें। पूरी स्वतंत्रता के स्थिर होने के लिए प्रार्थना जारी रखें। **भविष्यवाणी-संबंधी घोषणा प्रार्थना:** "मेरे जीवन के विरुद्ध नियुक्त अंधकार की हर शक्ति परमेश्वर की आग से यीशु के नाम में भस्म हो जाए।"

84. स्वप्न में नाई द्वारा बाल कटवाना

अर्थ (बाइबिलीय समझ): बाल महिमा, पहचान, और शक्ति का प्रतीक हैं। यदि नाई द्वारा बाल ठीक प्रकार से काटे जा रहे हों, तो यह refinement, सुधार, और उन्नति की तैयारी का संकेत है। परमेश्वर आपके जीवन के कुछ क्षेत्रों को अधिक प्रभावी बनाने के लिए नया रूप दे रहा है। **बाइबिलीय आधार:** "वह मेरे मार्ग को जानता है; जब वह मुझे जांच चुका होगा, तब मैं सोने सा निकलूंगा।" — अय्यूब 23:10 (BSI) **खतरे का स्तर:** निम्न (शुद्धिकरण की प्रक्रिया) **तुरंत क्या करें:** परमेश्वर की गढ़ाई के अधीन रहें। सुधार और वृद्धि को नम्रता से स्वीकार करें। **भविष्यवाणी-संबंधी घोषणा प्रार्थना:** "प्रभु, अपनी इच्छा के अनुसार मुझे परिष्कृत कीजिए। मैं अपने अगले स्तर के लिए यीशु के नाम में तैयार और अनुग्रहित होकर निकलता हूँ।"

85. स्वप्न में रोटी या रोटियाँ देखना

अर्थ (बाइबिलीय समझ): रोटी प्रावधान, पोषण, आत्मिक आहार, और सामर्थ का प्रतीक है। रोटी देखना यह दिखाता है कि परमेश्वर आपकी आत्मिक और शारीरिक दोनों आवश्यकताओं को पूरा कर रहा है। बहुत-सी रोटियाँ बढ़ोतरी और अधिक प्रावधान का संकेत देती हैं। **बाइबिलीय आधार:**
"आज हमें हमारी प्रतिदिन की रोटी दे।" – मत्ती 6:11 (BSI) **खतरे का स्तर:** कोई खतरा नहीं (प्रावधान और सामर्थ) **तुरंत क्या करें:** परमेश्वर के प्रावधान पर भरोसा रखें। धन्यवाद देने वाले और उदार बने रहें। **भविष्यवाणी-संबंधी घोषणा प्रार्थना:**
"मुझे किसी भी अच्छी वस्तु की कमी न होगी। परमेश्वर मेरी आवश्यकताओं को यीशु के नाम में बहुतायत से पूरा करता है।"

86. स्वप्न में रोटी माँगना

अर्थ (बाइबिलीय समझ): रोटी माँगना कमी, निर्भरता, या अभाव के भय का संकेत है। यह आर्थिक दबाव, असुरक्षा, या प्रावधान के विषय में चिंता को दर्शा सकता है। आत्मिक रूप से यह इस बात की ओर भी संकेत कर सकता है कि व्यक्ति परमेश्वर की पूर्ति और गरिमा की वाचा को भूल रहा है। **बाइबिलीय आधार:** "मैं जवान था, अब बूढ़ा हूँ, तौभी मैंने धर्मी को त्यागा हुआ, और उसके वंश को रोटी के लिये भीख मांगते नहीं देखा।" – भजन संहिता 37:25 (BSI) **खतरे का स्तर:** मध्यम (प्रावधान और सोच से जुड़ी चेतावनी) **तुरंत क्या करें:** भय और आलस्य को अस्वीकार करें। परिश्रम करें और परमेश्वर के प्रावधान पर भरोसा रखें। उसकी प्रतिज्ञाओं में विश्वास को मजबूत करें। **भविष्यवाणी-संबंधी घोषणा प्रार्थना:** "मैं उस बात के लिए भीख नहीं माँगूँगा जिसे परमेश्वर ने वचन दिया है। मेरी आवश्यकताएँ प्रभु के द्वारा यीशु के नाम में पूरी की जाती हैं।"

87. स्वप्न में तितली देखना

अर्थ (बाइबिलीय समझ): तितली परिवर्तन, आनन्द, और जीवन के नए चरण का प्रतीक है। यह सीमा से स्वतंत्रता और कुरूपता से सुन्दरता की

ओर बदलाव को दर्शाती है। ऐसा सपना अक्सर दबाव या प्रतीक्षा के समय के बाद आता है। **बाइबिलीय आधार:** “रात भर रोना तो रहता है, परन्तु बिहान को आनन्द पहुँचता है।” – भजन संहिता 30:5 (BSI) **खतरे का स्तर:** कोई खतरा नहीं

(आनन्दमय परिवर्तन) **तुरंत क्या करें:** परिवर्तन को धन्यवाद के साथ स्वीकार करें। शांति और क्षमा में चलें। **भविष्यवाणी-संबंधी घोषणा प्रार्थना:** “मेरा समय भलाई के लिए बदल गया है। मैं यीशु के नाम में आनन्द और स्वतंत्रता में प्रवेश करता हूँ।”

88. स्वप्न में अपने शरीर को कमजोर महसूस करना

अर्थ (बाइबिलीय समझ): शरीर में कमजोरी महसूस होना आत्मिक थकावट, दबाव, या उस घटती हुई शक्ति का संकेत है जो जीवन, काम, या बुलाहट को प्रभावित कर रही है। यह हार की घोषणा नहीं, बल्कि नवीनीकरण के लिए पुकार है। **बाइबिलीय आधार:** “परन्तु जो यहोवा की बाट जोहते हैं, वे नया बल प्राप्त करते जाएंगे...” – यशायाह 40:31 (BSI) **खतरे का स्तर:**

मध्यम (नएपन की आवश्यकता) **तुरंत क्या करें:** आत्मिक विश्राम लें। प्रार्थना करें, बुद्धि से उपवास करें, और परमेश्वर के वचन से अपने आप को भरें। burnout से बचें। **भविष्यवाणी-संबंधी घोषणा प्रार्थना:** “मेरा बल प्रभु के द्वारा नया किया जाता है। मैं हर कमजोरी से ऊपर यीशु के नाम में उठता हूँ।”

89. स्वप्न में खून बहना

अर्थ (बाइबिलीय समझ): खून बहना किसी हानि का संकेत है—चाहे वह शक्ति की हो, धन की हो, शांति की हो, स्वास्थ्य की हो, या प्रभाव की हो। यह चेतावनी देता है कि कुछ आपके जीवन-बल को कम कर रहा है और तुरंत आत्मिक ध्यान की आवश्यकता है। **बाइबिलीय आधार:** “शरीर का प्राण तो लोहू में रहता है...” – लैव्यव्यवस्था 17:11 (BSI) **खतरे का स्तर:** बहुत ऊँचा (हानि की चेतावनी) **तुरंत क्या करें:** ढाँकने और बहाली

के लिए प्रार्थना करें। हानि के स्रोत की पहचान करें और उसे रोकें। **भविष्यवाणी-संबंधी घोषणा प्रार्थना:** "मेरा जीवन और मेरी नियति यीशु के लोहू से मुहरबन्द हैं। हर प्रकार की हानि यीशु के नाम में रुक जाती है।"

90. स्वप्न में किसी बच्चे को स्तनपान कराना

अर्थ (बाइबिलीय समझ): स्तनपान कराना पोषण देना, सामर्थ देना, या साधनों का स्थानांतरण करना दर्शाता है। यदि यह बार-बार हो या आपको खाली करता हुआ लगे, तो यह संकेत हो सकता है कि कुछ लोग आपकी शक्ति, महिमा, या ऊर्जा को अत्यधिक ले रहे हैं। कुछ परिस्थितियों में यह आत्मिक या व्यवहारिक रूप से किसी चीज़ की वृद्धि की जिम्मेदारी को भी दर्शाता है। **बाइबिलीय आधार:** "सिय्योन से, जो सुन्दरता की परिपूर्णता है, परमेश्वर प्रकाशित हुआ है।" — भजन संहिता 50:2 (BSI) **खतरे का स्तर:**
निम्न से मध्यम (भावना और दोहराव पर निर्भर) **तुरंत क्या करें:** स्वस्थ सीमाएँ स्थापित करें। शोषण के विरुद्ध और बुद्धि के साथ देने के लिए प्रार्थना करें। **भविष्यवाणी-संबंधी घोषणा प्रार्थना:** "मेरी शक्ति सुरक्षित रहती है। मैं बुद्धि से देता हूँ और यीशु के नाम में सम्पूर्ण बना रहता हूँ।"

91. स्वप्न में अपने आप को बच्चे की तरह दूध पीते देखना

अर्थ (बाइबिलीय समझ): यदि आप वयस्क हैं, फिर भी स्वप्न में अपने आप को बच्चे की तरह दूध पीते देखें, तो यह आत्मिक ठहराव या रुकी हुई वृद्धि का संकेत है। इसका अर्थ है कि जहाँ परिपक्वता अपेक्षित है, वहाँ अभी भी निर्भरता बनी हुई है। परमेश्वर आपको आत्मिक बालपन से निकालकर जिम्मेदारी, विवेक, और वृद्धि की ओर बुला रहा है। **बाइबिलीय आधार:** "समय के विचार से तो तुम्हें गुरु हो जाना चाहिए था, तौभी अब आवश्यकता इस बात की है, कि कोई तुम्हें परमेश्वर के वचनों की आदि बातें फिर से सिखाए..." — इब्रानियों 5:12 (BSI) **खतरे का स्तर:** मध्यम (वृद्धि की चेतावनी) **तुरंत क्या करें:** आत्मिक परिपक्वता के लिए स्वयं को समर्पित करें। प्रार्थना, वचन, और आज्ञाकारिता में जिम्मेदारी बढ़ाएँ। **भविष्यवाणी-संबंधी घोषणा प्रार्थना:** "मैं आत्मिक

बालपन से परिपक्वता की ओर बढ़ता हूँ। मैं मसीह में मजबूत होता हूँ और अपनी बुलाहट को यीशु के नाम में पूरा करता हूँ।"

92. स्वप्न में खून पीना

अर्थ (बाइबिलीय समझ): स्वप्न में खून पीना आत्मिक अशुद्धता या अनुचित आत्मिक लेन-देन की बहुत गंभीर चेतावनी है। बाइबिल में लोहू जीवन का प्रतीक है, और उसे गलत तरीके से ग्रहण करना अशुद्धता, भ्रष्ट प्रभाव, या नियंत्रण का चिन्ह है। यह सपना तुरंत प्रार्थना, शुद्धि, और आत्मिक समझौते से अलग होने की माँग करता है। **बाइबिलीय आधार:** "तुम मांस को उसके प्राण अर्थात् उसके लोहू समेत न खाना।" — उत्पत्ति 9:4 (BSI) **खतरे का स्तर:** बहुत ही ऊँचा (तुरंत हस्तक्षेप आवश्यक) **तुरंत क्या करें:** शुद्धि और छुटकारे के लिए प्रार्थना करें। हर अपवित्र समझौते का इन्कार करें। परमेश्वर के सामने पवित्रता खोजें। **भविष्यवाणी-संबंधी घोषणा प्रार्थना:** "मैं हर अशुद्धता और हर अनुचित लेन-देन को अस्वीकार करता हूँ। मैं यीशु के लोहू से यीशु के नाम में शुद्ध किया गया हूँ।"

93. स्वप्न में अपने घर या आँगन में चारों ओर खून देखना

अर्थ (बाइबिलीय समझ): घर या आँगन में चारों ओर खून दिखाई देना पारिवारिक खतरे, पीढ़ीगत समस्याओं, या घराने में आत्मिक अशांति का संकेत है। यह संघर्ष, हानि, या उन आत्मिक बातों की चेतावनी हो सकती है जिन्हें अब तक ठीक से संबोधित नहीं किया गया है। **बाइबिलीय आधार:** "जब मैं लोहू को देखूंगा, तब तुम को छोड़कर निकल जाऊंगा..." — निर्गमन 12:13 (BSI) **खतरे का स्तर:** बहुत ऊँचा (घराने से जुड़ी चेतावनी) **तुरंत क्या करें:** परिवार की सुरक्षा के लिए प्रार्थना करें। अपने घराने को परमेश्वर को समर्पित करें। अपने घर पर शांति और जीवन की घोषणा करें। **भविष्यवाणी-संबंधी घोषणा प्रार्थना:** "मेरा घराना यीशु के लोहू से ढका हुआ है। यहाँ कोई भी बुराई यीशु के नाम में सफल नहीं होगी।"

94. स्वप्न में झाड़ू से अपना घर बुहारना

अर्थ (बाइबिलीय समझ): झाड़ू लगाना सफाई, व्यवस्था, और तैयारी का संकेत है। यह सपना दिखाता है कि परमेश्वर आपको अव्यवस्था, ध्यान भटकाने वाली बातों, या ऐसी आदतों को हटाने के लिए प्रेरित कर रहा है जो आपकी प्रगति को रोक रही हैं। यह एक सकारात्मक बुलावा है कि आप अपने जीवन को फिर से व्यवस्थित करें। **बाइबिलीय आधार:** "सब कुछ भले रीति से और क्रम के अनुसार हो।" – 1 कुरिन्थियों 14:40 (BSI) **खतरे का स्तर:**
निम्न (सफाई और तैयारी) **तुरंत क्या करें:** अपने जीवन को आत्मिक और व्यवहारिक दोनों रूपों में व्यवस्थित करें। अनावश्यक उलझनों और distractions को हटाएँ। **भविष्यवाणी-संबंधी घोषणा प्रार्थना:** "मेरा जीवन परमेश्वर की इच्छा के अनुसार व्यवस्थित और सीधा किया जाता है। मैं यीशु के नाम में स्पष्टता के साथ आगे बढ़ता हूँ।"

95. स्वप्न में टूटा हुआ बिस्तर देखना

अर्थ (बाइबिलीय समझ): टूटा हुआ बिस्तर विश्राम, निकटता, या वैवाहिक एकता में तनाव का संकेत है। यह भावनात्मक थकान, अनसुलझे संघर्ष, या संबंधों की नींव की उपेक्षा की चेतावनी हो सकता है। **बाइबिलीय आधार:**
"दो एक से अच्छे हैं..." – सभोपदेशक 4:9 (BSI) **खतरे का स्तर:** मध्यम (संबंध से जुड़ी चेतावनी) **तुरंत क्या करें:** शांति और सही संवाद की बहाली के लिए प्रार्थना करें। बुद्धि और नम्रता के साथ समस्याओं का सामना करें। **भविष्यवाणी-संबंधी घोषणा प्रार्थना:** "मेरे संबंधों में शांति और बहाली लौटती है। जो कुछ मुझ से सम्बन्ध रखता है, उसे परमेश्वर यीशु के नाम में मजबूत करता है।"

96. स्वप्न में बेकरी देखना

अर्थ (बाइबिलीय समझ): बेकरी बहुतायत, तैयारी में चल रहे प्रावधान, और आने वाली तृप्ति का संकेत है। रोटी खा लेने से अलग, बेकरी यह दिखाती है कि प्रावधान तैयार किया जा रहा है—परमेश्वर पहले से ही

आपके लिए पूर्ति, बढ़ोतरी, और स्थिरता की व्यवस्था कर रहा है। ऐसा सपना अक्सर आर्थिक सुधार या स्थिर जीवन के पहले दिखाई देता है। **बाइबिलीय आधार:** "तू मेरे शत्रुओं के साम्हने मेरे लिये मेज़ बिछाता है..." — भजन संहिता 23:5 (BSI) **खतरे का स्तर:** कोई खतरा नहीं (आगे के लिए प्रावधान) **तुरंत क्या करें:**
काम और प्रबन्ध में विश्वासयोग्य बने रहें। भविष्य के विषय में चिंता न करें। **भविष्यवाणी-संबंधी घोषणा प्रार्थना:** "मेरा भविष्य प्रभु के द्वारा तैयार किया गया है। मैं यीशु के नाम में बहुतायत और स्थिरता में प्रवेश करता हूँ।"

97. स्वप्न में आग जलती हुई देखना

अर्थ (बाइबिलीय समझ): आग प्रसंग के अनुसार झगड़े, तीव्र भावनाएँ, संघर्ष, या शुद्धिकरण का प्रतीक हो सकती है। यदि आग विनाशकारी हो, तो यह विवाद, झगड़े, या तनाव की चेतावनी है। यदि आग नियंत्रित या उद्देश्यपूर्ण हो, तो यह परमेश्वर की शुद्ध करने वाली प्रक्रिया को दर्शाती है। **बाइबिलीय आधार:** "वह चाँदी के गलाने और शुद्ध करने वाले की नाईं बैठेगा..." — मलाकी 3:3 (BSI) **खतरे का स्तर:** मध्यम (व्यवहार से जुड़ी सावधानी) **तुरंत क्या करें:** झगड़ों और लापरवाह शब्दों से बचें। बुद्धि और आत्म-संयम के लिए प्रार्थना करें। **भविष्यवाणी-संबंधी घोषणा प्रार्थना:** "मैं शांति और परमेश्वर की बुद्धि को चुनता हूँ। झगड़े की हर आग यीशु के नाम में बुझाई जाती है।"

98. स्वप्न में अपना बैंक खाता देखना

अर्थ (बाइबिलीय समझ): अपने बैंक खाते को देखना आर्थिक स्थिति, प्रबन्ध, और भरोसे का प्रतीक है। खाली खाता गलत प्रबन्ध या अभाव के भय की चेतावनी देता है; और जमा या निकासी होना आने वाले अवसरों, लेन-देन, या प्रावधान की ओर संकेत करता है। **बाइबिलीय आधार:** "भण्डारियों में तो यह देखा जाता है, कि वे विश्वासयोग्य निकलें।" — 1 कुरिन्थियों 4:2 (BSI) **खतरे का स्तर:** निम्न से मध्यम (आर्थिक

जागरूकता) **तुरंत क्या करें:** आर्थिक अनुशासन अपनाएँ। बुद्धि और सत्यनिष्ठा के लिए प्रार्थना करें। **भविष्यवाणी-संबंधी घोषणा प्रार्थना:** "मेरी आर्थिक स्थिति परमेश्वर की बुद्धि के अनुसार व्यवस्थित होती है। बढ़ोतरी और व्यवस्था मेरे पास यीशु के नाम में आती है।"

99. स्वप्न में भूरे या सूखे पत्तों से भरा खेत देखना

अर्थ (बाइबिलीय समझ):

भूरे या सूखे पत्तों वाला खेत सूखेपन, कमी, या घटती हुई उत्पादकता का संकेत है। यह ऐसे समय की चेतावनी देता है जिसमें सावधानी, प्रार्थना, और धीरज की आवश्यकता होगी। परमेश्वर यह पहले से दिखाता है ताकि तैयारी की जा सके। **बाइबिलीय आधार:** "चाहे अंजीर का वृक्ष न फूले... तौभी मैं यहोवा के कारण आनन्दित रहूँगा..." — हबक्कूक 3:17–18 (BSI) **खतरे का स्तर:** मध्यम (तैयारी की चेतावनी) **तुरंत क्या करें:** कमी के विरुद्ध प्रार्थना करें। बुद्धि से योजना बनाएँ। कठिन समयों में भी विश्वासयोग्य बने रहें। **भविष्यवाणी-संबंधी घोषणा प्रार्थना:** "सूखे समयों में भी परमेश्वर मुझे संभाले रखता है। मेरी पूर्ति यीशु के नाम में समाप्त नहीं होगी।"

100. स्वप्न में टूटी हुई सीढ़ी देखना

अर्थ (बाइबिलीय समझ):

टूटी हुई सीढ़ी रुकी हुई प्रगति, टूटे हुए जुड़ाव, या उन्नति में आए झटके का संकेत है—विशेषकर करियर या व्यवसाय के क्षेत्र में। परमेश्वर यह दिखाता है ताकि प्रार्थना के द्वारा लंबे समय की हानि को रोका जा सके। **बाइबिलीय आधार:** "यदि यहोवा घर न बनाए, तो बनाने वालों का परिश्रम व्यर्थ है।" — भजन संहिता 127:1 (BSI) **खतरे का स्तर:** मध्यम (करियर / व्यवसाय से जुड़ी सावधानी) **तुरंत क्या करें:** जोखिम भरे कदमों में रुकें। दिव्य पुनःव्यवस्था और मार्गदर्शन के लिए प्रार्थना करें। **भविष्यवाणी-संबंधी घोषणा प्रार्थना:**

"हर रुकावट पलट दी जाए। परमेश्वर मेरे कदमों को फिर से बनाता है और मुझे यीशु के नाम में ऊँचा उठाता है।"

101. स्वप्न में अपने आप को अन्धा देखना

अर्थ (बाइबिलीय समझ): अन्धापन समझ की कमी, छिपे हुए अवसरों, या आत्मिक रुकावट का संकेत है। यह हमेशा स्थायी हानि का अर्थ नहीं होता; बहुत बार यह दिखाता है कि कोई महत्वपूर्ण बात अनदेखी या उपेक्षित की जा रही है। परमेश्वर आपको अनुमान पर निर्भर रहने के बजाय स्पष्टता और मार्गदर्शन खोजने के लिए बुला रहा हो सकता है। **बाइबिलीय आधार:** "मेरी आँखें खोल दे कि मैं तेरी व्यवस्था की अद्भुत बातें देखूं।" — भजन संहिता 119:18 (BSI) **खतरे का स्तर:** मध्यम (स्पष्टता की आवश्यकता) **तुरंत क्या करें:** विवेक और प्रकाशन के लिए प्रार्थना करें। बड़े निर्णय लेने से पहले परमेश्वर-भक्त सलाह लें। **भविष्यवाणी-संबंधी घोषणा प्रार्थना:** "प्रभु, मेरी आँखें खोल दीजिए कि मैं स्पष्ट देख सकूँ। मैं यीशु के नाम में बुद्धि और दिशा को ग्रहण करता हूँ।"

102. स्वप्न में फिर से घर बनाना (असफलता के बाद)

अर्थ (बाइबिलीय समझ):

हानि या असफलता के बाद फिर से घर बनाना बहाली, धैर्य, और दूसरे अवसरों का संकेत है। परमेश्वर दिखा रहा है कि असफलता अन्तिम नहीं है। जो पहले टूट गया था, वह अब अधिक समझदारी और अधिक मजबूती के साथ फिर से बनाया जा सकता है। **बाइबिलीय आधार:** "वे प्राचीन उजाड़ स्थानों को फिर बसाएँगे, और पूर्वकाल की उजड़ी हुई वस्तुओं को सुधारेंगे..." — यशायाह 61:4 (BSI) **खतरे का स्तर:** कोई खतरा नहीं (बहाली का चिन्ह)

तुरंत क्या करें: विश्वास के साथ आगे बढ़ें। सीखे हुए पाठों को लागू करें। प्रार्थना और आज्ञाकारिता के साथ फिर से निर्माण करें। **भविष्यवाणी-संबंधी घोषणा प्रार्थना:** "मैं परमेश्वर की शक्ति से फिर उठता हूँ। जो कुछ मैं फिर से बनाऊँगा, वह यीशु के नाम में दृढ़ खड़ा रहेगा।"

103. स्वप्न में गोमांस खरीदना या खाना

अर्थ (बाइबिलीय समझ): गोमांस शक्ति, ताजगी, और पोषण का प्रतीक है। ऐसा सपना अक्सर उपवास, संघर्ष, या थकावट के बाद दिखाई देता है, और यह ऊर्जा के नवीनीकरण तथा चुनौतियों का सामना करने की क्षमता की बहाली को दर्शाता है। **बाइबिलीय आधार:** "वह थके हुए को बल देता है..." – यशायाह 40:29 (BSI) **खतरे का स्तर:** कोई खतरा नहीं (नवीनीकरण और शक्ति) **तुरंत क्या करें:** नई शक्ति के लिए परमेश्वर का धन्यवाद करें। आत्मिक अनुशासन और संतुलन बनाए रखें। **भविष्यवाणी-संबंधी घोषणा प्रार्थना:** "मेरा बल नया किया जाता है। मैं हर चुनौती पर जय पाने के लिए यीशु के नाम में सामर्थ पाता हूँ।"

104. स्वप्न में बीन्स खाना

अर्थ (बाइबिलीय समझ):
बीन्स खाना आने वाले प्रावधान, स्थिर बढ़ोतरी, और आर्थिक सुधार का संकेत है। यह छोटे लेकिन निश्चित आरम्भों को दर्शाता है, जो धीरे-धीरे स्थायी स्थिरता तक ले जाते हैं। **बाइबिलीय आधार:** "यहोवा की आशीष धनवान बनाती है, और उसके साथ दुःख नहीं होता।" – नीतिवचन 10:22 (BSI) **खतरे का स्तर:** कोई खतरा नहीं (आर्थिक सुधार) **तुरंत क्या करें:** परिश्रमी और धैर्यवान बने रहें। shortcuts से बचें। साधनों को बुद्धि से संभालें।
भविष्यवाणी-संबंधी घोषणा प्रार्थना: "परमेश्वर का प्रावधान मेरे जीवन में बहता है। मेरी आर्थिक स्थिति यीशु के नाम में स्थिर रूप से सुधरती है।"

105. स्वप्न में साइकिल चलाना

अर्थ (बाइबिलीय समझ): साइकिल चलाना संतुलन, व्यक्तिगत प्रयास, और स्थिर प्रगति का संकेत है। यह उस बुलाहट को भी दर्शा सकता है जिसमें किसी संदेश को पहुँचाना या किसी काम को पूरा करना शामिल हो, जिसके लिए तेज़ी नहीं बल्कि अनुशासन की आवश्यकता है। **बाइबिलीय आधार:** "उस दौड़ में जो हमारे लिये रखी गई है, धीरज से दौड़ें।" – इब्रानियों 12:1 (BSI) **खतरे का स्तर:** निम्न (अनुशासन की

याद दिलाने वाला संकेत) **तुरंत क्या करें:** एकाग्र और निरंतर बने रहें। अपनी चाल की तुलना दूसरों से न करें। **भविष्यवाणी-संबंधी घोषणा प्रार्थना:** "मैं स्थिरता और विश्वासयोग्यता के साथ आगे बढ़ता हूँ। मैं अपने कार्य को अनुग्रह के साथ यीशु के नाम में पूरा करता हूँ।"

106. स्वप्न में पढ़ने के लिए पुस्तक दिया जाना

अर्थ (बाइबिलीय समझ): स्वप्न में पुस्तक दिया जाना शिक्षा, सीखने, और तैयारी का संकेत है। परमेश्वर आपको आपके कार्यभार, पेशे, बुलाहट, या आत्मिक जीवन से जुड़ी समझ, बुद्धि, या कौशल में बढ़ने के लिए बुला रहा हो सकता है। यदि पुस्तक को अनदेखा किया जाए, तो यह प्रगति में देरी का संकेत है। **बाइबिलीय आधार:** "पढ़ने, उपदेश देने और शिक्षा में लौ लगाए रह।" — 1 तीमुथियुस 4:13 (BSI) **खतरे का स्तर:** निम्न (विकास का निमंत्रण) **तुरंत क्या करें:** सीखने के लिए स्वयं को समर्पित करें। पवित्रशास्त्र का अध्ययन करें और जिन क्षेत्रों में आवश्यकता है उनमें अपनी समझ बढ़ाएँ। **भविष्यवाणी-संबंधी घोषणा प्रार्थना:** "प्रभु, मेरी समझ खोल दीजिए। मैं अपने अगले स्तर के लिए बुद्धि और ज्ञान में यीशु के नाम में बढ़ता हूँ।"

107. स्वप्न में बैटरी देखना

अर्थ (बाइबिलीय समझ): बैटरी ऊर्जा, शक्ति, और आत्मिक क्षमता का प्रतीक है। कमजोर या समाप्त बैटरी थकावट या आत्मिक drain का संकेत देती है। पूरी तरह charged बैटरी तैयारी, readiness, और सामर्थ को दर्शाती है। **बाइबिलीय आधार:** "प्रभु में और उसकी शक्ति के प्रभाव में बलवन्त बनो।" — इफिसियों 6:10 (BSI) **खतरे का स्तर:** निम्न से मध्यम (शक्ति की जाँच) **तुरंत क्या करें:** प्रार्थना, विश्राम, और परमेश्वर के वचन के द्वारा अपने को फिर से भरें। **भविष्यवाणी-संबंधी घोषणा प्रार्थना:** "मेरी आत्मिक शक्ति नई की जाती है। मैं परमेश्वर की सामर्थ से यीशु के नाम में भर दिया गया हूँ।"

108. स्वप्न में खून पीने के लिए दिया जाना

अर्थ (बाइबिलीय समझ): स्वप्न में खून पीने के लिए दिया जाना आत्मिक चालबाज़ी या अशुद्धता के प्रयास का संकेत है। बाइबिल के अनुसार लोहू

पवित्र है और जीवन का प्रतीक है। यह सपना चेतावनी देता है कि किसी अपवित्र प्रभाव को अस्वीकार किया जाए और शुद्धि खोजी जाए। **बाइबिलीय आधार:** "केवल इस बात का ध्यान रखना कि तू लोहू न खाए, क्योंकि लोहू ही प्राण है..." – व्यवस्थाविवरण 12:23 (BSI) **खतरे का स्तर:** बहुत ही ऊँचा (तुरंत चेतावनी) **तुरंत क्या करें:** छुटकारे और शुद्धि के लिए प्रार्थना करें। हर अपवित्र आत्मिक लेन-देन का इन्कार करें। **भविष्यवाणी-संबंधी घोषणा प्रार्थना:** "मैं हर अशुद्धता को अस्वीकार करता हूँ। मैं यीशु के लोहू से यीशु के नाम में शुद्ध और सुरक्षित रखा गया हूँ।"

109. स्वप्न में साफ की गई झाड़ी का फिर से घना हो जाना

अर्थ (बाइबिलीय समझ): पहले साफ की गई झाड़ी का फिर से उग आना लौटती हुई समस्याओं या दोबारा आने वाले संघर्षों का संकेत है। यह चेतावनी देता है कि जिस बात को पहले संभाल लिया गया था, वह यदि सावधानी कम हो जाए तो फिर से लौट सकती है। **बाइबिलीय आधार:** "उसी स्वतंत्रता में स्थिर रहो, जिसके लिये मसीह ने हमें स्वतंत्र किया है..." – गलातियों 5:1 (BSI) **खतरे का स्तर:** मध्यम (सतर्कता की चेतावनी) **तुरंत क्या करें:** प्रार्थना को फिर से मजबूत करें। आत्मिक रूप से ढीले न पड़ें। अनुशासन बनाए रखें। **भविष्यवाणी-संबंधी घोषणा प्रार्थना:** "हर हारी हुई समस्या दोबारा वापस नहीं आएगी। मैं यीशु के नाम में स्वतंत्र और विजयी बना रहता हूँ।"

110. स्वप्न में किसी अजनबी बच्चे को बार-बार स्तनपान कराना

अर्थ (बाइबिलीय समझ): किसी अजनबी बच्चे को बार-बार स्तनपान कराना शक्ति, साधनों, या महिमा के लगातार drain होने का संकेत है। यह चेतावनी देता है कि कुछ लोग या परिस्थितियाँ आपकी ऊर्जा को ले रही हैं, पर उचित प्रतिफल नहीं दे रहीं। **बाइबिलीय आधार:** "अपने मन की बड़ी रक्षा कर..." – नीतिवचन 4:23 (BSI) **खतरे का स्तर:** बहुत ऊँचा (drain की चेतावनी) **तुरंत क्या करें:** सीमाएँ तय करें। शोषण और अनावश्यक बोझ के विरुद्ध प्रार्थना करें। **भविष्यवाणी-संबंधी घोषणा**

प्रार्थनाः "मेरी शक्ति सुरक्षित रहती है। मैं बुद्धि से देता हूँ और यीशु के नाम में सम्पूर्ण बना रहता हूँ।"

111. स्वप्न में किसी अजीब या समुद्री स्त्रोत से स्तनपान कराना / दूध मिलना

अर्थ (बाइबिलीय समझ): किसी अजीब या अप्राकृतिक स्त्रोत से बच्चे को दूध मिलना या स्तनपान कराना नकली प्रावधान या झूठे विकल्पों का संकेत है। बाइबिल के अनुसार परमेश्वर जीवन को पवित्रता और व्यवस्था में देता है। यह सपना चेतावनी देता है कि आप ऐसी सहायता, विचार, या समाधान को स्वीकार न करें जो परमेश्वर से नहीं आते और बाद में बन्धन पैदा करते हैं। **बाइबिलीय आधार:** "हर एक अच्छा वरदान, और हर एक उत्तम दान ऊपर ही से है..." — याकूब 1:17 (BSI) **खतरे का स्तर:** बहुत ही ऊँचा (नकली प्रावधान की चेतावनी) **तुरंत क्या करें:** हर उस विकल्प को अस्वीकार करें जो परमेश्वर से नहीं है। शुद्धि और दिव्य प्रावधान के साथ फिर से alignment के लिए प्रार्थना करें। **भविष्यवाणी-संबंधी घोषणा प्रार्थना:** "मैं हर नकली प्रावधान को अस्वीकार करता हूँ। मैं केवल वही ग्रहण करता हूँ जो परमेश्वर से आता है, यीशु के नाम में।"

112. स्वप्न में ज़मीन पर चारों ओर खून बहा हुआ देखना

अर्थ (बाइबिलीय समझ): ज़मीन पर बहा हुआ खून गंभीर खतरे, हानि, या अनसुलझे अन्याय का संकेत है। यह परिवार, भूमि, या वाचा से जुड़ी समस्याओं की ओर संकेत कर सकता है, जिनके लिए प्रार्थना की आवश्यकता है। परमेश्वर यह इसलिए प्रकट करता है कि मध्यस्थता के द्वारा विपत्ति को रोका जा सके। **बाइबिलीय आधार:** "तेरे भाई के लोहू की आवाज़ भूमि पर से मुझे पुकार रही है।" — उत्पत्ति 4:10 (BSI) **खतरे का स्तर:** बहुत ही ऊँचा (तुरंत मध्यस्थता की आवश्यकता) **तुरंत क्या करें:** दया और सुरक्षा के लिए तुरंत प्रार्थना करें। अपने आप को और अपने वातावरण को यीशु के लोहू से ढाँकें। **भविष्यवाणी-संबंधी घोषणा**

प्रार्थनाः "हर खतरे की पुकार यीशु के लोहू से चुप करा दी जाए। मेरे वातावरण में यीशु के नाम में जीवन और शांति राज्य करें।"

113. स्वप्न में स्तन का घायल या रक्तस्राव होना

अर्थ (बाइबिलीय समझ): स्तन पोषण, आपूर्ति, और स्नेह का प्रतीक है। उसका घायल होना या खून बहना इस बात का संकेत है कि देने, देखभाल करने, या भावनात्मक निवेश से जुड़ा कोई दर्द है। यह चेतावनी हो सकती है कि जिस बात या व्यक्ति में आप बहुत कुछ उँडेल रहे हैं, वही आपको चोट पहुँचा रहा है। **बाइबिलीय आधारः** "अपने मन की बड़ी रक्षा कर..." – नीतिवचन 4:23 (BSI) **खतरे का स्तरः** बहुत ऊँचा (भावनात्मक और संबंध से जुड़ी चेतावनी) **तुरंत क्या करें:** चंगाई के लिए परमेश्वर से प्रार्थना करें। जाँचें कि आप कहाँ बिना बुद्धि के बहुत अधिक दे रहे हैं। **भविष्यवाणी-संबंधी घोषणा प्रार्थनाः** "मेरा हृदय चंगा और सुरक्षित रखा गया है। मैं बुद्धि के साथ देता हूँ और यीशु के नाम में सम्पूर्ण बना रहता हूँ।"

114. स्वप्न में जंगल या झाड़ी को जानबूझकर जलाना

अर्थ (बाइबिलीय समझ): जंगल या झाड़ी को जानबूझकर जलाना इरादतन आत्मिक युद्ध और लगातार बनी हुई समस्याओं को हटाने का संकेत है। यह बेकाबू आग से अलग है, क्योंकि यहाँ अधिकार और दिव्य सामर्थ दिखाई देती है, जिससे जड़ जमाए हुए मुद्दों को हटाया जा रहा है।

बाइबिलीय आधारः

"मैं ने तुम्हें... शत्रु की सारी सामर्थ के ऊपर अधिकार दिया है..." – लूका 10:19 (BSI) **खतरे का स्तरः** कोई खतरा नहीं (अधिकार और विजय) **तुरंत क्या करें:** प्रार्थना में साहस से खड़े रहें। विश्वास और बुद्धि के साथ समस्याओं का सामना करते रहें। **भविष्यवाणी-संबंधी घोषणा प्रार्थनाः** "हर पुरानी और जिद्दी समस्या साफ कर दी जाए। मैं यीशु के नाम में अधिकार और विजय में चलता हूँ।"

115. स्वप्न में भवन का गिरना, पर आप सुरक्षित बच निकलना

अर्थ (बाइबिलीय समझ): यह सपना गिरावट के बीच दिव्य सुरक्षा का संकेत है। आपके आसपास कुछ टूट सकता है, पर परमेश्वर दिखा रहा है

कि आप उसके साथ नष्ट नहीं होंगे। यह एक साथ चेतावनी भी है और आश्वासन भी। **बाइबिलीय आधार:** “तेरे निकट एक हजार, और तेरे दाहिने हाथ दस हजार गिरें, तौभी वह विपत्ति तेरे पास न आएगी।” — भजन संहिता 91:7 (BSI) **खतरे का स्तर:** मध्यम (चेतावनी के साथ सुरक्षा) **तुरंत क्या करें:** सुरक्षा के लिए परमेश्वर का धन्यवाद करें। अस्थिर व्यवस्थाओं, गलत निर्णयों, या डगमगाती स्थितियों से अपने को अलग करें। **भविष्यवाणी-संबंधी घोषणा प्रार्थना:** “मैं परमेश्वर के द्वारा सुरक्षित रखा गया हूँ। चाहे दूसरे गिरें, मैं यीशु के नाम में सुरक्षित खड़ा रहूँगा।”

C

116. स्वप्न में लोगों को सलाह देना

अर्थ (बाइबिलीय समझ):

यह सपना बुद्धि, मार्गदर्शन, और बहाली की बुलाहट को दिखाता है। परमेश्वर प्रकट कर रहा है कि वह आपको दूसरों को भावनात्मक, आत्मिक, या व्यवहारिक रूप से मजबूत करने के लिए उपयोग कर सकता है। यह परिपक्वता और आप पर रखे गए भरोसे को दर्शाता है।

पवित्रशास्त्रीय आधार:

"जहाँ मंत्रणा नहीं, वहाँ प्रजा नाश होती है; परन्तु बहुत से सम्मति देनेवालों के होने से बचाव होता है।"

— नीतिवचन 11:14 (BSI)

"बुद्धिमान की जीभ ज्ञान का ठीक उपयोग करती है..."

— नीतिवचन 15:2 (BSI)

खतरे का स्तर:

कोई खतरा नहीं

(बुलाहट / जिम्मेदारी)

तुरंत क्या करें:

परमेश्वर से बुद्धि, नम्रता, और विवेक माँगें। घमण्ड से नहीं, बल्कि सत्य और प्रेम से बोलने में सावधान रहें।

भविष्यवाणी-संबंधी घोषणा:

"प्रभु, मुझे बुद्धि और अनुग्रह से भर दीजिए। मुझे यीशु के नाम में बहाली का पात्र बनाइए।"

117. पुराने कपड़े बदलकर नए कपड़े पहनना

अर्थ (बाइबिलीय समझ):

यह पूर्ण परिवर्तन का संकेत है। पुरानी आदतें, पुरानी पहचान, या पुराना समय समाप्त हो रहा है, और परमेश्वर आपको नए अधिकार, सम्मान, और उद्देश्य से ढक रहा है।

पवित्रशास्त्रीय आधार:

"पुराने मनुष्यत्व को उतार दो... और नए मनुष्यत्व को पहिन लो..."

— इफिसियों 4:22–24 (BSI)

"उस ने कहा, मैले वस्त्र उस पर से उतार दो... देख, मैं तुझे उत्तम वस्त्र पहनाता हूँ।"

— जकर्याह 3:4 (BSI)

खतरे का स्तर:

कोई खतरा नहीं

(सकारात्मक परिवर्तन)

तुरंत क्या करें:

पुराने जीवन के ढंग में वापस न लौटें। आज्ञाकारिता में साहस से चलें।

भविष्यवाणी-संबंधी घोषणा:

"मैं सम्मान और उद्देश्य के अपने नए वस्त्र को ग्रहण करता हूँ। मैं यीशु के नाम में अपने पुराने जीवन में वापस नहीं लौटूँगा।"

118. अपने कीमती कपड़े किसी दूसरे व्यक्ति को दे देना

अर्थ (बाइबिलीय समझ):

यह प्रभाव, पद, या आदर के खोने का संकेत है, जो अक्सर समझौते, गलत संगति, या जिम्मेदारी की उपेक्षा के कारण होता है।

पवित्रशास्त्रीय आधार:

"जो कुछ तेरे पास है उसे थामे रह, ऐसा न हो कि कोई तेरा मुकुट ले ले।"

— प्रकाशितवाक्य 3:11 (BSI)

खतरे का स्तर:

मध्यम

(चेतावनी)

तुरंत क्या करें:

अपनी बुलाहट की रक्षा करें। लापरवाह निर्णयों और आत्मिक आलस्य से बचें।

भविष्यवाणी-संबंधी घोषणा:

"मेरी महिमा और मेरा कार्यभार सुरक्षित है। परमेश्वर ने जो मुझे दिया है, उसे कोई यीशु के नाम में नहीं ले जाएगा।"

119. स्वप्न में नंगेपन को ढकने के लिए कपड़े मिलना

अर्थ (बाइबिलीय समझ):

यह सपना बहाली, दया, और दिव्य आवरण को दर्शाता है। परमेश्वर लज्जा, अपमान, और कमी को हटा रहा है।

पवित्रशास्त्रीय आधार:

"धन्य है वह जो जागता रहता है... कहीं ऐसा न हो कि वह नंगा फिरे और लोग उसकी लज्जा देखें।"

— प्रकाशितवाक्य 16:15 (BSI)

"तू ने मेरे विलाप को नाच में बदल दिया..."

— भजन संहिता 30:11 (BSI)

खतरे का स्तर:

कोई खतरा नहीं

(छुटकारा और अनुग्रह)

तुरंत क्या करें:

परमेश्वर का धन्यवाद करें। धार्मिकता और कृतज्ञता में चलें।

भविष्यवाणी-संबंधी घोषणा:

"मेरी लज्जा हटा दी गई है। मैं यीशु के नाम में अनुग्रह और गरिमा से वस्त्र पहने हुए हूँ।"

120. किसी अजनबी स्थान में नए कपड़े पहने होना

अर्थ (बाइबिलीय समझ):

नए कपड़े सामान्यतः उन्नति का संकेत हैं, पर स्थान का बहुत महत्व है।

यदि वे किसी अजनबी या असुरक्षित स्थान में पहने गए हों, तो यह खुलापन, आत्मिक असुरक्षा, या खतरे की चेतावनी हो सकती है।

पवित्रशास्त्रीय आधार:

"अविश्वासियों के साथ असमान जूए में न जुतो..."

— 2 कुरिन्थियों 6:14 (BSI)

खतरे का स्तर:

मध्यम

(विवेक की आवश्यकता)

तुरंत क्या करें:

अपने वातावरण और संबंधों की जाँच करें। दिव्य सुरक्षा और स्पष्टता के लिए प्रार्थना करें।

भविष्यवाणी-संबंधी घोषणा:

"प्रभु, मुझे सही स्थान पर स्थापित कीजिए। मेरी उन्नति मुझे यीशु के नाम में किसी हानि के लिए खुला न करे।"

121. स्वप्न में फीके या फटे हुए कपड़े पहनना

अर्थ (बाइबिलीय समझ):

फीके या फटे हुए कपड़े घटती हुई शक्ति, खोया हुआ आत्म-विश्वास, या उपेक्षित आत्मिक जीवन का संकेत हैं। यह थकावट, देरी, या परमेश्वर द्वारा तैयार किए गए स्तर से नीचे जीवन जीने को दर्शा सकता है।

पवित्रशास्त्रीय आधार:

"वे नया बल प्राप्त करते जाएंगे..."

— यशायाह 40:31 (BSI)

"तू पृथ्वी का रूप नया करता है।"

— भजन संहिता 104:30 (BSI)

खतरे का स्तर:

मध्यम

(बहाली की आवश्यकता)

तुरंत क्या करें:

नया बल खोजें—शरीर, आत्मा, और मन तीनों में। थकावट की स्थिति में चलते न रहें।

भविष्यवाणी-संबंधी घोषणा:

"मेरी शक्ति और मेरी गरिमा नई की जाती है। मैं यीशु के नाम में देरी और कमजोरी से ऊपर उठता हूँ।"

122. सुई से कपड़े सीना या रफ़ू करना

अर्थ (बाइबिलीय समझ):

यह सपना बहाली, धैर्य, और फिर से बनाए जाने का प्रतीक है। परमेश्वर आपके जीवन के उन क्षेत्रों को धीरे-धीरे ठीक कर रहा है जो टूट गए थे। यह अनुशासन और कौशल के विकास को भी दिखाता है।

पवित्रशास्त्रीय आधार:

"वह मेरे प्राण को बहाल करता है..."

— भजन संहिता 23:3 (BSI)

"धीरज को अपना पूरा काम करने दो..."

— याकूब 1:4 (BSI)

खतरे का स्तर:

कोई खतरा नहीं

(प्रक्रिया का सपना)

तुरंत क्या करें:

धैर्य रखें। प्रक्रिया को जल्दी पूरा कराने की कोशिश न करें—परमेश्वर सावधानी से बहाल कर रहा है।

भविष्यवाणी-संबंधी घोषणा:

"मेरा जीवन टुकड़ा-टुकड़ा करके बहाल किया जा रहा है। मैं यीशु के नाम में परमेश्वर की प्रक्रिया को जल्दी नहीं करूँगा।"

123. दर्ज़ी को कपड़े सिलते देखना

अर्थ (बाइबिलीय समझ):

दर्जी दिव्य alignment और तैयारी का प्रतीक है। परमेश्वर आपको आपकी अगली भूमिका, समय, या जिम्मेदारी के लिए तैयार कर रहा है— कुछ भी व्यर्थ नहीं जाएगा।

पवित्रशास्त्रीय आधार:

"क्योंकि हम उसी की रचना हैं..."

— इफिसियों 2:10 (BSI)

"उसने हर एक वस्तु अपने समय पर सुन्दर बनाई है।"

— सभोपदेशक 3:11 (BSI)

खतरे का स्तर:

कोई खतरा नहीं

(तैयारी)

तुरंत क्या करें:

परमेश्वर की गढ़ाई के अधीन रहें। सुधार का विरोध न करें।

भविष्यवाणी-संबंधी घोषणा:

"प्रभु, मुझे मेरे अगले स्तर के लिए गढ़िए। मैं पूरी तरह आपके हाथों में यीशु के नाम में समर्पित हूँ।"

124. स्वप्न में काले कपड़े पहनना

अर्थ (बाइबिलीय समझ):

काले कपड़े अक्सर शोक, भारीपन, या भावनात्मक बोझ का संकेत देते हैं। यह हमेशा वास्तविक मृत्यु का संकेत नहीं होता, बल्कि दुःख, भय, या उदासी के वातावरण को दिखा सकता है।

पवित्रशास्त्रीय आधार:

"कि सब विलाप करनेवालों को शान्ति दे..."

— यशायाह 61:2–3 (BSI)

"रात भर रोना तो रहता है, पर बिहान को आनन्द पहुँचता है।"

— भजन संहिता 30:5 (BSI)

खतरे का स्तर:

मध्यम

(भावनात्मक / आत्मिक भारीपन)

तुरंत क्या करें:

अपने दुःख और भारीपन को परमेश्वर को सौंप दें। आनन्द और शांति के लिए प्रार्थना करें।

भविष्यवाणी-संबंधी घोषणा:

"मैं भारीपन के स्थान पर स्तुति का वस्त्र धारण करता हूँ, यीशु के नाम में।"

125. काले कपड़े पहने किसी व्यक्ति का आपका पीछा करना

अर्थ (बाइबिलीय समझ):

यह सपना लगातार लगे हुए भय, दोषभावना, या अनसुलझे मुद्दों के आपका पीछा करने का संकेत है। बहुत बार यह वास्तविक आक्रमण से अधिक मानसिक या आत्मिक दबाव को दर्शाता है।

पवित्रशास्त्रीय आधार:

"सिद्ध प्रेम भय को दूर कर देता है..."

— 1 यूहन्ना 4:18 (BSI)

"यहोवा मेरी ज्योति और मेरा उद्धार है; मुझे किस का भय होगा?"

— भजन संहिता 27:1 (BSI)

खतरे का स्तर:

मध्यम

(भय आधारित दबाव)

तुरंत क्या करें:

भय को अस्वीकार करें। अनसुलझे मुद्दों का सामना प्रार्थना और सत्य के साथ करें।

भविष्यवाणी-संबंधी घोषणा:

"मैं प्रकाश और स्वतंत्रता में चलता हूँ। भय मेरा पीछा यीशु के नाम में नहीं करेगा।"

126. स्वप्न में किसी दूसरे व्यक्ति को कपड़े धोते देखना

अर्थ (बाइबिलीय समझ):

यह सपना दिखाता है कि सुधार, शुद्धि, या परिवर्तन की आवश्यकता है— या तो आपके जीवन में, या उस व्यक्ति के जीवन में जो कपड़े धो रहा है। यह उन आदतों, संबंधों, या मनोवृत्तियों को हटाने का संकेत देता है जो अब फलदायी नहीं हैं।

पवित्रशास्त्रीय आधार:

"जो डाल फल लाती है, उसे वह छांटता है, कि और फल लाए..."

— यूहन्ना 15:2 (BSI)

"मुझे मेरे अधर्म से भली भांति शुद्ध कर..."

— भजन संहिता 51:2 (BSI)

खतरे का स्तर:

निम्न

(सुधार और alignment)

तुरंत क्या करें:

परमेश्वर से पूछें कि क्या हटाया या सुधारा जाना चाहिए। परिवर्तन के साथ सहयोग करें।

भविष्यवाणी-संबंधी घोषणा:

"प्रभु, मेरे जीवन से हर वह बात हटा दीजिए जो आपको प्रसन्न नहीं करती। मैं यीशु के नाम में पवित्रता और फलवन्तता में चलता हूँ।"

127. स्वप्न में स्वयं अपने कपड़े धोना

अर्थ (बाइबिलीय समझ):

स्वयं अपने कपड़े धोना पश्चाताप, नएपन, और जानबूझकर किए जा रहे परिवर्तन का संकेत है। आप सक्रिय रूप से पुराने जीवन को छोड़कर वृद्धि की ओर बढ़ रहे हैं।

पवित्रशास्त्रीय आधार:

"अपने हाथ शुद्ध करो... अपने मनों को पवित्र करो..."

— याकूब 4:8 (BSI)

"चाहे तुम्हारे पाप लाल रंग के हों, तौभी वे हिम के समान उजले हो जाएंगे..."

— यशायाह 1:18 (BSI)

खतरे का स्तर:

कोई खतरा नहीं

(सकारात्मक परिवर्तन)

तुरंत क्या करें:

आज्ञाकारिता में बने रहें। आत्मिक अनुशासन बनाए रखें।

भविष्यवाणी-संबंधी घोषणा:

"मैं शुद्ध और नया किया गया हूँ। मैं यीशु के नाम में पवित्रता और प्रगति में चलता हूँ।"

128. कच्ची फसल या अधपके फल तोड़ना

अर्थ (बाइबिलीय समझ):

यह सपना अधीरता या समय से पहले लिए गए निर्णयों को दर्शाता है। परमेश्वर चेतावनी दे रहा है कि किसी प्रक्रिया को उसके निर्धारित समय से पहले पूरा करने की कोशिश न की जाए।

पवित्रशास्त्रीय आधार:

"हर एक बात का एक अवसर और प्रत्येक काम का एक समय होता है।"

— सभोपदेशक 3:1 (BSI)

"धीरज को अपना पूरा काम करने दो..."

— याकूब 1:4 (BSI)

खतरे का स्तर:

मध्यम

(समय से जुड़ी समस्या)

तुरंत क्या करें:

धीरे चलें। बड़े निर्णयों से पहले परमेश्वर के समय की प्रतीक्षा करें।

भविष्यवाणी-संबंधी घोषणा:

"मैं प्रतीक्षा करने का अनुग्रह ग्रहण करता हूँ। मैं अपनी ऋतु से पहले यीशु के नाम में कटनी नहीं करूँगा।"

129. पकी हुई फसल या फल तोड़ना

अर्थ (बाइबिलीय समझ):

यह कटनी, सफलता, और परिश्रम के प्रतिफल का संकेत है। परमेश्वर पुष्टि कर रहा है कि आपकी मेहनत अब परिणाम उत्पन्न कर रही है।

पवित्रशास्त्रीय आधार:

"जो आँसू बहाते हुए बोते हैं, वे जयजयकार करते हुए काटेंगे।"

— भजन संहिता 126:5 (BSI)

"यदि हम हियाव न छोड़ें तो ठीक समय पर कटनी काटेंगे।"

— गलातियों 6:9 (BSI)

खतरे का स्तर:

कोई खतरा नहीं

(कटनी का समय)

तुरंत क्या करें:

धन्यवाद दें। नम्र और परिश्रमी बने रहें।

भविष्यवाणी-संबंधी घोषणा:

"मेरी कटनी का समय आ गया है। मैं यीशु के नाम में आनन्द और कृतज्ञता के साथ काटता हूँ।"

130. स्वप्न में फसल से भरा खेत देखना

अर्थ (बाइबिलीय समझ):

फसल से भरा खेत बहुतायत, प्रावधान, और विस्तार का संकेत है। यह धन, सेवकाई, करियर, या परिवार में वृद्धि से जुड़ा हो सकता है।

पवित्रशास्त्रीय आधार:

"यहोवा तेरे हाथ के सब कामों में तेरे लिये आशीष की आज्ञा देगा..."

— व्यवस्थाविवरण 28:8 (BSI)

"कटनी तो बहुत है..."

— मत्ती 9:37 (BSI)

खतरे का स्तर:

कोई खतरा नहीं

(समृद्धि का संकेत)

तुरंत क्या करें:

बढ़ोतरी के लिए तैयार रहें। संसाधनों को बुद्धि से संभालें।

भविष्यवाणी-संबंधी घोषणा:

"मेरे खेत धन्य हैं। मैं यीशु के नाम में बढ़ोतरी और विश्वासयोग्य प्रबन्ध में चलता हूँ।"

131. स्वप्न में नारियल या कठोर फल देखना

अर्थ (बाइबिलीय समझ):

नारियल जैसे कठोर फल छिपी हुई आशीष का संकेत देते हैं, जिसे पाने के लिए प्रयास करना पड़ता है। परमेश्वर दिखा रहा है कि प्रतिफल मौजूद है, पर उसे पाने के लिए अनुशासन, बुद्धि, और धीरज की आवश्यकता है।

पवित्रशास्त्रीय आधार:

"उद्यमी का हाथ धनवान बनाता है।"

— नीतिवचन 10:4 (BSI)

"तू अपनी कमाई खाएगा..."

— भजन संहिता 128:2 (BSI)

खतरे का स्तर:

कोई खतरा नहीं

(प्रयास से मिलने वाली आशीष)

तुरंत क्या करें:

आसानी से हार न मानें। निरंतरता और विश्वास को लागू करें।

भविष्यवाणी-संबंधी घोषणा:

"मैं अपनी छिपी हुई आशीषों में प्रवेश करने के लिए सामर्थ पाता हूँ। मेरी मेहनत यीशु के नाम में व्यर्थ नहीं जाएगी।"

132. स्वप्न में चेरी तोड़ना या बाँटना

अर्थ (बाइबिलीय समझ):

यह सपना प्रतिफल के बाँटे जाने या साझा लाभ का संकेत है। यह साझेदारी, टीमवर्क, या किसी हिस्से, विरासत, या लाभ के बँटवारे को भी दर्शा सकता है।

पवित्रशास्त्रीय आधार:

"दो एक से अच्छे हैं, क्योंकि उनके परिश्रम का अच्छा फल मिलता है।"

— सभोपदेशक 4:9 (BSI)

खतरे का स्तर:

निम्न

(बुद्धि की आवश्यकता)

तुरंत क्या करें:

साझेदारियों में बुद्धिमानी रखें। न्याय और सत्यनिष्ठा की रक्षा करें।

भविष्यवाणी-संबंधी घोषणा:

"मेरा भाग मुझसे नहीं खोएगा। मैं शांति के साथ अपना उचित हिस्सा यीशु के नाम में प्राप्त करता हूँ।"

133. स्वप्न में मुर्गे की बाँग सुनना

अर्थ (बाइबिलीय समझ):

मुर्गे की बाँग घोषणा, जागरण, या समय पर मिलने वाली जानकारी का संकेत है। यह आपको जागृत रहने, पश्चाताप करने, या आने वाले परिवर्तन की तैयारी करने का बुलावा हो सकता है।

पवित्रशास्त्रीय आधार:

"मुर्गे के बाँग देने से पहिले तू तीन बार मेरा इन्कार करेगा।"

— मत्ती 26:34 (BSI)

"हे सोने वाले, जाग..."

— इफिसियों 5:14 (BSI)

खतरे का स्तर:

निम्न से मध्यम

(सतर्कता का संकेत)

तुरंत क्या करें:

अपने कार्यों की जाँच करें। आत्मिक रूप से जागते और सतर्क रहें।

भविष्यवाणी-संबंधी घोषणा:

"मैं जाग्रत और आज्ञाकारी बना रहता हूँ। मैं यीशु के नाम में दिव्य समय को नहीं खोऊँगा।"

134. स्वप्न में सिक्के या थोड़ा पैसा प्राप्त करना

अर्थ (बाइबिलीय समझ):

सिक्के छोटे आरम्भों या धीरे-धीरे आने वाली आर्थिक प्रगति का संकेत हैं। परमेश्वर दिखा रहा है कि बढ़ोतरी शुरू में छोटी हो सकती है, पर सही प्रबन्ध से वह बढ़ेगी।

पवित्रशास्त्रीय आधार:

"जो थोड़े में विश्वासयोग्य है, वह बहुत में भी विश्वासयोग्य है..."

— लूका 16:10 (BSI)

खतरे का स्तर:

कोई खतरा नहीं

(बीज के चरण का संकेत)

तुरंत क्या करें:

धन का प्रबन्ध बुद्धि से करें। छोटी प्राप्तियों को तुच्छ न जानें।

भविष्यवाणी-संबंधी घोषणा:

"मेरी छोटी शुरुआतें बहुतायत में बढ़ती हैं। मैं यीशु के नाम में बुद्धि से प्रबन्ध करता हूँ।"

135. स्वप्न में अनाज से भरा कोठार या भंडार देखना

अर्थ (बाइबिलीय समझ):

अनाज से भरा कोठार बहुतायत, प्रावधान, और सुरक्षित भविष्य का संकेत

है। परमेश्वर आपको पर्याप्तता और आने वाली स्थिरता का आश्वासन दे रहा है।

पवित्रशास्त्रीय आधार:

“यहोवा का आदर कर... तब तेरे भंडार भरे रहेंगे...”

— नीतिवचन 3:9–10 (BSI)

खतरे का स्तर:

कोई खतरा नहीं

(प्रावधान)

तुरंत क्या करें:

कृतज्ञ बने रहें। प्रबन्ध और उदारता के लिए तैयार रहें।

भविष्यवाणी-संबंधी घोषणा:

“मेरे भंडार परमेश्वर के हाथ से भर दिए गए हैं। मुझे यीशु के नाम में किसी बात की कमी नहीं होगी।”

136. स्वप्न में मक्का देखना या खाना

अर्थ (बाइबिलीय समझ):

मक्का बढ़ोतरी, प्रावधान, और लगातार मिलने वाली पूर्ति का प्रतीक है। मक्का खाना दिखाता है कि आप स्वयं परमेश्वर के प्रावधान का लाभ ले रहे हैं; और मक्का देखना यह संकेत देता है कि आपके आसपास बहुतायत आने वाली है।

पवित्रशास्त्रीय आधार:

“तुम भरपूर खाओगे और तृप्त हो जाओगे...”

— योएल 2:26 (BSI)

“यहोवा अपना उत्तम भण्डार तेरे लिये खोलेगा...”

— व्यवस्थाविवरण 28:12 (BSI)

खतरे का स्तर:

कोई खतरा नहीं

(प्रावधान)

तुरंत क्या करें:

धन्यवाद दें और संसाधनों का बुद्धिमानी से प्रबन्ध करें।

भविष्यवाणी-संबंधी घोषणा:

"मैं स्थायी प्रावधान और बढ़ोतरी को ग्रहण करता हूँ। मुझे यीशु के नाम में किसी बात की कमी नहीं होगी।"

137. कौड़ियाँ या सीपियाँ इकट्ठी करना

अर्थ (बाइबिलीय समझ):

कौड़ियाँ ऐतिहासिक रूप से धन, व्यापार, और मूल्य का प्रतीक रही हैं। उन्हें इकट्ठा करना आर्थिक अवसर और अनुग्रह का संकेत है, विशेषकर परिश्रम या व्यापार के द्वारा।

पवित्रशास्त्रीय आधार:

"धन और ऐश्वर्य उसके घर में रहेगा..."

— भजन संहिता 112:3 (BSI)

खतरे का स्तर:

निम्न

(अवसर)

तुरंत क्या करें:

अवसरों का पीछा सत्यनिष्ठा और प्रार्थना के साथ करें।

भविष्यवाणी-संबंधी घोषणा:

"मेरे हाथ अनुग्रह और मूल्य को आकर्षित करते हैं। मैं यीशु के नाम में सत्यनिष्ठा के साथ उन्नति करता हूँ।"

138. स्वप्न में चेक या आर्थिक दस्तावेज़ प्राप्त करना

अर्थ (बाइबिलीय समझ):

चेक अधिकृत प्रावधान का प्रतीक है—ऐसे साधनों का जो सही मार्गों के द्वारा जारी किए गए हैं। यह उत्तरित प्रार्थना या स्वीकृति की ओर संकेत करता है।

पवित्रशास्त्रीय आधार:

"मेरा परमेश्वर अपनी महिमा के धन के अनुसार तुम्हारी हर एक घटी को

पूरी करेगा..."
— फिलिप्पियों 4:19 (BSI)

खतरे का स्तर:

कोई खतरा नहीं
(प्रावधान की पुष्टि)

तुरंत क्या करें:

जिम्मेदारी के साथ तैयारी करें। अनुमान न लगाएँ; सही समय की प्रतीक्षा करें।

भविष्यवाणी-संबंधी घोषणा:

"मेरा प्रावधान सही और उचित समय पर जारी किया जाता है। मैं यीशु के नाम में शांति में चलता हूँ।"

139. स्वप्न में बिल्ली देखना

अर्थ (बाइबिलीय समझ):

बिल्ली सूक्ष्मता, स्वतंत्र स्वभाव, या छिपे हुए इरादों का प्रतीक हो सकती है। उसका अर्थ उसके व्यवहार पर निर्भर करता है—शांत बिल्ली सावधानी की ओर संकेत करती है; आक्रामक बिल्ली विवेक की आवश्यकता वाले विरोध को दर्शाती है।

पवित्रशास्त्रीय आधार:

"साँपों की नाईं बुद्धिमान और कबूतरों की नाईं भोले बनो।"
— मत्ती 10:16 (BSI)

खतरे का स्तर:

मध्यम
(विवेक की आवश्यकता)

तुरंत क्या करें:

बुद्धि का प्रयोग करें। तुरंत निष्कर्ष पर न पहुँचें; स्पष्टता के लिए प्रार्थना करें।

भविष्यवाणी-संबंधी घोषणा:

"मैं विवेक और बुद्धि में चलता हूँ। हर छिपा हुआ उद्देश्य यीशु के नाम में प्रकाश में आ जाता है।"

140. बिल्ली को मारना या उस पर विजय पाना

अर्थ (बाइबिलीय समझ):

बिल्ली पर विजय पाना सूक्ष्म विरोध या भय पर विजय का संकेत है। यह दिखाता है कि समस्याएँ बुद्धि और साहस के द्वारा हल हो रही हैं।

पवित्रशास्त्रीय आधार:

"यहोवा तेरे शत्रुओं को... तेरे साम्हने पराजित करेगा..."

— व्यवस्थाविवरण 28:7 (BSI)

खतरे का स्तर:

कोई खतरा नहीं

(विजय)

तुरंत क्या करें:

परमेश्वर का धन्यवाद करें। भय के बिना सतर्क बने रहें।

भविष्यवाणी-संबंधी घोषणा:

"मैं हर सूक्ष्म बाधा पर जय पाता हूँ। विजय यीशु के नाम में मेरे कदमों को घेरे रहती है।"

141. स्वप्न में बिल्ली द्वारा हमला किया जाना

अर्थ (बाइबिलीय समझ):

यह सपना ऐसे दबाव, उकसाहट, या लगातार परेशान करने वाली स्थिति को दर्शाता है जो बाहर से छोटी लगे, पर आपकी शांति को बार-बार भंग करती रहती है। यह भय का नहीं, बल्कि आत्मिक जागरूकता का बुलावा है।

पवित्रशास्त्रीय आधार:

"अपनी सारी चिन्ता उसी पर डाल दो, क्योंकि उसको तुम्हारा ध्यान है।"

— 1 पतरस 5:7 (BSI)

"बुराई से पराजित न हो, परन्तु भलाई के द्वारा बुराई पर जय प्राप्त कर।"
— रोमियों 12:21 (BSI)

खतरे का स्तर:

मध्यम

(लगातार दबाव)

तुरंत क्या करें:

भावनात्मक प्रतिक्रिया न दें। शांति और बुद्धि के लिए प्रार्थना करें ताकि लगातार तनाव को सही ढंग से सँभाल सकें।

भविष्यवाणी-संबंधी घोषणा:

"मेरी शांति सुरक्षित रहती है। मैं हर उकसाहट पर यीशु के नाम में बुद्धि से जय पाता हूँ।"

142. स्वप्न में बिस्तर के नीचे बिल्ली देखना

अर्थ (बाइबिलीय समझ):

बिस्तर विश्राम, निजता, और भीतरी जीवन का प्रतीक है। बिस्तर के नीचे बिल्ली का होना छिपी हुई चिंता, अनसुलझे मुद्दों, या ऐसी बातों की ओर संकेत करता है जो भीतर ही भीतर आपकी शांति को प्रभावित कर रही हैं।

पवित्रशास्त्रीय आधार:

"जिसका मन तुझ में स्थिर है, उसकी तू पूर्ण शान्ति के साथ रक्षा करता है..."
— यशायाह 26:3 (BSI)

खतरे का स्तर:

निम्न से मध्यम

(भीतरी अशांति)

तुरंत क्या करें:

जो बात आपकी शांति को परेशान कर रही है उसका सामना करें। सोने से पहले प्रार्थना करें और अपनी चिंताओं को परमेश्वर को सौंप दें।

भविष्यवाणी-संबंधी घोषणा:

"मेरा विश्राम परमेश्वर के द्वारा सुरक्षित है। कोई छिपा हुआ भय मेरी शांति को यीशु के नाम में भंग नहीं करेगा।"

143. शांत समुद्र या महासागर देखना

अर्थ (बाइबिलीय समझ):

शांत समुद्र हलचल के बाद शांति, भावनात्मक स्थिरता, और सुलझ चुकी चुनौतियों का संकेत है। परमेश्वर आपको आश्वासन दे रहा है कि आँधियाँ थम गई हैं या थम रही हैं।

पवित्रशास्त्रीय आधार:

"वह आँधी को थमा देता है..."

— भजन संहिता 107:29 (BSI)

"शान्त! थम जा!"

— मरकुस 4:39 (BSI)

खतरे का स्तर:

कोई खतरा नहीं

(शांति और आश्वासन)

तुरंत क्या करें:

कृतज्ञ बने रहें। पुरानी आँधियों के लौट आने से न डरें।

भविष्यवाणी-संबंधी घोषणा:

"मेरा जीवन परमेश्वर की शांति में स्थिर है। हर तूफ़ान यीशु के नाम में शांत किया गया है।"

144. नदी या समुद्र के पास खेलना

अर्थ (बाइबिलीय समझ):

पानी भावनाओं और आत्मिक प्रवाह का प्रतीक है। पानी के पास खेलना भावनात्मक स्वतंत्रता, जिज्ञासा, या गहरी बातों से जुड़ाव को दर्शा सकता है—पर साथ ही यह चेतावनी भी देता है कि सीमाओं से बाहर न जाएँ।

पवित्रशास्त्रीय आधार:

"वह मुझे सुखदाई जल के सोतों के पास ले चलता है।"

— भजन संहिता 23:2 (BSI)

खतरे का स्तर:

निम्न

(आनन्द के साथ जागरूकता)

तुरंत क्या करें:

शांति का आनन्द लें, पर स्थिर बने रहें। भावनाओं में बहकर जल्दबाज़ी वाले निर्णय न लें।

भविष्यवाणी-संबंधी घोषणा:

"मैं बुद्धि के साथ शांति का आनन्द लेता हूँ। मैं यीशु के नाम में सुरक्षित और स्थिर बना रहता हूँ।"

145. पानी में डूबना या डूबते जाना

अर्थ (बाइबिलीय समझ):

डूबना भावनात्मक, मानसिक, या परिस्थितिजन्य रूप से बोझ तले दब जाने का संकेत है। परमेश्वर यह सपना इसलिए दिखाता है कि आप उसकी सहायता के लिए पुकारें।

पवित्रशास्त्रीय आधार:

"जब तू जल में होकर जाए, मैं तेरे संग-संग रहूँगा..."

— यशायाह 43:2 (BSI)

"हे परमेश्वर, मुझे बचा ले, क्योंकि जल मेरे प्राण तक पहुँच गया है।"

— भजन संहिता 69:1 (BSI)

खतरे का स्तर:

बहुत ऊँचा

(अत्यधिक दबाव की चेतावनी)

तुरंत क्या करें:

अकेले संघर्ष न करें। तुरंत प्रार्थना करें और परमेश्वर-भक्त सहारा लें।

भविष्यवाणी-संबंधी घोषणा:
"प्रभु, मुझे हर भारी परिस्थिति से ऊपर उठाइए। मैं यीशु के नाम में नहीं डूबूँगा।"

146. स्वप्न में कब्रिस्तान में सोना

अर्थ (बाइबिलीय समझ):
कब्रिस्तान अंत, ठहराव, या बहुत लंबे समय तक मृत बातों के बीच रहने का प्रतीक है—जैसे पुरानी असफलताएँ, पछतावा, या समाप्त हो चुका समय। परमेश्वर चेतावनी दे रहा है कि उन स्थानों में न ठहरें जहाँ अब जीवन नहीं है।

पवित्रशास्त्रीय आधार:
"तुम जीवते को मरे हुओं में क्यों ढूँढ़ती हो?"
— लूका 24:5 (BSI)
"जो पीछे रह गया है उसे भूलकर..."
— फिलिप्पियों 3:13 (BSI)

खतरे का स्तर:
बहुत ऊँचा
(ठहराव की चेतावनी)

तुरंत क्या करें:
पुरानी हानियों से भावनात्मक या आत्मिक लगाव तोड़ दें। जीवन और आगे बढ़ने को चुनें।

भविष्यवाणी-संबंधी घोषणा:
"मैं हर मरे हुए स्थान से उठता हूँ। मैं यीशु के नाम में जीवन और उद्देश्य की ओर आगे बढ़ता हूँ।"

147. स्वप्न में कब्रिस्तान में खेलना या स्वतंत्र रूप से चलना

अर्थ (बाइबिलीय समझ):
यह सपना खतरे या अस्वस्थ वातावरण के प्रति सुन्न हो जाने को दर्शाता

है। यह ऐसी आदतों, प्रभावों, या जोखिम भरे आत्मिक स्थानों से सहज हो जाने की ओर संकेत कर सकता है जो वास्तव में हानिकारक हैं।

पवित्रशास्त्रीय आधार:

"धोखा न खाओ; बुरी संगति अच्छे चाल-चलन को बिगाड़ देती है।"

— 1 कुरिन्थियों 15:33 (BSI)

खतरे का स्तर:

मध्यम

(विवेक की चेतावनी)

तुरंत क्या करें:

अपने वातावरण और संबंधों की जाँच करें। हानिकारक परिचय से अलग होने के लिए परमेश्वर से बुद्धि माँगें।

भविष्यवाणी-संबंधी घोषणा:

"प्रभु, मुझे हर अस्वस्थ वातावरण से अलग कीजिए। मैं यीशु के नाम में बुद्धि और प्रकाश में चलता हूँ।"

148. स्वप्न में ताबूत देखना

अर्थ (बाइबिलीय समझ):

ताबूत किसी बात के समाप्त होने, अंतिम सीमा, या किसी समय के अन्त का प्रतीक है; यह आवश्यक नहीं कि शारीरिक मृत्यु ही हो। परमेश्वर दिखा रहा हो सकता है कि कुछ समाप्त होना आवश्यक है ताकि कुछ नया शुरू हो सके।

पवित्रशास्त्रीय आधार:

"यदि गेहूँ का दाना भूमि में पड़कर न मरे, तो अकेला रहता है..."

— यूहन्ना 12:24 (BSI)

"देख, मैं सब कुछ नया कर देता हूँ।"

— प्रकाशितवाक्य 21:5 (BSI)

खतरे का स्तर:

मध्यम

(परिवर्तन का चिन्ह)

तुरंत क्या करें:
जिसे परमेश्वर समाप्त कर रहा है उसे छोड़ दें। आवश्यक समापन का विरोध न करें।

भविष्यवाणी-संबंधी घोषणा:
"मैं उस हर बात को छोड़ देता हूँ जो समाप्त हो चुकी है। मैं यीशु के नाम में परमेश्वर की नई शुरुआत में प्रवेश करता हूँ।"

149. स्वप्न में किसी रिश्तेदार या निकट व्यक्ति को मरा हुआ देखना

अर्थ (बाइबिलीय समझ):
अक्सर यह वास्तविक मृत्यु का संकेत नहीं होता, बल्कि संबंधों के बदलते स्वरूप, भावनात्मक दूरी, या खोने के भय को दर्शाता है। यह चिंता या किसी परिवर्तन के समय को भी प्रतिबिम्बित कर सकता है।

पवित्रशास्त्रीय आधार:
"यहोवा टूटे मन वालों के समीप रहता है..."
— भजन संहिता 34:18 (BSI)
"मत डर, क्योंकि मैं तेरे संग हूँ..."
— यशायाह 41:10 (BSI)

खतरे का स्तर:
निम्न से मध्यम
(भावनात्मक प्रक्रिया)

तुरंत क्या करें:
शांति के लिए प्रार्थना करें। जहाँ उचित हो वहाँ प्रेम से संपर्क करें। इसे तुरंत शाब्दिक अर्थ में न लें।

भविष्यवाणी-संबंधी घोषणा:
"मेरे हृदय में शांति भरती है। भय का मेरे भीतर यीशु के नाम में कोई स्थान नहीं है।"

150. स्वप्न में मोमबत्ती या दीपक जलाने में संघर्ष करना

अर्थ (बाइबिलीय समझ):

यह सपना स्पष्टता, दिशा, या आत्मिक प्रकाश की इच्छा को दर्शाता है, पर साथ ही यह भी दिखाता है कि अभी कुछ कठिनाई अनुभव हो रही है। परमेश्वर प्रकट कर रहा है कि आपके भीतर सत्य और मार्गदर्शन की भूख है।

पवित्रशास्त्रीय आधार:

"तेरा वचन मेरे पांव के लिये दीपक और मेरे मार्ग के लिये उजियाला है।"

— भजन संहिता 119:105 (BSI)

"उठ, प्रकाशमान हो; क्योंकि तेरा प्रकाश आ गया है..."

— यशायाह 60:1 (BSI)

खतरे का स्तर:

निम्न

(वृद्धि का चरण)

तुरंत क्या करें:

प्रार्थना और पवित्रशास्त्र में बने रहें। धैर्य के साथ प्रकाश आएगा।

भविष्यवाणी-संबंधी घोषणा:

"मेरा प्रकाश बुझने न पाएगा। परमेश्वर का वचन मेरे मार्ग को यीशु के नाम में प्रकाशित करता है।"

151. स्वप्न में जली हुई मोमबत्ती देखना

अर्थ (बाइबिलीय समझ):

जली हुई मोमबत्ती परमेश्वर की उपस्थिति, मार्गदर्शन, और सक्रिय प्रकाश का प्रतीक है। यह स्पष्टता, दिशा, या नई आत्मिक संवेदनशीलता को दर्शाती है। परमेश्वर किसी छिपी हुई बात को प्रकट कर रहा है।

पवित्रशास्त्रीय आधार:

"मनुष्य की आत्मा यहोवा का दीपक है..."

— नीतिवचन 20:27 (BSI)

"परमेश्वर ज्योति है, और उसमें कुछ भी अन्धकार नहीं।"

— 1 यूहन्ना 1:5 (BSI)

खतरे का स्तर:

कोई खतरा नहीं

(दिव्य मार्गदर्शन)

तुरंत क्या करें:

जो प्रकाश मिला है उसके अनुसार चलें। तुरंत आज्ञा मानें और परमेश्वर के वचन के निकट बने रहें।

भविष्यवाणी-संबंधी घोषणा:

"मैं परमेश्वर के प्रकाश में चलता हूँ। भ्रम का मेरे जीवन में यीशु के नाम में कोई स्थान नहीं है।"

152. स्वप्न में बिस्तर के नीचे जली हुई मोमबत्ती देखना

अर्थ (बाइबिलीय समझ):

बिस्तर के नीचे छिपी हुई रोशनी गलत स्थान पर रखा गया ध्यान या दबाए गए सत्य को दर्शाती है। परमेश्वर दिखा रहा है कि जो बात चमकनी चाहिए थी, वह भय या उपेक्षा के कारण छिपाई जा रही है।

पवित्रशास्त्रीय आधार:

"वे दीपक जलाकर पैमाने के नीचे नहीं रखते..."

— मत्ती 5:15 (BSI)

खतरे का स्तर:

मध्यम

(सुधार की आवश्यकता)

तुरंत क्या करें:

सत्य को खुले में आने दें। जिसे परमेश्वर प्रकट करना चाहता है उसे छिपाना बंद करें।

भविष्यवाणी-संबंधी घोषणा:

"मेरा प्रकाश छिपाया नहीं जाएगा। मैं वहाँ चमकूँगा जहाँ परमेश्वर ने मुझे यीशु के नाम में रखा है।"

153. स्वप्न में स्वयं मोमबत्ती जलाना

अर्थ (बाइबिलीय समझ):

यह सत्य की सक्रिय खोज और जिम्मेदारी का संकेत है। आप अंधकार के स्थान पर प्रकाश को चुन रहे हैं और स्पष्टता तथा आज्ञाकारिता की ओर कदम बढ़ा रहे हैं।

पवित्रशास्त्रीय आधार:

"उठ, प्रकाशमान हो; क्योंकि तेरा प्रकाश आ गया है..."

— यशायाह 60:1 (BSI)

खतरे का स्तर:

कोई खतरा नहीं

(जानबूझकर की जा रही वृद्धि)

तुरंत क्या करें:

सत्य की खोज जारी रखें। आत्मिक अनुशासन बनाए रखें।

भविष्यवाणी-संबंधी घोषणा:

"मैं प्रकाश को चुनता हूँ। मेरा मार्ग प्रतिदिन यीशु के नाम में और अधिक उजियाला होता जाता है।"

154. स्वप्न में महँगी कार चलाना या उसका मालिक होना

अर्थ (बाइबिलीय समझ):

महँगी कार उन्नति, क्षमता, और जिम्मेदारी का प्रतीक है। परमेश्वर बढ़ते हुए प्रभाव, साधनों, या अवसरों को दिखा रहा हो सकता है, जिन्हें बुद्धि से संभालने की आवश्यकता होगी।

पवित्रशास्त्रीय आधार:

"यहोवा अपने दास की कुशलता से प्रसन्न होता है।"

— भजन संहिता 35:27 (BSI)

खतरे का स्तर:

निम्न

(प्रबन्ध की आवश्यकता)

तुरंत क्या करें:

जिम्मेदारी के लिए तैयार रहें। नम्र और अनुशासित बने रहें।

भविष्यवाणी-संबंधी घोषणा:

"मैं बढ़ोतरी को बुद्धि के साथ ग्रहण करता हूँ। समृद्धि मेरा हृदय यीशु के नाम में नहीं बदलेगी।"

155. स्वप्न में बहुत सारी गाड़ियाँ या वाहन एक साथ देखना

अर्थ (बाइबिलीय समझ):

कई वाहन एक साथ देखना गति, अवसरों, और अनेक क्षेत्रों में प्रगति का संकेत है। परमेश्वर करियर, सेवकाई, या संबंधों में कई रास्ते खोल रहा हो सकता है।

पवित्रशास्त्रीय आधार:

"अपने कामों को यहोवा पर छोड़ दे, तब तेरी कल्पनाएँ स्थिर हो जाएँगी।"
— नीतिवचन 16:3 (BSI)

खतरे का स्तर:

निम्न
(चयन और दिशा)

तुरंत क्या करें:

कोई मार्ग चुनने से पहले दिशा के लिए प्रार्थना करें। निर्णयों में जल्दबाज़ी न करें।

भविष्यवाणी-संबंधी घोषणा:

"प्रभु, मेरे कदमों को व्यवस्थित कीजिए। मैं उसी मार्ग को चुनता हूँ जो आपने मेरे लिए यीशु के नाम में तैयार किया है।"

156. स्वप्न में पिंजरे से निकल भागना

अर्थ (बाइबिलीय समझ):

पिंजरे से निकलना छुटकारे, स्वतंत्रता, और सीमाओं से मुक्ति का संकेत है। परमेश्वर दिखा रहा है कि रोक का एक समय—चाहे भावनात्मक, आत्मिक, आर्थिक, या संबंधों से जुड़ा—समाप्त हो रहा है।

पवित्रशास्त्रीय आधार:

"वह उन्हें अन्धकार और घोर अन्धकार में से निकाल लाया, और उनके

बन्धनों को तोड़ डाला।”

— भजन संहिता 107:14 (BSI)

“जहाँ प्रभु का आत्मा है, वहाँ स्वतंत्रता है।”

— 2 कुरिन्थियों 3:17 (BSI)

खतरे का स्तर:

कोई खतरा नहीं

(छुटकारा)

तुरंत क्या करें:

स्वतंत्रता में साहस से चलें। उन पुराने ढाँचों में वापस न जाएँ जिन्होंने आपको बाँध रखा था।

भविष्यवाणी-संबंधी घोषणा:

“मैं सचमुच स्वतंत्र हूँ। हर सीमा यीशु के नाम में टूट चुकी है।”

157. स्वप्न में पिंजरे के अंदर फँसा होना

अर्थ (बाइबिलीय समझ):

पिंजरा रोक, देरी, या घिरा हुआ महसूस करने का प्रतीक है। यह सपना अक्सर उस निराशा को दर्शाता है जिसमें व्यक्ति आगे बढ़ना चाहता है, पर स्वयं को असमर्थ पाता है।

पवित्रशास्त्रीय आधार:

“मैं ने संकट में यहोवा को पुकारा; यहोवा ने उत्तर देकर मुझे खुले स्थान में किया।”

— भजन संहिता 118:5 (BSI)

खतरे का स्तर:

मध्यम

(देरी / दबाव)

तुरंत क्या करें:

बुद्धि और धैर्य के लिए प्रार्थना करें। ज़बरदस्ती निकलने के बजाय परमेश्वर से सही रास्ता पूछें।

भविष्यवाणी-संबंधी घोषणा:

"प्रभु मेरे लिए स्थान बनाता है। मैं यीशु के नाम में स्वतंत्रता और प्रगति में प्रवेश करता हूँ।"

158. स्वप्न में केकड़ा देखना

अर्थ (बाइबिलीय समझ):

केकड़ा तिरछी चाल चलता है, इसलिए यह धीमी प्रगति, देरी, या सीधे आगे न बढ़ पाने का संकेत देता है। परमेश्वर शायद आपके तरीके में धीरज या समायोजन की आवश्यकता दिखा रहा है।

पवित्रशास्त्रीय आधार:

"यदि वह विलम्ब भी करे, तो उसकी बाट जोह..."

— हबक्कूक 2:3 (BSI)

खतरे का स्तर:

निम्न से मध्यम

(देरी की समझ)

तुरंत क्या करें:

धीमी गति से निराश न हों। स्थिर और प्रार्थनाशील बने रहें।

भविष्यवाणी-संबंधी घोषणा:

"मेरी प्रगति भले स्थिर हो, पर निश्चित है। मैं यीशु के नाम में अपने समय पर पहुँचूँगा।"

159. स्वप्न में केकड़े को मारना या उस पर विजय पाना

अर्थ (बाइबिलीय समझ):

केकड़े पर विजय पाना देरी, ठहराव, या निराशा पर विजय का संकेत है। परमेश्वर पुष्टि कर रहा है कि धैर्य के बाद breakthrough आ रहा है।

पवित्रशास्त्रीय आधार:

"यह दर्शन नियत समय के लिये है... यह विलम्ब न करेगा।"

— हबक्कूक 2:3 (BSI)

खतरे का स्तर:

कोई खतरा नहीं

(breakthrough)

तुरंत क्या करें:

परमेश्वर का धन्यवाद करें। नए विश्वास के साथ आगे बढ़ते रहें।

भविष्यवाणी-संबंधी घोषणा:

"हर देरी टूट गई है। मैं यीशु के नाम में गति और स्पष्टता के साथ आगे बढ़ता हूँ।"

160. स्वप्न में नई कुर्सी खरीदना या उस पर बैठना

अर्थ (बाइबिलीय समझ):

कुर्सी स्थान, स्थिरता, और अधिकार का प्रतीक है। नई कुर्सी खरीदना या उस पर आराम से बैठना उन्नति, मेहनत के बाद विश्राम, या स्थापित किए जाने का संकेत देता है।

पवित्रशास्त्रीय आधार:

"वह निर्धन को धूल में से उठाकर... हाकिमों के साथ बैठाता है।"

— भजन संहिता 113:7–8 (BSI)

खतरे का स्तर:

कोई खतरा नहीं

(उन्नति और विश्राम)

तुरंत क्या करें:

जिम्मेदारी के लिए तैयार रहें। नम्र और परिश्रमी बने रहें।

भविष्यवाणी-संबंधी घोषणा:

"मैं अपने स्थान में स्थापित किया गया हूँ। परमेश्वर मेरी उन्नति को यीशु के नाम में व्यवस्थित करता है।"

161. स्वप्न में लकड़ी का काम करना या बढ़ईगिरी करना

अर्थ (बाइबिलीय समझ):

बढ़ईगिरी कौशल, निर्माण, और उद्देश्यपूर्ण कार्य का प्रतीक है। परमेश्वर

आपकी उस क्षमता को दिखा रहा है जिसके द्वारा आप धैर्य और कुशलता से कुछ स्थायी बना सकते हैं—चाहे वह चरित्र हो, करियर हो, सेवकाई हो, या परिवार।

पवित्रशास्त्रीय आधार:

"यदि यहोवा घर न बनाए, तो बनाने वालों का परिश्रम व्यर्थ है।"

— भजन संहिता 127:1 (BSI)

"अपने आप को परमेश्वर के सामने खरा दिखाने का यत्न कर..."

— 2 तीमुथियुस 2:15 (BSI)

खतरे का स्तर:

कोई खतरा नहीं

(रचनात्मक समय)

तुरंत क्या करें:

सावधानी और निरंतरता के साथ काम करें। इस प्रक्रिया में परमेश्वर को साथ रखें।

भविष्यवाणी-संबंधी घोषणा:

"प्रभु मेरे हाथों के काम को स्थापित करता है। मैं यीशु के नाम में बुद्धि से निर्माण करता हूँ और स्थिर बना रहता हूँ।"

162. स्वप्न में अपने सिर पर मुकुट देखना

अर्थ (बाइबिलीय समझ):

मुकुट सम्मान, जिम्मेदारी, और अगुवाई का प्रतीक है। परमेश्वर उन्नति या बढ़ते हुए प्रभाव का संकेत दे रहा हो सकता है, जिसके लिए नम्रता और सत्यनिष्ठा आवश्यक है।

पवित्रशास्त्रीय आधार:

"तू ने उसको महिमा और आदर का मुकुट पहनाया है।"

— भजन संहिता 8:5 (BSI)

"विश्वासयोग्य रह... और मैं तुझे जीवन का मुकुट दूँगा।"

— प्रकाशितवाक्य 2:10 (BSI)

खतरे का स्तर:

निम्न

(प्रबन्ध की आवश्यकता)

तुरंत क्या करें:

विश्वासयोग्य बने रहें। प्रभाव बढ़ने के साथ चरित्र की रक्षा करें।

भविष्यवाणी-संबंधी घोषणा:

"मैं सम्मान को नम्रता के साथ ग्रहण करता हूँ। मैं यीशु के नाम में बुद्धि और विश्वासयोग्यता से नेतृत्व करता हूँ।"

163. स्वप्न में हवा से टोपी या सिर का आवरण उड़ जाना

अर्थ (बाइबिलीय समझ):

टोपी या सिर का आवरण सुरक्षा या भूमिका का प्रतीक है। हवा के कारण उसका उड़ जाना खुलापन, ध्यान भटकना, या focus खोने का संकेत है। परमेश्वर आपको उस बात को सुरक्षित रखने के लिए बुला रहा है जो आपकी रक्षा करती है।

पवित्रशास्त्रीय आधार:

"परमेश्वर के सारे हथियार बाँध लो..."

— इफिसियों 6:11 (BSI)

"जो परमप्रधान के गुप्त स्थान में रहता है... वह सर्वशक्तिमान की छाया में ठहरता है।"

— भजन संहिता 91:1 (BSI)

खतरे का स्तर:

मध्यम

(सुरक्षा के प्रति जागरूकता)

तुरंत क्या करें:

आत्मिक अनुशासनों को मजबूत करें। लापरवाह निर्णयों से बचें।

भविष्यवाणी-संबंधी घोषणा:

"मेरा आवरण परमेश्वर में सुरक्षित है। मैं यीशु के नाम में सुरक्षित और एकाग्र बना रहता हूँ।"

164. जाले का आपको या आपके रास्ते को ढक लेना

अर्थ (बाइबिलीय समझ):

जाले उपेक्षा, देरी, या जमा हुई बाधाओं का संकेत हैं। प्रगति इसलिए धीमी हो सकती है क्योंकि कुछ अनदेखे मुद्दे या टाले गए काम रास्ते में अटके हुए हैं।

पवित्रशास्त्रीय आधार:

"हे आलसी, चींटी के पास जा..."

— नीतिवचन 6:6 (BSI)

"हर एक बोझ को दूर करके..."

— इब्रानियों 12:1 (BSI)

खतरे का स्तर:

मध्यम

(उपेक्षा के कारण देरी)

तुरंत क्या करें:

जिसे अनदेखा किया गया है उसे साफ करें। दृढ़ और निरंतर कार्यवाही करें।

भविष्यवाणी-संबंधी घोषणा:

"हर बाधा हटा दी जाती है। मेरा मार्ग यीशु के नाम में साफ किया गया है।"

165. कलीसिया में लोगों को लड़ते देखना

अर्थ (बाइबिलीय समझ):

यह विभाजन, गलतफहमी, या समुदाय अथवा टीम के भीतर अनसुलझे संघर्ष का संकेत है। परमेश्वर एकता और मेल-मिलाप की आवश्यकता को उजागर कर रहा है।

पवित्रशास्त्रीय आधार:

"देखो, यह क्या ही भली और मनोहर बात है कि भाई लोग आपस में मिले

रहें!"

— भजन संहिता 133:1 (BSI)

"सब कुछ भले रीति से और क्रम के अनुसार हो।"

— 1 कुरिन्थियों 14:40 (BSI)

खतरे का स्तर:

मध्यम

(संबंधों से जुड़ी चेतावनी)

तुरंत क्या करें:

शांति का पीछा करें। बुद्धि और मेल-मिलाप के लिए प्रार्थना करें।

भविष्यवाणी-संबंधी घोषणा:

"शांति और एकता प्रबल होती है। परमेश्वर हमारे बीच यीशु के नाम में मेल को बहाल करता है।"

166. कलीसिया के गानदल में गाना

अर्थ (बाइबिलीय समझ):

गानदल में गाना आराधना, harmony, और परमेश्वर के उद्देश्य के साथ agreement का संकेत है। यह लौटते हुए आनन्द और स्तुति के प्रति परमेश्वर के उत्तर के रूप में breakthrough को भी दर्शाता है।

पवित्रशास्त्रीय आधार:

"जो धन्यवाद का बलिदान चढ़ाता है वह मेरी महिमा करता है..."

— भजन संहिता 50:23 (BSI)

"तेरा परमेश्वर यहोवा... तेरे ऊपर गाते हुए मगन होगा।"

— सपन्याह 3:17 (BSI)

खतरे का स्तर:

कोई खतरा नहीं

(स्तुति और breakthrough)

तुरंत क्या करें:

परिणामों से पहले भी आराधना और कृतज्ञता की जीवनशैली बनाए रखें।

भविष्यवाणी-संबंधी घोषणाः

"मेरी स्तुति द्वार खोलती है। आनन्द और breakthrough मेरी आराधना के उत्तर में यीशु के नाम में प्रकट होते हैं।"

167. स्वप्न में कलीसिया की इमारत में होना

अर्थ (बाइबिलीय समझ):

यह सपना परमेश्वर के साथ सम्बन्ध, आत्मिक भूख, या और गहरी संगति के बुलावे को दर्शाता है। यह प्रार्थना, पवित्रशास्त्र, और संगति में जड़ित रहने की याद दिला सकता है।

पवित्रशास्त्रीय आधारः

"मेरा भवन सब देशों के लिये प्रार्थना का घर कहलाएगा..."

— यशायाह 56:7 (BSI)

"हम अपने आपस में इकट्ठा होना न छोड़ें..."

— इब्रानियों 10:25 (BSI)

खतरे का स्तरः

कोई खतरा नहीं

(आत्मिक alignment)

तुरंत क्या करें:

अपने भक्ति-जीवन को मजबूत करें और परमेश्वर-भक्त संगति में बने रहें।

भविष्यवाणी-संबंधी घोषणाः

"मैं परमेश्वर की उपस्थिति में बना रहता हूँ। उसके साथ मेरा सम्बन्ध यीशु के नाम में और गहरा होता जाता है।"

168. स्वप्न में कलीसिया की घंटी या बाइबल प्राप्त करना

अर्थ (बाइबिलीय समझ):

यह बुलाहट, जिम्मेदारी, और घोषणा का संकेत है। परमेश्वर आपको सत्य बाँटने, दूसरों को प्रोत्साहित करने, या सेवा में आगे बढ़ने के लिए बुला रहा हो सकता है।

पवित्रशास्त्रीय आधार:

"इसलिये तुम जाकर सब जातियों के लोगों को चेला बनाओ..."

— मत्ती 28:19 (BSI)

"ऊँचे शब्द से पुकार, मत रुक..."

— यशायाह 58:1 (BSI)

खतरे का स्तर:

निम्न

(बुलाहट की जागरूकता)

तुरंत क्या करें:

उपलब्ध रहें। प्रार्थना और पवित्रशास्त्र के अध्ययन के द्वारा तैयारी करें।

भविष्यवाणी-संबंधी घोषणा:

"प्रभु, मैं आपकी बुलाहट का उत्तर देता हूँ। मुझे यीशु के नाम में सत्य और जीवन बोलने के लिए उपयोग कीजिए।"

169. भारी क्रूस उठाए हुए चलना

अर्थ (बाइबिलीय समझ):

क्रूस बलिदान, आज्ञाकारिता, और धीरज का प्रतीक है। उसे उठाना जिम्मेदारी या परीक्षा के उस समय को दर्शाता है जो परिपक्वता और प्रतिफल उत्पन्न करेगा।

पवित्रशास्त्रीय आधार:

"यदि कोई मेरे पीछे आना चाहे, तो अपने आप का इन्कार करे, और अपना क्रूस उठाकर मेरे पीछे हो ले।"

— लूका 9:23 (BSI)

"हमारा हल्का और क्षण भर का क्लेश... हमारे लिये बहुत ही महत्वपूर्ण और अनन्त महिमा उत्पन्न करता है।"

— 2 कुरिन्थियों 4:17 (BSI)

खतरे का स्तर:

निम्न से मध्यम

(परीक्षा का समय)

तुरंत क्या करें:

विश्वासयोग्य बने रहें। कठिनाई के कारण अपनी जिम्मेदारी को न छोड़ें।

भविष्यवाणी-संबंधी घोषणा:

"मैं अपने कार्यभार को अनुग्रह के साथ उठाता हूँ। आज्ञाकारिता के पीछे शक्ति और प्रतिफल यीशु के नाम में चलते हैं।"

170. स्वप्न में अपने बोझ को क्रूस पर कीलित देखना

अर्थ (बाइबिलीय समझ):

यह सपना छुटकारे, क्षमा, और स्वतंत्रता का संकेत है। परमेश्वर आश्वासन दे रहा है कि दोष, पाप, या पुराने बोझ मसीह के द्वारा हटा दिए गए हैं।

पवित्रशास्त्रीय आधार:

"उस ने विधियों को, जो हमारे नाम पर और हमारे विरोध में थी, मिटा डाला... और उसे क्रूस पर कीलों से जड़ दिया।"

— कुलुस्सियों 2:14 (BSI)

"अपना बोझ यहोवा पर डाल दे..."

— भजन संहिता 55:22 (BSI)

खतरे का स्तर:

कोई खतरा नहीं

(स्वतंत्रता और आश्वासन)

तुरंत क्या करें:

स्वतंत्रता में चलें। दोषभावना या दण्ड की सोच में वापस न लौटें।

भविष्यवाणी-संबंधी घोषणा:

"मेरे बोझ हटा दिए गए हैं। मैं यीशु के नाम में स्वतंत्र और क्षमा पाया हुआ चलता हूँ।"

171. स्वप्न में गाय को काटना या मारना

अर्थ (बाइबिलीय समझ):

गाय शक्ति, प्रावधान, और पोषण का प्रतीक है। स्वप्न में गाय को काटना या मारना उस विरोध पर विजय का संकेत है जो पहले मजबूत था, या ऐसे बड़े अवरोध पर जय को दर्शाता है जो आपके विरुद्ध खड़ा था।

पवित्रशास्त्रीय आधारः

"यहोवा तेरे शत्रुओं को... तेरे साम्हने पराजित करेगा..."

— व्यवस्थाविवरण 28:7 (BSI)

"तू मेरे शत्रुओं के साम्हने मेरे लिये मेज़ बिछाता है..."

— भजन संहिता 23:5 (BSI)

खतरे का स्तरः

निम्न

(विजय का संकेत)

तुरंत क्या करें:

परमेश्वर का धन्यवाद करें। विजय के बाद भी जागरूक और नम्र बने रहें।

भविष्यवाणी-संबंधी घोषणाः

"हर मजबूत विरोध पर जय पाई गई है। परमेश्वर मुझे यीशु के नाम में विजय प्रदान करता है।"

172. स्वप्न में लाल गाय देखना

अर्थ (बाइबिलीय समझ):

लाल गाय गंभीर आत्मिक बातों की ओर ध्यान दिलाती है, जिनके लिए विवेक आवश्यक है। बाइबिल में रंग प्रायः तीव्रता को दर्शाते हैं; इसलिए यह सपना घबराने के लिए नहीं, बल्कि सजग होने के लिए बुलाता है।

पवित्रशास्त्रीय आधारः

"जागते और प्रार्थना करते रहो, कि तुम परीक्षा में न पड़ो..."

— मत्ती 26:41 (BSI)

खतरे का स्तरः

मध्यम

(सजगता की आवश्यकता)

तुरंत क्या करें:

प्रार्थना और बुद्धि को बढ़ाएँ। जल्दबाज़ी वाले निर्णयों से बचें।

भविष्यवाणी-संबंधी घोषणाः

"मैं विवेक में चलता हूँ। परमेश्वर की बुद्धि मुझे यीशु के नाम में सुरक्षित रखती है।"

173. स्वप्न में माता-पिता द्वारा पीछा किया जाना या डाँटा जाना

अर्थ (बाइबिलीय समझ):

यह सपना सुधार, मन की पकड़ाई, या प्रेम से दी गई अनुशासनात्मक चेतावनी को दर्शाता है। बहुत बार यह ठुकराए जाने का नहीं, बल्कि उन क्षेत्रों की ओर ध्यान दिलाने का संकेत है जिन्हें ठीक करने की आवश्यकता है।

पवित्रशास्त्रीय आधारः

"यहोवा उसी को ताड़ना देता है जिससे वह प्रेम रखता है..."

— नीतिवचन 3:12 (BSI)

"जिन से मैं प्रेम रखता हूँ, उन सब को उलाहना देता और ताड़ना करता हूँ..."

— प्रकाशितवाक्य 3:19 (BSI)

खतरे का स्तरः

निम्न

(वृद्धि के लिए सुधार)

तुरंत क्या करें:

ईमानदारी से मनन करें। नम्रता के साथ आवश्यक परिवर्तन करें।

भविष्यवाणी-संबंधी घोषणाः

"प्रभु, मैं आपके सुधार को नम्रता से ग्रहण करता हूँ। मैं यीशु के नाम में बुद्धि में बढ़ता हूँ।"

174. स्वप्न में कलश या पात्र उठाकर चलना

अर्थ (बाइबिलीय समझ):

कोई पात्र या कलश उस बात का प्रतीक है जिसे आप भीतर लिए फिरते हैं

—जैसे विचार, विश्वास, या जिम्मेदारियाँ। यह सपना आपको जाँचने के लिए बुलाता है कि आप अपने भीतर क्या धारण किए हुए हैं।

पवित्रशास्त्रीय आधार:

"हमारे पास यह धन मिट्टी के बरतनों में रखा है..."

— 2 कुरिन्थियों 4:7 (BSI)

"सब से अधिक अपने मन की रक्षा कर..."

— नीतिवचन 4:23 (BSI)

खतरे का स्तर:

निम्न

(आत्म-परीक्षण)

तुरंत क्या करें:

जाँचें कि कौन-सी बातें आपके भीतर प्रभाव डाल रही हैं। जो अच्छा है उसे रखें; जो हानिकारक है उसे छोड़ दें।

भविष्यवाणी-संबंधी घोषणा:

"मेरा हृदय वही धारण करता है जो परमेश्वर को आदर देता है। मैं हर हानिकारक बोझ को यीशु के नाम में छोड़ देता हूँ।"

175. स्वप्न में पात्र या घड़ा टूटना

अर्थ (बाइबिलीय समझ):

किसी पात्र का टूटना किसी हानिकारक चक्र के टूटने या जमा हुई नकारात्मक बातों के हटने का संकेत है। परमेश्वर दिखा रहा है कि आप उस चीज़ से मुक्त किए जा रहे हैं जिसने पहले आपको रोक रखा था।

पवित्रशास्त्रीय आधार:

"फन्दा टूट गया, और हम बच निकले।"

— भजन संहिता 124:7 (BSI)

"पुरानी बातें बीत गईं..."

— 2 कुरिन्थियों 5:17 (BSI)

खतरे का स्तर:

कोई खतरा नहीं

(मुक्ति)

तुरंत क्या करें:

जिसे परमेश्वर ने तोड़ा है उसे फिर से मत बनाइए। स्वतंत्रता में आगे बढ़ें।

भविष्यवाणी-संबंधी घोषणा:

"हर हानिकारक चक्र टूट गया है। मैं यीशु के नाम में नए जीवन में चलता हूँ।"

176. स्वप्न में ज़मीन पर रेंगना

अर्थ (बाइबिलीय समझ):

रेंगना धीमी प्रगति, दबाव के नीचे नम्रता, या अस्थायी सीमा का संकेत है। परमेश्वर शायद ऐसा समय दिखा रहा है जिसमें तेज़ी नहीं, बल्कि धैर्य और उस पर निर्भरता की आवश्यकता है।

पवित्रशास्त्रीय आधार:

"अपने आप को परमेश्वर के बलवन्त हाथ के नीचे दीन करो, जिस से वह तुम्हें उचित समय पर बढ़ाए।"

— 1 पतरस 5:6 (BSI)

खतरे का स्तर:

निम्न से मध्यम

(समय और नम्रता)

तुरंत क्या करें:

छोटे कदमों को तुच्छ न जानें। परमेश्वर के उठाने तक विश्वासयोग्य बने रहें।

भविष्यवाणी-संबंधी घोषणा:

"यद्यपि मेरे कदम धीमे हों, पर मेरी दिशा निश्चित है। परमेश्वर मुझे यीशु के नाम में अपने समय पर उठाएगा।"

177. स्वप्न में प्रमाणपत्र को दागदार या क्षतिग्रस्त देखना

अर्थ (बाइबिलीय समझ):

प्रमाणपत्र योग्यता, पहचान, या स्वीकृति का प्रतीक है। उसका दागदार या क्षतिग्रस्त होना देरी, निराशा, या अपनी विश्वसनीयता के विषय में भय को दर्शाता है—यह स्थायी असफलता का चिन्ह नहीं है।

पवित्रशास्त्रीय आधार:

"अपने कामों को यहोवा पर छोड़ दे..."

— नीतिवचन 16:3 (BSI)

"यहोवा मेरे लिये अपना काम पूरा करेगा..."

— भजन संहिता 138:8 (BSI)

खतरे का स्तर:

मध्यम

(आत्म-विश्वास और समय से जुड़ी बात)

तुरंत क्या करें:

निराशा को अस्वीकार करें। मान्यता के लिए परमेश्वर की प्रक्रिया और समय पर भरोसा रखें।

भविष्यवाणी-संबंधी घोषणा:

"मेरी योग्यता परमेश्वर के द्वारा स्थिर रखी जाती है। मेरे प्रयास यीशु के नाम में सिद्ध किए जाते हैं।"

178. स्वप्न में किसी अनुबंध या समझौते पर हस्ताक्षर करना

अर्थ (बाइबिलीय समझ):

किसी अनुबंध पर हस्ताक्षर करना प्रतिबद्धता, साझेदारी, या नई जिम्मेदारी का संकेत है। परमेश्वर आपको यह बता रहा है कि बंधने वाले निर्णयों से पहले बुद्धि आवश्यक है।

पवित्रशास्त्रीय आधार:

"परिश्रमी की योजनाओं से केवल लाभ होता है..."

— नीतिवचन 21:5 (BSI)

"उसी को स्मरण करके सब काम करना..."

— नीतिवचन 3:6 (BSI)

खतरे का स्तर:

निम्न

(विवेक की आवश्यकता)

तुरंत क्या करें:

किसी प्रतिबद्धता में आने से पहले सलाह और प्रार्थना लें।

भविष्यवाणी-संबंधी घोषणा:

"मेरे निर्णय बुद्धि के द्वारा निर्देशित होते हैं। मैं केवल उसी बात के लिए प्रतिबद्ध होता हूँ जिसे परमेश्वर यीशु के नाम में स्वीकार करता है।"

179. स्वप्न में कॉकरोच देखना

अर्थ (बाइबिलीय समझ):

कॉकरोच लगातार बने रहने वाली छोटी समस्याओं या अनदेखे मुद्दों का प्रतीक हैं, जो समय के साथ शांति और साधनों को कम करते रहते हैं। परमेश्वर उन क्षेत्रों की ओर ध्यान दिला रहा है जिन्हें संभालने की आवश्यकता है।

पवित्रशास्त्रीय आधार:

"छोटी-छोटी लोमड़ियां दाख की बारियों को बिगाड़ देती हैं..."

— श्रेष्ठगीत 2:15 (BSI)

खतरे का स्तर:

मध्यम

(उपेक्षा की चेतावनी)

तुरंत क्या करें:

छोटी समस्याओं को तुरंत सँभालें। जिसे अनदेखा किया गया है उसे साफ करें।

भविष्यवाणी-संबंधी घोषणा:

"हर छिपा हुआ मुद्दा संबोधित किया जाता है। मेरा वातावरण यीशु के नाम में शांति में बहाल होता है।"

180. स्वपn में लाल कालीन पर चलना

अर्थ (बाइबिलीय समझ):

लाल कालीन सम्मान, पहचान, या उन्नति का प्रतीक है। परमेश्वर एक ऐसे समय का संकेत दे रहा हो सकता है जिसमें आप अधिक दिखाई देंगे या सम्मानित होंगे, पर इसके साथ नम्रता आवश्यक है।

पवित्रशास्त्रीय आधार:

"जो मेरा आदर करते हैं, मैं उनका आदर करूंगा..."

— 1 शमूएल 2:30 (BSI)

खतरे का स्तर:

निम्न

(सम्मान के साथ जिम्मेदारी)

तुरंत क्या करें:

जमीन से जुड़े रहें। सम्मान को चरित्र को निखारने दें, घमण्ड को बढ़ाने नहीं।

भविष्यवाणी-संबंधी घोषणा:

"मैं नम्रता के साथ सम्मान में चलता हूँ। परमेश्वर मुझे यीशु के नाम में सही रीति से स्थापित करता है।"

181. स्वप्न में परिसर या विद्यालय में होना

अर्थ (बाइबिलीय समझ):

विद्यालय या परिसर सीखने, तैयारी, और वृद्धि का प्रतीक है। परमेश्वर शायद यह दिखा रहा है कि उन्नति से पहले आप प्रशिक्षण के एक समय में हैं—चाहे आत्मिक, पेशेवर, या व्यक्तिगत रूप से।

पवित्रशास्त्रीय आधार:

"बुद्धिमान को शिक्षा दे, तब वह और भी बुद्धिमान होगा..."

— नीतिवचन 9:9 (BSI)

"मुझे उत्तम विवेक और ज्ञान सिखा..."

— भजन संहिता 119:66 (BSI)

खतरे का स्तर:

कोई खतरा नहीं

(तैयारी का समय)

तुरंत क्या करें:

सीखने योग्य बने रहें। अध्ययन, मार्गदर्शन, और कौशल-विकास में समय लगाएँ।

भविष्यवाणी-संबंधी घोषणा:

"मैं बुद्धि और समझ में बढ़ता हूँ। मैं यीशु के नाम में अपने अगले स्तर के लिए तैयार किया जा रहा हूँ।"

182. स्वप्न में छत्रछाया या शामियाने के नीचे खड़ा या विश्राम करते देखना

अर्थ (बाइबिलीय समझ):

शामियाना या canopy आवरण, सुरक्षा, और अनुग्रह का प्रतीक है। परमेश्वर आपको संक्रमण या खुले समय में सुरक्षा और संरक्षण का आश्वासन दे रहा है।

पवित्रशास्त्रीय आधार:

"जो परमप्रधान के गुप्त स्थान में रहता है, वह सर्वशक्तिमान की छाया में ठहरता है।"

— भजन संहिता 91:1 (BSI)

"तू मेरा छिपने का स्थान है..."

— भजन संहिता 32:7 (BSI)

खतरे का स्तर:

कोई खतरा नहीं

(दिव्य सुरक्षा)

तुरंत क्या करें:

परमेश्वर की अगुवाई के अधीन बने रहें। अनावश्यक जोखिमों से बचें।

भविष्यवाणी-संबंधी घोषणा:

"मैं परमेश्वर के आवरण के नीचे बना रहता हूँ। मैं यीशु के नाम में सुरक्षित और संरक्षित हूँ।"

183. स्वप्न में अदालत या न्यायिक स्थान में होना

अर्थ (बाइबिलीय समझ):

अदालत निर्णय, जवाबदेही, या मूल्यांकन का प्रतीक है। परमेश्वर उन चुनावों की ओर ध्यान दिला रहा हो सकता है जिनमें ईमानदारी, सत्यनिष्ठा, और प्रार्थना की आवश्यकता है।

पवित्रशास्त्रीय आधार:

"अपना मार्ग यहोवा पर छोड़ दे…"

— भजन संहिता 37:5 (BSI)

"वह तेरी धार्मिकता को ज्योति के समान प्रकट करेगा…"

— भजन संहिता 37:6 (BSI)

खतरे का स्तर:

निम्न से मध्यम

(निर्णय का समय)

तुरंत क्या करें:

परमेश्वर की सलाह खोजें। सत्यनिष्ठा और धैर्य से कार्य करें।

भविष्यवाणी-संबंधी घोषणा:

"मेरा मामला प्रभु के हाथ में है। सत्य और अनुग्रह मेरे लिए यीशु के नाम में प्रबल होते हैं।"

184. स्वप्न में शिकायत करना या कुड़कुड़ाना

अर्थ (बाइबिलीय समझ):

शिकायत करना भीतर की असन्तुष्टि या अविश्वास को दर्शाता है। परमेश्वर धीरे से मनोवृत्ति को सुधार रहा है ताकि आपकी प्रगति और शांति सुरक्षित रह सके।

पवित्रशास्त्रीय आधारः

"सब काम बिना कुड़कुड़ाए और विवाद किए करो..."

— फिलिप्पियों 2:14 (BSI)

"न कुड़कुड़ाओ... और नाश किए गए..."

— 1 कुरिन्थियों 10:10 (BSI)

खतरे का स्तरः

निम्न

(हृदय की जाँच)

तुरंत क्या करें:

शिकायत से कृतज्ञता की ओर मुड़ें। विश्वास से भरे शब्द बोलें।

भविष्यवाणी-संबंधी घोषणाः

"मेरा हृदय कृतज्ञता को चुनता है। शिकायत की जगह विश्वास यीशु के नाम में प्रकट होता है।"

185. स्वप्न में डोंगी चलाना या चप्पू चलाना

अर्थ (बाइबिलीय समझ):

डोंगी व्यक्तिगत प्रयास और धीरज का प्रतीक है। प्रगति तेज़ न सही, पर स्थिर और सही दिशा में हो रही है।

पवित्रशास्त्रीय आधारः

"उस दौड़ में... धीरज से दौड़ें..."

— इब्रानियों 12:1 (BSI)

"उद्यमी हाथ प्रभुता करेगा..."

— नीतिवचन 12:24 (BSI)

खतरे का स्तरः

निम्न

(धीरज की आवश्यकता)

तुरंत क्या करें:

ध्यान और लय बनाए रखें। निरंतरता परिणाम लाएगी।

भविष्यवाणी-संबंधी घोषणा:

"मैं धीरज के साथ आगे बढ़ता हूँ। मेरा स्थिर प्रयास यीशु के नाम में सफलता तक पहुँचता है।"

186. स्वप्न में अपनी ज़मीन या प्रमाणपत्र पर कोई वस्तु रखी हुई देखना

अर्थ (बाइबिलीय समझ):

यह सपना प्रगति, पहचान, या अधिकार पर प्रभाव डालने वाली रुकावट या हस्तक्षेप को दर्शाता है। परमेश्वर देरी की ओर ध्यान दिला रहा है, जिसके लिए डर नहीं, बल्कि प्रार्थनापूर्ण कार्यवाही और बुद्धि की आवश्यकता है।

पवित्रशास्त्रीय आधार:

"यहोवा मेरे लिये अपना काम पूरा करेगा..."

— भजन संहिता 138:8 (BSI)

"कोई हथियार जो तेरे विरुद्ध बनाया जाए सफल न होगा..."

— यशायाह 54:17 (BSI)

खतरे का स्तर:

मध्यम

(रुकावट की चेतावनी)

तुरंत क्या करें:

स्पष्टता के लिए प्रार्थना करें और आज्ञाकारिता तथा सलाह के साथ बाधाओं को हटाएँ।

भविष्यवाणी-संबंधी घोषणा:

"हर रुकावट हटाई जाती है। मेरी प्रगति यीशु के नाम में बहाल होती है।"

187. स्वप्न में कम्प्यूटर या तकनीक प्राप्त करना

अर्थ (बाइबिलीय समझ):

कम्प्यूटर जानकारी, communication, और उत्पादकता का प्रतीक है। यह सपना नए विचारों, सुधरते कौशल, या ऐसे अनुकूल समाचार की ओर संकेत करता है जिन्हें जिम्मेदारी से संभालना होगा।

पवित्रशास्त्रीय आधार:

"बुद्धि श्रेष्ठ है; इसलिये बुद्धि प्राप्त कर..."

— नीतिवचन 4:7 (BSI)

"दर्शन को लिख और उसे पटियों पर साफ-साफ लिख..."

— हबक्कूक 2:2 (BSI)

खतरे का स्तर:

निम्न

(अवसर)

तुरंत क्या करें:

ज्ञान का बुद्धिमानी से उपयोग करें। योजनाओं को व्यवस्थित करें और स्पष्टता के साथ कार्य करें।

भविष्यवाणी-संबंधी घोषणा:

"मेरा मन तेज़ किया जाता है। मैं यीशु के नाम में ज्ञान का उपयोग प्रगति के लिए बुद्धि से करता हूँ।"

188. स्वप्न में भीड़ के सामने बोलना या व्याख्यान देना

अर्थ (बाइबिलीय समझ):

भीड़ को संबोधित करना अगुवाई, प्रभाव, या सत्य को संप्रेषित करने की जिम्मेदारी का प्रतीक है। परमेश्वर बढ़ती हुई visibility या ऐसे कार्य की ओर संकेत कर रहा हो सकता है जिसके लिए तैयारी आवश्यक है।

पवित्रशास्त्रीय आधार:

"तुम्हारा प्रकाश मनुष्यों के सामने ऐसा चमके..."

— मत्ती 5:16 (BSI)

"समय पर कहा हुआ वचन क्या ही भला होता है!"

— नीतिवचन 15:23 (BSI)

खतरे का स्तर:

निम्न

(बुलाहट के साथ जिम्मेदारी)

तुरंत क्या करें:

परिश्रम से तैयारी करें। नम्रता और स्पष्टता के साथ बोलें।

भविष्यवाणी-संबंधी घोषणा:

"परमेश्वर मुझे अनुग्रह और अधिकार के साथ शब्द देता है। मेरी आवाज़ यीशु के नाम में स्पष्टता और जीवन लाती है।"

189. स्वप्न में अच्छी तरह बनी हुई या पूरी सड़क देखना

अर्थ (बाइबिलीय समझ):

पूरी बनी हुई सड़क दिशा की स्पष्टता, तैयारी, और सुगम प्रगति का प्रतीक है। परमेश्वर पुष्टि कर रहा है कि आगे का मार्ग तैयार किया जा चुका है।

पवित्रशास्त्रीय आधार:

"यहोवा का मार्ग तैयार करो..."

— यशायाह 40:3 (BSI)

"वह तेरे लिये सीधा मार्ग निकालेगा।"

— नीतिवचन 3:6 (BSI)

खतरे का स्तर:

कोई खतरा नहीं

(आश्वासन)

तुरंत क्या करें:

विश्वास के साथ आगे बढ़ें। परमेश्वर की अगुवाई के साथ बने रहें।

भविष्यवाणी-संबंधी घोषणा:

"मेरा मार्ग तैयार किया गया है। मैं यीशु के नाम में विश्वास के साथ आगे बढ़ता हूँ।"

190. स्वप्न में घड़ी या समय देखना

अर्थ (बाइबिलीय समझ):

घड़ी समय, तात्कालिकता, या ऋतुओं की ओर ध्यान दिलाती है। परमेश्वर आपको समय का बुद्धिमानी से उपयोग करने या आने वाले अवसर की तैयारी करने की याद दिला रहा हो सकता है।

पवित्रशास्त्रीय आधार:

"हर एक बात का एक अवसर..."

— सभोपदेशक 3:1 (BSI)

"समय को बहुमूल्य समझो..."

— इफिसियों 5:16 (BSI)

खतरे का स्तर:

निम्न

(समय की जागरूकता)

तुरंत क्या करें:

जहाँ आवश्यकता हो वहाँ तुरंत कार्य करें। टालमटोल से बचें।

भविष्यवाणी-संबंधी घोषणा:

"मेरा समय परमेश्वर के उद्देश्य के साथ मेल खाता है। मैं यीशु के नाम में बुद्धि और तत्परता से कार्य करता हूँ।"

191. स्वप्न में फोन या लैपटॉप का चार्जर देखना

अर्थ (बाइबिलीय समझ):

चार्जर नई शक्ति, फिर से भर दिए जाने, और क्षमता की बहाली का प्रतीक है। परमेश्वर दिखा रहा है कि प्रभावी रूप से कार्य करने के लिए आपको आत्मिक, भावनात्मक, या मानसिक रूप से फिर से भरने की आवश्यकता है।

पवित्रशास्त्रीय आधार:

"परन्तु जो यहोवा की बाट जोहते हैं, वे नया बल प्राप्त करते जाएंगे..."

— यशायाह 40:31 (BSI)

"आत्मा से परिपूर्ण होते जाओ।"

— इफिसियों 5:18 (BSI)

खतरे का स्तर:

निम्न

(नवीनीकरण की आवश्यकता)

तुरंत क्या करें:

विश्राम करें, प्रार्थना करें, और नियमित रूप से परमेश्वर के वचन में लौटें।

भविष्यवाणी-संबंधी घोषणा:

"मेरा बल नया किया जाता है। मैं परमेश्वर की उपस्थिति से यीशु के नाम में फिर से भर दिया जाता हूँ।"

192. स्वप्न में लँगड़े या अपंग लोगों को देखना

अर्थ (बाइबिलीय समझ):

यह सपना सीमाओं, रुकावटों, या बाधित प्रगति को दर्शाता है—चाहे आपके अपने जीवन में हो या आपके आसपास। परमेश्वर यह इसलिए प्रकट करता है ताकि चंगाई, बुद्धि, या उचित सहायता लागू की जा सके।

पवित्रशास्त्रीय आधार:

"दुर्बल हाथों को दृढ़ करो, और थरथराते घुटनों को स्थिर करो।"

— यशायाह 35:3 (BSI)

"उठ, चल-फिर।"

— प्रेरितों के काम 3:6 (BSI)

खतरे का स्तर:

मध्यम

(सीमाओं की पहचान)

तुरंत क्या करें:

सामर्थ और चंगाई के लिए प्रार्थना करें। उन क्षेत्रों को पहचानें जहाँ प्रगति रुकी हुई महसूस हो रही है।

भविष्यवाणी-संबंधी घोषणा:

"हर सीमा हटा दी जाती है। मैं यीशु के नाम में शक्ति और स्वतंत्रता के साथ आगे बढ़ता हूँ।"

193. स्वप्न में छोटे बच्चे को देखना

अर्थ (बाइबिलीय समझ):

छोटा बच्चा निष्कपटता, पवित्रता, नई शुरुआत, या कोमलता का प्रतीक है। परमेश्वर शायद हृदय की सच्चाई को उजागर कर रहा है, या किसी नई बात के जन्म को दिखा रहा है।

पवित्रशास्त्रीय आधार:

"यदि तुम न फिरो और छोटे बच्चों के समान न बनो..."

— मत्ती 18:3 (BSI)

"हे परमेश्वर, मुझ में शुद्ध मन उत्पन्न कर..."

— भजन संहिता 51:10 (BSI)

खतरे का स्तर:

कोई खतरा नहीं

(पवित्रता और नई शुरुआत)

तुरंत क्या करें:

निष्कपटता की रक्षा करें—चाहे अपनी हो या दूसरों की। जो नया है उसकी देखभाल करें।

भविष्यवाणी-संबंधी घोषणा:

"मेरा हृदय पवित्र बना रहता है। नई शुरुआतें मेरे जीवन में यीशु के नाम में फलती-फूलती हैं।"

194. स्वप्न में अपने आप को थकावट से गिरते हुए देखना

अर्थ (बाइबिलीय समझ):

यह सपना burnout, अत्यधिक थकावट, या बहुत कुछ अकेले उठाए रहने को दर्शाता है। परमेश्वर दोष नहीं दे रहा; वह आपको विश्राम और फिर से alignment में आने के लिए बुला रहा है।

पवित्रशास्त्रीय आधार:

"हे सब परिश्रम करनेवालो और बोझ से दबे लोगों, मेरे पास आओ; मैं तुम्हें विश्राम दूंगा।"

— मत्ती 11:28 (BSI)

"वह थके हुए को बल देता है..."

— यशायाह 40:29 (BSI)

खतरे का स्तर:

मध्यम

(विश्राम की आवश्यकता)

तुरंत क्या करें:

धीरे चलें। जहाँ सम्भव हो वहाँ जिम्मेदारी बाँटें। परमेश्वर की शांति के साथ फिर से जुड़ें।

भविष्यवाणी-संबंधी घोषणा:

"मैं परमेश्वर का विश्राम और शक्ति ग्रहण करता हूँ। मैं यीशु के नाम में नया होकर फिर उठता हूँ।"

195. बादलों के बाद पूरी तरह साफ आकाश देखना

अर्थ (बाइबिलीय समझ):

बादलों के बाद साफ आकाश समाधान, स्पष्टता, और उत्तरित प्रार्थना का संकेत है। भ्रम या देरी हट गई है; दिशा फिर से साफ हो गई है।

पवित्रशास्त्रीय आधार:

"रात भर रोना तो रहता है, पर बिहान को आनन्द पहुँचता है।"

— भजन संहिता 30:5 (BSI)

"धर्मी की बाट उदय होते हुए प्रकाश के समान है..."

— नीतिवचन 4:18 (BSI)

खतरे का स्तर:

कोई खतरा नहीं

(breakthrough और स्पष्टता)

तुरंत क्या करें:

विश्वास के साथ आगे बढ़ें। जिसे परमेश्वर ने साफ कर दिया है, उस पर सन्देह न करें।

भविष्यवाणी-संबंधी घोषणा:

"मेरे जीवन में स्पष्टता का समय आ गया है। मैं यीशु के नाम में शांति और विश्वास के साथ आगे बढ़ता हूँ।"

D

196. स्वप्न में अपने आप को मरा हुआ, पर फिर जीवित होते देखना

अर्थ (बाइबिलीय समझ):

यह सपना आत्मिक नएपन, परिवर्तन, और बहाली का संकेत है। परमेश्वर दिखा रहा है कि एक पुराना समय समाप्त हो रहा है और एक नया समय आरम्भ हो रहा है। यह आपके जीवन में काम कर रही पुनरुत्थान की सामर्थ को दर्शाता है।

पवित्रशास्त्रीय आधार:

"मैं न मरूंगा, वरन जीवित रहूंगा, और यहोवा के कामों का वर्णन करूंगा।"
— भजन संहिता 118:17 (BSI)

"यदि कोई मसीह में है, तो वह नई सृष्टि है…"
— 2 कुरिन्थियों 5:17 (BSI)

खतरे का स्तर:

कोई खतरा नहीं —
यह छुटकारे और नएपन का संकेत है, शाब्दिक मृत्यु का नहीं।

तुरंत क्या करें:

परिवर्तन को ग्रहण करें। पुरानी आदतों, पुरानी सोच, या उन समयों को छोड़ दें जिन्हें परमेश्वर पहले ही बंद कर चुका है।

भविष्यवाणी-संबंधी प्रार्थना:

"प्रभु, पुनरुत्थान का जीवन मुझ में पूरी रीति से कार्य करे। मैं अपने नए समय में यीशु के नाम में प्रवेश करता हूँ।"

197. स्वप्न में अपने आप को मरा हुआ देखना

अर्थ (बाइबिलीय समझ):

यह सपना अक्सर आत्मिक खालीपन, भावनात्मक थकान, या दिशा खो देने को दर्शाता है, न कि शारीरिक मृत्यु को। परमेश्वर आपको आत्मिक रूप से जागने और फिर से उसके साथ जुड़ने के लिए बुला रहा हो सकता है।

पवित्रशास्त्रीय आधार:

"हे सोने वाले, जाग… तब मसीह तुझ पर प्रकाश डालेगा।"
— इफिसियों 5:14 (BSI)

"तेरा नाम तो यह है कि तू जीवित है, पर तू मरा हुआ है।"
— प्रकाशितवाक्य 3:1 (BSI)

खतरे का स्तर:

मध्यम —

यह आत्मिक चेतावनी है, विनाश की घोषणा नहीं।

तुरंत क्या करें:

प्रार्थना, पवित्रशास्त्र, और पश्चाताप की ओर लौटें। परमेश्वर के साथ अपनी निकटता को फिर से बहाल करें।

भविष्यवाणी-संबंधी प्रार्थना:

"प्रभु, अपना जीवन मुझमें फिर से फूँक दीजिए। मेरी आत्मा को जिलाइए और मेरे चलने को नया कीजिए।"

198. स्वप्न में मरे हुओं के साथ लेन-देन करना या संपर्क रखना

अर्थ (बाइबिलीय समझ):

यह सपना पुराने मुद्दों, यादों, या ऐसे प्रभावों से जुड़े रहने को दर्शाता है जो अब आपके जीवन को परिभाषित नहीं करने चाहिए। परमेश्वर आपको उस हर बात से अलग होने के लिए बुला रहा है जो पुराने जीवन से जुड़ी हुई है।

पवित्रशास्त्रीय आधार:

"जो बातें पीछे रह गईं उन्हें भूलकर..."
— फिलिप्पियों 3:13 (BSI)

"मुरदों को अपने मुरदे गाड़ने दे..."
— मत्ती 8:22 (BSI)

खतरे का स्तर:

मध्यम —

यह भावनात्मक या आत्मिक उलझाव का संकेत है।

तुरंत क्या करें:

अस्वस्थ लगावों को काट दें। समापन और आत्मिक स्पष्टता खोजें।

भविष्यवाणी-संबंधी प्रार्थना:

"मैं अतीत को छोड़ता हूँ और परमेश्वर ने जो नया जीवन मुझे दिया है उसमें यीशु के नाम में पूरी रीति से चलता हूँ।"

199. स्वप्न में कब्र से एक मरे हुए शरीर को बाहर निकालना

अर्थ (बाइबिलीय समझ):

यह सपना परमेश्वर द्वारा दी गई उस क्षमता को दर्शाता है जिसके द्वारा दबे हुए सामर्थ, वरदान, या उद्देश्य को फिर से बाहर लाया जा सकता है। यह अगुवाई, बहाली, और भीतरी शक्ति को प्रकट करता है।

पवित्रशास्त्रीय आधार:

"क्या ये हड्डियाँ जीवित हो सकती हैं?"

— यहेजकेल 37:3 (BSI)

"परमेश्वर के उस वरदान को जो तुझ में है, भड़काता रह।"

— 2 तीमुथियुस 1:6 (BSI)

खतरे का स्तर:

कोई खतरा नहीं –

यह सामर्थ और बहाली का संकेत है, खतरे का नहीं।

तुरंत क्या करें:

अपने वरदानों को विकसित करें। अपनी बुलाहट में साहस से आगे बढ़ें। दूसरों की बहाली में भी उपयोगी बनें।

भविष्यवाणी-संबंधी प्रार्थना:

"प्रभु, जो भी वरदान आपने मेरे भीतर रखा है, उसे जागृत कीजिए। मेरा उद्देश्य जीवित हो उठे।"

200. स्वप्न में शोक-संगीत पर नाचना

अर्थ (बाइबिलीय समझ):

यह सपना भावनाओं या प्रतिक्रियाओं के असंतुलन को दर्शाता है—जहाँ सोच-विचार होना चाहिए वहाँ हल्कापन, या जहाँ सावधानी चाहिए वहाँ उत्सव। परमेश्वर विवेक की ओर बुला रहा है।

पवित्रशास्त्रीय आधार:

"हर एक बात का एक अवसर और प्रत्येक काम का एक समय होता है।"

— सभोपदेशक 3:1 (BSI)

"संयमी और जागते रहो..."

— 1 पतरस 5:8 (BSI)

खतरे का स्तर:

निम्न से मध्यम —

विवेक की आवश्यकता है।

तुरंत क्या करें:

ठहरें और अपने वर्तमान निर्णयों की जाँच करें। परमेश्वर के समय और बुद्धि को खोजें।

भविष्यवाणी-संबंधी प्रार्थना:

"प्रभु, मेरी भावनाओं और मेरे कार्यों को आपकी इच्छा और आपके समय के साथ मिला दीजिए।"

201. स्वप्न में किसी परिचित मरे हुए व्यक्ति के साथ चलना

अर्थ (बाइबिलीय समझ):

यह सपना अक्सर अनसुलझे भावनात्मक संबंधों, पुराने प्रभावों, या ऐसी यादों को दर्शाता है जो अब भी आपके वर्तमान निर्णयों को प्रभावित कर रही हैं। परमेश्वर आपको उस हर बात को छोड़ने के लिए बुला रहा है जिसमें अब जीवन या अधिकार नहीं रहा।

पवित्रशास्त्रीय आधार:

"धोखा न खाओ; बुरी संगति अच्छे चाल-चलन को बिगाड़ देती है।"

— 1 कुरिन्थियों 15:33 (BSI)

"मुरदों को अपने मुरदे गाड़ने दे..."

— मत्ती 8:22 (BSI)

खतरे का स्तर:

मध्यम —

यह आत्मिक या भावनात्मक लगाव का संकेत है, शाब्दिक मृत्यु का नहीं।

तुरंत क्या करें:

पहचानें कि अतीत की कौन-सी बात अब भी आपको नकारात्मक रूप से प्रभावित कर रही है। स्वतंत्रता और आगे बढ़ने को चुनें।

भविष्यवाणी-संबंधी प्रार्थना:

"प्रभु, हर उस पुराने लगाव को छोड़ने में मेरी सहायता कीजिए जो मेरे भविष्य को रोकता है। मैं स्वतंत्रता में आगे बढ़ता हूँ।"

202. स्वप्न में अपने आप को सूखे या मरे हुए पेड़ पर देखना

अर्थ (बाइबिलीय समझ):

यह सपना सूखेपन, देरी, या फलहीन समय की ओर संकेत करता है, जो अक्सर अस्थायी होता है। परमेश्वर आपको अपने साथ फिर से जुड़ने के लिए बुला रहा हो सकता है, क्योंकि वही जीवन का सच्चा स्रोत है।

पवित्रशास्त्रीय आधार:

"जो डाल मुझ में फल नहीं लाती, उसे वह काट डालता है..."

— यूहन्ना 15:2 (BSI)

"धन्य है वह मनुष्य जो यहोवा पर भरोसा रखता है... वह फल लाने से न रुकेगा।"

— यिर्मयाह 17:7–8 (BSI)

खतरे का स्तर:

निम्न से मध्यम —

यह मौसम का सूखापन है, स्थायी हानि नहीं।

तुरंत क्या करें:

प्रार्थना, आज्ञाकारिता, और परमेश्वर पर निर्भरता की ओर लौटें। फलवन्तता सम्बन्ध से आती है।

भविष्यवाणी-संबंधी प्रार्थना:

"प्रभु, मुझे फिर से अपने साथ जोड़ दीजिए। मेरा जीवन आपकी ऋतु में फिर से फल लाए।"

203. स्वप्न में कबूतर देखना

अर्थ (बाइबिलीय समझ):

कबूतर शांति, पवित्रता, और पवित्र आत्मा की उपस्थिति का प्रतीक है। यह सपना अक्सर दिव्य स्वीकृति, सांत्वना, या आत्मिक आवरण का संकेत देता है।

पवित्रशास्त्रीय आधार:

"पवित्र आत्मा देहधारी रूप में कबूतर के समान उस पर उतरा..."

— लूका 3:22 (BSI)

"मैं तुम्हें अपनी शांति दिए जाता हूँ..."

— यूहन्ना 14:27 (BSI)

खतरे का स्तर:

कोई खतरा नहीं —

यह दिव्य आश्वासन है।

तुरंत क्या करें:

परमेश्वर की अगुवाई के प्रति संवेदनशील बने रहें। शांति और आज्ञाकारिता में चलें।

भविष्यवाणी-संबंधी प्रार्थना:

"पवित्र आत्मा, मेरे साथ बने रहिए। मुझे सत्य, शांति, और पवित्रता में चलाइए।"

204. स्वप्न में कुत्ता देखना

अर्थ (बाइबिलीय समझ):

पवित्रशास्त्र में कुत्ते कभी-कभी अविश्वासी प्रभावों, नैतिक समझौते, या संबंधों और वातावरण से जुड़ी चेतावनियों का प्रतीक हो सकते हैं। यहाँ संदर्भ का बहुत महत्व है।

पवित्रशास्त्रीय आधार:

"कुत्तों से सावधान रहो..."

— फिलिप्पियों 3:2 (BSI)

"जो पवित्र है उसे कुत्तों को न दो..."

— मत्ती 7:6 (BSI)

खतरे का स्तर:

निम्न से मध्यम –

यह विवेक की माँग करता है, किसी पर सीधा आरोप नहीं।

तुरंत क्या करें:

अपनी संगति और व्यक्तिगत सीमाओं की जाँच करें। पवित्रता और बुद्धि को चुनें।

भविष्यवाणी-संबंधी प्रार्थना:

"प्रभु, मुझे विवेक दीजिए कि मैं उन प्रभावों को पहचान सकूँ और उनसे बच सकूँ जो मुझे आपसे दूर ले जाते हैं।"

205. स्वप्न में कुत्ते द्वारा काटा जाना

अर्थ (बाइबिलीय समझ):

यह सपना धोखे, नैतिक समझौते, या अस्वस्थ संबंधों से प्रभावित होने का संकेत दे सकता है। परमेश्वर आपको सचेत कर रहा हो सकता है कि किसी चोट को समय रहते पहचाना और ठीक किया जाए।

पवित्रशास्त्रीय आधार:

"बुरी संगति अच्छे चाल-चलन को बिगाड़ देती है।"

– 1 कुरिन्थियों 15:33 (BSI)

"सब से अधिक अपने मन की रक्षा कर..."

– नीतिवचन 4:23 (BSI)

खतरे का स्तर:

मध्यम –

यह चेतावनी है, दोषारोपण नहीं।

तुरंत क्या करें:

आत्मिक और भावनात्मक चंगाई खोजें। परमेश्वर-भक्त सीमाएँ स्थापित करें।

भविष्यवाणी-संबंधी प्रार्थना:

"प्रभु, गलत संगतियों से लगे हर घाव को चंगा कीजिए। मेरे हृदय और मेरे मार्ग को फिर से बहाल कीजिए।"

206. स्वप्न में कुत्ते द्वारा घसीटा जाना

अर्थ (बाइबिलीय समझ):

यह सपना अस्वस्थ इच्छाओं, आदतों, या ऐसे प्रभावों द्वारा खींचे जाने को दर्शाता है जो परमेश्वर की इच्छा के अनुसार नहीं हैं। यह अक्सर आत्मिक आत्म-नियंत्रण को फिर से प्राप्त करने की पुकार होती है।

पवित्रशास्त्रीय आधार:

"उसी स्वतंत्रता में स्थिर रहो, जिसके लिये मसीह ने हमें स्वतंत्र किया है..."

— गलातियों 5:1 (BSI)

"हर एक मनुष्य अपनी ही अभिलाषा से खिंचकर और फँसकर परीक्षा में पड़ता है।"

— याकूब 1:14 (BSI)

खतरे का स्तर:

मध्यम —

यह आत्मिक नियंत्रण के खोने की चेतावनी है, नियति के नष्ट होने की नहीं।

तुरंत क्या करें:

प्रार्थना और वचन में अनुशासन को मजबूत करें। उन प्रभावों को अस्वीकार करें जो आपके निर्णयों पर हावी हो रहे हैं।

भविष्यवाणी-संबंधी प्रार्थना:

"प्रभु, केवल आपके पीछे चलने के लिए मेरी इच्छा को मजबूत कीजिए। मैं आपकी राह से यीशु के नाम में खींचा नहीं जाऊँगा।"

207. स्वप्न में कुत्ते के साथ खेलना

अर्थ (बाइबिलीय समझ):

यह सपना हल्के-फुल्के समझौते को दर्शाता है—अर्थात् ऐसी आत्मिक रूप से असुरक्षित बात को हानिरहित समझना जो वास्तव में सावधानी चाहती है। परमेश्वर आपको पवित्रता को गंभीरता से लेने की चेतावनी दे रहा हो सकता है।

पवित्रशास्त्रीय आधार:

"हर प्रकार की बुराई से बचे रहो।"

— 1 थिस्सलुनीकियों 5:22 (BSI)

"क्या तुम नहीं जानते कि संसार से मित्रता रखना परमेश्वर से बैर रखना है?"

— याकूब 4:4 (BSI)

खतरे का स्तर:

निम्न से मध्यम —

यह प्रारम्भिक चेतावनी का चरण है।

तुरंत क्या करें:

जाँचें कि आत्मिक रूप से आप किन बातों को सहन कर रहे हैं। छोटी रियायतें यदि रोकी न जाएँ तो बढ़ जाती हैं।

भविष्यवाणी-संबंधी प्रार्थना:

"प्रभु, मेरी इच्छाओं को आपकी पवित्रता के साथ मिला दीजिए। जो आप महत्व देते हैं, उसे महत्व देना मुझे सिखाइए।"

208. स्वप्न में बतख को तैरते देखना

अर्थ (बाइबिलीय समझ):

यह सपना अक्सर अनुकूलन, दबाव के बीच अनुग्रह, और स्थिर प्रगति को दर्शाता है। बतख पानी में भी शांत चलती है; इसलिए यह शांति के साथ आगे बढ़ने का प्रतीक है।

पवित्रशास्त्रीय आधार:

"जब तू जल में होकर जाए, मैं तेरे संग-संग रहूँगा..."

— यशायाह 43:2 (BSI)

"यहोवा मनुष्य के कदमों को स्थिर करता है..."

— भजन संहिता 37:23 (BSI)

खतरे का स्तर:

कोई खतरा नहीं —

यह सकारात्मक दिशा दिखाने वाला सपना है।

तुरंत क्या करें:
स्थिरता से चलते रहें। जल्दबाज़ी न करें; अनुग्रह आपको संक्रमण के समयों में सँभाले रखेगा।

भविष्यवाणी-संबंधी प्रार्थना:
"प्रभु, मेरे कदमों को शांत और स्थिर रीति से चलाइए। मैं हर परिवर्तन के बीच आप पर भरोसा करता हूँ।"

209. स्वप्न में खून पीना

अर्थ (बाइबिलीय समझ):
बाइबिल के अनुसार लोहू पीना निषिद्ध है और यह ऐसी बात में भाग लेने का संकेत है जिसे परमेश्वर ने अनुमति नहीं दी। यह सपना अक्सर पश्चाताप और अपवित्र प्रभाव से अलग होने की पुकार देता है।

पवित्रशास्त्रीय आधार:
"तू लोहू न खाना..."
— लैव्यव्यवस्था 17:10 (BSI)
"क्योंकि लोहू ही प्राण है..."
— व्यवस्थाविवरण 12:23 (BSI)

खतरे का स्तर:
बहुत ऊँचा —
यह आत्मिक उल्लंघन की चेतावनी है, आरोप नहीं।

तुरंत क्या करें:
अपनी आत्मिक मान्यताओं, अभ्यासों, या समझौतों की जाँच करें। बाइबिलीय alignment की ओर लौटें।

भविष्यवाणी-संबंधी प्रार्थना:
"प्रभु, मुझे हर अपवित्र सहभागिता से शुद्ध कीजिए। मैं आपके जीवन की वाचा को यीशु के नाम में चुनता हूँ।"

210. स्वप्न में अजीब या अपरिचित संगीत पर नाचना

अर्थ (बाइबिलीय समझ):

यह सपना धीरे-धीरे होने वाले आत्मिक drift, ध्यान भटकने, या ऐसी भावनात्मक दिशा को दर्शा सकता है जो परमेश्वर के सत्य में जड़ी हुई नहीं है। संगीत अक्सर वातावरण और प्रभाव का प्रतीक होता है।

पवित्रशास्त्रीय आधार:

"अपने विषय में सावधान रहो..."

— लूका 17:3 (BSI)

"मसीह का वचन तुम में बहुतायत से बसे..."

— कुलुस्सियों 3:16 (BSI)

खतरे का स्तर:

मध्यम —

दिशा संबंधी सुधार की आवश्यकता है।

तुरंत क्या करें:

अपने भीतरी जीवन को आराधना, पवित्रशास्त्र, और परमेश्वर-भक्त सलाह के साथ फिर से मिलाएँ।

भविष्यवाणी-संबंधी प्रार्थना:

"प्रभु, मेरे हृदय को आपके सत्य के साथ मिला दीजिए। मेरा जीवन आपके वचन की लय पर यीशु के नाम में चले।"

211. स्वप्न में अपने आप को जंगल / मरुभूमि में देखना

अर्थ (बाइबिलीय समझ):

पवित्रशास्त्र में मरुभूमि या जंगल परीक्षा, प्रशिक्षण, परमेश्वर पर निर्भरता, और संक्रमण का प्रतीक है। यह सपना अपने आप गरीबी या हानि का अर्थ नहीं रखता; बहुत बार यह ऐसे समय का संकेत होता है जिसमें परमेश्वर distractions को हटाकर धीरज और आज्ञाकारिता को विकसित करता है।

पवित्रशास्त्रीय आधार:

"उस ने तुझे दीन किया, और भूखा रखा... ताकि वह तुझे जता दे कि

मनुष्य केवल रोटी ही से जीवित नहीं रहता…"

— व्यवस्थाविवरण 8:2–3 (BSI)

"आत्मा तुरन्त उसे जंगल में ले गया।"

— मरकुस 1:12 (BSI)

खतरे का स्तर:

निम्न —

यह विकास का समय है, दण्ड नहीं।

तुरंत क्या करें:

घबराएँ नहीं। प्रार्थना-जीवन को मजबूत करें, बाहरी सहारों पर निर्भरता कम करें, और परमेश्वर की आवाज़ को ध्यान से सुनें।

भविष्यवाणी-संबंधी प्रार्थना:

"प्रभु, इस समय में मुझे सम्भाले रखिए। जो कुछ आप मुझमें बनाना चाहते हैं, वह मुझे सिखाइए।"

212. स्वप्न में फटे-पुराने कपड़े पहने होना

अर्थ (बाइबिलीय समझ):

फटे हुए कपड़े पवित्रशास्त्र में शोक, हानि, या अयोग्यता की भावना को दर्शाते हैं। आत्मिक रूप से यह हतोत्साह, पहचान की चोट, या भीतर के टूटेपन को दिखा सकता है, स्थायी असफलता को नहीं।

पवित्रशास्त्रीय आधार:

"उसने मुझे उद्धार के वस्त्र पहनाए हैं…"

— यशायाह 61:10 (BSI)

"अपने वस्त्र नहीं, अपने मन को फाड़ो…"

— योएल 2:13 (BSI)

खतरे का स्तर:

मध्यम —

यह भावनात्मक या आत्मिक depletion का संकेत है।

तुरंत क्या करें:

अपनी पहचान के विषय में परमेश्वर के सत्य की ओर लौटें। लज्जा-आधारित सोच को अस्वीकार करें।

भविष्यवाणी-संबंधी प्रार्थना:

"पिता, आप में मेरी गरिमा को फिर से बहाल कीजिए। मुझे यीशु के नाम में आशा और उद्देश्य से फिर से वस्त्र पहनाइए।"

213. स्वप्न में सूखे कपड़ों को धूप में टँगा देखना

अर्थ (बाइबिलीय समझ):

यह सपना तैयारी, शुद्धि के लिए खुले में लाए जाने, और परिवर्तन के लिए readiness का संकेत है। परमेश्वर शायद आपको खुले रूप से किसी नई भूमिका या जिम्मेदारी के लिए तैयार कर रहा है।

पवित्रशास्त्रीय आधार:

"जो डाल फल लाती है, उसे वह छांटता है..."

— यूहन्ना 15:2 (BSI)

"जाग, जाग, अपनी शक्ति धारण कर..."

— यशायाह 52:1 (BSI)

खतरे का स्तर:

कोई खतरा नहीं —

यह तैयारी और सकारात्मक संकेत है।

तुरंत क्या करें:

उपलब्ध बने रहें। जो कुछ परमेश्वर आपको सौंपने वाला है, उसके लिए तैयार रहें।

भविष्यवाणी-संबंधी प्रार्थना:

"प्रभु, जो अगला है उसके लिए मुझे पूरी रीति से तैयार कीजिए। मैं आपकी अगुवाई के लिए तैयार हूँ।"

214. स्वप्न में ढोल बजाना

अर्थ (बाइबिलीय समझ):

बाइबिल में ढोल या तम्बूरा घोषणा, उत्सव, अगुवाई, और खुले रूप से अभिव्यक्ति का प्रतीक है। यह सपना visibility, प्रभाव, या दूसरों को प्रोत्साहित करने की बुलाहट को दर्शाता है।

पवित्रशास्त्रीय आधार:

"डफ और नाच के साथ उसकी स्तुति करो..."

— भजन संहिता 150:4 (BSI)

"यहोवा के छुड़ाए हुए ऐसा कहें..."

— भजन संहिता 107:2 (BSI)

खतरे का स्तर:

कोई खतरा नहीं —

यह activation का सपना है।

तुरंत क्या करें:

अपनी आवाज़ या अपने वरदानों को न छिपाएँ। उन्हें जिम्मेदारी और नम्रता के साथ उपयोग करें।

भविष्यवाणी-संबंधी प्रार्थना:

"प्रभु, मेरी आवाज़ को दूसरों के लिए प्रोत्साहन और स्पष्टता का साधन बनाइए।"

215. स्वप्न में बंद दरवाज़ा देखना

अर्थ (बाइबिलीय समझ):

बंद दरवाज़ा देरी, नई दिशा, या दिव्य सुरक्षा का संकेत हो सकता है; यह हमेशा विरोध का चिन्ह नहीं होता। कभी-कभी परमेश्वर किसी हानि से बचाने या आपको नए स्थान पर स्थापित करने के लिए कुछ द्वार बंद करता है।

पवित्रशास्त्रीय आधार:

"देख, मैं ने तेरे साम्हने एक खुला हुआ द्वार रख दिया है, और उसे कोई बन्द नहीं कर सकता..."

— प्रकाशितवाक्य 3:8 (BSI)

"यहोवा मनुष्य के कदमों को स्थिर करता है..."

— भजन संहिता 37:23 (BSI)

खतरे का स्तर:

निम्न —

यह समय का विषय है, इन्कार नहीं।

तुरंत क्या करें:

परमेश्वर से पूछें कि प्रतीक्षा करनी है, फिर से प्रार्थना में दस्तक देनी है, या नई दिशा में मुड़ना है।

भविष्यवाणी-संबंधी प्रार्थना:

"प्रभु, मुझे उन्हीं द्वारों से ले चलिए जिन्हें आपने ठहराया है। मैं आपके समय पर भरोसा करता हूँ।"

216. स्वप्न में सब कुछ अंधकार में देखना

अर्थ (बाइबिलीय समझ):

अंधकार अक्सर भ्रम, स्पष्टता की कमी, अनिश्चितता, या अस्थायी दिशा-विहीनता को दर्शाता है। बाइबिल के अनुसार अंधकार त्यागे जाने का चिन्ह नहीं है—यह वह क्षण भी हो सकता है जब प्रकाश प्रकट होने वाला हो।

पवित्रशास्त्रीय आधार:

"जो लोग अंधकार में चल रहे थे उन्होंने बड़ी ज्योति देखी..."

— यशायाह 9:2 (BSI)

"तेरा वचन मेरे पांव के लिये दीपक और मेरे मार्ग के लिये उजियाला है।"

— भजन संहिता 119:105 (BSI)

खतरे का स्तर:

मध्यम —

यह दिशा से जुड़ी उलझन है, विनाश नहीं।

तुरंत क्या करें:

बड़े निर्णयों में ठहरें। बुद्धि के लिए पवित्रशास्त्र पढ़ना और प्रार्थना बढ़ाएँ।

भविष्यवाणी-संबंधी प्रार्थना:

"प्रभु, मेरे मार्ग पर अपना प्रकाश चमकाइए। भ्रम को हटाइए और मेरे कदमों को क्रम में लाइए।"

217. स्वप्न में डॉक्टर या नर्स देखना

अर्थ (बाइबिलीय समझ):

यह सपना अक्सर चंगाई, सुधार, या बहाली को दर्शाता है—यह आवश्यक नहीं कि बीमारी का ही संकेत हो। आत्मिक रूप से यह दिखा सकता है कि परमेश्वर आपके जीवन के किसी क्षेत्र को सँभाल रहा है जिसे care या adjustment की आवश्यकता है।

पवित्रशास्त्रीय आधार:

"भले-चंगों को वैद्य की आवश्यकता नहीं..."

— लूका 5:31 (BSI)

"मैं यहोवा हूँ, जो तेरा चंगा करनेवाला हूँ।"

— निर्गमन 15:26 (BSI)

खतरे का स्तर:

निम्न —

यह सुधार और बहाली का संकेत है।

तुरंत क्या करें:

अपनी आदतों की जाँच करें—आत्मिक, भावनात्मक, और शारीरिक तीनों में—और चंगाई के साथ सहयोग करें।

भविष्यवाणी-संबंधी प्रार्थना:

"प्रभु, मेरे जीवन के हर उस क्षेत्र को बहाल कीजिए जिसे आपके छूने की आवश्यकता है।"

218. स्वप्न में बौने या बहुत छोटे लोगों को देखना

अर्थ (बाइबिलीय समझ):

यह सपना प्रतीकात्मक रूप से सीमा, रोक, या कम आँके जाने की भावना

को दर्शाता है। बाइबिल के अनुसार परमेश्वर सीमाओं को तोड़ने और क्षमता को बढ़ाने में माहिर है।

पवित्रशास्त्रीय आधार:

"छोटी-छोटी बातों के दिन को तुच्छ मत जान..."

— जकर्याह 4:10 (BSI)

"यहोवा निर्धन बनाता है और धनी भी बनाता है; वह गिराता है और उठाता भी है।"

— 1 शमूएल 2:7 (BSI)

खतरे का स्तर:

मध्यम —

यह भीतर की सीमा का संकेत है, बाहरी पराजय का नहीं।

तुरंत क्या करें:

छोटी सोच को अस्वीकार करें। अपनी आत्म-छवि को परमेश्वर की प्रतिज्ञाओं के साथ मिलाएँ।

भविष्यवाणी-संबंधी प्रार्थना:

"पिता, मेरी क्षमता को बढ़ाइए और हर सीमित सोच को हटा दीजिए।"

219. स्वप्न में किसी और का आपको चला कर ले जाना

अर्थ (बाइबिलीय समझ):

यह सपना व्यक्तिगत नियंत्रण की कमी या दूसरों के निर्णयों पर अधिक निर्भरता को दर्शाता है। यह परिपक्वता और व्यक्तिगत जिम्मेदारी की ओर बुलावा हो सकता है।

पवित्रशास्त्रीय आधार:

"हर एक अपना ही बोझ उठाए।"

— गलातियों 6:5 (BSI)

"आज चुन लो कि तुम किसकी सेवा करोगे..."

— यहोशू 24:15 (BSI)

खतरे का स्तर:

निम्न से मध्यम –

यह दिशा पर प्रभाव डालने वालों से जुड़ी बात है।

तुरंत क्या करें:

जाँचें कि आपके चुनावों को कौन प्रभावित कर रहा है। प्रार्थनापूर्वक अपने निर्णयों की जिम्मेदारी लें।

भविष्यवाणी-संबंधी प्रार्थना:

"प्रभु, मुझे अपनी राह को आपकी अगुवाई में चलाने की बुद्धि दीजिए।"

220. स्वप्न में स्वयं वाहन चलाना

अर्थ (बाइबिलीय समझ):

स्वयं वाहन चलाना दिशा, जिम्मेदारी, और जीवन के निर्णयों पर नियंत्रण का संकेत है। यात्रा की स्थिति यह प्रकट करती है कि आपकी प्रगति किस प्रकार चल रही है।

पवित्रशास्त्रीय आधार:

"अपने कामों को यहोवा पर छोड़ दे, तब तेरी कल्पनाएँ स्थिर हो जाएँगी।"

– नीतिवचन 16:3 (BSI)

"मैं तुझे बुद्धि दूँगा और जिस मार्ग में तुझे चलना होगा उसमें तेरी अगुवाई करूँगा।"

– भजन संहिता 32:8 (BSI)

खतरे का स्तर:

कोई खतरा नहीं –

यह आत्म-प्रबन्ध का संकेत है, पर जवाबदेही के साथ।

तुरंत क्या करें:

परिश्रम के साथ आगे बढ़ते रहें। ध्यान भटकने से बचने के लिए प्रार्थना बनाए रखें।

भविष्यवाणी-संबंधी प्रार्थना:

"प्रभु, मेरे निर्णयों को मार्ग दिखाइए और मुझे उस राह पर स्थिर रखिए जिसे आपने मेरे लिए ठहराया है।"

221. स्वप्न में अपने जीवनसाथी से तलाक लेना

अर्थ (बाइबिलीय समझ):

यह सपना अक्सर भावनात्मक दूरी, अनसुलझे संघर्ष, या अलगाव के भय को दर्शाता है, न कि अनिवार्य रूप से वास्तविक तलाक को। बाइबिल के अनुसार परमेश्वर बाहरी टूटन से पहले उस हृदय की स्थिति को संबोधित करता है जो विभाजन को जन्म देती है।

पवित्रशास्त्रीय आधार:

"जिसे परमेश्वर ने जोड़ा है, उसे मनुष्य अलग न करे।"
— मत्ती 19:6 (BSI)
"क्या दो जन बिना एक मन हुए संग चल सकते हैं?"
— आमोस 3:3 (BSI)

खतरे का स्तर:

मध्यम —
यह संबंधों की चेतावनी है, अंतिम निर्णय नहीं।

तुरंत क्या करें:

संवाद की कमी को पहचानें और ठीक करें। बुद्धि, नम्रता, और मेल-मिलाप के लिए प्रार्थना करें।

भविष्यवाणी-संबंधी प्रार्थना:

"प्रभु, मेरे संबंधों में एकता, समझ, और प्रेम को बहाल कीजिए।"

222. स्वप्न में कर्ज़दार होना

अर्थ (बाइबिलीय समझ):

स्वप्न में कर्ज़ बोझ, जिम्मेदारी, दबाव, या देर से मिलने वाली स्वतंत्रता का प्रतीक है। यह आर्थिक, भावनात्मक, या आत्मिक किसी भी प्रकार का हो सकता है। बाइबिल के अनुसार परमेश्वर चाहता है कि उसके लोग बुद्धि और अच्छे प्रबन्ध में चलें।

पवित्रशास्त्रीय आधार:

"उधार लेने वाला उधार देने वाले का दास होता है।"
— नीतिवचन 22:7 (BSI)

"परस्पर प्रेम रखने को छोड़ और किसी बात में किसी के ऋणी न रहो..."
— रोमियों 13:8 (BSI)

खतरे का स्तर:

निम्न से मध्यम —
यह जिम्मेदारी की चेतावनी है, दोषारोपण नहीं।

तुरंत क्या करें:

अपनी जिम्मेदारियों और commitments की समीक्षा करें। धन और प्राथमिकताओं में बुद्धि माँगें।

भविष्यवाणी-संबंधी प्रार्थना:

"प्रभु, मेरी जिम्मेदारियों को ठीक प्रकार से सँभालने के लिए मुझे बुद्धि और अनुशासन दीजिए।"

223. स्वप्न में शौच करना

अर्थ (बाइबिलीय समझ):

यह सपना छोड़ने, सफाई होने, और अस्वस्थ बातों के निकल जाने का संकेत है। आत्मिक रूप से यह अक्सर दिखाता है कि परमेश्वर आपको उन आदतों, विचारों, या मनोवृत्तियों को छोड़ने के लिए प्रेरित कर रहा है जो अब उसकी इच्छा के अनुसार उपयोगी नहीं हैं।

पवित्रशास्त्रीय आधार:

"हर एक बोझ को दूर करके..."
— इब्रानियों 12:1 (BSI)

"हे परमेश्वर, मुझ में शुद्ध मन उत्पन्न कर..."
— भजन संहिता 51:10 (BSI)

खतरे का स्तर:

निम्न —
यह शुद्धि की प्रक्रिया है।

तुरंत क्या करें:

पहचानें कि आपके जीवन से क्या हटाया जाना चाहिए, और उस पर निर्णयात्मक कार्यवाही करें।

भविष्यवाणी-संबंधी प्रार्थना:

"प्रभु, मेरे भीतर की हर उस बात को हटा दीजिए जो वृद्धि और पवित्रता को रोकती है।"

224. स्वप्न में जबरदस्ती खिलाया या पिलाया जाना

अर्थ (बाइबिलीय समझ):

यह सपना दबाव, चालबाज़ी, या ऐसे प्रभाव को दर्शाता है जिसे आप नहीं चाहते। बाइबिलीय रूप से जबरन कुछ ग्रहण करना उस बात को स्वीकार करने का संकेत हो सकता है जो आपके विवेक या आत्मिक समझ के विरुद्ध है।

पवित्रशास्त्रीय आधार:

"सब बातें परखो; जो अच्छी हो उसे पकड़े रहो।"

— 1 थिस्सलुनीकियों 5:21 (BSI)

"उसी स्वतंत्रता में स्थिर रहो, जिसके लिये मसीह ने हमें स्वतंत्र किया है..."

— गलातियों 5:1 (BSI)

खतरे का स्तर:

मध्यम —

यह सीमाओं और विवेक से जुड़ा विषय है।

तुरंत क्या करें:

विवेक को मजबूत करें। आत्मिक और संबंधों की स्वस्थ सीमाएँ तय करें।

भविष्यवाणी-संबंधी प्रार्थना:

"प्रभु, मुझे सत्य को पहचानने और उस हर बात को अस्वीकार करने में सहायता दीजिए जो आप से नहीं है।"

225. स्वप्न में मतवाला होना

अर्थ (बाइबिलीय समझ):

मतवालापन नियंत्रण खोने, गलत निर्णय, या ध्यान भटकने का प्रतीक है। यह हमेशा वास्तविक शराब का संकेत नहीं होता। आत्मिक रूप से यह

ऐसी बातों की चेतावनी देता है जो आपकी आत्मिक सजगता को कम कर रही हैं।

पवित्रशास्त्रीय आधार:

"संयमी और जागते रहो..."

— 1 पतरस 5:8 (BSI)

"दाखमधु से मतवाले न बनो... पर आत्मा से परिपूर्ण होते जाओ।"

— इफिसियों 5:18 (BSI)

खतरे का स्तर:

मध्यम —

यह आत्म-संयम की चेतावनी है।

तुरंत क्या करें:

जाँचें कि कौन-सी बातें आपकी स्पष्टता और अनुशासन को प्रभावित कर रही हैं।

भविष्यवाणी-संबंधी प्रार्थना:

"प्रभु, मुझे अपने आत्मा से भर दीजिए और मेरे मन को साफ, जागृत, और अनुशासित रखिए।"

226. स्वप्न में नदी या पानी में डूबना

अर्थ (बाइबिलीय समझ):

पवित्रशास्त्र में पानी जीवन, परीक्षाओं, और संक्रमण का प्रतीक है। डूबना भावनात्मक या परिस्थितिजन्य रूप से अत्यधिक दबाव में होने को दर्शाता है। यदि स्वप्न में बचा लिया जाए, तो यह दिव्य हस्तक्षेप और बहाली का संकेत है।

पवित्रशास्त्रीय आधार:

"जब तू जल में होकर जाए, मैं तेरे संग-संग रहूँगा..."

— यशायाह 43:2 (BSI)

"हे परमेश्वर, मुझे बचा ले, क्योंकि जल मेरे प्राण तक पहुँच गया है।"

— भजन संहिता 69:1 (BSI)

खतरे का स्तर:

मध्यम —

यह अत्यधिक दबाव की चेतावनी है, नियति के नाश की नहीं।

तुरंत क्या करें:

धीरे चलें। परमेश्वर से सहायता, सही विभाजन, और स्पष्टता माँगें। सहारा लें।

भविष्यवाणी-संबंधी प्रार्थना:

"प्रभु, मुझे हर भारी परिस्थिति से ऊपर उठाइए और मेरे पाँव को स्थिर कीजिए।"

227. स्वप्न में रात को बिना लाइट के गाड़ी चलाना

अर्थ (बाइबिलीय समझ):

यह सपना स्पष्टता या मार्गदर्शन के बिना आगे बढ़ने को दर्शाता है। बाइबिल के अनुसार प्रकाश प्रकाशन का प्रतीक है; प्रकाश का न होना ठहरने और फिर से जाँच करने की आवश्यकता को दिखाता है।

पवित्रशास्त्रीय आधार:

"यदि कोई रात को चले, तो ठोकर खाता है..."

— यूहन्ना 11:10 (BSI)

"अपनी ज्योति और अपनी सच्चाई भेज..."

— भजन संहिता 43:3 (BSI)

खतरे का स्तर:

मध्यम —

मार्गदर्शन की आवश्यकता है।

तुरंत क्या करें:

निर्णयों में जल्दबाज़ी न करें। सलाह, पवित्रशास्त्र, और प्रार्थना खोजें।

भविष्यवाणी-संबंधी प्रार्थना:

"प्रभु, मेरे मार्ग को प्रकाशित कीजिए और मुझे ठोकर खाने से बचाइए।"

228. स्वप्न में बंद दरवाज़े का खुल जाना

अर्थ (बाइबिलीय समझ):

खुला हुआ दरवाज़ा दिव्य समय, अनुमति, और पहुँच का संकेत है। यह अक्सर धैर्य और आज्ञाकारिता के बाद दिखाई देता है।

पवित्रशास्त्रीय आधार:

"जब वह खोलता है, तो कोई बन्द नहीं कर सकता..."

— प्रकाशितवाक्य 3:7 (BSI)

"यहोवा की बाट जोह..."

— भजन संहिता 27:14 (BSI)

खतरे का स्तर:

कोई खतरा नहीं —

यह पुष्टि और breakthrough का संकेत है।

तुरंत क्या करें:

प्रार्थनापूर्वक आगे बढ़ें। नम्र और कृतज्ञ बने रहें।

भविष्यवाणी-संबंधी प्रार्थना:

"धन्यवाद प्रभु, जो कुछ आपने मेरे लिए खोला है, उसके लिए मैं आपका धन्यवाद करता हूँ।"

229. स्वप्न में महत्वपूर्ण दस्तावेज़ गिरा देना या खो देना

अर्थ (बाइबिलीय समझ):

दस्तावेज़ अधिकार, पहचान, जिम्मेदारी, या पहुँच का प्रतीक हैं। उनका खो जाना हानि के भय, देरी, या असुरक्षा को दर्शाता है, स्थायी रूप से हटाए जाने को नहीं।

पवित्रशास्त्रीय आधार:

"क्योंकि परमेश्वर के वरदान और बुलाहट अटल हैं।"

— रोमियों 11:29 (BSI)

"अपना मार्ग यहोवा पर छोड़ दे..."

— भजन संहिता 37:5 (BSI)

खतरे का स्तर:

निम्न –

यह आत्म-विश्वास और प्रबन्ध से जुड़ा विषय है।

तुरंत क्या करें:

अपनी बुलाहट की फिर से पुष्टि करें। जिम्मेदारियों को व्यवस्थित करें और ध्यान को नया करें।

भविष्यवाणी-संबंधी प्रार्थना:

"प्रभु, जो कुछ आपने मुझे सौंपा है, उसमें स्पष्टता और विश्वास को बहाल कीजिए।"

230. स्वप्न में भाषण देना या भीड़ को सिखाना

अर्थ (बाइबिलीय समझ):

यह सपना प्रभाव, अगुवाई, या सत्य को व्यक्त करने की जिम्मेदारी का संकेत देता है। यह अक्सर बढ़ी हुई visibility के समय से पहले आता है।

पवित्रशास्त्रीय आधार:

"जो गूंगे हैं, उनके लिये अपना मुँह खोल..."

– नीतिवचन 31:8 (BSI)

"कोई तेरी जवानी को तुच्छ न समझे..."

– 1 तीमुथियुस 4:12 (BSI)

खतरे का स्तर:

कोई खतरा नहीं –

यह activation का सपना है।

तुरंत क्या करें:

परिश्रम के साथ तैयारी करें। नम्रता और सत्यनिष्ठा से बोलें।

भविष्यवाणी-संबंधी प्रार्थना:

"प्रभु, मेरे मुँह में अपने वचन रखिए और उन्हें जीवन देने वाला बनाइए।"

231. स्वप्न में सूखी हुई नदी या जलाशय देखना

अर्थ (बाइबिलीय समझ):

सूखी हुई नदी रुकी हुई पूर्ति, देर से मिलने वाली ताजगी, या ऐसे समय का संकेत है जब साधन कम महसूस हो रहे हों। बाइबिलीय रूप से परमेश्वर कभी-कभी सूखेपन को इसलिए आने देता है कि निर्भरता फिर से उसी पर लौटे।

पवित्रशास्त्रीय आधार:

"नाला सूख गया, क्योंकि देश में वर्षा नहीं हुई थी।"

— 1 राजा 17:7 (BSI)

"मैं जंगल में नदी बहाऊँगा..."

— यशायाह 43:19 (BSI)

खतरे का स्तर:

निम्न से मध्यम —

यह मौसम का सूखापन है, त्यागा जाना नहीं।

तुरंत क्या करें:

परमेश्वर को अपना स्रोत मानें। घबराहट में निर्णय न लें।

भविष्यवाणी-संबंधी प्रार्थना:

"प्रभु, इस समय में आप ही मेरी पूर्ति बनिए और मेरी धाराओं को फिर से बहाल कीजिए।"

232. स्वप्न में साफ पानी पीना

अर्थ (बाइबिलीय समझ):

साफ पानी आत्मिक नवीनीकरण, तृप्ति, और जीवन का प्रतीक है। यह सपना अक्सर पुष्टि करता है कि परमेश्वर आपकी आत्मा को ताज़गी दे रहा है।

पवित्रशास्त्रीय आधार:

"जो कोई वह जल पिएगा जो मैं उसे दूँगा, वह फिर कभी प्यासा न होगा..."

— यूहन्ना 4:14 (BSI)

"वह मेरे प्राण को बहाल करता है..."

— भजन संहिता 23:3 (BSI)

खतरे का स्तर:

कोई खतरा नहीं —

यह सकारात्मक और बहाल करने वाला संकेत है।

तुरंत क्या करें:

कृतज्ञ बने रहें। वचन और प्रार्थना में जड़ित बने रहें।

भविष्यवाणी-संबंधी प्रार्थना:

"प्रभु, मेरी आत्मा को ताज़गी देने और मेरे बल को नया करने के लिए आपका धन्यवाद।"

233. स्वप्न में गंदा या दूषित पानी पीना

अर्थ (बाइबिलीय समझ):

गंदा पानी भ्रष्ट प्रभाव, गलत input, या अस्वस्थ आत्मिक ग्रहण को दर्शाता है। बाइबिल के अनुसार परमेश्वर दूषित स्रोतों के विषय में चेतावनी देता है।

पवित्रशास्त्रीय आधार:

"क्या तुम गंदा किया हुआ जल पीओगे?"

— यहेजकेल 34:18 (BSI भावानुसार)

"सब से अधिक अपने मन की रक्षा कर..."

— नीतिवचन 4:23 (BSI)

खतरे का स्तर:

मध्यम —

यह विवेक की चेतावनी है।

तुरंत क्या करें:

जाँचें कि कौन-सी शिक्षाएँ, संबंध, मीडिया, या आदतें आपकी आत्मा को खिला रही हैं।

भविष्यवाणी-संबंधी प्रार्थना:

"प्रभु, मेरे हृदय को शुद्ध कीजिए और जो कुछ मेरी आत्मा में प्रवेश करता है उसकी रक्षा कीजिए।"

234. स्वप्न में कुआँ या गड्ढा खोदना

अर्थ (बाइबिलीय समझ):

कुआँ खोदना प्रावधान की खोज, प्रार्थना में गहराई, और आत्मिक गहराई को पाने के लिए किए गए प्रयत्न का संकेत है। परमेश्वर विश्वास के साथ किए गए परिश्रम का सम्मान करता है।

पवित्रशास्त्रीय आधार:

"उन्होंने दूसरा कुआँ खोदा... और यहोवा ने अब हमारे लिये स्थान किया है।"

— उत्पत्ति 26:22 (BSI)

"माँगो, तो तुम्हें दिया जाएगा..."

— मत्ती 7:7 (BSI)

खतरे का स्तर:

कोई खतरा नहीं —

यह विश्वास और परिश्रम का संकेत है।

तुरंत क्या करें:

प्रार्थना और अनुशासन में लगे रहें।

भविष्यवाणी-संबंधी प्रार्थना:

"प्रभु, मेरे परिश्रम का प्रतिफल दीजिए और जीवित जल को मेरे लिए फूट निकलने दीजिए।"

235. स्वप्न में खोदकर ख़ज़ाना मिलना

अर्थ (बाइबिलीय समझ):

ख़ज़ाना मिलना छिपे हुए वरदानों, खोज, अनुग्रह, या प्रकाशन का संकेत है। यह अक्सर धीरज और लगातार प्रयत्न के बाद आता है।

पवित्रशास्त्रीय आधार:

"स्वर्ग का राज्य खेत में छिपे हुए धन के समान है..."

— मत्ती 13:44 (BSI)

"मैं तुझे अंधकार के भण्डार और गुप्त स्थानों के धन दूँगा..."

— यशायाह 45:3 (BSI)

खतरे का स्तर:

कोई खतरा नहीं –

यह प्रतिज्ञा और प्रतिफल का संकेत है।

तुरंत क्या करें:

नम्र बने रहें। जो कुछ परमेश्वर प्रकट करे उसका बुद्धि से प्रबन्ध करें।

भविष्यवाणी-संबंधी प्रार्थना:

"प्रभु, जो खज़ाने आप प्रकट करते हैं, उन्हें आपकी महिमा के लिए सँभालने में मेरी सहायता कीजिए।"

236. स्वप्न में गहरे गड्ढे में गिरना, पर जीवित बाहर निकल आना

अर्थ (बाइबिलीय समझ):

पवित्रशास्त्र में गड्ढा प्रायः खतरे, दोषारोपण, रुकावट, या बन्धन का प्रतीक है। परन्तु उसमें से जीवित बाहर निकल आना सुरक्षा, छुटकारे, और परमेश्वर द्वारा परिस्थिति को पलट देने का संकेत है। यह सपना कठिनाई के बीच भी सुरक्षित रहने को दर्शाता है।

पवित्रशास्त्रीय आधार:

"उस ने मुझे भयानक गड्ढे में से भी निकाल लिया..."

– भजन संहिता 40:2 (BSI)

"तुम ने तो मेरे लिये बुराई की युक्ति बाँधी थी, परन्तु परमेश्वर ने उसी से भलाई करने की ठानी..."

– उत्पत्ति 50:20 (BSI)

खतरे का स्तर:

निम्न –

यह परीक्षा है, पर विजय के साथ।

तुरंत क्या करें:

सुरक्षा के लिए परमेश्वर का धन्यवाद करें। जागरूक और नम्र बने रहें।

भविष्यवाणी-संबंधी प्रार्थना:

"प्रभु, हर गड्ढे से मुझे निकालने और मेरे पाँव को फिर से स्थिर करने के लिए आपका धन्यवाद।"

237. स्वप्न में ऊँचाई से गिरना, पर मरना नहीं

अर्थ (बाइबिलीय समझ):

यह सपना पद के खोने, असफलता के भय, या अचानक बदलाव को दर्शाता है; परन्तु बच जाना अनुग्रह, बहाली, और दूसरे अवसरों का संकेत है।

पवित्रशास्त्रीय आधार:

"यदि वह गिर भी जाए, तौभी पड़ा न रहेगा..."

— भजन संहिता 37:24 (BSI)

"धर्मी सात बार गिरे, तौभी उठ खड़ा होता है..."

— नीतिवचन 24:16 (BSI)

खतरे का स्तर:

निम्न से मध्यम —

यह चेतावनी है, पर दया के साथ।

तुरंत क्या करें:

अपनी भूलों से सीखें। नम्रता और परमेश्वर पर निर्भरता को मजबूत करें।

भविष्यवाणी-संबंधी प्रार्थना:

"प्रभु, मुझे पूरी रीति से बहाल कीजिए और पहले से अधिक मजबूत बनाकर स्थिर कीजिए।"

238. स्वप्न में अपने आप को उपवास करते देखना

अर्थ (बाइबिलीय समझ):

स्वप्न में उपवास करना आत्मिक alignment, समर्पण, और तैयारी का संकेत है। यह अक्सर पुष्टि करता है कि परमेश्वर आपको अधिक एकाग्रता और अनुशासन की ओर बुला रहा है।

पवित्रशास्त्रीय आधार:

"उपवास ठहराओ..."

— योएल 1:14 (BSI)

"जब तुम उपवास करो... तुम्हारा पिता... तुझे प्रतिफल देगा।"

— मत्ती 6:17–18 (BSI)

खतरे का स्तर:

कोई खतरा नहीं –

यह आत्मिक निमंत्रण है।

तुरंत क्या करें:

आज्ञाकारिता से उत्तर दें—प्रार्थना और मनन के लिए समय अलग रखें।

भविष्यवाणी-संबंधी प्रार्थना:

"प्रभु, मुझे अपनी उपस्थिति में और गहराई तक खींचिए और मेरे हृदय को अपने हृदय के साथ मिला दीजिए।"

239. स्वप्न में उपवास करते हुए कमजोरी महसूस करना

अर्थ (बाइबिलीय समझ):

यह सपना आत्मिक खोज के बीच मानवीय सीमा को दर्शाता है। बाइबिल के अनुसार समर्पण के समय की कमजोरी वह स्थान बनती है जहाँ परमेश्वर की शक्ति प्रकट होती है।

पवित्रशास्त्रीय आधार:

"मेरा अनुग्रह तेरे लिये बहुत है..."

– 2 कुरिन्थियों 12:9 (BSI)

"जो यहोवा की बाट जोहते हैं, वे नया बल प्राप्त करते जाएंगे..."

– यशायाह 40:31 (BSI)

खतरे का स्तर:

कोई खतरा नहीं –

यह निर्भरता का क्षण है।

तुरंत क्या करें:

परमेश्वर के अनुग्रह में विश्राम करें। अनुशासन को बुद्धि के साथ संतुलित रखें।

भविष्यवाणी-संबंधी प्रार्थना:

"प्रभु, जहाँ मैं कमजोर हूँ वहाँ मुझे मजबूत कीजिए और अपने अनुग्रह से मुझे संभाले रखिए।"

240. स्वप्न में अपने आप को दूसरों को खिलाते देखना

अर्थ (बाइबिलीय समझ):

दूसरों को खिलाना सेवकाई, उदारता, शिक्षा देने, या पोषण देने वाली भूमिका का संकेत है। यह दिखाता है कि परमेश्वर आपको प्रावधान का माध्यम बना रहा है।

पवित्रशास्त्रीय आधार:

"मेरी भेड़ों को खिला..."

— यूहन्ना 21:17 (BSI)

"दो, तो तुम्हें भी दिया जाएगा..."

— लूका 6:38 (BSI)

खतरे का स्तर:

कोई खतरा नहीं —

यह बुलाहट और सेवा का संकेत है।

तुरंत क्या करें:

नम्रता से सेवा करें। थकावट से बचें—परमेश्वर से जुड़े रहें।

भविष्यवाणी-संबंधी प्रार्थना:

"प्रभु, मुझे दूसरों की सेवा बुद्धि, सामर्थ, और करुणा के साथ करने में सहायता दीजिए।"

241. स्वप्न में अत्यधिक भय महसूस करना

अर्थ (बाइबिलीय समझ):

स्वप्न में भय महसूस करना अक्सर भीतर की चिंता, अनिश्चितता, या दबाव को दर्शाता है, न कि आत्मिक असफलता को। बाइबिल के अनुसार भय इस बात का संकेत हो सकता है कि परमेश्वर आपको परिस्थितियों से हटाकर अपना भरोसा उस पर रखने के लिए बुला रहा है।

पवित्रशास्त्रीय आधार:

"क्योंकि परमेश्वर ने हमें भय की नहीं, पर सामर्थ्य... की आत्मा दी है।"

— 2 तीमुथियुस 1:7 (BSI)

"जब मुझे भय लगे, तब मैं तुझ पर भरोसा रखूँगा।"

— भजन संहिता 56:3 (BSI)

खतरे का स्तर:

निम्न —

यह भावनात्मक संकेत है, आत्मिक विनाश नहीं।

तुरंत क्या करें:

भय को दबाएँ नहीं—उसे प्रार्थना और पवित्रशास्त्र में परमेश्वर को सौंप दें।

भविष्यवाणी-संबंधी प्रार्थना:

"प्रभु, मेरे भीतर के हर भय को विश्वास, शांति, और आप पर भरोसे से बदल दीजिए।"

242. स्वप्न में किसी को क्षमा करना या स्वयं क्षमा पाया जाना

अर्थ (बाइबिलीय समझ):

यह सपना हृदय की चंगाई, कटुता से मुक्ति, या दिव्य बहाली को दर्शाता है। क्षमा से जुड़े स्वप्न अक्सर समापन और स्वतंत्रता का चिन्ह होते हैं।

पवित्रशास्त्रीय आधार:

"क्षमा करो, तो तुम्हें भी क्षमा किया जाएगा।"

— लूका 6:37 (BSI)

"सब प्रकार की कड़वाहट… तुम से दूर की जाए…"

— इफिसियों 4:31–32 (BSI)

खतरे का स्तर:

कोई खतरा नहीं —

यह भावनात्मक और आत्मिक चंगाई है।

तुरंत क्या करें:

जागते जीवन में भी उसी को पूरा करें—मन के बैर को छोड़ें और शांति खोजें।

भविष्यवाणी-संबंधी प्रार्थना:

"पिता, मेरे हृदय को स्वतंत्र करने के लिए आपका धन्यवाद। मैं क्षमा और शांति में चलता हूँ।"

243. खोई हुई वस्तु को ढूँढ़ लेना

अर्थ (बाइबिलीय समझ):

जो खो गया था उसे फिर से पा लेना बहाली, पुनःप्राप्ति, और परमेश्वर की स्मरणशीलता का संकेत है। परमेश्वर दिखा रहा है कि जो बात देरी में थी, वह भूली नहीं गई है।

पवित्रशास्त्रीय आधार:

“मेरे साथ आनन्द करो, क्योंकि जो द्रम्मा खो गई थी, वह मुझे मिल गई है!”

— लूका 15:9 (BSI)

“जो वर्ष टिड्डियों ने खा लिए हैं, उन्हें मैं तुम को फिर दिला दूंगा।”

— योएल 2:25 (BSI)

खतरे का स्तर:

कोई खतरा नहीं —

यह बहाली की प्रतिज्ञा है।

तुरंत क्या करें:

परमेश्वर का धन्यवाद करें। जो वापस मिला है उसका अच्छा प्रबन्ध करें।

भविष्यवाणी-संबंधी प्रार्थना:

“प्रभु, जो कुछ मुझे खोया हुआ लगा था, उसे बहाल करने के लिए आपका धन्यवाद।”

244. स्वप्न में किसी और के द्वारा खिलाया जाना

अर्थ (बाइबिलीय समझ):

यह सपना निर्भरता, शिक्षा, या मार्गदर्शन ग्रहण करने को दर्शाता है। यह दिखा सकता है कि परमेश्वर दूसरों के द्वारा आपको आत्मिक या भावनात्मक रूप से पोषण दे रहा है।

पवित्रशास्त्रीय आधार:

“नवजात बच्चों के समान निर्मल आत्मिक दूध की लालसा करो...”

— 1 पतरस 2:2 (BSI)

"लोहा लोहे को चमका देता है..."

— नीतिवचन 27:17 (BSI)

खतरे का स्तर:

निम्न —

यह वृद्धि और सीखने का समय है।

तुरंत क्या करें:

अपने स्रोतों को परखें। नम्रता से शिक्षा ग्रहण करें, पर उसे पवित्रशास्त्र की कसौटी पर जाँचें।

भविष्यवाणी-संबंधी प्रार्थना:

"प्रभु, मुझे ऐसे सत्य और बुद्धि से पोषण दीजिए जो मेरे जीवन को बनाते हैं।"

245. स्वप्न में अचानक पैसा मिलना

अर्थ (बाइबिलीय समझ):

अचानक पैसा मिलना प्रावधान, दिव्य सहायता, या समय पर मिलने वाली पूर्ति का संकेत है; यह आवश्यक नहीं कि बहुत बड़ी सम्पत्ति का ही चिन्ह हो। परमेश्वर अक्सर आवश्यकताओं को ऐसे तरीकों से पूरा करता है जिन्हें आपने पहले से नहीं सोचा होता।

पवित्रशास्त्रीय आधार:

"तुम्हारा स्वर्गीय पिता जानता है कि तुम्हें इन सब वस्तुओं की आवश्यकता है।"

— मत्ती 6:32 (BSI)

"यहोवा अपना उत्तम भण्डार तेरे लिये खोलेगा..."

— व्यवस्थाविवरण 28:12 (BSI)

खतरे का स्तर:

कोई खतरा नहीं —

यह प्रावधान का संकेत है।

तुरंत क्या करें:

उसे बुद्धि से उपयोग करें। जल्दबाज़ी में निर्णय न लें; कृतज्ञता और प्रबन्ध में चलें।

भविष्यवाणी-संबंधी प्रार्थना:

"प्रभु, मैं आपके प्रावधान को धन्यवाद और बुद्धि के साथ ग्रहण करता हूँ।"

246. स्वप्न में अपने आप को खोया हुआ या उलझन में महसूस करना

अर्थ (बाइबिलीय समझ):

खोया हुआ महसूस करना अनिश्चितता, संक्रमण, या दिशा खोजने के समय को दर्शाता है। बाइबिल के अनुसार परमेश्वर कभी-कभी स्पष्ट मार्गदर्शन देने से पहले ऐसी स्थिति की अनुमति देता है जहाँ व्यक्ति उसकी ओर और अधिक देखे।

पवित्रशास्त्रीय आधार:

"सम्पूर्ण मन से यहोवा पर भरोसा रख... वही तेरे लिये सीधा मार्ग निकालेगा।"

— नीतिवचन 3:5–6 (BSI)

"मैं तुझे बुद्धि दूँगा और जिस मार्ग में तुझे चलना होगा उसमें तेरी अगुवाई करूँगा।"

— भजन संहिता 32:8 (BSI)

खतरे का स्तर:

निम्न —

यह दिशा के लिए रुका हुआ समय है, असफलता नहीं।

तुरंत क्या करें:

बड़े निर्णयों में ठहरें। स्पष्टता के लिए परमेश्वर से माँगें और धैर्य के साथ प्रतीक्षा करें।

भविष्यवाणी-संबंधी प्रार्थना:

"प्रभु, मेरे कदमों को क्रम में लाइए और मुझे स्पष्ट रूप से उस मार्ग में चलाइए जिसमें मुझे जाना चाहिए।"

247. भूख के बाद भोजन मिलना

अर्थ (बाइबिलीय समझ):

यह सपना आवश्यकता पूरी होने, देर के बाद राहत मिलने, और दिव्य तृप्ति का संकेत है। यह अक्सर धीरज के बाद आता है।

पवित्रशास्त्रीय आधार:

"धन्य हैं वे, जो धर्म के भूखे और प्यासे हैं, क्योंकि वे तृप्त किए जाएंगे।"

— मत्ती 5:6 (BSI)

"वह प्यासे जीव को तृप्त करता है..."

— भजन संहिता 107:9 (BSI)

खतरे का स्तर:

कोई खतरा नहीं —

यह पूर्ति और तृप्ति का संकेत है।

तुरंत क्या करें:

कृतज्ञ बने रहें। पहले परमेश्वर को ही खोजते रहें।

भविष्यवाणी-संबंधी प्रार्थना:

"प्रभु, अपनी उत्तम घड़ी में मेरी आवश्यकताओं को पूरा करने के लिए आपका धन्यवाद।"

248. स्वप्न में प्रार्थना करते-करते सो जाना

अर्थ (बाइबिलीय समझ):

यह सपना आत्मिक थकान, भावनात्मक बोझ, या विश्राम की आवश्यकता को दर्शाता है, न कि ठुकराए जाने को। बाइबिल में भी शिष्यों ने इस प्रकार की कमजोरी का अनुभव किया।

पवित्रशास्त्रीय आधार:

"आत्मा तो तैयार है, पर शरीर दुर्बल है।"

— मत्ती 26:41 (BSI)

"वह अपने प्रिय जनों को निद्रा देता है।"

— भजन संहिता 127:2 (BSI)

खतरे का स्तर:

निम्न —

यह थकावट का संकेत है।

तुरंत क्या करें:

भक्ति और विश्राम में संतुलन रखें। शारीरिक और आत्मिक दोनों रूपों में बल नया करें।

भविष्यवाणी-संबंधी प्रार्थना:

"प्रभु, मेरे बल को नया कीजिए और आपकी उपस्थिति के लिए मेरी लालसा को फिर से जगा दीजिए।"

249. स्वप्न में अजनबियों से अनुग्रह पाना

अर्थ (बाइबिलीय समझ):

यह सपना अप्रत्याशित अनुग्रह, स्वीकृति, या अनपेक्षित स्रोतों से मिलने वाली सहायता का संकेत है। बाइबिल के अनुसार परमेश्वर अक्सर अजनबियों के माध्यम से भी अपनी योजनाओं को आगे बढ़ाता है।

पवित्रशास्त्रीय आधार:

"जब किसी मनुष्य के चाल-चलन से यहोवा प्रसन्न होता है, तब वह उसके शत्रुओं से भी उसका मेल कराता है।"

— नीतिवचन 16:7 (BSI)

"यहोवा ने प्रजा को... अनुग्रह दिलाया।"

— निर्गमन 12:36 (BSI)

खतरे का स्तर:

कोई खतरा नहीं —

यह अनुग्रह और अवसर का संकेत है।

तुरंत क्या करें:

नम्र बने रहें। मनुष्यों को नहीं, परमेश्वर के हाथ को पहचानें।

भविष्यवाणी-संबंधी प्रार्थना:

"प्रभु, जहाँ कहीं मैं जाऊँ वहाँ आपका अनुग्रह मेरे लिए बोले।"

250. स्वप्न में अपने आप को बहुत भारी महसूस करना या हिल न पाना

अर्थ (बाइबिलीय समझ):

यह सपना भावनात्मक बोझ, आत्मिक दबाव, या अनसुलझी जिम्मेदारी को दर्शाता है। परमेश्वर आपको बुला रहा है कि अपने बोझ उसे सौंप दें।

पवित्रशास्त्रीय आधार:

"अपना बोझ यहोवा पर डाल दे..."

— भजन संहिता 55:22 (BSI)

"हे सब परिश्रम करनेवालो और बोझ से दबे लोगों... मैं तुम्हें विश्राम दूंगा।"

— मत्ती 11:28 (BSI)

खतरे का स्तर:

मध्यम —

यह बोझ की पहचान है, पराजय नहीं।

तुरंत क्या करें:

पहचानें कि आपको क्या दबा रहा है। उसे प्रार्थना और बुद्धिमान सलाह के द्वारा छोड़ें।

भविष्यवाणी-संबंधी प्रार्थना:

"प्रभु, मुझ पर से हर बोझ हटा दीजिए और मुझे अपना विश्राम दीजिए।"

251. स्वप्न में अचानक आनन्द या शांति महसूस करना

अर्थ (बाइबिलीय समझ):

स्वप्न में अचानक आनन्द या शांति का अनुभव होना परमेश्वर की ओर से भीतर का आश्वासन है। यह अक्सर इस बात की पुष्टि करता है कि कोई विषय आत्मिक स्तर पर निपट चुका है, भले ही बाहरी परिस्थितियाँ अभी बदली न हों।

पवित्रशास्त्रीय आधार:

"परमेश्वर की शान्ति, जो सारी समझ से परे है..."

— फिलिप्पियों 4:7 (BSI)

"तू मुझे जीवन का मार्ग बताएगा; तेरी उपस्थिति में आनन्द की भरपूरी है..."

— भजन संहिता 16:11 (BSI)

खतरे का स्तर:

कोई खतरा नहीं —

यह पुष्टि और आश्वासन है।

तुरंत क्या करें:

उस शांति को थामे रखें। चिंता से प्रेरित निर्णयों से बचें।

भविष्यवाणी-संबंधी प्रार्थना:

"प्रभु, मैं आपकी शांति को ग्रहण करता हूँ और जो कुछ मेरी चिंता का कारण है उसे आपके हाथ में सौंपता हूँ।"

252. स्वप्न में लड़ना और जीत जाना

अर्थ (बाइबिलीय समझ):

यह सपना भीतरी शक्ति, धीरज, और विरोध पर विजय का संकेत है। बाइबिलीय रूप से यह दर्शाता है कि परमेश्वर आपको चुनौतियों पर जय पाने के लिए सामर्थ दे रहा है।

पवित्रशास्त्रीय आधार:

"यहोवा योद्धा है..."

— निर्गमन 15:3 (BSI)

"इन सब बातों में हम उसके द्वारा... जयवन्त से भी बढ़कर हैं।"

— रोमियों 8:37 (BSI)

खतरे का स्तर:

कोई खतरा नहीं —

यह विजय की पुष्टि है।

तुरंत क्या करें:

प्रार्थनाशील और नम्र बने रहें। आने वाली चुनौतियों को हल्के में न लें।

भविष्यवाणी-संबंधी प्रार्थना:

"प्रभु, मुझे विजय और हर चुनौती पर जय पाने की शक्ति देने के लिए आपका धन्यवाद।"

253. स्वप्न में लड़ना और हार जाना

अर्थ (बाइबिलीय समझ):

लड़ाई में हारना भीतर के संघर्ष, थकावट, या परमेश्वर के बजाय स्वयं पर निर्भर रहने को दर्शाता है। यह हार की घोषणा नहीं, बल्कि रणनीति बदलने का निमंत्रण है।

पवित्रशास्त्रीय आधार:

"न सामर्थ से, न शक्ति से, परन्तु मेरे आत्मा के द्वारा..."

— जकर्याह 4:6 (BSI)

"युद्ध तो यहोवा का है..."

— 1 शमूएल 17:47 (BSI)

खतरे का स्तर:

मध्यम —

यह रणनीति और alignment से जुड़ा विषय है।

तुरंत क्या करें:

ठहरें। परमेश्वर की अगुवाई खोजें और अकेले संघर्ष करना बंद करें।

भविष्यवाणी-संबंधी प्रार्थना:

"प्रभु, मुझे अपनी शक्ति पर निर्भर रहना और बुद्धि से युद्ध करना सिखाइए।"

254. स्वप्न में नया रास्ता या सड़क मिलना

अर्थ (बाइबिलीय समझ):

नया रास्ता नई दिशा, नए अवसर, या परमेश्वर के मार्गदर्शन का संकेत है जो आपको अपरिचित क्षेत्र में ले जा रहा है। परमेश्वर अक्सर अपना उद्देश्य पूरा करने के लिए रास्ते बदलता है।

पवित्रशास्त्रीय आधार:

"मैं जंगल में एक मार्ग बनाऊँगा..."

— यशायाह 43:19 (BSI)

"तेरे कान यह वचन सुनेंगे, 'मार्ग यही है, इसी में चलो...'"

— यशायाह 30:21 (BSI)

खतरे का स्तर:

कोई खतरा नहीं —

यह दिव्य नई दिशा है।

तुरंत क्या करें:

अपरिचित मार्ग से मत डरें। प्रार्थना और सावधानी के साथ आगे बढ़ें।

भविष्यवाणी-संबंधी प्रार्थना:

"प्रभु, आपने जो नया मार्ग तैयार किया है उसमें मुझे विश्वास के साथ चलाइए।"

255. स्वप्न में अपने आप को भूला हुआ या अनदेखा महसूस करना

अर्थ (बाइबिलीय समझ):

यह सपना भावनात्मक पीड़ा या देर से पूरी हो रही अपेक्षाओं को दर्शाता है, परमेश्वर द्वारा त्यागे जाने को नहीं। बाइबिल के अनुसार लोग भूल सकते हैं, पर परमेश्वर नहीं भूलता।

पवित्रशास्त्रीय आधार:

"क्या स्त्री अपने दूधपीते बच्चे को भूल सकती है?... तौभी मैं तुझे नहीं भूलूँगा।"

— यशायाह 49:15 (BSI)

"यहोवा अपने लोगों को जानता है..."

— 2 तीमुथियुस 2:19 (BSI)

खतरे का स्तर:

निम्न —

भीतर आश्वासन की आवश्यकता है।

तुरंत क्या करें:

अपनी पहचान को लोगों की प्रतिक्रिया पर नहीं, परमेश्वर की प्रतिज्ञाओं पर आधारित करें।

भविष्यवाणी-संबंधी प्रार्थना:

"प्रभु, मुझे स्मरण दिलाइए कि मैं आपके द्वारा देखा गया, जाना गया, और याद रखा गया हूँ।"

256. स्वप्न में गिरना, पर ज़मीन पर लगने से पहले थाम लिया जाना

अर्थ (बाइबिलीय समझ):

यह सपना लगभग असफल हो जाने की स्थिति में दिव्य हस्तक्षेप का संकेत है। बाइबिलीय रूप से यह दर्शाता है कि स्थायी हानि होने से पहले परमेश्वर की दया बीच में आ गई।

पवित्रशास्त्रीय आधार:

"नीचे अनन्त भुजाएँ हैं..."

— व्यवस्थाविवरण 33:27 (BSI)

"यहोवा सब गिरते हुओं को सम्भालता है..."

— भजन संहिता 145:14 (BSI)

खतरे का स्तर:

निम्न —

यह चेतावनी है, पर अनुग्रह की छाया में।

तुरंत क्या करें:

नम्र बने रहें। परमेश्वर की सहायता को पहचानें और बुद्धि के साथ आवश्यक सुधार करें।

भविष्यवाणी-संबंधी प्रार्थना:

"प्रभु, मुझे थामे रखने और मेरे कदमों को सुरक्षित रखने के लिए आपका धन्यवाद।"

257. स्वप्न में वहाँ दरवाज़ा मिलना जहाँ पहले कोई दरवाज़ा नहीं था

अर्थ (बाइबिलीय समझ):

यह सपना अप्रत्याशित अवसर, दिव्य पहुँच, या अचानक breakthrough का संकेत है। परमेश्वर अक्सर ऐसे मार्ग खोलता है जो मानवीय योजना से परे होते हैं।

पवित्रशास्त्रीय आधार:

"मैं उसके आगे दोहरे फाटक खोल दूँगा..."

— यशायाह 45:1 (BSI)

"परमेश्वर से सब कुछ हो सकता है।"

— मत्ती 19:26 (BSI)

खतरे का स्तर:

कोई खतरा नहीं —

यह दिव्य अवसर है।

तुरंत क्या करें:

प्रार्थनापूर्वक आगे बढ़ें। भय के कारण देर न करें।

भविष्यवाणी-संबंधी प्रार्थना:

"प्रभु, आप जो द्वार खोलते हैं उनमें साहस के साथ चलने में मेरी सहायता कीजिए।"

258. लंबे संघर्ष के बाद अपने आप को स्वतंत्र महसूस करना

अर्थ (बाइबिलीय समझ):

यह सपना मुक्ति, समापन, और भावनात्मक या आत्मिक breakthrough को दर्शाता है। बाइबिलीय रूप से यह छुटकारे और नवीनीकरण के साथ मेल खाता है।

पवित्रशास्त्रीय आधार:

"तुम सत्य को जानोगे, और सत्य तुम्हें स्वतंत्र करेगा।"

— यूहन्ना 8:32 (BSI)

"वह उन्हें अन्धकार में से निकाल लाया..."

— भजन संहिता 107:14 (BSI)

खतरे का स्तर:

कोई खतरा नहीं –

यह breakthrough की पुष्टि है।

तुरंत क्या करें:

पुराने बोझों की ओर वापस न लौटें। जानबूझकर आगे बढ़ें।

भविष्यवाणी-संबंधी प्रार्थना:

"प्रभु, मेरी स्वतंत्रता के लिए आपका धन्यवाद। मैं नएपन में आगे बढ़ता हूँ।"

259. स्वप्न में किसी भरोसेमन्द व्यक्ति का अनुसरण करना

अर्थ (बाइबिलीय समझ):

यह सपना मार्गदर्शन, mentorship, या बुद्धिमान सलाह के अधीन चलने को दर्शाता है। बाइबिलीय रूप से परमेश्वर कई बार विश्वसनीय संबंधों के माध्यम से भी मार्ग दिखाता है।

पवित्रशास्त्रीय आधार:

"मेरे पीछे हो ले, और मैं तुम्हें मनुष्यों के पकड़नेवाले बनाऊँगा।"

– मत्ती 4:19 (BSI)

"बुद्धिमान महिमा के वारिस होंगे..."

– नीतिवचन 3:35 (BSI)

खतरे का स्तर:

निम्न –

यह मार्गदर्शन है, पर विवेक के साथ।

तुरंत क्या करें:

बुद्धि के साथ अनुसरण करें। सुनिश्चित करें कि वह मार्गदर्शन पवित्रशास्त्र के अनुरूप हो।

भविष्यवाणी-संबंधी प्रार्थना:

"प्रभु, मुझे परमेश्वर-भक्त सलाह के द्वारा चलाइए और भूल से बचाइए।"

260. स्वप्न में दबाव में होना, पर टूटना नहीं

अर्थ (बाइबिलीय समझ):

यह सपना विनाश के बिना दबाव को दर्शाता है। बाइबिलीय रूप से यह पुष्टि करता है कि परीक्षाओं के बीच धीरज और स्थिरता बन रही है।

पवित्रशास्त्रीय आधार:

"हम चारों ओर से क्लेश तो पाते हैं, पर कुचले नहीं जाते..."

— 2 कुरिन्थियों 4:8 (BSI)

"थोड़ी देर दु:ख उठाने के बाद... वह तुम्हें सिद्ध और स्थिर करेगा..."

— 1 पतरस 5:10 (BSI)

खतरे का स्तर:

निम्न —

यह शक्ति बनने का समय है।

तुरंत क्या करें:

आशा के साथ धीरज रखें। दबाव के नीचे भी वृद्धि हो रही है।

भविष्यवाणी-संबंधी प्रार्थना:

"प्रभु, दबाव के नीचे मुझे मजबूत कीजिए और दृढ़ता से स्थापित कीजिए।"

261. स्वप्न में अपने आप को रुका हुआ या एक ही स्थान पर अटका हुआ महसूस करना

अर्थ (बाइबिलीय समझ):

यह सपना प्रतीक्षा के समय को दर्शाता है, इन्कार को नहीं। बाइबिलीय रूप से देरी कई बार तैयारी, alignment, या नई दिशा से पहले आती है। परमेश्वर कभी-कभी गति को रोककर चरित्र और समय दोनों को तैयार करता है।

पवित्रशास्त्रीय आधार:

"यदि वह विलम्ब भी करे, तो उसकी बाट जोह..."

— हबक्कूक 2:3 (BSI)

"जो यहोवा की बाट जोहते हैं, वे नया बल प्राप्त करते जाएंगे..."

— यशायाह 40:31 (BSI)

खतरे का स्तर:

निम्न –

यह समय का विषय है, अस्वीकृति का नहीं।

तुरंत क्या करें:

धैर्यपूर्वक प्रतीक्षा करें। रुकावट के समय में विश्वास और अनुशासन को मजबूत करें।

भविष्यवाणी-संबंधी प्रार्थना:

"प्रभु, मुझे बुद्धि से प्रतीक्षा करना और इस समय में निराश न होना सिखाइए।"

262. स्वप्न में अपने आप को खाली या drained महसूस करना

अर्थ (बाइबिलीय समझ):

यह सपना भावनात्मक, आत्मिक, या शारीरिक थकावट की ओर संकेत करता है। बाइबिलीय रूप से खालीपन असफलता का चिन्ह नहीं, बल्कि परमेश्वर के द्वारा फिर से भरे जाने का निमंत्रण है।

पवित्रशास्त्रीय आधार:

"मेरा प्राण परमेश्वर के लिये प्यासा है..."

– भजन संहिता 42:2 (BSI)

"आत्मा से परिपूर्ण होते जाओ।"

– इफिसियों 5:18 (BSI)

खतरे का स्तर:

निम्न –

नवीनीकरण की आवश्यकता है।

तुरंत क्या करें:

विश्राम करें, प्रार्थना करें, और परमेश्वर की उपस्थिति तथा वचन से फिर से जुड़ें।

भविष्यवाणी-संबंधी प्रार्थना:

"प्रभु, मुझे अपने आत्मा से फिर से भर दीजिए और मेरे बल को नया कीजिए।"

263. स्वप्न में अपने आप को परदेश में देखना

अर्थ (बाइबिलीय समझ):

यह सपना परिवर्तन, अपरिचित समय, या परमेश्वर पर निर्भरता सीखने को दर्शाता है। बाइबिलीय रूप से परदेश बहुत बार उन्नति या वृद्धि से पहले आता है।

पवित्रशास्त्रीय आधार:

"विश्वास ही से वह प्रतिज्ञा के देश में परदेशी के समान रहा..."

— इब्रानियों 11:9 (BSI)

"मैं तेरे आगे-आगे चलूँगा और टेढ़ी जगहों को सीधा करूँगा..."

— यशायाह 45:2 (BSI)

खतरे का स्तर:

निम्न —

यह संक्रमण का समय है।

तुरंत क्या करें:

अनुकूल बने रहें। अपरिचित क्षेत्र में भी परमेश्वर की अगुवाई पर भरोसा रखें।

भविष्यवाणी-संबंधी प्रार्थना:

"प्रभु, अपरिचित स्थानों में भी मुझे चलाइए और स्थापित कीजिए।"

264. स्वप्न में अपने आप को खुला या कमजोर महसूस करना

अर्थ (बाइबिलीय समझ):

यह सपना संवेदनशीलता, खुलापन, या देखे जाने के भय को दर्शाता है। बाइबिलीय रूप से परमेश्वर के सामने कमजोर होना चंगाई और शक्ति की ओर ले जाता है।

पवित्रशास्त्रीय आधार:

"मेरा अनुग्रह तेरे लिये बहुत है..."

— 2 कुरिन्थियों 12:9 (BSI)

"यहोवा टूटे मन वालों के समीप रहता है..."

— भजन संहिता 34:18 (BSI)

खतरे का स्तर:

निम्न —

यह चंगाई का क्षण है।

तुरंत क्या करें:

अपनी कमजोरी को लोगों के भय के नहीं, परमेश्वर के सामने ले आएँ।

भविष्यवाणी-संबंधी प्रार्थना:

"प्रभु, मुझे अपने अनुग्रह से ढाँक दीजिए और जहाँ मैं कमजोर हूँ वहाँ मुझे मजबूत कीजिए।"

265. स्वप्न में कोई छिपा हुआ कमरा या स्थान ढूँढ़ना

अर्थ (बाइबिलीय समझ):

छिपा हुआ कमरा नए प्रकाशन, भीतरी बुलाहट, या अब तक उपयोग में न आए सामर्थ का प्रतीक है। बाइबिलीय रूप से परमेश्वर छिपी हुई बातों को सही समय पर प्रकट करता है।

पवित्रशास्त्रीय आधार:

"मैं तुझे अंधकार के भण्डार और गुप्त स्थानों के धन दूँगा..."

— यशायाह 45:3 (BSI)

"जब तू प्रार्थना करे, तो अपनी कोठरी में जा..."

— मत्ती 6:6 (BSI)

खतरे का स्तर:

कोई खतरा नहीं —

यह खोज और गहराई का संकेत है।

तुरंत क्या करें:

प्रार्थना और मनन का पीछा करें। नए insights पर ध्यान दें।

भविष्यवाणी-संबंधी प्रार्थना:

"प्रभु, इस समय के लिए जो कुछ आपने छिपाकर रखा है, उसे प्रकट कीजिए और उसे सँभालना मुझे सिखाइए।"

266. स्वप्न में रोज़मर्रा के कामों को बार-बार दोहराते देखना

अर्थ (बाइबिलीय समझ):

यह सपना एकरसता, routine, या छोटी-छोटी बातों में विश्वासयोग्यता के समय को दर्शाता है। बाइबिलीय रूप से परमेश्वर अक्सर उन्नति से पहले निरंतरता को जाँचने के लिए दोहराव का उपयोग करता है।

पवित्रशास्त्रीय आधार:

"जो थोड़े में विश्वासयोग्य है, वह बहुत में भी विश्वासयोग्य है..."

— लूका 16:10 (BSI)

"भलाई करते-करते हियाव न छोड़ो..."

— गलातियों 6:9 (BSI)

खतरे का स्तर:

निम्न —

यह प्रक्रिया का समय है, ठहराव का नहीं।

तुरंत क्या करें:

विश्वासयोग्य बने रहें। छोटी आज्ञाकारिता किसी बड़ी बात को बना रही है।

भविष्यवाणी-संबंधी प्रार्थना:

"प्रभु, बढ़ोतरी के मेरे समय तक मुझे विश्वासयोग्य बने रहने का अनुग्रह दीजिए।"

267. स्वप्न में घर की सफाई करते देखना

अर्थ (बाइबिलीय समझ):

सफाई अंदरूनी शुद्धि, व्यवस्था, और तैयारी का प्रतीक है। परमेश्वर आपको उन distractions या आदतों को हटाने के लिए प्रेरित कर रहा हो सकता है जो वृद्धि को रोकती हैं।

पवित्रशास्त्रीय आधार:

"आओ, हम अपने आप को सब प्रकार की शारीरिक और आत्मिक

मलिनता से शुद्ध करें...”
— 2 कुरिन्थियों 7:1 (BSI)
“हे परमेश्वर, मुझ में शुद्ध मन उत्पन्न कर...”
— भजन संहिता 51:10 (BSI)

खतरे का स्तर:

कोई खतरा नहीं —
यह सकारात्मक adjustment है।

तुरंत क्या करें:

अपनी आदतों, प्राथमिकताओं, और संबंधों की जाँच करें। जो परमेश्वर की इच्छा के साथ मेल नहीं खाता उसे हटा दें।

भविष्यवाणी-संबंधी प्रार्थना:

“प्रभु, मेरे जीवन को शुद्ध कीजिए और मुझे पूरी रीति से अपनी इच्छा के साथ मिला दीजिए।”

268. स्वप्न में किसी महत्वपूर्ण वस्तु को पहुँचाना

अर्थ (बाइबिलीय समझ):

किसी महत्वपूर्ण वस्तु को पहुँचाना जिम्मेदारी, कार्यभार, या भरोसे का संकेत है। परमेश्वर उस भूमिका को उजागर कर रहा हो सकता है जिसे वह चाहता है कि आप सावधानी से पूरा करें।

पवित्रशास्त്രീയ आधार:

“भण्डारियों में तो यह देखा जाता है, कि वे विश्वासयोग्य निकलें।”
— 1 कुरिन्थियों 4:2 (BSI)
“इसलिये तुम जाकर सब जातियों के लोगों को चेला बनाओ...”
— मत्ती 28:19 (BSI)

खतरे का स्तर:

निम्न —
यह जिम्मेदारी की जागरूकता है।

तुरंत क्या करें:

अपनी जिम्मेदारियों को गंभीरता से लें। बुद्धि और सत्यनिष्ठा के लिए प्रार्थना करें।

भविष्यवाणी-संबंधी प्रार्थना:

"प्रभु, जो भी काम आप मुझे सौंपते हैं उसे विश्वासयोग्यता से पूरा करने में मेरी सहायता कीजिए।"

269. स्वप्न में दरवाज़ों को तेज़ी से खुलते और बंद होते देखना

अर्थ (बाइबिलीय समझ):

यह सपना विवेक और समय की परीक्षा को दर्शाता है। हर खुला हुआ दरवाज़ा स्थायी नहीं होता, और हर बंद दरवाज़ा अस्वीकृति नहीं होता।

पवित्रशास्त्रीय आधार:

"हर एक बात का एक समय होता है।"

— सभोपदेशक 3:1 (BSI)

"देख, मैं ने तेरे साम्हने एक खुला हुआ द्वार रख दिया है..."

— प्रकाशितवाक्य 3:8 (BSI)

खतरे का स्तर:

निम्न से मध्यम —

विवेक की आवश्यकता है।

तुरंत क्या करें:

किसी अवसर में प्रवेश करने से पहले परमेश्वर को खोजें। अस्थिर अवसरों में जल्दबाज़ी से न जाएँ।

भविष्यवाणी-संबंधी प्रार्थना:

"प्रभु, मुझे आपका समय और आपके द्वार पहचानना सिखाइए।"

270. स्वप्न में कोई गुप्त बात या सत्य पता चलना

अर्थ (बाइबिलीय समझ):

यह सपना प्रकाशन, insight, या आत्मिक समझ का संकेत है। परमेश्वर ऐसा सत्य प्रकट कर रहा हो सकता है जो स्पष्टता और दिशा लाए।

पवित्रशास्त्रीय आधारः

"यहोवा का भेद उसके डरवैयों के साथ रहता है..."

— भजन संहिता 25:14 (BSI)

"तुम सत्य को जानोगे..."

— यूहन्ना 8:32 (BSI)

खतरे का स्तरः

कोई खतरा नहीं —

यह प्रकाशन और वृद्धि का संकेत है।

तुरंत क्या करें:

प्रकाशन को नम्रता से ग्रहण करें। उसे बुद्धि और प्रार्थना के साथ लागू करें।

भविष्यवाणी-संबंधी प्रार्थनाः

"प्रभु, जो सत्य आप प्रकट करते हैं उसमें मुझे चलना और उसका बुद्धि से उपयोग करना सिखाइए।"

271. स्वप्न में अपने ऊपर या अपने आस-पास धूल जमी हुई देखना

अर्थ (बाइबिलीय समझ):

पवित्रशास्त्र में धूल नम्रता, नश्वरता, उपेक्षा, या ऐसी बात का प्रतीक है जिसे ध्यान नहीं दिया गया। यह सपना अक्सर जीवन के उन क्षेत्रों की ओर संकेत करता है जिन्हें अनदेखा किया गया है या जिन्हें नया करने की आवश्यकता है—यह न्याय का संकेत नहीं है।

पवित्रशास्त्रीय आधारः

"क्योंकि तू मिट्टी है, और मिट्टी ही में फिर मिल जाएगा।"

— उत्पत्ति 3:19 (BSI)

"वह निर्धन को धूल में से उठाता है..."

— भजन संहिता 113:7 (BSI)

खतरे का स्तरः

निम्न —

ध्यान और नवीनीकरण की आवश्यकता है।

तुरंत क्या करें:

उन क्षेत्रों की जाँच करें जिन्हें अनदेखा किया गया है—आत्मिक, भावनात्मक, या व्यवहारिक—और उनमें फिर से व्यवस्था लाएँ।

भविष्यवाणी-संबंधी प्रार्थना:

"प्रभु, मुझे उपेक्षा से उठाइए और मेरे जीवन के हर क्षेत्र को नया कीजिए।"

272. स्वप्न में कोई मूल्यवान वस्तु गिरा देना

अर्थ (बाइबिलीय समझ):

यह सपना हानि के भय, लापरवाही, या ध्यान भटकने को दर्शाता है। बाइबिलीय रूप से यह प्रबन्ध और सावधानी की पुकार है।

पवित्रशास्त्रीय आधार:

"भण्डारियों में तो यह देखा जाता है, कि वे विश्वासयोग्य निकलें।"

— 1 कुरिन्थियों 4:2 (BSI)

"अपने विषय में सावधान रहो..."

— लूका 21:34 (BSI भावानुसार)

खतरे का स्तर:

निम्न से मध्यम —

ध्यान और focus की आवश्यकता है।

तुरंत क्या करें:

अपनी जिम्मेदारियों पर ध्यान दें। परमेश्वर ने जो आपको सौंपा है उसकी रक्षा करें।

भविष्यवाणी-संबंधी प्रार्थना:

"प्रभु, आपने जो भी आशीष मुझे दी है, उसकी रक्षा और अच्छा प्रबन्ध करने में मेरी सहायता कीजिए।"

273. स्वप्न में खोदना, पर कुछ न मिलना

अर्थ (बाइबिलीय समझ):

यह सपना ऐसा परिश्रम दर्शाता है जिसमें अभी तक कोई दिखाई देने वाला

परिणाम नहीं आया। बाइबिलीय रूप से यह धीरज रखने और परमेश्वर के समय पर भरोसा करने के लिए प्रोत्साहित करता है।

पवित्रशास्त्रीय आधार:

"भलाई करते-करते हियाव न छोड़ें..."

— गलातियों 6:9 (BSI)

"क्योंकि यदि हम ढीले न पड़ें, तो ठीक समय पर कटनी काटेंगे।"

— गलातियों 6:9 (BSI)

खतरे का स्तर:

निम्न —

यह धैर्य की परीक्षा है।

तुरंत क्या करें:

अपने प्रयास को समय से पहले मत छोड़ें। सही समायोजन के लिए परमेश्वर की अगुवाई खोजें।

भविष्यवाणी-संबंधी प्रार्थना:

"प्रभु, मेरे धैर्य को मजबूत कीजिए और मेरे परिश्रम को फलवन्तता की ओर चलाइए।"

274. स्वप्न में दूसरों के लिए पानी भरना

अर्थ (बाइबिलीय समझ):

यह सपना सेवा, प्रावधान, और मध्यस्थता का प्रतीक है। बाइबिल में पानी भरना अक्सर दिव्य मुलाकातों और अनुग्रह से पहले दिखाई देता है।

पवित्रशास्त्रीय आधार:

"जो दूसरों को तृप्त करता है, वह आप भी तृप्त किया जाएगा।"

— नीतिवचन 11:25 (BSI भावानुसार)

"दो, तो तुम्हें भी दिया जाएगा..."

— लूका 6:38 (BSI)

खतरे का स्तर:

कोई खतरा नहीं —

यह सेवा है, और उसके साथ प्रतिफल भी।

तुरंत क्या करें:

सेवा मन से करें, पर संतुलन बनाए रखें ताकि थकावट न हो।

भविष्यवाणी-संबंधी प्रार्थना:

"प्रभु, मेरी सेवा से दूसरों को जीवन और मेरी आत्मा को आनन्द मिले।"

275. स्वप्न में बाँध या पानी को रोके हुए अवरोध देखना

अर्थ (बाइबिलीय समझ):

बाँध रोकी हुई क्षमता, विलम्बित release, या रुकी हुई भावनाओं का संकेत है। परमेश्वर शायद release के लिए सही समय तैयार कर रहा है।

पवित्रशास्त्रीय आधार:

"चुप रहने का भी समय है, और बोलने का भी समय।"

— सभोपदेशक 3:7 (BSI)

"उसने हर एक वस्तु को उसके समय पर सुन्दर बनाया है।"

— सभोपदेशक 3:11 (BSI)

खतरे का स्तर:

निम्न —

यह समय और नियंत्रण का विषय है।

तुरंत क्या करें:

परमेश्वर के समय की प्रतीक्षा करें। समय से पहले release के लिए दबाव न डालें।

भविष्यवाणी-संबंधी प्रार्थना:

"प्रभु, आपने जो संचित किया है उसे सही समय और सही रीति से छोड़ दीजिए।"

276. स्वप्न में आनन्द के साथ नाचना

अर्थ (बाइबिलीय समझ):

पवित्रशास्त्र में आनन्द से नाचना उत्सव, विजय, स्वतंत्रता, और परमेश्वर की स्वीकृति का प्रतीक है। यह सपना अक्सर किसी breakthrough या भीतर चल रही चंगाई की पुष्टि करता है।

पवित्रशास्त्रीय आधार:

"तू ने मेरे लिये मेरे विलाप को नाच में बदल दिया..."

— भजन संहिता 30:11 (BSI)

"वे नाच के साथ उसके नाम की स्तुति करें..."

— भजन संहिता 149:3 (BSI)

खतरे का स्तर:

कोई खतरा नहीं —

यह विजय और आनन्द का संकेत है।

तुरंत क्या करें:

परमेश्वर का धन्यवाद करें। आनन्द बढ़ने पर भी नम्र और स्थिर बने रहें।

भविष्यवाणी-संबंधी प्रार्थना:

"प्रभु, आपने जो आनन्द मेरे जीवन में छोड़ा है, उसके लिए मैं आपका धन्यवाद करता हूँ।"

277. स्वप्न में किसी अजीब या असुविधाजनक स्थान में नाचना

अर्थ (बाइबिलीय समझ):

यह सपना अपरिचित या असुविधाजनक परिस्थितियों के बीच भी आनन्द करना सीखने को दर्शाता है। बाइबिलीय रूप से आनन्द स्थान पर नहीं, परमेश्वर पर भरोसे पर आधारित है।

पवित्रशास्त्रीय आधार:

"प्रभु में सदा आनन्दित रहो..."

— फिलिप्पियों 4:4 (BSI)

"चाहे अंजीर का वृक्ष न फूले... तौभी मैं यहोवा के कारण आनन्दित रहूँगा..."

— हबक्कूक 3:17–18 (BSI)

खतरे का स्तर:

निम्न —

यह विश्वास की परिपक्वता का संकेत है।

तुरंत क्या करें:
जब परिस्थितियाँ स्थिर न लगें तब भी कृतज्ञता का अभ्यास करें।
भविष्यवाणी-संबंधी प्रार्थना:
"प्रभु, मेरी परिस्थितियाँ कैसी भी हों, मुझे आप में आनन्दित होना सिखाइए।"

278. स्वप्न में बहुत तेज़ गाड़ी चलाना

अर्थ (बाइबिलीय समझ):
बहुत तेज़ गाड़ी चलाना जल्दबाज़ी, महत्वाकांक्षा, या अधीरता का संकेत है। बाइबिलीय रूप से बुद्धि के बिना गति गलती तक पहुँचा सकती है।
पवित्रशास्त्रीय आधार:
"जो उतावली से चलता है, वह चूक करता है।"
— नीतिवचन 19:2 (BSI)
"किसी बात का अन्त उसके आरम्भ से अच्छा है..."
— सभोपदेशक 7:8 (BSI)
खतरे का स्तर:
मध्यम —
यह गति की चेतावनी है।
तुरंत क्या करें:
धीरे चलें। आगे बढ़ने से पहले अपने निर्णयों की सावधानी से समीक्षा करें।
भविष्यवाणी-संबंधी प्रार्थना:
"प्रभु, मुझे बुद्धि के साथ चलना सिखाइए और आपसे आगे दौड़ने से बचाइए।"

279. स्वप्न में आराम से और सुरक्षित गाड़ी चलाना

अर्थ (बाइबिलीय समझ):
यह सपना संतुलन, बुद्धि, और स्थिर प्रगति को दर्शाता है। यह पुष्टि करता है कि आपका प्रयास और परमेश्वर की अगुवाई एक दूसरे के साथ मेल में हैं।

पवित्रशास्त्रीय आधार:

"धर्मी की बाट उदय होते हुए प्रकाश के समान है..."

— नीतिवचन 4:18 (BSI)

"अपने कामों को यहोवा पर छोड़ दे..."

— नीतिवचन 16:3 (BSI)

खतरे का स्तर:

कोई खतरा नहीं —

यह पुष्टि देने वाला सपना है।

तुरंत क्या करें:

निरंतरता बनाए रखें। प्रार्थनाशील और अनुशासित बने रहें।

भविष्यवाणी-संबंधी प्रार्थना:

"प्रभु, मुझे स्थिर रखिए और अपनी दिशा के साथ पूरी तरह मिलाए रखिए।"

280. स्वप्न में यात्रियों को सुरक्षित उतार देना

अर्थ (बाइबिलीय समझ):

यह सपना दूसरों से जुड़ी जिम्मेदारी—जैसे मार्गदर्शन, नेतृत्व, या सेवा—को सफलतापूर्वक पूरा करने का संकेत है।

पवित्रशास्त्रीय आधार:

"शाबाश, हे अच्छे और विश्वासयोग्य दास..."

— मत्ती 25:21 (BSI)

"एक दूसरे के भार उठाओ..."

— गलातियों 6:2 (BSI)

खतरे का स्तर:

कोई खतरा नहीं —

यह कार्यभार के सफल पूर्ण होने का संकेत है।

तुरंत क्या करें:

लोगों को अनुग्रह के साथ छोड़ना सीखें। समय बीत जाने पर उन्हें पकड़े न रहें।

भविष्यवाणी-संबंधी प्रार्थनाः

"प्रभु, हर जिम्मेदारी को विश्वासयोग्यता और अनुग्रह के साथ पूरा करने में मेरी सहायता कीजिए।"

281. स्वप्न में कोई कठिन काम करना और उसे पूरा कर लेना

अर्थ (बाइबिलीय समझ):

यह सपना धीरज, सहनशीलता, और कठिनाइयों में परमेश्वर की सहायता को दर्शाता है। बाइबिलीय रूप से आसानी से अधिक महत्वपूर्ण faithful completion है—परमेश्वर कठिनाई के बीच की गई विश्वासयोग्यता का आदर करता है।

पवित्रशास्त्रीय आधारः

"मैं मसीह के द्वारा सब कुछ कर सकता हूँ..."

— फिलिप्पियों 4:13 (BSI)

"जिसने तुम में भला काम आरम्भ किया है, वही उसे पूरा करेगा..."

— फिलिप्पियों 1:6 (BSI)

खतरे का स्तरः

कोई खतरा नहीं —

यह शक्ति की पुष्टि है।

तुरंत क्या करें:

जो शुरू किया है उसे पूरा करें। कार्यों को बीच में मत छोड़ें।

भविष्यवाणी-संबंधी प्रार्थनाः

"प्रभु, हर अच्छे काम को पूरा करने के लिए मुझे सामर्थ दीजिए जो आपने मुझे सौंपा है।"

282. स्वप्न में कठिन परिश्रम के बाद भी परिणाम में देरी देखना

अर्थ (बाइबिलीय समझ):

यह सपना बोए हुए बीज के समय को दर्शाता है जिसमें कटनी अभी नहीं आई। बाइबिलीय रूप से परमेश्वर दिखाई देने वाले परिणामों को कई बार इसलिए देर से आने देता है ताकि चरित्र और विश्वास परिपक्व हों।

पवित्रशास्त्रीय आधारः

"हर एक बात का एक समय है..."

— सभोपदेशक 3:1 (BSI)

"यदि हम हियाव न छोड़ें तो ठीक समय पर कटनी काटेंगे।"

— गलातियों 6:9 (BSI)

खतरे का स्तरः

निम्न —

यह प्रतीक्षा का समय है।

तुरंत क्या करें:

स्थिर बने रहें। निराशा और तुलना से बचें।

भविष्यवाणी-संबंधी प्रार्थनाः

"प्रभु, कटनी प्रकट होने तक मुझे विश्वासयोग्य बने रहने में सहायता कीजिए।"

283. स्वप्न में सीढ़ियाँ या ढलान उतरना

अर्थ (बाइबिलीय समझ):

नीचे उतरना हमेशा असफलता का संकेत नहीं होता। बाइबिलीय रूप से यह नम्र किए जाने, तैयारी, या सेवा में प्रवेश करने को भी दर्शा सकता है। संदर्भ और स्वप्न की भावना बहुत महत्व रखते हैं।

पवित्रशास्त्रीय आधारः

"अपने आप को परमेश्वर के बलवन्त हाथ के नीचे दीन करो..."

— 1 पतरस 5:6 (BSI)

"जो तुम में बड़ा होना चाहता है, वह तुम्हारा सेवक बने..."

— मत्ती 20:26 (BSI)

खतरे का स्तरः

निम्न —

यह नम्रता का समय हो सकता है।

तुरंत क्या करें:

सीखने योग्य बने रहें। सेवा या प्रशिक्षण के समयों का विरोध न करें।

भविष्यवाणी-संबंधी प्रार्थनाः

"प्रभु, नम्रता के द्वारा मुझे आकार दीजिए और बड़ी जिम्मेदारी के लिए तैयार कीजिए।"

284. स्वप्न में एक के बाद एक दरवाज़ों का खुलना

अर्थ (बाइबिलीय समझ):

यह सपना क्रमशः बढ़ते हुए अनुग्रह, गति, और एक के बाद एक मिलने वाले अवसरों का संकेत है। परमेश्वर आपको कदम-दर-कदम आगे ले जा रहा हो सकता है।

पवित्रशास्त्रीय आधारः

"धर्मी की बाट उदय होते हुए प्रकाश के समान है..."

— नीतिवचन 4:18 (BSI)

"तेरे कान यह वचन सुनेंगे, 'मार्ग यही है...'"

— यशायाह 30:21 (BSI)

खतरे का स्तरः

कोई खतरा नहीं —

यह गति और मार्गदर्शन का संकेत है।

तुरंत क्या करें:

एक समय में एक कदम लें। अनुग्रह से आगे मत दौड़ें।

भविष्यवाणी-संबंधी प्रार्थनाः

"प्रभु, आपने जो प्रत्येक द्वार खोला है उसमें मुझे कदम-दर-कदम चलाइए।"

285. स्वप्न में भारी बोझ गिरा देना

अर्थ (बाइबिलीय समझ):

भारी बोझ गिरा देना बोझ, तनाव, या जिम्मेदारी से छुटकारे का संकेत है। बाइबिलीय रूप से परमेश्वर अपने लोगों को बोझ के बदले विश्राम ग्रहण करने के लिए बुलाता है।

पवित्रशास्त्रीय आधारः

"अपना बोझ यहोवा पर डाल दे..."

— भजन संहिता 55:22 (BSI)

"मेरा जूआ सहज और मेरा बोझ हल्का है।"

— मत्ती 11:30 (BSI)

खतरे का स्तरः

कोई खतरा नहीं —

यह राहत और बहाली का संकेत है।

तुरंत क्या करें:

उस बोझ को फिर से मत उठाइए। परमेश्वर के प्रबन्ध पर भरोसा रखिए।

भविष्यवाणी-संबंधी प्रार्थनाः

"प्रभु, मैं अपना हर बोझ आपको सौंपता हूँ और आपका विश्राम ग्रहण करता हूँ।"

286. स्वप्न में किसी नए वरदान या कौशल का पता चलना

अर्थ (बाइबिलीय समझ):

यह सपना छिपे हुए वरदानों के प्रकट होने की ओर संकेत करता है। बाइबिलीय रूप से परमेश्वर पहले सामर्थ देता है, फिर कार्यभार प्रकट करता है। खोज अक्सर जिम्मेदारी से पहले आती है।

पवित्रशास्त्रीय आधारः

"वरदान तो अनेक प्रकार के हैं, परन्तु आत्मा एक ही है।"

— 1 कुरिन्थियों 12:4 (BSI)

"परमेश्वर के उस वरदान को... भड़काता रह।"

— 2 तीमुथियुस 1:6 (BSI)

खतरे का स्तरः

कोई खतरा नहीं —

यह सक्रिय होने और बढ़ने का संकेत है।

तुरंत क्या करें:

उस कौशल को प्रार्थनापूर्वक विकसित करें। प्रशिक्षण और जवाबदेही खोजें।

भविष्यवाणी-संबंधी प्रार्थना:

"प्रभु, आपने जो भी वरदान मेरे भीतर रखा है, उसे सँभालने और विकसित करने में मेरी सहायता कीजिए।"

287. स्वप्न में कोई वस्तु गिराना और फिर उसे उठा लेना

अर्थ (बाइबिलीय समझ):

यह सपना अस्थायी हानि, रुकावट, या गलती के बाद पुनःप्राप्ति को दर्शाता है। बाइबिलीय रूप से परमेश्वर नम्रता के साथ वापस पाई गई बात को फिर से बहाल करता है।

पवित्रशास्त्रीय आधार:

"धर्मी सात बार गिरे, तौभी उठ खड़ा होता है..."

— नीतिवचन 24:16 (BSI)

"अपने उद्धार का हर्ष मुझे फिर से दे..."

— भजन संहिता 51:12 (BSI)

खतरे का स्तर:

निम्न —

यह सुधारा जा सकने वाला झटका है।

तुरंत क्या करें:

उस lapse से सीखें। अपने आप को दोषी ठहराए बिना आगे बढ़ें।

भविष्यवाणी-संबंधी प्रार्थना:

"प्रभु, जो कुछ रुक गया था उसे बहाल करने और मुझे आगे बढ़ाने के लिए आपका धन्यवाद।"

288. स्वप्न में अपने आप को या दूसरों को अनुशासित करते देखना

अर्थ (बाइबिलीय समझ):

स्वप्न में अनुशासन प्रशिक्षण, सुधार, और परिपक्वता का संकेत है। बाइबिलीय रूप से अनुशासन प्रेम और तैयारी दोनों का चिन्ह है।

पवित्रशास्त्रीय आधार:

"यहोवा उसी को ताड़ना देता है जिससे वह प्रेम रखता है..."

— नीतिवचन 3:12 (BSI)

"लड़के को शिक्षा उसके मार्ग के अनुसार दे..."

— नीतिवचन 22:6 (BSI)

खतरे का स्तर:

निम्न —

यह परिपक्वता के विकास का संकेत है।

तुरंत क्या करें:

सुधार को स्वीकार करें। अनुग्रह और बुद्धि के साथ अनुशासन लागू करें।

भविष्यवाणी-संबंधी प्रार्थना:

"प्रभु, मुझे ऐसे अनुशासन में चलना सिखाइए जो स्थायी फल उत्पन्न करे।"

289. स्वप्न में अपने आसपास अव्यवस्था या अशान्ति देखना

अर्थ (बाइबिलीय समझ):

अव्यवस्था भीतर की अशांति, टकराती हुई प्राथमिकताओं, या व्यवस्था की कमी को दर्शाती है। बाइबिलीय रूप से परमेश्वर भ्रम से नहीं, व्यवस्था और शांति से कार्य करता है।

पवित्रशास्त्रीय आधार:

"क्योंकि परमेश्वर गड़बड़ी का नहीं, परन्तु शान्ति का परमेश्वर है।"

— 1 कुरिन्थियों 14:33 (BSI)

"सब कुछ भले रीति से और क्रम के अनुसार हो।"

— 1 कुरिन्थियों 14:40 (BSI)

खतरे का स्तर:

मध्यम —

alignment की आवश्यकता है।

तुरंत क्या करें:

अपनी प्राथमिकताओं को फिर से व्यवस्थित करें। अपने दैनिक जीवन में परमेश्वर की व्यवस्था को आमंत्रित करें।

भविष्यवाणी-संबंधी प्रार्थना:

"प्रभु, मेरे जीवन के हर क्षेत्र में अपनी शांति और व्यवस्था को ले आइए।"

290. स्वप्न में पहली बार कुछ करना

अर्थ (बाइबिलीय समझ):

यह सपना नई शुरुआत, साहस, और वृद्धि का संकेत है। बाइबिलीय रूप से परमेश्वर लोगों को अपरिचित क्षेत्रों में ले जाकर उनका विस्तार करता है।

पवित्रशास्त्रीय आधार:

"देखो, मैं एक नई बात करता हूँ..."

— यशायाह 43:19 (BSI)

"अपने देश से निकल जा... और मैं तुझे दिखाऊँगा..."

— उत्पत्ति 12:1 (BSI)

खतरे का स्तर:

कोई खतरा नहीं —

यह नए समय का संकेत है।

तुरंत क्या करें:

विश्वास के साथ आगे बढ़ें। अनुभव की कमी से न डरें।

भविष्यवाणी-संबंधी प्रार्थना:

"प्रभु, जो नई बातें आप कर रहे हैं उनमें साहस के साथ चलने की शक्ति मुझे दीजिए।"

291. स्वप्न में दबाव के बावजूद सही काम करना

अर्थ (बाइबिलीय समझ):

यह सपना दबाव के बीच सत्यनिष्ठा को दर्शाता है। बाइबिलीय रूप से दबाव के समय सही को चुनना आत्मिक परिपक्वता का चिन्ह है और व्यक्ति को बड़े भरोसे के लिए तैयार करता है।

पवित्रशास्त्रीय आधार:

"कौन है जो यहोवा के पर्वत पर चढ़ेगा? ... जिसके हाथ स्वच्छ और हृदय शुद्ध है।"

— भजन संहिता 24:3–4 (BSI)

"मृत्यु तक विश्वासयोग्य रह..."

— प्रकाशितवाक्य 2:10 (BSI)

खतरे का स्तर:

कोई खतरा नहीं —

यह चरित्र की पुष्टि है।

तुरंत क्या करें:

निरंतर बने रहें। आज की सत्यनिष्ठा आने वाली उन्नति की रक्षा करती है।

भविष्यवाणी-संबंधी प्रार्थना:

"प्रभु, मेरे हृदय को मजबूत कीजिए कि मैं सदा वही चुनूँ जो आपको आदर देता है।"

292. स्वप्न में अपने निर्णयों पर सन्देह करना या प्रश्न उठाना

अर्थ (बाइबिलीय समझ):

स्वप्न में सन्देह कई बार विचार, जाँच, या गलत निर्णय लेने के भय को दर्शाता है, न कि विश्वास की कमी को। बाइबिलीय रूप से परमेश्वर ईमानदार प्रश्नों का स्वागत करता है जो बुद्धि खोजते हैं।

पवित्रशास्त्रीय आधार:

"यदि तुम में से किसी को बुद्धि की घटी हो, तो परमेश्वर से मांगे..."

— याकूब 1:5 (BSI)

"बहुत से सम्मति देनेवालों के होने से बचाव होता है।"

— नीतिवचन 11:14 (BSI)

खतरे का स्तर:

निम्न —

यह निर्णय को समझने का समय है।

तुरंत क्या करें:

सलाह लें, प्रार्थना करें, और डर नहीं बल्कि शांति को अपने निर्णयों का मार्गदर्शक बनने दें।

भविष्यवाणी-संबंधी प्रार्थना:

"प्रभु, हर निर्णय में मुझे स्पष्टता और शांति प्रदान कीजिए।"

293. स्वप्न में एक ही काम को बार-बार करते देखना

अर्थ (बाइबिलीय समझ):

यह सपना प्रशिक्षण, धैर्य के निर्माण, या कौशल की परिपक्वता की ओर संकेत करता है। बाइबिलीय रूप से दोहराव कौशल और विश्वासयोग्यता दोनों को निखारता है।

पवित्रशास्त्रीय आधार:

"थोड़ा-थोड़ा, पंक्ति पर पंक्ति..."

— यशायाह 28:10 (BSI भावानुसार)

"धीरज को अपना पूरा काम करने दो..."

— याकूब 1:4 (BSI)

खतरे का स्तर:

निम्न —

यह विकास का चरण है।

तुरंत क्या करें:

दोहराव को तुच्छ न जानें। कौशल और गहराई बन रही है।

भविष्यवाणी-संबंधी प्रार्थना:

"प्रभु, जब तक आप मुझमें अपना काम सिद्ध कर रहे हैं, मुझे धैर्य दीजिए।"

294. स्वप्न में आगे बढ़ते समय पीछे के दरवाज़ों को बंद होते देखना

अर्थ (बाइबिलीय समझ):

यह सपना अन्तिमता और परिवर्तन को दर्शाता है। परमेश्वर शायद पुष्टि कर रहा है कि पुराने समय पूरे हो चुके हैं और अब उनकी ओर लौटना नहीं चाहिए।

पवित्रशास्त्रीय आधार:

"जो बातें पीछे रह गईं उन्हें भूलकर..."

— फिलिप्पियों 3:13 (BSI)

"जो हल पर हाथ रखता है और पीछे देखता है..."

— लूका 9:62 (BSI)

खतरे का स्तर:

कोई खतरा नहीं —

यह समापन और आगे देखने का संकेत है।

तुरंत क्या करें:

पछतावे के साथ पीछे मत देखिए। नई दिशा को पूरी तरह ग्रहण कीजिए।

भविष्यवाणी-संबंधी प्रार्थना:

"प्रभु, बिना भय और बिना पछतावे के आगे बढ़ने में मेरी सहायता कीजिए।"

295. स्वप्न में भलाई करना, पर तुरंत प्रतिफल न मिलना

अर्थ (बाइबिलीय समझ):

यह सपना निःस्वार्थ सेवा और विलम्बित सम्मान को दर्शाता है। बाइबिलीय रूप से परमेश्वर हर अच्छे काम को देखता और याद रखता है, चाहे मनुष्य उसे न देखे।

पवित्रशास्त्रीय आधार:

"तेरा पिता, जो गुप्त में देखता है, तुझे प्रतिफल देगा।"

— मत्ती 6:4 (BSI)

"परमेश्वर तुम्हारे काम और प्रेम के परिश्रम को भूलने वाला अन्यायी नहीं है..."

— इब्रानियों 6:10 (BSI)

खतरे का स्तर:

निम्न –

यह विश्वासयोग्यता की परीक्षा है।

तुरंत क्या करें:

कड़वाहट के बिना भलाई करते रहें। समय पर प्रतिफल निश्चित है।

भविष्यवाणी-संबंधी प्रार्थना:

"प्रभु, मुझे विश्वासयोग्यता से सेवा करते रहने में सहायता कीजिए, यह जानते हुए कि आप ही मेरा प्रतिफल हैं।"

296. स्वप्न में ऐसा काम करना जिससे दूसरों को लाभ हो

अर्थ (बाइबिलीय समझ):

यह सपना सेवा, बुलाहट, और अपने से परे उद्देश्य को दर्शाता है। बाइबिलीय रूप से परमेश्वर अक्सर उन स्वप्नों के द्वारा सेवकाई या नेतृत्व की पुष्टि करता है जिनमें दूसरों पर प्रभाव दिखाई देता है।

पवित्रशास्त्रीय आधार:

"प्रेम के द्वारा एक दूसरे की सेवा करो।"

— गलातियों 5:13 (BSI)

"तुम्हारा प्रकाश मनुष्यों के सामने ऐसा चमके..."

— मत्ती 5:16 (BSI)

खतरे का स्तर:

कोई खतरा नहीं –

यह बुलाहट की पुष्टि है।

तुरंत क्या करें:

नम्रता से सेवा करें। घमण्ड और burnout दोनों से सावधान रहें।

भविष्यवाणी-संबंधी प्रार्थना:

"प्रभु, दूसरों की सेवा प्रेम और बुद्धि के साथ आपकी महिमा के लिए करने में मेरी सहायता कीजिए।"

297. स्वप्न में भारी मन से बुरी खबर देना

अर्थ (बाइबिलीय समझ):

यह सपना जिम्मेदारी, सत्य को उठाने, या कठिन आज्ञाकारिता को दर्शाता है। बाइबिलीय रूप से परमेश्वर कभी-कभी कठिन संदेश परिपक्व हृदयों को सौंपता है।

पवित्रशास्त्रीय आधार:

"ऊँचे शब्द से पुकार, मत रुक..."

— यशायाह 58:1 (BSI)

"प्रेम के साथ सच बोलते हुए..."

— इफिसियों 4:15 (BSI)

खतरे का स्तर:

निम्न —

यह जिम्मेदारी है, करुणा के साथ।

तुरंत क्या करें:

सत्य को सावधानी और प्रार्थना के साथ बोलें। ईमानदारी और अनुग्रह में संतुलन रखें।

भविष्यवाणी-संबंधी प्रार्थना:

"प्रभु, जब भी कठिन सत्य मुझे सौंपा जाए, तब मुझे बुद्धि और करुणा दीजिए।"

298. स्वप्न में किसी भरोसेमन्द व्यक्ति पर सन्देह करना

अर्थ (बाइबिलीय समझ):

यह सपना जागते हुए विवेक या भीतर की अनसुलझी चिन्ता को दर्शाता है। बाइबिलीय रूप से बुद्धि का अर्थ यह भी है कि बिना कटुता के संबंधों को परखा जाए।

पवित्रशास्त्रीय आधार:

"सब बातें परखो; जो अच्छी हो उसे पकड़े रहो।"

— 1 थिस्सलुनीकियों 5:21 (BSI)

"भोला हर बात को मान लेता है..."

— नीतिवचन 14:15 (BSI)

खतरे का स्तर:

निम्न –

यह विवेक की जाँच है।

तुरंत क्या करें:

स्पष्टता के लिए प्रार्थना करें। सन्देह में न जियें; शांति और सलाह के द्वारा पुष्टि खोजें।

भविष्यवाणी-संबंधी प्रार्थना:

"प्रभु, मुझे भय या अविश्वास के बिना विवेक प्रदान कीजिए।"

299. स्वप्न में भय के बावजूद साहसिक काम करना

अर्थ (बाइबिलीय समझ):

यह सपना भय पर विश्वास की विजय को दर्शाता है। बाइबिलीय रूप से साहस का अर्थ भय का न होना नहीं, बल्कि भय की उपस्थिति में भी आज्ञाकारिता करना है।

पवित्रशास्त्रीय आधार:

"हियाव बाँध और दृढ़ हो..."

— यहोशू 1:9 (BSI)

"सिद्ध प्रेम भय को दूर कर देता है..."

— 1 यूहन्ना 4:18 (BSI)

खतरे का स्तर:

कोई खतरा नहीं –

यह विश्वास के सक्रिय होने का संकेत है।

तुरंत क्या करें:

विश्वास के साथ आगे बढ़ें। आज्ञाकारिता के साथ परमेश्वर की शक्ति चलती है।

भविष्यवाणी-संबंधी प्रार्थना:

"प्रभु, मुझे सामर्थ दीजिए कि मैं साहस से कार्य करूँ और आप पर पूरी तरह भरोसा रखूँ।"

300. स्वप्न में किसी कार्य को उत्कृष्टता के साथ करना

अर्थ (बाइबिलीय समझ):

यह सपना अनुग्रह, परिश्रम, और पहचान के लिए तैयारी का संकेत है। बाइबिलीय रूप से उत्कृष्टता परमेश्वर का आदर करती है और उन्नति के लिए व्यक्ति को तैयार करती है।

पवित्रशास्त्रीय आधार:

"जो कुछ तुम करते हो, तन मन से करो, मानो प्रभु के लिये करते हो..."

— कुलुस्सियों 3:23 (BSI)

"क्या तू किसी ऐसे पुरुष को देखता है जो अपने काम में निपुण है?"

— नीतिवचन 22:29 (BSI)

खतरे का स्तर:

कोई खतरा नहीं —

यह उन्नति के साथ alignment का संकेत है।

तुरंत क्या करें:

उत्कृष्टता को बनाए रखें, पर प्रशंसा की खोज मत करें। परमेश्वर को आपको उठाने दें।

भविष्यवाणी-संबंधी प्रार्थना:

"प्रभु, जो कुछ मैं करूँ उसमें उत्कृष्टता के द्वारा आपका आदर करने में मेरी सहायता कीजिए।"

301. स्वप्न में अपने सामने एक द्वार खुलते देखना

अर्थ (बाइबिलीय समझ):

यह सपना परमेश्वर के द्वारा दिए गए अवसर और पहुँच का संकेत है। पवित्रशास्त्र में खुला हुआ द्वार उस उन्नति का प्रतीक है जिसे परमेश्वर ठहराता है और जिसे कोई मनुष्य बन्द नहीं कर सकता।

पवित्रशास्त्रीय आधार:

"देख, मैं ने तेरे साम्हने एक खुला हुआ द्वार रख दिया है, और उसे कोई बन्द नहीं कर सकता..."

— प्रकाशितवाक्य 3:8 (BSI)

"मेरे लिये एक बड़ा और प्रभावी द्वार खुल गया है..."
— 1 कुरिन्थियों 16:9 (BSI)

खतरे का स्तर:

कोई खतरा नहीं —
यह दिव्य अनुग्रह है।

तुरंत क्या करें:

प्रार्थनापूर्वक आगे बढ़ें। भय या हिचकिचाहट के कारण देर न करें।

भविष्यवाणी-संबंधी प्रार्थना:

"प्रभु, आपने जो भी द्वार मेरे लिए खोले हैं, उनमें साहस के साथ चलने में मेरी सहायता कीजिए।"

302. स्वप्न में अपने सामने एक द्वार बन्द होते देखना

अर्थ (बाइबिलीय समझ):

यह सपना दिव्य सुरक्षा या नई दिशा का संकेत देता है। परमेश्वर कभी-कभी हानि से बचाने या बेहतर मार्ग की ओर ले जाने के लिए कुछ द्वार बन्द करता है।

पवित्रशास्त्रीय आधार:

"मनुष्य का मन उसकी चाल ठहराता है, परन्तु यहोवा उसके कदमों को स्थिर करता है।"
— नीतिवचन 16:9 (BSI)

"वह बन्द करता है, और कोई खोल नहीं सकता।"
— प्रकाशितवाक्य 3:7 (BSI)

खतरे का स्तर:

निम्न —
यह सुरक्षा देने वाली नई दिशा है।

तुरंत क्या करें:

परमेश्वर की बुद्धि पर भरोसा रखें। अगले कदम के लिए उसकी अगुवाई खोजें।

भविष्यवाणी-संबंधी प्रार्थनाः

"पिता, जब द्वार बन्द हों तब भी आपकी दिशा पर भरोसा करने में मेरी सहायता कीजिए।"

303. स्वप्न में सँकरे मार्ग पर चलते देखना

अर्थ (बाइबिलीय समझ):

यह सपना अनुशासन, आज्ञाकारिता, और आत्मिक एकाग्रता को दर्शाता है। बाइबिलीय रूप से सँकरा मार्ग धार्मिकता और अनन्त उद्देश्य का प्रतीक है।

पवित्रशास्त्रीय आधारः

"फाटक सँकरा है और मार्ग कठिन है जो जीवन की ओर ले जाता है..."

— मत्ती 7:14 (BSI)

खतरे का स्तरः

कोई खतरा नहीं —

यह सही जीवन-मार्ग की पुष्टि है।

तुरंत क्या करें:

विश्वासयोग्य बने रहें। ऐसे shortcuts से बचें जो सत्यनिष्ठा को तोड़ते हैं।

भविष्यवाणी-संबंधी प्रार्थनाः

"प्रभु, मुझे अपने सँकरे मार्ग पर स्थिर रखिए और हर समझौते से दूर रखिए।"

304. स्वप्न में खो जाना, पर फिर अपना रास्ता पा लेना

अर्थ (बाइबिलीय समझ):

यह सपना बहाली, मार्गदर्शन, और फिर से मिली स्पष्टता का संकेत है। परमेश्वर प्रकट कर रहा है कि भ्रम अन्तिम बात नहीं होगा।

पवित्रशास्त्रीय आधारः

"मैं तुझे बुद्धि दूँगा और जिस मार्ग में तुझे चलना होगा उसमें तेरी अगुवाई

करूँगा।"

— भजन संहिता 32:8 (BSI)

"यदि वह गिर भी जाए, तौभी पड़ा न रहेगा..."

— भजन संहिता 37:24 (BSI)

खतरे का स्तर:

निम्न —

यह अस्थायी उलझन है, पर स्थायी दिशा के साथ।

तुरंत क्या करें:

प्रतिदिन परमेश्वर की सलाह खोजें। उसकी अगुवाई पर भरोसा रखें।

भविष्यवाणी-संबंधी प्रार्थना:

"प्रभु, मेरे कदमों को चलाइए और मेरे जीवन के हर क्षेत्र में स्पष्टता को बहाल कीजिए।"

305. स्वप्न में अंधकार को प्रकाश में बदलते देखना

अर्थ (बाइबिलीय समझ):

यह सपना छुटकारा, प्रकाशन, और आशा का प्रतीक है। बाइबिलीय रूप से प्रकाश का अंधकार पर जय पाना परमेश्वर के हस्तक्षेप और सत्य का संकेत है।

पवित्रशास्त्रीय आधार:

"ज्योति अन्धकार में चमकती है..."

— यूहन्ना 1:5 (BSI)

"उठ, प्रकाशमान हो; क्योंकि तेरा प्रकाश आ गया है..."

— यशायाह 60:1 (BSI)

खतरे का स्तर:

कोई खतरा नहीं —

यह विजय का आश्वासन है।

तुरंत क्या करें:

धन्यवाद दें। दिखाई देने वाले परिवर्तन और उत्तरित प्रार्थना की आशा रखें।

भविष्यवाणी-संबंधी प्रार्थना:
"पिता, आपका प्रकाश मेरे जीवन के हर प्रकार के अंधकार को दूर कर दे।"

306. स्वप्न में सीढ़ियाँ उतरते देखना

अर्थ (बाइबिलीय समझ):
सीढ़ियाँ उतरना प्राय: नम्र किए जाने, फिर से जाँच करने, या शिक्षा के लिए अस्थायी रूप से नीचे लाए जाने का संकेत है। बाइबिलीय रूप से परमेश्वर कभी-कभी ऊँचा उठाने से पहले नीचे ले जाकर चरित्र और निर्भरता को ठीक करता है।

पवित्रशास्त्रीय आधार:
"प्रभु के सामने दीन बनो, और वह तुम्हें ऊँचा करेगा।"
— याकूब 4:10 (BSI)
"आदर से पहिले नम्रता होती है।"
— नीतिवचन 15:33 (BSI)

खतरे का स्तर:
निम्न —
यह शिक्षाप्रद है, विनाशकारी नहीं।

तुरंत क्या करें:
अपने दृष्टिकोण, प्रेरणा, और निर्णयों की जाँच करें। सुधार का विरोध न करें।

भविष्यवाणी-संबंधी प्रार्थना:
"प्रभु, नम्रता के द्वारा मुझे सिखाइए और सही रीति से ऊँचा उठने के लिए तैयार कीजिए।"

307. स्वप्न में सीढ़ियाँ चढ़ते देखना

अर्थ (बाइबिलीय समझ):
सीढ़ियाँ चढ़ना प्रगति, उन्नति, और आत्मिक advancement का संकेत

है। बाइबिलीय रूप से ऊपर की ओर बढ़ना परमेश्वर के उद्देश्य की ओर विकास को दर्शाता है।

पवित्रशास्त्रीय आधार:

"धर्मी की बाट उदय होते हुए प्रकाश के समान है, जिसका प्रकाश दोपहर तक अधिक अधिक बढ़ता रहता है।"

— नीतिवचन 4:18 (BSI)

"बढ़ती न पूर्व से होती है, न पश्चिम से..."

— भजन संहिता 75:6–7 (BSI भावानुसार)

खतरे का स्तर:

कोई खतरा नहीं —

यह सकारात्मक प्रगति है।

तुरंत क्या करें:

हर स्तर पर विश्वासयोग्य बने रहें। उन्नति के लिए निरंतरता आवश्यक है।

भविष्यवाणी-संबंधी प्रार्थना:

"पिता, मेरे कदमों को अपनी इच्छा के अनुसार ऊपर की ओर व्यवस्थित कीजिए।"

308. स्वप्न में कोई महत्वपूर्ण वस्तु गिरा देना

अर्थ (बाइबिलीय समझ):

यह सपना लापरवाही, ध्यान भटकने, या प्रबन्ध में negligence के विरुद्ध चेतावनी देता है। बाइबिलीय रूप से जो सौंपा गया है उसकी रक्षा की जानी चाहिए।

पवित्रशास्त्रीय आधार:

"अपने झुंडों की दशा भली भांति जान..."

— नीतिवचन 27:23 (BSI)

"जो कुछ तेरे पास है उसे थामे रह..."

— प्रकाशितवाक्य 3:11 (BSI)

खतरे का स्तर:

मध्यम –

यह टाला जा सकने वाला नुकसान है।

तुरंत क्या करें:

अनुशासन को मजबूत करें। आत्मिक और व्यवहारिक दोनों जिम्मेदारियों की रक्षा करें।

भविष्यवाणी-संबंधी प्रार्थना:

"प्रभु, आपने जो भी कार्यभार मुझे सौंपा है उसकी रक्षा करने में मेरी सहायता कीजिए।"

३०९. स्वप्न में खोई हुई वस्तु मिलना

अर्थ (बाइबिलीय समझ):

यह सपना बहाली, पुनःप्राप्ति, और दिव्य दया का संकेत है। परमेश्वर उस बात को वापस लाता है जो खोई हुई या भुला दी गई प्रतीत होती थी।

पवित्रशास्त्रीय आधार:

"जो वर्ष टिड्डियों ने खा लिए हैं, उन्हें मैं तुम को फिर दिला दूंगा।"

– योएल 2:25 (BSI)

"मेरे साथ आनन्द करो, क्योंकि जो द्रम्मा खो गई थी, वह मुझे मिल गई है!"

– लूका 15:9 (BSI)

खतरे का स्तर:

कोई खतरा नहीं –

यह बहाली की आशीष है।

तुरंत क्या करें:

परमेश्वर का धन्यवाद करें। जो वापस मिला है, उसका पहले से बेहतर प्रबन्ध करने की तैयारी करें।

भविष्यवाणी-संबंधी प्रार्थना:

"पिता, मेरे जीवन की हर खोई हुई बात को पूरी रीति से बहाल कीजिए।"

310. स्वप्न में अपने को देरी में देखना जबकि दूसरे आगे बढ़ रहे हों

अर्थ (बाइबिलीय समझ):

यह सपना दिव्य समय और व्यक्तिगत तैयारी को उजागर करता है। देरी का अर्थ इन्कार नहीं है; बहुत बार इसका अर्थ refinement होता है।

पवित्रशास्त्रीय आधार:

"यदि वह विलम्ब भी करे, तो उसकी बाट जोह..."

— हबक्कूक 2:3 (BSI)

"हर एक बात का एक समय है..."

— सभोपदेशक 3:1 (BSI)

खतरे का स्तर:

निम्न —

यह समय से जुड़ी बात है, अस्वीकृति नहीं।

तुरंत क्या करें:

तुलना का विरोध करें। आज्ञाकारिता और तैयारी पर ध्यान दें।

भविष्यवाणी-संबंधी प्रार्थना:

"प्रभु, मुझे अपने सिद्ध समय के साथ मिलाइए और अधीरता को दूर कीजिए।"

311. स्वप्न में काले बादलों को इकट्ठा होते देखना

अर्थ (बाइबिलीय समझ):

काले बादल अनिश्चितता, परीक्षा, या ऐसे समय का संकेत हैं जिसमें विवेक की आवश्यकता है। पवित्रशास्त्र में बादल कई बार दिव्य कार्यवाही से पहले दिखाई देते हैं—चाहे न्याय के रूप में या प्रकाशन के रूप में।

पवित्रशास्त्रीय आधार:

"बादल और अन्धकार उसके चारों ओर हैं; धर्म और न्याय उसके सिंहासन की नेव हैं।"

— भजन संहिता 97:2 (BSI)

"क्योंकि हम रूप को नहीं, पर विश्वास को लेकर चलते हैं।"

— 2 कुरिन्थियों 5:7 (BSI)

खतरे का स्तर:

मध्यम –

यह आत्मिक रूप से जागरूक रहने की चेतावनी है।

तुरंत क्या करें:

घबराएँ नहीं। प्रार्थना, बुद्धि, और आज्ञाकारिता को मजबूत करें।

भविष्यवाणी-संबंधी प्रार्थना:

"प्रभु, अनिश्चित समयों में मुझे स्पष्टता और विश्वास प्रदान कीजिए।"

312. स्वपn में प्रभात या सूर्योदय देखना

अर्थ (बाइबिलीय समझ):

सूर्योदय नई शुरुआत, आशा, दिव्य हस्तक्षेप, और अंधकार के बाद स्पष्टता का संकेत है। बाइबिलीय रूप से प्रकाश हमेशा अंधकार पर जय पाता है।

पवित्रशास्त्रीय आधार:

"रात भर रोना तो रहता है, पर बिहान को आनन्द पहुँचता है।"

– भजन संहिता 30:5 (BSI)

"धर्म का सूर्य उदय होगा, और उसके पंखों के नीचे चंगाई होगी।"

– मलाकी 4:2 (BSI)

खतरे का स्तर:

कोई खतरा नहीं –

यह बहाली और आशा का संकेत है।

तुरंत क्या करें:

विश्वास के साथ आगे बढ़ें। परमेश्वर एक नया अध्याय खोल रहा है।

भविष्यवाणी-संबंधी प्रार्थना:

"पिता, आपका प्रकाश मुझे एक नए समय में प्रवेश कराए।"

313. स्वप्न में अपने शरीर पर धूल या राख देखना

अर्थ (बाइबिलीय समझ):

धूल या राख नम्रता, पश्चाताप, नश्वरता, या किसी समय के अन्त का प्रतीक हैं। बाइबिलीय रूप से राख कई बार बहाली से पहले आती है।

पवित्रशास्त्रीय आधार:

"क्योंकि तू मिट्टी है, और मिट्टी ही में फिर मिल जाएगा।"

— उत्पत्ति 3:19 (BSI)

"कि उन्हें राख के बदले शोभा दी जाए..."

— यशायाह 61:3 (BSI)

खतरे का स्तर:

निम्न —

यह परिवर्तनकारी है, विनाशकारी नहीं।

तुरंत क्या करें:

जहाँ आवश्यकता हो वहाँ पश्चाताप करें। नम्रता के बाद नवीनीकरण की आशा रखें।

भविष्यवाणी-संबंधी प्रार्थना:

"प्रभु, मेरे जीवन की हर राख के बदले अपनी शोभा दीजिए।"

314. स्वप्न में दोराहे या कई रास्तों वाला मोड़ देखना

अर्थ (बाइबिलीय समझ):

यह सपना निर्णय के समय और नैतिक या दिशात्मक चुनावों को दर्शाता है। परमेश्वर विवेक की माँग कर रहा है।

पवित्रशास्त्रीय आधार:

"मैं ने आज जीवन और मृत्यु... तेरे आगे ठहरा दिया है; इसलिये जीवन ही को चुन..."

— व्यवस्थाविवरण 30:19 (BSI)

"सम्पूर्ण मन से यहोवा पर भरोसा रख..."

— नीतिवचन 3:5–6 (BSI)

खतरे का स्तर:

मध्यम –

चुनाव परिणाम को प्रभावित करेगा।

तुरंत क्या करें:

कार्य करने से पहले परमेश्वर की सलाह खोजें। आवेग में निर्णय न लें।

भविष्यवाणी-संबंधी प्रार्थना:

"प्रभु, मेरे कदमों को जीवन के मार्ग में चलाइए।"

315. स्वप्न में द्वारों को अपने आप खुलते देखना

अर्थ (बाइबिलीय समझ):

अपने आप खुलता हुआ द्वार परमेश्वर द्वारा आरम्भ किए गए अवसर का संकेत है। जब परमेश्वर खोलता है, तब कोई विरोध उसे बन्द नहीं कर सकता।

पवित्रशास्त्रीय आधार:

"देख, मैं ने तेरे साम्हने एक खुला हुआ द्वार रख दिया है, और उसे कोई बन्द नहीं कर सकता..."

– प्रकाशितवाक्य 3:8 (BSI)

"मेरे लिये एक बड़ा और प्रभावी द्वार खुल गया है..."

– 1 कुरिन्थियों 16:9 (BSI)

खतरे का स्तर:

कोई खतरा नहीं –

यह परमेश्वर द्वारा ठहराया गया अनुग्रह है।

तुरंत क्या करें:

विश्वास से आगे बढ़ें। आज्ञाकारिता में देर न करें।

भविष्यवाणी-संबंधी प्रार्थना:

"पिता, आपने जो भी द्वार खोले हैं उनमें साहस से चलने में मेरी सहायता कीजिए।"

E

316. स्वप्न में अपने वातावरण को सुन्दर फूलों से भरा हुआ देखना

अर्थ

यह सपना फलवन्तता, अनुग्रह, शांति, और एक ऐसे समय का संकेत है जिसमें जीवन खिल रहा है। बाइबिलीय रूप से फूल सुन्दरता, नवीनीकरण, और परमेश्वर की आशीष से जुड़े हैं।

खतरे का स्तर

बहुत कम।

बाइबिलीय आधार (BSI)

"जो यहोवा के भवन में लगे हैं, वे हमारे परमेश्वर के आंगनों में फूले-फले।"

— भजन संहिता 92:13

"उठ, प्रकाशमान हो; क्योंकि तेरा प्रकाश आ गया है..."

— यशायाह 60:1

तुरंत क्या करें

जिस समय में आप प्रवेश कर रहे हैं उसके लिए धन्यवाद दें।

नम्र और परिश्रमी बने रहें।

घमण्ड से बचें।

भविष्यवाणी-संबंधी प्रार्थना

"पिता, मेरे जीवन को अपने उद्देश्य में फलने-फूलने दीजिए। मैं अपने जीवन के हर क्षेत्र में फलवन्तता, शांति, और सुन्दरता को यीशु के नाम में ग्रहण करता हूँ।"

317. स्वप्न में अपने वातावरण को झाड़ियों या काँटों से ढका हुआ देखना

अर्थ

झाड़ियाँ और काँटे उपेक्षा, ध्यान भटकने, या ऐसे अवरोधों का प्रतीक हैं जो बिना रोके बढ़ते गए हैं। यह सपना आत्मिक और व्यवहारिक दोनों प्रकार की सफाई के लिए बुलाता है।

खतरे का स्तर

मध्यम।

बाइबिलीय आधार (BSI)

"मैं आलसी के खेत के पास से, और निर्बुद्धि मनुष्य की दाख की बारी के पास होकर गया; और क्या देखा, कि वहाँ सब ओर ऊँटकटारे उग आए थे..."

— नीतिवचन 24:30–31

तुरंत क्या करें

जीवन के अनदेखे क्षेत्रों को पहचानें और ठीक करें।

अनुशासन और एकाग्रता के लिए प्रार्थना करें।

ध्यान भटकाने वाली बातों को जानबूझकर हटाएँ।

भविष्यवाणी-संबंधी प्रार्थना

"प्रभु, मेरे जीवन में बढ़ रही हर बाधा को उखाड़ दीजिए। व्यवस्था, स्पष्टता, और फलवन्तता को यीशु के नाम में बहाल कीजिए।"

318. स्वप्न में भूकम्प देखना

अर्थ

भूकम्प बड़े भीतरी या बाहरी हिलने-डुलने का प्रतीक है—जैसे परिवर्तन, अस्थिरता, या भावनात्मक दबाव। यदि आप भूकम्प से बच जाते हैं, तो यह उलट-पुलट के बीच विजय का संकेत है।

खतरे का स्तर

मध्यम।

बाइबिलीय आधार (BSI)

"एक बार फिर मैं न केवल पृथ्वी को, परन्तु आकाश को भी हिला दूँगा।"

— इब्रानियों 12:26

"परमेश्वर हमारा शरणस्थान और बल है..."

— भजन संहिता 46:1

तुरंत क्या करें

विश्वास में स्थिर रहें।

घबराहट में निर्णय न लें।

परिवर्तन के समय परमेश्वर पर भरोसा रखें।

भविष्यवाणी-संबंधी प्रार्थना

"पिता, मुझे अचल भूमि पर स्थापित कीजिए। हर हिलना-डुलना मेरे जीवन को आपकी इच्छा के साथ यीशु के नाम में मिला दे।"

319. स्वप्न में हाथी देखना

अर्थ

हाथी शक्ति, महानता, अगुवाई, और धीरज का प्रतीक है। यह सपना बड़ी जिम्मेदारी उठाने की क्षमता को दर्शाता है।

खतरे का स्तर

बहुत कम।

बाइबिलीय आधार (BSI)

"तू ने मेरे पाँवों के लिये स्थान चौड़ा किया..."

— भजन संहिता 18:36

तुरंत क्या करें

बड़ी जिम्मेदारी के लिए तैयारी करें।

नम्रता में चलें।

अपने चरित्र को मजबूत करें।

भविष्यवाणी-संबंधी प्रार्थना

"प्रभु, मुझे महानता के लिए बुद्धि और नम्रता के साथ तैयार कीजिए। मेरी शक्ति आपके आत्मा के द्वारा यीशु के नाम में संचालित हो।"

320. स्वप्न में हाथी पर सवारी करना

अर्थ

यह अधिकार, उन्नति, और ऊँचे स्थान का संकेत देता है। यह ऐसे प्रभाव को दर्शाता है जिसे सही रीति से सँभालना आवश्यक है।

खतरे का स्तर

बहुत कम।

बाइबिलीय आधार (BSI)

"तू ने उसको अपने हाथों के कामों पर प्रभुता दी है..."

— भजन संहिता 8:6

तुरंत क्या करें

घमण्ड से बचें।

नेतृत्व के लिए बुद्धि माँगें।

विश्वासयोग्यता से सेवा करें।

भविष्यवाणी-संबंधी प्रार्थना

"पिता, मुझे आदर और जिम्मेदारी में बिना घमण्ड के चलने का अनुग्रह यीशु के नाम में दीजिए।"

321. स्वप्न में अंडे इकट्ठे करना

अर्थ

अंडे सम्भावना, अवसर, और नई शुरुआतों का प्रतीक हैं, जिन्हें सावधानी से सँभालना पड़ता है।

खतरे का स्तर

निम्न।

बाइबिलीय आधार (BSI)

"छोटी-छोटी बातों के दिन को तुच्छ मत जान..."

— जकर्याह 4:10

तुरंत क्या करें

अवसरों को धैर्यपूर्वक सँभालें।

परिणामों को जल्दी लाने की कोशिश न करें।

परिश्रमी बने रहें।

भविष्यवाणी-संबंधी प्रार्थना

"प्रभु, आपने जो भी अवसर मेरे हाथ में रखे हैं, उन्हें सँभालने में मेरी सहायता कीजिए, यीशु के नाम में।"

322. स्वप्न में टूटे हुए अंडे देखना

अर्थ

टूटे हुए अंडे व्यर्थ गई सम्भावना, निराशा, या गलत तरह से सँभाले गए अवसरों का संकेत हैं।

खतरे का स्तर

मध्यम।

बाइबिलीय आधार (BSI)

"इसलिये ध्यान से देखो कि कैसी चाल चलते हो..."

— इफिसियों 5:15

तुरंत क्या करें

हाल के निर्णयों पर मनन करें।

बुद्धि और बहाली के लिए प्रार्थना करें।

सीखें, पर अपने आप को दोषी न ठहराएँ।

भविष्यवाणी-संबंधी प्रार्थना

"पिता, जो कुछ गलती या जल्दबाज़ी से खो गया है उसे बहाल कीजिए। आगे के लिए मुझे यीशु के नाम में बुद्धि सिखाइए।"

323. स्वप्न में परीक्षा पास करना

अर्थ

परीक्षा पास करना स्वीकृति, उन्नति, तैयारी, और ऊँचे स्तर पर जाने का संकेत है।

खतरे का स्तर

बहुत कम।

बाइबिलीय आधार (BSI)

"शाबाश, हे अच्छे और विश्वासयोग्य दास..."

— मत्ती 25:21

तुरंत क्या करें

नई जिम्मेदारियों के लिए तैयार रहें।

अनुशासित बने रहें।

सीखने योग्य बने रहें।

भविष्यवाणी-संबंधी प्रार्थना

"प्रभु, उन्नति के लिए आपका धन्यवाद। जिस अगले स्तर में आप मुझे ला रहे हैं, उसके लिए मुझे यीशु के नाम में तैयार कीजिए।"

324. स्वप्न में परीक्षा में असफल होना

अर्थ

यह चेतावनी देने वाला सपना है। यह तैयारी की कमी या ऐसे क्षेत्रों की ओर संकेत करता है जहाँ वृद्धि की आवश्यकता है—यह दोषारोपण नहीं है।

खतरे का स्तर

निम्न से मध्यम।

बाइबिलीय आधार (BSI)

"अपने बाहर के काम को तैयार कर..."

— नीतिवचन 24:27

तुरंत क्या करें

अपनी समझ, कौशल, या ज्ञान को बढ़ाइए।

बुद्धि के लिए प्रार्थना कीजिए।

घबराइए मत।

भविष्यवाणी-संबंधी प्रार्थना

"पिता, जहाँ मैं कमजोर हूँ वहाँ मुझे मजबूत कीजिए और आगे जो है उसके लिए मुझे यीशु के नाम में पूरी रीति से तैयार कीजिए।"

325. स्वप्न में उकाब देखना

अर्थ

उकाब दर्शन, आत्मिक ऊँचाई, नवीनीकरण, और शक्ति का प्रतीक है।

खतरे का स्तर

बहुत कम।

बाइबिलीय आधार (BSI)

"वे उकाबों की नाईं पंख फैलाकर उड़ेंगे..."

— यशायाह 40:31

तुरंत क्या करें

आत्मिक अनुशासन बनाए रखें।

छोटी और निम्न स्तर की distractions से बचें।

लंबी दृष्टि रखें।

भविष्यवाणी-संबंधी प्रार्थना

"प्रभु, मुझे भ्रम से ऊपर उठाइए और अपने उद्देश्य में उड़ने के लिए मेरा बल यीशु के नाम में नया कीजिए।"

326. स्वप्न में अपने आप को लिफ्ट के अंदर देखना

अर्थ

यह सपना उन्नति, ऊपर उठाए जाने, या आत्मिक वृद्धि का संकेत है, विशेषकर जब लिफ्ट ऊपर जा रही हो।

खतरे का स्तर

निम्न।

बाइबिलीय आधार (BSI)

"न तो पूर्व से, न पश्चिम से, और न जंगल से बढ़ती होती है; परमेश्वर ही न्यायी है..."

— भजन संहिता 75:6–7

तुरंत क्या करें

नम्र बने रहें।

समय को परमेश्वर के हाथ में छोड़ें।

भीतर से तैयारी करें।

भविष्यवाणी-संबंधी प्रार्थना

"पिता, अपनी इच्छा के अनुसार मुझे उठाइए और हर उन्नति के लिए मेरे हृदय को यीशु के नाम में तैयार कीजिए।"

327. स्वप्न में भोजन खाते देखना

अर्थ

भोजन खाना ग्रहण करने का प्रतीक है—आत्मिक, भावनात्मक, या बौद्धिक। भोजन का प्रकार उसके अर्थ को निर्धारित करता है।

खतरे का स्तर

संदर्भ पर निर्भर।

बाइबिलीय आधार (BSI)

"मनुष्य केवल रोटी ही से जीवित न रहेगा..."

— मत्ती 4:4

तुरंत क्या करें

जाँचें कि आप किन प्रभावों को ग्रहण कर रहे हैं।

आत्मिक पोषण को मजबूत करें।

विवेक के लिए प्रार्थना करें।

भविष्यवाणी-संबंधी प्रार्थना

"प्रभु, मुझे उस बात से पोषण दीजिए जो शुद्ध और जीवन देने वाली है। हर हानिकारक प्रभाव को मेरे जीवन से यीशु के नाम में दूर कीजिए।"

328. स्वप्न में आनन्द के साथ भोजन करना

अर्थ

आनन्द के साथ भोजन करना संतोष, प्रावधान, और शांति का संकेत देता है।

खतरे का स्तर

बहुत कम।

बाइबिलीय आधार (BSI)

"अपनी रोटी आनन्द के साथ खा..."

— सभोपदेशक 9:7

भविष्यवाणी-संबंधी प्रार्थना

"पिता, प्रावधान और शांति के लिए आपका धन्यवाद। मेरा जीवन कृतज्ञता से यीशु के नाम में भर जाए।"

329. स्वप्न में कड़वा भोजन खाना

अर्थ

कड़वा भोजन भीतर ही भीतर चल रही कटुता, शोक, या कठिन अनुभवों को दर्शाता है।

खतरे का स्तर

निम्न।

बाइबिलीय आधार (BSI)

"सावधान रहो... ऐसा न हो कि कोई कड़वाहट की जड़ फूटकर कष्ट दे..."

— इब्रानियों 12:15

भविष्यवाणी-संबंधी प्रार्थना

"प्रभु, मेरे हृदय से कड़वाहट की हर जड़ को निकाल दीजिए और मुझे अपनी शांति से यीशु के नाम में भर दीजिए।"

330. स्वप्न में बिजली का झटका लगना

अर्थ

यह अचानक shock, थकावट, या अत्यधिक दबाव का प्रतीक है, यह अपने आप मृत्यु का संकेत नहीं है।

खतरे का स्तर

मध्यम।

बाइबिलीय आधार (BSI)

"मेरा अनुग्रह तेरे लिये बहुत है..."

— 2 कुरिन्थियों 12:9

भविष्यवाणी-संबंधी प्रार्थना

"पिता, मुझे हर अत्यधिक दबाव के विरुद्ध मजबूत कीजिए और मेरे जीवन में संतुलन को यीशु के नाम में बहाल कीजिए।"

331. स्वप्न में खतरे से बच निकलना

अर्थ

यह सपना दिव्य सुरक्षा और संरक्षण का संकेत है। यह दर्शाता है कि चाहे खतरा मौजूद हो, फिर भी परमेश्वर का हाथ आपकी रक्षा कर रहा है।

खतरे का स्तर

निम्न —

यह सुरक्षा देने वाला आश्वासन है।

बाइबिलीय आधार (BSI)

"यहोवा का दूत उसके डरवैयों के चारों ओर डेरा किए रहता, और उन्हें बचाता है।"

— भजन संहिता 34:7

तुरंत क्या करें

सुरक्षा के लिए परमेश्वर का धन्यवाद करें।

जागरूक रहें, पर भयभीत नहीं।

प्रार्थना और आज्ञाकारिता में बने रहें।

भविष्यवाणी-संबंधी प्रार्थना

"पिता, मेरी ढाल और छुड़ाने वाले होने के लिए आपका धन्यवाद। मेरे

कदमों की रक्षा करते रहिए और मेरे जीवन को यीशु के नाम में सुरक्षित रखिए।"

332. स्वप्न में नए घर में प्रवेश करना

अर्थ

यह संक्रमण, नए समय, या नई जिम्मेदारी का संकेत है। यह करियर, परिवार, या आत्मिक वृद्धि में परिवर्तन को दर्शा सकता है।

खतरे का स्तर

निम्न –

यह परिवर्तन का संकेत है।

बाइबिलीय आधार (BSI)

"देखो, मैं एक नई बात करता हूँ..."

– यशायाह 43:19

तुरंत क्या करें

परिवर्तन के लिए प्रार्थनापूर्वक तैयारी करें।

नए समय में बुद्धि के साथ प्रवेश करें।

पुरानी आदतों को साथ लेकर आगे न बढ़ें।

भविष्यवाणी-संबंधी प्रार्थना

"प्रभु, हर उस नए समय में मुझे चलाइए जो आपने मेरे लिए तैयार किया है। यह परिवर्तन यीशु के नाम में वृद्धि और स्थिरता लाए।"

333. स्वप्न में अँधेरे कमरे में प्रवेश करना

अर्थ

यह किसी अनिश्चित या अपरिचित समय में प्रवेश करने का संकेत है। यह आत्मिक जागरूकता और परमेश्वर के प्रकाश पर निर्भरता की माँग करता है।

खतरे का स्तर

मध्यम –

विवेक की आवश्यकता है।

बाइबिलीय आधार (BSI)

"तेरा वचन मेरे पांव के लिये दीपक और मेरे मार्ग के लिये उजियाला है।"

— भजन संहिता 119:105

तुरंत क्या करें

जल्दबाज़ी में निर्णय न लें।

प्रार्थना में स्पष्टता खोजें।

आगे बढ़ने से पहले शांति की प्रतीक्षा करें।

भविष्यवाणी-संबंधी प्रार्थना

"पिता, मेरे सामने की हर छिपी हुई बात को प्रकाशित कीजिए। हर अज्ञात मार्ग में मुझे यीशु के नाम में सुरक्षित चलाइए।"

334. स्वप्न में महँगे वस्त्र या गहने देखना

अर्थ

यह सम्मान, गरिमा, और पहचान का प्रतीक है। यह पद, स्थिति, या जिम्मेदारी में वृद्धि का संकेत दे सकता है।

खतरे का स्तर

निम्न —

यह सकारात्मक संकेत है।

बाइबिलीय आधार (BSI)

"तू यहोवा के हाथ में शोभायमान मुकुट ठहरेगी..."

— यशायाह 62:3

तुरंत क्या करें

नम्र बने रहें।

घमण्ड से बचें।

अधिक जवाबदेही के लिए तैयार रहें।

भविष्यवाणी-संबंधी प्रार्थना

"प्रभु, जो भी आदर आप मुझे दें वह मेरी नहीं, आपकी महिमा को प्रकट करे। उन्नति में मेरे हृदय को यीशु के नाम में नम्र रखिए।"

335. स्वप्न में अत्यधिक गर्मी महसूस करना

अर्थ

यह दबाव, परीक्षा, या तीव्र भावनात्मक तनाव का प्रतीक है। यह आत्मिक शुद्धिकरण का भी संकेत हो सकता है।

खतरे का स्तर

मध्यम –

यह refining season है।

बाइबिलीय आधार (BSI)

"जब तू आग में होकर चले, तब तू न जलेगा..."

— यशायाह 43:2

तुरंत क्या करें

दबाव के बीच धैर्य रखें।

भावनात्मक प्रतिक्रिया देने से बचें।

शुद्धिकरण की प्रक्रिया पर भरोसा रखें।

भविष्यवाणी-संबंधी प्रार्थना

"पिता, हर परीक्षा के बीच मुझे सम्भाले रखिए। दबाव मुझे नष्ट नहीं, बल्कि यीशु के नाम में शुद्ध करे।"

336. स्वप्न में ऊँचे स्थान पर उठाया जाना

अर्थ

यह उन्नति, आत्मिक insight, या अधिक दृष्टि का प्रतीक है। यह बढ़ी हुई जिम्मेदारी को दर्शाता है।

खतरे का स्तर

निम्न।

बाइबिलीय आधार (BSI)

"उसने मुझे भी निकालकर विस्तृत स्थान में खड़ा किया..."

— भजन संहिता 18:19

तुरंत क्या करें

नए प्रभाव में सावधानी से चलें।

प्रार्थना के अनुशासन को बनाए रखें।

घमण्ड से बचें।

भविष्यवाणी-संबंधी प्रार्थना

"प्रभु, जहाँ कहीं आप मुझे उठाएँ वहाँ मुझे दृढ़ता से स्थापित कीजिए। मुझे यीशु के नाम में स्थिर और विश्वासयोग्य रखिए।"

337. स्वप्न में शत्रुओं को आपस में झगड़ते देखना

अर्थ

यह विरोध के बीच भ्रम का संकेत है। परमेश्वर आपके विरुद्ध खड़े प्रतिरोध को तोड़ रहा हो सकता है।

खतरे का स्तर

निम्न –

यह उत्साह देने वाला संकेत है।

बाइबिलीय आधार (BSI)

"यहोवा ने हर एक की तलवार उसके साथी पर चला दी..."

– न्यायियों 7:22

तुरंत क्या करें

समय से पहले हस्तक्षेप न करें।

परमेश्वर के न्याय पर भरोसा रखें।

सीधेपन में चलते रहें।

भविष्यवाणी-संबंधी प्रार्थना

"पिता, मेरे विरुद्ध हर विरोध को आप स्वयं सम्भालिए। जो योजना आपकी इच्छा के अनुसार नहीं है उसमें यीशु के नाम में भ्रम प्रवेश कर जाए।"

338. स्वप्न में अत्यधिक हँसी

अर्थ

यह आनन्द, बहाली, और पुराने बोझों से राहत का संकेत है।

खतरे का स्तर

बहुत कम।

बाइबिलीय आधार (BSI)

"तब हमारा मुँह हँसी से भर गया..."

— भजन संहिता 126:2

तुरंत क्या करें

आनन्द को पूरी तरह ग्रहण करें।

पुरानी निराशाओं को छोड़ दें।

उत्तरित प्रार्थनाओं का उत्सव मनाएँ।

भविष्यवाणी-संबंधी प्रार्थना

"प्रभु, मेरे आनन्द को बहाल कीजिए और मेरे जीवन को गवाही और हर्ष से यीशु के नाम में भर दीजिए।"

339. स्वप्न में कठिनाई के बीच धीरज बनाए रखना

अर्थ

यह भीतर की शक्ति बनने का संकेत है। आप परीक्षा के द्वारा परिपक्व किए जा रहे हैं।

खतरे का स्तर

निम्न —

यह मजबूत होने का समय है।

बाइबिलीय आधार (BSI)

"तुम्हारे विश्वास के परखे जाने से धीरज उत्पन्न होता है।"

— याकूब 1:3

तुरंत क्या करें

धीरज रखें।

समय से पहले हार न मानें।

धैर्य के लिए प्रार्थना करें।

भविष्यवाणी-संबंधी प्रार्थना

"पिता, हर परीक्षा के बीच मेरे धीरज को मजबूत कीजिए और मुझमें अपना काम यीशु के नाम में पूरा कीजिए।"

340. स्वप्न में अनन्त प्रकाश या अत्यधिक उज्ज्वल महिमा देखना

अर्थ

यह गहरे आत्मिक encounter, दिव्य आश्वासन, या उद्देश्य की पुष्टि का संकेत है।

खतरे का स्तर

बहुत कम —

यह दिव्य प्रोत्साहन है।

बाइबिलीय आधार (BSI)

"परमेश्वर ज्योति है, और उसमें कुछ भी अन्धकार नहीं।"

— 1 यूहन्ना 1:5

तुरंत क्या करें

भय-भक्ति में बने रहें।

प्रार्थना-जीवन को गहरा करें।

उस अनुभव की नम्रता से रक्षा करें।

भविष्यवाणी-संबंधी प्रार्थना

"प्रभु, मुझे अपने प्रकाश में स्थिर रखिए। आपकी महिमा मेरे जीवन के हर कदम को यीशु के नाम में मार्ग दिखाए।"

341. कच्चे फल का स्वप्न

अर्थ

कच्चा फल अपरिपक्वता, अधीरता, या समय से पहले अपेक्षाओं का प्रतीक है। यह दर्शाता है कि कुछ अच्छा बन रहा है, पर अभी तैयार नहीं है।

खतरे का स्तर

निम्न — समय का विषय है, हानि नहीं।

बाइबिलीय आधार (BSI)

"हर एक बात का एक समय होता है..." — सभोपदेशक 3:1

"धैर्य अपना पूरा काम करने पाए..." — याकूब 1:4

तुरंत क्या करें

निर्णयों में जल्दबाज़ी से बचें।

विकास की प्रक्रिया को पूरा होने दें।

तैयारी में लगे रहें।

भविष्यवाणी-संबंधी प्रार्थना

"पिता, मुझे आपके सिद्ध समय की प्रतीक्षा करना सिखाइए। हर आशीष प्रकट होने से पहले पूर्ण रूप से परिपक्व हो, यीशु के नाम में।"

342. पके हुए फल का स्वप्न

अर्थ

पका हुआ फल तैयारी, सफलता, उत्तरित प्रार्थना, और फसल के समय का संकेत है।

खतरे का स्तर

बहुत कम।

बाइबिलीय आधार (BSI)

"फसल तो बहुत है..." — मत्ती 9:37

तुरंत क्या करें

समझदारी से कार्य करें।

अवसर को टालें नहीं।

कृतज्ञ बने रहें।

भविष्यवाणी-संबंधी प्रार्थना

"प्रभु, मेरी फसल का समय प्रकट हो। मैं अपने परिश्रम का फल यीशु के नाम में ग्रहण करता हूँ।"

343. अच्छे फल की बहुतायत का स्वप्न

अर्थ

यह फलदायी कार्यों, स्वस्थ संबंधों, और लाभकारी प्रयासों का प्रतीक है।

खतरे का स्तर

बहुत कम।

बाइबिलीय आधार (BSI)

"तुम उन्हें उनके फलों से पहचानोगे।" — मत्ती 7:16

तुरंत क्या करें

जो फल दे रहा है उसकी रक्षा करें।

घमण्ड से बचें।

निरंतरता बनाए रखें।

भविष्यवाणी-संबंधी प्रार्थना

"पिता, मेरा जीवन आपकी महिमा के लिए स्थायी फल उत्पन्न करता रहे, यीशु के नाम में।"

344. सूखे या सड़े हुए फल का स्वप्न

अर्थ

यह उपेक्षा, खोए हुए अवसर, या घटती हुई उत्पादकता को दर्शाता है।

खतरे का स्तर

मध्यम — सुधार की आवश्यकता।

बाइबिलीय आधार (BSI)

"जो डाली फल नहीं लाती, उसे वह काट देता है…" — यूहन्ना 15:2

तुरंत क्या करें

अपनी आदतों और अनुशासन का मूल्यांकन करें।

ध्यान भटकाने वाली चीज़ों को हटाएँ।

आत्मिक जीवन को नया करें।

भविष्यवाणी-संबंधी प्रार्थना

"प्रभु, हर सूखे हुए क्षेत्र को जीवित कीजिए। मेरे जीवन में फिर से फलदायकता बहाल कीजिए, यीशु के नाम में।"

345. फलदार पेड़ पर चढ़ने का स्वप्न

अर्थ

यह प्रयास और धैर्य के द्वारा सम्मान और प्रतिफल में उठाए जाने का प्रतीक है।

खतरे का स्तर

निम्न।

बाइबिलीय आधार (BSI)

"उसको बढ़ा, वह तुझे ऊँचा करेगी…" — नीतिवचन 4:8

तुरंत क्या करें

परिश्रम जारी रखें।

नम्रता में बने रहें।

जिम्मेदारी के लिए तैयार रहें।

भविष्यवाणी-संबंधी प्रार्थना

"पिता, मुझे उस स्थान तक उठाइए जो आपने मेरे लिए तैयार किया है, और मुझे वहाँ दृढ़ता से स्थापित कीजिए, यीशु के नाम में।"

346. खलिहान में फल संग्रह करने का स्वप्न

अर्थ

यह वृद्धि, आर्थिक स्थिरता, और आशीष के संरक्षण का संकेत है।

खतरे का स्तर

बहुत कम।

बाइबिलीय आधार (BSI)

"अपनी संपत्ति से यहोवा का आदर कर… तब तेरे भण्डार भरे रहेंगे…" — नीतिवचन 3:9–10

तुरंत क्या करें

सही प्रबंधन करें।

बुद्धिमानी से बचत करें।

विश्वासयोग्यता से दें।

भविष्यवाणी-संबंधी प्रार्थना

“प्रभु, मेरे जीवन में प्रचुरता स्थापित कीजिए और मुझे उसे बुद्धिमानी से संभालना सिखाइए, यीशु के नाम में।”

347. उड़ते हुए झंडे का स्वप्न

अर्थ

यह पहचान, सम्मान, और सार्वजनिक मान्यता का प्रतीक है।

खतरे का स्तर

निम्न।

बाइबिलीय आधार (BSI)

“उसका ध्वज मुझ पर प्रेम था।” — श्रेष्ठगीत 2:4

तुरंत क्या करें

अपने विश्वास का प्रतिनिधित्व सत्यनिष्ठा से करें।

घमण्ड से बचें।

अपनी पहचान में दृढ़ रहें।

भविष्यवाणी-संबंधी प्रार्थना

“पिता, मेरा जीवन सार्वजनिक और निजी दोनों रूप में आपकी महिमा को दर्शाए, यीशु के नाम में।”

348. मूर्तियों या वेदियों को नष्ट करने का स्वप्न

अर्थ

यह गलत आदतों को तोड़ने, झूठे सहारों को छोड़ने, या आत्मिक नवीनीकरण का संकेत है।

खतरे का स्तर

बहुत कम — छुटकारे का विषय।

बाइबिलीय आधार (BSI)

“मेरे सिवाय तू और देवता न मानना।” — निर्गमन 20:3

तुरंत क्या करें

जो परमेश्वर की जगह ले रहा है उसे हटाएँ।

अपनी वाचा को नया करें।

प्रार्थना जीवन को मजबूत करें।

भविष्यवाणी-संबंधी प्रार्थना

"प्रभु, मेरे जीवन से हर झूठे लगाव को हटा दीजिए और मुझे सत्य में दृढ़ कीजिए, यीशु के नाम में।"

349. फुटबॉल खेलना और गोल करना

अर्थ

यह उपलब्धि, टीमवर्क की सफलता, और प्रतिस्पर्धा में सफलता का संकेत है।

खतरे का स्तर

निम्न।

बाइबिलीय आधार (BSI)

"मैं अच्छी लड़ाई लड़ चुका हूँ, दौड़ पूरी कर चुका हूँ..." — 2 तीमुथियुस 4:7

तुरंत क्या करें

अनुशासित प्रयास जारी रखें।

आत्मसंतुष्टि से बचें।

दूसरों के साथ मिलकर काम करें।

भविष्यवाणी-संबंधी प्रार्थना

"पिता, हर धार्मिक प्रयास में मुझे सफलता प्रदान कीजिए, यीशु के नाम में।"

350. घने जंगल में होने का स्वप्न

अर्थ

यह भ्रम, अत्यधिक जिम्मेदारियाँ, या जटिल परिस्थितियों में खो जाने का अनुभव दर्शाता है।

खतरे का स्तर

मध्यम।

बाइबिलीय आधार (BSI)

"मैं तुझे बुद्धि दूँगा और जिस मार्ग पर तुझे चलना चाहिए उसमें तुझे सिखाऊँगा..." — भजन संहिता 32:8

तुरंत क्या करें

निर्णयों को सरल बनाएँ।

स्पष्ट दिशा खोजें।

आवेगपूर्ण प्रतिक्रिया से बचें।

भविष्यवाणी-संबंधी प्रार्थना

"प्रभु, मुझे हर भ्रम से बाहर निकालिए और मुझे स्पष्टता और स्थिरता में ले चलिए, यीशु के नाम में।"

351. बड़े पेड़ के गिरने का स्वप्न

अर्थ

गिरता हुआ पेड़ किसी मजबूत या स्थापित चीज़ के गिरने का प्रतीक है — जैसे नेतृत्व, अधिकार, प्रभाव, या स्थिरता।

खतरे का स्तर

मध्यम — अस्थिरता की चेतावनी।

बाइबिलीय आधार (BSI)

"कैसे पराक्रमी गिर गए!" — 2 शमूएल 1:19

तुरंत क्या करें

अपनी नींव को मजबूत करें।

घमण्ड से बचें।

मसीह पर बुद्धिमानी से निर्माण करें।

भविष्यवाणी-संबंधी प्रार्थना

"प्रभु, मुझे अडिग नींव पर स्थापित कीजिए। जो कुछ आपने ठहराया है वह मेरे जीवन में कभी न गिरे, यीशु के नाम में।"

352. ऊपर से आग गिरने का स्वप्न

अर्थ

स्वर्ग से आने वाली आग परमेश्वर की शक्ति, शुद्धिकरण, या हस्तक्षेप का प्रतीक है।

खतरे का स्तर

निम्न — प्रायः सकारात्मक।

बाइबिलीय आधार (BSI)

"जो परमेश्वर आग से उत्तर दे, वही परमेश्वर है।" — 1 राजा 18:24

तुरंत क्या करें

शुद्धिकरण के लिए समर्पित हों।

आत्मिक रूप से जागरूक रहें।

आज्ञाकारिता में चलें।

भविष्यवाणी-संबंधी प्रार्थना

"पिता, अपनी पवित्र आग से मुझे शुद्ध कीजिए और उद्देश्य के लिए सामर्थ्य दीजिए, यीशु के नाम में।"

353. मेंढकों का स्वप्न

अर्थ

मेंढक अशुद्ध प्रभाव या लगातार परेशान करने वाली बातों का प्रतीक हो सकते हैं।

खतरे का स्तर

मध्यम।

बाइबिलीय आधार (BSI)

"तीन अशुद्ध आत्माएँ मेंढकों के समान..." — प्रकाशितवाक्य 16:13

तुरंत क्या करें

अपने आत्मिक वातावरण की रक्षा करें।

विषैले प्रभावों को हटाएँ।

विवेक को मजबूत करें।

भविष्यवाणी-संबंधी प्रार्थना

"प्रभु, मेरे वातावरण को शुद्ध कीजिए और हर अशुद्ध प्रभाव को मेरे जीवन से यीशु के नाम में हटा दीजिए।"

354. पौधों या फूलों को पानी देने का स्वप्न

अर्थ

यह वृद्धि का पोषण करने, मार्गदर्शन देने, पालन-पोषण करने, या लोगों में निवेश करने का संकेत है।

खतरे का स्तर

बहुत कम।

बाइबिलीय आधार (BSI)

"मैंने लगाया, अपुल्लोस ने सींचा, परन्तु परमेश्वर ने बढ़ाया।" — 1 कुरिन्थियों 3:6

तुरंत क्या करें

लगातार देखभाल करते रहें।

परिणाम के लिए परमेश्वर पर भरोसा रखें।

अधीरता से बचें।

भविष्यवाणी-संबंधी प्रार्थना

"पिता, हर उस बीज को आशीष दीजिए जिसे मैं सींच रहा हूँ और अपनी शक्ति से वृद्धि दीजिए, यीशु के नाम में।"

355. फूल प्राप्त करने का स्वप्न

अर्थ

यह कृपा, स्नेह, मेल-मिलाप, या संबंधों में आशीष का प्रतीक है।

खतरे का स्तर

निम्न।

बाइबिलीय आधार (BSI)

"वह मुझे भोज के घर में ले आया, और उसका ध्वज मुझ पर प्रेम था।" — श्रेष्ठगीत 2:4

तुरंत क्या करें

दयालुता को नम्रता से ग्रहण करें।

संबंधों को मजबूत करें।

पवित्रता बनाए रखें।

भविष्यवाणी-संबंधी प्रार्थना

"प्रभु, मेरे जीवन का हर संबंध आपकी इच्छा के अनुसार फलता-फूलता रहे, यीशु के नाम में।"

356. फर्श साफ करने का स्वप्न

अर्थ

यह समस्याओं को हटाने, अव्यवस्था को दूर करने, और शांति के लिए तैयारी का प्रतीक है।

खतरे का स्तर

निम्न।

बाइबिलीय आधार (BSI)

"सब कुछ उचित रीति और क्रम से किया जाए।" — 1 कुरिन्थियों 14:40

तुरंत क्या करें

अनावश्यक बोझ हटाएँ।

प्राथमिकताओं को व्यवस्थित करें।

जीवन में व्यवस्था लाएँ।

भविष्यवाणी-संबंधी प्रार्थना

"पिता, हर छिपी हुई समस्या को दूर कीजिए और मेरे जीवन में दिव्य व्यवस्था स्थापित कीजिए, यीशु के नाम में।"

357. बहुत ऊँचाई से गिरने का स्वप्न

अर्थ

यह असफलता के भय, असुरक्षा, या पद खोने की संभावना को दर्शाता है।

खतरे का स्तर

मध्यम — सावधानी आवश्यक।

बाइबिलीय आधार (BSI)

“जो समझता है कि वह खड़ा है, सावधान रहे कि गिर न पड़े।” – 1 कुरिन्थियों 10:12

तुरंत क्या करें

नम्रता बनाए रखें।

अत्यधिक आत्मविश्वास से बचें।

प्रार्थना-जीवन को मजबूत करें।

भविष्यवाणी-संबंधी प्रार्थना

“प्रभु, मुझे गिरने से बचाइए। मुझे अपने में स्थिर और दृढ़ रखिए, यीशु के नाम में।”

358. लड़ाई करना और जीतना

अर्थ

यह विरोध या आंतरिक संघर्ष पर विजय का संकेत है।

खतरे का स्तर

बहुत कम – सकारात्मक।

बाइबिलीय आधार (BSI)

“यहोवा मेरी शक्ति और मेरी ढाल है...” – भजन संहिता 28:7

तुरंत क्या करें

दृढ़ बने रहें।

धन्यवाद करें।

आत्मिक रूप से जागरूक रहें।

भविष्यवाणी-संबंधी प्रार्थना

“पिता, हर धर्मी युद्ध में मुझे विजय प्रदान कीजिए, यीशु के नाम में।”

359. मरी हुई मछलियों का स्वप्न

अर्थ

यह खोए हुए अवसर, ठहराव, या निष्फल प्रयासों का संकेत है।

खतरे का स्तर

मध्यम।

बाइबिलीय आधार (BSI)

"जो गर्मी में बटोरता है वह बुद्धिमान पुत्र है..." — नीतिवचन 10:5

तुरंत क्या करें

रणनीति का पुनर्मूल्यांकन करें।

लापरवाही से बचें।

नवीनता की खोज करें।

भविष्यवाणी-संबंधी प्रार्थना

"प्रभु, हर उस अवसर को पुनः जीवित कीजिए जो सूख गया है और मेरे कार्य में नई जीवन-शक्ति लाइए, यीशु के नाम में।"

360. मछली पकड़ने का स्वप्न

अर्थ

यह वृद्धि, प्रावधान, और प्रभाव का प्रतीक है।

खतरे का स्तर

बहुत कम।

बाइबिलीय आधार (BSI)

"अब से तू मनुष्यों को पकड़ेगा।" — लूका 5:10

तुरंत क्या करें

अवसर का सही उपयोग करें।

आशीष को बाँटें।

विश्वासयोग्य बने रहें।

भविष्यवाणी-संबंधी प्रार्थना

"पिता, मेरे प्रभाव को बढ़ाइए और मेरे हाथों के काम को आशीष दीजिए, यीशु के नाम में।"

361. बाढ़ का स्वप्न

अर्थ

बाढ़ अत्यधिक भावनाओं, दबावों, या नियंत्रण से बाहर परिस्थितियों का प्रतीक है।

खतरे का स्तर

मध्यम — भावनात्मक या परिस्थितिजन्य चेतावनी।

बाइबिलीय आधार (BSI)

"जब तू जल में होकर जाए, मैं तेरे संग रहूँगा..." — यशायाह 43:2

तुरंत क्या करें

घबराएँ नहीं।

प्रार्थना-जीवन को मजबूत करें।

असुलझे दबावों को पहचानें।

भविष्यवाणी-संबंधी प्रार्थना

"पिता, मेरे जीवन की हर अत्यधिक परिस्थिति आपके नियंत्रण में आ जाए। मैं बहाया नहीं जाऊँगा, यीशु के नाम में।"

362. बाढ़ या डूबने से बच निकलना

अर्थ

यह संकट या लगभग असफलता से छुटकारे का प्रतीक है।

खतरे का स्तर

निम्न — सकारात्मक परिणाम।

बाइबिलीय आधार (BSI)

"धर्मी के बहुत से क्लेश होते हैं, परन्तु यहोवा उसे उन सब से छुड़ाता है।" — भजन संहिता 34:19

तुरंत क्या करें

धन्यवाद करें।

सीख लें।

सुरक्षा के उपाय बनाएँ।

भविष्यवाणी-संबंधी प्रार्थना

"प्रभु, छिपे हुए खतरों से मुझे बचाने के लिए धन्यवाद। मेरे पाँव को दृढ़ भूमि पर स्थापित कीजिए, यीशु के नाम में।"

363. घर में बाढ़ का स्वप्न

अर्थ

यह परिवार में भावनात्मक अशांति या घरेलू अस्थिरता का संकेत हो सकता है।

खतरे का स्तर

मध्यम — संबंधों के लिए चेतावनी।

बाइबिलीय आधार (BSI)

"यदि यहोवा घर न बनाए, तो बनाने वालों का परिश्रम व्यर्थ है..." — भजन संहिता 127:1

तुरंत क्या करें

परिवार में एकता को मजबूत करें।

विवादों को जल्दी सुलझाएँ।

घर के लिए प्रार्थना करें।

भविष्यवाणी-संबंधी प्रार्थना

"पिता, मेरे घर की रक्षा कीजिए। मेरी दीवारों के भीतर शांति का राज्य हो, यीशु के नाम में।"

364. अजीब सभा में उड़कर जाने का स्वप्न

अर्थ

यह आत्मिक भागने, महत्वाकांक्षा, या सीमाओं से ऊपर उठने की इच्छा का संकेत हो सकता है। संदर्भ के अनुसार अर्थ बदलता है।

खतरे का स्तर

संदर्भ पर आधारित।

बाइबिलीय आधार (BSI)

"वे उकाबों के समान पंख फैलाकर उड़ेंगे..." — यशायाह 40:31

तुरंत क्या करें

अपने उद्देश्यों की जाँच करें।

वचन में स्थिर रहें।

आत्मिक घमण्ड से बचें।

भविष्यवाणी-संबंधी प्रार्थना

"प्रभु, मेरी उन्नति केवल आपसे हो। मेरी उड़ान को शुद्ध और आपकी आत्मा द्वारा निर्देशित रखिए, यीशु के नाम में।"

365. गिरने का स्वप्न

अर्थ

यह असुरक्षा, असफलता के भय, या अस्थिरता को दर्शाता है।

खतरे का स्तर

मध्यम।

बाइबिलीय आधार (BSI)

"यदि वह गिरे, तो भी वह पूरी तरह न गिर पड़ेगा, क्योंकि यहोवा उसे अपने हाथ से संभाले रहता है।" — भजन संहिता 37:24

तुरंत क्या करें

कमजोरी के क्षेत्रों को पहचानें।

अनुशासन में स्थिरता लाएँ।

परमेश्वर में विश्वास को मजबूत करें।

भविष्यवाणी-संबंधी प्रार्थना

"प्रभु, अपने हाथ से मुझे थामे रखिए। मैं स्थायी रूप से नहीं गिरूँगा, यीशु के नाम में।"

366. पिता को देखने का स्वप्न

अर्थ

यह स्वप्न प्रायः अधिकार, मार्गदर्शन, या पितृ-सुरक्षा का प्रतीक होता है।

खतरे का स्तर

निम्न — यह शिक्षाप्रद संकेत है।

बाइबिलीय आधार (BSI)

"अपने पिता और अपनी माता का आदर कर..." — निर्गमन 20:12

तुरंत क्या करें

संदेश को ध्यान से सुनें।

अधिकार का आदर करें।

बुद्धिमानी की सलाह खोजें।

भविष्यवाणी-संबंधी प्रार्थना

"हे पिता परमेश्वर, मुझे बुद्धिमान सलाह और दिव्य निर्देशन के द्वारा मार्ग दिखाइए, यीशु के नाम में।"

367. पिता का आप पर क्रोधित होना

अर्थ

यह दोषबोध, मन की पकड़ाई, या असंगति की जागरूकता का संकेत हो सकता है।

खतरे का स्तर

मध्यम — सुधार की आवश्यकता।

बाइबिलीय आधार (BSI)

"यहोवा उसी को ताड़ना देता है जिससे वह प्रेम रखता है..." — नीतिवचन 3:12

तुरंत क्या करें

हाल के कार्यों पर मनन करें।

भूलों को शीघ्र ठीक करें।

मेल-मिलाप खोजें।

भविष्यवाणी-संबंधी प्रार्थना

"प्रभु, मुझे कोमलता से सुधारिए और अपनी इच्छा के साथ फिर से मिलाइए, यीशु के नाम में।"

368. अपने पिता या माता को मारने का स्वप्न

अर्थ

यह पुराने अधिकार के प्रभाव को समाप्त करने, या पिछली निर्भरता से अलग होने का प्रतीक है।

खतरे का स्तर

संदर्भ पर निर्भर — यह प्रतीकात्मक परिवर्तन है।

बाइबिलीय आधार (BSI)

"इस कारण पुरुष अपने माता-पिता को छोड़कर..." — उत्पत्ति 2:24

तुरंत क्या करें

अपनी स्वतंत्रता की जाँच करें।

आदर बनाए रखें।

विद्रोह से बचें।

भविष्यवाणी-संबंधी प्रार्थना

"पिता, बिना अपमान के मुझे परिपक्व होने में सहायता कीजिए। मेरी स्वतंत्रता धर्मी और बुद्धिमान हो, यीशु के नाम में।"

369. उड़ने का स्वप्न

अर्थ

यह स्वतंत्रता की इच्छा, बच निकलने की चाह, महत्वाकांक्षा, या आत्मिक वृद्धि को दर्शाता है।

खतरे का स्तर

निम्न — सामान्यतः सकारात्मक।

बाइबिलीय आधार (BSI)

"तुम ने देखा है... कि मैं तुम को उकाब-पंखों पर उठाकर ले आया..." — निर्गमन 19:4

तुरंत क्या करें

वृद्धि का पीछा जिम्मेदारी से करें।

नम्र बने रहें।

अवास्तविक पलायन से बचें।

भविष्यवाणी-संबंधी प्रार्थना

"प्रभु, मुझे सीमाओं से ऊपर उठाइए, पर सत्य में स्थिर भी रखिए, यीशु के नाम में।"

370. किसी मरे हुए परिवार के सदस्य का बोलना

अर्थ

यह प्रायः स्मृति, अनसुलझी भावनाएँ, या समापन की इच्छा को दर्शाता है। ध्यान संदेश पर रखें, रहस्यवाद पर नहीं।

खतरे का स्तर

निम्न — यह भावनात्मक प्रक्रिया का संकेत है।

बाइबिलीय आधार (BSI)

"हर एक बात का एक समय होता है..." — सभोपदेशक 3:1

तुरंत क्या करें

शांति खोजें।

अंधविश्वासी अर्थ न निकालें।

अपने आप को पवित्रशास्त्र में स्थिर रखें।

भविष्यवाणी-संबंधी प्रार्थना

"पिता, मेरे अतीत के विषय में मुझे शांति दीजिए और मेरे भविष्य के लिए स्पष्टता दीजिए, यीशु के नाम में।"

371. भूरे या सूखे खेत का स्वप्न

अर्थ

यह निष्फल समय, आत्मिक सूखेपन, या आर्थिक मंदी का प्रतीक है।

खतरे का स्तर

मध्यम — यह मौसम की चेतावनी है।

बाइबिलीय आधार (BSI)

"धन्य है वह मनुष्य जो यहोवा पर भरोसा रखता है... उसके पत्ते हरे रहेंगे।"
— यिर्मयाह 17:7–8

तुरंत क्या करें

अपने आत्मिक जीवन में निरंतरता की जाँच करें।

घबराहट में निर्णय न लें।

सूखे समय में भी बुद्धि से बोते रहें।

भविष्यवाणी-संबंधी प्रार्थना

"प्रभु, मेरे जीवन के हर सूखे क्षेत्र में फिर से फलदायकता बहाल कीजिए, यीशु के नाम में।"

372. पक्षियों का स्वप्न

अर्थ

पक्षी अक्सर विचारों या आत्मिक प्रभावों का प्रतीक होते हैं। संदर्भ के अनुसार अर्थ सकारात्मक या नकारात्मक हो सकता है।

खतरे का स्तर

संदर्भ पर आधारित।

बाइबिलीय आधार (BSI)

"आकाश के पक्षी आकर उसे चुग गए..." — मत्ती 13:4

तुरंत क्या करें

अपने विचारों की रक्षा करें।

विवेक को मजबूत करें।

नकारात्मक प्रभाव के विरुद्ध प्रार्थना करें।

भविष्यवाणी-संबंधी प्रार्थना

"पिता, मेरे मन को हानिकारक प्रभावों से बचाइए। मेरे विचार आपके सत्य के साथ यीशु के नाम में मिले रहें।"

373. पंखे का स्वप्न

अर्थ

यह ताज़गी, विश्राम, या भावनात्मक ठंडक का प्रतीक है।

खतरे का स्तर

निम्न — यह बहाली का संकेत है।

बाइबिलीय आधार (BSI)

“हे सब परिश्रम करनेवालो... मेरे पास आओ, मैं तुम्हें विश्राम दूँगा।” — मत्ती 11:28

तुरंत क्या करें

गति धीमी करें।

शारीरिक विश्राम लें।

संतुलन बहाल करें।

भविष्यवाणी-संबंधी प्रार्थना

“प्रभु, मेरे शरीर और आत्मा को ताज़गी दीजिए। मुझे नया बल दीजिए, यीशु के नाम में।”

374. नए खेत का स्वप्न जो अभी जोता नहीं गया है

अर्थ

यह नई शुरुआत, अप्रयुक्त क्षमता, और आगे रखे अवसर का संकेत है।

खतरे का स्तर

निम्न — यह अवसर का समय है।

बाइबिलीय आधार (BSI)

“अपने परती खेत को जोतो...” — होशे 10:12

तुरंत क्या करें

योजना बनाना शुरू करें।

परिश्रम से तैयारी करें।

देर न करें।

भविष्यवाणी-संबंधी प्रार्थना

“पिता, आपने जो हर नया अवसर मेरे सामने रखा है उसे उपजाऊ बनाने में मेरी सहायता कीजिए, यीशु के नाम में।”

375. किसी के चेहरे को बदलते देखना

अर्थ

यह छल, छिपे हुए इरादों, या किसी के बारे में अनिश्चितता का प्रतीक है।

खतरे का स्तर

मध्यम — संबंधों में विवेक की आवश्यकता।

बाइबिलीय आधार (BSI)

"शैतान आप ही ज्योतिर्मय दूत का रूप धारण करता है..." — 2 कुरिन्थियों 11:14

तुरंत क्या करें

सावधानी बरतें।

आचरण के pattern को देखें।

भरोसा करने से पहले बुद्धि खोजें।

भविष्यवाणी-संबंधी प्रार्थना

"प्रभु, हर छल को प्रकट कीजिए और मेरे संबंधों में मुझे विवेक दीजिए, यीशु के नाम में।"

376. पेट्रोल पम्प / filling station का स्वप्न

अर्थ

यह नवीनीकरण, ऊर्जा, या रणनीतिक रूप से फिर से भरने की आवश्यकता को दर्शाता है।

खतरे का स्तर

निम्न — यह maintenance का संकेत है।

बाइबिलीय आधार (BSI)

"जो यहोवा की बाट जोहते हैं, वे नया बल प्राप्त करते जाएंगे..." — यशायाह 40:31

तुरंत क्या करें

आत्मिक रूप से फिर से भरें।

अपने लक्ष्यों की समीक्षा करें।

रणनीतिक विश्राम लें।

भविष्यवाणी-संबंधी प्रार्थना

"पिता, मुझे नया बल और नई स्पष्टता से भर दीजिए, यीशु के नाम में।"

377. घने, अँधेरे जंगल का स्वप्न

अर्थ

यह भ्रम, अनिश्चितता, या खो जाने की भावना को दर्शाता है।

खतरे का स्तर

मध्यम।

बाइबिलीय आधार (BSI)

"तेरा वचन मेरे पांव के लिये दीपक और मेरे मार्ग के लिये उजियाला है।" — भजन संहिता 119:105

तुरंत क्या करें

निर्णय लेने से पहले दिशा खोजें।

आवेगपूर्ण कार्यवाही से बचें।

प्रार्थना में बने रहें।

भविष्यवाणी-संबंधी प्रार्थना

"प्रभु, मुझे भ्रम से निकालकर स्पष्टता और दिशा में ले चलिए, यीशु के नाम में।"

378. बड़े पेड़ के गिरने का स्वप्न

अर्थ

यह अधिकार की हानि, बड़े परिवर्तन, या नेतृत्व के बदलाव का संकेत हो सकता है।

खतरे का स्तर

संदर्भ पर निर्भर।

बाइबिलीय आधार (BSI)

"वह राजाओं को उतार देता है और राजाओं को स्थापित करता है..." — दानिय्येल 2:21

तुरंत क्या करें

परिवर्तन के लिए तैयार रहें।

बदलाव के बीच स्थिर रहें।

भय-आधारित निष्कर्षों से बचें।

भविष्यवाणी-संबंधी प्रार्थना

“पिता, परिवर्तन के समयों में मेरे जीवन को स्थिर रखिए, यीशु के नाम में।”

379. ऊपर से आग आने का स्वप्न

अर्थ

यह दिव्य शक्ति, शुद्धिकरण, या आत्मिक सक्रियता का प्रतीक है।

खतरे का स्तर

निम्न — यदि विनाशकारी न हो तो सामान्यतः सकारात्मक।

बाइबिलीय आधार (BSI)

“हमारा परमेश्वर भस्म करने वाली आग है।” — इब्रानियों 12:29

तुरंत क्या करें

पवित्रता की खोज करें।

शुद्धिकरण को ग्रहण करें।

नम्र बने रहें।

भविष्यवाणी-संबंधी प्रार्थना

“प्रभु, अपनी पवित्र आग से मुझे शुद्ध कीजिए और सामर्थ्य दीजिए, यीशु के नाम में।”

380. मेंढकों का स्वप्न

अर्थ

यह अक्सर बाधा, शोर, या लगातार परेशान करने वाली बातों का प्रतीक है।

खतरे का स्तर

निम्न से मध्यम।

बाइबिलीय आधार (BSI)

“तीन अशुद्ध आत्माएँ मेंढकों के समान...” — प्रकाशितवाक्य 16:13

तुरंत क्या करें

ध्यान भटकाने वाली बातों को हटाएँ।

परेशानियों का सीधे सामना करें।

एकाग्रता बनाए रखें।

भविष्यवाणी-संबंधी प्रार्थना

"पिता, मेरी राह से हर distraction और disturbance को यीशु के नाम में हटा दीजिए।"

381. पौधों या फूलों को पानी देने का स्वप्न

अर्थ

यह पालन-पोषण की जिम्मेदारी, आत्मिक वृद्धि, या संबंधों के विकास का प्रतीक है।

खतरे का स्तर

निम्न — यह सकारात्मक वृद्धि का संकेत है।

बाइबिलीय आधार (BSI)

"मैंने लगाया, अपुल्लोस ने सींचा, परन्तु परमेश्वर ने बढ़ाया।" — 1 कुरिन्थियों 3:6

तुरंत क्या करें

जो कुछ परमेश्वर ने आपको सौंपा है उसका पालन-पोषण निरंतर करते रहें।

वृद्धि के समयों में धैर्य रखें।

छोटी शुरुआतों की उपेक्षा न करें।

भविष्यवाणी-संबंधी प्रार्थना

"पिता, हर उस जिम्मेदारी और संबंध को विश्वासयोग्यता से पोषित करने में मेरी सहायता कीजिए जो आपने मुझे दिया है, यीशु के नाम में।"

382. फूल दिए जाने का स्वप्न

अर्थ

यह स्नेह, अनुग्रह, प्रशंसा, या संबंधों में आशीष का प्रतीक है।

खतरे का स्तर

निम्न — यह अनुकूल संकेत है।

बाइबिलीय आधार (BSI)

"वह मुझे भोज के घर में ले आया, और उसका ध्वज मुझ पर प्रेम था।" — श्रेष्ठगीत 2:4

तुरंत क्या करें

प्रेम और अनुग्रह को नम्रता से ग्रहण करें।

मूल्यवान संबंधों को मजबूत करें।

हृदय की पवित्रता की रक्षा करें।

भविष्यवाणी-संबंधी प्रार्थना

"प्रभु, स्वस्थ प्रेम और अनुग्रह मेरे जीवन को यीशु के नाम में घेरे रहें।"

383. फूलों के बाग़ का स्वप्न

अर्थ

यह आनन्द, सुन्दरता, संबंधों में सामंजस्य, या फलदायी समय का प्रतीक है।

खतरे का स्तर

निम्न।

बाइबिलीय आधार (BSI)

"जंगल और निर्जल देश प्रसन्न होंगे, और मरुभूमि मगन होकर गुलाब की नाईं फूलेगी।" — यशायाह 35:1

तुरंत क्या करें

कृतज्ञ बने रहें।

अपनी शांति की रक्षा करें।

आनन्द को बढ़ाते रहें।

भविष्यवाणी-संबंधी प्रार्थना

"पिता, मेरा जीवन आनन्द और परिपूर्णता के साथ यीशु के नाम में खिल उठे।"

384. फर्श साफ करने का स्वप्न

अर्थ

यह शुद्धि, व्यवस्था, और अनावश्यक बातों को हटाने का प्रतीक है।

खतरे का स्तर

निम्न – यह सुधार का अवसर है।

बाइबिलीय आधार (BSI)

"आओ, हम अपने आप को शरीर और आत्मा की सब मलिनता से शुद्ध करें..." – 2 कुरिन्थियों 7:1

तुरंत क्या करें

आदतों में फैली अव्यवस्था को हटाएँ।

अनसुलझी बातों को सुलझाएँ।

अनुशासन को बहाल करें।

भविष्यवाणी-संबंधी प्रार्थना

"प्रभु, मेरे जीवन को व्यवस्थित करने और जो कुछ आपको आदर नहीं देता उसे हटाने में मेरी सहायता कीजिए, यीशु के नाम में।"

385. बहुत ऊँचाई से गिरने का स्वप्न

अर्थ

यह असफलता के भय, असुरक्षा, या पद में अस्थिरता को दर्शाता है।

खतरे का स्तर

मध्यम – घमण्ड या अस्थिरता की चेतावनी।

बाइबिलीय आधार (BSI)

"घमण्ड के पीछे विनाश होता है, और अकड़ के पीछे ठोकर लगती है।" – नीतिवचन 16:18

तुरंत क्या करें

नम्रता की रक्षा करें।

नींव को मजबूत करें।

अत्यधिक आत्मविश्वास से बचें।

भविष्यवाणी-संबंधी प्रार्थना

"पिता, मुझे अपने में स्थिर और सुरक्षित रखिए, यीशु के नाम में।"

386. पागल व्यक्ति पर विजय पाने का स्वप्न

अर्थ

यह अव्यवस्था, भ्रम, या तर्कहीन विरोध पर विजय का संकेत है।

खतरे का स्तर

निम्न — यह शक्ति का सकारात्मक संकेत है।

बाइबिलीय आधार (BSI)

"परमेश्वर ने हमें भय की नहीं, पर सामर्थ, प्रेम, और संयम की आत्मा दी है।" — 2 तीमुथियुस 1:7

तुरंत क्या करें

मानसिक स्थिरता बनाए रखें।

भावनात्मक प्रतिक्रिया से बचें।

आत्मिक रूप से मजबूत बने रहें।

भविष्यवाणी-संबंधी प्रार्थना

"प्रभु, मेरे मन को मजबूत कीजिए और हर अव्यवस्थित परिस्थिति पर मुझे विजय दीजिए, यीशु के नाम में।"

387. मरी हुई मछलियों का स्वप्न

अर्थ

यह छूटे हुए अवसर, रुकी हुई प्रगति, या निष्फल प्रयास का प्रतीक है।

खतरे का स्तर

मध्यम — उत्पादकता की चेतावनी।

बाइबिलीय आधार (BSI)

"चोर किसी और काम के लिये नहीं, केवल चोरी करने और घात करने और नष्ट करने को आता है..." — यूहन्ना 10:10

तुरंत क्या करें

रणनीतियों की समीक्षा करें।

गलतियों को जल्दी सुधारें।

प्रयत्न को फिर से नया करें।

भविष्यवाणी-संबंधी प्रार्थना

"पिता, हर उस क्षेत्र में फलदायकता बहाल कीजिए जो रुका हुआ प्रतीत होता है, यीशु के नाम में।"

388. मछली पकड़ने का स्वप्न

अर्थ

यह प्रचारक सफलता, प्रभाव, या आर्थिक प्रावधान का संकेत है।

खतरे का स्तर

निम्न – यह अनुकूल संकेत है।

बाइबिलीय आधार (BSI)

"गहरे में ले चल... और उन्होंने बहुत-सी मछलियाँ पकड़ीं।" – लूका 5:4–6

तुरंत क्या करें

विश्वास के साथ आगे बढ़ें।

अपने प्रयासों को बढ़ाएँ।

आज्ञाकारिता में बने रहें।

भविष्यवाणी-संबंधी प्रार्थना

"प्रभु, जब मैं आपकी दिशा में चलता हूँ, तब मुझे सफलता प्रदान कीजिए, यीशु के नाम में।"

389. कोड़े खाए जाने का स्वप्न

अर्थ

यह सुधार, उत्पीड़न, या आत्मिक विरोध का प्रतीक है।

खतरे का स्तर

मध्यम – सहनशीलता की परीक्षा।

बाइबिलीय आधार (BSI)

"जो कोई भक्ति के साथ मसीह यीशु में जीवन बिताना चाहता है, वह सताया जाएगा।" – 2 तीमुथियुस 3:12

तुरंत क्या करें

दृढ़ बने रहें।

बदला लेने से बचें।

प्रार्थना-जीवन को मजबूत करें।

भविष्यवाणी-संबंधी प्रार्थना

“पिता, परीक्षाओं को सहने का अनुग्रह दीजिए और मुझे पहले से अधिक मजबूत करके निकालिए, यीशु के नाम में।”

390. लँगड़े पैरों का स्वप्न

अर्थ

यह धीमी प्रगति, असुरक्षा, या आत्मविश्वास की कमी को दर्शाता है।

खतरे का स्तर

मध्यम।

बाइबिलीय आधार (BSI)

“तब लंगड़ा हरिण की नाईं चौकड़ियाँ भरेगा...” — यशायाह 35:6

तुरंत क्या करें

अनुशासन को मजबूत करें।

सहायता खोजें।

निराशा से बचें।

भविष्यवाणी-संबंधी प्रार्थना

“प्रभु, मेरी यात्रा को सामर्थ दीजिए और मेरी प्रगति को यीशु के नाम में तेज कीजिए।”

391. मक्खियाँ देखने का स्वप्न

अर्थ

यह छोटी लेकिन लगातार परेशान करने वाली बातों, छोटे पापों, या ऐसी distractions का प्रतीक है जो बड़ी प्रगति को बिगाड़ सकती हैं।

खतरे का स्तर

मध्यम — छोटी रियायतों के द्वारा भ्रष्टता की चेतावनी।

बाइबिलीय आधार (BSI)

"मरी हुई मक्खियाँ इत्र बेचनेवाले के तेल को सड़ा देती और दुर्गन्धित कर देती हैं; उसी प्रकार थोड़ी-सी मूर्खता बुद्धि और आदर से बढ़कर ठहरती है।" — सभोपदेशक 10:1

तुरंत क्या करें

छोटी समस्याओं को बढ़ने से पहले सुलझाएँ।

अपनी प्रतिष्ठा की रक्षा करें।

विषैले प्रभावों को हटाएँ।

भविष्यवाणी-संबंधी प्रार्थना

"पिता, हर छोटी भ्रष्टता को दूर कीजिए जो मेरे जीवन को बिगाड़ने का प्रयास कर रही है, यीशु के नाम में।"

392. खेत साफ करने का स्वप्न

अर्थ

यह उत्पादकता से पहले तैयारी का समय है; breakthrough से पहले अवरोधों को हटाना।

खतरे का स्तर

निम्न — यह रचनात्मक समय है।

बाइबिलीय आधार (BSI)

"अपने परती खेत को जोतो, क्योंकि यहोवा को ढूँढ़ने का समय है।" — होशे 10:12

तुरंत क्या करें

नए अवसरों के लिए तैयारी करें।

आलस्य को हटाएँ।

नींव में परिश्रम लगाएँ।

भविष्यवाणी-संबंधी प्रार्थना

"प्रभु, मेरे भूमि-क्षेत्र को फलदायकता और स्थायी सफलता के लिए तैयार कीजिए, यीशु के नाम में।"

393. बाढ़ का स्वप्न

अर्थ

यह अत्यधिक भावनाओं, दबाव, या ऐसी चुनौतियों का प्रतीक है जो आपकी स्थिरता पर हावी होना चाहती हैं।

खतरे का स्तर

मध्यम — भावनात्मक या परिस्थितिजन्य अत्यधिक दबाव।

बाइबिलीय आधार (BSI)

"जब शत्रु बाढ़ के समान आएगा, तब यहोवा का आत्मा उसके विरुद्ध झंडा खड़ा करेगा।" — यशायाह 59:19

तुरंत क्या करें

शांत रहें।

घबराहट में निर्णय न लें।

आत्मिक स्थिरता खोजें।

भविष्यवाणी-संबंधी प्रार्थना

"पिता, मेरे जीवन की हर अत्यधिक परिस्थिति के विरुद्ध अपना ध्वज खड़ा कीजिए, यीशु के नाम में।"

394. बाढ़ या डूबने से बच निकलने का स्वप्न

अर्थ

यह संकट से छुटकारा और कठिनाई के बीच बच निकलने का संकेत है।

खतरे का स्तर

निम्न — सकारात्मक छुटकारे का संकेत।

बाइबिलीय आधार (BSI)

"उसने ऊपर से हाथ बढ़ाकर मुझे पकड़ लिया; उसने मुझे बड़े जल में से खींच निकाला।" — भजन संहिता 18:16

तुरंत क्या करें

धन्यवाद करें।

उस अनुभव से सीखें।

आत्मिक अनुशासन को मजबूत करें।

भविष्यवाणी-संबंधी प्रार्थना

"प्रभु, अत्यधिक परेशानियों से मुझे छुड़ाने के लिए आपका धन्यवाद, यीशु के नाम में।"

395. बाढ़ से भरे हुए घर का स्वप्न

अर्थ

यह पारिवारिक तनाव, भावनात्मक अस्थिरता, या घर के भीतर अशांति को दर्शाता है।

खतरे का स्तर

मध्यम — घर-परिवार पर ध्यान देने की आवश्यकता।

बाइबिलीय आधार (BSI)

"बुद्धिमान स्त्री अपना घर बनाती है..." — नीतिवचन 14:1

तुरंत क्या करें

घर में शांति बहाल करें।

स्पष्ट संवाद करें।

परिवार की एकता के लिए प्रार्थना करें।

भविष्यवाणी-संबंधी प्रार्थना

"पिता, मेरे घर के भीतर शांति और स्थिरता को बहाल कीजिए, यीशु के नाम में।"

396. गिर जाने का स्वप्न

अर्थ

यह असफलता के भय, असुरक्षा, या व्यक्तिगत आत्मविश्वास में अस्थिरता को दर्शाता है।

खतरे का स्तर

मध्यम — यह भीतरी संघर्ष का संकेत है।

बाइबिलीय आधार (BSI)

"यदि वह गिरे, तो भी वह पूरी तरह न गिर पड़ेगा, क्योंकि प्रभु उसे अपने हाथ से संभाले रहता है।" — भजन संहिता 37:24

तुरंत क्या करें

अपने आत्मविश्वास को फिर से बनाइए।

भय से संचालित सोच से बचिए।

लगातार बने रहिए।

भविष्यवाणी-संबंधी प्रार्थना

"प्रभु, जब मैं अपने आप को अस्थिर महसूस करूँ, तब मुझे थामे रखिए, यीशु के नाम में।"

397. पिता के प्रकट होने का स्वप्न

अर्थ

यह अधिकार, मार्गदर्शन, सुरक्षा, या दिशा की आवश्यकता का संकेत है।

खतरे का स्तर

निम्न — यह प्रतीकात्मक अगुवाई का संकेत है।

बाइबिलीय आधार (BSI)

"जैसे पिता अपने बालकों पर दया करता है, वैसे ही यहोवा अपने डरवैयों पर दया करता है।" — भजन संहिता 103:13

तुरंत क्या करें

जो संदेश दिया गया हो उस पर मनन करें।

बुद्धिमानी की सलाह लें।

अधिकार का आदर करें।

भविष्यवाणी-संबंधी प्रार्थना

"पिता, जब आवश्यकता हो तब मुझे बुद्धि और सुधार के साथ चलाइए, यीशु के नाम में।"

398. क्रोधित पिता का स्वप्न

अर्थ

यह मन की पकड़ाई, अनुशासन, या व्यवहार को सुधारने की चेतावनी को दर्शाता है।

खतरे का स्तर

मध्यम – सुधार की चेतावनी।

बाइबिलीय आधार (BSI)

"जिससे प्रभु प्रेम करता है, उसको ताड़ना देता है..." – इब्रानियों 12:6

तुरंत क्या करें

अपने कार्यों की जाँच करें।

यदि आवश्यकता हो तो पश्चाताप करें।

अपनी प्राथमिकताओं को फिर से सही करें।

भविष्यवाणी-संबंधी प्रार्थना

"प्रभु, प्रेम से मुझे सुधारिए और मुझे धर्म के मार्ग में फिर से लौटा लाइए, यीशु के नाम में।"

399. उड़ने का स्वप्न

अर्थ

यह सीमाओं को पार करने की इच्छा, समस्याओं से ऊपर उठने की महत्वाकांक्षा, या उन्नति की लालसा को दर्शाता है।

खतरे का स्तर

निम्न – यह आकांक्षा का प्रतीक है।

बाइबिलीय आधार (BSI)

"जो यहोवा की बाट जोहते हैं, वे नया बल प्राप्त करेंगे; वे उकाबों के समान पंख फैलाकर उड़ेंगे..." – यशायाह 40:31

तुरंत क्या करें

नम्रता में स्थिर रहें।

धैर्य से प्रतीक्षा करें।

बुद्धि से वृद्धि का पीछा करें।

भविष्यवाणी-संबंधी प्रार्थना

"प्रभु, अपनी शक्ति से मुझे मेरी सीमाओं से ऊपर उठाइए, यीशु के नाम में।"

400. पंखे का स्वप्न

अर्थ

यह विश्राम की आवश्यकता, भावनात्मक रूप से शांत होने, या बल को फिर से ताज़ा करने का संकेत है।

खतरे का स्तर

निम्न – यह बहाली का संकेत है।

बाइबिलीय आधार (BSI)

"तुम अपने आप अलग जाकर किसी एकांत स्थान में विश्राम करो..." – मरकुस 6:31

तुरंत क्या करें

शारीरिक विश्राम लें।

burnout से बचें।

आत्मिक रूप से फिर से भरें।

भविष्यवाणी-संबंधी प्रार्थना

"पिता, मेरे बल को ताज़ा कीजिए और मेरी ऊर्जा को बहाल कीजिए, यीशु के नाम में।"

401. नए परंतु अब तक न जोते गए खेत का स्वप्न

अर्थ

यह नई शुरुआत, नया अवसर, और ऐसी क्षमता का संकेत है जो अभी विकसित होना बाकी है।

खतरे का स्तर

निम्न – यह नई जिम्मेदारी का समय है।

बाइबिलीय आधार (BSI)

"अपने बाहर के काम को तैयार कर, और उसे खेत में अपने लिये ठीक कर..." – नीतिवचन 24:27

तुरंत क्या करें

सावधानी से योजना बनाइए।

अनुशासित रहिए।
मजबूत नींव डालिए।

भविष्यवाणी-संबंधी प्रार्थना

"प्रभु, इस नए समय में मेरे हाथों के काम को स्थापित कीजिए, यीशु के नाम में।"

402. किसी के चेहरे को बदलते देखना

अर्थ

यह संकेत देता है कि विवेक की आवश्यकता है; सम्भव है कि वहाँ छल या छिपी हुई प्रेरणाएँ हों।

खतरे का स्तर

मध्यम — संबंधों में सावधानी की आवश्यकता।

बाइबिलीय आधार (BSI)

"हे प्रियों, हर एक आत्मा की प्रतीति न करो, परन्तु आत्माओं को परखो..." — 1 यूहन्ना 4:1

तुरंत क्या करें

जल्दी भरोसा न करें।
विवेक के लिए प्रार्थना करें।
शब्दों से अधिक व्यवहार के patterns को देखें।

भविष्यवाणी-संबंधी प्रार्थना

"पिता, हर छल को प्रकट कीजिए और मुझे विवेक दीजिए, यीशु के नाम में।"

403. filling station / पेट्रोल पम्प का स्वप्न

अर्थ

यह आत्मिक या भावनात्मक थकावट और फिर से भरने की आवश्यकता को दर्शाता है।

खतरे का स्तर

निम्न — यह बहाली का संकेत है।

बाइबिलीय आधार (BSI)

“आत्मा से परिपूर्ण होते जाओ।” — इफिसियों 5:18

तुरंत क्या करें

प्रार्थना में समय बिताइए।

पवित्रशास्त्र का अध्ययन कीजिए।

उचित विश्राम लीजिए।

भविष्यवाणी-संबंधी प्रार्थना

“प्रभु, मुझे नए बल और आत्मिक जीवन्तता से फिर से भर दीजिए, यीशु के नाम में।”

404. अपनी संपत्ति के चारों ओर बाड़ देखने का स्वप्न

अर्थ

यह सुरक्षा, सीमाएँ, और संरक्षण का संकेत है।

खतरे का स्तर

निम्न — यह सकारात्मक आवरण का चिन्ह है।

बाइबिलीय आधार (BSI)

“क्या तू ने उसके चारों ओर बाड़ नहीं बाँध दी…” — अय्यूब 1:10

तुरंत क्या करें

अपनी सीमाओं को बनाए रखें।

निजी बातों की रक्षा करें।

सतर्क रहें।

भविष्यवाणी-संबंधी प्रार्थना

“पिता, मेरे जीवन के चारों ओर अपनी सुरक्षा की बाड़ लगा दीजिए, यीशु के नाम में।”

405. टूटी हुई बाड़ का स्वप्न

अर्थ

यह कमज़ोरी, सुरक्षा की कमी, या खुली हुई कमजोरी का संकेत है।

खतरे का स्तर

मध्यम — यह gaps की चेतावनी है।

बाइबिलीय आधार (BSI)

"जो बाड़ को तोड़ेगा, उसको साँप डँसेगा।" — सभोपदेशक 10:8

तुरंत क्या करें

आत्मिक gaps को बंद करें।

समझौते को हटाएँ।

अनुशासन को मजबूत करें।

भविष्यवाणी-संबंधी प्रार्थना

"प्रभु, मेरे जीवन के चारों ओर की हर टूटी हुई बाड़ को ठीक कीजिए, यीशु के नाम में।"

406. घर में आग लगने का स्वप्न

अर्थ

यह परिवार की संरचना के भीतर संघर्ष, शुद्धिकरण, या संकट को दर्शा सकता है।

खतरे का स्तर

मध्यम — संदर्भ पर निर्भर।

बाइबिलीय आधार (BSI)

"हमारा परमेश्वर भस्म करने वाली आग है।" — इब्रानियों 12:29

तुरंत क्या करें

घर की स्थिरता की जाँच करें।

झगड़े और तनाव को हटाएँ।

शांति की खोज करें।

भविष्यवाणी-संबंधी प्रार्थना

"पिता, आपकी आग मेरे घर को शुद्ध करे, पर नष्ट न करे, यीशु के नाम में।"

407. मित्रवत अजनबी का स्वप्न

अर्थ

यह नए संबंध, नए अवसर, या आपके जीवन में प्रवेश करने वाले किसी अज्ञात प्रभाव का संकेत है।

खतरे का स्तर

निम्न — पर विवेक आवश्यक है।

बाइबिलीय आधार (BSI)

"पाहुनाई करना न भूलो..." — इब्रानियों 13:2

तुरंत क्या करें

बुद्धि से काम लें।

बहुत अधिक निजी बातें तुरंत न बताएँ।

स्पष्टता के लिए प्रार्थना करें।

भविष्यवाणी-संबंधी प्रार्थना

"प्रभु, मेरे जीवन में प्रवेश करने वाले हर नए संबंध को आपकी दिशा मिले, यीशु के नाम में।"

408. तेज़ बहती नदी का स्वप्न

अर्थ

यह तीव्र बदलावों, और ऐसे घटनाक्रमों का संकेत है जो नियंत्रण से तेज़ चल रहे हों।

खतरे का स्तर

मध्यम — अनुकूलन की आवश्यकता है।

बाइबिलीय आधार (BSI)

"जब तू जल में होकर जाए, मैं तेरे संग रहूँगा..." — यशायाह 43:2

तुरंत क्या करें

स्थिर बने रहें।

घबराहट से बचें।

आत्मिक रूप से grounded रहें।

भविष्यवाणी-संबंधी प्रार्थना

"पिता, जीवन के हर तीव्र गति वाले समय में मुझे स्थिर रखिए, यीशु के नाम में।"

409. ताज़े दूध का स्वप्न

अर्थ

यह आत्मिक पोषण, वृद्धि, या सीखने के प्रारम्भिक चरण का प्रतीक है।

खतरे का स्तर

निम्न – यह सकारात्मक विकास है।

बाइबिलीय आधार (BSI)

"नवजात बालकों के समान निर्मल आत्मिक दूध की लालसा करो..." – 1 पतरस 2:2

तुरंत क्या करें

पवित्रशास्त्र का गहरा अध्ययन करें।

विश्वास की नींव को मजबूत करें।

स्थिर रूप से बढ़ते रहें।

भविष्यवाणी-संबंधी प्रार्थना

"प्रभु, प्रतिदिन अपने वचन से मेरी आत्मा को पोषण दीजिए, यीशु के नाम में।"

410. कोहरा या धुंध का स्वप्न

अर्थ

यह भ्रम, अस्पष्ट दिशा, या अनिश्चितता का संकेत है।

खतरे का स्तर

मध्यम – स्पष्टता की आवश्यकता है।

बाइबिलीय आधार (BSI)

"तेरा वचन मेरे पांव के लिये दीपक और मेरे मार्ग के लिये उजियाला है।" – भजन संहिता 119:105

तुरंत क्या करें

जल्दबाज़ी में निर्णय न लें।

सलाह लें।

बुद्धि के लिए प्रार्थना करें।**भविष्यवाणी-संबंधी प्रार्थना**

“पिता, हर भ्रम की धुंध को हटा दीजिए और मेरे मार्ग को प्रकाशित कीजिए, यीशु के नाम में।”

F

411. आकाश में आग का स्वप्न

अर्थ

यह दिव्य हस्तक्षेप, न्याय, या अलौकिक ध्यान का संकेत है।

खतरे का स्तर

निम्न से मध्यम – भावनात्मक tone पर निर्भर।

बाइबिलीय आधार (BSI)

“जो परमेश्वर आग से उत्तर दे, वही परमेश्वर है।” – 1 राजा 18:24

तुरंत क्या करें

अपनी आत्मिक स्थिति की जाँच करें।

प्रार्थना में बने रहें।

आज्ञाकारिता में स्थिर रहें।

भविष्यवाणी-संबंधी प्रार्थना

“हे प्रभु, अपनी पवित्र आग से मेरे जीवन को शुद्ध भी कीजिए और सुरक्षित भी रखिए, यीशु के नाम में।”

412. आग में गिरना पर न जलना

अर्थ

यह परीक्षा के समय के साथ-साथ दिव्य सुरक्षा को दर्शाता है।

खतरे का स्तर

निम्न — सुरक्षा का संकेत है।

बाइबिलीय आधार (BSI)

"जब तू आग में होकर चले, तब तू न जलेगा..." — यशायाह 43:2

तुरंत क्या करें

परीक्षाओं से न डरें।

परमेश्वर के आवरण पर भरोसा रखें।

दृढ़ बने रहें।

भविष्यवाणी-संबंधी प्रार्थना

"पिता, हर परीक्षा में मेरी रक्षा कीजिए, यीशु के नाम में।"

413. आर्थिक कागज़ात या दस्तावेज़ों का स्वप्न

अर्थ

यह आने वाली जिम्मेदारी, अनुबंध, या आर्थिक निर्णय का संकेत है।

खतरे का स्तर

निम्न — पर बुद्धि आवश्यक है।

बाइबिलीय आधार (BSI)

"परिश्रमी की योजनाओं से निश्चय लाभ होता है..." — नीतिवचन 21:5

तुरंत क्या करें

समझौतों को ध्यान से पढ़ें।

आवेग में commitments न लें।

हस्ताक्षर करने से पहले प्रार्थना करें।

भविष्यवाणी-संबंधी प्रार्थना

"प्रभु, हर आर्थिक निर्णय में मुझे बुद्धि प्रदान कीजिए, यीशु के नाम में।"

414. कटाई होते हुए खेत का स्वप्न

अर्थ

यह प्रतिफल के समय, और पिछले परिश्रम के परिणामों का संकेत है।

खतरे का स्तर

निम्न – यह सकारात्मक पूर्ति है।

बाइबिलीय आधार (BSI)

"यदि हम हियाव न छोड़ें तो ठीक समय पर कटनी काटेंगे।" – गलातियों 6:9

तुरंत क्या करें

कृतज्ञ बने रहें।

निरंतरता बनाए रखें।

अगले स्तर के लिए तैयार रहें।

भविष्यवाणी-संबंधी प्रार्थना

"पिता, मेरी कटनी का समय पूरी रीति से प्रकट हो, यीशु के नाम में।"

415. लड़ाई करना और जीतना

अर्थ

यह विरोध पर विजय, चाहे आत्मिक हो या व्यक्तिगत, का संकेत है।

खतरे का स्तर

निम्न – यह विजय का चिन्ह है।

बाइबिलीय आधार (BSI)

"यहोवा तुम्हारे लिये लड़ेगा..." – निर्गमन 14:14

तुरंत क्या करें

दृढ़ बने रहें।

पीछे न हटें।

प्रार्थना-जीवन को मजबूत करें।

भविष्यवाणी-संबंधी प्रार्थना

"प्रभु, जीवन की हर लड़ाई में मुझे विजय दीजिए, यीशु के नाम में।"

416. आग के द्वारा पीछा किए जाने का स्वप्न

अर्थ

यह मन की पकड़ाई, तात्कालिकता, या तीव्र दबाव का संकेत है।

खतरे का स्तर

मध्यम — आत्म-परीक्षण की आवश्यकता है।

बाइबिलीय आधार (BSI)

"क्या मेरा वचन आग के समान नहीं है?" — यिर्मयाह 23:29

तुरंत क्या करें

अपने विवेक की जाँच करें।

छिपी हुई बातों को हटाएँ।

सुधार के अधीन हो जाएँ।

भविष्यवाणी-संबंधी प्रार्थना

"पिता, अपने वचन से मुझे शुद्ध कीजिए और हर अशुद्धता को दूर कीजिए, यीशु के नाम में।"

417. परिवार को शांति से एकत्र देखा जाना

अर्थ

यह एकता, मेल-मिलाप, या संबंधों की बहाली का संकेत है।

खतरे का स्तर

निम्न — यह संबंधों में सकारात्मक समय है।

बाइबिलीय आधार (BSI)

"क्या ही भला और मनोहर है कि भाई लोग आपस में मिले रहें!" — भजन संहिता 133:1

तुरंत क्या करें

शांति को बढ़ावा दें।

विवादों को सुलझाएँ।

संवाद को प्रोत्साहित करें।

भविष्यवाणी-संबंधी प्रार्थना

"प्रभु, मेरे परिवार में एकता और शांति को स्थापित कीजिए, यीशु के नाम में।"

418. जमे हुए पानी का स्वप्न

अर्थ

यह भावनात्मक ठहराव या अभिव्यक्ति के रुक जाने का प्रतीक है।

खतरे का स्तर

मध्यम — भावनात्मक चंगाई की आवश्यकता है।

बाइबिलीय आधार (BSI)

"मैं तुम्हें नया मन दूँगा..." — यहेजकेल 36:26

तुरंत क्या करें

दबी हुई भावनाओं को पहचानें।

चंगाई की खोज करें।

खुले रूप से संवाद करें।

भविष्यवाणी-संबंधी प्रार्थना

"पिता, मेरे हृदय के हर जमे हुए हिस्से को पिघला दीजिए, यीशु के नाम में।"

419. तेज़ हवा चलने का स्वप्न

अर्थ

यह संकेत देता है कि परिवर्तन निकट है; यह संक्रमण का समय है।

खतरे का स्तर

निम्न — पर लचीलेपन की आवश्यकता है।

बाइबिलीय आधार (BSI)

"वायु जिधर चाहती है उधर चलती है..." — यूहन्ना 3:8

तुरंत क्या करें

परिवर्तन के लिए तैयार रहें।

अपने आप को परिस्थिति के अनुसार ढालें।

दिव्य दिशा की खोज करें।

भविष्यवाणी-संबंधी प्रार्थना

"प्रभु, हर परिवर्तन के समय में मुझे चलाइए, यीशु के नाम में।"

420. अपने पीछे चलते कदमों की आहट सुनने का स्वप्न

अर्थ

यह दबाव, जागरूकता, या जवाबदेही का संकेत है।

खतरे का स्तर

मध्यम — अपने आसपास के प्रभावों की जाँच करें।

बाइबिलीय आधार (BSI)

"हे यहोवा, तू ने मुझे जाँचकर जान लिया है।" — भजन संहिता 139:1

तुरंत क्या करें

अपने निर्णयों पर विचार करें।

गुप्तता से बचें।

पारदर्शिता में चलें।

भविष्यवाणी-संबंधी प्रार्थना

"पिता, मेरे कदमों की रक्षा कीजिए और मुझे धर्मी प्रभावों से घेर दीजिए, यीशु के नाम में।"

421. दाँत गिरने का स्वप्न

अर्थ

यह आत्मविश्वास की कमी, संवाद के विषय में असुरक्षा, या किसी हानि के भय को दर्शाता है।

खतरे का स्तर

मध्यम — यह भावनात्मक या संबंधों से जुड़ी चिन्ता है।

बाइबिलीय आधार (BSI)

"जीभ के वश में मृत्यु और जीवन दोनों होते हैं..." — नीतिवचन 18:21

तुरंत क्या करें

अपने शब्दों की रक्षा करें।

आत्मविश्वास को मजबूत करें।

नकारात्मक बोलने से बचें।

भविष्यवाणी-संबंधी प्रार्थना

"प्रभु, मेरे शब्दों को स्थिर कीजिए और मेरे आत्मविश्वास को बहाल कीजिए, यीशु के नाम में।"

422. बेहोश होने का स्वप्न

अर्थ

यह आत्मिक थकावट या भावनात्मक रूप से अत्यधिक दबाव में होने का संकेत है।

खतरे का स्तर

मध्यम – विश्राम की आवश्यकता है।

बाइबिलीय आधार (BSI)

"वह थके हुए को बल देता है..." – यशायाह 40:29

तुरंत क्या करें

विश्राम लें।

शांत होकर प्रार्थना करें।

अनावश्यक दबाव को कम करें।

भविष्यवाणी-संबंधी प्रार्थना

"पिता, मेरे बल को नया कीजिए और मेरी आत्मा को बहाल कीजिए, यीशु के नाम में।"

423. नीचे उड़ने का स्वप्न

अर्थ

यह प्रगति को दर्शाता है, पर सीमाओं के साथ; आंशिक breakthrough का संकेत है।

खतरे का स्तर

निम्न – अभी और वृद्धि की आवश्यकता है।

बाइबिलीय आधार (BSI)

"वे उकाबों के समान पंख फैलाकर उड़ेंगे..." – यशायाह 40:31

तुरंत क्या करें

अनुशासन बढ़ाइए।

विश्वास को मजबूत कीजिए।

आत्मसंतोष से बचिए।

भविष्यवाणी-संबंधी प्रार्थना

"प्रभु, मुझे सामर्थ और स्पष्टता के ऊँचे स्तरों तक उठाइए, यीशु के नाम में।"

424. बहुत ऊँचा उड़ने का स्वप्न

अर्थ

यह स्वतंत्रता, उन्नति, और मानसिक स्पष्टता का संकेत है।

खतरे का स्तर

निम्न — यह सकारात्मक चिन्ह है।

बाइबिलीय आधार (BSI)

"वह मेरे पाँवों को हिरणी के समान बनाता है…" — भजन संहिता 18:33

तुरंत क्या करें

नम्र बने रहें।

जमीन से जुड़े रहें।

संतुलन बनाए रखें।

भविष्यवाणी-संबंधी प्रार्थना

"पिता, मेरी उन्नति को बुद्धि और नम्रता के साथ स्थिर बनाए रखिए, यीशु के नाम में।"

425. गन्तव्य भूल जाने का स्वप्न

अर्थ

यह जीवन की दिशा के विषय में भ्रम को दर्शाता है।

खतरे का स्तर

मध्यम — स्पष्टता की आवश्यकता है।

बाइबिलीय आधार (BSI)

"यहोवा पर भरोसा रख… वही तेरे मार्ग सीधे करेगा।" — नीतिवचन 3:5–6

तुरंत क्या करें

मार्गदर्शन के लिए प्रार्थना करें।

लिखित लक्ष्य बनाएँ।

बिना दिशा के निर्णय न लें।

भविष्यवाणी-संबंधी प्रार्थना

"प्रभु, मेरे कदमों को क्रम में लाइए और मेरी दिशा को स्पष्ट कीजिए, यीशु के नाम में।"

426. बाढ़ का पानी उतरते देखना

अर्थ

यह परेशानी के समाप्त होने और भावनात्मक चंगाई का संकेत है।

खतरे का स्तर

निम्न – यह बहाली का समय है।

बाइबिलीय आधार (BSI)

"बहुत-सा जल भी प्रेम को नहीं बुझा सकता..." – श्रेष्ठगीत 8:7

तुरंत क्या करें

पुराने तनाव को छोड़ दें।

नई शांति को स्वीकार करें।

आगे बढ़ें।

भविष्यवाणी-संबंधी प्रार्थना

"पिता, हर अत्यधिक परिस्थिति स्थायी रूप से उतर जाए, यीशु के नाम में।"

427. ताज़ी हवा का स्वप्न

अर्थ

यह राहत, मानसिक स्पष्टता, और नई शुरुआत का संकेत है।

खतरे का स्तर

निम्न – यह नवीनीकरण का चिन्ह है।

बाइबिलीय आधार (BSI)

"प्रभु के सामने से विश्राम के दिन आएँगे..." – प्रेरितों के काम 3:19

तुरंत क्या करें

शांत समय प्रार्थना में बिताएँ।

मानसिक रूप से detox करें।

नकारात्मकता से कुछ दूरी बनाएँ।

भविष्यवाणी-संबंधी प्रार्थना

"प्रभु, मेरी आत्मा और मेरी नियति में नई जीवन-श्वास भर दीजिए, यीशु के नाम में।"

428. जमे हुए भोजन का स्वप्न

अर्थ

यह विलम्बित योजनाओं या रुके हुए अवसरों का प्रतीक है।

खतरे का स्तर

निम्न से मध्यम — धैर्य की आवश्यकता है।

बाइबिलीय आधार (BSI)

"हर एक बात का एक समय होता है..." — सभोपदेशक 3:1

तुरंत क्या करें

समय को force न करें।

बुद्धि से तैयारी करें।

निरंतर बने रहें।

भविष्यवाणी-संबंधी प्रार्थना

"पिता, हर विलम्बित अवसर को उसके उचित समय में प्रकट कीजिए, यीशु के नाम में।"

429. भरा हुआ बटुआ देखने का स्वप्न

अर्थ

यह आर्थिक आत्मविश्वास और प्रावधान की सोच का संकेत है।

खतरे का स्तर

निम्न — पर सही प्रबन्ध की रक्षा करें।

बाइबिलीय आधार (BSI)

"मेरा परमेश्वर अपनी महिमा के धन के अनुसार तुम्हारी हर घटी को पूरा करेगा..." — फिलिप्पियों 4:19

तुरंत क्या करें

धन का बुद्धिमानी से प्रबन्ध करें।

घमण्ड से बचें।

उदारता से दें।

भविष्यवाणी-संबंधी प्रार्थना

"प्रभु, मेरे जीवन में आर्थिक बुद्धि और स्थिरता स्थापित कीजिए, यीशु के नाम में।"

430. बिना शोक के अंतिम संस्कार का स्वप्न

अर्थ

यह किसी समय के अंत को दर्शाता है, पर भावनात्मक बन्धन के बिना; यह closure का संकेत है।

खतरे का स्तर

निम्न — यह प्रतीकात्मक अन्त है।

बाइबिलीय आधार (BSI)

"देख, मैं सब कुछ नया कर देता हूँ।" — प्रकाशितवाक्य 21:5

तुरंत क्या करें

परिवर्तन को स्वीकार करें।

पुरानी आदतों को छोड़ दें।

नई दिशा को अपनाएँ।

भविष्यवाणी-संबंधी प्रार्थना

"पिता, हर पुराने अध्याय को बन्द कीजिए और प्रगति के नए द्वार खोल दीजिए, यीशु के नाम में।"

431. पैसा मिलने का स्वप्न

अर्थ

यह अप्रत्याशित अवसर, अनदेखा मूल्य, या नए साधन का संकेत है।

खतरे का स्तर

निम्न — पर विवेक आवश्यक है।

बाइबिलीय आधार (BSI)

“यहोवा की आशीष धनवान बनाती है, और वह उसके साथ दुःख नहीं मिलाता।” — नीतिवचन 10:22

तुरंत क्या करें

छोटे अवसरों पर ध्यान दें।

लोभ से बचें।

बुद्धि से उपयोग करें।

भविष्यवाणी-संबंधी प्रार्थना

“प्रभु, हर छिपे हुए अवसर को जो मेरे लिए ठहराया गया है, प्रकट कीजिए, यीशु के नाम में।”

432. भूले हुए बच्चे का स्वप्न

अर्थ

यह अनदेखी जिम्मेदारी या उपेक्षित वरदान का संकेत है।

खतरे का स्तर

मध्यम — ध्यान देने की आवश्यकता है।

बाइबिलीय आधार (BSI)

“परमेश्वर के उस वरदान को... भड़काता रह...” — 2 तीमुथियुस 1:6

तुरंत क्या करें

अधूरे लक्ष्यों पर फिर से लौटें।

जिम्मेदारी लें।

उत्साह को फिर से जगाएँ।

भविष्यवाणी-संबंधी प्रार्थना

“पिता, मेरे भीतर के हर उपेक्षित वरदान को जगा दीजिए, यीशु के नाम में।”

433. घर में आग लगना पर आप बच निकलना

अर्थ

यह ऐसे परीक्षण का संकेत है जो आपके वातावरण को प्रभावित कर रहा है, पर आप व्यक्तिगत रूप से सुरक्षित रखे गए हैं।

खतरे का स्तर

मध्यम – सावधानी आवश्यक है।

बाइबिलीय आधार (BSI)

"प्रभु जानता है कि भक्तों को परीक्षा में से कैसे बचाना है..." – 2 पतरस 2:9

तुरंत क्या करें

सतर्क रहें।

घर की एकता की रक्षा करें।

आवरण के लिए प्रार्थना करें।

भविष्यवाणी-संबंधी प्रार्थना

"प्रभु, हर परीक्षा के समय में मेरे परिवार की रक्षा कीजिए, यीशु के नाम में।"

434. टूटी हुई वस्तु को ठीक करने का स्वप्न

अर्थ

यह बहाली, मेल-मिलाप, और गलतियों को सुधारने का संकेत है।

खतरे का स्तर

निम्न – यह चंगाई का चिन्ह है।

बाइबिलीय आधार (BSI)

"वह मेरे प्राण को बहाल करता है..." – भजन संहिता 23:3

तुरंत क्या करें

टूटे हुए संबंधों को सुधारें।

गलतियों को ठीक करें।

शीघ्र कदम उठाएँ।

भविष्यवाणी-संबंधी प्रार्थना

"पिता, मेरे जीवन की हर टूटी हुई चीज़ को बहाल कीजिए, यीशु के नाम में।"

435. बहुत तेज़ दौड़ने का स्वप्न

अर्थ

यह लक्ष्य तक पहुँचने की दृढ़ता और तात्कालिकता को दर्शाता है।

खतरे का स्तर

निम्न — ऊर्जा अधिक है।

बाइबिलीय आधार (BSI)

"ऐसी रीति से दौड़ो कि तुम प्राप्त करो।" — 1 कुरिन्थियों 9:24

तुरंत क्या करें

अनुशासन बनाए रखें।

थककर टूटने से बचें।

अपनी गति को सँभालें।

भविष्यवाणी-संबंधी प्रार्थना

"प्रभु, मुझे अन्त तक दृढ़ बने रहने की सामर्थ दीजिए, यीशु के नाम में।"

436. बोल न पाने का स्वप्न

अर्थ

यह अभिव्यक्ति के भय या दबे हुए सत्य का संकेत है।

खतरे का स्तर

मध्यम — भावनात्मक blockage।

बाइबिलीय आधार (BSI)

"धर्मी सिंह के समान निडर होता है।" — नीतिवचन 28:1

तुरंत क्या करें

आत्मविश्वास को बढ़ाएँ।

सत्य को नम्रता से बोलें।

जहाँ स्पष्टता आवश्यक हो वहाँ चुप्पी न रखें।

भविष्यवाणी-संबंधी प्रार्थना

"पिता, मेरी जीभ को खोल दीजिए कि मैं बुद्धि और सत्य बोल सकूँ, यीशु के नाम में।"

437. बाढ़ का पानी साफ हो जाना

अर्थ

यह परेशानी के समझ में बदल जाने, और अव्यवस्था के स्पष्टता में बदल जाने का संकेत है।

खतरे का स्तर

निम्न — यह सकारात्मक परिवर्तन है।

बाइबिलीय आधार (BSI)

"बाद में वह धर्म का शान्तिमय फल उत्पन्न करती है..." — इब्रानियों 12:11

तुरंत क्या करें

कठिनाई से सीखें।

वृद्धि को स्वीकार करें।

शांति के साथ आगे बढ़ें।

भविष्यवाणी-संबंधी प्रार्थना

"प्रभु, मेरे जीवन की हर उलझन को स्पष्टता में बदल दीजिए, यीशु के नाम में।"

438. भरे हुए भंडार-कक्ष का स्वप्न

अर्थ

यह प्रावधान, तैयारी, और संचित क्षमता का संकेत है।

खतरे का स्तर

निम्न — पर सही प्रबन्ध आवश्यक है।

बाइबिलीय आधार (BSI)

"बुद्धिमान ज्ञान को संचय करके रखता है..." — नीतिवचन 10:14

तुरंत क्या करें

रणनीतिक योजना बनाइए।

व्यर्थ खर्च से बचिए।

भविष्य के लिए तैयारी कीजिए।

भविष्यवाणी-संबंधी प्रार्थना

"पिता, हर साधन का बुद्धिमानी से प्रबन्ध करने में मेरी सहायता कीजिए, यीशु के नाम में।"

439. बिना कारण भय महसूस करने का स्वप्न

अर्थ

यह भीतर की चिंता या अवचेतन तनाव का संकेत है।

खतरे का स्तर

मध्यम — मानसिक दबाव को पहचानने की आवश्यकता है।

बाइबिलीय आधार (BSI)

"परमेश्वर ने हमें भय की नहीं, पर सामर्थ, प्रेम, और संयम की आत्मा दी है।" — 2 तीमुथियुस 1:7

तुरंत क्या करें

तनाव के कारणों को कम करें।

शांत होकर प्रार्थना करें।

विश्वास के वचन बोलें।

भविष्यवाणी-संबंधी प्रार्थना

"मैं भय को अस्वीकार करता हूँ और सामर्थ, प्रेम, और संयमित मन को यीशु के नाम में ग्रहण करता हूँ।"

440. ताज़ी सुबह की रोशनी का स्वप्न

अर्थ

यह नई शुरुआत और कठिनाई के बाद आशा का संकेत है।

खतरे का स्तर

निम्न — यह नवीनीकरण का चिन्ह है।

बाइबिलीय आधार (BSI)

"रात भर रोना तो रहता है, पर बिहान को आनन्द पहुँचता है।" – भजन संहिता 30:5

तुरंत क्या करें

नए समय को ग्रहण करें।

अतीत को पीछे छोड़ दें।

विश्वास के साथ आगे बढ़ें।

भविष्यवाणी-संबंधी प्रार्थना

"पिता, नई शुरुआत की रोशनी मेरे जीवन पर चमके, यीशु के नाम में।"

G

441. यदि आप स्वप्न में देखें कि परमेश्वर का एक जन आपके लिए प्रार्थना कर रहा है

अर्थ (बाइबिलीय समझ):

यह दिव्य भेंट और इस बात की पुष्टि को दर्शाता है कि आपकी प्रार्थनाएँ स्वर्ग में सुनी गई हैं। यह आपके जीवन पर मध्यस्थता और आत्मिक आवरण को प्रकट करता है।

बाइबिलीय आधार:

"इसलिये तुम आपस में एक दूसरे के सामने अपने-अपने पापों को मान लो और एक दूसरे के लिये प्रार्थना करो, जिस से चंगे हो जाओ..."

– याकूब 5:16 (BSI)

खतरे का स्तर:

निम्न – यह दिव्य प्रोत्साहन है।

तुरंत क्या करें:

प्रार्थना और धन्यवाद में निरंतर बने रहें।

भविष्यवाणी-संबंधी प्रार्थना:

"हे पिता, मेरी प्रार्थनाओं का उत्तर देने के लिये आपका धन्यवाद; मेरी हर आशा प्रकट रूप ले, यीशु के नाम में।"

442. स्वप्न में लोगों से उपहार प्राप्त करना

अर्थ (बाइबिलीय समझ):

यह अनुग्रह, खुले हुए द्वार, और दिव्य प्रावधान का संकेत है। यह दर्शाता है कि परमेश्वर लोगों को आपके जीवन को आशीष देने के लिये प्रेरित कर रहा है।

बाइबिलीय आधार:

"और तू आशीष का मूल होगा।"

– उत्पत्ति 12:2 (BSI)

खतरे का स्तर:

निम्न – यह अनुग्रह का संकेत है।

तुरंत क्या करें:

अवसरों के लिये अपने आप को तैयार रखें और कृतज्ञ बने रहें।

भविष्यवाणी-संबंधी प्रार्थना:

"हे पिता प्रभु, मेरे जीवन को दिव्य अनुग्रह और breakthroughs से घेर दीजिए, यीशु के नाम में।"

443. स्वप्न में अपने आप को उपहार बाँटते देखना

अर्थ (बाइबिलीय समझ):

यह दर्शाता है कि परमेश्वर आपको दूसरों के लिये आशीष का माध्यम बना रहा है। यह वृद्धि और उदारता को प्रकट करता है।

बाइबिलीय आधार:

"लेने से देना धन्य है।"

— प्रेरितों के काम 20:35 (BSI)

खतरे का स्तर:

निम्न — यह आशीष का संकेत है।

तुरंत क्या करें:

दूसरों की सहायता करने के लिये तैयार रहें और उदारता में चलें।

भविष्यवाणी-संबंधी प्रार्थना:

"प्रभु, आपकी आशीषें मेरे द्वारा दूसरों तक बहती रहें, यीशु के नाम में।"

444. स्वप्न में सिक्के इकट्ठे करना या देना

अर्थ (बाइबिलीय समझ):

यह आर्थिक गतिविधि, लेन-देन, और आपके साधनों में breakthrough का संकेत है।

बाइबिलीय आधार:

"यहोवा की आशीष धनवान बनाती है..."

— नीतिवचन 10:22 (BSI)

खतरे का स्तर:

निम्न — यह आर्थिक परिवर्तन का संकेत है।

तुरंत क्या करें:

धन से जुड़े निर्णयों में बुद्धि से काम लें और प्रार्थनाशील बने रहें।

भविष्यवाणी-संबंधी प्रार्थना:

"मेरे आर्थिक breakthroughs आग के समान प्रकट हों, यीशु के नाम में।"

445. स्वप्न में मिर्च के बगीचे को आग से नष्ट करना

अर्थ (बाइबिलीय समझ):

यह पीड़ा, बन्धन, और गरीबी के चक्रों के विनाश को दर्शाता है।

बाइबिलीय आधार:

"परमेश्वर के पुत्र के प्रकट होने का यही कारण है, कि वह शैतान के कामों

को नाश करे।"

— 1 यूहन्ना 3:8 (BSI)

खतरे का स्तर:

निम्न — यह विजय का संकेत है।

तुरंत क्या करें:

प्रार्थना और आत्मिक युद्ध में बने रहें।

भविष्यवाणी-संबंधी प्रार्थना:

"हे परमेश्वर की आग, मेरे जीवन में पीड़ा और गरीबी उत्पन्न करने वाली हर शक्ति को नष्ट कर दे, यीशु के नाम में।"

446. स्वप्न में बकरी को मक्का खाते देखना

अर्थ (बाइबिलीय समझ):

यह दर्शाता है कि शत्रु आपकी प्रगति और आपकी नियति को खा जाने का प्रयास कर रहे हैं।

बाइबिलीय आधार:

"चोर किसी और काम के लिये नहीं, केवल चोरी करने और घात करने और नष्ट करने को आता है..."

— यूहन्ना 10:10 (BSI)

खतरे का स्तर:

उच्च — यह आक्रमण का संकेत है।

तुरंत क्या करें:

गंभीर प्रार्थना और आत्मिक जागरूकता में लग जाइए।

भविष्यवाणी-संबंधी प्रार्थना:

"मेरी नियति के शत्रु, विनाश के न्याय को प्राप्त करो, यीशु के नाम में।"

447. स्वप्न में काली बकरी देखना

अर्थ (बाइबिलीय समझ):

यह आत्मिक विरोध और अन्धकार की उन शक्तियों का प्रतीक है जो आपके जीवन के विरुद्ध काम कर रही हैं।

बाइबिलीय आधार:

"क्योंकि हमारा यह मल्लयुद्ध लोहू और मांस से नहीं..."

— इफिसियों 6:12 (BSI)

खतरे का स्तर:

उच्च — यह आत्मिक आक्रमण है।

तुरंत क्या करें:

आक्रामक प्रार्थना करें और पवित्रता में बने रहें।

भविष्यवाणी-संबंधी प्रार्थना:

"मेरे जीवन के विरुद्ध अन्धकार की हर शक्ति आग से नष्ट हो जाए, यीशु के नाम में।"

448. स्वप्न में बकरी को आपका भोजन खाते देखना

अर्थ (बाइबिलीय समझ):

यह संकेत देता है कि आपकी आशीषें प्रकट होने से पहले ही विलम्बित या खा ली जा रही हैं।

बाइबिलीय आधार:

"मैं तुम्हारे लिये भक्षक को डाँटूँगा..."

— मलाकी 3:11 (BSI)

खतरे का स्तर:

उच्च — यह भक्षक की गतिविधि का संकेत है।

तुरंत क्या करें:

विलम्ब और आत्मिक चोरी के विरुद्ध प्रार्थना करें।

भविष्यवाणी-संबंधी प्रार्थना:

"मेरी आशीषों को खाने वाला हर शत्रु नष्ट हो जाए, यीशु के नाम में।"

449. स्वप्न में बकरी को आपके प्रमाण-पत्र खाते देखना

अर्थ (बाइबिलीय समझ):

यह आपके करियर, योग्यताओं, या जीवन में प्रगति पर आक्रमण का संकेत है।

बाइबिलीय आधार:

"जो वर्ष टिड्डियों ने खा लिये हैं, उन्हें मैं तुम को फिर दिला दूँगा..."

— योएल 2:25 (BSI)

खतरे का स्तर:

उच्च — यह नियति पर आक्रमण है।

तुरंत क्या करें:

अपनी प्रगति की बहाली और सुरक्षा के लिये प्रार्थना करें।

भविष्यवाणी-संबंधी प्रार्थना:

"मेरे करियर और मेरी नियति के विरुद्ध हर आक्रमण आग से नष्ट हो जाए, यीशु के नाम में।"

450. स्वप्न में बन्दूक या तीर पकड़े होना

अर्थ (बाइबिलीय समझ):

यह आत्मिक अधिकार और विरोध के विरुद्ध युद्ध के लिये तैयार रहने का संकेत है।

बाइबिलीय आधार:

"परमेश्वर के सब हथियार बाँध लो..."

— इफिसियों 6:11 (BSI)

खतरे का स्तर:

निम्न — यह सामर्थ्य प्रदान किए जाने का संकेत है।

तुरंत क्या करें:

विश्वास और आत्मिक अधिकार में दृढ़ बने रहें।

भविष्यवाणी-संबंधी प्रार्थना:

"परमेश्वर की शक्ति मेरी रक्षा है; मैं हर युद्ध पर विजय पाता हूँ, यीशु के नाम में।"

451. स्वप्न में हरी घास देखना

अर्थ (बाइबिलीय समझ):

यह समृद्धि, शांति, और दिव्य प्रावधान का संकेत है। यह आपके जीवन में विश्राम और वृद्धि के समय को दर्शाता है।

बाइबिलीय आधार:

"वह मुझे हरी-हरी चराइयों में बैठाता है..."

— भजन संहिता 23:2 (BSI)

खतरे का स्तर:

निम्न — यह आशीष का संकेत है।

तुरंत क्या करें:

कृतज्ञ बने रहें और परमेश्वर में जड़ पकड़े रहें।

भविष्यवाणी-संबंधी प्रार्थना:

"मेरा जीवन समृद्धि और शांति में फलता-फूलता रहे, यीशु के नाम में।"

452. स्वप्न में अपने सिर पर सफ़ेद बाल देखना

अर्थ (बाइबिलीय समझ):

यह आदर, बुद्धि, और परमेश्वर द्वारा दी गई दीर्घायु का प्रतीक है।

बाइबिलीय आधार:

"सफेद बाल शोभायमान मुकुट हैं..."

— नीतिवचन 16:31 (BSI)

खतरे का स्तर:

निम्न — यह सम्मान का संकेत है।

तुरंत क्या करें:

बुद्धि और परिपक्वता में चलें।

भविष्यवाणी-संबंधी प्रार्थना:

"मैं अपने दिनों को आदर और महिमा में पूरा करूँगा, यीशु के नाम में।"

453. स्वप्न में अपने आप को सफ़ेद बालों के साथ देखना (जबकि वास्तविक जीवन में नहीं हैं)

अर्थ (बाइबिलीय समझ):

यह दीर्घायु, बुद्धि में वृद्धि, और ऐसी परिपक्वता का संकेत है जो सफलता तक ले जाएगी।

बाइबिलीय आधार:

"मैं उसको दीर्घायु से तृप्त करूँगा..."

— भजन संहिता 91:16 (BSI)

खतरे का स्तर:

निम्न — यह आशीष का संकेत है।

तुरंत क्या करें:

बुद्धि और व्यक्तिगत विकास की खोज करें।

भविष्यवाणी-संबंधी प्रार्थना:

"दीर्घायु और महानता मेरा भाग हैं, यीशु के नाम में।"

454. स्वप्न में चींटियों को भोजन उठाते देखना

अर्थ (बाइबिलीय समझ):

यह परिश्रम, प्रावधान, और ऐसी आशीषों का संकेत है जो धीरे-धीरे प्रकट होंगी।

बाइबिलीय आधार:

"हे आलसी, चींटी के पास जा! उसके चालचलन पर ध्यान दे और बुद्धिमान बन।"

— नीतिवचन 6:6 (BSI)

खतरे का स्तर:

निम्न — यह प्रगति का संकेत है।

तुरंत क्या करें:

परिश्रमी और निरंतर बने रहें।

भविष्यवाणी-संबंधी प्रार्थना:

"मेरी नियति abundance के साथ उठे और चमके, यीशु के नाम में।"

455. स्वप्न में किसी वृद्ध व्यक्ति से लाठी प्राप्त करना

अर्थ (बाइबिलीय समझ):

यह अधिकार, नेतृत्व, और दिव्य सामर्थ्य प्रदान किए जाने का संकेत है।

बाइबिलीय आधार:

"तेरी लाठी और तेरी सोंटी, उनसे मुझे शान्ति मिलती है।"

— भजन संहिता 23:4 (BSI)

खतरे का स्तर:

निम्न — यह अधिकार का संकेत है।

तुरंत क्या करें:

अपने आप को नेतृत्व की जिम्मेदारियों के लिये तैयार करें।

भविष्यवाणी-संबंधी प्रार्थना:

"नेतृत्व करने और उत्कृष्टता से चलने की शक्ति मुझ पर उतरे, यीशु के नाम में।"

456. स्वप्न में अपने आप को कब्र से जी उठते देखना

अर्थ (बाइबिलीय समझ):

यह बहाली, छुटकारे, और कठिन परिस्थितियों से बाहर निकलने का संकेत है।

बाइबिलीय आधार:

"पुनरुत्थान और जीवन मैं ही हूँ..."

— यूहन्ना 11:25 (BSI)

खतरे का स्तर:

निम्न — यह breakthrough का संकेत है।

तुरंत क्या करें:

पूर्ण बहाली के लिए परमेश्वर पर भरोसा रखें।

भविष्यवाणी-संबंधी प्रार्थना:

"परमेश्वर की पुनरुत्थान शक्ति मुझे हर मृत परिस्थिति से बाहर निकालती है, यीशु के नाम में।"

457. स्वप्न में खुली हुई कब्र देखना

अर्थ (बाइबिलीय समझ):

यह हानि से जुड़े खतरे, भय, या आत्मिक आक्रमण के विषय में चेतावनी देता है।

बाइबिलीय आधार:

"तू रात के भय से न डरेगा..."

— भजन संहिता 91:5 (BSI)

खतरे का स्तर:

उच्च — यह चेतावनी है।

तुरंत क्या करें:

सुरक्षा और जीवन की रक्षा के लिये गंभीरता से प्रार्थना करें।

भविष्यवाणी-संबंधी प्रार्थना:

"मैं अपने समय से पहले नहीं मरूँगा; मृत्यु की हर आत्मा रद्द की जाती है, यीशु के नाम में।"

458. स्वप्न में garden eggs देखना

अर्थ (बाइबिलीय समझ):

यह सफलता, उत्पादकता, और आपके प्रयासों में फलदायक परिणामों का संकेत है।

बाइबिलीय आधार:

"जो आँसुओं के साथ बोते हैं, वे जयजयकार के साथ काटेंगे।"

— भजन संहिता 126:5 (BSI)

खतरे का स्तर:

निम्न — यह सफलता का संकेत है।

तुरंत क्या करें:

विश्वास के साथ अपने प्रयासों को जारी रखें।

भविष्यवाणी-संबंधी प्रार्थना:

"मेरा कार्य सफलता और फलदायकता उत्पन्न करेगा, यीशु के नाम में।"

459. स्वप्न में garden eggs खाना

अर्थ (बाइबिलीय समझ):
यह बुद्धि, समझ, और सफलता के लिए सामर्थ्य दिए जाने का संकेत है।
बाइबिलीय आधार:
"यदि तुम में से किसी को बुद्धि की घटी हो, तो परमेश्वर से मांगे..."
— याकूब 1:5 (BSI)
खतरे का स्तर:
निम्न — यह सामर्थ्य का संकेत है।
तुरंत क्या करें:
निर्णयों में परमेश्वर की बुद्धि खोजें।
भविष्यवाणी-संबंधी प्रार्थना:
"दिव्य बुद्धि और समझ मेरे जीवन को भर दें, यीशु के नाम में।"

460. स्वप्न में कच्चा तेल या खनिज पदार्थ खोज निकालना
अर्थ (बाइबिलीय समझ):
यह आपके भीतर छिपी हुई क्षमता, धन, और महानता का संकेत है जो शीघ्र प्रकट होगी।
बाइबिलीय आधार:
"हमारे पास यह धन मिट्टी के बर्तनों में रखा है..."
— 2 कुरिन्थियों 4:7 (BSI)
खतरे का स्तर:
निम्न — यह महानता का संकेत है।
तुरंत क्या करें:
अपने वरदानों को विकसित करें और ध्यान केंद्रित रखें।
भविष्यवाणी-संबंधी प्रार्थना:
"मेरी छिपी हुई महानता आग के समान प्रकट हो, यीशु के नाम में।"
461. यदि आप स्वप्न में देखें कि आपको सोना दिया जा रहा है
अर्थ (बाइबिलीय समझ):
यह आपके जीवन और आपके कामों में दिव्य अनुग्रह, आदर, और breakthrough का संकेत है।

बाइबिलीय आधार:

"यहोवा की आशीष धनवान बनाती है, और वह उसके साथ दुःख नहीं मिलाता।"

— नीतिवचन 10:22 (BSI)

खतरे का स्तर:

निम्न — यह आशीष का संकेत है।

तुरंत क्या करें:

विश्वासयोग्य बने रहें और वृद्धि के लिये तैयार रहें।

भविष्यवाणी-संबंधी प्रार्थना:

"मेरा तारा और मेरा breakthrough उठे और चमके, यीशु के नाम में।"

462. यदि आप स्वप्न में सोना खोदकर निकालते हैं

अर्थ (बाइबिलीय समझ):

यह छिपी हुई या दब गई महिमा, वरदानों, और अवसरों की बहाली का संकेत है।

बाइबिलीय आधार:

"जो वर्ष टिड्डियों ने खा लिये हैं, उन्हें मैं तुम को फिर दिला दूँगा..."

— योएल 2:25 (BSI)

खतरे का स्तर:

निम्न — यह बहाली का संकेत है।

तुरंत क्या करें:

अपने वरदानों का पूरा उपयोग करने के लिये अपने आप को तैयार कीजिए।

भविष्यवाणी-संबंधी प्रार्थना:

"मेरी दब गई महिमा और मेरे वरदान आग के समान प्रकट हों, यीशु के नाम में।"

463. यदि आप स्वप्न में देखें कि आपके पास सोना है

अर्थ (बाइबिलीय समझ):
यह दिव्य महिमा, आदर, और आपके जीवन में प्रवेश करती हुई मूल्यवान आशीषों का संकेत है।
बाइबिलीय आधार:
"चाँदी मेरी है और सोना मेरा है, सेनाओं के यहोवा की यही वाणी है।"
— हाग्गै 2:8 (BSI)
खतरे का स्तर:
निम्न — यह आदर का संकेत है।
तुरंत क्या करें:
नम्र और विश्वासयोग्य बने रहें।
भविष्यवाणी-संबंधी प्रार्थना:
"मेरी दिव्य महिमा और आदर पूरी रीति से प्रकट हों, यीशु के नाम में।"

464. स्वप्न में सोने की जंजीर पहनना
अर्थ (बाइबिलीय समझ):
यह आदर, समृद्धि, और आशीषों को लेकर चलने वाली दिव्य पहचान का संकेत है।
बाइबिलीय आधार:
"तू यहोवा के हाथ में शोभायमान मुकुट ठहरेगी..."
— यशायाह 62:3 (BSI)
खतरे का स्तर:
निम्न — यह पहचान का संकेत है।
तुरंत क्या करें:
आत्मविश्वास और उद्देश्य के साथ चलें।
भविष्यवाणी-संबंधी प्रार्थना:
"परमेश्वर की धन-सम्पत्ति और महिमा मेरे जीवन में प्रकट हों, यीशु के नाम में।"

465. स्वप्न में लहसुन देखना

अर्थ (बाइबिलीय समझ):
यह बीमारी या अशुद्धता से शुद्धिकरण, चंगाई, और पवित्र किए जाने का संकेत है।
बाइबिलीय आधार:
"उसने अपना वचन भेजकर उन्हें चंगा किया..."
— भजन संहिता 107:20 (BSI)
खतरे का स्तर:
निम्न — यह शुद्धिकरण का संकेत है।
तुरंत क्या करें:
चंगाई के लिये प्रार्थना करें और अनुशासन में बने रहें।
भविष्यवाणी-संबंधी प्रार्थना:
"मेरा शरीर और मेरा जीवन परमेश्वर की सामर्थ से शुद्ध किए जाएँ, यीशु के नाम में।"

466. स्वप्न में किसी विशालकाय से लड़ना और जीतना
अर्थ (बाइबिलीय समझ):
यह शक्तिशाली शत्रुओं और जीवन की बड़ी चुनौतियों पर विजय का संकेत है।
बाइबिलीय आधार:
"युद्ध तो यहोवा का है..."
— 1 शमूएल 17:47 (BSI)
खतरे का स्तर:
निम्न — यह विजय का संकेत है।
तुरंत क्या करें:
विश्वास में दृढ़ बने रहें।
भविष्यवाणी-संबंधी प्रार्थना:
"मेरे जीवन का हर दैत्य आग से गिर पड़े, यीशु के नाम में।"

467. स्वप्न में भूमि जोतना

अर्थ (बाइबिलीय समझ):

यह तैयारी, कठिन परिश्रम, और आने वाली सफलता का संकेत है।

बाइबिलीय आधार:

"जो अपनी भूमि जोतता है, उसे बहुत अन्न प्राप्त होता है..."

— नीतिवचन 12:11 (BSI)

खतरे का स्तर:

निम्न — यह प्रगति का संकेत है।

तुरंत क्या करें:

परिश्रमी और एकाग्र बने रहें।

भविष्यवाणी-संबंधी प्रार्थना:

"मेरे हाथों का काम सफल हो, यीशु के नाम में।"

468. स्वप्न में किसी फाटक से होकर गुजरना

अर्थ (बाइबिलीय समझ):

यह जीवन के एक नए समय, नए अवसर, या नए स्तर में प्रवेश करने का संकेत है।

बाइबिलीय आधार:

"हे फाटकों, अपने सिर ऊँचे करो..."

— भजन संहिता 24:7 (BSI)

खतरे का स्तर:

निम्न — यह संक्रमण का संकेत है।

तुरंत क्या करें:

नई शुरुआतों के लिए तैयार रहें।

भविष्यवाणी-संबंधी प्रार्थना:

"मैं अपनी आशीष के नए समय में प्रवेश करता हूँ, यीशु के नाम में।"

469. स्वप्न में बन्द फाटक देखना

अर्थ (बाइबिलीय समझ):

यह आपके मार्ग में विलम्ब, रोक, या अवरोध का संकेत है।

बाइबिलीय आधारः

"मैं तेरे आगे-आगे चलूँगा और टेढ़ी जगहों को सीधा करूँगा..."

— यशायाह 45:2 (BSI)

खतरे का स्तरः

मध्यम — यह विलम्ब का संकेत है।

तुरंत क्या करें:

दिव्य हस्तक्षेप और breakthrough के लिये प्रार्थना करें।

भविष्यवाणी-संबंधी प्रार्थनाः

"मेरी सफलता के विरुद्ध हर बन्द फाटक आग से खुल जाए, यीशु के नाम में।"

470. स्वप्न में बन्द फाटक खोलना

अर्थ (बाइबिलीय समझ):

यह अवरोधों पर विजय और विलम्ब के बाद breakthrough का संकेत है।

बाइबिलीय आधारः

"देख, मैं ने तेरे साम्हने एक खुला हुआ द्वार रख दिया है, और उसे कोई बन्द नहीं कर सकता..."

— प्रकाशितवाक्य 3:8 (BSI)

खतरे का स्तरः

निम्न — यह breakthrough का संकेत है।

तुरंत क्या करें:

साहस के साथ आगे बढ़ें।

भविष्यवाणी-संबंधी प्रार्थनाः

"Breakthrough का हर द्वार अभी मेरे लिए खुल जाए, यीशु के नाम में।"

471. यदि आप स्वप्न में देखें कि आप फाटक के स्थान पर किसी दूसरे रास्ते से चढ़कर जा रहे हैं

अर्थ (बाइबिलीय समझ):

यह संकेत देता है कि सफलता मिल सकती है, पर गलत या समझौते वाले तरीकों से। यह सीधाई में चलने की चेतावनी है।

बाइबिलीय आधार:

"जो भेड़ों के बाड़े में द्वार से प्रवेश नहीं करता... वह चोर और डाकू है।"

— यूहन्ना 10:1 (BSI)

खतरे का स्तर:

मध्यम — यह चेतावनी है।

तुरंत क्या करें:

अपने चालचलन की जाँच करें और सत्यनिष्ठा में चलें।

भविष्यवाणी-संबंधी प्रार्थना:

"प्रभु, मेरे जीवन को धर्म और सत्य के साथ मिला दीजिए, यीशु के नाम में।"

472. स्वप्न में अंगूर इकट्ठे करना

अर्थ (बाइबिलीय समझ):

यह फलदायकता, सफलता, और आपके परिश्रम के प्रतिफल का संकेत है।

बाइबिलीय आधार:

"जो आँसुओं के साथ बोते हैं, वे जयजयकार के साथ काटेंगे।"

— भजन संहिता 126:5 (BSI)

खतरे का स्तर:

निम्न — यह फलदायकता का संकेत है।

तुरंत क्या करें:

विश्वास और परिश्रम के साथ अपना कार्य जारी रखें।

भविष्यवाणी-संबंधी प्रार्थना:

"मेरे हाथों के काम बहुतायत का फल दें, यीशु के नाम में।"

473. स्वप्न में अपने आप को goalkeeper के रूप में सफल देखना

अर्थ (बाइबिलीय समझ):

यह बुद्धिमान निर्णयों और महत्वपूर्ण बातों को सफलतापूर्वक सँभालने का संकेत है।

बाइबिलीय आधार:

"बुद्धिमान मनुष्य विपत्ति को देखकर छिप जाता है..."

— नीतिवचन 22:3 (BSI)

खतरे का स्तर:

निम्न — यह बुद्धि का संकेत है।

तुरंत क्या करें:

सावधानी और प्रार्थना के साथ निर्णय लेते रहें।

भविष्यवाणी-संबंधी प्रार्थना:

"मैं जीवन में सदा सही निर्णय लूँगा, यीशु के नाम में।"

474. स्वप्न में goalkeeper के रूप में असफल होना

अर्थ (बाइबिलीय समझ):

यह गलत निर्णयों या छूटे हुए अवसरों की चेतावनी देता है।

बाइबिलीय आधार:

"मेरे लोग ज्ञान के न होने से नाश हो गए..."

— होशे 4:6 (BSI)

खतरे का स्तर:

मध्यम — यह चेतावनी है।

तुरंत क्या करें:

निर्णय लेने से पहले बुद्धि खोजें।

भविष्यवाणी-संबंधी प्रार्थना:

"मेरे जीवन में भूल की हर आत्मा नष्ट हो जाए, यीशु के नाम में।"

475. स्वप्न में गिटार बजाना

अर्थ (बाइबिलीय समझ):

यह सामंजस्य, उत्कृष्टता, और संतुलित व्यक्तित्व का संकेत है।

बाइबिलीय आधार:

"तार वाले बाजों के साथ उसकी स्तुति करो..."

— भजन संहिता 150:4 (BSI)

खतरे का स्तर:

निम्न — यह उत्कृष्टता का संकेत है।

तुरंत क्या करें:

अपने वरदानों और प्रतिभाओं को विकसित करें।

भविष्यवाणी-संबंधी प्रार्थना:

"मैं अपने जीवन के हर क्षेत्र में उत्कृष्ट बनूँ, यीशु के नाम में।"

476. स्वप्न में जुआ खेलना

अर्थ (बाइबिलीय समझ):

यह जोखिम भरे निर्णयों, आर्थिक हानि, या गलत चुनावों का संकेत है।

बाइबिलीय आधार:

"बेईमानी से कमाया हुआ धन घटता जाता है..."

— नीतिवचन 13:11 (BSI)

खतरे का स्तर:

उच्च — यह चेतावनी है।

तुरंत क्या करें:

जोखिम भरे निर्णयों से बचें और बुद्धि खोजें।

भविष्यवाणी-संबंधी प्रार्थना:

"हानि और गलत जोखिम की हर आत्मा मेरे जीवन से निकल जाए, यीशु के नाम में।"

477. स्वप्न में graduation में उपस्थित होना

अर्थ (बाइबिलीय समझ):

यह उपलब्धि, उन्नति, और नए स्तर में प्रवेश का संकेत है।

बाइबिलीय आधार:

"मैं दौड़ पूरी कर चुका हूँ..."

— 2 तीमुथियुस 4:7 (BSI)

खतरे का स्तर:

निम्न — यह उपलब्धि का संकेत है।

तुरंत क्या करें:

वृद्धि के अगले चरण के लिये तैयार रहें।

भविष्यवाणी-संबंधी प्रार्थना:

"मेरी उपलब्धि और महानता का समय अब आरम्भ होता है, यीशु के नाम में।"

478. स्वप्न में generator देखना

अर्थ (बाइबिलीय समझ):

यह भीतर की शक्ति, स्वतंत्रता, और आत्मनिर्भरता का संकेत है।

बाइबिलीय आधार:

"यहोवा मेरा बल और मेरा गीत है..."

— भजन संहिता 118:14 (BSI)

खतरे का स्तर:

निम्न — यह शक्ति का संकेत है।

तुरंत क्या करें:

परमेश्वर को अपना स्रोत मानकर उस पर निर्भर रहें।

भविष्यवाणी-संबंधी प्रार्थना:

"प्रभु, मुझे शक्ति और उद्देश्य के साथ आगे बढ़ने के लिए समर्थ कीजिए, यीशु के नाम में।"

479. स्वप्न में हरा रंग देखना

अर्थ (बाइबिलीय समझ):

यह वृद्धि, समृद्धि, स्वास्थ्य, और दीर्घायु का संकेत है।

बाइबिलीय आधार:

"धर्मी खजूर के वृक्ष की नाईं फूलेगा-फलेगा..."

— भजन संहिता 92:12 (BSI)

खतरे का स्तर:

निम्न — यह समृद्धि का संकेत है।

तुरंत क्या करें:

अपनी वृद्धि में निरंतर बने रहें।

भविष्यवाणी-संबंधी प्रार्थना:

"मेरा जीवन समृद्धि और वृद्धि में फलता-फूलता रहे, यीशु के नाम में।"

480. स्वप्न में भूत देखना

अर्थ (बाइबिलीय समझ):

यह भय, दबाव, या आत्मिक intimidation का संकेत है।

बाइबिलीय आधार:

"परमेश्वर ने हमें भय की नहीं, पर सामर्थ, प्रेम, और संयम की आत्मा दी है।"

— 2 तीमुथियुस 1:7 (BSI)

खतरे का स्तर:

उच्च — यह आत्मिक आक्रमण का संकेत है।

तुरंत क्या करें:

साहस के लिये प्रार्थना करें और विश्वास में दृढ़ खड़े रहें।

भविष्यवाणी-संबंधी प्रार्थना:

"भय और दबाव की हर आत्मा अभी मेरे जीवन से निकल जाए, यीशु के नाम में।"

481. स्वप्न में अपने आप को किसी भूत से भागते हुए देखना

अर्थ (बाइबिलीय समझ):

यह भय, बचने की प्रवृत्ति, या आत्मिक अथवा भावनात्मक परिस्थितियों के दबाव को दर्शाता है, जिनसे आप भागना चाह रहे हैं।

बाइबिलीय आधारः

"यहोवा मेरी ज्योति और मेरा उद्धार है; मैं किस से डरूँ?"

— भजन संहिता 27:1 (BSI)

खतरे का स्तरः

उच्च — यह भय का आक्रमण है।

तुरंत क्या करें:

प्रार्थना और विश्वास के द्वारा भय का सामना करें।

भविष्यवाणी-संबंधी प्रार्थनाः

"मेरे जीवन में भय की हर आत्मा आग से नष्ट हो जाए, यीशु के नाम में।"

482. स्वप्न में अपने आप को किसी भूत पर विजय पाते हुए देखना

अर्थ (बाइबिलीय समझ):

यह भय, दबाव, और आत्मिक आक्रमणों पर विजय का संकेत है।

बाइबिलीय आधारः

"तू सिंह और नाग को कुचलेगा..."

— भजन संहिता 91:13 (BSI)

खतरे का स्तरः

निम्न — यह विजय का संकेत है।

तुरंत क्या करें:

विश्वास और आत्मिक अधिकार में बने रहें।

भविष्यवाणी-संबंधी प्रार्थनाः

"मैं अपने जीवन की अन्धकार की हर शक्ति पर विजय पाता हूँ, यीशु के नाम में।"

483. स्वप्न में अपने आप को बहुत तेजी से कद में बढ़ते हुए देखना

अर्थ (बाइबिलीय समझ):

यह अचानक वृद्धि, उन्नति, और जीवन में ऊपर उठाए जाने का संकेत है।

बाइबिलीय आधार:

"यीशु बुद्धि और डीलडौल में बढ़ता गया..."

— लूका 2:52 (BSI)

खतरे का स्तर:

निम्न — यह उन्नति का संकेत है।

तुरंत क्या करें:

वृद्धि और जिम्मेदारी के लिये अपने आप को तैयार करें।

भविष्यवाणी-संबंधी प्रार्थना:

"मेरा जीवन महानता के नए स्तरों तक उठे, यीशु के नाम में।"

484. स्वप्न में अपने आप को आकार में छोटा होते देखना

अर्थ (बाइबिलीय समझ):

यह कम आत्मसम्मान, भय, या अपने आप को महत्वहीन समझने का संकेत है।

बाइबिलीय आधार:

"मैं मसीह के द्वारा सब कुछ कर सकता हूँ, जो मुझे सामर्थ देता है।"

— फिलिप्पियों 4:13 (BSI)

खतरे का स्तर:

मध्यम — यह सीमा का संकेत है।

तुरंत क्या करें:

मसीह में अपनी पहचान को मजबूत करें।

भविष्यवाणी-संबंधी प्रार्थना:

"सीमा की हर आत्मा मेरे जीवन को छोड़ दे, यीशु के नाम में।"

485. स्वप्न में अपने आप को प्रकाश से चमकते हुए देखना

अर्थ (बाइबिलीय समझ):

यह दिव्य महिमा, परमेश्वर की उपस्थिति, और आत्मिक परिवर्तन का संकेत है।

बाइबिलीय आधार:

"उठ, प्रकाशमान हो; क्योंकि तेरा प्रकाश आ गया है!"

— यशायाह 60:1 (BSI)

खतरे का स्तर:

निम्न — यह महिमा का संकेत है।

तुरंत क्या करें:

परमेश्वर की उपस्थिति से जुड़े रहें।

भविष्यवाणी-संबंधी प्रार्थना:

"परमेश्वर की महिमा मेरे जीवन पर चमके, यीशु के नाम में।"

486. स्वप्न में अपने आप को अन्धकार में छिपा हुआ देखना

अर्थ (बाइबिलीय समझ):

यह भ्रम, छिपाव, या आत्मिक अन्धकार का संकेत है।

बाइबिलीय आधार:

"ज्योति अन्धकार में चमकती है..."

— यूहन्ना 1:5 (BSI)

खतरे का स्तर:

उच्च — यह चेतावनी है।

तुरंत क्या करें:

परमेश्वर के प्रकाश और दिशा को खोजें।

भविष्यवाणी-संबंधी प्रार्थना:

"मेरे जीवन का हर अन्धकार आग से मिट जाए, यीशु के नाम में।"

487. स्वप्न में अपने आप को किसी जरूरतमंद की सहायता करते हुए देखना

अर्थ (बाइबिलीय समझ):

यह करुणा, उद्देश्य, और दूसरों के लिये आशीष बनने का संकेत है।

बाइबिलीय आधार:

"जो कंगाल पर दया करता है, वह यहोवा को उधार देता है..."

— नीतिवचन 19:17 (BSI)

खतरे का स्तर:

निम्न — यह उद्देश्य का संकेत है।

तुरंत क्या करें:

दूसरों की सहायता और समर्थन करना जारी रखें।

भविष्यवाणी-संबंधी प्रार्थना:

"प्रभु, मुझे बहुतों के लिये आशीष का माध्यम बना दीजिए, यीशु के नाम में।"

488. स्वप्न में अपने आप को किसी के द्वारा सहायता प्राप्त करते हुए देखना

अर्थ (बाइबिलीय समझ):

यह आपके जीवन में दिव्य सहायता और मदद आने का संकेत है।

बाइबिलीय आधार:

"मेरी सहायता यहोवा की ओर से होती है..."

— भजन संहिता 121:2 (BSI)

खतरे का स्तर:

निम्न — यह सहायता का संकेत है।

तुरंत क्या करें:

सहायता और मार्गदर्शन को ग्रहण करने के लिये खुले रहें।

भविष्यवाणी-संबंधी प्रार्थना:

"मेरे सहायक मुझे आग के समान ढूँढ़ निकालें, यीशु के नाम में।"

489. स्वप्न में अपने आप को किसी के साथ हाथ पकड़े हुए देखना

अर्थ (बाइबिलीय समझ):

यह सहमति, साझेदारी, या जुड़ाव का संकेत है।

बाइबिलीय आधार:

"क्या दो जन जब तक एक मत न हों साथ-साथ चल सकते हैं?"

— आमोस 3:3 (BSI)

खतरे का स्तर:

मध्यम — विवेक की आवश्यकता है।

तुरंत क्या करें:

संबंधों को सावधानी से परखें।

भविष्यवाणी-संबंधी प्रार्थना:

"प्रभु, मेरी नियति के लिये मुझे सही लोगों से जोड़ दीजिए, यीशु के नाम में।"

490. स्वप्न में अपने आप को विजय में चलते हुए देखना

अर्थ (बाइबिलीय समझ):

यह जय, सफलता, और चुनौतियों पर विजय पाने का संकेत है।

बाइबिलीय आधार:

"परमेश्वर का धन्यवाद हो, जो हमें जयवन्त करता है..."

— 1 कुरिन्थियों 15:57 (BSI)

खतरे का स्तर:

निम्न — यह विजय का संकेत है।

तुरंत क्या करें:

विश्वास और कृतज्ञता में बने रहें।

भविष्यवाणी-संबंधी प्रार्थना:

"मैं अपने जीवन के हर क्षेत्र में विजय में चलता हूँ, यीशु के नाम में।"

491. स्वप्न में अपने आप को नए कपड़े पहने हुए देखना

अर्थ (बाइबिलीय समझ):

यह परिवर्तन, नई पहचान, और जीवन के नए समय में प्रवेश करने का संकेत है।

बाइबिलीय आधार:

"यदि कोई मसीह में है, तो वह नई सृष्टि है..."

– 2 कुरिन्थियों 5:17 (BSI)

खतरे का स्तर:

निम्न – यह नवीनीकरण का संकेत है।

तुरंत क्या करें:

परिवर्तन को अपनाइए और अपनी नई पहचान में चलिए।

भविष्यवाणी-संबंधी प्रार्थना:

"मैं अपने नए समय और नई पहचान में प्रवेश करता हूँ, यीशु के नाम में।"

492. स्वप्न में अपने आप को मैले या फटे कपड़ों में देखना

अर्थ (बाइबिलीय समझ):

यह लज्जा, आत्मिक निर्बलता, या आपके जीवन को प्रभावित कर रही कठिनाइयों का संकेत है।

बाइबिलीय आधार:

"उसने मुझे उद्धार के वस्त्र पहनाए हैं..."

– यशायाह 61:10 (BSI)

खतरे का स्तर:

मध्यम – यह चेतावनी है।

तुरंत क्या करें:

प्रार्थना के द्वारा शुद्धि और बहाली खोजें।

भविष्यवाणी-संबंधी प्रार्थना:

"मेरे जीवन से लज्जा का हर वस्त्र हटा दिया जाए, यीशु के नाम में।"

493. स्वप्न में अपने आप को पीछा किए जाते हुए देखना

अर्थ (बाइबिलीय समझ):

यह भय, दबाव, या आपकी प्रगति का पीछा करते शत्रुओं का संकेत है।

बाइबिलीय आधार:

"यहोवा मेरा शरणस्थान और मेरा गढ़ है..."

— भजन संहिता 91:2 (BSI)

खतरे का स्तर:

उच्च — यह आक्रमण का संकेत है।

तुरंत क्या करें:

सुरक्षा के लिये प्रार्थना करें और विश्वास में दृढ़ खड़े रहें।

भविष्यवाणी-संबंधी प्रार्थना:

"मेरे जीवन का पीछा करने वाली हर शक्ति नष्ट हो जाए, यीशु के नाम में।"

494. स्वप्न में अपने आप को खतरे से बचते हुए देखना

अर्थ (बाइबिलीय समझ):

यह हानि से छुटकारे और दिव्य सुरक्षा का संकेत है।

बाइबिलीय आधार:

"हमारा प्राण उस चिड़िया के समान फन्दे से छूट गया..."

— भजन संहिता 124:7 (BSI)

खतरे का स्तर:

निम्न — यह छुटकारे का संकेत है।

तुरंत क्या करें:

धन्यवाद करें और जागरूक बने रहें।

भविष्यवाणी-संबंधी प्रार्थना:

"मैं शत्रु के हर फन्दे से छुड़ाया गया हूँ, यीशु के नाम में।"

495. स्वप्न में अपने आप को उड़ते हुए देखना

अर्थ (बाइबिलीय समझ):

यह आत्मिक उन्नति, स्वतंत्रता, और सीमाओं पर विजय का संकेत है।

बाइबिलीय आधार:

"वे उकाबों के समान पंख फैलाकर उड़ेंगे..."

— यशायाह 40:31 (BSI)

खतरे का स्तर:

निम्न — यह उन्नति का संकेत है।

तुरंत क्या करें:

आत्मिक रूप से जुड़े और एकाग्र बने रहें।

भविष्यवाणी-संबंधी प्रार्थना:

"मैं हर सीमा से ऊपर उठता हूँ, यीशु के नाम में।"

496. स्वप्न में अपने आप को ऊँचाई से गिरते हुए देखना

अर्थ (बाइबिलीय समझ):

यह अचानक setback, भय, या अस्थिरता की चेतावनी देता है।

बाइबिलीय आधार:

"यदि वह गिरे, तो भी वह पूरी तरह न गिर पड़ेगा..."

— भजन संहिता 37:24 (BSI)

खतरे का स्तर:

मध्यम — यह चेतावनी है।

तुरंत क्या करें:

सावधान रहें और अपने आत्मिक जीवन को मजबूत करें।

भविष्यवाणी-संबंधी प्रार्थना:

"गिरावट की हर आत्मा नष्ट हो जाए, यीशु के नाम में।"

497. स्वप्न में अपने आप को लोगों के साथ खाते हुए देखना

अर्थ (बाइबिलीय समझ):

यह संगति, सहमति, या दूसरों के साथ जुड़ाव का संकेत है।

बाइबिलीय आधार:

"देख, मैं द्वार पर खड़ा हुआ खटखटाता हूँ... मैं उसके साथ भोजन

करूँगा..."

— प्रकाशितवाक्य 3:20 (BSI)

खतरे का स्तर:

मध्यम — विवेक की आवश्यकता है।

तुरंत क्या करें:

अपने मेल-जोल और संबंधों को परखें।

भविष्यवाणी-संबंधी प्रार्थना:

"प्रभु, मुझे हर गलत संबंध से अलग कीजिए, यीशु के नाम में।"

498. स्वप्न में अपने आप को प्रार्थना करते हुए देखना

अर्थ (बाइबिलीय समझ):

यह आत्मिक वृद्धि, परमेश्वर के साथ जुड़ाव, और दिव्य संचार का संकेत है।

बाइबिलीय आधार:

"निरंतर प्रार्थना में लगे रहो।"

— 1 थिस्सलुनीकियों 5:17 (BSI)

खतरे का स्तर:

निम्न — यह वृद्धि का संकेत है।

तुरंत क्या करें:

अपने प्रार्थना-जीवन को मजबूत करें।

भविष्यवाणी-संबंधी प्रार्थना:

"मेरा प्रार्थना-जीवन प्रतिदिन और मजबूत होता जाए, यीशु के नाम में।"

499. स्वप्न में अपने आप को परमेश्वर की उपासना करते हुए देखना

अर्थ (बाइबिलीय समझ):

यह आत्मिक निकटता, दिव्य उपस्थिति, और परमेश्वर के साथ alignment का संकेत है।

बाइबिलीय आधार:

"परमेश्वर आत्मा है, और अवश्य है कि उसके भक्त आत्मा और सच्चाई से

उसकी उपासना करें।"

— यूहन्ना 4:24 (BSI)

खतरे का स्तर:

निम्न — यह दिव्य उपस्थिति का संकेत है।

तुरंत क्या करें:

उपासना और भक्ति में बने रहें।

भविष्यवाणी-संबंधी प्रार्थना:

"मैं निरंतर परमेश्वर की उपस्थिति में बना रहूँ, यीशु के नाम में।"

500. स्वप्न में अपने आप को पूर्ण शांति में देखना

अर्थ (बाइबिलीय समझ):

यह दिव्य विश्राम, आश्वासन, और आपके जीवन पर परमेश्वर की उपस्थिति का संकेत है।

बाइबिलीय आधार:

"मैं तुम्हें अपनी शांति दिए जाता हूँ..."

— यूहन्ना 14:27 (BSI)

खतरे का स्तर:

निम्न — यह शांति का संकेत है।

तुरंत क्या करें:

परमेश्वर की प्रतिज्ञाओं में विश्राम कीजिए और विश्वासयोग्य बने रहिए।

भविष्यवाणी-संबंधी प्रार्थना:

"परमेश्वर की शांति मेरे जीवन को पूरी रीति से भर दे, यीशु के नाम में।"

521. स्वप्न में अपनी जेब में छेद देखना

अर्थ (बाइबिलीय समझ):

यह आर्थिक हानि, व्यर्थ खर्च, या आशीषों को रोककर न रख पाने का संकेत है।

बाइबिलीय आधार:

"जो मजदूरी कमाता है, वह ऐसी थैली में रखने को कमाता है जिसमें छेद

हैं।"

— हाग्गै 1:6 (BSI)

खतरे का स्तर: उच्च — यह आर्थिक रिसाव का संकेत है। **तुरंत क्या करें:** आर्थिक अनुशासन और सुरक्षा के लिए प्रार्थना करें।**भविष्यवाणी-संबंधी प्रार्थना:** "मेरे जीवन का हर आर्थिक रिसाव बन्द हो जाए, यीशु के नाम में।"

H

522. स्वप्न में अजनबी लोगों को अपने घर में बैठक करते देखना

अर्थ (बाइबिलीय समझ):

यह आपके जीवन या घर पर आत्मिक घुसपैठ या नकारात्मक प्रभाव का संकेत है।

बाइबिलीय आधार:

"शैतान को अवसर मत दो।"

— इफिसियों 4:27 (BSI)

खतरे का स्तर:

उच्च — यह आत्मिक आक्रमण का संकेत है।

तुरंत क्या करें:

अपने घर पर शुद्धिकरण और सुरक्षा के लिए प्रार्थना करें।

भविष्यवाणी-संबंधी प्रार्थना:

"मेरे जीवन के विरुद्ध हर दुष्ट सभा तितर-बितर हो जाए, यीशु के नाम में।"

523. स्वप्न में परिचित लोगों को अपने घर में बैठक करते देखना

अर्थ (बाइबिलीय समझ):

यह जुड़ाव, पहचान, और सम्भवतः आदर या उन्नति का संकेत है।

बाइबिलीय आधार:

"मनुष्य का दान उसके लिये स्थान चौड़ा करता है..."

— नीतिवचन 18:16 (BSI)

खतरे का स्तर:

निम्न — यह अनुग्रह का संकेत है।

तुरंत क्या करें:

नए अवसरों और नए जुड़ावों के लिये तैयार रहें।

भविष्यवाणी-संबंधी प्रार्थना:

"मेरा आदर और अनुग्रह प्रकट हो, यीशु के नाम में।"

524. स्वप्न में कटाव / erosion को अपने घर में प्रवेश करते देखना

अर्थ (बाइबिलीय समझ):

यह अस्थिरता, संघर्ष, या विशेषकर संबंधों में disturbance का संकेत है।

बाइबिलीय आधार:

"जो घर अपने ही विरुद्ध बँटा हो, वह स्थिर नहीं रह सकता।"

— मरकुस 3:25 (BSI)

खतरे का स्तर:

उच्च — यह चेतावनी है।

तुरंत क्या करें:

अपने संबंधों की रक्षा करें और शांति बनाए रखें।

भविष्यवाणी-संबंधी प्रार्थना:

"मेरे घर और मेरे जीवन में शांति राज्य करे, यीशु के नाम में।"

525. दूसरी जातियों / राष्ट्रों के लोगों से हाथ मिलाना

अर्थ (बाइबिलीय समझ):

यह उन्नति, वैश्विक जुड़ाव, और विस्तार का संकेत है।

बाइबिलीय आधार:

"यहोवा अपने उत्तम भण्डार को तेरे लिये खोलेगा..."

— व्यवस्थाविवरण 28:12 (BSI)

खतरे का स्तर:

निम्न — यह विस्तार का संकेत है।

तुरंत क्या करें:

अपने वर्तमान वातावरण से परे आने वाले अवसरों के लिये तैयार रहें।

भविष्यवाणी-संबंधी प्रार्थना:

"मैं वैश्विक अनुग्रह और उन्नति में प्रवेश करता हूँ, यीशु के नाम में।"

526. स्वप्न में अपना सिर और पैर धोना

अर्थ (बाइबिलीय समझ):

यह शुद्धि, नवीनीकरण, और आत्मिक पवित्रता का संकेत है।

बाइबिलीय आधार:

"मुझे धो, तो मैं हिम से भी अधिक उजला हो जाऊँगा।"

— भजन संहिता 51:7 (BSI)

खतरे का स्तर:

निम्न — यह शुद्धिकरण का संकेत है।

तुरंत क्या करें:

पवित्रता और आत्मिक अनुशासन बनाए रखें।

भविष्यवाणी-संबंधी प्रार्थना:

"मेरा जीवन शुद्ध और पवित्र किया जाए, यीशु के नाम में।"

527. स्वप्न में पिंजरे में बन्द मुर्गी देखना

अर्थ (बाइबिलीय समझ):

यह रोक, सीमा, या ऐसी बन्दिश का संकेत है जो प्रगति को प्रभावित कर रही है।

बाइबिलीय आधार:

"उसने उन्हें अन्धकार और मृत्यु की छाया में से निकाल लाया..."

— भजन संहिता 107:14 (BSI)

खतरे का स्तर:

उच्च — यह सीमा का संकेत है।

तुरंत क्या करें:

मुक्ति और स्वतंत्रता के लिये प्रार्थना करें।

भविष्यवाणी-संबंधी प्रार्थना:

"मेरे जीवन की सीमा का हर पिंजरा टूट जाए, यीशु के नाम में।"

528. स्वप्न में मरी हुई मुर्गी या चूज़े देखना

अर्थ (बाइबिलीय समझ):

यह हानि, ठहराव, या उत्पादकता पर आक्रमण का संकेत है।

बाइबिलीय आधार:

"शत्रु चोरी करने, मार डालने और नष्ट करने को आता है..."

— यूहन्ना 10:10 (BSI भावानुसार)

खतरे का स्तर:

उच्च — यह आक्रमण है।

तुरंत क्या करें:

हानि के विरुद्ध प्रार्थना करें और उत्पादकता की बहाली खोजें।

भविष्यवाणी-संबंधी प्रार्थना:

"मेरी प्रगति के विरुद्ध हर आक्रमण नष्ट हो जाए, यीशु के नाम में।"

529. स्वप्न में मुर्गी को अंडे देते देखना

अर्थ (बाइबिलीय समझ):

यह उत्पादकता, फलदायकता, और सफलता का संकेत है।

बाइबिलीय आधार:

"फलवन्त हो और बढ़ो..."

— उत्पत्ति 1:28 (BSI)

खतरे का स्तर:

निम्न — यह फलदायकता का संकेत है।

तुरंत क्या करें:

अपने कार्य को परिश्रम के साथ जारी रखें।

भविष्यवाणी-संबंधी प्रार्थना:
"मेरा जीवन फलदायक और उत्पादक बने, यीशु के नाम में।"

530. स्वप्न में अस्पताल देखना

अर्थ (बाइबिलीय समझ):
यह स्वास्थ्य के विषय में चिन्ता, निर्बलता, या चंगाई की आवश्यकता का संकेत है।

बाइबिलीय आधार:
"मैं यहोवा हूँ, जो तुझे चंगा करता हूँ।"
— निर्गमन 15:26 (BSI)

खतरे का स्तर:
मध्यम से उच्च — यह चेतावनी है।

तुरंत क्या करें:
दिव्य स्वास्थ्य के लिये प्रार्थना करें और अपने शरीर की देखभाल करें।

भविष्यवाणी-संबंधी प्रार्थना:
"मैं दिव्य स्वास्थ्य और चंगाई में चलता हूँ, यीशु के नाम में।"

531. स्वप्न में अस्पताल जैसी गंध सूँघना

अर्थ (बाइबिलीय समझ):
यह चेतावनी देता है कि यदि ध्यान न दिया गया तो लंबी बीमारी या स्वास्थ्य से जुड़ी चुनौतियाँ आ सकती हैं।

बाइबिलीय आधार:
"हे प्रिय, मेरी यह प्रार्थना है कि जैसे तू आत्मा में उन्नति कर रहा है वैसे ही तू सब बातों में उन्नति करे और भला-चंगा रहे।"
— 3 यूहन्ना 1:2 (BSI)

खतरे का स्तर:
उच्च — यह गंभीर चेतावनी है।

तुरंत क्या करें:
चंगाई के लिए प्रार्थना करें और अपने स्वास्थ्य की व्यवहारिक देखभाल करें।

भविष्यवाणी-संबंधी प्रार्थना:
"मेरे जीवन में बीमारी का हर तीर नष्ट हो जाए, यीशु के नाम में।"

532. स्वप्न में चंगा होते देखना

अर्थ (बाइबिलीय समझ):
यह दर्शाता है कि चंगाई आत्मिक क्षेत्र में पहले ही हो चुकी है और अब शारीरिक रूप में प्रकट होगी।

बाइबिलीय आधार:
"उसी के कोड़े खाने से हम चंगे हुए।"
— यशायाह 53:5 (BSI)

खतरे का स्तर:
निम्न — यह चंगाई का संकेत है।

तुरंत क्या करें:
धन्यवाद दें और प्रकट होने पर विश्वास रखें।

भविष्यवाणी-संबंधी प्रार्थना:
"मैं पूरी रीति से चंगा हूँ, यीशु के नाम में।"

533. स्वप्न में अपने आप को किसी उच्च शिक्षण संस्थान में देखना

अर्थ (बाइबिलीय समझ):
यह उन्नति, advancement, और ज्ञान या स्थान में वृद्धि का संकेत है।

बाइबिलीय आधार:
"बुद्धि श्रेष्ठ वस्तु है; इसलिये बुद्धि को प्राप्त कर..."
— नीतिवचन 4:7 (BSI)

खतरे का स्तर:
निम्न — यह उन्नति का संकेत है।

तुरंत क्या करें:
वृद्धि और सीखने के अवसरों का पीछा करें।
भविष्यवाणी-संबंधी प्रार्थना:
"मैं जीवन में ऊँचे स्तरों तक बढ़ूँ, यीशु के नाम में।"

534. स्वप्न में हथौड़े से मारना या तोड़ना

अर्थ (बाइबिलीय समझ):
यह परमेश्वर की शक्ति से अवरोधों को तोड़ने और कठिन चुनौतियों पर विजय पाने का संकेत है।
बाइबिलीय आधार:
"क्या मेरा वचन उस हथौड़े के समान नहीं जो चट्टान को चूर-चूर कर देता है?"
— यिर्मयाह 23:29 (BSI)
खतरे का स्तर:
निम्न — यह विजय का संकेत है।
तुरंत क्या करें:
परमेश्वर के वचन पर खड़े हों और चुनौतियों का सामना करें।
भविष्यवाणी-संबंधी प्रार्थना:
"मेरे जीवन का हर अवरोध टूट जाए, यीशु के नाम में।"

535. झाड़ू से अपने घर को बुहारना

अर्थ (बाइबिलीय समझ):
यह शुद्धि, नकारात्मकता को हटाने, और जीवन में व्यवस्था बहाल करने का संकेत है।
बाइबिलीय आधार:
"हे परमेश्वर, मेरे भीतर शुद्ध मन उत्पन्न कर..."
— भजन संहिता 51:10 (BSI)
खतरे का स्तर:
निम्न — यह शुद्धिकरण का संकेत है।

तुरंत क्या करें:

आत्मिक और व्यक्तिगत अनुशासन बनाए रखें।

भविष्यवाणी-संबंधी प्रार्थना:

"मेरे जीवन की हर अशुद्धता दूर की जाए, यीशु के नाम में।"

536. अपने आप को नर्क या अन्धेरे दुष्ट वातावरण में देखना

अर्थ (बाइबिलीय समझ):

यह आत्मिक असंगति, गलत दिशा, या अपने मार्ग बदलने की गंभीर चेतावनी है।

बाइबिलीय आधार:

"पाप की मजदूरी मृत्यु है..."

— रोमियों 6:23 (BSI)

खतरे का स्तर:

उच्च — यह अत्यावश्यक चेतावनी है।

तुरंत क्या करें:

तुरंत पश्चाताप करें और परमेश्वर की ओर लौट आएँ।

भविष्यवाणी-संबंधी प्रार्थना:

"मैं सही मार्ग पर लौटता हूँ और धर्म में चलता हूँ, यीशु के नाम में।"

537. स्वप्न में फाँसी पर लटकते देखना

अर्थ (बाइबिलीय समझ):

यह खतरे, दबाव, या जीवन और नियति पर खतरे का संकेत है।

बाइबिलीय आधार:

"यहोवा मेरा शरणस्थान और मेरा गढ़ है..."

— भजन संहिता 91:2 (BSI)

खतरे का स्तर:

उच्च — यह खतरे का संकेत है।

तुरंत क्या करें:

सुरक्षा और बचाव के लिये गंभीरता से प्रार्थना करें।

भविष्यवाणी-संबंधी प्रार्थना:

"मैं अपने समय से पहले नहीं मरूँगा, यीशु के नाम में।"

538. स्वप्न में अपने हाथ को घायल देखना

अर्थ (बाइबिलीय समझ):

यह उत्पादकता, क्षमता, या परिश्रम के फल में हानि का संकेत है।

बाइबिलीय आधार:

"यहोवा तेरे हाथों के सब काम पर आशीष देगा..."

— व्यवस्थाविवरण 28:12 (BSI)

खतरे का स्तर:

मध्यम — यह चेतावनी है।

तुरंत क्या करें:

शक्ति और उत्पादकता की बहाली के लिये प्रार्थना करें।

भविष्यवाणी-संबंधी प्रार्थना:

"मेरे हाथों का काम बहाल हो, यीशु के नाम में।"

539. स्वप्न में अपने आप घर बनाना

अर्थ (बाइबिलीय समझ):

यह व्यक्तिगत वृद्धि, नई शुरुआत, और नए जीवन या पहचान के निर्माण का संकेत है।

बाइबिलीय आधार:

"यदि यहोवा घर न बनाए, तो बनाने वालों का परिश्रम व्यर्थ है..."

— भजन संहिता 127:1 (BSI)

खतरे का स्तर:

निम्न — यह वृद्धि का संकेत है।

तुरंत क्या करें:

अपनी योजनाओं को परमेश्वर के हवाले करें।

भविष्यवाणी-संबंधी प्रार्थना:

"मेरा जीवन एक मजबूत नींव पर बनाया जाए, यीशु के नाम में।"

540. स्वप्न में छोड़ा हुआ / उजड़ा हुआ घर देखना

अर्थ (बाइबिलीय समझ):

यह उपेक्षा, खालीपन, या जीवन के किसी ऐसे क्षेत्र का संकेत है जिसे ध्यान और बहाली की आवश्यकता है।

बाइबिलीय आधार:

"तुम परमेश्वर की इमारत हो।"

— 1 कुरिन्थियों 3:9 (BSI)

खतरे का स्तर:

मध्यम — यह चेतावनी है।

तुरंत क्या करें:

अपने जीवन के उपेक्षित क्षेत्रों को बहाल करें।

भविष्यवाणी-संबंधी प्रार्थना:

"मेरे जीवन का हर उपेक्षित क्षेत्र बहाल हो, यीशु के नाम में।"

541. स्वप्न में अपने आप को house boy या house girl के रूप में देखना

अर्थ (बाइबिलीय समझ):

यह सीमा की मानसिकता, निर्भरता, या अपनी क्षमता में आत्मविश्वास की कमी को दर्शाता है।

बाइबिलीय आधार:

"तू अब दास नहीं, पर पुत्र है..."

— गलतियों 4:7 (BSI)

खतरे का स्तर:

मध्यम — यह मानसिकता का प्रश्न है।

तुरंत क्या करें:

अपने मन को नया करें और मसीह में अपनी पहचान को ग्रहण करें।

भविष्यवाणी-संबंधी प्रार्थना:

"मैं सीमा में जीने से इन्कार करता हूँ; मैं पुत्रत्व और अधिकार में चलता हूँ, यीशु के नाम में।"

542. स्वप्न में अपने आप को निराश देखना

अर्थ (बाइबिलीय समझ):

यह हताशा, भय, या गरीबी और कठिनाई की आत्मा का संकेत है।

बाइबिलीय आधार:

"हे मेरे मन, तू क्यों गिरा जाता है? परमेश्वर पर आशा रख..."

— भजन संहिता 42:11 (BSI)

खतरे का स्तर:

मध्यम — यह भावनात्मक / आत्मिक चेतावनी है।

तुरंत क्या करें:

परमेश्वर में अपने आप को उत्साहित करें और निराशा को अस्वीकार करें।

भविष्यवाणी-संबंधी प्रार्थना:

"मेरे जीवन में आशा उठे, और मैं हर निराशा पर विजय पाऊँ, यीशु के नाम में।"

543. स्वप्न में पहाड़ी पर चढ़ना

अर्थ (बाइबिलीय समझ):

यह महत्वाकांक्षा, दृढ़ निश्चय, और अपने लक्ष्यों की ओर प्रगति को दर्शाता है।

बाइबिलीय आधार:

"मैं पर्वतों की ओर अपनी आँखें उठाऊँगा; मेरी सहायता कहाँ से आएगी?"

— भजन संहिता 121:1 (BSI)

खतरे का स्तर:

निम्न — यह प्रगति का संकेत है।

तुरंत क्या करें:

एकाग्र बने रहें और प्रयत्न करते रहें।

भविष्यवाणी-संबंधी प्रार्थना:

"मैं अपने लक्ष्यों तक पहुँचने के लिये सामर्थ प्राप्त करूँ, यीशु के नाम में।"

544. स्वप्न में अपने आप को पहाड़ी या पर्वत की चोटी पर खड़े देखना

अर्थ (बाइबिलीय समझ):

यह विजय, उपलब्धि, और अधिकार या सफलता के ऊँचे स्तर का संकेत है।

बाइबिलीय आधार:

"वह मुझे ऊँचे स्थानों पर खड़ा करता है।"

— भजन संहिता 18:33 (BSI भावानुसार)

खतरे का स्तर:

निम्न — यह विजय का संकेत है।

तुरंत क्या करें:

नम्र बने रहें और अनुशासन के द्वारा अपनी स्थिति बनाए रखें।

भविष्यवाणी-संबंधी प्रार्थना:

"मैं विजय और ऊँचे स्थानों में खड़ा रहूँ, यीशु के नाम में।"

545. स्वप्न में अपने आप को पहाड़ी से गिरते देखना

अर्थ (बाइबिलीय समझ):

यह सम्भावित setback, स्थान की हानि, या अस्थिरता का संकेत है।

बाइबिलीय आधार:

"जो समझता है कि वह खड़ा है, सावधान रहे कि गिर न पड़े।"

— 1 कुरिन्थियों 10:12 (BSI)

खतरे का स्तर:

मध्यम से उच्च — यह चेतावनी है।

तुरंत क्या करें:

सतर्क रहें और अपने आत्मिक जीवन को मजबूत करें।

भविष्यवाणी-संबंधी प्रार्थना:

"हर गिरावट और setback रद्द हो जाए, यीशु के नाम में।"

546. स्वप्न में तेज़ वर्षा होते देखना

अर्थ (बाइबिलीय समझ):

यह उँडेलने, आशीषों, या कभी-कभी संदर्भ के अनुसार अत्यधिक परिस्थितियों का संकेत है।

बाइबिलीय आधार:

"मैं अपना आत्मा सब प्राणियों पर उण्डेलूँगा..."

— योएल 2:28 (BSI)

खतरे का स्तर:

निम्न से मध्यम — संदर्भ पर निर्भर।

तुरंत क्या करें:

समय को पहचानें और स्थिर बने रहें।

भविष्यवाणी-संबंधी प्रार्थना:

"परमेश्वर की आशीषें मेरे जीवन में overflow करें, यीशु के नाम में।"

547. स्वप्न में अपने घर को पानी से भरा देखना

अर्थ (बाइबिलीय समझ):

यह भावनात्मक दबाव, समस्याओं, या निजी जीवन में अस्थिरता का संकेत है।

बाइबिलीय आधार:

"जब तू जल में होकर जाए, मैं तेरे संग रहूँगा..."

— यशायाह 43:2 (BSI)

खतरे का स्तर:

उच्च — यह चेतावनी है।

तुरंत क्या करें:

स्थिरता और शांति के लिये प्रार्थना करें।

भविष्यवाणी-संबंधी प्रार्थना:

"मेरे जीवन की समस्याओं की हर बाढ़ सूख जाए, यीशु के नाम में।"

548. स्वप्न में साफ पानी देखना

अर्थ (बाइबिलीय समझ):

यह पवित्रता, शांति, और आत्मिक स्पष्टता का संकेत है।

बाइबिलीय आधार:

"वह मुझे सुखदाई जल के सोतों के पास ले चलता है।"

— भजन संहिता 23:2 (BSI)

खतरे का स्तर:

निम्न — यह शांति का संकेत है।

तुरंत क्या करें:

अपनी आत्मिक पवित्रता बनाए रखें।

भविष्यवाणी-संबंधी प्रार्थना:

"मेरा जीवन शांति और स्पष्टता के साथ बहे, यीशु के नाम में।"

549. स्वप्न में गन्दा या कीचड़ भरा पानी देखना

अर्थ (बाइबिलीय समझ):

यह भ्रम, अशुद्धता, या परेशान करने वाली परिस्थितियों का संकेत है।

बाइबिलीय आधार:

"दुष्ट तो उस मचलते हुए समुद्र के समान हैं, जो स्थिर नहीं रह सकता..."

— यशायाह 57:20 (BSI)

खतरे का स्तर:

उच्च — यह भ्रम का संकेत है।

तुरंत क्या करें:

स्पष्टता और शुद्धि के लिये प्रार्थना करें।

भविष्यवाणी-संबंधी प्रार्थना:

"मेरे जीवन का हर भ्रम दूर हो जाए, यीशु के नाम में।"

550. स्वप्न में पानी पीना

अर्थ (बाइबिलीय समझ):

यह जीवन, ताज़गी, और आत्मिक पोषण प्राप्त करने का संकेत है।

बाइबिलीय आधार:
"जो जल मैं उसे दूँगा, उसे पीने के बाद वह कभी प्यासा न होगा..."
— यूहन्ना 4:14 (BSI)

खतरे का स्तर:
निम्न — यह पोषण का संकेत है।

तुरंत क्या करें:
परमेश्वर के वचन से जुड़े रहें।

भविष्यवाणी-संबंधी प्रार्थना:
"मैं आत्मिक रूप से ताज़ा और मजबूत किया गया हूँ, यीशु के नाम में।"

I

551. स्वप्न में अपने आप को किसी सभा में महत्वपूर्ण लोगों के बीच देखना

अर्थ (बाइबिलीय समझ):
यह अनुग्रह, पहचान, और आदर तथा प्रभाव के स्थानों में उठाए जाने का संकेत है।

बाइबिलीय आधार:
"मनुष्य का दान उसके लिये स्थान चौड़ा करता है, और उसको बड़े लोगों के साम्हने पहुँचाता है।"
— नीतिवचन 18:16 (BSI)

खतरे का स्तर:
निम्न — यह अनुग्रह का संकेत है।

तुरंत क्या करें:
उन्नति के लिए तैयार रहें और नम्र बने रहें।

भविष्यवाणी-संबंधी प्रार्थना:
"महान लोगों के सामने मेरा अनुग्रह और आदर प्रकट हो, यीशु के नाम में।"

552. स्वप्न में किसी को आपके विरुद्ध मंत्र-जाप या incantations करते देखना

अर्थ (बाइबिलीय समझ):
यह आत्मिक विरोध, नकारात्मक वचनों, या आपके जीवन के विरुद्ध आक्रमणों का संकेत है।

बाइबिलीय आधार:
"कोई हथियार जो तेरे विरुद्ध बनाया जाए सफल न होगा; और जो कोई जीभ न्याय करने में तुझ पर चले, तू उसे दोषी ठहराएगा..."
— यशायाह 54:17 (BSI)

खतरे का स्तर:
उच्च — यह आत्मिक आक्रमण है।

तुरंत क्या करें:
हर नकारात्मक वचन के विरुद्ध प्रार्थना करें और अधिकार में खड़े रहें।

भविष्यवाणी-संबंधी प्रार्थना:
"मेरे विरुद्ध बोले गए हर दुष्ट वचन नष्ट हो जाएँ, यीशु के नाम में।"

553. स्वप्न में किसी वस्तु को sale पर देखना

अर्थ (बाइबिलीय समझ):
यह उन अवसरों का संकेत है जो आपके लिए उपलब्ध हैं और जिन्हें पहचाना और पकड़ा जाना चाहिए।

बाइबिलीय आधार:
"बाहर वालों के साथ बुद्धिमानी से व्यवहार करो, और अवसर को हाथ से न जाने दो।"
— कुलुस्सियों 4:5 (BSI भावानुसार)

खतरे का स्तर:
निम्न — यह अवसर का संकेत है।

तुरंत क्या करें:
सतर्क रहें और अवसरों का लाभ उठाएँ।

भविष्यवाणी-संबंधी प्रार्थना:
"मेरे लिये ठहराया गया हर अवसर प्रकट हो, यीशु के नाम में।"

554. स्वप्न में अपने गुप्तांग में चोट लगना

अर्थ (बाइबिलीय समझ):
यह पवित्रता, अनुशासन, और व्यक्तिगत इच्छाओं पर नियंत्रण के विषय में चेतावनी देता है।

बाइबिलीय आधार:
"व्यभिचार से भागो।"
— 1 कुरिन्थियों 6:18 (BSI)

खतरे का स्तर:
उच्च — यह चेतावनी है।

तुरंत क्या करें:
पवित्रता और अनुशासन बनाए रखें।

भविष्यवाणी-संबंधी प्रार्थना:
"मैं पवित्रता और आत्म-संयम में चलता हूँ, यीशु के नाम में।"

555. स्वप्न में injection लेना

अर्थ (बाइबिलीय समझ):
यह सम्भावित स्वास्थ्य समस्या या किसी बाहरी नकारात्मक प्रभाव के आपके जीवन में प्रवेश करने का संकेत देता है।

बाइबिलीय आधार:
"मैं यहोवा हूँ, जो तुझे चंगा करता हूँ।"
— निर्गमन 15:26 (BSI)

खतरे का स्तर:
मध्यम से उच्च — यह चेतावनी है।

तुरंत क्या करें:
स्वास्थ्य के लिए प्रार्थना करें और हानिकारक प्रभावों से बचें।

भविष्यवाणी-संबंधी प्रार्थना:
"मेरे शरीर में रखा गया हर दुष्ट deposit निकाल दिया जाए, यीशु के नाम में।"

556. स्वप्न में मूर्ति-पूजा करना

अर्थ (बाइबिलीय समझ):
यह आत्मिक समझौते या सच्चे विश्वास से दूर चले जाने का संकेत है।

बाइबिलीय आधार:
"तू मेरे सिवा दूसरे देवताओं को न मानना।"
— निर्गमन 20:3 (BSI)

खतरे का स्तर:
उच्च — यह आत्मिक खतरा है।

तुरंत क्या करें:
पश्चाताप करें और परमेश्वर के साथ फिर से सीधा हो जाएँ।

भविष्यवाणी-संबंधी प्रार्थना:
"मैं पूर्ण रीति से परमेश्वर की ओर लौटता हूँ और हर झूठे मार्ग को अस्वीकार करता हूँ, यीशु के नाम में।"

557. स्वप्न में अपने घर में कीड़े-मकोड़े देखना

अर्थ (बाइबिलीय समझ):
यह छोटे लेकिन विनाशकारी समस्याओं का संकेत है जो आपके जीवन या धन को प्रभावित कर रही हैं।

बाइबिलीय आधार:
"हमारी लोमड़ियों को, उन छोटी लोमड़ियों को पकड़ो जो दाखलताओं को बिगाड़ती हैं..."
— श्रेष्ठगीत 2:15 (BSI)

खतरे का स्तर:
मध्यम — यह चेतावनी है।

तुरंत क्या करें:
छोटी समस्याओं को बढ़ने से पहले सँभालें।

भविष्यवाणी-संबंधी प्रार्थना:
"मेरे जीवन की हर छिपी हुई समस्या नष्ट हो जाए, यीशु के नाम में।"

558. स्वप्न में अपने आप को मूर्ख / idiot के रूप में देखना

अर्थ (बाइबिलीय समझ):
यह भ्रम, बुद्धि की कमी, या गलत निर्णयों का संकेत है।

बाइबिलीय आधार:
"यदि तुम में से किसी को बुद्धि की घटी हो, तो परमेश्वर से मांगे..."
— याकूब 1:5 (BSI)

खतरे का स्तर:
मध्यम — यह चेतावनी है।

तुरंत क्या करें:
परमेश्वर से बुद्धि और मार्गदर्शन माँगें।

भविष्यवाणी-संबंधी प्रार्थना:
"मैं दिव्य बुद्धि और समझ प्राप्त करता हूँ, यीशु के नाम में।"

559. स्वप्न में अपने आप को पागल / insane देखना

अर्थ (बाइबिलीय समझ):
यह भ्रम, अस्थिरता, या बिना दिशा के जीने का संकेत है।

बाइबिलीय आधार:
"परमेश्वर गड़बड़ी का नहीं, पर शांति का कर्ता है..."
— 1 कुरिन्थियों 14:33 (BSI)

खतरे का स्तर:
उच्च — यह गंभीर चेतावनी है।

तुरंत क्या करें:
प्रार्थना और सत्य के द्वारा अपने मन को स्थिर करें।

भविष्यवाणी-संबंधी प्रार्थना:
"मेरा मन स्वस्थ, स्थिर, और परमेश्वर द्वारा निर्देशित है, यीशु के नाम में।"

560. स्वप्न में मनुष्य की आँतें देखना

अर्थ (बाइबिलीय समझ):
यह गहरे भीतरी मुद्दों, खतरे, या ऐसे गंभीर मामले का संकेत है जिसे ध्यान देने की आवश्यकता है।

बाइबिलीय आधार:
"हे परमेश्वर, मुझे जाँच और मेरे मन को जान..."
— भजन संहिता 139:23 (BSI)

खतरे का स्तर:
उच्च — यह गंभीर चेतावनी है।

तुरंत क्या करें:
गहरी प्रार्थना करें और अपने शारीरिक तथा आत्मिक स्वास्थ्य का ध्यान रखें।

भविष्यवाणी-संबंधी प्रार्थना:
"मेरे जीवन का हर छिपा हुआ खतरा प्रकट होकर दूर किया जाए, यीशु के नाम में।"

561. स्वप्न में बर्फ देखना

अर्थ (बाइबिलीय समझ):
यह आत्मिक ठंडक, जोश की कमी, और परमेश्वर से दूरी का संकेत है।

बाइबिलीय आधार:
"अधर्म के बढ़ने से बहुतों का प्रेम ठंडा हो जाएगा।"
— मत्ती 24:12 (BSI)

खतरे का स्तर:
उच्च — यह आत्मिक चेतावनी है।

तुरंत क्या करें:
प्रार्थना और वचन के द्वारा अपने आत्मिक जीवन को फिर से जीवित करें।

भविष्यवाणी-संबंधी प्रार्थना:
"मेरे जीवन की हर आत्मिक ठंडक मिट जाए, यीशु के नाम में।"

562. स्वप्न में द्वीप देखना

अर्थ (बाइबिलीय समझ):
यह आत्म-खोज, स्वतंत्रता, और व्यक्तिगत विकास के नए चरण में प्रवेश का संकेत है।

बाइबिलीय आधार:
"मैं मसीह के द्वारा सब कुछ कर सकता हूँ, जो मुझे सामर्थ देता है।"
— फिलिप्पियों 4:13 (BSI)

खतरे का स्तर:
निम्न — यह वृद्धि का संकेत है।

तुरंत क्या करें:
अपने वरदानों को विकसित करें और अपनी यात्रा को स्वीकार करें।

भविष्यवाणी-संबंधी प्रार्थना:
"मैं अपने उद्देश्य को पहचानता हूँ और महानता में उठता हूँ, यीशु के नाम में।"

563. स्वप्न में अपने आप को अलग-थलग या अकेला देखना

अर्थ (बाइबिलीय समझ):
यह अकेलेपन, अलगाव, या परीक्षा और refinement के समय का संकेत है।

बाइबिलीय आधार:
"मैं तुझे कभी न छोड़ूँगा और न कभी त्यागूँगा।"
— इब्रानियों 13:5 (BSI)

खतरे का स्तर:
मध्यम — यह चेतावनी है।

तुरंत क्या करें:
परमेश्वर के और निकट आएँ और अलग-थलग पड़ने से बचें।

भविष्यवाणी-संबंधी प्रार्थना:
"मैं कभी अकेला नहीं हूँ; परमेश्वर सदा मेरे साथ है, यीशु के नाम में।"

564. स्वप्न में अपने आप को लोगों को अनदेखा करते देखना

अर्थ (बाइबिलीय समझ):
यह घमण्ड, भावनात्मक दूरी, या टूटे हुए संबंधों का संकेत है।

बाइबिलीय आधार:
"कुछ भी झगड़े या मिथ्या अभिमान से न करो..."
— फिलिप्पियों 2:3 (BSI)

खतरे का स्तर:
मध्यम — यह संबंधों से जुड़ी चेतावनी है।

तुरंत क्या करें:
संबंधों को बहाल करें और नम्रता में चलें।

भविष्यवाणी-संबंधी प्रार्थना:
"मैं दूसरों के प्रति नम्रता और प्रेम में चलता हूँ, यीशु के नाम में।"

565. स्वप्न में अपने आप को लोगों द्वारा अनदेखा किया जाता देखना

अर्थ (बाइबिलीय समझ):
यह अस्वीकार, उपेक्षा, या अपने आप को कम मूल्यवान समझे जाने की भावना को दर्शाता है।

बाइबिलीय आधार:
“जिस पत्थर को राजमिस्त्रियों ने निकम्मा ठहराया था, वही कोने के सिरे का पत्थर हो गया है।”
— भजन संहिता 118:22 (BSI)

खतरे का स्तर:
मध्यम — यह भावनात्मक चुनौती है।

तुरंत क्या करें:
मनुष्यों की स्वीकृति पर निर्भर मत रहिए।

भविष्यवाणी-संबंधी प्रार्थना:
“मैं परमेश्वर के द्वारा ग्रहण किया गया और आदरित हूँ, यीशु के नाम में।”

566. स्वप्न में अपने आप को आदर या महत्त्व के स्थान पर देखना

अर्थ (बाइबिलीय समझ):
यह उन्नति, promotion, और पहचान का संकेत है।

बाइबिलीय आधार:
“इसलिये अपने आप को परमेश्वर के बलवन्त हाथ के नीचे दीन करो, जिस से वह तुम्हें उचित समय पर बढ़ाए।”
— 1 पतरस 5:6 (BSI)

खतरे का स्तर:
निम्न — यह promotion का संकेत है।

तुरंत क्या करें:
नम्र और विश्वासयोग्य बने रहें।

भविष्यवाणी-संबंधी प्रार्थना:
"मेरी उन्नति उचित समय पर प्रकट हो, यीशु के नाम में।"

567. स्वप्न में अपने आप को मुसीबत या संकट में देखना

अर्थ (बाइबिलीय समझ):
यह दबाव, परीक्षाओं, या जीवन की चुनौतियों का संकेत है।

बाइबिलीय आधार:
"परमेश्वर हमारा शरणस्थान और बल है, संकट में अति सहज से मिलने वाला सहायक।"
— भजन संहिता 46:1 (BSI)

खतरे का स्तर:
मध्यम — यह चेतावनी है।

तुरंत क्या करें:
परमेश्वर पर भरोसा रखें और दृढ़ खड़े रहें।

भविष्यवाणी-संबंधी प्रार्थना:
"मैं हर मुसीबत से छुड़ाया जाता हूँ, यीशु के नाम में।"

568. स्वप्न में अपने आप को झूठे आरोपों का शिकार होते देखना

अर्थ (बाइबिलीय समझ):
यह झूठे आरोपों, गलतफहमियों, या आपके चरित्र पर आक्रमणों का संकेत है।

बाइबिलीय आधार:
"धन्य हो तुम, जब लोग मेरे कारण तुम्हारी निन्दा करें... और झूठ बोलकर तुम्हारे विरुद्ध सब प्रकार की बुरी बातें कहें।"
— मत्ती 5:11 (BSI)

खतरे का स्तर:
मध्यम — यह विरोध का संकेत है।

तुरंत क्या करें:
सत्य में बने रहें और परमेश्वर को अपना बचाव करने दें।

भविष्यवाणी-संबंधी प्रार्थना:
"मेरे विरुद्ध हर झूठा आरोप रद्द हो जाए, यीशु के नाम में।"

569. स्वप्न में अपने आप को निर्दोष या vindicated होते देखना

अर्थ (बाइबिलीय समझ):
यह आरोपों पर विजय और परमेश्वर की स्वीकृति का संकेत है।

बाइबिलीय आधार:
"धर्मी ठहराने वाला परमेश्वर है।"
— रोमियों 8:33 (BSI)

खतरे का स्तर:
निम्न — यह विजय का संकेत है।

तुरंत क्या करें:
धन्यवाद करें और धर्म में बने रहें।

भविष्यवाणी-संबंधी प्रार्थना:
"मैं परमेश्वर के द्वारा धर्मी ठहराया गया और न्यायोचित ठहराया गया हूँ, यीशु के नाम में।"

570. स्वप्न में अपने आप को निर्देश प्राप्त करते देखना

अर्थ (बाइबिलीय समझ):
यह दिव्य दिशा, मार्गदर्शन, या सुधार का संकेत है।

बाइबिलीय आधार:
"मैं तुझे बुद्धि दूँगा और जिस मार्ग पर तुझे चलना होगा उसमें तुझे सिखाऊँगा..."
— भजन संहिता 32:8 (BSI)

खतरे का स्तर:
निम्न — यह मार्गदर्शन का संकेत है।

तुरंत क्या करें:
ध्यान दें और दिव्य निर्देशों का पालन करें।

भविष्यवाणी-संबंधी प्रार्थना:
"मैं दिव्य मार्गदर्शन और दिशा में चलता हूँ, यीशु के नाम में।"

571. स्वप्न में अपने आप को निर्देशों को ठुकराते हुए देखना

अर्थ (बाइबिलीय समझ):
यह हठ, घमण्ड, या दिव्य मार्गदर्शन का पालन करने से इन्कार करने का संकेत है।

बाइबिलीय आधार:
"तू अपनी दृष्टि में बुद्धिमान न हो..."
— नीतिवचन 3:7 (BSI)

खतरे का स्तर:
उच्च — यह चेतावनी है।

तुरंत क्या करें:
अपने आप को नम्र करें और सुधार को स्वीकार करें।

भविष्यवाणी-संबंधी प्रार्थना:
"मैं दिव्य बुद्धि ग्रहण करता हूँ और आज्ञाकारिता में चलता हूँ, यीशु के नाम में।"

572. स्वप्न में अपने आप को लिखते हुए देखना

अर्थ (बाइबिलीय समझ):
यह उद्देश्य, नियति के लिखे जाने, और दिव्य संचार का संकेत है।

बाइबिलीय आधार:
"दर्शन को लिख और पटियाओं पर साफ-साफ अंकित कर..."
— हबक्कूक 2:2 (BSI)

खतरे का स्तर:
निम्न — यह उद्देश्य का संकेत है।

तुरंत क्या करें:
अपने दर्शन और दिशा को स्पष्ट करें।

भविष्यवाणी-संबंधी प्रार्थना:
"मेरी नियति स्पष्ट रूप से लिखी हुई और पूरी हो, यीशु के नाम में।"

573. स्वप्न में अपने आप को पढ़ते हुए देखना

अर्थ (बाइबिलीय समझ):
यह ज्ञान, बुद्धि, और समझ प्राप्त करने का संकेत है।

बाइबिलीय आधार:
"पढ़ने पर ध्यान दे..."
— 1 तीमुथियुस 4:13 (BSI)

खतरे का स्तर:
निम्न — यह वृद्धि का संकेत है।

तुरंत क्या करें:
ज्ञान और समझ का पीछा करें।

भविष्यवाणी-संबंधी प्रार्थना:
"मैं प्रतिदिन बुद्धि और समझ में बढ़ता हूँ, यीशु के नाम में।"

574. स्वप्न में अपने आप को पढ़ने में असमर्थ देखना

अर्थ (बाइबिलीय समझ):
यह भ्रम, समझ की कमी, या ज्ञान के रुक जाने का संकेत है।

बाइबिलीय आधार:
"मेरे लोग ज्ञान के न होने से नाश हो गए..."
— होशे 4:6 (BSI)

खतरे का स्तर:
मध्यम — यह सीमा का संकेत है।

तुरंत क्या करें:
स्पष्टता और दिव्य समझ की खोज करें।

भविष्यवाणी-संबंधी प्रार्थना:
"मेरे जीवन की हर उलझन दूर हो जाए, यीशु के नाम में।"

575. स्वप्न में अपने आप को लोगों को सिखाते हुए देखना

अर्थ (बाइबिलीय समझ):
यह नेतृत्व, प्रभाव, और ज्ञान बाँटने का संकेत है।

बाइबिलीय आधार:
"इसलिये तुम जाकर सब जातियों के लोगों को चेला बनाओ..."
— मत्ती 28:19 (BSI)

खतरे का स्तर:
निम्न — यह नेतृत्व का संकेत है।

तुरंत क्या करें:
अपने नेतृत्व और सिखाने की क्षमता को विकसित करें।

भविष्यवाणी-संबंधी प्रार्थना:
"मैं जीवनों को सकारात्मक रूप से प्रभावित करूँ और बुद्धि से अगुवाई करूँ, यीशु के नाम में।"

576. स्वप्न में अपने आप को किसी से शिक्षा पाते हुए देखना

अर्थ (बाइबिलीय समझ):
यह सीखने, नम्रता, और वृद्धि के लिये तैयारी का संकेत है।

बाइबिलीय आधार:
"हे यहोवा, मुझे अपना मार्ग सिखा..."
— भजन संहिता 86:11 (BSI)

खतरे का स्तर:
निम्न — यह तैयारी का संकेत है।

तुरंत क्या करें:
सीखने के लिये नम्र और खुले रहें।

भविष्यवाणी-संबंधी प्रार्थना:
"मैं दिव्य शिक्षा ग्रहण करता हूँ और बढ़ता हूँ, यीशु के नाम में।"

577. स्वप्न में अपने आप को कक्षा में देखना

अर्थ (बाइबिलीय समझ):
यह सीखने, तैयारी, और विकास के समय का संकेत है।

बाइबिलीय आधार:
"सब कुछ प्राप्त करने पर समझ को प्राप्त कर..."
— नीतिवचन 4:7 (BSI भावानुसार)

खतरे का स्तर:
निम्न — यह वृद्धि का संकेत है।

तुरंत क्या करें:
अपने वर्तमान समय को गंभीरता से लें।

भविष्यवाणी-संबंधी प्रार्थना:
"मैं हर समय में सीखूँ, बढ़ूँ, और उत्कृष्ट बनूँ, यीशु के नाम में।"

578. स्वप्न में अपने आप को कक्षा में असफल होते देखना

अर्थ (बाइबिलीय समझ):
यह अप्रस्तुति या ध्यान की कमी का संकेत है।

बाइबिलीय आधार:
"परिश्रमी का प्राण हरा-भरा किया जाएगा..."
— नीतिवचन 13:4 (BSI भावानुसार)

खतरे का स्तर:
मध्यम — यह चेतावनी है।

तुरंत क्या करें:
अनुशासन और तैयारी को बढ़ाएँ।

भविष्यवाणी-संबंधी प्रार्थना:
"मैं हर असफलता पर विजय पाता हूँ और उत्कृष्टता में उठता हूँ, यीशु के नाम में।"

579. स्वप्न में अपने आप को कक्षा में सफल होते देखना

अर्थ (बाइबिलीय समझ):
यह सफलता, वृद्धि, और उन्नति के लिये तैयार होने का संकेत है।

बाइबिलीय आधार:
"शाबाश, हे अच्छे और विश्वासयोग्य दास..."
— मत्ती 25:21 (BSI)

खतरे का स्तर:
निम्न — यह सफलता का संकेत है।

तुरंत क्या करें:
अगले स्तर के लिये तैयारी करें।

भविष्यवाणी-संबंधी प्रार्थना:
"मैं सफल होता हूँ और और भी ऊँचे स्तरों तक बढ़ता हूँ, यीशु के नाम में।"

580. स्वप्न में अपने आप को certificate प्राप्त करते देखना

अर्थ (बाइबिलीय समझ):
यह पहचान, पूर्णता, और प्रतिफल का संकेत है।

बाइबिलीय आधार:
"मैं दौड़ पूरी कर चुका हूँ, मैंने विश्वास की रक्षा की है।"
— 2 तीमुथियुस 4:7 (BSI)

खतरे का स्तर:
निम्न — यह उपलब्धि का संकेत है।

तुरंत क्या करें:
नए अवसरों के लिए तैयार रहें।

भविष्यवाणी-संबंधी प्रार्थना:
"मेरे प्रयास पुरस्कृत और पहचाने जाएँ, यीशु के नाम में।"

581. स्वप्न में अपने आप को किसी चीज़ की खोज करते हुए देखना

अर्थ (बाइबिलीय समझ):
यह दिशा, उद्देश्य, या आपके जीवन में किसी कमी को खोजने की इच्छा का संकेत है।

बाइबिलीय आधार:
"माँगो, तो तुम्हें दिया जाएगा; ढूँढ़ो, तो तुम पाओगे..."
— मत्ती 7:7 (BSI)

खतरे का स्तर:
मध्यम — यह खोज का समय है।

तुरंत क्या करें:
स्पष्टता और दिशा के लिये परमेश्वर को खोजें।

भविष्यवाणी-संबंधी प्रार्थना:
"मैं अपना उद्देश्य और दिशा पाता हूँ, यीशु के नाम में।"

582. स्वप्न में अपने आप को वही पाते हुए देखना जिसे आप खोज रहे थे

अर्थ (बाइबिलीय समझ):
यह पूर्ति, खोज का फल, और प्रार्थनाओं के उत्तर का संकेत है।

बाइबिलीय आधार:
"क्योंकि जो कोई माँगता है उसे मिलता है, और जो ढूँढ़ता है वह पाता है..."
— मत्ती 7:8 (BSI)

खतरे का स्तर:
निम्न — यह पूर्ति का संकेत है।

तुरंत क्या करें:
कृतज्ञ रहें और जो आपने पाया है उसका पूरा उपयोग करें।

भविष्यवाणी-संबंधी प्रार्थना:
"मेरी खोज पूर्ति और सफलता में समाप्त हो, यीशु के नाम में।"

583. स्वप्न में अपने आप को खोया हुआ देखना

अर्थ (बाइबिलीय समझ):
यह भ्रम, दिशा की कमी, या जीवन में अनिश्चितता का संकेत है।

बाइबिलीय आधार:
"यहोवा तेरा लगातार मार्गदर्शन करेगा..."
— यशायाह 58:11 (BSI)

खतरे का स्तर:
मध्यम से उच्च — यह चेतावनी है।

तुरंत क्या करें:
परमेश्वर से मार्गदर्शन और स्पष्टता खोजें।

भविष्यवाणी-संबंधी प्रार्थना:
"मैं परमेश्वर के द्वारा मार्गदर्शित और निर्देशित हूँ, यीशु के नाम में।"

584. स्वप्न में अपने आप को किसी के द्वारा मार्गदर्शित होते देखना

अर्थ (बाइबिलीय समझ):
यह दिव्य सहायता, mentorship, या मार्गदर्शन का संकेत है।

बाइबिलीय आधार:
"भले मनुष्य के कदम यहोवा से स्थिर किए जाते हैं..."
— भजन संहिता 37:23 (BSI)

खतरे का स्तर:
निम्न — यह मार्गदर्शन का संकेत है।

तुरंत क्या करें:
जो दिशा आपको दी जा रही है उस पर ध्यान दें।

भविष्यवाणी-संबंधी प्रार्थना:
"मेरे कदम परमेश्वर के द्वारा व्यवस्थित किए जाते हैं, यीशु के नाम में।"

585. स्वप्न में अपने आप को बिना दिशा के चलते देखना

अर्थ (बाइबिलीय समझ):
यह उद्देश्यहीनता या जीवन में focus की कमी का संकेत है।

बाइबिलीय आधार:
"जहाँ दर्शन नहीं, वहाँ लोग अनियंत्रित हो जाते हैं..."
— नीतिवचन 29:18 (BSI भावानुसार)

खतरे का स्तर:
मध्यम — यह चेतावनी है।

तुरंत क्या करें:
अपने लक्ष्यों को स्पष्ट करें और दिशा खोजें।

भविष्यवाणी-संबंधी प्रार्थना:
“मेरा जीवन स्पष्ट दिशा और उद्देश्य प्राप्त करे, यीशु के नाम में।”

586. स्वप्न में अपने आप को सीधे मार्ग पर चलते देखना

अर्थ (बाइबिलीय समझ):
यह धार्मिकता, स्पष्टता, और परमेश्वर की इच्छा में चलने का संकेत है।

बाइबिलीय आधार:
“वह मुझे धर्म के मार्गों में लिये चलता है...”
— भजन संहिता 23:3 (BSI)

खतरे का स्तर:
निम्न — यह alignment का संकेत है।

तुरंत क्या करें:
आज्ञाकारिता में चलते रहें।

भविष्यवाणी-संबंधी प्रार्थना:
“मैं धार्मिकता के मार्ग में चलता हूँ, यीशु के नाम में।”

587. स्वप्न में अपने आप को टेढ़े मार्ग पर चलते देखना

अर्थ (बाइबिलीय समझ):
यह भ्रम, समझौता, या गलत दिशा का संकेत है।

बाइबिलीय आधार:
“अपने पैरों के लिये सीधे मार्ग बनाओ...”
— इब्रानियों 12:13 (BSI)

खतरे का स्तर:
उच्च — यह चेतावनी है।

तुरंत क्या करें:
अपने मार्ग को ठीक करें और परमेश्वर की दिशा खोजें।

भविष्यवाणी-संबंधी प्रार्थना:
"मेरे जीवन का हर टेढ़ा मार्ग सीधा किया जाए, यीशु के नाम में।"

588. स्वप्न में अपने आप को चौराहे पर देखना

अर्थ (बाइबिलीय समझ):
यह निर्णय लेने और अलग-अलग मार्गों में से चुनने का संकेत है।

बाइबिलीय आधार:
"आज चुन लो कि तुम किसकी सेवा करोगे..."
— यहोशू 24:15 (BSI)

खतरे का स्तर:
मध्यम — यह निर्णय का बिन्दु है।

तुरंत क्या करें:
निर्णय लेने से पहले परमेश्वर की बुद्धि खोजें।

भविष्यवाणी-संबंधी प्रार्थना:
"मैं दिव्य मार्गदर्शन से सही मार्ग चुनता हूँ, यीशु के नाम में।"

589. स्वप्न में अपने आप को आत्मविश्वास के साथ चलते देखना

अर्थ (बाइबिलीय समझ):
यह आश्वासन, विश्वास, और भीतरी शक्ति का संकेत है।

बाइबिलीय आधार:
"धर्मी सिंह के समान निडर होता है।"
— नीतिवचन 28:1 (BSI)

खतरे का स्तर:
निम्न — यह शक्ति का संकेत है।

तुरंत क्या करें:
आत्मविश्वास और विश्वास में आगे बढ़ते रहें।

भविष्यवाणी-संबंधी प्रार्थना:
"मैं जीवन में साहस और आत्मविश्वास के साथ चलता हूँ, यीशु के नाम में।"

590. स्वप्न में अपने आप को भय में चलते देखना

अर्थ (बाइबिलीय समझ):
यह असुरक्षा, चिंता, या विश्वास की कमी का संकेत है।

बाइबिलीय आधार:
"मत डर, क्योंकि मैं तेरे संग हूँ..."
— यशायाह 41:10 (BSI)

खतरे का स्तर:
उच्च — यह भय का संकेत है।

तुरंत क्या करें:

भय को अस्वीकार करें और परमेश्वर पर भरोसा रखें।

भविष्यवाणी-संबंधी प्रार्थना:

"भय की हर आत्मा मेरे जीवन को छोड़ दे, यीशु के नाम में।"

J

591. स्वप्न में अपने आप को किसी नए स्थान में प्रवेश करते देखना

अर्थ (बाइबिलीय समझ):
यह जीवन के किसी नए समय, अवसर, या चरण में प्रवेश करने का संकेत है।

बाइबिलीय आधार:
"देखो, मैं एक नई बात करने पर हूँ..."
— यशायाह 43:19 (BSI)

खतरे का स्तर:
निम्न — यह परिवर्तन का संकेत है।

तुरंत क्या करें:
अपने आप को परिवर्तन और वृद्धि के लिए तैयार करें।

भविष्यवाणी-संबंधी प्रार्थना:
"मैं अपनी आशीष के नए समय में प्रवेश करता हूँ, यीशु के नाम में।"

592. स्वप्न में अपने आप को किसी स्थान को छोड़ते हुए देखना

अर्थ (बाइबिलीय समझ):
यह किसी समय, संबंध, या जीवन के एक चरण से निकलने का संकेत है।

बाइबिलीय आधार:
"हर एक बात का एक समय होता है..."
— सभोपदेशक 3:1 (BSI)

खतरे का स्तर:
निम्न — यह परिवर्तन का संकेत है।

तुरंत क्या करें:
अतीत को छोड़ दें और भविष्य को अपनाएँ।

भविष्यवाणी-संबंधी प्रार्थना:
"मैं और भी बड़ी बातों की ओर आगे बढ़ता हूँ, यीशु के नाम में।"

593. स्वप्न में अपने आप को अपने पुराने स्थान पर लौटते हुए देखना

अर्थ (बाइबिलीय समझ):
यह पुरानी आदतों, पिछली परिस्थितियों, या अधूरे मामलों की ओर लौटने का संकेत है।

बाइबिलीय आधार:
"लूत की पत्नी को स्मरण रखो।"
— लूका 17:32 (BSI)

खतरे का स्तर:
मध्यम — यह चेतावनी है।

तुरंत क्या करें:
उस बात की ओर वापस न जाएँ जिससे परमेश्वर ने आपको छुड़ाया है।

भविष्यवाणी-संबंधी प्रार्थना:
"मैं आगे बढ़ता हूँ और कभी पीछे नहीं लौटता, यीशु के नाम में।"

594. स्वप्न में अपने आप को किसी स्थान में फँसा हुआ देखना

अर्थ (बाइबिलीय समझ):
यह सीमा, रोक, या आगे बढ़ने में असमर्थता का संकेत है।

बाइबिलीय आधार:
"यहोवा बन्दियों को स्वतंत्र करता है।"
— भजन संहिता 146:7 (BSI)

खतरे का स्तर:
उच्च — यह बन्धन का संकेत है।

तुरंत क्या करें:
छुटकारे और breakthrough के लिए प्रार्थना करें।

भविष्यवाणी-संबंधी प्रार्थना:
"मेरे जीवन का हर फँसाव टूट जाए, यीशु के नाम में।"

595. स्वप्न में अपने आप को किसी फन्दे से बच निकलते हुए देखना

अर्थ (बाइबिलीय समझ):
यह छुटकारे, breakthrough, और दिव्य हस्तक्षेप का संकेत है।

बाइबिलीय आधार:
"हमारा प्राण चिड़िया के समान फन्दे से छूट गया..."
— भजन संहिता 124:7 (BSI)

खतरे का स्तर:
निम्न — यह छुटकारे का संकेत है।

तुरंत क्या करें:
धन्यवाद करें और जागरूक बने रहें।

भविष्यवाणी-संबंधी प्रार्थना:
"मैं शत्रु के हर फन्दे से निकल जाता हूँ, यीशु के नाम में।"

596. स्वप्न में अपने आप को तेज़ी से दौड़ते हुए देखना

अर्थ (बाइबिलीय समझ):
यह प्रगति, acceleration, और दिव्य गति का संकेत है।

बाइबिलीय आधार:
"आओ, हम उस दौड़ में जो हमारे लिये रखी गई है, धीरज से दौड़ें।"
— इब्रानियों 12:1 (BSI)

खतरे का स्तर:
निम्न — यह acceleration का संकेत है।

तुरंत क्या करें:
एकाग्र और अनुशासित बने रहें।

भविष्यवाणी-संबंधी प्रार्थना:
"मैं दिव्य गति के साथ आगे बढ़ता हूँ, यीशु के नाम में।"

597. स्वप्न में अपने आप को दौड़ने में असमर्थ देखना

अर्थ (बाइबिलीय समझ):
यह विलम्ब, सीमा, या प्रगति में रुकावट का संकेत है।

बाइबिलीय आधार:
"तुम तो अच्छी रीति से दौड़ रहे थे; अब किसने तुम्हें रोक दिया?"
— गलतियों 5:7 (BSI)

खतरे का स्तर:
उच्च — यह सीमा का संकेत है।

तुरंत क्या करें:
विलम्ब के विरुद्ध प्रार्थना करें और अपने विश्वास को मजबूत करें।

भविष्यवाणी-संबंधी प्रार्थना:
"मेरे जीवन की हर रुकावट दूर हो जाए, यीशु के नाम में।"

598. स्वप्न में अपने आप को पीछा किए जाते हुए परन्तु बच निकलते हुए देखना

अर्थ (बाइबिलीय समझ):
यह खतरे, दबाव, या शत्रु के आक्रमणों से छुटकारे का संकेत है।

बाइबिलीय आधार:
"यहोवा तुम्हारे लिये लड़ेगा..."
— निर्गमन 14:14 (BSI)

खतरे का स्तर:
मध्यम — आक्रमण है, पर विजय भी है।

तुरंत क्या करें:
जागरूक और प्रार्थनाशील बने रहें।

भविष्यवाणी-संबंधी प्रार्थना:
"मैं हर आक्रमण से बच निकलता हूँ और विजय के साथ निकलता हूँ, यीशु के नाम में।"

599. स्वप्न में अपने आप को शांति से विश्राम करते हुए देखना

अर्थ (बाइबिलीय समझ):
यह दिव्य शांति, विश्राम, और आश्वासन का संकेत है।

बाइबिलीय आधार:
"हे सब परिश्रम करनेवालो... मेरे पास आओ, मैं तुम्हें विश्राम दूँगा।"
— मत्ती 11:28 (BSI)

खतरे का स्तर:
निम्न — यह शांति का संकेत है।

तुरंत क्या करें:
परमेश्वर पर भरोसा रखें और शांत बने रहें।

भविष्यवाणी-संबंधी प्रार्थना:
"मैं दिव्य विश्राम और शांति में प्रवेश करता हूँ, यीशु के नाम में।"

600. स्वप्न में अपने आप को आनन्द और हँसी से भरा हुआ देखना

अर्थ (बाइबिलीय समझ):
यह आनन्द, पूर्ति, और चुनौतियों के बाद breakthrough का संकेत है।

बाइबिलीय आधार:
"रात भर रोना तो रहता है, पर बिहान को आनन्द पहुँचता है।"
— भजन संहिता 30:5 (BSI)

खतरे का स्तर:
निम्न — यह आनन्द का संकेत है।

तुरंत क्या करें:
धन्यवाद करें और परमेश्वर की भलाई का उत्सव मनाएँ।

भविष्यवाणी-संबंधी प्रार्थना:
"मेरा जीवन आनन्द और उत्सव से भर जाए, यीशु के नाम में।"

K

601. स्वप्न में कोला नट (कोला फल) से भरा थैला उठाते हुए देखना

अर्थ (बाइबिलीय समझ):
यह समृद्धि, प्रावधान, और आपके कार्यों में सफलता का संकेत है।

बाइबिलीय आधार:
"यहोवा तेरे भण्डारों पर आशीष की आज्ञा देगा..."
— व्यवस्थाविवरण 28:8 (BSI)

खतरे का स्तर:
निम्न — समृद्धि।

तुरंत क्या करें:
वृद्धि के लिए तैयार रहें और विश्वासयोग्य बने रहें।

भविष्यवाणी-संबंधी प्रार्थना:
"मेरे breakthrough अब प्रकट हों, यीशु के नाम में।"

602. स्वप्न में किसी स्वर्गदूत से चाबी प्राप्त करना

अर्थ (बाइबिलीय समझ):
यह दिव्य पहुँच, अलौकिक अवसर, और नए द्वारों पर अधिकार का संकेत है।

बाइबिलीय आधार:
"देख, मैं तेरे साम्हने एक खुला हुआ द्वार रखता हूँ, जिसे कोई बन्द नहीं कर सकता।"
— प्रकाशितवाक्य 3:8 (BSI)

खतरे का स्तर:
निम्न — खुले द्वार।

तुरंत क्या करें:
प्रार्थना करें और अवसरों के लिए अपने आप को तैयार रखें।

भविष्यवाणी-संबंधी प्रार्थनाः
“हर दिव्य द्वार मेरे लिए अभी खुल जाए, यीशु के नाम में।”

603. स्वप्न में चाबी खो देना

अर्थ (बाइबिलीय समझ):
यह अवसरों का खोना, विलम्ब, या महत्वपूर्ण पहुँच का खो जाना दर्शाता है।

बाइबिलीय आधारः
“समय का पूरा लाभ उठाओ...”
— इफिसियों 5:16 (BSI)

खतरे का स्तरः
उच्च — चेतावनी।

तुरंत क्या करें:
पुनर्स्थापना के लिए प्रार्थना करें और सतर्क रहें।

भविष्यवाणी-संबंधी प्रार्थनाः
“मेरे हर खोए हुए अवसर पुनः स्थापित हों, यीशु के नाम में।”

604. स्वप्न में बहुत सारी चाबियाँ देखना

अर्थ (बाइबिलीय समझ):
यह आपके सामने कई अवसरों और खुले द्वारों का संकेत है।

बाइबिलीय आधार:
"मैं तुझे स्वर्ग के राज्य की कुंजियाँ दूँगा..."
— मत्ती 16:19 (BSI)

खतरे का स्तर:
निम्न — कृपा।

तुरंत क्या करें:
अवसरों को पहचानें और उनका उपयोग करें।

भविष्यवाणी-संबंधी प्रार्थना:
"मेरे लिए अनेक breakthrough के द्वार खुलें, यीशु के नाम में।"

605. स्वप्न में एक चाबी देखना

अर्थ (बाइबिलीय समझ):
यह अधिकार, पहुँच, और सीमाओं पर विजय का प्रतीक है।

बाइबिलीय आधार:
"जो खोलता है और कोई बन्द नहीं करता..."
— प्रकाशितवाक्य 3:7 (BSI)

खतरे का स्तर:
निम्न — पहुँच।

तुरंत क्या करें:
अपने अधिकार में चलें।

भविष्यवाणी-संबंधी प्रार्थना:
"मैं अपनी दिव्य अवसरों की पहुँच प्राप्त करता हूँ, यीशु के नाम में।"

606. स्वप्न में चुम्बन (Kiss) देखना या अनुभव करना

अर्थ (बाइबिलीय समझ):
यदि परिचित व्यक्ति के साथ है, तो यह प्रेम और एकता का संकेत है; यदि अपरिचित के साथ है, तो यह धोखे या विश्वासघात की चेतावनी है।

बाइबिलीय आधार:
"यहूदा, क्या तू चुम्बन करके मनुष्य के पुत्र को पकड़वाता है?"
— लूका 22:48 (BSI)

खतरे का स्तर:
मध्यम से उच्च — विवेक आवश्यक।

तुरंत क्या करें:
संबंधों में सावधान रहें।

भविष्यवाणी-संबंधी प्रार्थना:
"हर धोखे की आत्मा प्रकट हो और हट जाए, यीशु के नाम में।"

607. स्वप्न में किसी मन्दिर/स्थान के सामने घुटने टेकना

अर्थ (बाइबिलीय समझ):
यह आत्मिक समझौता या गलत प्रभावों से जुड़ाव का संकेत है।

बाइबिलीय आधार:
"तू अपने परमेश्वर यहोवा की उपासना कर..."
— मत्ती 4:10 (BSI)

खतरे का स्तर:
उच्च — आत्मिक खतरा।

तुरंत क्या करें:
हर गलत वाचा को तोड़ें और परमेश्वर के साथ पुनः जुड़ें।

भविष्यवाणी-संबंधी प्रार्थना:
"मेरे जीवन की हर अधार्मिक वाचा टूट जाए, यीशु के नाम में।"

608. स्वप्न में अपने घर के आँगन में राजाओं को सभा करते देखना

अर्थ (बाइबिलीय समझ):
यह नेतृत्व, सम्मान, और प्रभाव के स्थान पर उठने का संकेत है।

बाइबिलीय आधार:
"तुम जीवन में राज्य करोगे..."
— रोमियों 5:17 (BSI)

खतरे का स्तर:
निम्न — उन्नति।

तुरंत क्या करें:
नेतृत्व के लिए तैयार रहें।

भविष्यवाणी-संबंधी प्रार्थना:
"मैं सम्मान और प्रभाव के स्थानों में उठाया जाता हूँ, यीशु के नाम में।"

609. स्वप्न में किसी राजा द्वारा मुकुट पहनाया जाना

अर्थ (बाइबिलीय समझ):
यह उन्नति, पहचान, और आपके परिश्रम का प्रतिफल है।

बाइबिलीय आधार:
"जीवन का मुकुट पाएगा..."
— याकूब 1:12 (BSI)

खतरे का स्तर:
निम्न — उन्नति।

तुरंत क्या करें:
नम्र बने रहें और तैयार रहें।

भविष्यवाणी-संबंधी प्रार्थना:
"मेरी उन्नति और सम्मान अभी प्रकट हों, यीशु के नाम में।"

610. स्वप्न में अपने आप को रसोई (Kitchen) में देखना

अर्थ (बाइबिलीय समझ):
यह तैयारी, प्रावधान, और आने वाली भौतिक आशीषों का संकेत है।

बाइबिलीय आधार:
"तू मेरे साम्हने मेज बिछाता है..."
— भजन संहिता 23:5 (BSI)

खतरे का स्तर:
निम्न — प्रावधान।

तुरंत क्या करें:
वृद्धि के लिए तैयार रहें और संसाधनों का सही उपयोग करें।

भविष्यवाणी-संबंधी प्रार्थना:
"मेरा जीवन प्रावधान और बहुतायत से भर जाए, यीशु के नाम में।"

611. स्वप्न में किसी परिचित व्यक्ति को मारना

अर्थ (बाइबिलीय समझ):
यह उस व्यक्ति के प्रति क्रोध, कटुता, या भावनात्मक संघर्ष का संकेत है।

बाइबिलीय आधार:
"क्रोध करो, पर पाप मत करो..."
— इफिसियों 4:26 (BSI)

खतरे का स्तर:
मध्यम — भावनात्मक/आत्मिक चेतावनी।

तुरंत क्या करें:
क्षमा करें और क्रोध को छोड़ें।

भविष्यवाणी-संबंधी प्रार्थना:
"हर क्रोध और कटुता मेरे जीवन से निकल जाए, यीशु के नाम में।"

612. स्वप्न में पतंग उड़ाना

अर्थ (बाइबिलीय समझ):
यह जीवन में ऊँचा उठने, प्रगति, और उन्नति का संकेत है।

बाइबिलीय आधार:
"वे उकाबों के समान उड़ेंगे..."
— यशायाह 40:31 (BSI)

खतरे का स्तर:
निम्न — उन्नति।

तुरंत क्या करें:
एकाग्र रहें और अपने लक्ष्य का पीछा करें।

भविष्यवाणी-संबंधी प्रार्थना:
"मैं जीवन में और ऊँचाइयों पर पहुँचता हूँ, यीशु के नाम में।"

613. स्वप्न में अपहरण होना

अर्थ (बाइबिलीय समझ):
यह नियंत्रण खोने, नकारात्मक प्रभावों, या आपके भाग्य पर आक्रमण का संकेत है।

बाइबिलीय आधार:
"यहोवा मेरा छुड़ाने वाला है..."
— भजन संहिता 18:2 (BSI)

खतरे का स्तर:
उच्च — आत्मिक खतरा।

तुरंत क्या करें:
छुटकारे और सुरक्षा के लिए प्रार्थना करें।

भविष्यवाणी-संबंधी प्रार्थना:
"मेरे जीवन के विरुद्ध हर योजना नष्ट हो जाए, यीशु के नाम में।"

614. स्वप्न में अपहरणकर्ताओं से बच निकलना

अर्थ (बाइबिलीय समझ):
यह छुटकारे और स्वतंत्रता का संकेत है।

बाइबिलीय आधार:
"उसने मुझे मेरे बलवान शत्रु से छुड़ाया..."
— भजन संहिता 18:17 (BSI)

खतरे का स्तर:
निम्न — छुटकारा।

तुरंत क्या करें:
धन्यवाद करें और सतर्क रहें।

भविष्यवाणी-संबंधी प्रार्थना:
"मैं हर फन्दे और आक्रमण से बच निकलता हूँ, यीशु के नाम में।"

615. स्वप्न में अपने आप को कमरे में बन्द देखना

अर्थ (बाइबिलीय समझ):
यह जीवन के किसी क्षेत्र में बन्धन, सीमा, या स्वतंत्रता की कमी का संकेत है।

बाइबिलीय आधार:
"वह बन्दियों को समृद्धि में निकाल लाता है..."
— भजन संहिता 68:6 (BSI)

खतरे का स्तर:
उच्च — सीमा।

तुरंत क्या करें:
स्वतंत्रता और breakthrough के लिए प्रार्थना करें।

भविष्यवाणी-संबंधी प्रार्थना:
"मेरे जीवन की हर सीमा टूट जाए, यीशु के नाम में।"

616. स्वप्न में अपने आप को किसी द्वार को खोलते हुए देखना

अर्थ (बाइबिलीय समझ):
यह पहुँच, breakthrough, और नए अवसरों में प्रवेश करने का संकेत है।

बाइबिलीय आधार:
"देख, मैं ने तेरे साम्हने एक खुला हुआ द्वार रख दिया है..."
— प्रकाशितवाक्य 3:8 (BSI)

खतरे का स्तर:
निम्न — breakthrough।

तुरंत क्या करें:
नए अवसरों में साहस के साथ आगे बढ़ें।

भविष्यवाणी-संबंधी प्रार्थना:
"Breakthrough का हर द्वार मेरे लिये खुल जाए, यीशु के नाम में।"

617. स्वप्न में अपने आप को किसी द्वार को बन्द करते हुए देखना

अर्थ (बाइबिलीय समझ):
यह सुरक्षा, पुराने अध्यायों को बन्द करने, या अपने जीवन की रक्षा करने का संकेत है।

बाइबिलीय आधार:
"बुद्धिमान मनुष्य विपत्ति को देखकर छिप जाता है..."
— नीतिवचन 22:3 (BSI)

खतरे का स्तर:
निम्न — सुरक्षा।

तुरंत क्या करें:
अपने निर्णयों में बुद्धिमानी से काम लें।

भविष्यवाणी-संबंधी प्रार्थना:
"मैं अपने जीवन के हर गलत द्वार को बन्द करता हूँ, यीशु के नाम में।"

618. स्वप्न में अपने आप को किसी वस्तु को सुरक्षित रखते हुए देखना

अर्थ (बाइबिलीय समझ):
यह संरक्षण, जिम्मेदारी, और मूल्यवान बातों की रक्षा का संकेत है।

बाइबिलीय आधार:
"सब से अधिक अपने मन की रक्षा कर..."
— नीतिवचन 4:23 (BSI)

खतरे का स्तर:
निम्न — जिम्मेदारी।

तुरंत क्या करें:
जिसे परमेश्वर ने आपको दिया है उसकी रक्षा करें।

भविष्यवाणी-संबंधी प्रार्थना:
"जो कुछ मुझे सौंपा गया है वह सुरक्षित रखा जाए, यीशु के नाम में।"

619. स्वप्न में अपने आप को मूल्यवान वस्तुएँ खोते हुए देखना

अर्थ (बाइबिलीय समझ):
यह हानि, लापरवाही, या छूटे हुए अवसरों का संकेत है।

बाइबिलीय आधार:
"यदि मनुष्य सारे जगत को प्राप्त करे और अपने प्राण की हानि उठाए, तो उसे क्या लाभ?"
— मरकुस 8:36 (BSI)

खतरे का स्तर:
उच्च – चेतावनी।

तुरंत क्या करें:
सावधान रहें और जो खो गया है उसे फिर से प्राप्त करें।

भविष्यवाणी-संबंधी प्रार्थना:
"मेरे जीवन की हर खोई हुई मूल्यवान वस्तु मैं पुनः प्राप्त करूँ, यीशु के नाम में।"

620. स्वप्न में अपने आप को खोई हुई वस्तुएँ वापस पाते हुए देखना

अर्थ (बाइबिलीय समझ):
यह बहाली, पुनः प्राप्ति, और दिव्य हस्तक्षेप का संकेत है।

बाइबिलीय आधार:
"जो वर्ष टिड्डियों ने खा लिये हैं, उन्हें मैं तुम को फिर दिला दूँगा..."
— योएल 2:25 (BSI)

खतरे का स्तर:
निम्न — बहाली।

तुरंत क्या करें:
धन्यवाद करें और बहाली का पूरा उपयोग करें।

भविष्यवाणी-संबंधी प्रार्थना:
"जो कुछ मैंने खोया है, वह सब मैं वापस प्राप्त करूँ, यीशु के नाम में।"

621. स्वप्न में अपने आप को पैसे प्राप्त करते हुए देखना

अर्थ (बाइबिलीय समझ):
यह प्रावधान, वृद्धि, और आर्थिक आशीष का संकेत है।

बाइबिलीय आधार:
"मेरा परमेश्वर अपनी महिमा के धन के अनुसार तुम्हारी हर घटी को पूरा करेगा..."
— फिलिप्पियों 4:19 (BSI)

खतरे का स्तर:
निम्न — प्रावधान।

तुरंत क्या करें:
जो आपको मिले उसका अच्छा प्रबन्धक बनें।

भविष्यवाणी-संबंधी प्रार्थना:
"आर्थिक आशीषें अभी मुझे प्राप्त हों, यीशु के नाम में।"

622. स्वप्न में अपने आप को पैसे देते हुए देखना

अर्थ (बाइबिलीय समझ):
यह उदारता, बीज बोने, और आने वाली फसल का संकेत है।

बाइबिलीय आधार:
"दो, तो तुम्हें भी दिया जाएगा..."
— लूका 6:38 (BSI)

खतरे का स्तर:
निम्न — बोना।

तुरंत क्या करें:
बुद्धि और प्रसन्नता से दें।

भविष्यवाणी-संबंधी प्रार्थना:
"मेरे बोए हुए बीज बहुतायत की फसल लाएँ, यीशु के नाम में।"

623. स्वप्न में अपने आप को चोरी करते हुए देखना

अर्थ (बाइबिलीय समझ):
यह गलत कार्यों, दोषभावना, या जीवन में समझौते का संकेत है।

बाइबिलीय आधार:
"जो चोरी करता था वह अब से चोरी न करे..."
— इफिसियों 4:28 (BSI)

खतरे का स्तर:
उच्च — चेतावनी।

तुरंत क्या करें:
पश्चाताप करें और अपने मार्ग को ठीक करें।

भविष्यवाणी-संबंधी प्रार्थना:
"मैं धार्मिकता और सत्यनिष्ठा में चलता हूँ, यीशु के नाम में।"

624. स्वप्न में अपने आप को चोरी के झूठे आरोप में घिरा देखना

अर्थ (बाइबिलीय समझ):
यह झूठे आरोप या गलतफहमी का संकेत है।

बाइबिलीय आधार:
"वह तेरी धार्मिकता को ज्योति के समान प्रगट करेगा..."
— भजन संहिता 37:6 (BSI)

खतरे का स्तर:
मध्यम — विरोध।

तुरंत क्या करें:
सत्य में बने रहें और परमेश्वर पर भरोसा रखें।

भविष्यवाणी-संबंधी प्रार्थना:
"मेरे विरुद्ध हर झूठा आरोप रद्द हो जाए, यीशु के नाम में।"

625. स्वप्न में अपने आप को जेल में देखना

अर्थ (बाइबिलीय समझ):
यह सीमा, बन्धन, या जीवन में फँसे हुए होने की भावना का संकेत है।

बाइबिलीय आधार:
"उसने उन्हें अन्धकार में से निकालकर उनकी जंजीरें तोड़ डालीं..."
— भजन संहिता 107:14 (BSI)

खतरे का स्तर:
उच्च – बन्धन।

तुरंत क्या करें:
स्वतंत्रता और breakthrough के लिये प्रार्थना करें।

भविष्यवाणी-संबंधी प्रार्थना:
"मेरे जीवन की हर जेल टूट जाए, यीशु के नाम में।"

626. स्वप्न में अपने आप को जेल से रिहा होते हुए देखना

अर्थ (बाइबिलीय समझ):
यह छुटकारे, स्वतंत्रता, और बहाली का संकेत है।

बाइबिलीय आधार:
"यहोवा बन्दियों को स्वतंत्र करता है।"
— भजन संहिता 146:7 (BSI)

खतरे का स्तर:
निम्न – स्वतंत्रता।

तुरंत क्या करें:
अपनी स्वतंत्रता में चलें और फिर से बन्धन में न लौटें।

भविष्यवाणी-संबंधी प्रार्थना:
"मैं पूरी स्वतंत्रता और छुटकारे में चलता हूँ, यीशु के नाम में।"

627. स्वप्न में अपने आप को जंजीरों में बँधा देखना

अर्थ (बाइबिलीय समझ):
यह बन्धन, दबाव, या आत्मिक सीमा का संकेत है।

बाइबिलीय आधार:
"तुम सत्य को जानोगे, और सत्य तुम्हें स्वतंत्र करेगा।"
— यूहन्ना 8:32 (BSI)

खतरे का स्तर:
उच्च — बन्धन।

तुरंत क्या करें:
छुटकारे और स्वतंत्रता के लिये प्रार्थना करें।

भविष्यवाणी-संबंधी प्रार्थना:
"मेरे जीवन की हर जंजीर आग से टूट जाए, यीशु के नाम में।"

628. स्वप्न में अपनी जंजीरों को टूटते हुए देखना

अर्थ (बाइबिलीय समझ):
यह breakthrough, छुटकारे, और सीमाओं से स्वतंत्रता का संकेत है।

बाइबिलीय आधार:
"आधी रात को पौलुस और सीलास... और तुरन्त सब द्वार खुल गए और सब के बन्धन खुल गए।"
— प्रेरितों के काम 16:26 (BSI)

खतरे का स्तर:
निम्न — breakthrough।

तुरंत क्या करें:
धन्यवाद करें और आत्मिक रूप से मजबूत बने रहें।

भविष्यवाणी-संबंधी प्रार्थना:
"मेरे जीवन की हर जंजीर अभी टूट जाए, यीशु के नाम में।"

629. स्वप्न में अपने आप को रस्सी से बँधा देखना

अर्थ (बाइबिलीय समझ):
यह रोक, नियंत्रण, या दबाव का संकेत है।

बाइबिलीय आधार:
"दुष्टों की रस्सियाँ मुझे बाँधे हुए हैं..."
— भजन संहिता 119:61 (BSI)

खतरे का स्तर:
उच्च – सीमा।

तुरंत क्या करें:
छुटकारे और स्वतंत्रता के लिये प्रार्थना करें।

भविष्यवाणी-संबंधी प्रार्थना:
"मेरे जीवन की बन्धन की हर रस्सी नष्ट हो जाए, यीशु के नाम में।"

630. स्वप्न में अपने आप को रस्सी से मुक्त होते हुए देखना

अर्थ (बाइबिलीय समझ):
यह छुटकारे, स्वतंत्रता, और बहाली का संकेत है।

बाइबिलीय आधार:
"उसने मेरे बन्धन खोल दिए हैं..."
— भजन संहिता 116:16 (BSI)

खतरे का स्तर:
निम्न — स्वतंत्रता।

तुरंत क्या करें:
अपनी स्वतंत्रता में साहस के साथ चलें।

भविष्यवाणी-संबंधी प्रार्थना:
"मैं हर बन्धन से स्वतंत्र हूँ, यीशु के नाम में।"

631. स्वप्न में अपने आप को सुन्दर वस्त्र पहने हुए देखना

अर्थ (बाइबिलीय समझ):
यह आदर, धार्मिकता, और दिव्य आवरण का संकेत है।

बाइबिलीय आधार:
"उसने मुझे उद्धार के वस्त्र पहनाए हैं..."
— यशायाह 61:10 (BSI)

खतरे का स्तर:
निम्न — आदर।

तुरंत क्या करें:
धार्मिकता और आत्मविश्वास में चलें।

भविष्यवाणी-संबंधी प्रार्थना:
"मैं आदर और महिमा के वस्त्र पहने हूँ, यीशु के नाम में।"

632. स्वप्न में अपने आप को मैले वस्त्रों में देखना

अर्थ (बाइबिलीय समझ):
यह पाप, लज्जा, या आत्मिक अशुद्धता का संकेत है।

बाइबिलीय आधार:
"मुझे धो, तो मैं हिम से भी अधिक उजला हो जाऊँगा।"
— भजन संहिता 51:7 (BSI)

खतरे का स्तर:
उच्च — चेतावनी।

तुरंत क्या करें:
शुद्धि और पश्चाताप की खोज करें।

भविष्यवाणी-संबंधी प्रार्थना:
"मेरे जीवन से लज्जा का हर वस्त्र हट जाए, यीशु के नाम में।"

633. स्वप्न में अपने आप को वस्त्र बदलते हुए देखना

अर्थ (बाइबिलीय समझ):
यह परिवर्तन, पहचान में बदलाव, या नए समय का संकेत है।

बाइबिलीय आधार:
"नए मनुष्य को पहिन लो..."
— इफिसियों 4:24 (BSI)

खतरे का स्तर:
निम्न — परिवर्तन।

तुरंत क्या करें:
सकारात्मक बदलाव को अपनाएँ।

भविष्यवाणी-संबंधी प्रार्थना:
"मैं अपनी नई पहचान में प्रवेश करता हूँ, यीशु के नाम में।"

634. स्वप्न में अपने आप को नग्न देखना

अर्थ (बाइबिलीय समझ):
यह खुलापन, असुरक्षा, या लज्जा का संकेत है।

बाइबिलीय आधार:
"उन्होंने जाना कि वे नग्न हैं..."
— उत्पत्ति 3:7 (BSI)

खतरे का स्तर:
उच्च — चेतावनी।

तुरंत क्या करें:
आवरण और सुरक्षा के लिये प्रार्थना करें।

भविष्यवाणी-संबंधी प्रार्थना:
"मेरे जीवन की हर लज्जा और खुलापन ढँक दिया जाए, यीशु के नाम में।"

635. स्वप्न में अपने आप को ढका हुआ या सुरक्षित देखना

अर्थ (बाइबिलीय समझ):
यह दिव्य सुरक्षा और सुरक्षित रहने का संकेत है।

बाइबिलीय आधार:
"जो परमप्रधान के गुप्त स्थान में रहता है, वह सर्वशक्तिमान की छाया में ठिकाना पाएगा।"
— भजन संहिता 91:1 (BSI)

खतरे का स्तर:
निम्न — सुरक्षा।

तुरंत क्या करें:
परमेश्वर के आवरण के नीचे बने रहें।

भविष्यवाणी-संबंधी प्रार्थना:
"मैं हर समय दिव्य रूप से सुरक्षित रखा गया हूँ, यीशु के नाम में।"

636. स्वप्न में अपने आप को भीड़ में खोया हुआ देखना

अर्थ (बाइबिलीय समझ):
यह भ्रम, पहचान के संकट, या अनदेखा महसूस करने का संकेत है।

बाइबिलीय आधार:
"मैं ने तुझे तेरे नाम से पुकारा है, तू मेरा है।"
— यशायाह 43:1 (BSI)

खतरे का स्तर:
मध्यम — चेतावनी।

तुरंत क्या करें:
अपनी पहचान और उद्देश्य के साथ फिर से जुड़ें।

भविष्यवाणी-संबंधी प्रार्थनाः
"मैं जाना गया हूँ, चुना गया हूँ, और परमेश्वर के द्वारा मार्गदर्शित हूँ, यीशु के नाम में।"

637. स्वप्न में अपने आप को भीड़ में अलग दिखाई देते हुए देखना

अर्थ (बाइबिलीय समझ):
यह विशिष्टता, अनुग्रह, और अलग ठहराए जाने का संकेत है।

बाइबिलीय आधारः
"तुम चुनी हुई जाति हो..."
— 1 पतरस 2:9 (BSI)

खतरे का स्तरः
निम्न — विशिष्टता।

तुरंत क्या करें:
अपनी विशिष्टता में साहस के साथ चलें।

भविष्यवाणी-संबंधी प्रार्थनाः
"मैं दिव्य अनुग्रह से भीड़ में अलग ठहरूँ, यीशु के नाम में।"

638. स्वप्न में अपने आप को लोगों के सामने बोलते हुए देखना

अर्थ (बाइबिलीय समझ):
यह नेतृत्व, प्रभाव, और अधिकार का संकेत है।

बाइबिलीय आधार:
"अपना मुँह खोल, मैं उसे भर दूँगा।"
— भजन संहिता 81:10 (BSI)

खतरे का स्तर:
निम्न — प्रभाव।

तुरंत क्या करें:
अपने बोलने और नेतृत्व के गुणों को विकसित करें।

भविष्यवाणी-संबंधी प्रार्थना:
"मैं अधिकार और प्रभाव के साथ बोलूँ, यीशु के नाम में।"

639. स्वप्न में अपने आप को बोलने में असमर्थ देखना

अर्थ (बाइबिलीय समझ):
यह भय, दबाव, या आत्मविश्वास की कमी का संकेत है।

बाइबिलीय आधार:
"परमेश्वर ने हमें भय की नहीं..."
— 2 तीमुथियुस 1:7 (BSI)

खतरे का स्तर:
मध्यम — सीमा।

तुरंत क्या करें:
भय पर विजय पाएँ और साहस से बोलें।

भविष्यवाणी-संबंधी प्रार्थना:
"मेरे जीवन में भय की हर आत्मा टूट जाए, यीशु के नाम में।"

640. स्वप्न में अपने आप को चिल्लाते या पुकारते हुए देखना

अर्थ (बाइबिलीय समझ):
यह गहरी ज़रूरत, तात्कालिकता, या परमेश्वर को पुकारने का संकेत है।

बाइबिलीय आधार:
"इस दरिद्र ने दोहाई दी और यहोवा ने उसकी सुन ली..."
— भजन संहिता 34:6 (BSI)

खतरे का स्तर:
निम्न — आत्मिक प्रतिक्रिया।

तुरंत क्या करें:
सच्चे मन से परमेश्वर को पुकारें।

भविष्यवाणी-संबंधी प्रार्थना:
"जब मैं यहोवा को पुकारूँ, वह मुझे उत्तर दे, यीशु के नाम में।"

641. स्वप्न में अपने आप को रोते हुए देखना

अर्थ (बाइबिलीय समझ):
यह भावनात्मक निकलाव, भीतरी पीड़ा, या ऐसे परिवर्तन के समय का संकेत है जो अन्त में आनन्द लाएगा।

बाइबिलीय आधार:
"रात भर रोना तो रहता है, पर बिहान को आनन्द पहुँचता है।"
— भजन संहिता 30:5 (BSI)

खतरे का स्तर:
मध्यम — भावनात्मक समय।

तुरंत क्या करें:
प्रार्थना करें और हर बोझ परमेश्वर पर डाल दें।

भविष्यवाणी-संबंधी प्रार्थना:
"मेरा शोक आनन्द में बदल जाए, यीशु के नाम में।"

642. स्वप्न में अपने आप को हँसते हुए देखना

अर्थ (बाइबिलीय समझ):
यह आनन्द, पूर्ति, और चुनौतियों के बाद उत्सव का संकेत है।

बाइबिलीय आधार:
"तब हमारा मुँह हँसी से भर गया..."
— भजन संहिता 126:2 (BSI)

खतरे का स्तर:
निम्न — आनन्द।

तुरंत क्या करें:
कृतज्ञ बने रहें और अच्छी बातों की आशा रखें।

भविष्यवाणी-संबंधी प्रार्थना:
"मेरा जीवन आनन्द और हँसी से भर जाए, यीशु के नाम में।"

643. स्वप्न में अपने आप को गाते हुए देखना

अर्थ (बाइबिलीय समझ):
यह स्तुति, विजय, और परमेश्वर के साथ आत्मिक जुड़ाव का संकेत है।

बाइबिलीय आधार:
"यहोवा के लिये नया गीत गाओ..."
— भजन संहिता 96:1 (BSI)

खतरे का स्तर:
निम्न — आत्मिक आनन्द।

तुरंत क्या करें:
उपासना और स्तुति में बने रहें।

भविष्यवाणी-संबंधी प्रार्थना:
"मेरा जीवन स्तुति और विजय से भर जाए, यीशु के नाम में।"

644. स्वप्न में अपने आप को नाचते हुए देखना

अर्थ (बाइबिलीय समझ):
यह उत्सव, breakthrough, और विजय का संकेत है।

बाइबिलीय आधार:
"तू ने मेरे विलाप को नृत्य में बदल दिया..."
— भजन संहिता 30:11 (BSI)

खतरे का स्तर:
निम्न — विजय।

तुरंत क्या करें:
उत्सव मनाएँ और परमेश्वर का धन्यवाद करें।

भविष्यवाणी-संबंधी प्रार्थना:
"मेरा जीवन उत्सव और breakthrough से भर जाए, यीशु के नाम में।"

645. स्वप्न में अपने आप को भय या काँपते हुए देखना

अर्थ (बाइबिलीय समझ):
यह चिन्ता, असुरक्षा, या आत्मिक intimidation का संकेत है।

बाइबिलीय आधार:
"मत डर, क्योंकि मैं तेरे संग हूँ..."
— यशायाह 41:10 (BSI)

खतरे का स्तर:
उच्च — भय।

तुरंत क्या करें:
भय को अस्वीकार करें और परमेश्वर पर भरोसा रखें।

भविष्यवाणी-संबंधी प्रार्थना:
"भय की हर आत्मा मेरे जीवन को छोड़ दे, यीशु के नाम में।"

646. स्वप्न में अपने आप को आत्मविश्वासी और साहसी देखना

अर्थ (बाइबिलीय समझ):
यह साहस, विश्वास, और भीतरी शक्ति का संकेत है।

बाइबिलीय आधार:
"धर्मी सिंह के समान निडर होता है।"
— नीतिवचन 28:1 (BSI)

खतरे का स्तर:
निम्न — शक्ति।

तुरंत क्या करें:
विश्वास में साहस के साथ चलें।

भविष्यवाणी-संबंधी प्रार्थना:
"मैं साहस और आत्मविश्वास में चलता हूँ, यीशु के नाम में।"

647. स्वप्न में अपने आप को बहुत से लोगों की सहायता करते हुए देखना

अर्थ (बाइबिलीय समझ):
यह उद्देश्य, प्रभाव, और दूसरों के लिये आशीष बनने का संकेत है।

बाइबिलीय आधार:
"जो औरों को सींचता है, वह आप भी सींचा जाएगा।"
— नीतिवचन 11:25 (BSI)

खतरे का स्तर:
निम्न — उद्देश्य।

तुरंत क्या करें:
दूसरों की सेवा करते रहिए।

भविष्यवाणी-संबंधी प्रार्थना:
"मैं बहुतों के लिये आशीष हूँ, यीशु के नाम में।"

648. स्वप्न में अपने आप को बहुत से लोगों से सहायता पाते हुए देखना

अर्थ (बाइबिलीय समझ):
यह दिव्य सहायता, सहायकों, और अनुग्रह का संकेत है।

बाइबिलीय आधार:
"मेरी सहायता यहोवा की ओर से होती है..."
— भजन संहिता 121:2 (BSI)

खतरे का स्तर:
निम्न — अनुग्रह।

तुरंत क्या करें:
कृतज्ञता के साथ सहायता स्वीकार करें।

भविष्यवाणी-संबंधी प्रार्थना:
"मेरे सहायक शीघ्रता से मुझे ढूँढ़ निकालें, यीशु के नाम में।"

649. स्वप्न में अपने आप को लोगों से घिरा हुआ देखना

अर्थ (बाइबिलीय समझ):
यह प्रभाव, संबंधों, और सामाजिक जुड़ाव का संकेत है।

बाइबिलीय आधार:
"दो एक से अच्छे हैं..."
— सभोपदेशक 4:9 (BSI)

खतरे का स्तर:
मध्यम — विवेक।

तुरंत क्या करें:
अपने आसपास के लोगों को सावधानी से परखें।

भविष्यवाणी-संबंधी प्रार्थना:
"परमेश्वर मुझे सही लोगों से जोड़े, यीशु के नाम में।"

650. स्वप्न में अपने आप को अकेला परन्तु शांति में देखना

अर्थ (बाइबिलीय समझ):
यह भीतरी शांति, दिव्य उपस्थिति, और आत्मिक स्थिरता का संकेत है।

बाइबिलीय आधार:
"चुप हो जाओ, और जान लो कि मैं ही परमेश्वर हूँ..."
— भजन संहिता 46:10 (BSI)

खतरे का स्तर:
निम्न — शांति।

तुरंत क्या करें:
परमेश्वर की उपस्थिति का आनन्द लें और स्थिर बने रहें।

भविष्यवाणी-संबंधी प्रार्थना:
"मैं दिव्य शांति और विश्राम में बना रहता हूँ, यीशु के नाम में।"

L

671. कंधे से भारी बोझ उतरते हुए देखना

अर्थ (बाइबिलीय समझ):
यह बोझ, तनाव, और दबाव से छुटकारे का संकेत है।

बाइबिलीय आधार:
"उसका बोझ उसके कन्धे पर से हटाया गया..."
— भजन संहिता 81:6 (BSI)

खतरे का स्तर:
निम्न — छुटकारा।

तुरंत क्या करें:
स्वतंत्रता में चलें और उस बोझ को फिर से न उठाएँ।

भविष्यवाणी-संबंधी प्रार्थना:
"मेरे जीवन का हर बोझ सदा के लिये हटा दिया जाए, यीशु के नाम में।"

672. स्वप्न में आँखों को आपको देखते हुए देखना

अर्थ (बाइबिलीय समझ):
यह निगरानी करने वाली आत्माओं, आत्मिक surveillance, या विरोध का संकेत है।

बाइबिलीय आधार:
"तेरे विरुद्ध बनाया हुआ कोई हथियार सफल न होगा..."
— यशायाह 54:17 (BSI)

खतरे का स्तर:
उच्च — आत्मिक आक्रमण।

तुरंत क्या करें:
सुरक्षा और आवरण के लिये प्रार्थना करें।

भविष्यवाणी-संबंधी प्रार्थना:
"मेरे जीवन की निगरानी करने वाली हर बुरी आँख अन्धी हो जाए, यीशु के नाम में।"

673. अदालत में बरी और निर्दोष ठहराया जाना

अर्थ (बाइबिलीय समझ):
यह विजय, धर्मी ठहराए जाने, और आरोपों से स्वतंत्रता का संकेत है।

बाइबिलीय आधार:
"धर्मी ठहराने वाला परमेश्वर है।"
— रोमियों 8:33 (BSI)

खतरे का स्तर:
निम्न — विजय।

तुरंत क्या करें:
धन्यवाद करें और धार्मिकता में चलें।

भविष्यवाणी-संबंधी प्रार्थना:
"मैं हर लड़ाई में धर्मी ठहराया गया और विजयी हूँ, यीशु के नाम में।"

674. स्वप्न में झील देखना

अर्थ (बाइबिलीय समझ):
यह ठहराव, स्थिरता, या प्रगति की कमी का संकेत है।

बाइबिलीय आधारः
"बीती हुई बातों को स्मरण मत करो... देखो, मैं एक नई बात कर रहा हूँ..."
— यशायाह 43:18–19 (BSI)

खतरे का स्तरः
मध्यम से उच्च — ठहराव।

तुरंत क्या करेंः
गति और प्रगति के लिये प्रार्थना करें।

भविष्यवाणी-संबंधी प्रार्थनाः
"मेरे जीवन का हर ठहराव टूट जाए, यीशु के नाम में।"

675. स्वप्न में शेर या जंगली जानवर को आपका पीछा करते देखना

अर्थ (बाइबिलीय समझ):
यह आक्रमण, डराने की कोशिश, या आत्मिक विरोध का संकेत है।

बाइबिलीय आधारः
"तुम्हारा विरोधी शैतान गरजते हुए सिंह की नाईं घूमता फिरता है..."
— 1 पतरस 5:8 (BSI)

खतरे का स्तरः
उच्च — खतरा।

तुरंत क्या करेंः
प्रार्थना में दृढ़ खड़े रहें और शत्रु का सामना करें।

भविष्यवाणी-संबंधी प्रार्थनाः
"मेरा पीछा करने वाला हर शत्रु नष्ट हो जाए, यीशु के नाम में।"

676. स्वप्न में फटा हुआ पत्र प्राप्त करना

अर्थ (बाइबिलीय समझ):
यह बुरी खबर, निराशा, या टूटे हुए संचार का संकेत है।

बाइबिलीय आधार:
"हम सब ओर से क्लेश तो पाते हैं, तौभी निराश नहीं होते..."
— 2 कुरिन्थियों 4:8 (BSI)

खतरे का स्तर:
मध्यम — चेतावनी।

तुरंत क्या करें:
नकारात्मक परिणामों के विरुद्ध प्रार्थना करें।

भविष्यवाणी-संबंधी प्रार्थना:
"मैं हर बुरी खबर को अस्वीकार करता हूँ, यीशु के नाम में।"

677. स्वप्न में आनन्द के साथ पत्र प्राप्त करना

अर्थ (बाइबिलीय समझ):
यह शुभ समाचार, अनुग्रह, और सकारात्मक घटनाओं का संकेत है।

बाइबिलीय आधार:
"क्या ही सुहावने हैं उनके पाँव जो शुभ समाचार सुनाते हैं..."
— रोमियों 10:15 (BSI)

खतरे का स्तर:
निम्न — शुभ समाचार।

तुरंत क्या करें:
आशीषों की आशा करें और उन्हें ग्रहण करें।

भविष्यवाणी-संबंधी प्रार्थना:
"शुभ समाचार अभी मुझे प्राप्त हों, यीशु के नाम में।"

678. बड़े घर से छोटे घर में जाते हुए देखना

अर्थ (बाइबिलीय समझ):
यह कमी, पीछे हटना, या गिरावट का संकेत है।

बाइबिलीय आधार:
"यहोवा की आशीष धनवान बनाती है..."
— नीतिवचन 10:22 (BSI)

खतरे का स्तर:
उच्च — चेतावनी।

तुरंत क्या करें:
हानि और गिरावट के विरुद्ध प्रार्थना करें।

भविष्यवाणी-संबंधी प्रार्थना:
"मेरे जीवन की हर प्रकार की गिरावट उलट दी जाए, यीशु के नाम में।"

679. स्वप्न में अपने आप को नीचे की सीट पर बैठे देखना

अर्थ (बाइबिलीय समझ):
यह पदावनति, अस्वीकार, या निम्न स्थिति का संकेत है।

बाइबिलीय आधार:
“अपने आप को दीन करो... कि वह तुम्हें बढ़ाए।”
— 1 पतरस 5:6 (BSI)

खतरे का स्तर:
मध्यम — चेतावनी।

तुरंत क्या करें:
नम्रता में चलें और परमेश्वर पर भरोसा रखें।

भविष्यवाणी-संबंधी प्रार्थना:
“मैं अपनी सही स्थिति तक उठाया जाऊँ, यीशु के नाम में।”

680. भीड़ के सामने भाषण देना

अर्थ (बाइबिलीय समझ):
यह नेतृत्व, प्रभाव, और सार्वजनिक पहचान का संकेत है।

बाइबिलीय आधार:
“अपना मुँह खोल, मैं उसे भर दूँगा।”
— भजन संहिता 81:10 (BSI)

खतरे का स्तर:
निम्न — नेतृत्व।

तुरंत क्या करें:
अधिक जिम्मेदारी के लिये तैयार रहें।

भविष्यवाणी-संबंधी प्रार्थनाः
"मैं बुद्धि और सामर्थ के साथ नेतृत्व करूँ और प्रभाव डालूँ, यीशु के नाम में।"

681. स्वप्न में मरा हुआ शेर देखना

अर्थ (बाइबिलीय समझ):
यह शक्तिशाली शत्रुओं पर विजय और बड़ी लड़ाइयों को जीत लेने का संकेत है।

बाइबिलीय आधारः
"यहोवा योद्धा है; यहोवा उसका नाम है।"
— निर्गमन 15:3 (BSI)

खतरे का स्तरः
निम्न – विजय।

तुरंत क्या करें:
धन्यवाद करें और आत्मिक रूप से जागरूक बने रहें।

भविष्यवाणी-संबंधी प्रार्थनाः
"मेरे जीवन का हर शक्तिशाली शत्रु पराजित हो जाए, यीशु के नाम में।"

682. स्वप्न में शेर को आपका पीछा करते देखना

अर्थ (बाइबिलीय समझ):
यह गंभीर आत्मिक आक्रमण, भय, या शत्रुओं के दबाव का संकेत है।

बाइबिलीय आधारः
"विश्वास में दृढ़ होकर उसका सामना करो..."
— 1 पतरस 5:9 (BSI)

खतरे का स्तरः
उच्च — आक्रमण।

तुरंत क्या करें:
ज़ोरदार प्रार्थना करें और विश्वास में अडिग खड़े रहें।

भविष्यवाणी-संबंधी प्रार्थनाः
"मेरे जीवन के विरुद्ध हर आक्रमण निष्फल हो जाए, यीशु के नाम में।"

683. स्वप्न में अपने आप को लँगड़ा देखना

अर्थ (बाइबिलीय समझ):
यह ठहराव, विलम्ब, या आगे न बढ़ पाने की स्थिति का संकेत है।

बाइबिलीय आधारः
"उठ, अपनी खाट उठा और चल..."
— यूहन्ना 5:8 (BSI)

खतरे का स्तरः
उच्च — सीमा।

तुरंत क्या करें:
शक्ति और बहाली के लिये प्रार्थना करें।

भविष्यवाणी-संबंधी प्रार्थनाः
"मेरे जीवन की हर सीमा टूट जाए, यीशु के नाम में।"

684. स्वप्न में लोरी या ट्रक चलाना

अर्थ (बाइबिलीय समझ):
यह बड़ी क्षमता, दृष्टि, और सफलता की सम्भावना का संकेत है।

बाइबिलीय आधार:
"तू मेरे पाँव के नीचे मेरा मार्ग चौड़ा करता है..."
— भजन संहिता 18:36 (BSI)

खतरे का स्तर:
निम्न — सम्भावना।

तुरंत क्या करें:
अपनी दृष्टि और क्षमता को विकसित करें।

भविष्यवाणी-संबंधी प्रार्थना:
"मेरी दृष्टि महानता में प्रकट हो, यीशु के नाम में।"

685. किसी का आपको अचानक छोड़कर चले जाना

अर्थ (बाइबिलीय समझ):
यह अस्वीकार, अलगाव, या अचानक हानि का संकेत है।

बाइबिलीय आधार:
"यहोवा तुझे न छोड़ेगा और न त्यागेगा।"
— व्यवस्थाविवरण 31:6 (BSI)

खतरे का स्तर:
मध्यम — भावनात्मक चेतावनी।

तुरंत क्या करें:
मनुष्यों पर निर्भर न रहें; परमेश्वर पर भरोसा रखें।

भविष्यवाणी-संबंधी प्रार्थना:
"अस्वीकार की हर आत्मा मेरे जीवन से हट जाए, यीशु के नाम में।"

686. स्वप्न में lottery जीतना

अर्थ (बाइबिलीय समझ):
यह अचानक सफलता, आर्थिक breakthrough, या अप्रत्याशित लाभ का संकेत है।

बाइबिलीय आधार:
"यहोवा की आशीष धनवान बनाती है..."
— नीतिवचन 10:22 (BSI)

खतरे का स्तर:
निम्न — breakthrough।

तुरंत क्या करें:
वृद्धि के लिए तैयार रहें और बुद्धिमानी से प्रबन्ध करें।

भविष्यवाणी-संबंधी प्रार्थना:
"मेरे आर्थिक breakthrough शीघ्र प्रकट हों, यीशु के नाम में।"

687. अपनी वास्तविक आयु से अधिक वृद्ध दिखना

अर्थ (बाइबिलीय समझ):
यह परिपक्वता की कमी या भावनात्मक अथवा आत्मिक विकास में असंतुलन का संकेत है।

बाइबिलीय आधार:
"जब मैं पुरुष हुआ तो बालकपन की बातें छोड़ दीं।"
— 1 कुरिन्थियों 13:11 (BSI)

खतरे का स्तर:
मध्यम — चेतावनी।

तुरंत क्या करें:
बुद्धि और परिपक्वता में बढ़ें।

भविष्यवाणी-संबंधी प्रार्थना:
"मैं बुद्धि, परिपक्वता, और समझ में बढ़ता हूँ, यीशु के नाम में।"

688. स्वप्न में अपने आप को हँसते हुए देखना

अर्थ (बाइबिलीय समझ):
यह आनन्द, शांति, और पूर्ति का संकेत है।

बाइबिलीय आधार:
"तब हमारा मुँह हँसी से भर गया..."
— भजन संहिता 126:2 (BSI)

खतरे का स्तर:
निम्न — आनन्द।

तुरंत क्या करें:
धन्यवाद करें और आनन्दित बने रहें।

भविष्यवाणी-संबंधी प्रार्थना:
"मेरा जीवन आनन्द और उत्सव से भर जाए, यीशु के नाम में।"

689. स्वप्न में अपना सामान / luggage खो देना

अर्थ (बाइबिलीय समझ):
यह पहचान, आत्मविश्वास, या किसी मूल्यवान वस्तु की हानि का संकेत है।

बाइबिलीय आधार:
"जो वर्ष टिड्डियों ने खा लिये हैं, उन्हें मैं तुम को फिर दिला दूँगा..."
— योएल 2:25 (BSI)

खतरे का स्तर:
उच्च — हानि।

तुरंत क्या करें:
पुनः प्राप्ति और बहाली के लिये प्रार्थना करें।

भविष्यवाणी-संबंधी प्रार्थना:
"मैं अपनी हर खोई हुई महिमा और पहचान को पुनः प्राप्त करता हूँ, यीशु के नाम में।"

690. स्वप्न में जूँ देखना

अर्थ (बाइबिलीय समझ):
यह बीमारी, अशुद्धता, या कष्ट का संकेत है।

बाइबिलीय आधार:
"मैं यहोवा हूँ, जो तुझे चंगा करता हूँ।"
— निर्गमन 15:26 (BSI)

खतरे का स्तर:
उच्च — स्वास्थ्य चेतावनी।

तुरंत क्या करें:
चंगाई के लिये प्रार्थना करें और अपने स्वास्थ्य का ध्यान रखें।

भविष्यवाणी-संबंधी प्रार्थना:
"दिव्य चंगाई मेरे शरीर में प्रवाहित हो, यीशु के नाम में।"

691. स्वप्न में अपने आप को खोया हुआ देखना

अर्थ (बाइबिलीय समझ):
यह दिशा की कमी, भ्रम, या स्पष्ट उद्देश्य के अभाव का संकेत है।

बाइबिलीय आधार:
"यहोवा तेरा लगातार मार्गदर्शन करेगा..."
— यशायाह 58:11 (BSI)

खतरे का स्तर:
उच्च — चेतावनी।

तुरंत क्या करें:
दिव्य दिशा और स्पष्टता खोजें।

भविष्यवाणी-संबंधी प्रार्थना:
"मेरे जीवन को स्पष्ट दिशा और उद्देश्य प्राप्त हो, यीशु के नाम में।"

692. स्वप्न में छिपकली देखना

अर्थ (बाइबिलीय समझ):
यह विश्वासघात, छल, या आपके आसपास unfriendly लोगों का संकेत है।

बाइबिलीय आधार:
"झूठे भविष्यद्वक्ताओं से सावधान रहो..."
— मत्ती 7:15 (BSI)

खतरे का स्तर:
मध्यम से उच्च — चेतावनी।

तुरंत क्या करें:
संबंधों में विवेक रखें।

भविष्यवाणी-संबंधी प्रार्थना:
"मेरे जीवन का हर छिपा हुआ विरोधी प्रकट हो जाए, यीशु के नाम में।"

693. स्वप्न में अपने आप को छोटे जानवरों द्वारा पीछा किया जाता देखना

अर्थ (बाइबिलीय समझ):
यह छोटे-छोटे मुद्दों या समस्याओं का संकेत है जो लगातार बढ़ रही हैं।

बाइबिलीय आधार:
"वे छोटी लोमड़ियाँ जो दाखलताओं को बिगाड़ती हैं..."
— श्रेष्ठगीत 2:15 (BSI)

खतरे का स्तर:
मध्यम — चेतावनी।

तुरंत क्या करें:
छोटी समस्याओं को बढ़ने से पहले सँभाल लें।

भविष्यवाणी-संबंधी प्रार्थना:
"मेरे जीवन की हर छोटी समस्या नष्ट हो जाए, यीशु के नाम में।"

694. स्वप्न में अपने आप को छोटी बाधाओं पर विजय पाते हुए देखना

अर्थ (बाइबिलीय समझ):
यह लगातार प्रगति और एक-एक करके चुनौतियों पर विजय का संकेत है।

बाइबिलीय आधार:
"किसने छोटी बातों के दिन को तुच्छ जाना है?"
— जकर्याह 4:10 (BSI)

खतरे का स्तर:
निम्न — प्रगति।

तुरंत क्या करें:
आगे बढ़ते रहें।

भविष्यवाणी-संबंधी प्रार्थना:
"मैं अपने जीवन की हर बाधा पर विजय पाता हूँ, यीशु के नाम में।"

695. स्वप्न में अपने आप को अन्धकार में चलते हुए देखना

अर्थ (बाइबिलीय समझ):
यह भ्रम, स्पष्टता की कमी, या आत्मिक अन्धेपन का संकेत है।

बाइबिलीय आधार:
"जो मेरे पीछे हो लेता है वह अन्धकार में न चलेगा..."
— यूहन्ना 8:12 (BSI)

खतरे का स्तर:
उच्च — खतरा।

तुरंत क्या करें:
परमेश्वर के प्रकाश और मार्गदर्शन को खोजें।

भविष्यवाणी-संबंधी प्रार्थना:
"मैं दिव्य प्रकाश और स्पष्टता में चलता हूँ, यीशु के नाम में।"

696. स्वप्न में अपने आप को प्रकाश में आते हुए देखना

अर्थ (बाइबिलीय समझ):
यह प्रकाशन, स्पष्टता, और दिव्य समझ का संकेत है।

बाइबिलीय आधार:
"तेरे वचनों के खुलने से प्रकाश होता है..."
— भजन संहिता 119:130 (BSI)

खतरे का स्तर:
निम्न — प्रकाशन।

तुरंत क्या करें:
प्रकट हुई सच्चाई में चलें।

भविष्यवाणी-संबंधी प्रार्थना:
"दिव्य प्रकाश मेरे जीवन को प्रकाशित करे, यीशु के नाम में।"

697. स्वप्न में अपने आप को अन्धकार में बैठा हुआ देखना

अर्थ (बाइबिलीय समझ):
यह ठहराव, depression, या निष्क्रियता का संकेत है।

बाइबिलीय आधार:
"उठ, प्रकाशमान हो; क्योंकि तेरा प्रकाश आ गया है..."
— यशायाह 60:1 (BSI)

खतरे का स्तर:
उच्च — ठहराव।

तुरंत क्या करें:
उठें और कार्य करना आरम्भ करें।

भविष्यवाणी-संबंधी प्रार्थना:
"मैं हर अन्धकार से उठकर प्रकाश में आता हूँ, यीशु के नाम में।"

698. स्वप्न में अपने आप को अन्धकार से बाहर बुलाया जाता हुआ देखना

अर्थ (बाइबिलीय समझ):
यह दिव्य बुलाहट, परिवर्तन, और उद्धार का संकेत है।

बाइबिलीय आधारः
"जिसने तुम्हें अन्धकार में से अपनी अद्भुत ज्योति में बुलाया..."
— 1 पतरस 2:9 (BSI)

खतरे का स्तरः
निम्न — बुलाहट।

तुरंत क्या करें:
परमेश्वर की बुलाहट का उत्तर दें।

भविष्यवाणी-संबंधी प्रार्थनाः
"मैं अपनी दिव्य बुलाहट में पूरी तरह चलता हूँ, यीशु के नाम में।"

699. स्वप्न में अपने आप को तेज़ी से चमकते हुए देखना

अर्थ (बाइबिलीय समझ):
यह महिमा, प्रभाव, और दिव्य प्रकट होने का संकेत है।

बाइबिलीय आधारः
"तुम्हारा प्रकाश मनुष्यों के सामने ऐसे चमके..."
— मत्ती 5:16 (BSI)

खतरे का स्तरः
निम्न — महिमा।

तुरंत क्या करें:
अपने प्रभाव को परमेश्वर की महिमा के लिए उपयोग करें।

भविष्यवाणी-संबंधी प्रार्थनाः
"मेरा जीवन दिव्य महिमा से चमके, यीशु के नाम में।"

700. स्वप्न में अपने आप को प्रकाश से भरा हुआ देखना

अर्थ (बाइबिलीय समझ):
यह पूर्ण परिवर्तन, पवित्रता, और परमेश्वर के साथ पूरी alignment का संकेत है।

बाइबिलीय आधार:
"शरीर का दीपक आँख है... तो तेरा सारा शरीर उजियाला हो जाएगा।"
— मत्ती 6:22 (BSI)

खतरे का स्तर:
निम्न — आत्मिक परिपूर्णता। **तुरंत क्या करें:** परमेश्वर की उपस्थिति और पवित्रता में बने रहें। **भविष्यवाणी-संबंधी प्रार्थना:** "मेरा जीवन परमेश्वर के प्रकाश से भर जाए, यीशु के नाम में।"

M

701. स्वप्न में किसी पागल व्यक्ति को मारना

अर्थ (बाइबिलीय समझ):
यह भ्रम, दबाव, और शत्रु के कामों पर विजय का संकेत है।

बाइबिलीय आधार:
"इन सब बातों में हम उसके द्वारा जिसने हम से प्रेम किया, जयवन्त से भी

बढ़कर हैं।"
— रोमियों 8:37 (BSI)

खतरे का स्तर:
निम्न — विजय।

तुरंत क्या करें:
धन्यवाद करें और आत्मिक रूप से जागरूक बने रहें।

भविष्यवाणी-संबंधी प्रार्थना:
"मेरे मन के विरुद्ध शत्रु की हर योजना नष्ट हो जाए, यीशु के नाम में।"

702. स्वप्न में किसी पागल व्यक्ति द्वारा थप्पड़ खाया जाना

अर्थ (बाइबिलीय समझ):
यह आपके मन पर आक्रमण, भ्रम, या आत्मिक कष्ट का संकेत है।

बाइबिलीय आधार:
"परमेश्वर ने हमें भय की नहीं, पर सामर्थ, प्रेम और संयम की आत्मा दी है।"
— 2 तीमुथियुस 1:7 (BSI)

खतरे का स्तर:
उच्च — मानसिक / आत्मिक आक्रमण।

तुरंत क्या करें:
स्वस्थ मन और सुरक्षा के लिए प्रार्थना करें।

भविष्यवाणी-संबंधी प्रार्थना:
"मेरा मन सुरक्षित और बहाल किया जाए, यीशु के नाम में।"

703. स्वप्न में अपने आप को पागल होते देखना

अर्थ (बाइबिलीय समझ):
यह नियंत्रण खोने, भ्रम, या नकारात्मक शक्तियों के प्रभाव का संकेत है।

बाइबिलीय आधार:
"जिसका मन तुझ में लगा रहता है, उसकी तू पूर्ण शांति के साथ रक्षा करता है..."
— यशायाह 26:3 (BSI)

खतरे का स्तर:
उच्च — गंभीर चेतावनी।

तुरंत क्या करें:
मन की स्थिरता और स्पष्टता के लिए प्रार्थना करें।

भविष्यवाणी-संबंधी प्रार्थना:
"मेरे मन के विरुद्ध छोड़ा गया हर तीर पलट जाए, यीशु के नाम में।"

704. स्वप्न में हस्तमैथुन करना

अर्थ (बाइबिलीय समझ):
यह आत्मिक अशुद्धता, शारीरिक इच्छाओं से संघर्ष, या आत्म-संयम की कमी का संकेत है।

बाइबिलीय आधार:
"व्यभिचार से भागो।"
— 1 कुरिन्थियों 6:18 (BSI)

खतरे का स्तर:
उच्च — आत्मिक चेतावनी।

तुरंत क्या करें:
पश्चाताप करें और अपने आत्मिक अनुशासन को मजबूत करें।

भविष्यवाणी-संबंधी प्रार्थना:
"मैं पवित्रता और आत्म-संयम में चलता हूँ, यीशु के नाम में।"

705. स्वप्न में दया दिखाना

अर्थ (बाइबिलीय समझ):
यह दर्शाता है कि आपका breakthrough दया, क्षमा, और करुणा से जुड़ा हुआ है।

बाइबिलीय आधार:
"धन्य हैं वे, जो दयावान हैं, क्योंकि उन पर दया की जाएगी।"
— मत्ती 5:7 (BSI)

खतरे का स्तर:
निम्न — अनुग्रह।

तुरंत क्या करें:
दया और करुणा का व्यवहार करें।

भविष्यवाणी-संबंधी प्रार्थना:
"दया मेरे पक्ष में बोले और मेरा breakthrough लाए, यीशु के नाम में।"

706. स्वप्न में मक्के के खेत को आग लगते देखना

अर्थ (बाइबिलीय समझ):
यह आपकी आशीषों, फसल, या आर्थिक वृद्धि पर आक्रमण का संकेत है।

बाइबिलीय आधार:
“चोर किसी और काम के लिये नहीं, केवल चोरी करने और घात करने और नष्ट करने को आता है...”
— यूहन्ना 10:10 (BSI)

खतरे का स्तर:
उच्च — आर्थिक आक्रमण।

तुरंत क्या करें:
हानि और विनाश के विरुद्ध प्रार्थना करें।

भविष्यवाणी-संबंधी प्रार्थना:
“मेरी आशीषों के विरुद्ध हर आक्रमण रद्द हो जाए, यीशु के नाम में।”

707. स्वप्न में मक्के का खेत देखना

अर्थ (बाइबिलीय समझ):
यह बहुतायत, प्रावधान, और फलदायक फसल का संकेत है।

बाइबिलीय आधार:
“जो आँसुओं के साथ बोते हैं, वे जयजयकार के साथ काटेंगे।”
— भजन संहिता 126:5 (BSI)

खतरे का स्तर:
निम्न — आशीष।

तुरंत क्या करें:
वृद्धि के लिए तैयार रहें और विश्वासयोग्य बने रहें।

भविष्यवाणी-संबंधी प्रार्थना:
"मेरी फसल बहुतायत से प्रकट हो, यीशु के नाम में।"

708. बहुत सारे mushrooms खोज निकालना

अर्थ (बाइबिलीय समझ):
यह अप्रत्याशित अनुग्रह, वृद्धि, और सफलता का संकेत है।

बाइबिलीय आधार:
"यहोवा तेरे लिये अपना उत्तम भण्डार खोलेगा..."
— व्यवस्थाविवरण 28:12 (BSI)

खतरे का स्तर:
निम्न — अनुग्रह।

तुरंत क्या करें:
अपने आप को अवसरों को ग्रहण करने के लिये तैयार रखें।

भविष्यवाणी-संबंधी प्रार्थना:
"अनुग्रह और सफलता अभी मुझे प्राप्त हों, यीशु के नाम में।"

709. स्वप्न में किसी masquerade द्वारा पीछा किया जाना

अर्थ (बाइबिलीय समझ):
यह आत्मिक आक्रमण, धोखा, या छिपे हुए शत्रुओं का संकेत है।

बाइबिलीय आधारः

"हमारा मल्लयुद्ध लोहू और मांस से नहीं है..."

— इफिसियों 6:12 (BSI)

खतरे का स्तरः

उच्च — आत्मिक खतरा।

तुरंत क्या करें:

सुरक्षा और छुटकारे के लिये प्रार्थना करें।

भविष्यवाणी-संबंधी प्रार्थनाः

"हर छिपा हुआ शत्रु प्रकट होकर नष्ट हो जाए, यीशु के नाम में।"

710. स्वप्न में पर्वत पर चढ़ना

अर्थ (बाइबिलीय समझ):

यह चुनौतियों का संकेत है, पर साथ ही दृढ़ निश्चय और अन्ततः विजय का भी संकेत है।

बाइबिलीय आधारः

"कौन यहोवा के पर्वत पर चढ़ेगा?"

— भजन संहिता 24:3 (BSI)

खतरे का स्तरः

मध्यम — चुनौती।

तुरंत क्या करें:

दृढ़ बने रहें और परमेश्वर पर भरोसा रखें।

भविष्यवाणी-संबंधी प्रार्थनाः
"मेरे सामने का हर पर्वत समतल हो जाए, यीशु के नाम में।"

711. स्वप्न में पर्वत से गिरना

अर्थ (बाइबिलीय समझ):
यह असफलता, setback, या प्रगति के बाद अचानक हानि का संकेत है।

बाइबिलीय आधारः
"यदि वह गिरे, तो भी पूरी रीति से न गिरेगा..."
— भजन संहिता 37:24 (BSI)

खतरे का स्तरः
उच्च — चेतावनी।

तुरंत क्या करें:
Setback के विरुद्ध प्रार्थना करें और सतर्क बने रहें।

भविष्यवाणी-संबंधी प्रार्थनाः
"मेरे जीवन की हर गिरावट पलट दी जाए, यीशु के नाम में।"

712. स्वप्न में motorcycle या bike द्वारा किसी ऊँचे स्थान पर ले जाया जाना

अर्थ (बाइबिलीय समझ):
यह उन्नति, ऊँचे स्थान पर पहुँचने, और advancement का संकेत है।

बाइबिलीय आधार:
"उन्नति... परमेश्वर की ओर से होती है।"
— भजन संहिता 75:6–7 (BSI भावानुसार)

खतरे का स्तर:
निम्न — उन्नति।

तुरंत क्या करें:
नए अवसरों के लिए तैयार रहें।

भविष्यवाणी-संबंधी प्रार्थना:
"मेरी उन्नति शीघ्र प्रकट हो, यीशु के नाम में।"

713. स्वप्न में अपनी शादी की तस्वीर को उल्टा देखते हुए देखना

अर्थ (बाइबिलीय समझ):
यह विवाह में अस्थिरता, संघर्ष, या परेशानी का संकेत है।

बाइबिलीय आधार:
"जिसे परमेश्वर ने जोड़ा है उसे मनुष्य अलग न करे।"
— मत्ती 19:6 (BSI)

खतरे का स्तर:
उच्च — संबंधों के लिए चेतावनी।

तुरंत क्या करें:
विवाह में शांति और एकता के लिये प्रार्थना करें।

भविष्यवाणी-संबंधी प्रार्थना:
"मेरे विवाह में शांति और मेल बना रहे, यीशु के नाम में।"

714. स्वप्न में machine gun चलाना

अर्थ (बाइबिलीय समझ):
यह आत्मिक शक्ति, युद्ध, और अधिकार का संकेत है।

बाइबिलीय आधार:
"हमारे युद्ध के हथियार शारीरिक नहीं, पर परमेश्वर के लिये सामर्थी हैं..."
— 2 कुरिन्थियों 10:4 (BSI)

खतरे का स्तर:
निम्न — आत्मिक अधिकार।

तुरंत क्या करें:
आत्मिक रूप से जागरूक और प्रार्थनाशील बने रहें।

भविष्यवाणी-संबंधी प्रार्थना:
"मैं हर लड़ाई को जीतने के लिये सामर्थी बनाया गया हूँ, यीशु के नाम में।"

715. स्वप्न में अच्छा संगीत सुनना

अर्थ (बाइबिलीय समझ):
यह आनन्द, अनुग्रह, और आशीषों के प्रकट होने का संकेत है।

बाइबिलीय आधार:
"तू ने मेरे विलाप को नृत्य में बदल दिया..."
— भजन संहिता 30:11 (BSI)

खतरे का स्तर:
निम्न — अनुग्रह।

तुरंत क्या करें:
धन्यवाद करें और आनन्दित रहें।

भविष्यवाणी-संबंधी प्रार्थना:
"मेरे जीवन में आनन्द और अनुग्रह overflow करें, यीशु के नाम में।"

716. स्वप्न में microphone या loudspeaker देखना

अर्थ (बाइबिलीय समझ):
यह संकेत है कि आपकी आवाज़, आपका संदेश, या आपका प्रभाव दूर तक सुना जाएगा।

बाइबिलीय आधार:
"अपना मुँह खोल, मैं उसे भर दूँगा।"
— भजन संहिता 81:10 (BSI)

खतरे का स्तर:
निम्न — प्रभाव।

तुरंत क्या करें:
साहस के साथ बोलें और अपनी बुलाहट को पूरा करें।

भविष्यवाणी-संबंधी प्रार्थना:
"मेरी आवाज़ सुनी जाए और प्रभावशाली हो, यीशु के नाम में।"

717. स्वप्न में नया चाँद देखना

अर्थ (बाइबिलीय समझ):
यह नई शुरुआत और नए अवसरों का संकेत है।

बाइबिलीय आधार:
"देखो, मैं एक नई बात करने पर हूँ..."
— यशायाह 43:19 (BSI)

खतरे का स्तर:
निम्न — नया समय।

तुरंत क्या करें:
नए चरण को स्वीकार करें।

भविष्यवाणी-संबंधी प्रार्थना:
"मेरे जीवन में आशीष का नया समय आरम्भ हो, यीशु के नाम में।"

718. स्वप्न में चाँद देखना

अर्थ (बाइबिलीय समझ):
यह महानता, नेतृत्व, और दिव्य महिमा का संकेत है।

बाइबिलीय आधार:
"न तो दिन को सूर्य तुझे सताएगा, और न रात को चाँद..."
— भजन संहिता 121:6 (BSI)

खतरे का स्तर:
निम्न — महानता।

तुरंत क्या करें:
नेतृत्व के लिए तैयार रहें।

भविष्यवाणी-संबंधी प्रार्थना:
"मैं महानता और नेतृत्व में उठूँ, यीशु के नाम में।"

719. स्वप्न में मांस बाँटना

अर्थ (बाइबिलीय समझ):
यह किसी संगति या वाचा के द्वारा आत्मिक आक्रमण का संकेत हो सकता है।

बाइबिलीय आधार:
"हर प्रकार की बुराई से बचे रहो।"
— 1 थिस्सलुनीकियों 5:22 (BSI)

खतरे का स्तर:
उच्च — आत्मिक चेतावनी।

तुरंत क्या करें:
शुद्धि और सुरक्षा के लिए प्रार्थना करें।

भविष्यवाणी-संबंधी प्रार्थना:
"हर बुरी वाचा टूट जाए, यीशु के नाम में।"

720. स्वप्न में beef meat खरीदना, काटना, या खाना

अर्थ (बाइबिलीय समझ):
संदर्भ के अनुसार यह शक्ति और जीवन्तता का संकेत हो सकता है, या आत्मिक अशुद्धता का भी।

बाइबिलीय आधार:
"सब बातों को परखो; जो अच्छा है उसे पकड़े रहो।"
— 1 थिस्सलुनीकियों 5:21 (BSI)

खतरे का स्तर:
मध्यम — विवेक आवश्यक है।

तुरंत क्या करें:
विवेक और शुद्धि के लिये प्रार्थना करें।

भविष्यवाणी-संबंधी प्रार्थना:
"मैं शक्ति ग्रहण करता हूँ और हर प्रकार की अशुद्धता को अस्वीकार करता हूँ, यीशु के नाम में।"

M

721. स्वप्न में दर्पण में अनजान चेहरा देखना

अर्थ (बाइबिलीय समझ):
यह पहचान के भ्रम या किसी के द्वारा आपकी नियति से छेड़छाड़ करने के प्रयास का संकेत है।

बाइबिलीय आधार:
"हम सब… उसी महिमा के स्वरूप में बदलते जाते हैं…"
— 2 कुरिन्थियों 3:18 (BSI)

खतरे का स्तर:
उच्च — पहचान पर आक्रमण।

तुरंत क्या करें:
पहचान की बहाली और स्पष्टता के लिए प्रार्थना करें।

भविष्यवाणी-संबंधी प्रार्थना:
"मेरी पहचान और मेरी नियति बहाल की जाए, यीशु के नाम में।"

722. स्वप्न में दर्पण को टूटते या नष्ट होते देखना

अर्थ (बाइबिलीय समझ):
यह निगरानी करने वाली शक्तियों और आत्मिक surveillance के नष्ट होने का संकेत है।

बाइबिलीय आधार:
"तेरे विरुद्ध बनाया हुआ कोई हथियार सफल न होगा..."
— यशायाह 54:17 (BSI)

खतरे का स्तर:
निम्न — विजय।

तुरंत क्या करें:
धन्यवाद करें और आत्मिक रूप से जागरूक बने रहें।

भविष्यवाणी-संबंधी प्रार्थना:
"मेरे जीवन की निगरानी करने वाली हर शक्ति नष्ट हो जाए, यीशु के नाम में।"

723. स्वप्न में टूटा हुआ दर्पण देखना

अर्थ (बाइबिलीय समझ):
यह आपके जीवन पर बुरी निगरानी या नियंत्रण के टूट जाने का संकेत है।

बाइबिलीय आधार:
"फन्दा टूट गया, और हम बच निकले।"
— भजन संहिता 124:7 (BSI)

खतरे का स्तर:
निम्न — छुटकारा।

तुरंत क्या करें:
स्वतंत्रता और आत्मविश्वास में चलें।

भविष्यवाणी-संबंधी प्रार्थना:
"मेरे जीवन पर हर बुरा नियंत्रण टूट जाए, यीशु के नाम में।"

724. स्वप्न में पैसा बचाते हुए देखना

अर्थ (बाइबिलीय समझ):
यह समृद्धि, बुद्धि, और भविष्य की स्थिरता का संकेत है।

बाइबिलीय आधार:
"बुद्धिमान के घर में मनभावना सामग्री और तेल रहता है..."
— नीतिवचन 21:20 (BSI)

खतरे का स्तर:
निम्न — समृद्धि।

तुरंत क्या करें:
संसाधनों का बुद्धिमानी से प्रबन्ध करते रहें।

भविष्यवाणी-संबंधी प्रार्थना:
"मैं समृद्ध होता हूँ और अपने संसाधनों को बुद्धि से संभालता हूँ, यीशु के नाम में।"

725. स्वप्न में पैसा खो देना

अर्थ (बाइबिलीय समझ):
यह आर्थिक हानि, निराशा, या गलत प्रबन्धन का संकेत है।

बाइबिलीय आधार:
"यहोवा की आशीष ही धनवान बनाती है..."
— नीतिवचन 10:22 (BSI)

खतरे का स्तर:
उच्च — आर्थिक चेतावनी।

तुरंत क्या करें:
धन से जुड़े मामलों में सावधान रहें और जोखिम भरे निर्णयों से बचें।

भविष्यवाणी-संबंधी प्रार्थना:
"हर आर्थिक हानि पलट दी जाए, यीशु के नाम में।"

726. स्वप्न में उधार पैसा लेना

अर्थ (बाइबिलीय समझ):
यह निर्भरता, कमी, या आर्थिक असंतुलन का संकेत है।

बाइबिलीय आधार:
"उधार लेने वाला उधार देने वाले का दास होता है।"
— नीतिवचन 22:7 (BSI)

खतरे का स्तर:
उच्च — चेतावनी।

तुरंत क्या करें:
अनावश्यक कर्ज से बचें।

भविष्यवाणी-संबंधी प्रार्थना:
"मैं हर प्रकार के आर्थिक बन्धन से स्वतंत्र हूँ, यीशु के नाम में।"

727. मच्छरों पर insecticide छिड़कना

अर्थ (बाइबिलीय समझ):
यह छोटे पर हानिकारक शत्रुओं या लगातार परेशान करने वाली समस्याओं पर विजय का संकेत है।

बाइबिलीय आधार:
"तू सिंह और नाग को कुचल डालेगा..."
— भजन संहिता 91:13 (BSI)

खतरे का स्तर:
निम्न — विजय।

तुरंत क्या करें:
सतर्क रहें और अपनी विजय को बनाए रखें।

भविष्यवाणी-संबंधी प्रार्थना:
"मेरे जीवन का हर छिपा हुआ शत्रु नष्ट हो जाए, यीशु के नाम में।"

728. स्वप्न में विवाह करना

अर्थ (बाइबिलीय समझ):
यह नई शुरुआत, आशीषों, या जीवन में नई प्रतिबद्धताओं का संकेत हो सकता है।

बाइबिलीय आधार:
“देख, मैं सब कुछ नया कर देता हूँ।”
— प्रकाशितवाक्य 21:5 (BSI)

खतरे का स्तर:
मध्यम — विवेक की आवश्यकता है।

तुरंत क्या करें:
स्पष्टता और परमेश्वर की इच्छा के अनुसार चलने के लिए प्रार्थना करें।

भविष्यवाणी-संबंधी प्रार्थना:
“मेरे जीवन की हर नई आशीष प्रकट हो, यीशु के नाम में।”

729. स्वप्न में millipede देखना

अर्थ (बाइबिलीय समझ):
यह सुस्ती, विलम्ब, या धीमी प्रगति का संकेत है।

बाइबिलीय आधार:
“दौड़ में वेगवान ही नहीं जीतता… समय और संयोग उन सब पर आते हैं।”
— सभोपदेशक 9:11 (BSI)

खतरे का स्तर:
मध्यम — ठहराव।

तुरंत क्या करें:
गति और प्रगति के लिए प्रार्थना करें।

भविष्यवाणी-संबंधी प्रार्थना:
“विलम्ब की हर आत्मा मेरे जीवन से निकल जाए, यीशु के नाम में।”

730. स्वप्न में दवा लेना या खरीदना

अर्थ (बाइबिलीय समझ):
यह बीमारी या स्वास्थ्य से जुड़ी किसी चेतावनी का संकेत है।

बाइबिलीय आधार:
"मैं यहोवा हूँ, जो तुझे चंगा करता हूँ।"
— निर्गमन 15:26 (BSI)

खतरे का स्तर:
उच्च — स्वास्थ्य चेतावनी।

तुरंत क्या करें:
चंगाई के लिए प्रार्थना करें और अपने स्वास्थ्य का ध्यान रखें।

भविष्यवाणी-संबंधी प्रार्थना:
"दिव्य चंगाई मेरे शरीर में प्रवाहित हो, यीशु के नाम में।"

731. स्वप्न में दूध पीना

अर्थ (बाइबिलीय समझ):
यह पोषण, अच्छा स्वास्थ्य, समृद्धि, और वृद्धि का संकेत है।

बाइबिलीय आधार:
"नवजात शिशुओं के समान वचन के निष्कपट दूध की लालसा करो..."
— 1 पतरस 2:2 (BSI)

खतरे का स्तर:
निम्न — आशीष।

तुरंत क्या करें:
आत्मिक और शारीरिक वृद्धि में बने रहें।

भविष्यवाणी-संबंधी प्रार्थना:
"मेरा जीवन पोषण, स्वास्थ्य, और समृद्धि से भर जाए, यीशु के नाम में।"

732. स्वप्न में machete हाथ में पकड़ना

अर्थ (बाइबिलीय समझ):
यह आत्मिक अधिकार, सुरक्षा, और विरोध पर विजय पाने की क्षमता का संकेत है।

बाइबिलीय आधार:
"प्रभु मेरा सहायक है; मैं न डरूँगा..."
— इब्रानियों 13:6 (BSI)

खतरे का स्तर:
निम्न — सामर्थ्य।

तुरंत क्या करें:
आत्मिक रूप से जागरूक और साहसी बने रहें।

भविष्यवाणी-संबंधी प्रार्थना:
"मैं हर शत्रु पर विजय पाने के लिये सामर्थी हूँ, यीशु के नाम में।"

733. स्वप्न में miscarriage देखना

अर्थ (बाइबिलीय समझ):
यह हानि, अधूरे रह गए योजनाएँ, या पूरी न हुई आशाओं का संकेत है।

बाइबिलीय आधार:
"तुझ में न गर्भपात होगा..."
— निर्गमन 23:26 (BSI)

खतरे का स्तर:
उच्च — गंभीर चेतावनी।

तुरंत क्या करें:
अपनी योजनाओं और जीवन पर सुरक्षा के लिए प्रार्थना करें।

भविष्यवाणी-संबंधी प्रार्थना:
"मेरे जीवन की कोई भी अच्छी बात गर्भपात का शिकार न हो, यीशु के नाम में।"

734. स्वप्न में mask पहनना

अर्थ (बाइबिलीय समझ):
यह धोखे, गलतफहमी, या छिपी हुई पहचान का संकेत है।

बाइबिलीय आधार:
"कुछ भी छिपा हुआ नहीं जो प्रगट न हो..."
— लूका 8:17 (BSI)

खतरे का स्तर:
मध्यम — चेतावनी।

तुरंत क्या करें:
सत्य में रहें और स्पष्टता खोजें।

भविष्यवाणी-संबंधी प्रार्थना:
"मेरे चारों ओर का हर धोखा प्रकट हो जाए, यीशु के नाम में।"

735. स्वप्न में drum set बजाना

अर्थ (बाइबिलीय समझ):
यह लगातार प्रयास, अनुशासन, और सफलता की ओर बढ़ने का संकेत है।

बाइबिलीय आधार:
"सब कुछ उचित रीति और क्रम से किया जाए।"
— 1 कुरिन्थियों 14:40 (BSI)

खतरे का स्तर:
निम्न — प्रगति।

तुरंत क्या करें:
अनुशासित और एकाग्र बने रहें।

भविष्यवाणी-संबंधी प्रार्थना:
"मेरे प्रयास सफलता और महानता लाएँ, यीशु के नाम में।"

736. स्वप्न में अपनी माँ को देखना

अर्थ (बाइबिलीय समझ):
यह देखभाल, मार्गदर्शन, और दिव्य दिशा का संकेत है।

बाइबिलीय आधार:
"अपने पिता और अपनी माता का आदर कर..."
— निर्गमन 20:12 (BSI)

खतरे का स्तर:
निम्न — मार्गदर्शन।

तुरंत क्या करें:
दिए गए संदेश पर ध्यान दें।

भविष्यवाणी-संबंधी प्रार्थना:
"दिव्य मार्गदर्शन मेरे पथ को निर्देशित करे, यीशु के नाम में।"

737. स्वप्न में बाज़ार में चीज़ें खरीदना

अर्थ (बाइबिलीय समझ):
यह प्रावधान, अवसरों, और आने वाले उत्सव का संकेत है।

बाइबिलीय आधार:
"मेरा परमेश्वर तुम्हारी हर घटी को पूरी करेगा..."
— फिलिप्पियों 4:19 (BSI)

खतरे का स्तर:
निम्न — प्रावधान।

तुरंत क्या करें:
आशीषों के लिये तैयार रहें।

भविष्यवाणी-संबंधी प्रार्थना:
"मेरे जीवन में बहुतायत और उत्सव का समय आ गया है, यीशु के नाम में।"

738. स्वप्न में किसी मृत पारिवारिक सदस्य को आपसे बात करते देखना

अर्थ (बाइबिलीय समझ):
यह विवेक की आवश्यकता को दर्शाता है; संदेश पर ध्यान दें और परमेश्वर से स्पष्टता खोजें।

बाइबिलीय आधार:
"आत्माओं को परखो कि वे परमेश्वर की ओर से हैं या नहीं..."
— 1 यूहन्ना 4:1 (BSI)

खतरे का स्तर:
मध्यम – विवेक आवश्यक है।

तुरंत क्या करें:
प्रार्थना करें और परमेश्वर से पुष्टि खोजें।

भविष्यवाणी-संबंधी प्रार्थना:
"मैं केवल दिव्य सत्य ग्रहण करता हूँ और हर धोखे को अस्वीकार करता हूँ, यीशु के नाम में।"

739. स्वप्न में बंदर देखना

अर्थ (बाइबिलीय समझ):
यह छल, चालाक लोगों, या झूठे मित्रों का संकेत है।

बाइबिलीय आधार:
"साँपों के समान बुद्धिमान और कबूतरों के समान भोले बनो।"
— मत्ती 10:16 (BSI)

खतरे का स्तर:
मध्यम — चेतावनी।

तुरंत क्या करें:
संबंधों में सावधान रहें।

भविष्यवाणी-संबंधी प्रार्थना:
"मेरे जीवन का हर छल करने वाला व्यक्ति प्रकट हो जाए, यीशु के नाम में।"

740. स्वप्न में सुन्दर mansion देखना

अर्थ (बाइबिलीय समझ):
यह बहुतायत, समृद्धि, और महिमामय भविष्य का संकेत है।

बाइबिलीय आधार:
"मेरे पिता के घर में बहुत से रहने के स्थान हैं..."
— यूहन्ना 14:2 (BSI)

खतरे का स्तर:
निम्न — आशीष।

तुरंत क्या करें:
वृद्धि और उन्नति के लिये तैयार रहें।

भविष्यवाणी-संबंधी प्रार्थना:
"मेरा जीवन बहुतायत और महिमा से भर जाए, यीशु के नाम में।"

741. स्वप्न में motor accident में मर जाना

अर्थ (बाइबिलीय समझ):
यह खतरे, लापरवाही, या जीवन के निर्णयों में धीमा होने की चेतावनी है।

बाइबिलीय आधार:
"मैं न मरूँगा, वरन जीवित रहूँगा..."
— भजन संहिता 118:17 (BSI)

खतरे का स्तर:
उच्च — गंभीर चेतावनी।

तुरंत क्या करें:
निर्णयों और जीवनशैली में सावधान रहें।

भविष्यवाणी-संबंधी प्रार्थना:
"मैं अपने समय से पहले नहीं मरूँगा, यीशु के नाम में।"

742. mechanic होना या किसी वस्तु की मरम्मत करना

अर्थ (बाइबिलीय समझ):
यह दर्शाता है कि आपके जीवन का कोई भाग सुधार, ध्यान, या बहाली चाहता है।

बाइबिलीय आधार:
"वह मेरे प्राण को बहाल करता है..."
— भजन संहिता 23:3 (BSI)

खतरे का स्तर:
मध्यम — सुधार।

तुरंत क्या करें:
कमज़ोर क्षेत्रों को पहचानें और उन्हें ठीक करें।

भविष्यवाणी-संबंधी प्रार्थना:
"मेरे जीवन का हर टूटा हुआ भाग बहाल हो जाए, यीशु के नाम में।"

743. स्वप्न में कीचड़ में चलते हुए देखना

अर्थ (बाइबिलीय समझ):
यह कठिनाई, ठहराव, और धीमी प्रगति का संकेत है।

बाइबिलीय आधार:
"उसने मेरे पाँव चट्टान पर खड़े किए..."
— भजन संहिता 40:2 (BSI)

खतरे का स्तर:
मध्यम से उच्च — सीमा।

तुरंत क्या करें:
ठहराव से छुटकारे के लिए प्रार्थना करें।

भविष्यवाणी-संबंधी प्रार्थना:
"मेरे जीवन का हर ठहराव टूट जाए, यीशु के नाम में।"

744. mortuary में जाकर मृत शरीर देखना

अर्थ (बाइबिलीय समझ):
यह दर्शाता है कि आपके जीवन का कोई भाग आत्मिक रूप से मरा हुआ या निष्फल हो गया है।

बाइबिलीय आधार:
"हे सोने वाले, जाग…"
— इफिसियों 5:14 (BSI)

खतरे का स्तर:
उच्च — चेतावनी।

तुरंत क्या करें:
मरे हुए क्षेत्रों को प्रार्थना के द्वारा जीवित करें।

भविष्यवाणी-संबंधी प्रार्थना:
"मेरे जीवन का हर मरा हुआ क्षेत्र पुनरुत्थान की सामर्थ पाए, यीशु के नाम में।"

745. स्वप्न में movie star देखना

अर्थ (बाइबिलीय समझ):
यह प्रभाव, प्रेरणा, और दूसरों के गुणों से सीखने का संकेत है।

बाइबिलीय आधार:
"जैसा मैं मसीह का अनुकरण करता हूँ वैसा ही तुम भी मेरा अनुकरण करो।"
— 1 कुरिन्थियों 11:1 (BSI)

खतरे का स्तर:
निम्न — प्रेरणा।

तुरंत क्या करें:
अच्छे गुणों को सीखें और अपनाएँ।

भविष्यवाणी-संबंधी प्रार्थना:
"मैं महानता और उत्कृष्टता में उठूँ, यीशु के नाम में।"

746. स्वप्न में किसी महान व्यक्ति की प्रशंसा करना

अर्थ (बाइबिलीय समझ):
यह वृद्धि, उत्कृष्टता, और ऊँची उपलब्धि की इच्छा का संकेत है।

बाइबिलीय आधार:
"जो बुद्धिमानों की संगति करता है, बुद्धिमान हो जाएगा..."
— नीतिवचन 13:20 (BSI)

खतरे का स्तर:
निम्न — वृद्धि।

तुरंत क्या करें:
बुद्धि और mentorship का अनुसरण करें।

भविष्यवाणी-संबंधी प्रार्थना:
"मैं महानता और बुद्धि में बढ़ता हूँ, यीशु के नाम में।"

747. स्वप्न में अपने आप को महान वस्तुओं से घिरा हुआ देखना

अर्थ (बाइबिलीय समझ):
यह बहुतायत, अनुग्रह, और वृद्धि के समय का संकेत है।

बाइबिलीय आधार:
"तू वर्ष को अपनी भलाई से मुकुट पहनाता है…"
— भजन संहिता 65:11 (BSI)

खतरे का स्तर:
निम्न — आशीष।

तुरंत क्या करें:
वृद्धि को सँभालने के लिए तैयार रहें।

भविष्यवाणी-संबंधी प्रार्थना:
"बहुतायत मेरे जीवन को घेरे रहे, यीशु के नाम में।"

748. स्वप्न में अपने आप को आदर प्राप्त करते हुए देखना

अर्थ (बाइबिलीय समझ):
यह उन्नति, पहचान, और ऊपर उठाए जाने का संकेत है।

बाइबिलीय आधार:
"अपने आप को दीन करो… कि वह तुम्हें उचित समय पर बढ़ाए।"
— 1 पतरस 5:6 (BSI)

खतरे का स्तर:
निम्न — उन्नति।

तुरंत क्या करें:
नम्र और विश्वासयोग्य बने रहें।

भविष्यवाणी-संबंधी प्रार्थना:
"मैं परमेश्वर के द्वारा उठाया और आदरित किया जाऊँ, यीशु के नाम में।"

749. स्वप्न में अपने आप को अधिकार के स्थान पर देखना

अर्थ (बाइबिलीय समझ):
यह नेतृत्व, जिम्मेदारी, और प्रभाव का संकेत है।

बाइबिलीय आधार:
"पृथ्वी पर प्रभुता..."
— उत्पत्ति 1:26 (BSI)

खतरे का स्तर:
निम्न — नेतृत्व।

तुरंत क्या करें:
जिम्मेदारी के लिये तैयार रहें।

भविष्यवाणी-संबंधी प्रार्थना:
"मैं दिव्य अधिकार और नेतृत्व में चलता हूँ, यीशु के नाम में।"

750. स्वप्न में अपने आप को हर बात में सफल होते देखना

अर्थ (बाइबिलीय समझ):
यह पूर्ण सफलता, पूर्ति, और दिव्य अनुग्रह का संकेत है।

बाइबिलीय आधार:
"जो कुछ वह करता है उसमें सफल होता है।"
— भजन संहिता 1:3 (BSI)

खतरे का स्तर:

निम्न – सफलता।

तुरंत क्या करें:

विश्वासयोग्य और एकाग्र बने रहें।

भविष्यवाणी-संबंधी प्रार्थना:

“मैं हर बात में सफल होऊँ, यीशु के नाम में।”

N

751. नग्नता ढँकने के लिए वस्त्र दिया जाना

अर्थ (बाइबिलीय समझ):
यह लज्जा के हटने, गरिमा की बहाली, और दिव्य आवरण का संकेत है।

बाइबिलीय आधार:
"उसने मुझे धर्म का बागा पहनाया है।"
— यशायाह 61:10 (BSI)

खतरे का स्तर:
निम्न — बहाली।

तुरंत क्या करें:
बहाली और अनुग्रह के लिए परमेश्वर का धन्यवाद करें।

भविष्यवाणी-संबंधी प्रार्थना:
"मेरे जीवन की हर लज्जा परमेश्वर की महिमा से ढँक दी जाए, यीशु के नाम में।"

752. स्वप्न में नई-नई भाषाएँ बोलना

अर्थ (बाइबिलीय समझ):
यह आत्मिक सामर्थ, और पवित्र आत्मा के बपतिस्मे का संकेत है।

बाइबिलीय आधार:
"वे सब के सब पवित्र आत्मा से भर गए, और अन्य-अन्य भाषा बोलने लगे..."
— प्रेरितों के काम 2:4 (BSI)

खतरे का स्तर:
निम्न — सामर्थ।

तुरंत क्या करें:
पवित्र आत्मा की उपस्थिति की लालसा रखें और उसे बढ़ाएँ।

भविष्यवाणी-संबंधी प्रार्थना:
"मैं पवित्र आत्मा की सामर्थ से भर दिया जाऊँ, यीशु के नाम में।"

753. स्वप्न में मेवे तोड़ना

अर्थ (बाइबिलीय समझ):
यह आपके भीतर छिपी हुई सम्भावनाओं, अवसरों, और ख़ज़ानों के खुलने का संकेत है।

बाइबिलीय आधार:
"मैं तुझे अन्धकार के भण्डार और गुप्त स्थानों के धन दूँगा..."
— यशायाह 45:3 (BSI)

खतरे का स्तर:
निम्न — अवसर।

तुरंत क्या करें:
अपने वरदानों और क्षमताओं को विकसित करें।

भविष्यवाणी-संबंधी प्रार्थना:
"मेरे छिपे हुए ख़ज़ाने प्रकट हों, यीशु के नाम में।"

754. पेड़ से कील निकालना

अर्थ (बाइबिलीय समझ):
यह लंबे समय से चली आ रही समस्याओं या पीड़ाओं से छुटकारे का संकेत है।

बाइबिलीय आधार:
"परमेश्वर का पुत्र इसलिये प्रगट हुआ कि शैतान के कामों को नाश करे।"
— 1 यूहन्ना 3:8 (BSI)

खतरे का स्तर:
मध्यम — छुटकारा।

तुरंत क्या करें:
पूर्ण स्वतंत्रता के लिए प्रार्थना करें।

भविष्यवाणी-संबंधी प्रार्थना:
"मेरे जीवन की पीड़ा की हर जड़ उखाड़ दी जाए, यीशु के नाम में।"

755. अखबार में अपनी तस्वीर के साथ "Wanted" लिखा देखना

अर्थ (बाइबिलीय समझ):
यह खतरे, आक्रमण, या आपके जीवन के लिए किसी धमकी का संकेत है।

बाइबिलीय आधार:
"तेरे विरुद्ध बनाया हुआ कोई हथियार सफल न होगा..."
— यशायाह 54:17 (BSI)

खतरे का स्तर:
उच्च — गंभीर चेतावनी।

तुरंत क्या करें:
सुरक्षा और दिव्य आवरण के लिए प्रार्थना करें।

भविष्यवाणी-संबंधी प्रार्थना:
"मेरे विरुद्ध मृत्यु की हर योजना रद्द हो जाए, यीशु के नाम में।"

756. स्वप्न में अपने आप को नग्न देखना

अर्थ (बाइबिलीय समझ):
यह लज्जा, खुलापन, गरीबी, या असुरक्षा का संकेत है।

बाइबिलीय आधार:
"धन्य है वह जो जागता रहता है, और अपने वस्त्र संभाले रहता है..."
— प्रकाशितवाक्य 16:15 (BSI)

खतरे का स्तर:
उच्च — चेतावनी।

तुरंत क्या करें:
दया और आवरण के लिए प्रार्थना करें।

भविष्यवाणी-संबंधी प्रार्थना:
"मेरी नग्नता परमेश्वर की दया से ढँक दी जाए, यीशु के नाम में।"

757. घोंसले में अंडे या जीवन देखना

अर्थ (बाइबिलीय समझ):
यह सफलता, उत्पादकता, और फलवन्तता का संकेत है।

बाइबिलीय आधार:
"वह उस वृक्ष के समान होगा जो बहते जल के किनारे लगाया गया हो..."
— भजन संहिता 1:3 (BSI)

खतरे का स्तर:
निम्न — आशीष।

तुरंत क्या करें:
अपने प्रयासों में लगातार बने रहें।

भविष्यवाणी-संबंधी प्रार्थना:
"मेरा जीवन फलवन्त परिणाम उत्पन्न करे, यीशु के नाम में।"

758. अपने सिर पर घाव या फोड़े देखना

अर्थ (बाइबिलीय समझ):
यह पीड़ा, मन पर आक्रमण, या दबाव का संकेत है।

बाइबिलीय आधार:
"वह टूटे मन वालों को चंगा करता, और उनके शोक पर पट्टी बाँधता है।"
— भजन संहिता 147:3 (BSI)

खतरे का स्तर:
उच्च — पीड़ा।

तुरंत क्या करें:
चंगाई और छुटकारे के लिए प्रार्थना करें।

भविष्यवाणी-संबंधी प्रार्थना:
"मेरे जीवन की हर पीड़ा चंगी हो जाए, यीशु के नाम में।"

759. सुई से कपड़े सिलना

अर्थ (बाइबिलीय समझ):
यह परिवर्तन, फिर से निर्माण, और बहाली का संकेत है।

बाइबिलीय आधार:
"देख, मैं सब कुछ नया कर देता हूँ।"
— प्रकाशितवाक्य 21:5 (BSI)

खतरे का स्तर:
निम्न — परिवर्तन।

तुरंत क्या करें:
परमेश्वर को अपने जीवन को बदलने दें।

भविष्यवाणी-संबंधी प्रार्थना:
"मेरा जीवन महानता में बदल दिया जाए, यीशु के नाम में।"

760. नया project या निर्माण पूरा करना

अर्थ (बाइबिलीय समझ):
यह सफलता, पूर्णता, और महिमा के प्रकट होने का संकेत है।

बाइबिलीय आधार:
“जिस ने तुम में अच्छा काम आरम्भ किया है, वही उसे पूरा करेगा...”
— फिलिप्पियों 1:6 (BSI)

खतरे का स्तर:
निम्न — सफलता।

तुरंत क्या करें:
प्रकट होने के लिए तैयार रहें।

भविष्यवाणी-संबंधी प्रार्थना:
“मेरी सफलता और महिमा शीघ्र प्रकट हो, यीशु के नाम में।”

761. स्वप्न में नग्न स्त्री को देखना

अर्थ (बाइबिलीय समझ):
यह आत्मिक प्रलोभन, धोखे, या अधार्मिक सम्बन्धों का संकेत है।

बाइबिलीय आधार:
“व्यभिचार से भागो।”
— 1 कुरिन्थियों 6:18 (BSI)

खतरे का स्तर:
उच्च — आत्मिक खतरा।

तुरंत क्या करें:
हर अधार्मिक प्रभाव से अलग हो जाएँ।

भविष्यवाणी-संबंधी प्रार्थना:
“मेरे जीवन का हर अधार्मिक सम्बन्ध टूट जाए, यीशु के नाम में।”

762. नग्न, दुबले, या भूखे लोगों को देखना

अर्थ (बाइबिलीय समझ):
यह दबाव, कमी, या आपकी प्रगति के विरुद्ध काम करने वाली शक्तियों का संकेत है।

बाइबिलीय आधार:
"यहोवा मेरा चरवाहा है, मुझे कुछ घटी न होगी।"
— भजन संहिता 23:1 (BSI)

खतरे का स्तर:
उच्च — आक्रमण।

तुरंत क्या करें:
गरीबी और ठहराव के विरुद्ध प्रार्थना करें।

भविष्यवाणी-संबंधी प्रार्थना:
"कमी और कष्ट की हर आत्मा नष्ट हो जाए, यीशु के नाम में।"

763. स्वप्न में अपने आप को खुला हुआ या लज्जित महसूस करना

अर्थ (बाइबिलीय समझ):
यह दोषभावना, लज्जा, या भावनात्मक असुरक्षा का संकेत है।

बाइबिलीय आधार:
"अब जो मसीह यीशु में हैं, उन पर दण्ड की आज्ञा नहीं।"
— रोमियों 8:1 (BSI)

खतरे का स्तर:
मध्यम — भावनात्मक / आत्मिक।

तुरंत क्या करें:
परमेश्वर की क्षमा और बहाली को ग्रहण करें।

भविष्यवाणी-संबंधी प्रार्थना:
"मैं लज्जा और दोषभावना से स्वतंत्र होकर चलता हूँ, यीशु के नाम में।"

764. खुल जाने के बाद अपने आप को ढका हुआ देखना

अर्थ (बाइबिलीय समझ):
यह बहाली, दया, और दिव्य आवरण का संकेत है।

बाइबिलीय आधार:
"प्रेम बहुत से पापों को ढाँप देता है।"
— 1 पतरस 4:8 (BSI)

खतरे का स्तर:
निम्न — बहाली।

तुरंत क्या करें:
परमेश्वर के आवरण के नीचे बने रहें।

भविष्यवाणी-संबंधी प्रार्थना:
"परमेश्वर की दया मेरे जीवन के हर क्षेत्र को ढँके, यीशु के नाम में।"

765. अपने आप को नए वस्त्र प्राप्त करते हुए देखना

अर्थ (बाइबिलीय समझ):
यह नई पहचान, परिवर्तन, और आदर का संकेत है।

बाइबिलीय आधार:
"नए मनुष्य को पहिन लो, जो परमेश्वर के अनुसार रचा गया है..."
— इफिसियों 4:24 (BSI)

खतरे का स्तर:
निम्न — परिवर्तन।

तुरंत क्या करें:
अपने नए समय को स्वीकार करें।

भविष्यवाणी-संबंधी प्रार्थना:
"मैं अपनी नई पहचान और महिमा में चलता हूँ, यीशु के नाम में।"

766. स्वप्न में वस्त्रों के साथ संघर्ष करना

अर्थ (बाइबिलीय समझ):
यह भ्रम, अस्थिरता, या तैयारी की कमी का संकेत है।

बाइबिलीय आधार:
"सब कुछ भले प्रकार और ठीक-ठीक हो।"
— 1 कुरिन्थियों 14:40 (BSI)

खतरे का स्तर:
मध्यम — भ्रम।

तुरंत क्या करें:
व्यवस्था और स्पष्टता खोजें।

भविष्यवाणी-संबंधी प्रार्थना:
"मेरा जीवन परमेश्वर के द्वारा व्यवस्थित और सीधा किया जाए, यीशु के नाम में।"

767. लोगों के सामने अपने आप को बिना उचित वस्त्रों के देखना

अर्थ (बाइबिलीय समझ):
यह सार्वजनिक लज्जा, खुलापन, या असुरक्षा का संकेत है।

बाइबिलीय आधार:
"कि तेरी नग्नता की लज्जा प्रगट न हो..."
— प्रकाशितवाक्य 3:18 (BSI)

खतरे का स्तर:
उच्च — चेतावनी।

तुरंत क्या करें:
सुरक्षा और आवरण के लिए प्रार्थना करें।

भविष्यवाणी-संबंधी प्रार्थना:
"मैं परमेश्वर की महिमा और आदर से ढँका रहूँ, यीशु के नाम में।"

768. स्वप्न में अपने आप को वस्त्र बदलते हुए देखना

अर्थ (बाइबिलीय समझ):
यह परिवर्तन, पहचान के बदलने, या नए समय का संकेत है।

बाइबिलीय आधार:
"कि उन्हें राख के स्थान पर शोभा दी जाए..."
— यशायाह 61:3 (BSI)

खतरे का स्तर:
निम्न — परिवर्तन।

तुरंत क्या करें:
बदलाव को स्वीकार करें और अपनाएँ।

भविष्यवाणी-संबंधी प्रार्थना:
"मैं अपने नए समय में प्रवेश करूँ, यीशु के नाम में।"

769. स्वप्न में अपने आप को मैले वस्त्र पहने देखना

अर्थ (बाइबिलीय समझ):
यह पाप, अशुद्धता, या आत्मिक गन्दगी का संकेत है।

बाइबिलीय आधार:
"मुझे धो, तो मैं हिम से भी अधिक उजला हो जाऊँगा।"
— भजन संहिता 51:7 (BSI)

खतरे का स्तर:
उच्च — आत्मिक चेतावनी।

तुरंत क्या करें:
पश्चाताप करें और शुद्धि खोजें।

भविष्यवाणी-संबंधी प्रार्थना:
"मैं शुद्ध और पवित्र किया जाऊँ, यीशु के नाम में।"

770. स्वप्न में अपने आप को साफ सफेद वस्त्र पहने देखना

अर्थ (बाइबिलीय समझ):
यह धार्मिकता, पवित्रता, और परमेश्वर की स्वीकृति का संकेत है।

बाइबिलीय आधार:
"वे मेरे साथ श्वेत वस्त्र पहिने हुए चलेंगे, क्योंकि वे योग्य हैं।"
— प्रकाशितवाक्य 3:4 (BSI)

खतरे का स्तर:
निम्न — धार्मिकता।

तुरंत क्या करें:
पवित्रता और शुद्धता बनाए रखें।

भविष्यवाणी-संबंधी प्रार्थना:
"मैं धार्मिकता और पवित्रता में चलता हूँ, यीशु के नाम में।"

771. स्वप्न में अपने आप को फटे वस्त्र पहने देखना

अर्थ (बाइबिलीय समझ):
यह हानि, टूटन, या कठिन समय का संकेत है।

बाइबिलीय आधार:
"उसने मुझे भेजा है कि टूटे मन वालों को चंगा करूँ…"
— लूका 4:18 (BSI)

खतरे का स्तर:
मध्यम — कठिनाई।

तुरंत क्या करें:
प्रार्थना के द्वारा बहाली खोजें।

भविष्यवाणी-संबंधी प्रार्थना:
"मेरे जीवन का हर टूटा हुआ भाग बहाल हो जाए, यीशु के नाम में।"

772. स्वप्न में नए वस्त्र खरीदना

अर्थ (बाइबिलीय समझ):
यह नए समय, नए अवसरों, और परिवर्तन का संकेत है।

बाइबिलीय आधार:
"देख, मैं सब कुछ नया कर देता हूँ।"
— प्रकाशितवाक्य 21:5 (BSI)

खतरे का स्तर:
निम्न — नई शुरुआत।

तुरंत क्या करें:
बदलाव के लिए तैयार रहें।

भविष्यवाणी-संबंधी प्रार्थना:
"मेरे जीवन में नया समय आरम्भ हो, यीशु के नाम में।"

773. स्वप्न में अपने आप को वस्त्र उपहार में प्राप्त करते देखना

अर्थ (बाइबिलीय समझ):
यह आदर, अनुग्रह, और दिव्य स्वीकार का संकेत है।

बाइबिलीय आधार:
"उसने मुझे उद्धार के वस्त्र पहनाए हैं..."
— यशायाह 61:10 (BSI)

खतरे का स्तर:
निम्न — अनुग्रह।

तुरंत क्या करें:
कृतज्ञता के साथ ग्रहण करें।

भविष्यवाणी-संबंधी प्रार्थना:
"अनुग्रह और आदर मुझे प्राप्त हों, यीशु के नाम में।"

774. स्वप्न में अपने आप को वस्त्र खोजते हुए देखना

अर्थ (बाइबिलीय समझ):
यह पहचान या तैयारी के विषय में भ्रम का संकेत है।

बाइबिलीय आधार:
"तेरे वस्त्र सदा श्वेत रहें..."
— सभोपदेशक 9:8 (BSI)

खतरे का स्तर:
मध्यम — अनिश्चितता।

तुरंत क्या करें:
परमेश्वर में स्पष्टता खोजें।

भविष्यवाणी-संबंधी प्रार्थना:
"मेरी पहचान स्पष्ट और स्थिर हो, यीशु के नाम में।"

775. स्वप्न में अपने आप को वस्त्र न ढूँढ़ पाने की स्थिति में देखना

अर्थ (बाइबिलीय समझ):
यह असुरक्षा, तैयारी की कमी, या खुल जाने का संकेत है।

बाइबिलीय आधार:
"धन्य है वह जो जागता रहता है… कहीं ऐसा न हो कि वह नंगा फिरे…"
— प्रकाशितवाक्य 16:15 (BSI)

खतरे का स्तर:
उच्च — चेतावनी।

तुरंत क्या करें:
आवरण और तैयारी के लिए प्रार्थना करें।

भविष्यवाणी-संबंधी प्रार्थना:
"मैं दिव्य रीति से ढका और तैयार रहूँ, यीशु के नाम में।"

776. स्वप्न में अपने आप को सुन्दर वस्त्र पहने हुए देखना

अर्थ (बाइबिलीय समझ):
यह आदर, महिमा, और उन्नति का संकेत है।

बाइबिलीय आधार:
"तू यहोवा के हाथ में शोभायमान मुकुट ठहरेगा…"
— यशायाह 62:3 (BSI)

खतरे का स्तर:
निम्न — महिमा।

तुरंत क्या करें:
नम्रता में चलें।

भविष्यवाणी-संबंधी प्रार्थना:
"मैं आदर और महिमा के वस्त्र पहने हूँ, यीशु के नाम में।"

777. स्वप्न में अपने आप को मैले वस्त्र बदलकर साफ वस्त्र पहनते देखना

अर्थ (बाइबिलीय समझ):
यह पश्चाताप, नया होना, और परिवर्तन का संकेत है।

बाइबिलीय आधार:
"पुराने मनुष्यत्व को उतार डालो... और नये हो जाओ..."
— इफिसियों 4:22–23 (BSI)

खतरे का स्तर:
निम्न — परिवर्तन।

तुरंत क्या करें:
धार्मिकता में चलते रहें।

भविष्यवाणी-संबंधी प्रार्थना:
"मेरा जीवन नया और परिवर्तित किया जाए, यीशु के नाम में।"

778. स्वप्न में अपने आप को किसी और को वस्त्र से ढँकते हुए देखना

अर्थ (बाइबिलीय समझ):
यह करुणा, दया, और दूसरों की सहायता करने का संकेत है।

बाइबिलीय आधार:
"मैं नंगा था, तुमने मुझे कपड़े पहनाए..."
— मत्ती 25:36 (BSI)

खतरे का स्तर:
निम्न — आशीष।

तुरंत क्या करें:
दयालुता के कार्य करते रहें।

भविष्यवाणी-संबंधी प्रार्थना:
"मैं दूसरों के लिए आशीष बनूँ, यीशु के नाम में।"

779. स्वप्न में अपने आप को वस्त्र उतारते हुए देखना

अर्थ (बाइबिलीय समझ):
यह पुरानी पहचान को छोड़ने या खुल जाने का संकेत है।

बाइबिलीय आधार:
"हर एक बोझ को उतारकर..."
— इब्रानियों 12:1 (BSI)

खतरे का स्तर:
मध्यम — परिवर्तन का समय।

तुरंत क्या करें:
परखें कि क्या हटाने की आवश्यकता है।

भविष्यवाणी-संबंधी प्रार्थना:
"मेरे जीवन से हर नकारात्मक पहचान हट जाए, यीशु के नाम में।"

780. स्वप्न में अपने आप को राजसी वस्त्र पहने हुए देखना

अर्थ (बाइबिलीय समझ):
यह राजत्व, अधिकार, और दिव्य आदर का संकेत है।

बाइबिलीय आधार:
"उसने हमें राजा और याजक बनाया…"
— प्रकाशितवाक्य 1:6 (BSI)

खतरे का स्तर:
निम्न — अधिकार।

तुरंत क्या करें:
जिम्मेदारी और नम्रता में चलें।

भविष्यवाणी-संबंधी प्रार्थना:
"मैं दिव्य अधिकार और आदर में चलता हूँ, यीशु के नाम में।"

781. स्वप्न में अपने आप को अपने कपड़े धोते हुए देखना

अर्थ (बाइबिलीय समझ):
यह शुद्धि, पश्चाताप, और पवित्र किए जाने का संकेत है।

बाइबिलीय आधार:
"मुझे धो, तो मैं हिम से भी अधिक उजला हो जाऊँगा।"
— भजन संहिता 51:7 (BSI)

खतरे का स्तर:
निम्न — शुद्धि।

तुरंत क्या करें:
पश्चाताप और पवित्रता में बने रहें।

भविष्यवाणी-संबंधी प्रार्थना:
"मेरा जीवन शुद्ध और पवित्र किया जाए, यीशु के नाम में।"

782. स्वप्न में अपने कपड़ों को चोरी होते देखना

अर्थ (बाइबिलीय समझ):
यह पहचान, आदर, या आत्मिक आवरण की हानि का संकेत है।

बाइबिलीय आधार:
"चोर केवल चोरी करने... आता है..."
— यूहन्ना 10:10 (BSI)

खतरे का स्तर:
उच्च — आक्रमण।

तुरंत क्या करें:
बहाली और सुरक्षा के लिये प्रार्थना करें।

भविष्यवाणी-संबंधी प्रार्थना:
"चोरी हुई हर महिमा मुझे वापस मिले, यीशु के नाम में।"

783. स्वप्न में अपने आप को कपड़े उधार लेते हुए देखना

अर्थ (बाइबिलीय समझ):
यह निर्भरता या मौलिक पहचान की कमी का संकेत है।

बाइबिलीय आधार:
"उधार लेने वाला उधार देने वाले का दास होता है।"
— नीतिवचन 22:7 (BSI)

खतरे का स्तर:
मध्यम — चेतावनी।

तुरंत क्या करें:
अपनी पहचान और सामर्थ को विकसित करें।

भविष्यवाणी-संबंधी प्रार्थना:
"मैं अपनी दिव्य पहचान में चलता हूँ, यीशु के नाम में।"

784. स्वप्न में अपने आप को किसी को कपड़े देते हुए देखना

अर्थ (बाइबिलीय समझ):
यह उदारता, दया, और आशीष का माध्यम होने का संकेत है।

बाइबिलीय आधार:
"दो, तो तुम्हें भी दिया जाएगा..."
— लूका 6:38 (BSI)

खतरे का स्तर:
निम्न — आशीष।

तुरंत क्या करें:
दूसरों की सहायता करते रहें।

भविष्यवाणी-संबंधी प्रार्थना:
"मैं आशीष का माध्यम बनूँ, यीशु के नाम में।"

785. स्वप्न में अपने आप को काले वस्त्र पहने हुए देखना

अर्थ (बाइबिलीय समझ):
यह शोक, भारीपन, या आत्मिक दबाव का संकेत हो सकता है।

बाइबिलीय आधार:
“भारी मन के बदले यश का ओढ़ना...”
— यशायाह 61:3 (BSI)

खतरे का स्तर:
मध्यम से उच्च — भारीपन।

तुरंत क्या करें:
भारीपन और दबाव के विरुद्ध प्रार्थना करें।

भविष्यवाणी-संबंधी प्रार्थना:
“मेरे जीवन का हर भारीपन उठा लिया जाए, यीशु के नाम में।”

786. स्वप्न में अपने आप को लाल वस्त्र पहने हुए देखना

अर्थ (बाइबिलीय समझ):
यह तीव्र भावनाओं, खतरे, या आत्मिक सतर्कता का संकेत हो सकता है।

बाइबिलीय आधार:
“संयमी और जागते रहो...”
— 1 पतरस 5:8 (BSI)

खतरे का स्तर:
मध्यम — सतर्कता।

तुरंत क्या करें:
आत्मिक रूप से सतर्क बने रहें।

भविष्यवाणी-संबंधी प्रार्थना:
"मैं जागरूक और सुरक्षित बना रहूँ, यीशु के नाम में।"

787. स्वप्न में अपने आप को सुनहरे वस्त्र पहने हुए देखना

अर्थ (बाइबिलीय समझ):
यह आदर, धन, महिमा, और दिव्य अनुग्रह का संकेत है।

बाइबिलीय आधार:
"राजा की बेटी भीतर ही भीतर अति शोभायमान है..."
— भजन संहिता 45:13 (BSI)

खतरे का स्तर:
निम्न — महिमा।

तुरंत क्या करें:
उन्नति के लिये तैयार रहें।

भविष्यवाणी-संबंधी प्रार्थना:
"मैं दिव्य आदर और महिमा में चलता हूँ, यीशु के नाम में।"

788. स्वप्न में अपने आप को बहुत पुराने कपड़े पहने हुए देखना

अर्थ (बाइबिलीय समझ):
यह ठहराव, पुरानी सोच, या प्रगति की कमी का संकेत है।

बाइबिलीय आधार:
"पहिली बातों को स्मरण न करो... देखो, मैं नई बात कर रहा हूँ..."
— यशायाह 43:18–19 (BSI)

खतरे का स्तर:
मध्यम — ठहराव।

तुरंत क्या करें:
परिवर्तन और नवीनीकरण को अपनाएँ।

भविष्यवाणी-संबंधी प्रार्थना:
"मेरे जीवन का हर पुराना ढाँचा टूट जाए, यीशु के नाम में।"

789. स्वप्न में अपने आप को पुराने कपड़ों से नए कपड़ों में बदलते हुए देखना

अर्थ (बाइबिलीय समझ):
यह परिवर्तन, नया होना, और नए समय में प्रवेश का संकेत है।

बाइबिलीय आधार:
"नए मनुष्य को पहिन लो..."
— कुलुस्सियों 3:10 (BSI)

खतरे का स्तर:
निम्न — परिवर्तन।

तुरंत क्या करें:
साहस के साथ नए समय में कदम रखें।

भविष्यवाणी-संबंधी प्रार्थनाः
"मैं अपने नए महिमा के समय में प्रवेश करता हूँ, यीशु के नाम में।"

790. स्वप्न में अपने आप को किसी विशेष अवसर के लिये तैयार वस्त्रों में देखना

अर्थ (बाइबिलीय समझ):
यह उत्सव, उन्नति, या किसी दिव्य appointment के लिए तैयारी का संकेत है।

बाइबिलीय आधारः
"तैयार रहो, क्योंकि मनुष्य का पुत्र ऐसे समय आएगा..."
— मत्ती 24:44 (BSI)

खतरे का स्तरः
निम्न — तैयारी।

तुरंत क्या करें:
तैयार और सजग बने रहें।

भविष्यवाणी-संबंधी प्रार्थनाः
"मैं हर दिव्य अवसर के लिए तैयार रहूँ, यीशु के नाम में।"

791. स्वप्न में अपने आप को गन्दे जूते पहने हुए देखना

अर्थ (बाइबिलीय समझ):
यह गलत मार्ग पर चलने, गलतियों, या आपकी यात्रा में आत्मिक अशुद्धता का संकेत है।

बाइबिलीय आधार:
"अपने पाँव के लिये सीधे मार्ग बनाओ..."
— इब्रानियों 12:13 (BSI)

खतरे का स्तर:
मध्यम — चेतावनी।

तुरंत क्या करें:
अपने मार्ग की जाँच करें और उसे सुधारें।

भविष्यवाणी-संबंधी प्रार्थना:
"मेरे कदम धार्मिकता में नियत हों, यीशु के नाम में।"

792. स्वप्न में अपने जूते उतरते हुए देखना

अर्थ (बाइबिलीय समझ):
यह नम्रता, समर्पण, या किसी पवित्र स्थान में प्रवेश का संकेत है।

बाइबिलीय आधार:
"अपने पाँवों से जूती उतार दे, क्योंकि वह स्थान... पवित्र भूमि है।"
— निर्गमन 3:5 (BSI)

खतरे का स्तर:
निम्न — आत्मिक सामना / पवित्र अनुभव।

तुरंत क्या करें:
श्रद्धा के साथ परमेश्वर के निकट आएँ।

भविष्यवाणी-संबंधी प्रार्थना:
"मैं परमेश्वर के सामने नम्रता में चलता हूँ, यीशु के नाम में।"

793. स्वप्न में अपने आप को नंगे पाँव चलते हुए देखना

अर्थ (बाइबिलीय समझ):
यह असुरक्षा, नम्रता, या तैयारी की कमी का संकेत है।

बाइबिलीय आधार:
"शान्ति के सुसमाचार की तैयारी के जूते पहिन लो।"
— इफिसियों 6:15 (BSI)

खतरे का स्तर:
मध्यम — खुलापन / असुरक्षा।

तुरंत क्या करें:
अपने आप को आत्मिक रूप से तैयार करें।

भविष्यवाणी-संबंधी प्रार्थना:
"मैं पूरी रीति से तैयार और सुरक्षित हूँ, यीशु के नाम में।"

794. स्वप्न में नए जूते प्राप्त करना

अर्थ (बाइबिलीय समझ):
यह नई यात्रा, नई दिशा, या नई जिम्मेदारी का संकेत है।

बाइबिलीय आधार:
"क्या ही सुहावने हैं उनके पाँव जो सुसमाचार सुनाते हैं..."
— रोमियों 10:15 (BSI)

खतरे का स्तर:
निम्न — नई दिशा।

तुरंत क्या करें:
आत्मविश्वास के साथ आगे बढ़ें।

भविष्यवाणी-संबंधी प्रार्थना:
"मैं अपने नए समय में साहस के साथ आगे बढ़ता हूँ, यीशु के नाम में।"

795. स्वप्न में अपने जूते चोरी होते देखना

अर्थ (बाइबिलीय समझ):
यह दिशा, उद्देश्य, या आत्मिक स्थिरता की हानि का संकेत है।

बाइबिलीय आधार:
"चोर केवल चोरी करने..."
— यूहन्ना 10:10 (BSI)

खतरे का स्तर:
उच्च – चेतावनी।

तुरंत क्या करें:
दिशा की बहाली के लिए प्रार्थना करें।

भविष्यवाणी-संबंधी प्रार्थना:
"मेरी दिशा और उद्देश्य बहाल किए जाएँ, यीशु के नाम में।"

796. स्वप्न में अपने आप को तंग या असुविधाजनक जूते पहने हुए देखना

अर्थ (बाइबिलीय समझ):
यह वर्तमान मार्ग में असुविधा या गलत स्थिति का संकेत है।

बाइबिलीय आधार:
"मेरा जूआ सहज और मेरा बोझ हल्का है।"
— मत्ती 11:30 (BSI)

खतरे का स्तर:
मध्यम — alignment की कमी।

तुरंत क्या करें:
परमेश्वर की इच्छा के अनुसार alignment खोजें।

भविष्यवाणी-संबंधी प्रार्थना:
"मैं सहजता और दिव्य alignment में चलता हूँ, यीशु के नाम में।"

797. स्वप्न में अपने आप को जूते पहनकर दौड़ते हुए देखना

अर्थ (बाइबिलीय समझ):
यह गति, प्रगति, और आगे बढ़ने का संकेत है।

बाइबिलीय आधार:
"वे दौड़ेंगे और थकेंगे नहीं…"
— यशायाह 40:31 (BSI)

खतरे का स्तर:
निम्न — प्रगति।

तुरंत क्या करें:
आगे बढ़ते रहें।

भविष्यवाणी-संबंधी प्रार्थना:
"मैं अपनी दौड़ सामर्थ और गति के साथ पूरी करूँ, यीशु के नाम में।"

798. स्वप्न में अपने आप को ठीक से चलने में असमर्थ देखना

अर्थ (बाइबिलीय समझ):
यह रुकावट, विलम्ब, या यात्रा में कमजोरी का संकेत है।

बाइबिलीय आधार:
"शिथिल हाथों को और निर्बल घुटनों को बलवन्त करो... और अपने पाँव के लिये सीधे मार्ग बनाओ..."
— इब्रानियों 12:12–13 (BSI)

खतरे का स्तर:
उच्च — सीमा।

तुरंत क्या करें:
शक्ति और स्थिरता के लिये प्रार्थना करें।

भविष्यवाणी-संबंधी प्रार्थना:
"मेरे जीवन की हर रुकावट हट जाए, यीशु के नाम में।"

799. स्वप्न में अपने आप को आत्मविश्वास से चलते हुए देखना

अर्थ (बाइबिलीय समझ):
यह आश्वासन, विश्वास, और दिशा की स्पष्टता का संकेत है।

बाइबिलीय आधार:
"धर्मी विश्वास से जीवित रहेगा।"
— रोमियों 1:17 (BSI)

खतरे का स्तर:
निम्न — आत्मविश्वास।

तुरंत क्या करें:
विश्वास में चलते रहें।

भविष्यवाणी-संबंधी प्रार्थना:
"मैं परमेश्वर की योजना में आत्मविश्वास के साथ चलता हूँ, यीशु के नाम में।"

800. स्वप्न में अपने आप को स्पष्ट मार्ग पर चलते हुए देखना

अर्थ (बाइबिलीय समझ):
यह स्पष्टता, दिव्य दिशा, और सीधे मार्ग का संकेत है।

बाइबिलीय आधार:
"वह तेरे मार्ग सीधे करेगा।"
— नीतिवचन 3:6 (BSI)

खतरे का स्तर:
निम्न — दिव्य दिशा।

तुरंत क्या करें:
परमेश्वर की इच्छा के अनुसार बने रहें।

भविष्यवाणी-संबंधी प्रार्थना:
"मेरा मार्ग स्पष्ट है और परमेश्वर द्वारा निर्देशित है, यीशु के नाम में।"

O

801. स्वप्न में मरा हुआ उल्लू देखना

अर्थ (बाइबिलीय समझ):
यह दर्शाता है कि आपके जीवन के विरुद्ध काम करने वाली निगरानी करने वाली शक्तियाँ या बुरी एजेंसियाँ नष्ट कर दी गई हैं।

बाइबिलीय आधार:
"फन्दा टूट गया, और हम बच निकले।"
— भजन संहिता 124:7 (BSI)

खतरे का स्तर:
निम्न – विजय।

तुरंत क्या करें:
धन्यवाद करें और आत्मिक रूप से जागरूक बने रहें।

भविष्यवाणी-संबंधी प्रार्थना:
"मेरे जीवन की निगरानी करने वाली हर शक्ति नष्ट हो जाए, यीशु के नाम में।"

802. स्वप्न में उल्लू देखना

अर्थ (बाइबिलीय समझ):
यह आत्मिक निगरानी, छिपे हुए शत्रुओं, या आपके चारों ओर काम कर रहे अंधकार का संकेत है।

बाइबिलीय आधार:
"क्योंकि हमारा मल्लयुद्ध लोहू और मांस से नहीं..."
— इफिसियों 6:12 (BSI)

खतरे का स्तर:
उच्च — आत्मिक चेतावनी।

तुरंत क्या करें:
सुरक्षा और विवेक के लिये प्रार्थना करें।

भविष्यवाणी-संबंधी प्रार्थना:
"मेरे जीवन की निगरानी करने वाला हर दुष्ट दूत प्रकट हो और नष्ट हो जाए, यीशु के नाम में।"

803. स्वप्न में उल्लू को मारना

अर्थ (बाइबिलीय समझ):
यह टोना-टोटका, छिपे हुए शत्रुओं, और आत्मिक आक्रमणों पर विजय का संकेत है।

बाइबिलीय आधार:
"तेरे विरुद्ध बनाया हुआ कोई हथियार सफल न होगा..."
— यशायाह 54:17 (BSI)

खतरे का स्तर:
निम्न — विजय।

तुरंत क्या करें:
अपने आत्मिक अधिकार में बने रहें।

भविष्यवाणी-संबंधी प्रार्थना:
"अंधकार की हर शक्ति मेरे जीवन में पराजित हो, यीशु के नाम में।"

804. स्वप्न में संतरा छीलना

अर्थ (बाइबिलीय समझ):
यह दर्शाता है कि आशीषें प्रकट होने के लिए तैयार हैं और आपकी पहुँच में हैं।

बाइबिलीय आधार:
"यदि तुम प्रसन्नता से मेरी मानो, तो इस देश की उत्तम उपज खाओगे।"
— यशायाह 1:19 (BSI)

खतरे का स्तर:
निम्न — आशीष।

तुरंत क्या करें:
अपने आप को ग्रहण करने के लिए तैयार रखें।

भविष्यवाणी-संबंधी प्रार्थना:
"मेरी आशीषें शीघ्र प्रकट हों, यीशु के नाम में।"

805. स्वप्न में संतरा देखना

अर्थ (बाइबिलीय समझ):
यह सफलता, शांति, और breakthrough के बाद संतुष्टि का संकेत है।

बाइबिलीय आधार:
"यहोवा अपनी प्रजा को सामर्थ देगा; यहोवा अपनी प्रजा को शांति का

आशीर्वाद देगा।"
— भजन संहिता 29:11 (BSI)

खतरे का स्तर:
निम्न — शांति।

तुरंत क्या करें:
कृतज्ञ और स्थिर बने रहें।

भविष्यवाणी-संबंधी प्रार्थना:
"मेरे जीवन में शांति और सफलता भर जाए, यीशु के नाम में।"

806. किसी वृद्ध पुरुष से लाठी प्राप्त करना

अर्थ (बाइबिलीय समझ):
यह अधिकार, नेतृत्व, और दिव्य सामर्थ का संकेत है।

बाइबिलीय आधार:
"तेरी लाठी और तेरी सोंटी से मुझे शान्ति मिलती है।"
— भजन संहिता 23:4 (BSI)

खतरे का स्तर:
निम्न — अधिकार।

तुरंत क्या करें:
नेतृत्व के लिए तैयार रहें।

भविष्यवाणी-संबंधी प्रार्थना:
"मैं दिव्य अधिकार और उत्कृष्टता में चलूँ, यीशु के नाम में।"

807. स्वप्न में अच्छे प्याज़ देखना

अर्थ (बाइबिलीय समझ):
यह आत्मिक वृद्धि, फलवन्तता, और बढ़ोतरी का संकेत है।

बाइबिलीय आधार:
"वह उस वृक्ष के समान होगा जो बहते जल के किनारे लगाया गया हो..."
— भजन संहिता 1:3 (BSI)

खतरे का स्तर:
निम्न — वृद्धि।

तुरंत क्या करें:
आत्मिक रूप से बढ़ते रहें।

भविष्यवाणी-संबंधी प्रार्थना:
"मेरा जीवन फलवन्तता और सामर्थ में बढ़े, यीशु के नाम में।"

808. स्वप्न में भिन्डी का सूप खाना

अर्थ (बाइबिलीय समझ):
यह सुस्ती, विलम्ब, या धीमी प्रगति का संकेत है।

बाइबिलीय आधार:
"आओ, हम धीरज से उस दौड़ में दौड़ें जो हमारे सामने रखी हुई है।"
— इब्रानियों 12:1 (BSI)

खतरे का स्तर:
मध्यम — विलम्ब।

तुरंत क्या करें:
गति और प्रगति के लिए प्रार्थना करें।

भविष्यवाणी-संबंधी प्रार्थना:
"विलम्ब की हर आत्मा टूट जाए, यीशु के नाम में।"

809. स्वप्न में भिन्डी तोड़ना

अर्थ (बाइबिलीय समझ):
यह आय या प्रगति में धीमी वृद्धि या ठहराव का संकेत है।

बाइबिलीय आधार:
"परिश्रमी का हाथ धनवान बनाता है।"
— नीतिवचन 10:4 (BSI)

खतरे का स्तर:
मध्यम — ठहराव।

तुरंत क्या करें:
तेज़ी के लिए प्रार्थना करें।

भविष्यवाणी-संबंधी प्रार्थना:
"मेरी प्रगति आग के समान तेज हो जाए, यीशु के नाम में।"

810. समुद्र में विवाह होना

अर्थ (बाइबिलीय समझ):
यह आत्मिक बन्धन, विशेषकर अधार्मिक वाचाओं के कारण होने वाले बन्धन का संकेत है।

बाइबिलीय आधार:
"स्थिर रहो... और फिर से दासत्व के जूए में न फँसो।"
— गलातियों 5:1 (BSI)

खतरे का स्तर:
उच्च — गंभीर आत्मिक बन्धन।

तुरंत क्या करें:
छुटकारे के लिये प्रार्थना करें और हर बुरी वाचा को तोड़ें।

भविष्यवाणी-संबंधी प्रार्थना:
"मेरे जीवन की हर बुरी वाचा टूट जाए, यीशु के नाम में।"

821. स्वप्न में अपने आप को खुले मैदान में खड़ा देखना

अर्थ (बाइबिलीय समझ):
यह स्वतंत्रता, विस्तार, और नए अवसरों का संकेत है।

बाइबिलीय आधार:
"तू दाहिने और बाएँ ओर फैल जाएगी..."
— यशायाह 54:3 (BSI)

खतरे का स्तर:
निम्न — विस्तार।

तुरंत क्या करें:
आगे बढ़ें और नए अवसरों को ग्रहण करें।

भविष्यवाणी-संबंधी प्रार्थना:
"मेरा जीवन हर दिशा में फैल जाए, यीशु के नाम में।"

822. स्वप्न में अपने आप को खुले दरवाज़ों से घिरा हुआ देखना

अर्थ (बाइबिलीय समझ):
यह अनेक अवसरों और दिव्य अनुग्रह का संकेत है।

बाइबिलीय आधार:
"देख, मैं ने तेरे सामने एक खुला हुआ द्वार रखा है, और कोई उसे बन्द नहीं कर सकता।"
— प्रकाशितवाक्य 3:8 (BSI)

खतरे का स्तर:
निम्न — अनुग्रह।

तुरंत क्या करें:
विवेक से परखें और बुद्धि से चुनें।

भविष्यवाणी-संबंधी प्रार्थना:
"आशीष के हर खुले द्वार मेरे जीवन में प्रकट हों, यीशु के नाम में।"

823. स्वप्न में अपने आप को किसी दरवाज़े पर दस्तक देते हुए देखना

अर्थ (बाइबिलीय समझ):
यह अवसरों, उत्तरों, या breakthrough को खोजने का संकेत है।

बाइबिलीय आधार:
"खटखटाओ, तो तुम्हारे लिये खोला जाएगा।"
— मत्ती 7:7 (BSI)

खतरे का स्तर:
निम्न – खोज।

तुरंत क्या करें:
प्रार्थना और प्रयास में लगे रहें।

भविष्यवाणी-संबंधी प्रार्थना:
"जिस हर द्वार पर मैं दस्तक दूँ, वह मेरे लिये खुल जाए, यीशु के नाम में।"

824. स्वप्न में दरवाज़ा अपने आप खुलते देखना

अर्थ (बाइबिलीय समझ):
यह दिव्य हस्तक्षेप और बिना प्रयास के breakthrough का संकेत है।

बाइबिलीय आधार:
"फाटक अपने आप उनके लिये खुल गया..."
— प्रेरितों के काम 12:10 (BSI)

खतरे का स्तर:
निम्न – चमत्कार।

तुरंत क्या करें:
विश्वास के साथ अवसर को ग्रहण करें।

भविष्यवाणी-संबंधी प्रार्थना:
"मेरे लिये अलौकिक द्वार खुलें, यीशु के नाम में।"

825. स्वप्न में अचानक बन्द होता हुआ दरवाज़ा देखना

अर्थ (बाइबिलीय समझ):
यह विलम्ब, अस्वीकार, या गलत रास्तों से बचाने के लिये रोक का संकेत है।

बाइबिलीय आधार:
"वह बन्द करता है, और कोई नहीं खोलता..."
— प्रकाशितवाक्य 3:7 (BSI)

खतरे का स्तर:
मध्यम — चेतावनी।

तुरंत क्या करें:
परमेश्वर की दिशा खोजें।

भविष्यवाणी-संबंधी प्रार्थना:
"हर गलत द्वार बन्द हो जाए, और सही द्वार खुलें, यीशु के नाम में।"

826. स्वप्न में अपने आप को एक नए द्वार से होकर जाते देखना

अर्थ (बाइबिलीय समझ):
यह जीवन के एक नए समय या नए चरण में प्रवेश करने का संकेत है।

बाइबिलीय आधार:
"देख, मैं सब कुछ नया कर देता हूँ।"
— प्रकाशितवाक्य 21:5 (BSI)

खतरे का स्तर:
निम्न — परिवर्तन।

तुरंत क्या करें:
नए समय को स्वीकार करें।

भविष्यवाणी-संबंधी प्रार्थना:
"मैं अपने नए समय में साहस के साथ प्रवेश करता हूँ, यीशु के नाम में।"

827. स्वप्न में अपने आप को किसी द्वार के बाहर बन्द पाया जाना

अर्थ (बाइबिलीय समझ):
यह चूके हुए अवसरों या विलम्ब का संकेत है।

बाइबिलीय आधार:
"द्वार बन्द हो गया।"
— मत्ती 25:10 (BSI)

खतरे का स्तर:
उच्च — चेतावनी।

तुरंत क्या करें:
अवसरों की बहाली के लिए प्रार्थना करें।

भविष्यवाणी-संबंधी प्रार्थना:
"हर छूटा हुआ अवसर मुझे वापस मिले, यीशु के नाम में।"

828. स्वप्न में अपने हाथ में चाबी लेकर द्वार खोलना

अर्थ (बाइबिलीय समझ):
यह अधिकार, प्रवेश, और breakthrough का संकेत है।

बाइबिलीय आधार:
"मैं तुझे स्वर्ग के राज्य की कुंजियाँ दूँगा..."
— मत्ती 16:19 (BSI)

खतरे का स्तरः

निम्न – अधिकार।

तुरंत क्या करें:

अपने अधिकार का उपयोग बुद्धि से करें।

भविष्यवाणी-संबंधी प्रार्थनाः

"मैं breakthrough के हर द्वार को खोलता हूँ, यीशु के नाम में।"

829. स्वप्न में अपने आप को एक सुन्दर स्थान में प्रवेश करते हुए देखना

अर्थ (बाइबिलीय समझ):

यह अनुग्रह, आशीषों, और महिमा के नए स्तर का संकेत है।

बाइबिलीय आधारः

"वह मुझे निकालकर एक खुले स्थान में ले आया..."

— भजन संहिता 18:19 (BSI)

खतरे का स्तरः

निम्न – आशीष।

तुरंत क्या करें:

कृतज्ञ और विश्वासयोग्य बने रहें।

भविष्यवाणी-संबंधी प्रार्थनाः

"मैं महिमा और अनुग्रह के स्थानों में प्रवेश करता हूँ, यीशु के नाम में।"

830. स्वप्न में अपने आप को बहुत से मार्गों के सामने खड़ा देखना

अर्थ (बाइबिलीय समझ):
यह जीवन में निर्णय, चुनाव, और दिशा का संकेत है।

बाइबिलीय आधार:
"मैं ने जीवन और मृत्यु... तेरे सामने रखे हैं... इसलिये जीवन को चुन..."
— व्यवस्थाविवरण 30:19 (BSI)

खतरे का स्तर:
मध्यम — निर्णय का समय।

तुरंत क्या करें:
चुनने से पहले परमेश्वर की अगुवाई खोजें।

भविष्यवाणी-संबंधी प्रार्थना:
"मैं दिव्य मार्गदर्शन से सही मार्ग को चुनता हूँ, यीशु के नाम में।"

831. स्वप्न में अपने आप को अँधेरे द्वार से होकर जाते देखना

अर्थ (बाइबिलीय समझ):
यह अनिश्चितता, भ्रम, या किसी जोखिम भरे समय में प्रवेश का संकेत है।

बाइबिलीय आधार:
"तेरा वचन मेरे पाँव के लिये दीपक और मेरे मार्ग के लिये उजियाला है।"
— भजन संहिता 119:105 (BSI)

खतरे का स्तर:
उच्च — चेतावनी।

तुरंत क्या करें:
आगे बढ़ने से पहले परमेश्वर की दिशा खोजें।

भविष्यवाणी-संबंधी प्रार्थना:
"मेरा हर कदम दिव्य प्रकाश से निर्देशित हो, यीशु के नाम में।"

832. स्वप्न में अपने आप को किसी द्वार में प्रवेश करने से इनकार करते देखना

अर्थ (बाइबिलीय समझ):
यह हिचकिचाहट, भय, या चूके हुए अवसर का संकेत है।

बाइबिलीय आधार:
"परमेश्वर ने हमें भय की आत्मा नहीं दी..."
— 2 तीमुथियुस 1:7 (BSI)

खतरे का स्तर:
मध्यम — विलम्ब।

तुरंत क्या करें:
भय पर विजय पाएँ और विश्वास से आगे बढ़ें।

भविष्यवाणी-संबंधी प्रार्थना:
"मैं भय पर विजय पाकर अपनी नियति में प्रवेश करता हूँ, यीशु के नाम में।"

833. स्वप्न में अपने आप को किसी और के लिये द्वार खोलते हुए देखना

अर्थ (बाइबिलीय समझ):
यह सहायक, destiny connector, या दूसरों के लिये आशीष बनने का संकेत है।

बाइबिलीय आधार:
"एक दूसरे के भार उठाओ..."
— गलातियों 6:2 (BSI)

खतरे का स्तर:
निम्न — सेवा।

तुरंत क्या करें:
दूसरों की सहायता करते रहें।

भविष्यवाणी-संबंधी प्रार्थना:
"मैं दूसरों के लिये दिव्य सहायक बनूँ, यीशु के नाम में।"

834. स्वप्न में अपने आप को बन्द कमरे में प्रवेश करते हुए देखना

अर्थ (बाइबिलीय समझ):
यह छिपी हुई बातों, भेदों, या आत्मिक रहस्यों का संकेत है।

बाइबिलीय आधार:
"वह गूढ़ और गुप्त बातें प्रगट करता है..."
— दानिय्येल 2:22 (BSI)

खतरे का स्तर:
मध्यम — विवेक की आवश्यकता है।

तुरंत क्या करें:
समझ और बुद्धि के लिये प्रार्थना करें।

भविष्यवाणी-संबंधी प्रार्थना:
"दिव्य रहस्य मुझ पर प्रकट किए जाएँ, यीशु के नाम में।"

835. स्वप्न में अपने आप को जोर लगाकर द्वार तोड़कर खोलते हुए देखना

अर्थ (बाइबिलीय समझ):
यह बलपूर्वक breakthrough और विरोध को पार करने का संकेत है।

बाइबिलीय आधार:
"स्वर्ग का राज्य बलपूर्वक लिया जाता है..."
— मत्ती 11:12 (BSI)

खतरे का स्तर:
मध्यम — आत्मिक युद्ध।

तुरंत क्या करें:
प्रार्थना और विश्वास में लगे रहें।

भविष्यवाणी-संबंधी प्रार्थना:
"मेरे जीवन का हर विरोध टूट जाए, यीशु के नाम में।"

836. स्वप्न में अपने आप को कमरे के भीतर फँसा हुआ देखना

अर्थ (बाइबिलीय समझ):
यह सीमा, बन्धन, या कैद का संकेत है।

बाइबिलीय आधार:
"वह उन्हें अन्धकार और मृत्यु की छाया में से निकाल लाया... और उनके बन्धनों को तोड़ दिया।"
— भजन संहिता 107:14 (BSI)

खतरे का स्तर:
उच्च — बन्धन।

तुरंत क्या करें:
छुटकारे के लिये प्रार्थना करें।

भविष्यवाणी-संबंधी प्रार्थना:
"मेरे जीवन की हर सीमा टूट जाए, यीशु के नाम में।"

837. स्वप्न में अपने आप को किसी बन्द स्थान से निकलते हुए देखना

अर्थ (बाइबिलीय समझ):
यह छुटकारे, स्वतंत्रता, और दिव्य हस्तक्षेप का संकेत है।

बाइबिलीय आधार:
"प्रभु जानता है कि भक्तों को परीक्षा से कैसे छुड़ाना है..."
— 2 पतरस 2:9 (BSI)

खतरे का स्तर:
निम्न — विजय।

तुरंत क्या करें:
छुटकारे के लिए परमेश्वर का धन्यवाद करें।

भविष्यवाणी-संबंधी प्रार्थना:
"मैं पूर्ण स्वतंत्रता और विजय में चलता हूँ, यीशु के नाम में।"

838. स्वप्न में अपने आप को महल में प्रवेश करते हुए देखना

अर्थ (बाइबिलीय समझ):
यह उन्नति, आदर, और राजसी अनुग्रह का संकेत है।

बाइबिलीय आधार:
“वह दीन को धूल में से उठाता है... और प्रधानों के संग बैठाता है।”
— भजन संहिता 113:7–8 (BSI)

खतरे का स्तर:
निम्न — पदोन्नति।

तुरंत क्या करें:
ऊँचे उठाए जाने के लिये तैयार रहें।

भविष्यवाणी-संबंधी प्रार्थना:
“मैं आदर के स्थानों पर उठाया जाऊँ, यीशु के नाम में।”

839. स्वप्न में अपने आप को छोटे या अँधेरे कमरे में प्रवेश करते हुए देखना

अर्थ (बाइबिलीय समझ):
यह सीमा, संकुचन, या क्षमता के घट जाने का संकेत है।

बाइबिलीय आधार:
“तू ने मेरे पाँव खुले स्थान में खड़े किए हैं।”
— भजन संहिता 31:8 (BSI)

खतरे का स्तर:
मध्यम — सीमा।

तुरंत क्या करें:
विस्तार के लिए प्रार्थना करें।

भविष्यवाणी-संबंधी प्रार्थना:
"मेरा जीवन हर सीमा से आगे फैल जाए, यीशु के नाम में।"

840. स्वप्न में अपने आप को प्रकाश से भरे उज्ज्वल कमरे में प्रवेश करते हुए देखना

अर्थ (बाइबिलीय समझ):
यह प्रकाशन, स्पष्टता, और परमेश्वर की उपस्थिति का संकेत है।

बाइबिलीय आधार:
"तेरे प्रकाश से हम प्रकाश पाते हैं।"
— भजन संहिता 36:9 (BSI)

खतरे का स्तर:
निम्न — दिव्य साक्षात्कार।

तुरंत क्या करें:
परमेश्वर की उपस्थिति से जुड़े रहें।

भविष्यवाणी-संबंधी प्रार्थना:
"मैं दिव्य प्रकाश और प्रकाशन में चलता हूँ, यीशु के नाम में।"

841. स्वप्न में अपने आप को treasure chest खोलते हुए देखना

अर्थ (बाइबिलीय समझ):
यह छिपी हुई आशीषों, वरदानों, और दिव्य प्रावधान की खोज का संकेत है।

बाइबिलीय आधार:
"मैं तुझे अन्धकार के भण्डार दूँगा..."
— यशायाह 45:3 (BSI)

खतरे का स्तर:
निम्न — आशीष।

तुरंत क्या करें:
अपने वरदानों का बुद्धि से उपयोग करें।

भविष्यवाणी-संबंधी प्रार्थना:
"मेरे छिपे हुए खज़ाने प्रकट हों, यीशु के नाम में।"

842. स्वप्न में अपने आप को खज़ाना खोते हुए देखना

अर्थ (बाइबिलीय समझ):
यह अवसरों, वरदानों, या उद्देश्य की उपेक्षा के कारण हुई हानि का संकेत है।

बाइबिलीय आधार:
"अपने उस वरदान को जो तुझ में है तुच्छ न जान..."
— 1 तीमुथियुस 4:14 (BSI)

खतरे का स्तर:
उच्च — चेतावनी।

तुरंत क्या करें:
अपने वरदानों को फिर से पहचानें और उन्हें मूल्य दें।

भविष्यवाणी-संबंधी प्रार्थना:
"हर खोया हुआ अवसर मुझे लौटाया जाए, यीशु के नाम में।"

843. स्वप्न में अपने आप को किसी मूल्यवान वस्तु की रक्षा करते हुए देखना

अर्थ (बाइबिलीय समझ):
यह आपके जीवन की किसी महत्वपूर्ण वस्तु या विषय के प्रति जिम्मेदारी का संकेत है।

बाइबिलीय आधार:
"जो कुछ तेरे भरोसे रखा गया है उसकी रक्षा कर..."
— 1 तीमुथियुस 6:20 (BSI)

खतरे का स्तर:
निम्न — जिम्मेदारी।

तुरंत क्या करें:
सतर्क और विश्वासयोग्य बने रहें।

भविष्यवाणी-संबंधी प्रार्थना:
"मैं अपनी नियति की रक्षा और संरक्षण करूँ, यीशु के नाम में।"

844. स्वप्न में अपने आप को किसी महत्वपूर्ण वस्तु के साथ भरोसा किए जाते देखना

अर्थ (बाइबिलीय समझ):
यह उन्नति, विश्वास, और नई जिम्मेदारी का संकेत है।

बाइबिलीय आधार:
"जो थोड़े में विश्वासयोग्य है, वह बहुत में भी विश्वासयोग्य है..."
— लूका 16:10 (BSI)

खतरे का स्तर:
निम्न — पदोन्नति।

तुरंत क्या करें:
विश्वासयोग्य बने रहें।

भविष्यवाणी-संबंधी प्रार्थना:
"मुझ पर और बड़ी जिम्मेदारियाँ सौंपी जाएँ, यीशु के नाम में।"

845. स्वप्न में अपने आप को परखा या जाँचा जाता हुआ देखना

अर्थ (बाइबिलीय समझ):
यह परीक्षा, तैयारी, या मूल्यांकन के समय का संकेत है।

बाइबिलीय आधार:
"तुम्हारे विश्वास के जाँचे जाने से धीरज उत्पन्न होता है।"
— याकूब 1:3 (BSI)

खतरे का स्तर:
मध्यम — परीक्षा।

तुरंत क्या करें:
धैर्यवान और विश्वासयोग्य बने रहें।

भविष्यवाणी-संबंधी प्रार्थना:
"मैं जीवन की हर परीक्षा में उत्तीर्ण होऊँ, यीशु के नाम में।"

846. स्वप्न में अपने आप को परीक्षा में उत्तीर्ण होते देखना

अर्थ (बाइबिलीय समझ):
यह सफलता, पदोन्नति, और अगले स्तर के लिए तैयार होने का संकेत है।

बाइबिलीय आधार:
"शाबाश, हे अच्छे और विश्वासयोग्य दास..."
— मत्ती 25:21 (BSI)

खतरे का स्तर:
निम्न — सफलता।

तुरंत क्या करें:
उन्नति के लिए तैयार रहें।

भविष्यवाणी-संबंधी प्रार्थना:
"मैं सफलता के ऊँचे स्तरों पर पहुँचूँ, यीशु के नाम में।"

847. स्वप्न में अपने आप को परीक्षा में असफल होते देखना

अर्थ (बाइबिलीय समझ):
यह तैयारी की कमी या बढ़ने की आवश्यकता का संकेत है।

बाइबिलीय आधार:
"अपने आप को जाँचो कि तुम विश्वास में हो या नहीं..."
— 2 कुरिन्थियों 13:5 (BSI)

खतरे का स्तर:
मध्यम — सुधार।

तुरंत क्या करें:
सीखें, बढ़ें, और फिर से प्रयास करें।

भविष्यवाणी-संबंधी प्रार्थना:
"मैं असफलता पर विजय पाकर फिर उठूँ, यीशु के नाम में।"

848. स्वप्न में अपने आप को परिणाम की प्रतीक्षा करते देखना

अर्थ (बाइबिलीय समझ):
यह प्रतीक्षा और आशा के समय का संकेत है।

बाइबिलीय आधार:
"जो यहोवा की बाट जोहते हैं वे नया बल प्राप्त करते जाते हैं..."
— यशायाह 40:31 (BSI)

खतरे का स्तर:
निम्न — प्रतीक्षा।

तुरंत क्या करें:
धैर्य रखें और परमेश्वर पर भरोसा करें।

भविष्यवाणी-संबंधी प्रार्थना:
"मेरी प्रतीक्षा गवाही में बदल जाए, यीशु के नाम में।"

849. स्वप्न में अपने आप को अच्छा परिणाम प्राप्त करते देखना

अर्थ (बाइबिलीय समझ):
यह प्रतिफल, अनुग्रह, और अच्छे परिणामों का संकेत है।

बाइबिलीय आधार:
"यदि तुम हियाव न छोड़ो तो उचित समय पर कटनी काटोगे।"
— गलातियों 6:9 (BSI)

खतरे का स्तर:
निम्न — आशीष।

तुरंत क्या करें:
परमेश्वर का धन्यवाद करें।

भविष्यवाणी-संबंधी प्रार्थना:
"मेरे जीवन में अच्छे परिणाम प्रकट हों, यीशु के नाम में।"

850. स्वप्न में अपने आप को बुरा परिणाम प्राप्त करते देखना

अर्थ (बाइबिलीय समझ):
यह चेतावनी, सुधार, या परिवर्तन की आवश्यकता का संकेत है।

बाइबिलीय आधार:
"जिनसे मैं प्रेम रखता हूँ, उन सब को उलाहना देता और ताड़ना करता हूँ..."
— प्रकाशितवाक्य 3:19 (BSI)

खतरे का स्तर:
मध्यम — सुधार।

तुरंत क्या करें:
आवश्यक परिवर्तन करें।

भविष्यवाणी-संबंधी प्रार्थना:
"मैं सुधारा जाऊँ और सफलता में फिर से स्थापित होऊँ, यीशु के नाम में।"

851. स्वप्न में अपने आप को किसी अधिकारी से निर्देश प्राप्त करते देखना

अर्थ (बाइबिलीय समझ):
यह अगले समय के लिए परमेश्वर की ओर से दिशा और निर्देश का संकेत है।

बाइबिलीय आधार:
"मैं तुझे बुद्धि दूँगा और जिस मार्ग में तुझे चलना होगा उसमें तेरी अगुवाई करूँगा।"
— भजन संहिता 32:8 (BSI)

खतरे का स्तर:
निम्न — मार्गदर्शन।

तुरंत क्या करें:
दिव्य निर्देशों पर ध्यान दें और उन्हें अनदेखा न करें।

प्रार्थना संबंधी कार्यवाही (उपवास + भजन):
1 दिन उपवास करें और भजन 25 और भजन 32 के साथ प्रार्थना करें।

भविष्यवाणी-संबंधी प्रार्थना:
"प्रभु, मेरे कदमों की अगुवाई करें और मेरे मार्ग को सीधा करें, यीशु के नाम में।"

852. स्वप्न में अपने आप को निर्देशों की अनदेखी करते देखना

अर्थ (बाइबिलीय समझ):
यह अवज्ञा का संकेत है, जो विलम्ब या हानि का कारण बन सकती है।

बाइबिलीय आधार:
"आज्ञा मानना बलिदान से बढ़कर है..."
— 1 शमूएल 15:22 (BSI)

खतरे का स्तर:
उच्च — चेतावनी।

तुरंत क्या करें:
पश्चाताप करें और अपने आप को परमेश्वर की इच्छा के अनुसार सीधा करें।

प्रार्थना संबंधी कार्यवाही (उपवास + भजन):
1 दिन उपवास करें और भजन 51 और भजन 119 के साथ प्रार्थना करें।

भविष्यवाणी-संबंधी प्रार्थना:
"मैं आज्ञाकारिता की आत्मा को ग्रहण करता हूँ, यीशु के नाम में।"

853. स्वप्न में अपने आप को कुछ महत्वपूर्ण लिखते हुए देखना

अर्थ (बाइबिलीय समझ):
यह नियति के लिखे जाने, उद्देश्य, और दिव्य नियुक्ति का संकेत है।

बाइबिलीय आधार:
"दर्शन को लिख और पटियों पर साफ-साफ लिख..."
— हबक्कूक 2:2 (BSI)

खतरे का स्तर:
निम्न — उद्देश्य।

तुरंत क्या करें:
अपने बुलावे को गंभीरता से लें।

प्रार्थना संबंधी कार्यवाही (उपवास + भजन):
भजन 90 और भजन 138 के साथ प्रार्थना करें।

भविष्यवाणी-संबंधी प्रार्थना:
"मेरी नियति स्थापित हो और पूरी हो, यीशु के नाम में।"

854. स्वप्न में अपने आप को लिखने में असमर्थ देखना

अर्थ (बाइबिलीय समझ):
यह भ्रम, विलम्ब, या उद्देश्य में रुकावट का संकेत है।

बाइबिलीय आधार:
"परमेश्वर गड़बड़ी का नहीं, परन्तु शान्ति का कर्ता है..."
— 1 कुरिन्थियों 14:33 (BSI)

खतरे का स्तर:
मध्यम — सीमा।

तुरंत क्या करें:
स्पष्टता और बुद्धि के लिए प्रार्थना करें।

प्रार्थना संबंधी कार्यवाही (उपवास + भजन):
उपवास करें और भजन 119 और भजन 25 के साथ प्रार्थना करें।

भविष्यवाणी-संबंधी प्रार्थना:
"मेरे जीवन का हर भ्रम दूर हो जाए, यीशु के नाम में।"

855. स्वप्न में अपने आप को किसी दस्तावेज़ पर हस्ताक्षर करते देखना

अर्थ (बाइबिलीय समझ):
यह वाचा, सहमति, या जीवन के महत्वपूर्ण निर्णयों का संकेत है।

बाइबिलीय आधार:
"क्या दो जन जब तक परस्पर मिलकर न चलें, साथ चल सकते हैं?"
— आमोस 3:3 (BSI)

खतरे का स्तर:
मध्यम — सावधानी।

तुरंत क्या करें:
निर्णयों और समझौतों के विषय में सावधान रहें।

प्रार्थना संबंधी कार्यवाही (उपवास + भजन):
भजन 24 और भजन 121 के साथ प्रार्थना करें।

भविष्यवाणी-संबंधी प्रार्थना:
"मैं अपने जीवन की हर बुरी सहमति को अस्वीकार करता हूँ, यीशु के नाम में।"

856. स्वप्न में अपने आप को पुस्तक पढ़ते देखना

अर्थ (बाइबिलीय समझ):
यह बुद्धि, ज्ञान, और आत्मिक बढ़ोतरी का संकेत है।

बाइबिलीय आधार:
"मेरी प्रजा ज्ञान के अभाव से नाश हो गई है..."
— होशे 4:6 (BSI)

खतरे का स्तर:
निम्न — वृद्धि।

तुरंत क्या करें:
ज्ञान और समझ का पीछा करें।

प्रार्थना संबंधी कार्यवाही (उपवास + भजन):
भजन 1 और भजन 19 के साथ प्रार्थना करें।

भविष्यवाणी-संबंधी प्रार्थना:
"मैं बुद्धि और ज्ञान में बढ़ूँ, यीशु के नाम में।"

857. स्वप्न में अपने आप को पढ़ने में असमर्थ देखना

अर्थ (बाइबिलीय समझ):
यह आत्मिक अंधेपन या समझ की कमी का संकेत है।

बाइबिलीय आधार:
"ताकि तुम्हारे मन की आँखें ज्योतिमय हो जाएँ..."
— इफिसियों 1:18 (BSI)

खतरे का स्तर:
उच्च — आत्मिक सीमा।

तुरंत क्या करें:
आत्मिक ज्योति के लिए प्रार्थना करें।

प्रार्थना संबंधी कार्यवाही (उपवास + भजन):
उपवास करें और भजन 119 और भजन 27 के साथ प्रार्थना करें।

भविष्यवाणी-संबंधी प्रार्थना:
"मेरी आत्मिक आँखें खोली जाएँ, यीशु के नाम में।"

858. स्वप्न में अपने आप को दूसरों को सिखाते देखना

अर्थ (बाइबिलीय समझ):
यह नेतृत्व, प्रभाव, और बुलाहट का संकेत है।

बाइबिलीय आधार:
"इसलिये तुम जाकर सब जातियों के लोगों को चेला बनाओ..."
— मत्ती 28:19 (BSI)

खतरे का स्तर:
निम्न — बुलाहट।

तुरंत क्या करें:
नेतृत्व के लिए अपने आप को तैयार करें।

प्रार्थना संबंधी कार्यवाही (उपवास + भजन):
भजन 78 और भजन 71 के साथ प्रार्थना करें।

भविष्यवाणी-संबंधी प्रार्थना:
"मैं अपनी बुलाहट और नियुक्ति में चलता हूँ, यीशु के नाम में।"

859. स्वप्न में अपने आप को प्रचार करते देखना

अर्थ (बाइबिलीय समझ):
यह दिव्य नियुक्ति और आत्मिक अधिकार का संकेत है।

बाइबिलीय आधार:
"वचन का प्रचार कर..."
— 2 तीमुथियुस 4:2 (BSI)

खतरे का स्तर:
निम्न — बुलाहट।

तुरंत क्या करें:
परमेश्वर के कार्य में विश्वासयोग्य बने रहें।

प्रार्थना संबंधी कार्यवाही (उपवास + भजन):
उपवास करें और भजन 40 और भजन 51 के साथ प्रार्थना करें।

भविष्यवाणी-संबंधी प्रार्थना:
"मेरी आवाज़ राष्ट्रों को प्रभावित करे, यीशु के नाम में।"

860. स्वप्न में लोगों को अपनी बात सुनते हुए देखना

अर्थ (बाइबिलीय समझ):
यह प्रभाव, आदर, और नेतृत्व का संकेत है।

बाइबिलीय आधार:
"बुद्धिमान सुनेगा और अपनी विद्या बढ़ाएगा..."
— नीतिवचन 1:5 (BSI)

खतरे का स्तर:
निम्न — प्रभाव।

तुरंत क्या करें:
अपने प्रभाव का बुद्धि से उपयोग करें।

प्रार्थना संबंधी कार्यवाही (उपवास + भजन):
भजन 72 और भजन 75 के साथ प्रार्थना करें।

भविष्यवाणी-संबंधी प्रार्थना:
"मैं परमेश्वर की महिमा के लिए जीवनों को प्रभावित करूँ, यीशु के नाम में।"

861. स्वप्न में अपने आप को पत्र प्राप्त करते देखना

अर्थ (बाइबिलीय समझ):
यह किसी संदेश, निर्देश, या समाचार का संकेत है जो आपके जीवन को प्रभावित करेगा।

बाइबिलीय आधार:
"मुझ से पुकारकर कह, मैं तुझे उत्तर दूँगा, और बड़ी-बड़ी और कठिन बातें बताऊँगा..."
— यिर्मयाह 33:3 (BSI)

खतरे का स्तर:
मध्यम — विषय-वस्तु पर निर्भर करता है।

तुरंत क्या करें:
उस संदेश को आत्मिक रूप से परखें।

प्रार्थना संबंधी कार्यवाही (उपवास + भजन):
1 दिन उपवास करें और भजन 25 और भजन 19 के साथ प्रार्थना करें।

भविष्यवाणी-संबंधी प्रार्थना:
"मेरे जीवन से सम्बन्धित हर संदेश शुभ समाचार लाए, यीशु के नाम में।"

862. स्वप्न में अपने आप को बुरी खबर प्राप्त करते देखना

अर्थ (बाइबिलीय समझ):
यह भय, चिन्ता, या आपकी शान्ति पर आक्रमण का संकेत है।

बाइबिलीय आधार:
"उसे बुरी खबर से डर न लगेगा..."
— भजन संहिता 112:7 (BSI)

खतरे का स्तर:
उच्च — चेतावनी।

तुरंत क्या करें:
तुरंत भय को अस्वीकार करें।

प्रार्थना संबंधी कार्यवाही (उपवास + भजन):
उपवास करें और भजन 91 और भजन 112 के साथ प्रार्थना करें।

भविष्यवाणी-संबंधी प्रार्थना:
"मैं हर बुरी खबर को अस्वीकार करता हूँ, यीशु के नाम में।"

863. स्वप्न में अपने आप को शुभ समाचार प्राप्त करते देखना

अर्थ (बाइबिलीय समझ):
यह breakthrough, अनुग्रह, और उत्तरित प्रार्थनाओं का संकेत है।

बाइबिलीय आधार:
"कैसे सुहावने हैं उनके पाँव... जो शुभ समाचार सुनाता है..."
— यशायाह 52:7 (BSI)

खतरे का स्तर:
निम्न — आशीष।

तुरंत क्या करें:
परमेश्वर का धन्यवाद करें।

प्रार्थना संबंधी कार्यवाही (उपवास + भजन):
भजन 126 और भजन 20 के साथ प्रार्थना करें।

भविष्यवाणी-संबंधी प्रार्थना:
"हर दिशा से शुभ समाचार मुझे प्राप्त हों, यीशु के नाम में।"

864. स्वप्न में अपने आप को किसी समाचार की प्रतीक्षा करते देखना

अर्थ (बाइबिलीय समझ):
यह प्रतीक्षा और आशा के समय का संकेत है।

बाइबिलीय आधार:
"जो यहोवा की बाट जोहते हैं वे नया बल प्राप्त करते जाते हैं..."
— यशायाह 40:31 (BSI)

खतरे का स्तर:
निम्न — प्रतीक्षा का समय।

तुरंत क्या करें:
धैर्यवान और विश्वासयोग्य बने रहें।

प्रार्थना संबंधी कार्यवाही (उपवास + भजन):
भजन 27 और भजन 130 के साथ प्रार्थना करें।

भविष्यवाणी-संबंधी प्रार्थना:
"मेरी प्रतीक्षा का समय गवाही में बदल जाए, यीशु के नाम में।"

865. स्वप्न में अपने आप को ज़ोर-ज़ोर से रोते हुए देखना

अर्थ (बाइबिलीय समझ):
यह भावनात्मक बोझ, संकट, या आत्मिक दबाव का संकेत है।

बाइबिलीय आधार:
"रोना तो रातभर रहता है, परन्तु प्रातःकाल आनन्द पहुँचता है।"
— भजन संहिता 30:5 (BSI)

खतरे का स्तर:
मध्यम — संकट।

तुरंत क्या करें:
प्रार्थना में परमेश्वर को पुकारें।

प्रार्थना संबंधी कार्यवाही (उपवास + भजन):
उपवास करें और भजन 30 और भजन 34 के साथ प्रार्थना करें।

भविष्यवाणी-संबंधी प्रार्थना:
"मेरा शोक आनन्द में बदल जाए, यीशु के नाम में।"

866. स्वप्न में अपने आप को आनन्द से हँसते हुए देखना

अर्थ (बाइबिलीय समझ):
यह आनन्द, breakthrough, और दिव्य उत्सव का संकेत है।

बाइबिलीय आधार:
"तब हमारे मुँह में हँसी और हमारी जीभ में जयजयकार भर गई..."
— भजन संहिता 126:2 (BSI)

खतरे का स्तर:
निम्न — आनन्द।

तुरंत क्या करें:
उत्सव मनाएँ और कृतज्ञ बने रहें।

प्रार्थना संबंधी कार्यवाही (उपवास + भजन):
भजन 126 और भजन 118 के साथ प्रार्थना करें।

भविष्यवाणी-संबंधी प्रार्थना:
"मेरा जीवन आनन्द और उत्सव से भर जाए, यीशु के नाम में।"

867. स्वप्न में अपने आप को गिरते हुए देखना

अर्थ (बाइबिलीय समझ):
यह असफलता, setback, या आक्रमण का संकेत है।

बाइबिलीय आधार:
"धर्मी चाहे सात बार गिरे, तौभी उठ खड़ा होता है..."
— नीतिवचन 24:16 (BSI)

खतरे का स्तर:
उच्च — चेतावनी।

तुरंत क्या करें:
आत्मिक रूप से उठें और setbacks के विरुद्ध प्रार्थना करें।

प्रार्थना संबंधी कार्यवाही (उपवास + भजन):
उपवास करें और भजन 37 और भजन 121 के साथ प्रार्थना करें।

भविष्यवाणी-संबंधी प्रार्थना:
"मैं अपने जीवन की हर गिरावट से ऊपर उठूँ, यीशु के नाम में।"

868. स्वप्न में अपने आप को गिरने के बाद उठते हुए देखना

अर्थ (बाइबिलीय समझ):
यह बहाली, सामर्थ, और विजय का संकेत है।

बाइबिलीय आधार:
"हे मेरी शत्रु, मेरे कारण आनन्दित न हो; यद्यपि मैं गिर पड़ा हूँ, तौभी उठूँगा..."
— मीका 7:8 (BSI)

खतरे का स्तर:
निम्न — विजय।

तुरंत क्या करें:
मजबूत खड़े रहें और आगे बढ़ते रहें।

प्रार्थना संबंधी कार्यवाही (उपवास + भजन):
भजन 40 और भजन 27 के साथ प्रार्थना करें।

भविष्यवाणी-संबंधी प्रार्थना:
"मैं अपनी महिमा के स्थान में फिर से उठूँ, यीशु के नाम में।"

869. स्वप्न में अपने आप को बिना दिशा के दौड़ते हुए देखना

अर्थ (बाइबिलीय समझ):
यह भ्रम, उद्देश्य की कमी, या गलत alignment का संकेत है।

बाइबिलीय आधार:
"ऐसी रीति से दौड़ो कि तुम प्राप्त करो।"
— 1 कुरिन्थियों 9:24 (BSI)

खतरे का स्तर:
मध्यम — भ्रम।

तुरंत क्या करें:
दिशा और स्पष्टता खोजें।

प्रार्थना संबंधी कार्यवाही (उपवास + भजन):
उपवास करें और भजन 25 और भजन 32 के साथ प्रार्थना करें।

भविष्यवाणी-संबंधी प्रार्थना:
"मेरी दिशा स्पष्ट और स्थापित हो, यीशु के नाम में।"

870. स्वप्न में अपने आप को किसी लक्ष्य की ओर दौड़ते हुए देखना

अर्थ (बाइबिलीय समझ):
यह एकाग्रता, उद्देश्य, और प्रगति का संकेत है।

बाइबिलीय आधार:
"मैं लक्ष्य की ओर दौड़ा चला जाता हूँ..."
— फिलिप्पियों 3:14 (BSI)

खतरे का स्तर:
निम्न — प्रगति।

तुरंत क्या करें:
एकाग्र और अनुशासित बने रहें।

प्रार्थना संबंधी कार्यवाही (उपवास + भजन):
भजन 20 और भजन 90 के साथ प्रार्थना करें।

भविष्यवाणी-संबंधी प्रार्थना:
"मैं अपने दिव्य लक्ष्यों को सफलतापूर्वक प्राप्त करूँ, यीशु के नाम में।"

871. स्वप्न में अपने आप को पीछा किए जाते हुए देखना

अर्थ (बाइबिलीय समझ):
यह भय, दबाव, या आपकी नियति का पीछा करने वाले आत्मिक आक्रमण का संकेत है।

बाइबिलीय आधार:
"यहोवा मेरा प्रकाश और मेरा उद्धार है; मुझे किसका भय होगा?"
— भजन संहिता 27:1 (BSI)

खतरे का स्तर:
उच्च — आक्रमण।

तुरंत क्या करें:
अपने अधिकार में खड़े हों और भय को अस्वीकार करें।

प्रार्थना संबंधी कार्यवाही (उपवास + भजन):
1 से 3 दिन उपवास करें और भजन 27 और भजन 91 के साथ प्रार्थना करें।

भविष्यवाणी-संबंधी प्रार्थना:
"मेरे जीवन का पीछा करने वाली हर शक्ति नष्ट हो जाए, यीशु के नाम में।"

872. स्वप्न में अपने आप को पीछा करने वालों से बच निकलते देखना

अर्थ (बाइबिलीय समझ):
यह दिव्य छुटकारे और खतरे से बच निकलने का संकेत है।

बाइबिलीय आधार:
"हमारा प्राण वैसे ही बच निकला जैसे चिड़िया बहेलिये के फन्दे से..."
— भजन संहिता 124:7 (BSI)

खतरे का स्तर:
निम्न — विजय।

तुरंत क्या करें:
धन्यवाद करें और जागरूक बने रहें।

प्रार्थना संबंधी कार्यवाही (उपवास + भजन):
भजन 124 और भजन 18 के साथ प्रार्थना करें।

भविष्यवाणी-संबंधी प्रार्थना:
"मैं शत्रु के हर फन्दे से बच निकलूँ, यीशु के नाम में।"

873. स्वप्न में अपने आप को लड़ते हुए देखना

अर्थ (बाइबिलीय समझ):
यह आत्मिक युद्ध और विरोध का सामना करने का संकेत है।

बाइबिलीय आधार:
"विश्वास की अच्छी कुश्ती लड़..."
— 1 तीमुथियुस 6:12 (BSI)

खतरे का स्तर:
उच्च — आत्मिक युद्ध।

तुरंत क्या करें:
आत्मिक युद्ध की प्रार्थनाओं में लगें।

प्रार्थना संबंधी कार्यवाही (उपवास + भजन):
उपवास करें और भजन 35 और भजन 109 के साथ प्रार्थना करें।

भविष्यवाणी-संबंधी प्रार्थना:
"मैं अपने जीवन की हर लड़ाई में जीतूँ, यीशु के नाम में।"

874. स्वप्न में अपने आप को लड़ाई जीतते हुए देखना

अर्थ (बाइबिलीय समझ):
यह शत्रुओं और चुनौतियों पर विजय का संकेत है।

बाइबिलीय आधार:
"तुम्हारा परमेश्वर यहोवा... तुम्हारे लिये लड़ेगा..."
— व्यवस्थाविवरण 20:4 (BSI)

खतरे का स्तर:
निम्न — विजय।

तुरंत क्या करें:
अपने आत्मिक जीवन को और मजबूत करें।

प्रार्थना संबंधी कार्यवाही (उपवास + भजन):
भजन 18 और भजन 60 के साथ प्रार्थना करें।

भविष्यवाणी-संबंधी प्रार्थना:
"मैं हर लड़ाई में विजयी हूँ, यीशु के नाम में।"

875. स्वप्न में अपने आप को लड़ाई हारते हुए देखना

अर्थ (बाइबिलीय समझ):
यह कमजोरी, हार, या आत्मिक शक्ति की कमी का संकेत है।

बाइबिलीय आधार:
"प्रभु में और उसकी शक्ति के प्रभाव में बलवन्त बनो।"
— इफिसियों 6:10 (BSI)

खतरे का स्तर:
उच्च — चेतावनी।

तुरंत क्या करें:
प्रार्थना और उपवास के द्वारा आत्मिक शक्ति बढ़ाएँ।

प्रार्थना संबंधी कार्यवाही (उपवास + भजन):
3 दिन उपवास करें और भजन 46 और भजन 144 के साथ प्रार्थना करें।

भविष्यवाणी-संबंधी प्रार्थनाः
"मैं अपनी शक्ति फिर प्राप्त करूँ और हर हार पर विजय पाऊँ, यीशु के नाम में।"

876. स्वप्न में अपने आप को छिपते हुए देखना

अर्थ (बाइबिलीय समझ):
यह भय, असुरक्षा, या जिम्मेदारी से बचने का संकेत है।

बाइबिलीय आधारः
"धर्मी सिंह के समान निडर होता है।"
— नीतिवचन 28:1 (BSI)

खतरे का स्तरः
मध्यम — भय।

तुरंत क्या करें:
साहस के साथ बाहर आएँ।

प्रार्थना संबंधी कार्यवाही (उपवास + भजन):
भजन 27 और भजन 56 के साथ प्रार्थना करें।

भविष्यवाणी-संबंधी प्रार्थनाः
"मैं साहस और निडरता में चलूँ, यीशु के नाम में।"

877. स्वप्न में अपने आप को किसी के द्वारा छिपाया जाता हुआ देखना

अर्थ (बाइबिलीय समझ):
यह दिव्य सुरक्षा और आच्छादन का संकेत है।

बाइबिलीय आधार:

"वह संकट के दिन मुझे अपने मण्डप में छिपा रखेगा..."

— भजन संहिता 27:5 (BSI)

खतरे का स्तर:

निम्न — सुरक्षा।

तुरंत क्या करें:

परमेश्वर की छाया में बने रहें।

प्रार्थना संबंधी कार्यवाही (उपवास + भजन):

भजन 27 और भजन 121 के साथ प्रार्थना करें।

भविष्यवाणी-संबंधी प्रार्थना:

"मैं परमेश्वर के द्वारा छिपाया और सुरक्षित रखा गया हूँ, यीशु के नाम में।"

878. स्वप्न में अपने आप को चिल्लाते या सहायता के लिये पुकारते हुए देखना

अर्थ (बाइबिलीय समझ):

यह संकट और दिव्य हस्तक्षेप की आवश्यकता का संकेत है।

बाइबिलीय आधार:

"मैं ने अपने संकट में यहोवा को पुकारा..."

— भजन संहिता 18:6 (BSI)

खतरे का स्तर:

मध्यम — संकट।

तुरंत क्या करें:
तत्काल परमेश्वर को पुकारें।

प्रार्थना संबंधी कार्यवाही (उपवास + भजन):
भजन 18 और भजन 34 के साथ प्रार्थना करें।

भविष्यवाणी-संबंधी प्रार्थना:
"मेरी ज़रूरत के समय परमेश्वर मुझे उत्तर देता है, यीशु के नाम में।"

879. स्वप्न में अपने आप को बचाया जाता हुआ देखना

अर्थ (बाइबिलीय समझ):
यह दिव्य हस्तक्षेप और छुटकारे का संकेत है।

बाइबिलीय आधार:
"उसने मुझे मेरे प्रबल शत्रु से छुड़ाया..."
— भजन संहिता 18:17 (BSI)

खतरे का स्तर:
निम्न — छुटकारा।

तुरंत क्या करें:
धन्यवाद करें और विश्वासयोग्य बने रहें।

प्रार्थना संबंधी कार्यवाही (उपवास + भजन):
भजन 18 और भजन 124 के साथ प्रार्थना करें।

भविष्यवाणी-संबंधी प्रार्थना:
"मैं हर खतरे से छुड़ाया गया हूँ, यीशु के नाम में।"

880. स्वप्न में अपने आप को खतरे के बाद सुरक्षित देखना

अर्थ (बाइबिलीय समझ):
यह बचाव, सुरक्षा, और हानि पर विजय का संकेत है।

बाइबिलीय आधार:
"यहोवा तुझे सब विपत्ति से बचाए रखेगा..."
— भजन संहिता 121:7 (BSI)

खतरे का स्तर:
निम्न — संरक्षण।

तुरंत क्या करें:
परमेश्वर की उपस्थिति में बने रहें।

प्रार्थना संबंधी कार्यवाही (उपवास + भजन):
भजन 121 और भजन 91 के साथ प्रार्थना करें।

भविष्यवाणी-संबंधी प्रार्थना:
"मैं सदा सुरक्षित और संरक्षित रहूँ, यीशु के नाम में।"

881. स्वप्न में अपने आप को अन्धकार में चलते हुए देखना

अर्थ (बाइबिलीय समझ):
यह भ्रम, आत्मिक अन्धापन, या दिशा की कमी का संकेत है।

बाइबिलीय आधार:
"जो मेरे पीछे हो लेगा वह अन्धकार में न चलेगा..."
— यूहन्ना 8:12 (BSI)

खतरे का स्तर:
उच्च — चेतावनी।

तुरंत क्या करें:
तुरंत परमेश्वर के प्रकाश और दिशा को खोजें।

प्रार्थना संबंधी कार्यवाही (उपवास + भजन):
1 से 3 दिन उपवास करें और भजन 27 और भजन 119 के साथ प्रार्थना करें।

भविष्यवाणी-संबंधी प्रार्थना:
"मेरे जीवन का हर अन्धकार दिव्य प्रकाश से दूर हो जाए, यीशु के नाम में।"

882. स्वप्न में अपने आप को अन्धकार से प्रकाश में आते हुए देखना

अर्थ (बाइबिलीय समझ):
यह छुटकारे, प्रकाशन, और नई शुरुआत का संकेत है।

बाइबिलीय आधार:
"उसने तुम्हें अन्धकार में से अपनी अद्भुत ज्योति में बुलाया..."
— 1 पतरस 2:9 (BSI)

खतरे का स्तर:
निम्न — breakthrough।

तुरंत क्या करें:
आज्ञाकारिता और प्रकाश में चलें।

प्रार्थना संबंधी कार्यवाही (उपवास + भजन):
भजन 18 और भजन 40 के साथ प्रार्थना करें।

भविष्यवाणी-संबंधी प्रार्थना:
"मैं दिव्य प्रकाश और प्रकाशन में चलता हूँ, यीशु के नाम में।"

883. स्वप्न में अपने आप को अन्धकार में खोया हुआ देखना

अर्थ (बाइबिलीय समझ):
यह भ्रम, दिशा की कमी, और आत्मिक टूटन का संकेत है।

बाइबिलीय आधार:
"यहोवा तुझे नित्य लिये चलेगा..."
— यशायाह 58:11 (BSI)

खतरे का स्तर:
उच्च — गंभीर चेतावनी।

तुरंत क्या करें:
प्रार्थना के द्वारा फिर से परमेश्वर से जुड़ें।

प्रार्थना संबंधी कार्यवाही (उपवास + भजन):
उपवास करें और भजन 25 और भजन 32 के साथ प्रार्थना करें।

भविष्यवाणी-संबंधी प्रार्थना:
"मेरा मार्ग फिर से स्थापित और निर्देशित हो, यीशु के नाम में।"

884. स्वप्न में अन्धकार में प्रकाश प्रकट होते देखना

अर्थ (बाइबिलीय समझ):
यह आशा, दिव्य हस्तक्षेप, और मार्गदर्शन का संकेत है।

बाइबिलीय आधार:
"जो लोग अन्धकार में चल रहे थे उन्होंने बड़ी ज्योति देखी..."
— यशायाह 9:2 (BSI)

खतरे का स्तर:
निम्न — आशा।

तुरंत क्या करें:
उस प्रकाश की दिशा का अनुसरण करें।

प्रार्थना संबंधी कार्यवाही (उपवास + भजन):
भजन 36 और भजन 27 के साथ प्रार्थना करें।

भविष्यवाणी-संबंधी प्रार्थना:
"दिव्य प्रकाश मेरे जीवन का मार्गदर्शन करे, यीशु के नाम में।"

885. स्वप्न में अपने हाथ में अन्धकार में प्रकाश पकड़े हुए देखना

अर्थ (बाइबिलीय समझ):
यह नेतृत्व, मार्गदर्शन, और आत्मिक अधिकार का संकेत है।

बाइबिलीय आधार:
"तुम जगत की ज्योति हो..."
— मत्ती 5:14 (BSI)

खतरे का स्तर:
निम्न — अधिकार।

तुरंत क्या करें:
चमकें और दूसरों की अगुवाई करें।

प्रार्थना संबंधी कार्यवाही (उपवास + भजन):
भजन 119 और भजन 60 के साथ प्रार्थना करें।

भविष्यवाणी-संबंधी प्रार्थना:
"मैं अन्धकार में ज्योति के समान चमकूँ, यीशु के नाम में।"

886. स्वप्न में अपनी ज्योति को अचानक बुझते हुए देखना

अर्थ (बाइबिलीय समझ):
यह आत्मिक आक्रमण, दिशा की हानि, या गिरावट का संकेत है।

बाइबिलीय आधार:
"तुम्हारा प्रकाश मनुष्यों के सामने ऐसा चमके..."
— मत्ती 5:16 (BSI)

खतरे का स्तर:
उच्च — खतरा।

तुरंत क्या करें:
आत्मिक आग की बहाली के लिये प्रार्थना करें।

प्रार्थना संबंधी कार्यवाही (उपवास + भजन):
उपवास करें और भजन 18 और भजन 51 के साथ प्रार्थना करें।

भविष्यवाणी-संबंधी प्रार्थना:
"मेरी ज्योति कभी न बुझे, यीशु के नाम में।"

887. स्वप्न में अपने आप को दीपक जलाते हुए देखना

अर्थ (बाइबिलीय समझ):
यह जागृति, नवीकरण, और नई आत्मिक आग का संकेत है।

बाइबिलीय आधार:
"मनुष्य का आत्मा यहोवा का दीपक है..."
— नीतिवचन 20:27 (BSI)

खतरे का स्तर:
निम्न — जागृति।

तुरंत क्या करें:
अपने आत्मिक जीवन को फिर से प्रज्वलित करें।

प्रार्थना संबंधी कार्यवाही (उपवास + भजन):
भजन 84 और भजन 63 के साथ प्रार्थना करें।

भविष्यवाणी-संबंधी प्रार्थना:
"मेरी आत्मिक आग फिर से जीवित हो, यीशु के नाम में।"

888. स्वप्न में अपने आप को हवा से ज्योति की रक्षा करते हुए देखना

अर्थ (बाइबिलीय समझ):
यह आपके विश्वास और आत्मिक जीवन को आक्रमणों से बचाने का संकेत है।

बाइबिलीय आधार:

“जो तेरे पास है उसे दृढ़ पकड़े रह...”

— प्रकाशितवाक्य 3:11 (BSI)

खतरे का स्तर:

मध्यम — सतर्कता।

तुरंत क्या करें:

अपने आत्मिक जीवन की रक्षा करें।

प्रार्थना संबंधी कार्यवाही (उपवास + भजन):

भजन 121 और भजन 125 के साथ प्रार्थना करें।

भविष्यवाणी-संबंधी प्रार्थना:

“मेरा विश्वास दृढ़ और अटल बना रहे, यीशु के नाम में।”

889. स्वप्न में अपने चारों ओर बहुत-सी ज्योतियाँ चमकती देखना

अर्थ (बाइबिलीय समझ):

यह अनुग्रह, सहायता, और आपके चारों ओर परमेश्वर की उपस्थिति का संकेत है।

बाइबिलीय आधार:

“यहोवा तेरा सनातन प्रकाश होगा...”

— यशायाह 60:19 (BSI)

खतरे का स्तर:

निम्न — अनुग्रह।

तुरंत क्या करें:
कृतज्ञ रहें और परमेश्वर से जुड़े रहें।

प्रार्थना संबंधी कार्यवाही (उपवास + भजन):
भजन 67 और भजन 36 के साथ प्रार्थना करें।

भविष्यवाणी-संबंधी प्रार्थना:
"दिव्य अनुग्रह मेरे जीवन को चारों ओर से घेरे रहे, यीशु के नाम में।"

890. स्वप्न में अपने आप को प्रकाश में आत्मविश्वास के साथ चलते देखना

अर्थ (बाइबिलीय समझ):
यह स्पष्टता, आत्मविश्वास, और परमेश्वर की इच्छा के अनुसार चलने का संकेत है।

बाइबिलीय आधार:
"यदि हम ज्योति में चलें… तो हमारी सहभागिता…"
— 1 यूहन्ना 1:7 (BSI)

खतरे का स्तर:
निम्न — सही alignment।

तुरंत क्या करें:
धार्मिकता में चलते रहें।

प्रार्थना संबंधी कार्यवाही (उपवास + भजन):
भजन 119 और भजन 23 के साथ प्रार्थना करें।

भविष्यवाणी-संबंधी प्रार्थना:
"मैं दिव्य प्रकाश में विश्वास के साथ चलता हूँ, यीशु के नाम में।"

891. स्वप्न में अपने आप को ऊँचे स्थान पर खड़ा देखना

अर्थ (बाइबिलीय समझ):
यह उन्नति, पदोन्नति, और दूसरों से ऊपर स्थापित किए जाने का संकेत है।

बाइबिलीय आधार:
"वह मेरे पाँव हिरनियों के समान बनाता है, और मुझे मेरे ऊँचे स्थानों पर स्थिर करता है।"
— भजन संहिता 18:33 (BSI)

खतरे का स्तर:
निम्न — उन्नति।

तुरंत क्या करें:
नम्र बने रहें और जिम्मेदारी के लिये तैयार रहें।

प्रार्थना संबंधी कार्यवाही (उपवास + भजन):
भजन 18 और भजन 75 के साथ प्रार्थना करें।

भविष्यवाणी-संबंधी प्रार्थना:
"मैं अपने ऊँचे स्थानों पर उठाया जाऊँ, यीशु के नाम में।"

892. स्वप्न में अपने आप को ऊँचे स्थान से गिरते हुए देखना

अर्थ (बाइबिलीय समझ):
यह घमण्ड या सावधानी की कमी के कारण संभावित गिरावट का संकेत है।

बाइबिलीय आधार:
"विनाश से पहले गर्व होता है..."
— नीतिवचन 16:18 (BSI)

खतरे का स्तर:
उच्च — चेतावनी।

तुरंत क्या करें:
नम्रता और सावधानी में चलें।

प्रार्थना संबंधी कार्यवाही (उपवास + भजन):
उपवास करें और भजन 37 और भजन 51 के साथ प्रार्थना करें।

भविष्यवाणी-संबंधी प्रार्थना:
"मैं अपनी महिमा के स्थान से न गिरूँ, यीशु के नाम में।"

893. स्वप्न में अपने आप को किसी को उठाते हुए देखना

अर्थ (बाइबिलीय समझ):
यह सहायक, प्रोत्साहित करने वाला, और नियति को उठाने वाला बनने का संकेत है।

बाइबिलीय आधार:
"एक दूसरे के भार उठाओ..."
— गलातियों 6:2 (BSI)

खतरे का स्तर:
निम्न – आशीष।

तुरंत क्या करें:
दूसरों को उठाते रहें।

प्रार्थना संबंधी कार्यवाही (उपवास + भजन):
भजन 41 और भजन 112 के साथ प्रार्थना करें।

भविष्यवाणी-संबंधी प्रार्थना:
"मैं नियतियों को उठाने वाला सहायक बनूँ, यीशु के नाम में।"

894. स्वप्न में अपने आप को किसी के द्वारा उठाया जाता हुआ देखना

अर्थ (बाइबिलीय समझ):
यह दिव्य सहायता और destiny helpers के आपके जीवन में आने का संकेत है।

बाइबिलीय आधार:
"मैं पर्वतों की ओर अपनी आँखें उठाऊँगा... मेरी सहायता यहोवा की ओर से होती है..."
– भजन संहिता 121:1-2 (BSI)

खतरे का स्तर:
निम्न – सहायता।

तुरंत क्या करें:
दिव्य सहायकों को पहचानें और उनका सम्मान करें।

प्रार्थना संबंधी कार्यवाही (उपवास + भजन):
भजन 121 और भजन 20 के साथ प्रार्थना करें।

भविष्यवाणी-संबंधी प्रार्थना:
"मेरे सहायक शीघ्र मुझे ढूँढ़ लें, यीशु के नाम में।"

895. स्वप्न में अपने आप को लोगों के बीच आत्मविश्वास के साथ चलते देखना

अर्थ (बाइबिलीय समझ):
यह आदर, निडरता, और स्वीकृति का संकेत है।

बाइबिलीय आधार:
"धर्मी सिंह के समान निडर होता है।"
— नीतिवचन 28:1 (BSI)

खतरे का स्तर:
निम्न — आत्मविश्वास।

तुरंत क्या करें:
अपने बुलावे में साहसपूर्वक चलें।

प्रार्थना संबंधी कार्यवाही (उपवास + भजन):
भजन 27 और भजन 31 के साथ प्रार्थना करें।

भविष्यवाणी-संबंधी प्रार्थना:
"मैं जीवन में साहस और आत्मविश्वास के साथ चलूँ, यीशु के नाम में।"

896. स्वप्न में लोगों को आपको अस्वीकार करते देखना

अर्थ (बाइबिलीय समझ):
यह अस्वीकार का संकेत है, पर साथ ही परमेश्वर के द्वारा नए मार्ग की ओर मोड़े जाने का भी संकेत है।

बाइबिलीय आधार:
"जिस पत्थर को राजमिस्त्रियों ने निकम्मा ठहराया वही कोने का सिरा हो गया।"
— भजन संहिता 118:22 (BSI)

खतरे का स्तर:
मध्यम — अस्वीकार।

तुरंत क्या करें:
निराश न हों; परमेश्वर की योजना पर भरोसा करें।

प्रार्थना संबंधी कार्यवाही (उपवास + भजन):
उपवास करें और भजन 118 और भजन 40 के साथ प्रार्थना करें।

भविष्यवाणी-संबंधी प्रार्थना:
"हर अस्वीकार स्वीकृति में बदल जाए, यीशु के नाम में।"

897. स्वप्न में अपने आप को लोगों के द्वारा सम्मानित होते देखना

अर्थ (बाइबिलीय समझ):
यह पदोन्नति, पहचान, और अनुग्रह का संकेत है।

बाइबिलीय आधार:
"जो मेरा आदर करते हैं, मैं उनका आदर करूँगा..."
— 1 शमूएल 2:30 (BSI)

खतरे का स्तर:
निम्न — आदर।

तुरंत क्या करें:
नम्र और विश्वासयोग्य बने रहें।

प्रार्थना संबंधी कार्यवाही (उपवास + भजन):
भजन 75 और भजन 113 के साथ प्रार्थना करें।

भविष्यवाणी-संबंधी प्रार्थना:
"मैं परमेश्वर के द्वारा आदर और उन्नति पाऊँ, यीशु के नाम में।"

898. स्वप्न में अपने आप को बड़े लोगों के बीच बैठे हुए देखना

अर्थ (बाइबिलीय समझ):
यह प्रभाव और अधिकार के स्थानों में उठाए जाने का संकेत है।

बाइबिलीय आधार:
"वह उसको हाकिमों के संग बैठाता है..."
— भजन संहिता 113:8 (BSI)

खतरे का स्तर:
निम्न — उन्नति।

तुरंत क्या करें:
नेतृत्व के लिए तैयार रहें।

प्रार्थना संबंधी कार्यवाही (उपवास + भजन):
भजन 113 और भजन 72 के साथ प्रार्थना करें।

भविष्यवाणी-संबंधी प्रार्थना:
"मैं राजाओं और अगुओं के बीच बैठूँ, यीशु के नाम में।"

899. स्वप्न में अपने आप को सम्मान की सीट प्राप्त करते देखना

अर्थ (बाइबिलीय समझ):
यह दिव्य पदोन्नति और पहचान का संकेत है।

बाइबिलीय आधार:
"मित्र, ऊपर सरक आ..."
— लूका 14:10 (BSI)

खतरे का स्तर:
निम्न — पदोन्नति।

तुरंत क्या करें:
नम्र और तैयार बने रहें।

प्रार्थना संबंधी कार्यवाही (उपवास + भजन):
भजन 75 और भजन 23 के साथ प्रार्थना करें।

भविष्यवाणी-संबंधी प्रार्थना:
"मैं अपने आदर के स्थान पर उठाया जाऊँ, यीशु के नाम में।"

900. स्वप्न में अपने आप को लोगों के साथ उत्सव मनाते हुए देखना

अर्थ (बाइबिलीय समझ):
यह आनन्द, परिपूर्णता, और आशीषों के प्रकट होने का संकेत है।

बाइबिलीय आधार:

"तूने मेरा विलाप नृत्य में बदल दिया..."

— भजन संहिता 30:11 (BSI)

खतरे का स्तर:

निम्न — उत्सव।

तुरंत क्या करें:

धन्यवाद करें और आनन्दित हों।

प्रार्थना संबंधी कार्यवाही (उपवास + भजन):

भजन 30 और भजन 126 के साथ प्रार्थना करें।

भविष्यवाणी-संबंधी प्रार्थना:

"मेरा जीवन आनन्द और उत्सव से भर जाए, यीशु के नाम में।"

P

901. स्वप्न में अपने आप को महल में देखना

अर्थ (बाइबिलीय समझ):

यह उन्नति, राजकीय अनुग्रह, और बड़े लोगों के बीच परमेश्वर के द्वारा स्थापित किए जाने का संकेत है।

बाइबिलीय आधार:

"वह दरिद्र को धूलि से उठाता है... कि उसको हाकिमों के संग बैठाए..."
— भजन संहिता 113:7–8 (BSI)

खतरे का स्तर:

निम्न – पदोन्नति।

तुरंत क्या करें:

सम्मान के लिए अपने आप को तैयार करें और नम्र बने रहें।

प्रार्थना संबंधी कार्यवाही (उपवास + भजन):

भजन 113 और भजन 75 के साथ प्रार्थना करें।

भविष्यवाणी-संबंधी प्रार्थना:

"मैं आदर के राजकीय स्थानों पर उठाया जाऊँ, यीशु के नाम में।"

902. स्वप्न में अपने आप को तीव्रता से प्रार्थना करते देखना

अर्थ (बाइबिलीय समझ):
यह आत्मिक भूख, आत्मिक युद्ध, और परमेश्वर के साथ जुड़ाव का संकेत है।

बाइबिलीय आधार:
"मनुष्यों को सदा प्रार्थना करनी चाहिए और हियाव न छोड़ना चाहिए।"
— लूका 18:1 (BSI)

खतरे का स्तर:
निम्न — आत्मिक वृद्धि।

तुरंत क्या करें:
अपने प्रार्थना जीवन को बढ़ाएँ।

प्रार्थना संबंधी कार्यवाही (उपवास + भजन):
उपवास करें और भजन 63 और भजन 84 के साथ प्रार्थना करें।

भविष्यवाणी-संबंधी प्रार्थना:
"मेरा प्रार्थना जीवन आग पकड़ ले, यीशु के नाम में।"

903. स्वप्न में अपने आप को प्रार्थना करने में असमर्थ देखना

अर्थ (बाइबिलीय समझ):
यह आत्मिक कमजोरी या आपके प्रार्थना जीवन पर आक्रमण का संकेत है।

बाइबिलीय आधार:
"आत्मा तो तैयार है, पर शरीर दुर्बल है।"
— मत्ती 26:41 (BSI)

खतरे का स्तर:
उच्च — आत्मिक आक्रमण।

तुरंत क्या करें:
तुरंत अपनी प्रार्थना वेदी को फिर से जीवित करें।

प्रार्थना संबंधी कार्यवाही (उपवास + भजन):
1 से 3 दिन उपवास करें और भजन 51 और भजन 119 के साथ प्रार्थना करें।

भविष्यवाणी-संबंधी प्रार्थना:
"मेरे प्रार्थना जीवन की हर कमजोरी नष्ट हो जाए, यीशु के नाम में।"

904. स्वप्न में अपने आप को प्रार्थना के स्थान में देखना

अर्थ (बाइबिलीय समझ):
यह दिव्य सम्बन्ध और आत्मिक मेल का संकेत है।

बाइबिलीय आधार:
"मेरा घर प्रार्थना का घर कहलाएगा।"
— मत्ती 21:13 (BSI)

खतरे का स्तर:
निम्न — सही आत्मिक स्थिति।

तुरंत क्या करें:
प्रार्थना में लगातार बने रहें।

प्रार्थना संबंधी कार्यवाही (उपवास + भजन):
भजन 27 और भजन 122 के साथ प्रार्थना करें।

भविष्यवाणी-संबंधी प्रार्थना:
"मैं लगातार परमेश्वर की उपस्थिति में बना रहूँ, यीशु के नाम में।"

905. स्वप्न में अपने आप को बहुत लोगों को प्रचार करते देखना

अर्थ (बाइबिलीय समझ):
यह बुलाहट, प्रभाव, और दिव्य नियुक्ति का संकेत है।

बाइबिलीय आधार:
"वचन का प्रचार कर..."
— 2 तीमुथियुस 4:2 (BSI)

खतरे का स्तर:
निम्न — बुलाहट।

तुरंत क्या करें:
सेवा की जिम्मेदारी के लिए अपने आप को तैयार करें।

प्रार्थना संबंधी कार्यवाही (उपवास + भजन):
उपवास करें और भजन 40 और भजन 71 के साथ प्रार्थना करें।

भविष्यवाणी-संबंधी प्रार्थना:
"मेरी आवाज़ राष्ट्रों को प्रभावित करे, यीशु के नाम में।"

906. स्वप्न में अपने आप को पदोन्नति पाते देखना

अर्थ (बाइबिलीय समझ):
यह उन्नति और परमेश्वर के द्वारा ऊपर उठाए जाने का संकेत है।

बाइबिलीय आधार:
"न तो पूरब से, और न पच्छिम से... उन्नति होती है... परमेश्वर ही न्यायी है..."
— भजन संहिता 75:6–7 (BSI)

खतरे का स्तर:
निम्न — पदोन्नति।

तुरंत क्या करें:
विश्वासयोग्य और नम्र बने रहें।

प्रार्थना संबंधी कार्यवाही (उपवास + भजन):
भजन 75 और भजन 23 के साथ प्रार्थना करें।

भविष्यवाणी-संबंधी प्रार्थना:
"मेरी पदोन्नति आग के समान प्रकट हो, यीशु के नाम में।"

907. स्वप्न में अपने आप को पद से नीचे लाया जाता या गिरते देखना

अर्थ (बाइबिलीय समझ):
यह घमण्ड या गलती के विरुद्ध चेतावनी का संकेत है।

बाइबिलीय आधार:
"जो अपने आप को बड़ा बनाएगा, वह छोटा किया जाएगा..."
— लूका 14:11 (BSI)

खतरे का स्तर:
उच्च — चेतावनी।

तुरंत क्या करें:
अपने जीवन की जाँच करें और जहाँ आवश्यक हो वहाँ पश्चाताप करें।

प्रार्थना संबंधी कार्यवाही (उपवास + भजन):
उपवास करें और भजन 51 और भजन 37 के साथ प्रार्थना करें।

भविष्यवाणी-संबंधी प्रार्थना:
"मैं अपने आदर के स्थान पर फिर से स्थापित किया जाऊँ, यीशु के नाम में।"

908. स्वप्न में अपने आप को लोगों से प्रशंसा प्राप्त करते देखना

अर्थ (बाइबिलीय समझ):
यह पहचान और अनुग्रह का संकेत है।

बाइबिलीय आधार:
"अपनी नहीं, परन्तु दूसरा तेरी प्रशंसा करे..."
— नीतिवचन 27:2 (BSI)

खतरे का स्तर:
निम्न — अनुग्रह।

तुरंत क्या करें:
नम्र बने रहें।

प्रार्थना संबंधी कार्यवाही (उपवास + भजन):
भजन 115 और भजन 75 के साथ प्रार्थना करें।

भविष्यवाणी-संबंधी प्रार्थना:
"मैं बिना घमण्ड के आदर प्राप्त करूँ, यीशु के नाम में।"

909. स्वप्न में अपने आप को सताया जाता देखना

अर्थ (बाइबिलीय समझ):
यह धार्मिकता के कारण विरोध का संकेत है।

बाइबिलीय आधार:
"धन्य हैं वे जो धर्म के कारण सताए जाते हैं..."
— मत्ती 5:10 (BSI)

खतरे का स्तर:
मध्यम — विरोध।

तुरंत क्या करें:
विश्वास में स्थिर खड़े रहें।

प्रार्थना संबंधी कार्यवाही (उपवास + भजन):
उपवास करें और भजन 35 तथा भजन 27 के साथ प्रार्थना करें।

भविष्यवाणी-संबंधी प्रार्थना:
"मैं हर सताव पर विजय पाऊँ, यीशु के नाम में।"

910. स्वप्न में अपने आप को शान्ति का अनुभव करते देखना

अर्थ (बाइबिलीय समझ):
यह दिव्य विश्राम, आश्वासन, और स्थिरता का संकेत है।

बाइबिलीय आधार:
"मैं तुम्हें अपनी शान्ति दिए जाता हूँ..."
— यूहन्ना 14:27 (BSI)

खतरे का स्तर:
निम्न — शान्ति।

तुरंत क्या करें:
परमेश्वर की उपस्थिति में बने रहें।

प्रार्थना संबंधी कार्यवाही (उपवास + भजन):
भजन 23 और भजन 29 के साथ प्रार्थना करें।

भविष्यवाणी-संबंधी प्रार्थना:
"मेरे जीवन के हर क्षेत्र में शान्ति राज्य करे, यीशु के नाम में।"

911. स्वप्न में अपने आप को जेल में देखना

अर्थ (बाइबिलीय समझ):
यह बन्धन, रुकावट, या ऐसी आत्मिक कैद का संकेत है जो आपकी प्रगति को प्रभावित कर रही है।

बाइबिलीय आधार:
"वह उनको अन्धकार और मृत्यु की छाया में से निकाल लाया, और उनके बन्धनों को तोड़ डाला।"
— भजन संहिता 107:14 (BSI)

खतरे का स्तर:
उच्च — बन्धन।

तुरंत क्या करें:
तुरंत छुटकारे की प्रार्थनाओं में लगें।

प्रार्थना संबंधी कार्यवाही (उपवास + भजन):
3 दिन उपवास करें और भजन 107 तथा भजन 124 के साथ प्रार्थना करें।

भविष्यवाणी-संबंधी प्रार्थना:
"मेरे जीवन की हर जेल अभी खुल जाए, यीशु के नाम में।"

912. स्वप्न में अपने आप को जेल से बाहर आते देखना

अर्थ (बाइबिलीय समझ):
यह छुटकारा, स्वतंत्रता, और बहाली का संकेत है।

बाइबिलीय आधार:
"उसने उनको उनके संकटों से छुड़ाया।"
— भजन संहिता 107:28 (BSI)

खतरे का स्तर:
निम्न — छुटकारा।

तुरंत क्या करें:
परमेश्वर का धन्यवाद करें और अपनी स्वतंत्रता बनाए रखें।

प्रार्थना संबंधी कार्यवाही (उपवास + भजन):
भजन 107 और भजन 126 के साथ प्रार्थना करें।

भविष्यवाणी-संबंधी प्रार्थना:
"मैं सम्पूर्ण स्वतंत्रता में चलता हूँ, यीशु के नाम में।"

913. स्वप्न में अपने आप को पुलिस से पीछा किया जाता देखना

अर्थ (बाइबिलीय समझ):
यह दोषभाव, भय, या आरोप का संकेत है, चाहे शारीरिक हो या आत्मिक।

बाइबिलीय आधार:
"अब जो मसीह यीशु में हैं, उन पर दण्ड की आज्ञा नहीं..."
— रोमियों 8:1 (BSI)

खतरे का स्तर:
मध्यम — आरोप।

तुरंत क्या करें:
अपने जीवन की जाँच करें और दोषभाव को अस्वीकार करें।

प्रार्थना संबंधी कार्यवाही (उपवास + भजन):
उपवास करें और भजन 32 तथा भजन 51 के साथ प्रार्थना करें।

भविष्यवाणी-संबंधी प्रार्थना:
"मेरे जीवन के हर आरोप को रद्द किया जाए, यीशु के नाम में।"

914. स्वप्न में अपने आप को बरी या रिहा होते देखना

अर्थ (बाइबिलीय समझ):
यह धर्मी ठहराए जाने, विजय, और दिव्य छुटकारे का संकेत है।

बाइबिलीय आधार:
"परमेश्वर के चुने हुओं पर दोष कौन लगाएगा?"
— रोमियों 8:33 (BSI)

खतरे का स्तर:
निम्न — विजय।

तुरंत क्या करें:
अपनी स्वतंत्रता में दृढ़ बने रहें।

प्रार्थना संबंधी कार्यवाही (उपवास + भजन):
भजन 20 और भजन 35 के साथ प्रार्थना करें।

भविष्यवाणी-संबंधी प्रार्थना:
"मैं धर्मी ठहराया गया हूँ और स्वतंत्र घोषित किया गया हूँ, यीशु के नाम में।"

915. स्वप्न में अपने आप को न्यायालय में देखना

अर्थ (बाइबिलीय समझ):
यह न्याय, निर्णय, या आत्मिक और कानूनी मामलों का संकेत है।

बाइबिलीय आधार:
"परमेश्वर ही न्यायी है।"
— भजन संहिता 75:7 (BSI)

खतरे का स्तर:
मध्यम — निर्णय।

तुरंत क्या करें:
न्याय में अनुग्रह के लिए प्रार्थना करें।

प्रार्थना संबंधी कार्यवाही (उपवास + भजन):
उपवास करें और भजन 75 तथा भजन 20 के साथ प्रार्थना करें।

भविष्यवाणी-संबंधी प्रार्थना:
"मैं हर न्याय में अनुग्रह पाऊँ, यीशु के नाम में।"

916. स्वप्न में अपने आप को मुकदमा जीतते देखना

अर्थ (बाइबिलीय समझ):
यह विरोध पर विजय और धर्मी ठहराए जाने का संकेत है।

बाइबिलीय आधार:
"यहोवा उनका मुकदमा लड़ेगा..."
— नीतिवचन 22:23 (BSI)

खतरे का स्तर:
निम्न — विजय।

तुरंत क्या करें:
परमेश्वर का धन्यवाद करें।

प्रार्थना संबंधी कार्यवाही (उपवास + भजन):
भजन 35 और भजन 18 के साथ प्रार्थना करें।

भविष्यवाणी-संबंधी प्रार्थना:
"मैं अपने जीवन की हर लड़ाई और हर मुकदमे में जीतूँ, यीशु के नाम में।"

917. स्वप्न में अपने आप को मुकदमा हारते देखना

अर्थ (बाइबिलीय समझ):
यह चेतावनी, सुधार, या आत्मिक कमजोरी का संकेत है।

बाइबिलीय आधार:
"अपने आप को जाँचो..."
— 2 कुरिन्थियों 13:5 (BSI)

खतरे का स्तर:
उच्च — चेतावनी।

तुरंत क्या करें:
पश्चाताप करें और परमेश्वर की दया खोजें।

प्रार्थना संबंधी कार्यवाही (उपवास + भजन):
उपवास करें और भजन 51 तथा भजन 130 के साथ प्रार्थना करें।

भविष्यवाणी-संबंधी प्रार्थना:
"हर स्थिति में दया मेरे लिये बोले, यीशु के नाम में।"

918. स्वप्न में अपने आप को जंजीरों में देखना

अर्थ (बाइबिलीय समझ):
यह बन्धन, दबाव, या सीमा का संकेत है।

बाइबिलीय आधार:
"तूने मेरे बन्धनों को खोल दिया है।"
— भजन संहिता 116:16 (BSI)

खतरे का स्तर:
उच्च — बन्धन।

तुरंत क्या करें:
तुरंत छुटकारे के लिए प्रार्थना करें।

प्रार्थना संबंधी कार्यवाही (उपवास + भजन):
3 दिन उपवास करें और भजन 124 तथा भजन 107 के साथ प्रार्थना करें।

भविष्यवाणी-संबंधी प्रार्थना:
"मेरे जीवन की हर जंजीर टूट जाए, यीशु के नाम में।"

919. स्वप्न में अपनी जंजीरों को टूटते हुए देखना

अर्थ (बाइबिलीय समझ):
यह छुटकारा, स्वतंत्रता, और विजय का संकेत है।

बाइबिलीय आधार:
"आधी रात को... सब के बन्धन खुल गए..."
— प्रेरितों के काम 16:26 (BSI)

खतरे का स्तर:
निम्न — छुटकारा।

तुरंत क्या करें:
अपनी स्वतंत्रता का आनन्द मनाएँ।

प्रार्थना संबंधी कार्यवाही (उपवास + भजन):
भजन 18 और भजन 124 के साथ प्रार्थना करें।

भविष्यवाणी-संबंधी प्रार्थना:
"मैं हर बन्धन से स्वतंत्र हूँ, यीशु के नाम में।"

920. स्वप्न में अपने आप को बन्धन के बाद स्वतंत्र रूप से चलते देखना

अर्थ (बाइबिलीय समझ):
यह बहाली, स्वतंत्रता, और नई शुरुआत का संकेत है।

बाइबिलीय आधार:
"जहाँ प्रभु का आत्मा है वहाँ स्वतंत्रता है।"
— 2 कुरिन्थियों 3:17 (BSI)

खतरे का स्तर:
निम्न — स्वतंत्रता।

तुरंत क्या करें:
आत्मिक रूप से जागरूक और स्वतंत्र बने रहें।

प्रार्थना संबंधी कार्यवाही (उपवास + भजन):
भजन 121 और भजन 23 के साथ प्रार्थना करें।

भविष्यवाणी-संबंधी प्रार्थना:
"मैं सदा दिव्य स्वतंत्रता में चलता रहूँ, यीशु के नाम में।"

921. स्वप्न में अपने हाथ में कलम पकड़े देखना

अर्थ (बाइबिलीय समझ):
यह लिखने, रचने, और नियति को आकार देने के अधिकार का संकेत है।

बाइबिलीय आधार:
"मेरी जीभ कुशल लेखक की लेखनी है।"
— भजन संहिता 45:1 (BSI)

खतरे का स्तर:
निम्न — अधिकार।

तुरंत क्या करें:
अपनी आवाज़ और वरदानों का बुद्धिमानी से उपयोग करें।

प्रार्थना संबंधी कार्यवाही (उपवास + भजन):
भजन 45 और भजन 90 के साथ प्रार्थना करें।

भविष्यवाणी-संबंधी प्रार्थना:
"मैं अपनी दिव्य नियति को लिखूँ और पूरा करूँ, यीशु के नाम में।"

922. स्वप्न में अपनी कलम को काम न करते देखना

अर्थ (बाइबिलीय समझ):
यह विलम्ब, रुकावट, या उद्देश्य को प्रकट करने में असमर्थता का संकेत है।

बाइबिलीय आधार:
"यहोवा आशीष की आज्ञा देगा..."
— व्यवस्थाविवरण 28:8 (BSI)

खतरे का स्तर:
मध्यम — रुकावट।

तुरंत क्या करें:
दिव्य सामर्थ्य के लिए प्रार्थना करें।

प्रार्थना संबंधी कार्यवाही (उपवास + भजन):
उपवास करें और भजन 119 तथा भजन 25 के साथ प्रार्थना करें।

भविष्यवाणी-संबंधी प्रार्थना:
"मेरे जीवन की हर रुकावट दूर हो जाए, यीशु के नाम में।"

923. स्वप्न में अपने आप को अपना नाम लिखते देखना

अर्थ (बाइबिलीय समझ):
यह पहचान, नियति की पुष्टि, और पहचान दिए जाने का संकेत है।

बाइबिलीय आधार:
"मैंने तुझे नाम लेकर बुलाया है; तू मेरा है।"
— यशायाह 43:1 (BSI)

खतरे का स्तर:
निम्न — पहचान।

तुरंत क्या करें:
मसीह में अपनी पहचान को ग्रहण करें।

प्रार्थना संबंधी कार्यवाही (उपवास + भजन):
भजन 139 और भजन 23 के साथ प्रार्थना करें।

भविष्यवाणी-संबंधी प्रार्थना:
"मेरी पहचान परमेश्वर में सुरक्षित है, यीशु के नाम में।"

924. स्वप्न में अपना नाम मिटा हुआ या गायब देखना

अर्थ (बाइबिलीय समझ):
यह पहचान की हानि, उपेक्षा, या आत्मिक आक्रमण का संकेत है।

बाइबिलीय आधार:
"इस से आनन्दित हो कि तुम्हारे नाम स्वर्ग पर लिखे हैं।"
— लूका 10:20 (BSI)

खतरे का स्तर:
उच्च — चेतावनी।

तुरंत क्या करें:
बहाली और परमेश्वर की स्मृति में बने रहने के लिए प्रार्थना करें।

प्रार्थना संबंधी कार्यवाही (उपवास + भजन):
उपवास करें और भजन 20 तथा भजन 130 के साथ प्रार्थना करें।

भविष्यवाणी-संबंधी प्रार्थना:
"मेरा नाम नियति से कभी न मिटे, यीशु के नाम में।"

925. स्वप्न में अपने आप को किसी अनुबंध पर हस्ताक्षर करते देखना

अर्थ (बाइबिलीय समझ):
यह किसी सहमति, वाचा, या बड़े निर्णय का संकेत है।

बाइबिलीय आधार:
"क्या दो जन जब तक परस्पर मिलकर न चलें, साथ चल सकते हैं?"
— आमोस 3:3 (BSI)

खतरे का स्तर:
मध्यम — सावधानी।

तुरंत क्या करें:
सहमति देने से पहले परखें।

प्रार्थना संबंधी कार्यवाही (उपवास + भजन):
भजन 24 और भजन 121 के साथ प्रार्थना करें।

भविष्यवाणी-संबंधी प्रार्थना:
"मैं हर बुरी वाचा को अस्वीकार करता हूँ, यीशु के नाम में।"

926. स्वप्न में अपने आप को किसी दस्तावेज़ को पढ़ते हुए देखना

अर्थ (बाइबिलीय समझ):
यह प्रकाशन, निर्देश, या किसी महत्वपूर्ण जानकारी का संकेत है।

बाइबिलीय आधार:
"तेरा वचन मेरे पाँव के लिये दीपक..."
— भजन संहिता 119:105 (BSI)

खतरे का स्तर:
निम्न — मार्गदर्शन।

तुरंत क्या करें:
दिव्य निर्देश पर ध्यान दें।

प्रार्थना संबंधी कार्यवाही (उपवास + भजन):
भजन 119 और भजन 19 के साथ प्रार्थना करें।

भविष्यवाणी-संबंधी प्रार्थना:
"मैं दिव्य दिशा और स्पष्टता प्राप्त करता हूँ, यीशु के नाम में।"

927. स्वप्न में अपने आप को किसी दस्तावेज़ को फाड़ते हुए देखना

अर्थ (बाइबिलीय समझ):
यह समझौतों के टूटने या किसी बात के रद्द होने का संकेत है।

बाइबिलीय आधार:
"विधियों का वह लेख जो हमारे नाम पर और हमारे विरोध में था, मिटा डाला..."
— कुलुस्सियों 2:14 (BSI)

खतरे का स्तर:
निम्न — छुटकारा।

तुरंत क्या करें:
हर बुरी वाचा या समझौते के पूर्ण रद्द होने के लिये प्रार्थना करें।

प्रार्थना संबंधी कार्यवाही (उपवास + भजन):
उपवास करें और भजन 35 तथा भजन 109 के साथ प्रार्थना करें।

भविष्यवाणी-संबंधी प्रार्थना:
"हर बुरी वाचा रद्द हो जाए, यीशु के नाम में।"

928. स्वप्न में अपने आप को पासपोर्ट या पहचान पत्र प्राप्त करते हुए देखना

अर्थ (बाइबिलीय समझ):
यह पहुँच, पहचान, और नई अवसरों का संकेत है।

बाइबिलीय आधार:
"इसलिये हम मसीह के दूत हैं..."
— 2 कुरिन्थियों 5:20 (BSI)

खतरे का स्तर:
निम्न — अवसर।

तुरंत क्या करें:
नई पहुँच के लिए अपने आप को तैयार करें।

प्रार्थना संबंधी कार्यवाही (उपवास + भजन):
भजन 24 और भजन 121 के साथ प्रार्थना करें।

भविष्यवाणी-संबंधी प्रार्थना:
"मेरे लिये पहुँच के नए द्वार खुलें, यीशु के नाम में।"

929. स्वप्न में अपने दस्तावेज़ खोए हुए देखना

अर्थ (बाइबिलीय समझ): यह अवसर की हानि, पहचान की हानि, या विलम्ब का संकेत है। **बाइबिलीय आधार:** "मैं उन वर्षों की क्षति भर दूँगा..." – योएल 2:25 (BSI) **खतरे का स्तर:** उच्च – हानि। **तुरंत क्या करें:** बहाली के लिये प्रार्थना करें। **प्रार्थना संबंधी कार्यवाही (उपवास + भजन):** उपवास करें और भजन 126 तथा भजन 20 के साथ प्रार्थना करें। **भविष्यवाणी-संबंधी प्रार्थना:** "हर खोया हुआ अवसर बहाल हो जाए, यीशु के नाम में।"

930. स्वप्न में अपने दस्तावेज़ अपने पास लौटाए जाते हुए देखना

अर्थ (बाइबिलीय समझ): यह बहाली, वापसी, और दिव्य अनुग्रह का संकेत है। **बाइबिलीय आधार:** "और यहोवा ने... फिर उन्नति दी..." – अय्यूब 42:10 (BSI) **खतरे का स्तर:** निम्न – बहाली। **तुरंत क्या करें:** धन्यवाद करें और आगे बढ़ें। **प्रार्थना संबंधी कार्यवाही (उपवास + भजन):** भजन 126 और भजन 30 के साथ प्रार्थना करें। **भविष्यवाणी-संबंधी प्रार्थना:**
"मेरी बहाली पूरी हो जाए, यीशु के नाम में।"

Q

931. स्वप्न में अपने आप को एक शांत स्थान में देखना

अर्थ (बाइबिलीय समझ):
यह परमेश्वर के द्वारा अलग किए जाने, मनन करने, और तैयारी का संकेत है।

बाइबिलीय आधार:
"चुप हो जाओ, और जान लो कि मैं ही परमेश्वर हूँ।"
— भजन संहिता 46:10 (BSI)

खतरे का स्तर:
निम्न — तैयारी।

तुरंत क्या करें:
प्रार्थना और मनन में समय बिताएँ।

प्रार्थना संबंधी कार्यवाही (उपवास + भजन):
भजन 46 और भजन 62 के साथ प्रार्थना करें।

भविष्यवाणी-संबंधी प्रार्थना:
"मैं स्थिरता में दिव्य दिशा प्राप्त करता हूँ, यीशु के नाम में।"

932. स्वप्न में अपने आप को बोलने में असमर्थ देखना (चुप/आवाज़ खो जाना)

अर्थ (बाइबिलीय समझ):
यह आत्मिक दबाव या आपकी आवाज़ और अधिकार पर आक्रमण का संकेत है।

बाइबिलीय आधार:
"अपना मुँह खोल, मैं उसे भर दूँगा।"
— भजन संहिता 81:10 (BSI)

खतरे का स्तर:
उच्च — आक्रमण।

तुरंत क्या करें:
अपनी आत्मिक आवाज़ की बहाली के लिये प्रार्थना करें।

प्रार्थना संबंधी कार्यवाही (उपवास + भजन):
उपवास करें और भजन 81 तथा भजन 51 के साथ प्रार्थना करें।

भविष्यवाणी-संबंधी प्रार्थना:
"मेरी आवाज़ सामर्थ्य के साथ बहाल हो, यीशु के नाम में।"

933. स्वप्न में अपने आप को ऊँचे स्वर से चिल्लाते हुए देखना

अर्थ (बाइबिलीय समझ):
यह आत्मिक अधिकार, सफलता, और विजय का संकेत है।

बाइबिलीय आधार:
"जयजयकार करो, क्योंकि यहोवा ने नगर तुम्हें दे दिया है!"
— यहोशू 6:16 (BSI)

खतरे का स्तर:
निम्न — विजय।

तुरंत क्या करें:
स्तुति और प्रार्थना में लगें।

प्रार्थना संबंधी कार्यवाही (उपवास + भजन):
भजन 47 और भजन 100 के साथ प्रार्थना करें।

भविष्यवाणी-संबंधी प्रार्थना:
"मेरे जीवन की हर दीवार आग के द्वारा गिर जाए, यीशु के नाम में।"

934. स्वप्न में अपने आप को प्रश्न पूछते हुए देखना

अर्थ (बाइबिलीय समझ):
यह समझ और स्पष्टता की इच्छा का संकेत है।

बाइबिलीय आधार:
"यदि तुम में से किसी को बुद्धि की घटी हो, तो परमेश्वर से माँगे..."
— याकूब 1:5 (BSI)

खतरे का स्तर:
निम्न — सीखना।

तुरंत क्या करें:
परमेश्वर से बुद्धि माँगें।

प्रार्थना संबंधी कार्यवाही (उपवास + भजन):
भजन 25 और भजन 119 के साथ प्रार्थना करें।

भविष्यवाणी-संबंधी प्रार्थना:
"दिव्य बुद्धि मेरे जीवन को भर दे, यीशु के नाम में।"

935. स्वप्न में अपने आप को उत्तर प्राप्त करते हुए देखना

अर्थ (बाइबिलीय समझ):
यह दिव्य प्रकाशन और उत्तरित प्रार्थनाओं का संकेत है।

बाइबिलीय आधार:
"तू मुझ से पुकार, मैं तुझे उत्तर दूँगा..."
— यिर्मयाह 33:3 (BSI)

खतरे का स्तर:
निम्न — प्रकाशन।

तुरंत क्या करें:
जो प्रकाशन मिला है उसके अनुसार कार्य करें।

प्रार्थना संबंधी कार्यवाही (उपवास + भजन):
भजन 19 और भजन 32 के साथ प्रार्थना करें।

भविष्यवाणी-संबंधी प्रार्थना:
"मैं अपने जीवन में दिव्य उत्तर प्राप्त करता हूँ, यीशु के नाम में।"

936. स्वप्न में अपने आप को भ्रमित या हर बात पर प्रश्न करते हुए देखना

अर्थ (बाइबिलीय समझ):
यह भ्रम या दिशा की कमी का संकेत है।

बाइबिलीय आधार:
"परमेश्वर गड़बड़ी का नहीं, परन्तु मेल का कर्ता है..."
— 1 कुरिन्थियों 14:33 (BSI)

खतरे का स्तर:
उच्च — भ्रम।

तुरंत क्या करें:
स्पष्टता और दिशा के लिये प्रार्थना करें।

प्रार्थना संबंधी कार्यवाही (उपवास + भजन):
उपवास करें और भजन 25 तथा भजन 32 के साथ प्रार्थना करें।

भविष्यवाणी-संबंधी प्रार्थना:
"मेरे जीवन का हर भ्रम दूर हो जाए, यीशु के नाम में।"

937. स्वप्न में अपने आप को लोगों को आदेश देते हुए देखना

अर्थ (बाइबिलीय समझ):
यह अधिकार, नेतृत्व, और प्रभाव का संकेत है।

बाइबिलीय आधार:
"तू किसी बात की ठहराव करेगा, और वह तेरे लिये स्थिर हो जाएगी..."
— अय्यूब 22:28 (BSI)

खतरे का स्तर:
निम्न — अधिकार।

तुरंत क्या करें:
अधिकार का उपयोग बुद्धिमानी से करें।

प्रार्थना संबंधी कार्यवाही (उपवास + भजन):
भजन 110 और भजन 72 के साथ प्रार्थना करें।

भविष्यवाणी-संबंधी प्रार्थना:
"मैं दिव्य अधिकार में चलता हूँ, यीशु के नाम में।"

938. स्वप्न में लोगों को आपकी आवाज़ की उपेक्षा करते हुए देखना

अर्थ (बाइबिलीय समझ):
यह अस्वीकृति या पहचान मिलने में देरी का संकेत है।

बाइबिलीय आधार:
"जिस पत्थर को राजमिस्त्रियों ने निकम्मा ठहराया..."
— भजन संहिता 118:22 (BSI)

खतरे का स्तर:
मध्यम — देरी।

तुरंत क्या करें:
विश्वासयोग्य और धीरजवन्त बने रहें।

प्रार्थना संबंधी कार्यवाही (उपवास + भजन):
उपवास करें और भजन 118 तथा भजन 40 के साथ प्रार्थना करें।

भविष्यवाणी-संबंधी प्रार्थना:
"हर अस्वीकृति आदर में बदल जाए, यीशु के नाम में।"

939. स्वप्न में अपने आप को गाते हुए देखना

अर्थ (बाइबिलीय समझ):
यह आनन्द, विजय, और स्तुति का संकेत है।

बाइबिलीय आधार:
"यहोवा के लिये नया गीत गाओ..."
— भजन संहिता 96:1 (BSI)

खतरे का स्तर:
निम्न — आनन्द।

तुरंत क्या करें:
परमेश्वर की स्तुति करते रहें।

प्रार्थना संबंधी कार्यवाही (उपवास + भजन):
भजन 96 और भजन 100 के साथ प्रार्थना करें।

भविष्यवाणी-संबंधी प्रार्थना:
"मेरा जीवन विजय के गीतों से भर जाए, यीशु के नाम में।"

940. स्वप्न में अपने आप को गाने में असमर्थ देखना

अर्थ (बाइबिलीय समझ):
यह भारीपन, शोक, या आत्मिक सूखेपन का संकेत है।

बाइबिलीय आधार:
"भारी मन के बदले स्तुति का वस्त्र..."
— यशायाह 61:3 (BSI)

खतरे का स्तर:
मध्यम — भारीपन।

तुरंत क्या करें:
स्तुति और आराधना में लगें।

प्रार्थना संबंधी कार्यवाही (उपवास + भजन):
उपवास करें और भजन 30 तथा भजन 42 के साथ प्रार्थना करें।

भविष्यवाणी-संबंधी प्रार्थना:
"मेरे जीवन का हर भारीपन उठ जाए, यीशु के नाम में।"

941. स्वप्न में अपने आप को तेज़ी से चलते हुए देखना

अर्थ (बाइबिलीय समझ):
यह गति, प्रगति, और दिव्य त्वरण का संकेत है।

बाइबिलीय आधार:
"वह मेरे पाँव हरिणी के पाँवों के समान बनाता है..."
— भजन संहिता 18:33 (BSI)

खतरे का स्तर:
निम्न — त्वरण।

तुरंत क्या करें:
ध्यान केंद्रित और अनुशासित बने रहें।

प्रार्थना संबंधी कार्यवाही (उपवास + भजन):
भजन 18 और भजन 102 के साथ प्रार्थना करें।

भविष्यवाणी-संबंधी प्रार्थना:
"मैं दिव्य गति के साथ आगे बढ़ता हूँ, यीशु के नाम में।"

942. स्वप्न में अपने आप को तेज़ चलने में असमर्थ देखना

अर्थ (बाइबिलीय समझ):
यह विलम्ब, सीमा, या विरोध का संकेत है।

बाइबिलीय आधार:
"न तो दौड़ने वालों के लिये दौड़... समय और संयोग उन सब पर आता है।"
— सभोपदेशक 9:11 (BSI)

खतरे का स्तर:
मध्यम — विलम्ब।

तुरंत क्या करें:
ठहराव के विरुद्ध प्रार्थना करें।

प्रार्थना संबंधी कार्यवाही (उपवास + भजन):
उपवास करें और भजन 46 तथा भजन 114 के साथ प्रार्थना करें।

भविष्यवाणी-संबंधी प्रार्थना:
"मेरे जीवन का हर विलम्ब टूट जाए, यीशु के नाम में।"

943. स्वप्न में अपने आप को बहुत तेज़ दौड़ते हुए देखना

अर्थ (बाइबिलीय समझ):
यह अलौकिक गति और प्रगति का संकेत है।

बाइबिलीय आधार:
"जो यहोवा की बाट जोहते हैं... वे दौड़ेंगे और श्रमित न होंगे..."
— यशायाह 40:31 (BSI)

खतरे का स्तर:
निम्न — गति।

तुरंत क्या करें:
अपनी आत्मिक सामर्थ्य बनाए रखें।

प्रार्थना संबंधी कार्यवाही (उपवास + भजन):
भजन 27 और भजन 121 के साथ प्रार्थना करें।

भविष्यवाणी-संबंधी प्रार्थना:
"मैं अपनी दौड़ सामर्थ्य और गति के साथ पूरी करूँ, यीशु के नाम में।"

944. स्वप्न में अपने आप को दौड़ने में असमर्थ देखना

अर्थ (बाइबिलीय समझ):
यह आत्मिक कमजोरी या ठहराव का संकेत है।

बाइबिलीय आधार:
"निर्बलों के हाथों को दृढ़ करो..."
— यशायाह 35:3 (BSI)

खतरे का स्तर:
उच्च — सीमा।

तुरंत क्या करें:
सामर्थ्य और बहाली के लिये प्रार्थना करें।

प्रार्थना संबंधी कार्यवाही (उपवास + भजन):
उपवास करें और भजन 29 तथा भजन 18 के साथ प्रार्थना करें।

भविष्यवाणी-संबंधी प्रार्थना:
"मेरी सामर्थ्य आग के द्वारा बहाल हो जाए, यीशु के नाम में।"

945. स्वप्न में अपने आप को कूदते या उछलते हुए देखना

अर्थ (बाइबिलीय समझ):
यह सफलता, आनन्द, और बाधाओं पर विजय का संकेत है।

बाइबिलीय आधार:
"तब लंगड़ा हरिण की नाईं उछलेगा..."
— यशायाह 35:6 (BSI)

खतरे का स्तर:
निम्न — सफलता।

तुरंत क्या करें:
धन्यवाद करें और आगे बढ़ते रहें।

प्रार्थना संबंधी कार्यवाही (उपवास + भजन):
भजन 30 और भजन 126 के साथ प्रार्थना करें।

भविष्यवाणी-संबंधी प्रार्थना:
"मैं अपनी सफलता में उछलता-कूदता प्रवेश करूँ, यीशु के नाम में।"

946. स्वप्न में अपने आप को दौड़ते समय गिरते हुए देखना

अर्थ (बाइबिलीय समझ):
यह प्रगति के दौरान रुकावटों या ध्यान भटकने का संकेत है।

बाइबिलीय आधार:
"धर्मी चाहे सात बार गिरे, तौभी उठ खड़ा होता है..."
— नीतिवचन 24:16 (BSI)

खतरे का स्तर:
मध्यम — रुकावट।

तुरंत क्या करें:
फिर से उठें और ध्यान केंद्रित रखें।

प्रार्थना संबंधी कार्यवाही (उपवास + भजन):
उपवास करें और भजन 37 तथा भजन 121 के साथ प्रार्थना करें।

भविष्यवाणी-संबंधी प्रार्थना:
"मैं हर रुकावट के ऊपर उठता हूँ, यीशु के नाम में।"

947. स्वप्न में अपने आप को किसी को चलने में सहायता करते हुए देखना

अर्थ (बाइबिलीय समझ):
यह करुणा और दूसरों की नियति में सहायता करने का संकेत है।

बाइबिलीय आधार:
"एक दूसरे के भार उठाओ..."
— गलातियों 6:2 (BSI)

खतरे का स्तर:
निम्न — आशीष।

तुरंत क्या करें:
दूसरों की सहायता करना जारी रखें।

प्रार्थना संबंधी कार्यवाही (उपवास + भजन):
भजन 41 और भजन 112 के साथ प्रार्थना करें।

भविष्यवाणी-संबंधी प्रार्थना:
"मैं नियतियों का सहायक हूँ, यीशु के नाम में।"

948. स्वप्न में किसी को आपको चलने में सहायता करते हुए देखना

अर्थ (बाइबिलीय समझ):
यह दिव्य सहायता और समर्थन का संकेत है।

बाइबिलीय आधार:
"मेरी सहायता यहोवा की ओर से होती है..."
— भजन संहिता 121:2 (BSI)

खतरे का स्तर:
निम्न — सहायता।

तुरंत क्या करें:
दिव्य सहायता को पहचानें।

प्रार्थना संबंधी कार्यवाही (उपवास + भजन):
भजन 121 और भजन 20 के साथ प्रार्थना करें।

भविष्यवाणी-संबंधी प्रार्थना:
"मेरे सहायक अभी मुझे खोज लें, यीशु के नाम में।"

949. स्वप्न में अपने आप को लोगों के साथ चलते हुए देखना

अर्थ (बाइबिलीय समझ):
यह साझेदारी, सहमति, या संबंधों का संकेत है।

बाइबिलीय आधार:
"क्या दो व्यक्ति साथ-साथ चल सकते हैं जब तक कि वे एक मत न हों?"
— आमोस 3:3 (BSI)

खतरे का स्तर:
मध्यम — समझ की आवश्यकता।

तुरंत क्या करें:
अपने संबंधों को परखें।

प्रार्थना संबंधी कार्यवाही (उपवास + भजन):
भजन 1 और भजन 25 के साथ प्रार्थना करें।

भविष्यवाणी-संबंधी प्रार्थना:
"मैं जीवन में सही लोगों के साथ चलता हूँ, यीशु के नाम में।"

950. स्वप्न में अपने आप को अकेले चलते हुए देखना

अर्थ (बाइबिलीय समझ):
यह अलगाव, तैयारी, या स्वतंत्रता का संकेत है।

बाइबिलीय आधार:

"मनुष्य के लिये यह अच्छा है कि वह अपनी जवानी में जूआ उठाए।"
— विलापगीत 3:27 (BSI)

खतरे का स्तर:

निम्न — तैयारी।

तुरंत क्या करें:

परमेश्वर के और निकट आएँ।

प्रार्थना संबंधी कार्यवाही (उपवास + भजन):

भजन 23 और भजन 27 के साथ प्रार्थना करें।

भविष्यवाणी-संबंधी प्रार्थना:

"परमेश्वर हर समय मेरे साथ चलता है, यीशु के नाम में।"

R

951. स्वप्न में अपने आप को पैसा प्राप्त करते हुए देखना

अर्थ (बाइबिलीय समझ):
यह प्रावधान, अनुग्रह, और आर्थिक सफलता का संकेत है।

बाइबिलीय आधार:
"यहोवा तेरे लिये अपना उत्तम भण्डार खोलेगा..."
— व्यवस्थाविवरण 28:12 (BSI)

खतरे का स्तर:
निम्न — आशीष।

तुरंत क्या करें:
धन्यवाद करें और समझदारी से प्रबंधन करें।

प्रार्थना संबंधी कार्यवाही (उपवास + भजन):
भजन 23 और भजन 112 के साथ प्रार्थना करें।

भविष्यवाणी-संबंधी प्रार्थना:
"आर्थिक अनुग्रह अभी मुझे प्राप्त हो, यीशु के नाम में।"

952. स्वप्न में अपने आप को पैसा खोते हुए देखना

अर्थ (बाइबिलीय समझ):
यह आर्थिक हानि, कुप्रबंधन, या आक्रमण का संकेत है।

बाइबिलीय आधार:
"चोर केवल चोरी करने, घात करने और नाश करने आता है..."
— यूहन्ना 10:10 (BSI)

खतरे का स्तर:
उच्च — हानि।

तुरंत क्या करें:
आर्थिक रिसाव के विरुद्ध प्रार्थना करें।

प्रार्थना संबंधी कार्यवाही (उपवास + भजन):
उपवास करें और भजन 20 तथा भजन 126 के साथ प्रार्थना करें।

भविष्यवाणी-संबंधी प्रार्थना:
"हर आर्थिक हानि उलट दी जाए, यीशु के नाम में।"

953. स्वप्न में अपने आप को पैसा गिनते हुए देखना

अर्थ (बाइबिलीय समझ):
यह संसाधनों की समझ और आर्थिक योजना का संकेत है।

बाइबिलीय आधार:
"तुम में से कौन है जो गुम्मट बनाना चाहता हो और पहले बैठकर खर्च न जोड़े..."
— लूका 14:28 (BSI)

खतरे का स्तर:
निम्न — बुद्धि।

तुरंत क्या करें:
वित्त में बुद्धि का प्रयोग करें।

प्रार्थना संबंधी कार्यवाही (उपवास + भजन):
भजन 90 और भजन 1 के साथ प्रार्थना करें।

भविष्यवाणी-संबंधी प्रार्थना:
"मैं आर्थिक बुद्धि में चलता हूँ, यीशु के नाम में।"

954. स्वप्न में अपने आप को पैसा देते हुए देखना

अर्थ (बाइबिलीय समझ):
यह उदारता और बीज बोने का संकेत है।

बाइबिलीय आधार:
"दो, तो तुम्हें दिया जाएगा..."
— लूका 6:38 (BSI)

खतरे का स्तर:
निम्न — आशीष।

तुरंत क्या करें:
उदारता में बने रहें।

प्रार्थना संबंधी कार्यवाही (उपवास + भजन):
भजन 41 और भजन 112 के साथ प्रार्थना करें।

भविष्यवाणी-संबंधी प्रार्थना:
"मेरा देना बहुतायत उत्पन्न करे, यीशु के नाम में।"

955. स्वप्न में अपने आप को पैसा उधार लेते हुए देखना

अर्थ (बाइबिलीय समझ):
यह निर्भरता या आर्थिक दबाव का संकेत है।

बाइबिलीय आधार:
"उधार लेने वाला उधार देने वाले का दास होता है।"
— नीतिवचन 22:7 (BSI)

खतरे का स्तर:
मध्यम — चेतावनी।

तुरंत क्या करें:
आर्थिक स्वतंत्रता के लिये प्रार्थना करें।

प्रार्थना संबंधी कार्यवाही (उपवास + भजन):
उपवास करें और भजन 34 तथा भजन 37 के साथ प्रार्थना करें।

भविष्यवाणी-संबंधी प्रार्थना:
"मैं हर आर्थिक बन्धन से मुक्त हूँ, यीशु के नाम में।"

956. स्वप्न में अपने आप को पैसा वापस करते हुए देखना

अर्थ (बाइबिलीय समझ):
यह जिम्मेदारी और बहाली का संकेत है।

बाइबिलीय आधार:
"दुष्ट उधार लेता है और चुकाता नहीं..."
— भजन संहिता 37:21 (BSI)

खतरे का स्तर:
निम्न — बहाली।

तुरंत क्या करें:
ईमानदारी बनाए रखें।

प्रार्थना संबंधी कार्यवाही (उपवास + भजन):
भजन 37 और भजन 15 के साथ प्रार्थना करें।

भविष्यवाणी-संबंधी प्रार्थना:
"मैं ईमानदारी और आर्थिक बहाली में चलता हूँ, यीशु के नाम में।"

957. स्वप्न में अपने आप को धनी या सम्पन्न देखना

अर्थ (बाइबिलीय समझ):
यह बहुतायत और समृद्धि का संकेत है।

बाइबिलीय आधार:
"यहोवा की आशीष धनी बनाती है..."
— नीतिवचन 10:22 (BSI)

खतरे का स्तर:
निम्न – आशीष।

तुरंत क्या करें:
नम्र और विश्वासयोग्य बने रहें।

प्रार्थना संबंधी कार्यवाही (उपवास + भजन):
भजन 112 और भजन 1 के साथ प्रार्थना करें।

भविष्यवाणी-संबंधी प्रार्थना:
"मैं दिव्य समृद्धि में चलता हूँ, यीशु के नाम में।"

958. स्वप्न में अपने आप को गरीब या अभाव में देखना

अर्थ (बाइबिलीय समझ):
यह अभाव, कठिनाई, या आर्थिक संघर्ष का संकेत है।

बाइबिलीय आधार:
"यहोवा मेरा चरवाहा है, मुझे कुछ घटी न होगी।"
– भजन संहिता 23:1 (BSI)

खतरे का स्तर:
उच्च – चेतावनी।

तुरंत क्या करें:
प्रावधान और सफलता के लिये प्रार्थना करें।

प्रार्थना संबंधी कार्यवाही (उपवास + भजन):
उपवास करें और भजन 23 तथा भजन 34 के साथ प्रार्थना करें।

भविष्यवाणी-संबंधी प्रार्थना:
"मुझे किसी भी अच्छी वस्तु की घटी न होगी, यीशु के नाम में।"

959. स्वप्न में अपने आप को कठिन परिश्रम करते हुए देखना

अर्थ (बाइबिलीय समझ):
यह परिश्रम और सफलता के लिये प्रयास का संकेत है।

बाइबिलीय आधार:
"परिश्रमी का हाथ धनवान बनाता है।"
— नीतिवचन 10:4 (BSI)

खतरे का स्तर:
निम्न — परिश्रम।

तुरंत क्या करें:
विश्वासयोग्यता से कार्य करते रहें।

प्रार्थना संबंधी कार्यवाही (उपवास + भजन):
भजन 90 और भजन 128 के साथ प्रार्थना करें।

भविष्यवाणी-संबंधी प्रार्थना:
"मेरा परिश्रम फल उत्पन्न करे, यीशु के नाम में।"

960. स्वप्न में अपने आप को काम के बाद विश्राम करते हुए देखना

अर्थ (बाइबिलीय समझ):
यह प्रतिफल, विश्राम, और संतुष्टि का संकेत है।

बाइबिलीय आधार:
"परमेश्वर की प्रजा के लिये एक विश्राम बाकी है।"
— इब्रानियों 4:9 (BSI)

खतरे का स्तर:
निम्न — विश्राम।

तुरंत क्या करें:
धन्यवाद करें और परमेश्वर की शांति का आनंद लें।

प्रार्थना संबंधी कार्यवाही (उपवास + भजन):
भजन 23 और भजन 127 के साथ प्रार्थना करें।

भविष्यवाणी-संबंधी प्रार्थना:
"मैं दिव्य विश्राम और प्रतिफल में प्रवेश करता हूँ, यीशु के नाम में।"

961. स्वप्न में अपने आप को घर बनाते हुए देखना

अर्थ (बाइबिलीय समझ):
यह स्थापन, नियति का निर्माण, और नींव रखने का संकेत है।

बाइबिलीय आधार:
"यदि यहोवा घर न बनाए, तो बनाने वालों का परिश्रम व्यर्थ है..."
— भजन संहिता 127:1 (BSI)

खतरे का स्तर:
निम्न — स्थापन।

तुरंत क्या करें:
अपनी योजनाओं को परमेश्वर को समर्पित करें।

प्रार्थना संबंधी कार्यवाही (उपवास + भजन):
भजन 127 और भजन 90 के साथ प्रार्थना करें।

भविष्यवाणी-संबंधी प्रार्थना:
"मेरा जीवन दिव्य रूप से स्थापित हो, यीशु के नाम में।"

962. स्वप्न में अपने घर को गिरते हुए देखना

अर्थ (बाइबिलीय समझ):
यह अस्थिरता, आक्रमण, या कमजोर नींव का संकेत है।

बाइबिलीय आधार:
"वर्षा हुई... और वह गिर पड़ा, और उसका गिरना बड़ा भयंकर था।"
— मत्ती 7:27 (BSI)

खतरे का स्तर:
उच्च — खतरा।

तुरंत क्या करें:
अपनी आत्मिक नींव को मजबूत करें।

प्रार्थना संबंधी कार्यवाही (उपवास + भजन):
उपवास करें और भजन 11 तथा भजन 46 के साथ प्रार्थना करें।

भविष्यवाणी-संबंधी प्रार्थना:
"मेरी नींव परमेश्वर में सुरक्षित हो, यीशु के नाम में।"

963. स्वप्न में अपने आप को घर का नवीनीकरण करते हुए देखना

अर्थ (बाइबिलीय समझ):
यह बहाली, नया होना, और सुधार का संकेत है।

बाइबिलीय आधार:
"मैं उन वर्षों की क्षति भर दूँगा..."
— योएल 2:25 (BSI)

खतरे का स्तर:
निम्न — बहाली।

तुरंत क्या करें:
परमेश्वर को अपने जीवन में कार्य करने दें।

प्रार्थना संबंधी कार्यवाही (उपवास + भजन):
भजन 126 और भजन 30 के साथ प्रार्थना करें।

भविष्यवाणी-संबंधी प्रार्थना:
"मेरा जीवन पूरी तरह से बहाल हो, यीशु के नाम में।"

964. स्वप्न में अपने आप को नए घर में प्रवेश करते हुए देखना

अर्थ (बाइबिलीय समझ):
यह नई शुरुआत, उन्नति, और परिवर्तन का संकेत है।

बाइबिलीय आधार:
"देख, मैं एक नई बात करता हूँ..."
— यशायाह 43:19 (BSI)

खतरे का स्तर:
निम्न — नया समय।

तुरंत क्या करें:
नई अवस्था को अपनाएँ।

प्रार्थना संबंधी कार्यवाही (उपवास + भजन):
भजन 24 और भजन 23 के साथ प्रार्थना करें।

भविष्यवाणी-संबंधी प्रार्थना:
"मैं अपनी महिमा के नए समय में प्रवेश करता हूँ, यीशु के नाम में।"

965. स्वप्न में अपने आप को घर के बाहर बंद देखा जाना

अर्थ (बाइबिलीय समझ):
यह अस्वीकृति, रोक, या छूटे हुए अवसर का संकेत है।

बाइबिलीय आधार:
"जब घर का स्वामी उठकर द्वार बंद कर चुका होगा..."
— लूका 13:25 (BSI)

खतरे का स्तर:
उच्च — रोक।

तुरंत क्या करें:
खुले द्वारों के लिये प्रार्थना करें।

प्रार्थना संबंधी कार्यवाही (उपवास + भजन):
उपवास करें और भजन 24 तथा भजन 20 के साथ प्रार्थना करें।

भविष्यवाणी-संबंधी प्रार्थना:
"हर बंद द्वार आग के द्वारा खुल जाए, यीशु के नाम में।"

966. स्वप्न में अपने आप को बंद दरवाज़ा खोलते हुए देखना

अर्थ (बाइबिलीय समझ):
यह सफलता और पहुँच का संकेत है।

बाइबिलीय आधार:
"देख, मैं ने तेरे साम्हने एक खुला हुआ द्वार रखा है..."
— प्रकाशितवाक्य 3:8 (BSI)

खतरे का स्तर:
निम्न — सफलता।

तुरंत क्या करें:
साहस के साथ आगे बढ़ें।

प्रार्थना संबंधी कार्यवाही (उपवास + भजन):
भजन 24 और भजन 118 के साथ प्रार्थना करें।

भविष्यवाणी-संबंधी प्रार्थना:
"सफलता के द्वार मेरे लिये खुल जाएँ, यीशु के नाम में।"

967. स्वप्न में अपने आप को गहरी नींद में सोते हुए देखना

अर्थ (बाइबिलीय समझ):
यह विश्राम, शांति, या कभी-कभी आत्मिक लापरवाही का संकेत है।

बाइबिलीय आधार:
"वह अपने प्रियजनों को नींद देता है।"
— भजन संहिता 127:2 (BSI)

खतरे का स्तर:
मध्यम — विवेक की आवश्यकता।

तुरंत क्या करें:
आत्मिक रूप से सतर्क रहें।

प्रार्थना संबंधी कार्यवाही (उपवास + भजन):
भजन 4 और भजन 121 के साथ प्रार्थना करें।

भविष्यवाणी-संबंधी प्रार्थना:
"मैं शांति में विश्राम करता हूँ और आत्मिक रूप से जाग्रत रहता हूँ, यीशु के नाम में।"

968. स्वप्न में अपने आप को सोने में असमर्थ देखना

अर्थ (बाइबिलीय समझ):
यह चिंता, भय, या आत्मिक अशांति का संकेत है।

बाइबिलीय आधार:
"मैं लेट गया और सो गया; मैं जाग उठा, क्योंकि यहोवा मुझे सम्भालता है।"
— भजन संहिता 3:5 (BSI)

खतरे का स्तर:
मध्यम — अशांति।

तुरंत क्या करें:
शांति और विश्राम के लिये प्रार्थना करें।

प्रार्थना संबंधी कार्यवाही (उपवास + भजन):
भजन 3 और भजन 91 के साथ प्रार्थना करें।

भविष्यवाणी-संबंधी प्रार्थना:
"मैं दिव्य शांति और विश्राम प्राप्त करता हूँ, यीशु के नाम में।"

969. स्वप्न में अपने आप को आनन्द के साथ खाते हुए देखना

अर्थ (बाइबिलीय समझ):
यह प्रावधान, संतुष्टि, और आशीष का संकेत है।

बाइबिलीय आधार:
"तुम बहुत खाओगे और तृप्त हो जाओगे..."
— योएल 2:26 (BSI)

खतरे का स्तर:
निम्न — आशीष।

तुरंत क्या करें:
परमेश्वर का धन्यवाद करें।

प्रार्थना संबंधी कार्यवाही (उपवास + भजन):
भजन 23 और भजन 34 के साथ प्रार्थना करें।

भविष्यवाणी-संबंधी प्रार्थना:
"मैं दिव्य प्रावधान और संतुष्टि का आनन्द लेता हूँ, यीशु के नाम में।"

970. स्वप्न में अपने आप को खाने में असमर्थ देखना

अर्थ (बाइबिलीय समझ): यह अभाव, रुकावट, या आत्मिक दबाव का संकेत है। **बाइबिलीय आधार:** "तू अपने हाथों की कमाई खाएगा..." — भजन संहिता 128:2 (BSI) **खतरे का स्तर:** उच्च — रुकावट। **तुरंत क्या करें:** हर प्रकार की रुकावट के विरुद्ध प्रार्थना करें। **प्रार्थना संबंधी कार्यवाही (उपवास + भजन):** उपवास करें और भजन 128 तथा भजन 20 के साथ प्रार्थना करें। **भविष्यवाणी-संबंधी प्रार्थना:** "मेरे जीवन की हर रुकावट दूर हो जाए, यीशु के नाम में।"

S

971. स्वप्न में अपने आप को विद्यालय में देखना

अर्थ (बाइबिलीय समझ):
यह सीखने, तैयारी, और आत्मिक प्रशिक्षण का संकेत है।
बाइबिलीय आधार:
"हे यहोवा, मुझे अपनी विधियों का मार्ग सिखा।" — भजन संहिता 119:33 (BSI)
खतरे का स्तर:
निम्न — तैयारी।
तुरंत क्या करें:
सीखने योग्य बनें और वृद्धि के लिये खुले रहें।
प्रार्थना संबंधी कार्यवाही (उपवास + भजन):
भजन 119 और भजन 25 के साथ प्रार्थना करें।

भविष्यवाणी-संबंधी प्रार्थनाः
मैं बुद्धि और समझ में बढ़ता हूँ, यीशु के नाम में।

972. स्वप्न में अपने आप को परीक्षा में असफल होते हुए देखना

अर्थ (बाइबिलीय समझ):
यह तैयारी की कमी या आत्मिक कमजोरी का संकेत है।
बाइबिलीय आधारः
"अपने आप को जांचो..." — 2 कुरिन्थियों 13:5 (BSI)
खतरे का स्तरः
उच्च — चेतावनी।
तुरंत क्या करें:
अपने आत्मिक जीवन को मजबूत करें।
प्रार्थना संबंधी कार्यवाही (उपवास + भजन):
उपवास करें और भजन 26 तथा भजन 119 के साथ प्रार्थना करें।
भविष्यवाणी-संबंधी प्रार्थनाः
मैं अपने जीवन की हर असफलता पर जय पाता हूँ, यीशु के नाम में।

973. स्वप्न में अपने आप को परीक्षा में उत्तीर्ण होते हुए देखना

अर्थ (बाइबिलीय समझ):
यह सफलता, स्वीकृति, और उपलब्धि का संकेत है।
बाइबिलीय आधारः
"शाबाश, अच्छे और विश्वासयोग्य दास..." — मत्ती 25:21 (BSI)
खतरे का स्तरः
निम्न — सफलता।
तुरंत क्या करें:
परमेश्वर का धन्यवाद करें और विश्वासयोग्य बने रहें।

प्रार्थना संबंधी कार्यवाही (उपवास + भजन):
भजन 1 और भजन 112 के साथ प्रार्थना करें।
भविष्यवाणी-संबंधी प्रार्थना:
मैं अपने जीवन के हर क्षेत्र में सफल होता हूँ, यीशु के नाम में।

974. स्वप्न में अपने आप को विद्यालय में पढ़ाते हुए देखना

अर्थ (बाइबिलीय समझ):
यह नेतृत्व, ज्ञान, और प्रभाव का संकेत है।
बाइबिलीय आधार:
"जाओ... और सब जातियों को चेला बनाओ।" — मत्ती 28:19 (BSI)
खतरे का स्तर:
निम्न — बुलाहट।
तुरंत क्या करें:
दूसरों का मार्गदर्शन करने के लिये तैयारी करें।
प्रार्थना संबंधी कार्यवाही (उपवास + भजन):
भजन 78 और भजन 71 के साथ प्रार्थना करें।
भविष्यवाणी-संबंधी प्रार्थना:
मैं बुद्धि और शिक्षा के द्वारा जीवनों को प्रभावित करता हूँ, यीशु के नाम में।

975. स्वप्न में अपने आप को विद्यालय में खोया हुआ देखना

अर्थ (बाइबिलीय समझ):
यह भ्रम या दिशा की कमी का संकेत है।
बाइबिलीय आधार:
"यहोवा तुझे निरन्तर मार्ग दिखाता रहेगा।" — यशायाह 58:11 (BSI)
खतरे का स्तर:
मध्यम — भ्रम।

तुरंत क्या करें:
परमेश्वर से स्पष्टता माँगें।
प्रार्थना संबंधी कार्यवाही (उपवास + भजन):
भजन 25 और भजन 32 के साथ प्रार्थना करें।
भविष्यवाणी-संबंधी प्रार्थना:
मेरा मार्ग स्पष्ट और निर्देशित है, यीशु के नाम में।

976. स्वप्न में अपने आप को बहुत सी पुस्तकों के साथ देखना

अर्थ (बाइबिलीय समझ):
यह ज्ञान, बुद्धि, और सीखने का संकेत है।
बाइबिलीय आधार:
"यहोवा ही बुद्धि देता है।" — नीतिवचन 2:6 (BSI)
खतरे का स्तर:
निम्न — बुद्धि।
तुरंत क्या करें:
ज्ञान में वृद्धि करें।
प्रार्थना संबंधी कार्यवाही (उपवास + भजन):
भजन 119 और भजन 19 के साथ प्रार्थना करें।
भविष्यवाणी-संबंधी प्रार्थना:
मैं बुद्धि और ज्ञान में उत्कृष्ट होता हूँ, यीशु के नाम में।

977. स्वप्न में अपने आप को कुछ खोजते हुए देखना

अर्थ (बाइबिलीय समझ):
यह उद्देश्य या उत्तर की खोज का संकेत है।
बाइबिलीय आधार:
"ढूँढ़ो, तो तुम पाओगे।" — मत्ती 7:7 (BSI)

खतरे का स्तर:
निम्न – खोज।
तुरंत क्या करें:
परमेश्वर को सच्चे मन से खोजें।
प्रार्थना संबंधी कार्यवाही (उपवास + भजन):
भजन 27 और भजन 63 के साथ प्रार्थना करें।
भविष्यवाणी-संबंधी प्रार्थना:
मैं परमेश्वर में अपना उद्देश्य पाता हूँ, यीशु के नाम में।

978. स्वप्न में अपने आप को कोई महत्वपूर्ण वस्तु पाते हुए देखना

अर्थ (बाइबिलीय समझ):
यह खोज, सफलता, और उत्तर मिलने का संकेत है।
बाइबिलीय आधार:
"जो खोजता है वह पाता है।" – मत्ती 7:8 (BSI)
खतरे का स्तर:
निम्न – सफलता।
तुरंत क्या करें:
जो पाया है उसका बुद्धिमानी से उपयोग करें।
प्रार्थना संबंधी कार्यवाही (उपवास + भजन):
भजन 19 और भजन 126 के साथ प्रार्थना करें।
भविष्यवाणी-संबंधी प्रार्थना:
मैं अपने भाग्य के छिपे हुए खजाने खोजता हूँ, यीशु के नाम में।

979. स्वप्न में अपने आप को खतरे से बचते हुए देखना

अर्थ (बाइबिलीय समझ):
यह दिव्य सुरक्षा और छुटकारे का संकेत है।

बाइबिलीय आधार:

“प्रभु मुझे हर बुरे काम से छुड़ाएगा।” — 2 तीमुथियुस 4:18 (BSI)

खतरे का स्तर:

निम्न — छुटकारा।

तुरंत क्या करें:

धन्यवाद करें और सतर्क रहें।

प्रार्थना संबंधी कार्यवाही (उपवास + भजन):

भजन 91 और भजन 124 के साथ प्रार्थना करें।

भविष्यवाणी-संबंधी प्रार्थना:

मैं हर बुराई से छुड़ाया गया हूँ, यीशु के नाम में।

980. स्वप्न में अपने आप को लोगों से घिरा हुआ देखना

अर्थ (बाइबिलीय समझ):

यह प्रभाव, संबंध, या दबाव का संकेत है।

बाइबिलीय आधार:

“जो बुद्धिमानों के साथ चलता है वह बुद्धिमान बनता है।” — नीतिवचन 13:20 (BSI)

खतरे का स्तर:

मध्यम — विवेक आवश्यक।

तुरंत क्या करें:

अपने वातावरण को पहचानें और समझें।

प्रार्थना संबंधी कार्यवाही (उपवास + भजन):

भजन 1 और भजन 25 के साथ प्रार्थना करें।

भविष्यवाणी-संबंधी प्रार्थना:

मैं सही लोगों से घिरा हूँ, यीशु के नाम में।

981. स्वप्न में अपने आप को भीड़ के सामने खड़े हुए देखना

अर्थ (बाइबिलीय समझ):
यह नेतृत्व, प्रभाव, और सार्वजनिक पहचान का संकेत है।
बाइबिलीय आधार:
"जो नगर पहाड़ पर बसा है वह छिप नहीं सकता।" — मत्ती 5:14 (BSI)
खतरे का स्तर:
निम्न — उन्नति।
तुरंत क्या करें:
प्रभाव और जिम्मेदारी के लिये तैयारी करें।
प्रार्थना संबंधी कार्यवाही (उपवास + भजन):
भजन 75 और भजन 110 के साथ प्रार्थना करें।
भविष्यवाणी-संबंधी प्रार्थना:
मैं राष्ट्रों के सामने साहस के साथ खड़ा होता हूँ, यीशु के नाम में।

982. स्वप्न में अपने आप को लोगों के सामने डरते हुए देखना

अर्थ (बाइबिलीय समझ):
यह मनुष्य का भय या आत्मविश्वास की कमी का संकेत है।
बाइबिलीय आधार:
"मनुष्य का भय फन्दा बनता है।" — नीतिवचन 29:25 (BSI)
खतरे का स्तर:
मध्यम — भय।
तुरंत क्या करें:
भय को अस्वीकार करें और साहस को अपनाएँ।
प्रार्थना संबंधी कार्यवाही (उपवास + भजन):
भजन 27 और भजन 56 के साथ प्रार्थना करें।
भविष्यवाणी-संबंधी प्रार्थना:
मैं साहसी और निडर हूँ, यीशु के नाम में।

983. स्वप्न में अपने आप को आत्मविश्वास के साथ बोलते हुए देखना

अर्थ (बाइबिलीय समझ):
यह साहस, अधिकार, और स्पष्टता का संकेत है।
बाइबिलीय आधार:
"उन्होंने परमेश्वर का वचन साहस के साथ कहा।" — प्रेरितों के काम 4:31 (BSI)
खतरे का स्तर:
निम्न — अधिकार।
तुरंत क्या करें:
अपनी आवाज का सही उपयोग करें।
प्रार्थना संबंधी कार्यवाही (उपवास + भजन):
भजन 19 और भजन 45 के साथ प्रार्थना करें।
भविष्यवाणी-संबंधी प्रार्थना:
मेरी आवाज सामर्थ और अधिकार से भरी है, यीशु के नाम में।

984. स्वप्न में अपने आप को लोगों द्वारा चुप कराए जाते हुए देखना

अर्थ (बाइबिलीय समझ):
यह दमन, अस्वीकार, या आपकी आवाज पर हमला का संकेत है।
बाइबिलीय आधार:
"हम उन बातों को कहे बिना नहीं रह सकते..." — प्रेरितों के काम 4:20 (BSI)
खतरे का स्तर:
उच्च — दमन।
तुरंत क्या करें:
अपनी आवाज की बहाली के लिये प्रार्थना करें।
प्रार्थना संबंधी कार्यवाही (उपवास + भजन):
उपवास करें और भजन 81 तथा भजन 27 के साथ प्रार्थना करें।

भविष्यवाणी-संबंधी प्रार्थना:

मेरी आवाज को कोई नहीं रोक सकता, यीशु के नाम में।

985. स्वप्न में अपने आप को लोगों के साथ भोजन बाँटते हुए देखना

अर्थ (बाइबिलीय समझ):

यह सहभागिता, एकता, और प्रावधान का संकेत है।

बाइबिलीय आधार:

"वे रोटी तोड़ते थे... और आनन्द से खाते थे।" — प्रेरितों के काम 2:46 (BSI)

खतरे का स्तर:

निम्न — एकता।

तुरंत क्या करें:

ईश्वरीय संबंध बनाए रखें।

प्रार्थना संबंधी कार्यवाही (उपवास + भजन):

भजन 133 और भजन 23 के साथ प्रार्थना करें।

भविष्यवाणी-संबंधी प्रार्थना:

मेरे जीवन में एकता और प्रावधान प्रवाहित होता है, यीशु के नाम में।

986. स्वप्न में अपने आप को भूखा देखते हुए देखना

अर्थ (बाइबिलीय समझ):

यह अभाव, खालीपन, या आत्मिक सूखापन का संकेत है।

बाइबिलीय आधार:

"मनुष्य केवल रोटी से नहीं जीएगा..." — मत्ती 4:4 (BSI)

खतरे का स्तर:

उच्च — अभाव।

तुरंत क्या करें:

परमेश्वर से प्रावधान माँगें।

प्रार्थना संबंधी कार्यवाही (उपवास + भजन):

उपवास करें और भजन 34 तथा भजन 107 के साथ प्रार्थना करें।

भविष्यवाणी-संबंधी प्रार्थना:

मैं किसी भी अच्छी वस्तु की कमी नहीं रखूँगा, यीशु के नाम में।

987. स्वप्न में अपने आप को स्वच्छ जल पीते हुए देखना

अर्थ (बाइबिलीय समझ):

यह जीवन, पवित्रता, और आत्मिक ताज़गी का संकेत है।

बाइबिलीय आधार:

"वह मुझे शांत जल के पास ले चलता है।" — भजन संहिता 23:2 (BSI)

खतरे का स्तर:

निम्न — ताज़गी।

तुरंत क्या करें:

परमेश्वर से जुड़े रहें।

प्रार्थना संबंधी कार्यवाही (उपवास + भजन):

भजन 23 और भजन 36 के साथ प्रार्थना करें।

भविष्यवाणी-संबंधी प्रार्थना:

मैं ताज़ा और नया किया जाता हूँ, यीशु के नाम में।

988. स्वप्न में अपने आप को गंदा पानी पीते हुए देखना

अर्थ (बाइबिलीय समझ):

यह अशुद्धता, धोखा, या आत्मिक प्रदूषण का संकेत है।

बाइबिलीय आधार:

"अपने हृदय की पूरी चौकसी के साथ रक्षा कर..." — नीतिवचन 4:23 (BSI)

खतरे का स्तर:

उच्च – खतरा।

तुरंत क्या करें:

हर अशुद्ध वस्तु को अस्वीकार करें।

प्रार्थना संबंधी कार्यवाही (उपवास + भजन):

उपवास करें और भजन 51 तथा भजन 24 के साथ प्रार्थना करें।

भविष्यवाणी-संबंधी प्रार्थना:

मैं यीशु के लहू से शुद्ध किया गया हूँ, यीशु के नाम में।

989. स्वप्न में अपने आप को तैरते हुए देखना

अर्थ (बाइबिलीय समझ):

यह गति, प्रगति, और चुनौतियों को पार करने का संकेत है।

बाइबिलीय आधार:

"जब तू जल में होकर जाएगा, मैं तेरे साथ रहूँगा।" – यशायाह 43:2 (BSI)

खतरे का स्तर:

निम्न – प्रगति।

तुरंत क्या करें:

हर परिस्थिति में परमेश्वर पर भरोसा रखें।

प्रार्थना संबंधी कार्यवाही (उपवास + भजन):

भजन 66 और भजन 121 के साथ प्रार्थना करें।

भविष्यवाणी-संबंधी प्रार्थना:

मैं जीवन की हर चुनौती को पार करता हूँ, यीशु के नाम में।

990. स्वप्न में अपने आप को डूबते हुए देखना

अर्थ (बाइबिलीय समझ):
यह अत्यधिक समस्याओं या आत्मिक हमले का संकेत है। **बाइबिलीय आधार:** “हे परमेश्वर, मुझे बचा ले! क्योंकि जल मेरे प्राण तक पहुँच गया है।” – भजन संहिता 69:1 (BSI) **खतरे का स्तर:** उच्च – खतरा। **तुरंत क्या करें:** तुरंत परमेश्वर को पुकारें। **प्रार्थना संबंधी कार्यवाही (उपवास + भजन):**
उपवास करें और भजन 69 तथा भजन 18 के साथ प्रार्थना करें। **भविष्यवाणी संबंधी प्रार्थना:** मैं हर भारी परिस्थिति से बचाया जाता हूँ, यीशु के नाम में।

T

991. स्वप्न में अपने आप को यात्रा करते हुए देखना

अर्थ (बाइबिलीय समझ):
यह परिवर्तन, गति, और समय के बदलने का संकेत है।
बाइबिलीय आधार:
“यहोवा तेरे निकलने और तेरे आने की रक्षा करेगा।” – भजन संहिता 121:8 (BSI)
खतरे का स्तर:
निम्न – परिवर्तन।
तुरंत क्या करें:
अपनी यात्रा को परमेश्वर को समर्पित करें।

प्रार्थना संबंधी कार्यवाही (उपवास + भजन):
भजन 121 और भजन 23 के साथ प्रार्थना करें।
भविष्यवाणी-संबंधी प्रार्थना:
मेरी यात्रा परमेश्वर द्वारा सुरक्षित और निर्देशित है, यीशु के नाम में।

992. स्वप्न में अपने आप को अपने गंतव्य तक पहुँचने में असमर्थ देखना

अर्थ (बाइबिलीय समझ):
यह विलम्ब, रुकावट, या आत्मिक विरोध का संकेत है।
बाइबिलीय आधार:
"मैं तुम्हारे पास आना चाहता था... पर शैतान ने हमें रोका।" — 1 थिस्सलुनीकियों 2:18 (BSI)
खतरे का स्तर:
उच्च — विलम्ब।
तुरंत क्या करें:
रुकावट के विरुद्ध प्रार्थना करें।
प्रार्थना संबंधी कार्यवाही (उपवास + भजन):
उपवास करें और भजन 24 तथा भजन 20 के साथ प्रार्थना करें।
भविष्यवाणी-संबंधी प्रार्थना:
मेरी नियति में हर रुकावट दूर हो जाए, यीशु के नाम में।

993. स्वप्न में अपने आप को अपने गंतव्य पर पहुँचते हुए देखना

अर्थ (बाइबिलीय समझ):
यह पूर्ति, सफलता, और पूर्णता का संकेत है।
बाइबिलीय आधार:
"यहोवा मेरे विषय को पूरा करेगा।" — भजन संहिता 138:8 (BSI)
खतरे का स्तर:

निम्न — पूर्ति।

तुरंत क्या करें:

धन्यवाद करें और विश्वासयोग्य बने रहें।

प्रार्थना संबंधी कार्यवाही (उपवास + भजन):

भजन 138 और भजन 126 के साथ प्रार्थना करें।

भविष्यवाणी-संबंधी प्रार्थना:

मेरी नियति सफलतापूर्वक पूरी होती है, यीशु के नाम में।

994. स्वप्न में अपने आप को खजाना प्राप्त करते हुए देखना

अर्थ (बाइबिलीय समझ):

यह छिपी हुई आशीषें, अवसर, और दिव्य कृपा का संकेत है।

बाइबिलीय आधार:

“मैं तुझे अंधकार के भण्डार दूँगा…” — यशायाह 45:3 (BSI)

खतरे का स्तर:

निम्न — आशीष।

तुरंत क्या करें:

इसे बुद्धिमानी से उपयोग करें और परमेश्वर का आदर करें।

प्रार्थना संबंधी कार्यवाही (उपवास + भजन):

भजन 112 और भजन 23 के साथ प्रार्थना करें।

भविष्यवाणी-संबंधी प्रार्थना:

छिपे हुए खजाने मेरे लिये प्रकट होते हैं, यीशु के नाम में।

995. स्वप्न में अपने आप को खजाना खोते हुए देखना

अर्थ (बाइबिलीय समझ):

यह हानि, लापरवाही, या आत्मिक हमला का संकेत है।

बाइबिलीय आधार:

"जो कुछ तेरे पास है उसे दृढ़ता से पकड़े रह..." — प्रकाशितवाक्य 3:11 (BSI)

खतरे का स्तर:

उच्च — हानि।

तुरंत क्या करें:

पुनः प्राप्ति और सुरक्षा के लिये प्रार्थना करें।

प्रार्थना संबंधी कार्यवाही (उपवास + भजन):

उपवास करें और भजन 20 तथा भजन 126 के साथ प्रार्थना करें।

भविष्यवाणी-संबंधी प्रार्थना:

हर खोया हुआ खजाना मुझे वापस मिले, यीशु के नाम में।

996. स्वप्न में अपने आप को मुकुट प्राप्त करते हुए देखना

अर्थ (बाइबिलीय समझ):

यह आदर, विजय, और दिव्य प्रतिफल का संकेत है।

बाइबिलीय आधार:

"विश्वासयोग्य रह... और मैं तुझे जीवन का मुकुट दूँगा।" — प्रकाशितवाक्य 2:10 (BSI)

खतरे का स्तर:

निम्न — आदर।

तुरंत क्या करें:

विश्वासयोग्य और नम्र बने रहें।

प्रार्थना संबंधी कार्यवाही (उपवास + भजन):

भजन 8 और भजन 75 के साथ प्रार्थना करें।

भविष्यवाणी-संबंधी प्रार्थना:

मैं आदर का मुकुट प्राप्त करता हूँ, यीशु के नाम में।

997. स्वप्न में अपना मुकुट गिरते हुए देखना

अर्थ (बाइबिलीय समझ):
यह आदर, महिमा, या पद की हानि का संकेत है।
बाइबिलीय आधार:
“हाय हम पर... क्योंकि हमारा मुकुट गिर गया है!” — विलापगीत 5:16 (BSI)
खतरे का स्तर:
उच्च — चेतावनी।
तुरंत क्या करें:
तुरंत पुनर्स्थापन के लिये प्रार्थना करें।
प्रार्थना संबंधी कार्यवाही (उपवास + भजन):
उपवास करें और भजन 51 तथा भजन 61 के साथ प्रार्थना करें।
भविष्यवाणी-संबंधी प्रार्थना:
मेरा मुकुट अग्नि के द्वारा पुनः स्थापित हो, यीशु के नाम में।

998. स्वप्न में अपने आप को सिंहासन पर बैठते हुए देखना

अर्थ (बाइबिलीय समझ):
यह अधिकार, नेतृत्व, और प्रभुत्व का संकेत है।
बाइबिलीय आधार:
“जो जय पाएगा उसे मैं अपने साथ अपने सिंहासन पर बैठने दूँगा।” — प्रकाशितवाक्य 3:21 (BSI)
खतरे का स्तर:
निम्न — अधिकार।
तुरंत क्या करें:
धार्मिकता और बुद्धि में चलें।
प्रार्थना संबंधी कार्यवाही (उपवास + भजन):
भजन 110 और भजन 72 के साथ प्रार्थना करें।

भविष्यवाणी-संबंधी प्रार्थना:
मैं अधिकार और प्रभुत्व में राज्य करता हूँ, यीशु के नाम में।

999. स्वप्न में अपने आप को परमेश्वर की आराधना करते हुए देखना

अर्थ (बाइबिलीय समझ):
यह मेल, समर्पण, और दिव्य संबंध का संकेत है।
बाइबिलीय आधार:
"परमेश्वर आत्मा है, और अवश्य है कि उसके भक्त आत्मा और सच्चाई से भजन करें।" — यूहन्ना 4:24 (BSI)
खतरे का स्तर:
निम्न — मेल।
तुरंत क्या करें:
सच्ची आराधना में बने रहें।
प्रार्थना संबंधी कार्यवाही (उपवास + भजन):
भजन 95 और भजन 100 के साथ प्रार्थना करें।
भविष्यवाणी-संबंधी प्रार्थना:
मेरा जीवन परमेश्वर के लिये सच्ची आराधना है, यीशु के नाम में।

1000. स्वप्न में अपने आप को महिमा या तेज प्रकाश में देखना

अर्थ (बाइबिलीय समझ):
यह दिव्य महिमा, नियति की पूर्ति, और परमेश्वर की उपस्थिति का संकेत है।
बाइबिलीय आधार:
"यहोवा की महिमा प्रकट होगी..." — यशायाह 40:5 (BSI)
खतरे का स्तर:
निम्न — दिव्य महिमा।

तुरंत क्या करें:
परमेश्वर की उपस्थिति और पवित्रता में बने रहें।
प्रार्थना संबंधी कार्यवाही (उपवास + भजन):
भजन 24 और भजन 27 के साथ प्रार्थना करें।
भविष्यवाणी-संबंधी प्रार्थना:
परमेश्वर की महिमा मेरे जीवन को ढँक ले, यीशु के नाम में।

1001. स्वप्न में ट्रैफिक जाम या रास्ता रुका हुआ देखना

अर्थ (बाइबिलीय समझ):
यह आपकी प्रगति या नियति की यात्रा में रुकावटों, विलम्बों, और ठहराव का संकेत है।
बाइबिलीय आधार:
"तुम अच्छी रीति से दौड़ रहे थे। तुम्हें किसने रोक दिया...?" — गलतियों 5:7
खतरे का स्तर:
उच्च — विलम्ब और अवरोध।
तुरंत क्या करें:
हर शैतानी विलम्ब और रुकावट के विरुद्ध प्रार्थना करें।
प्रार्थना संबंधी कार्यवाही (उपवास + भजन):
उपवास करें और भजन 5 तथा भजन 54 के साथ प्रार्थना करें।
भविष्यवाणी-संबंधी प्रार्थना:
मेरे राज्याभिषेक के मार्ग की हर रुकावट आग से दूर हो जाए, यीशु के नाम में।

1002. स्वप्न में कछुआ देखना

अर्थ (बाइबिलीय समझ):
यह धीमी प्रगति, सुस्ती, या चालाक जीवन-शैली के ढाँचों का संकेत है।

बाइबिलीय आधार:

"हे आलसी, तू कब तक सोता रहेगा?" — नीतिवचन 6:9

खतरे का स्तर:

मध्यम — ठहराव।

तुरंत क्या करें:

सुस्ती को तोड़ें और परिश्रम का पीछा करें।

प्रार्थना संबंधी कार्यवाही (उपवास + भजन):

भजन 25 के साथ प्रार्थना करें।

भविष्यवाणी-संबंधी प्रार्थना:

मेरे जीवन में सुस्ती और चालाकी की आत्मा भागे और नष्ट हो जाए, यीशु के नाम में।

1003. स्वप्न में पके और अच्छे टमाटर तोड़ना

अर्थ (बाइबिलीय समझ):

यह फलवन्तता, वृद्धि, और कुछ परिस्थितियों में संतान-प्राप्ति (विशेषकर कन्या-संतान) का संकेत है।

बाइबिलीय आधार:

"तू धन्य होगा… तेरे शरीर का फल…" — व्यवस्थाविवरण 28:4

खतरे का स्तर:

निम्न — आशीष।

तुरंत क्या करें:

परमेश्वर को धन्यवाद दें और प्रकट होने के लिये प्रार्थना करें।

प्रार्थना संबंधी कार्यवाही (उपवास + भजन):

उपवास करें और भजन 60, भजन 61, और भजन 126 के साथ प्रार्थना करें।

भविष्यवाणी-संबंधी प्रार्थना:

मैं अपने जीवन में फलवन्तता और आनन्द की घोषणा करता हूँ, यीशु के नाम में।

1004. स्वप्न में अपने शरीर पर टैटू होना

अर्थ (बाइबिलीय समझ):
यह बुरी छाप, आत्मिक निशान, या थोपी गई नकारात्मक पहचान का संकेत है।
बाइबिलीय आधार:
"देख, मैं ने तुझे अपनी हथेलियों पर खोद रखा है।" — यशायाह 49:16
खतरे का स्तर:
उच्च — आत्मिक निशान।
तुरंत क्या करें:
प्रार्थना के द्वारा हर बुरे निशान को तोड़ें।
प्रार्थना संबंधी कार्यवाही (उपवास + भजन):
भजन 69 और भजन 110 के साथ प्रार्थना करें।
भविष्यवाणी-संबंधी प्रार्थना:
मेरे शरीर पर हर बुरा निशान यीशु के लहू से मिट जाए, यीशु के नाम में।

1005. स्वप्न में ट्रॉफी को हाथ में लेना

अर्थ (बाइबिलीय समझ):
यह आपके कार्यों में विजय, प्रतिफल, और सफलता का संकेत है।
बाइबिलीय आधार:
"मैं अच्छी कुश्ती लड़ चुका... मेरे लिये धार्मिकता का मुकुट रखा हुआ है।" — 2 तीमुथियुस 4:7–8
खतरे का स्तर:
निम्न — विजय।

तुरंत क्या करें:
सफलता के प्रकट होने के लिये तैयार रहें।
प्रार्थना संबंधी कार्यवाही (उपवास + भजन):
उपवास करें और भजन 72 तथा भजन 102 के साथ प्रार्थना करें।
भविष्यवाणी-संबंधी प्रार्थना:
मेरी विजय और सफलता आग के साथ प्रकट हो, यीशु के नाम में।

1006. स्वप्न में तुरही बजाना

अर्थ (बाइबिलीय समझ):
यह दिव्य घोषणा, प्रसिद्धि, और वैश्विक पहचान का संकेत है।
बाइबिलीय आधार:
"अपना शब्द तुरही के समान बुलन्द कर।" — यशायाह 58:1
खतरे का स्तर:
निम्न — उन्नति।
तुरंत क्या करें:
दृश्यता के लिये तैयार रहें।
प्रार्थना संबंधी कार्यवाही (उपवास + भजन):
भजन 72 के साथ प्रार्थना करें।
भविष्यवाणी-संबंधी प्रार्थना:
मेरी तुरही जातियों में फूँकी जाए, यीशु के नाम में।

1007. स्वप्न में सूखा पेड़ देखना

अर्थ (बाइबिलीय समझ):
यह निष्फल परिश्रम, सूखापन, या परिणामों की कमी का संकेत है।
बाइबिलीय आधार:
"वह उस वृक्ष के समान होगा जो जल की धाराओं के पास लगाया गया

हो...” – भजन संहिता 1:3

खतरे का स्तर:

उच्च – निष्फलता।

तुरंत क्या करें:

फलवन्तता और जागृति के लिये प्रार्थना करें।

प्रार्थना संबंधी कार्यवाही (उपवास + भजन):

उपवास करें और भजन 40 तथा भजन 6 के साथ प्रार्थना करें।

भविष्यवाणी-संबंधी प्रार्थना:

मैं व्यर्थ परिश्रम नहीं करूँगा, यीशु के नाम में।

1008. स्वप्न में सूखे या मरे हुए पेड़ पर खड़ा होना

अर्थ (बाइबिलीय समझ):

यह अस्थिर और निष्फल कामों या निराशाजनक परिस्थितियों का संकेत है।

बाइबिलीय आधार:

“तुम उस वस्तु पर क्यों रुपया देते हो जो रोटी नहीं है?” – यशायाह 55:2

खतरे का स्तर:

उच्च – अस्थिरता।

तुरंत क्या करें:

अनुत्पादक मार्गों से अपने को अलग करें।

प्रार्थना संबंधी कार्यवाही (उपवास + भजन):

उपवास करें और भजन 118 के साथ प्रार्थना करें।

भविष्यवाणी-संबंधी प्रार्थना:

मेरा जीवन आशा और दिव्य पुनर्स्थापन को प्राप्त करे, यीशु के नाम में।

1009. स्वप्न में टेलीविज़न सेट दिया जाना

अर्थ (बाइबिलीय समझ):
यह आत्मिक दर्शन, प्रकाशन, और नई आयामों का संकेत है।
बाइबिलीय आधार:
"जहाँ दर्शन नहीं होता, वहाँ लोग निरंकुश हो जाते हैं।" — नीतिवचन 29:18
खतरे का स्तर:
निम्न — प्रकाशन।
तुरंत क्या करें:
दृष्टि की स्पष्टता के लिये प्रार्थना करें।
प्रार्थना संबंधी कार्यवाही (उपवास + भजन):
उपवास करें और भजन 36 तथा भजन 63 के साथ प्रार्थना करें।
भविष्यवाणी-संबंधी प्रार्थना:
मेरा आत्मिक दर्शन विस्तृत हो, यीशु के नाम में।

1010. स्वप्न में खराब टेलीविज़न या आँखें देखना

अर्थ (बाइबिलीय समझ):
यह आत्मिक अन्धापन या दृष्टि की हानि का संकेत है।
बाइबिलीय आधार:
"शरीर का दीपक आँख है।" — मत्ती 6:22
खतरे का स्तर:
उच्च — अन्धापन।
तुरंत क्या करें:
दृष्टि और समझ की बहाली के लिये प्रार्थना करें।
प्रार्थना संबंधी कार्यवाही (उपवास + भजन):
उपवास करें और भजन 49 तथा भजन 139 के साथ प्रार्थना करें।
भविष्यवाणी-संबंधी प्रार्थना:
मेरी आत्मिक आँखें पुनः स्थापित और सुरक्षित हों, यीशु के नाम में।

1011. स्वप्न में टेलीफोन सन्देश प्राप्त करना

अर्थ (बाइबिलीय समझ):
यह दूर से आने वाले संचार, शुभ समाचार, या दिव्य सम्बन्ध का संकेत है।
बाइबिलीय आधार:
"उसने अपना वचन भेजकर उन्हें चंगा किया।" — भजन संहिता 107:20
खतरे का स्तर:
निम्न — शुभ समाचार।
तुरंत क्या करें:
सन्देशों और अवसरों के प्रति सावधान रहें।
प्रार्थना संबंधी कार्यवाही (उपवास + भजन):
उपवास करें और भजन 149 तथा भजन 150 के साथ प्रार्थना करें।
भविष्यवाणी-संबंधी प्रार्थना:
दूर स्थानों से मेरी आशीषें आग के साथ प्रकट हों, यीशु के नाम में।

1012. स्वप्न में अन्य भाषा बोलना

अर्थ (बाइबिलीय समझ):
यह पवित्र आत्मा के बपतिस्मे, आत्मिक आग, और दिव्य संचार का संकेत है।
बाइबिलीय आधार:
"वे सब पवित्र आत्मा से भर गए, और अन्य भाषाएँ बोलने लगे..." — प्रेरितों के काम 2:4
खतरे का स्तर:
निम्न — आत्मिक सामर्थ्य।
तुरंत क्या करें:
अपने आत्मिक वरदानों को जागृत करें।
प्रार्थना संबंधी कार्यवाही (उपवास + भजन):

उपवास करें और भजन 84 तथा भजन 90 के साथ प्रार्थना करें।

भविष्यवाणी-संबंधी प्रार्थना:

मेरा जीवन नयी पवित्र आत्मा की आग प्राप्त करे, यीशु के नाम में।

1013. स्वप्न में अपने दाँतों में से एक को गिरते देखना

अर्थ (बाइबिलीय समझ):

यह किसी मूल्यवान वस्तु की हानि, या गलत शब्दों से हुए नुकसान का संकेत है।

बाइबिलीय आधार:

"जीभ के वश में मृत्यु और जीवन दोनों होते हैं।" — नीतिवचन 18:21

खतरे का स्तर:

उच्च — हानि।

तुरंत क्या करें:

अपने शब्दों की रक्षा करें और सुरक्षा के लिये प्रार्थना करें।

प्रार्थना संबंधी कार्यवाही (उपवास + भजन):

उपवास करें और भजन 91 तथा भजन 94 के साथ प्रार्थना करें।

भविष्यवाणी-संबंधी प्रार्थना:

मेरा जीवन और मेरा परिवार हानि और विनाश से सुरक्षित रहे, यीशु के नाम में।

1014. स्वप्न में किसी और के दाँत गिरते देखना

अर्थ (बाइबिलीय समझ):

यह विनाशकारी बोलचाल या अपमानजनक शब्दों के कारण सम्बन्धों पर पड़ने वाले प्रभाव का संकेत है।

बाइबिलीय आधार:

"हे यहोवा, मेरे मुँह पर पहरा बिठा..." — भजन संहिता 141:3

खतरे का स्तर:

मध्यम — सम्बन्धों का खतरा।

तुरंत क्या करें:

वाणी में संयम के लिये प्रार्थना करें।

प्रार्थना संबंधी कार्यवाही (उपवास + भजन):

भजन 25 के साथ प्रार्थना करें।

भविष्यवाणी-संबंधी प्रार्थना:

मेरा मुँह विनाश से छुड़ाया जाए, यीशु के नाम में।

1015. स्वप्न में फीता-कृमि को उलटी करके या बाहर निकलते देखना

अर्थ (बाइबिलीय समझ):

यह विष, बीमारी, या दुष्ट आत्मिक जमाव से छुटकारे का संकेत है।

बाइबिलीय आधार:

"वह तेरे सब रोगों को चंगा करता है।" — भजन संहिता 103:3

खतरे का स्तर:

निम्न — छुटकारा।

तुरंत क्या करें:

परमेश्वर को छुटकारे के लिये धन्यवाद दें।

प्रार्थना संबंधी कार्यवाही (उपवास + भजन):

भजन 18 के साथ प्रार्थना करें।

भविष्यवाणी-संबंधी प्रार्थना:

मेरे शरीर में हर शैतानी जमाव निकाल दिया जाए, यीशु के नाम में।

U

1016. स्वप्न में दर्जी को कपड़ा सीते हुए देखना

अर्थ (बाइबिलीय समझ):

यह पुनर्स्थापन, एकता, और सम्बन्धों या परिवार में मरम्मत का संकेत है।

बाइबिलीय आधार:

"वह टूटे मन वालों को चंगा करता है।" — भजन संहिता 147:3

खतरे का स्तर:

निम्न — पुनर्स्थापन।

तुरंत क्या करें:

शान्ति और मेल-मिलाप को बढ़ावा दें।

प्रार्थना संबंधी कार्यवाही (उपवास + भजन):

उपवास करें और भजन 133 तथा भजन 137 के साथ प्रार्थना करें।

भविष्यवाणी-संबंधी प्रार्थना:

मेरे परिवार में शान्ति और एकता राज्य करे, यीशु के नाम में।

1017. स्वप्न में तेजाब या खतरनाक रासायनिक पदार्थ देखना

अर्थ (बाइबिलीय समझ):

यह खतरे, हानि, या विनाशकारी परिस्थितियों का संकेत है।

बाइबिलीय आधार:

"कोई विपत्ति तुझ पर न पड़ेगी।" — भजन संहिता 91:10

खतरे का स्तर:

उच्च — खतरा।

तुरंत क्या करें:

तुरंत सुरक्षा के लिये प्रार्थना करें।

प्रार्थना संबंधी कार्यवाही (उपवास + भजन):

उपवास करें और भजन 91 तथा भजन 108 के साथ प्रार्थना करें।

भविष्यवाणी-संबंधी प्रार्थना:
मेरे जीवन के विरुद्ध ठहराया गया हर खतरा नष्ट हो जाए, यीशु के नाम में।

1018. स्वप्न में तेज़ी से बहता नल का पानी देखना

अर्थ (बाइबिलीय समझ):
यह बहुतायत, आशीषों के प्रवाह, और समृद्धि का संकेत है।
बाइबिलीय आधार:
"मेरा कटोरा उमण्ड रहा है।" — भजन संहिता 23:5
खतरे का स्तर:
निम्न — बहुतायत।
तुरंत क्या करें:
वृद्धि के लिये तैयार रहें।
प्रार्थना संबंधी कार्यवाही (उपवास + भजन):
उपवास करें और भजन 102 तथा भजन 112 के साथ प्रार्थना करें।
भविष्यवाणी-संबंधी प्रार्थना:
निरन्तर धन और आदर मेरे जीवन में प्रवाहित हों, यीशु के नाम में।

1019. स्वप्न में अपने शिक्षक (भूतपूर्व या वर्तमान) को देखना

अर्थ (बाइबिलीय समझ):
यह मार्गदर्शन, शिक्षा, या बुद्धि की आवश्यकता का संकेत है।
बाइबिलीय आधार:
"तेरे कानों में यह वचन सुनाई देगा, 'मार्ग यही है, इसी में चलो।'" — यशायाह 30:21
खतरे का स्तर:
निम्न — मार्गदर्शन।
तुरंत क्या करें:

सलाह और दिशा खोजें।

प्रार्थना संबंधी कार्यवाही (उपवास + भजन):

उपवास करें और भजन 114 तथा भजन 150 के साथ प्रार्थना करें।

भविष्यवाणी-संबंधी प्रार्थना:

बुद्धि और मार्गदर्शन की आत्मा मुझ पर ठहरे, यीशु के नाम में।

1020. स्वप्न में एक पेड़ को जड़ से उखाड़ना

अर्थ (बाइबिलीय समझ):

यह शत्रुओं के विनाश और समस्याओं को हटाने का संकेत है।

बाइबिलीय आधार:

"हर वह पौधा जिसे मेरे स्वर्गीय पिता ने नहीं लगाया, उखाड़ा जाएगा।" — मत्ती 15:13

खतरे का स्तर:

निम्न – विजय।

तुरंत क्या करें:

युद्ध की प्रार्थनाएँ जारी रखें।

प्रार्थना संबंधी कार्यवाही (उपवास + भजन):

उपवास करें और भजन 59 तथा भजन 83 के साथ प्रार्थना करें।

भविष्यवाणी-संबंधी प्रार्थना:

मेरे जीवन को परेशान करने वाला हर शत्रु जड़ से उखाड़ा जाए, यीशु के नाम में।

1021. स्वप्न में जाल में फँस जाना

अर्थ (बाइबिलीय समझ):

यह शत्रु की योजनाओं या छिपी हुई साज़िशों द्वारा निशाना बनाए जाने और असुरक्षित स्थिति का संकेत है।

बाइबिलीय आधारः

"बहेलिये के फन्दे..." – भजन संहिता 91:3

खतरे का स्तरः

उच्च – खतरा।

तुरंत क्या करें:

छुटकारे और विवेक के लिये प्रार्थना करें।

प्रार्थना संबंधी कार्यवाही (उपवास + भजन):

उपवास करें और भजन 61 के साथ प्रार्थना करें।

भविष्यवाणी-संबंधी प्रार्थनाः

मैं शत्रु के हर फन्दे से बच निकलूँ, यीशु के नाम में।

1022. स्वप्न में जाल से किसी पशु को पकड़ना या मारना

अर्थ (बाइबिलीय समझ):

यह सफलता, विजय, और उपलब्धि का संकेत है, परन्तु यह छलपूर्ण तरीकों के विरुद्ध भी चेतावनी देता है।

बाइबिलीय आधारः

"तू अपने शत्रुओं का पीछा करेगा और उन पर जय पाएगा।" – व्यवस्थाविवरण 28:7

खतरे का स्तरः

मध्यम – सावधानी।

तुरंत क्या करें:

धोखे से नहीं, धार्मिकता में चलें।

प्रार्थना संबंधी कार्यवाही (उपवास + भजन):

भजन 114 के साथ प्रार्थना करें।

भविष्यवाणी-संबंधी प्रार्थनाः

मैं पीछा करूँगा, पकड़ लूँगा, और सब कुछ वापस पा लूँगा, यीशु के नाम में।

1023. स्वप्न में चाय पीना या दही खाना

अर्थ (बाइबिलीय समझ):
यह शान्ति, सन्तुष्टि, और तृप्ति का संकेत है।
बाइबिलीय आधार:
"यहोवा मेरा चरवाहा है, मुझे कुछ घटी न होगी।" — भजन संहिता 23:1
खतरे का स्तर:
निम्न — शान्ति।
तुरंत क्या करें:
शान्ति के प्रकट होने के लिये प्रार्थना करें।
प्रार्थना संबंधी कार्यवाही (उपवास + भजन):
भजन 100, भजन 102, भजन 103, और भजन 105 के साथ प्रार्थना करें।
भविष्यवाणी-संबंधी प्रार्थना:
शान्ति और आशीषें मेरे जीवन में उमड़ें, यीशु के नाम में।

1024. स्वप्न में खिलौना देखना

अर्थ (बाइबिलीय समझ):
यह बचकाने व्यवहार, अपरिपक्वता, या गंभीरता की कमी का संकेत है।
बाइबिलीय आधार:
"जब मैं बच्चा था... परन्तु जब मैं पुरुष हुआ, तो बचपन की बातें छोड़ दीं।" — 1 कुरिन्थियों 13:11
खतरे का स्तर:
मध्यम — अपरिपक्वता।
तुरंत क्या करें:
आत्मिक और मानसिक रूप से बढ़ें।
प्रार्थना संबंधी कार्यवाही (उपवास + भजन):
भजन 41 के साथ प्रार्थना करें।

भविष्यवाणी-संबंधी प्रार्थना:

बचकानेपन की हर आत्मा मेरे जीवन से निकल जाए, यीशु के नाम में।

1025. स्वप्न में बँधा हुआ होना

अर्थ (बाइबिलीय समझ):

यह बन्धन, कैद, और दुष्ट शक्तियों द्वारा थोपी गई सीमाओं का संकेत है।

बाइबिलीय आधार:

"बन्धुओं के लिये स्वतन्त्रता का प्रचार करने को..." — यशायाह 61:1

खतरे का स्तर:

उच्च — बन्धन।

तुरंत क्या करें:

स्वतन्त्रता और छुटकारे के लिये प्रार्थना करें।

प्रार्थना संबंधी कार्यवाही (उपवास + भजन):

3 दिन का उपवास करें और भजन 18, भजन 40, और भजन 41 के साथ प्रार्थना करें।

भविष्यवाणी-संबंधी प्रार्थना:

मैं हर बन्धन से स्वतन्त्र किया गया हूँ, यीशु के नाम में।

1026. स्वप्न में अपने आप को बन्धनों से स्वतन्त्र होते देखना

अर्थ (बाइबिलीय समझ):

यह छुटकारे, स्वतन्त्रता, और विजय का संकेत है।

बाइबिलीय आधार:

"तू ने मेरे बन्धन खोल दिए हैं।" — भजन संहिता 116:16

खतरे का स्तर:

निम्न — स्वतन्त्रता।

तुरंत क्या करें:

अपनी आत्मिक स्वतन्त्रता को बनाए रखें।

प्रार्थना संबंधी कार्यवाही (उपवास + भजन):
भजन 124 और भजन 18 के साथ प्रार्थना करें।
भविष्यवाणी-संबंधी प्रार्थना:
मैं पूर्ण स्वतन्त्रता में चलता हूँ, यीशु के नाम में।

1027. स्वप्न में बन्धुआई के बाद अपने आप को छुड़ाया गया देखना

अर्थ (बाइबिलीय समझ):
यह पुनर्स्थापन और परमेश्वर के हस्तक्षेप का संकेत है।
बाइबिलीय आधार:
"जब यहोवा सिय्योन के बंधुओं को लौटा लाया..." — भजन संहिता 126:1
खतरे का स्तर:
निम्न — पुनर्स्थापन।
तुरंत क्या करें:
आनन्द मनाएँ और विश्वासयोग्य बने रहें।
प्रार्थना संबंधी कार्यवाही (उपवास + भजन):
भजन 126 और भजन 30 के साथ प्रार्थना करें।
भविष्यवाणी-संबंधी प्रार्थना:
मेरा पुनर्स्थापन पूर्ण है, यीशु के नाम में।

1028. स्वप्न में अपने आप को स्वतन्त्रता में चलते हुए देखना

अर्थ (बाइबिलीय समझ):
यह स्वतन्त्रता और प्रगति के एक नये मौसम का संकेत है।
बाइबिलीय आधार:
"जहाँ प्रभु का आत्मा है, वहाँ स्वतन्त्रता है।" — 2 कुरिन्थियों 3:17
खतरे का स्तर:

निम्न — स्वतन्त्रता।

तुरंत क्या करें:

अपने नये मौसम में साहस के साथ चलें।

प्रार्थना संबंधी कार्यवाही (उपवास + भजन):

भजन 23 और भजन 121 के साथ प्रार्थना करें।

भविष्यवाणी-संबंधी प्रार्थना:

मैं दिव्य स्वतन्त्रता और प्रगति में चलता हूँ, यीशु के नाम में।

1029. स्वप्न में छुटकारे के बाद अपने आप को आनन्दित होते देखना

अर्थ (बाइबिलीय समझ):

यह आनन्द, विजय, और गवाही का संकेत है।

बाइबिलीय आधार:

"तू ने मेरा विलाप नृत्य में बदल दिया है।" — भजन संहिता 30:11

खतरे का स्तर:

निम्न — आनन्द।

तुरंत क्या करें:

परमेश्वर को धन्यवाद दें।

प्रार्थना संबंधी कार्यवाही (उपवास + भजन):

भजन 30 और भजन 126 के साथ प्रार्थना करें।

भविष्यवाणी-संबंधी प्रार्थना:

मेरा जीवन आनन्द और गवाही से भर जाए, यीशु के नाम में।

1030. स्वप्न में अपने आप को परमेश्वर की भलाई की गवाही देते हुए देखना

अर्थ (बाइबिलीय समझ):

यह चमत्कारों के प्रकट होने और सार्वजनिक गवाही का संकेत है।

बाइबिलीय आधार:

"यहोवा के छुड़ाए हुए ऐसा ही कहें।" — भजन संहिता 107:2

खतरे का स्तर:

निम्न — गवाही।

तुरंत क्या करें:

अपनी गवाही को साहस के साथ बाँटें।

प्रार्थना संबंधी कार्यवाही (उपवास + भजन):

भजन 107 और भजन 66 के साथ प्रार्थना करें।

भविष्यवाणी-संबंधी प्रार्थना:

मेरी गवाही जातियों तक सुनाई दे, यीशु के नाम में।

V

1031. स्वप्न में अपने सिर से छाता हटाया हुआ देखना

अर्थ (बाइबिलीय समझ):
यह दिव्य आड़ के हट जाने, खतरे के सामने खुल जाने, या आज्ञा न मानने के परिणाम का संकेत है।
बाइबिलीय आधार:
"जो परमप्रधान के गुप्त स्थान में रहता है, वह सर्वशक्तिमान की छाया में ठिकाना पाएगा।" — भजन संहिता 91:1
खतरे का स्तर:
उच्च — सुरक्षा का खो जाना।
तुरंत क्या करें:
तुरंत पश्चाताप करें और परमेश्वर की आड़ में लौट आएँ।
प्रार्थना संबंधी कार्यवाही (उपवास + भजन):
भजन 103 और भजन 91 के साथ प्रार्थना करें।
भविष्यवाणी-संबंधी प्रार्थना:
दयालु परमेश्वर, मुझे क्षमा कीजिए और मेरे जीवन पर अपनी आड़ को फिर से स्थापित कीजिए, यीशु के नाम में।

1032. स्वप्न में अपने आप को छाते के नीचे देखना

अर्थ (बाइबिलीय समझ):
यह दिव्य सुरक्षा, आड़, और हमलों से बचाव का संकेत है।
बाइबिलीय आधार:
"यहोवा का नाम दृढ़ गढ़ है।" — नीतिवचन 18:10

खतरे का स्तर:
निम्न – सुरक्षा।
तुरंत क्या करें:
परमेश्वर की आड़ में बने रहें।
प्रार्थना संबंधी कार्यवाही (उपवास + भजन):
उपवास करें और भजन 51 तथा भजन 91 के साथ प्रार्थना करें।
भविष्यवाणी-संबंधी प्रार्थना:
मैं दिव्य सुरक्षा के नीचे छिपा हुआ हूँ, यीशु के नाम में।

1033. स्वप्न में अपने आप को ऊपर की मंज़िल पर खड़ा देखना

अर्थ (बाइबिलीय समझ):
यह उन्नति, आत्मविश्वास, और श्रेष्ठ स्थान का संकेत है।
बाइबिलीय आधार:
"उसने मुझे भयानक गड्ढे से भी ऊपर निकाला..." – भजन संहिता 40:2
खतरे का स्तर:
निम्न – उन्नति।
तुरंत क्या करें:
आत्मविश्वास और नम्रता के साथ चलें।
प्रार्थना संबंधी कार्यवाही (उपवास + भजन):
भजन 54 और भजन 61 के साथ प्रार्थना करें।
भविष्यवाणी-संबंधी प्रार्थना:
मैं जीवन में ऊपर उठता हूँ और असफल नहीं हो सकता, यीशु के नाम में।

1034. स्वप्न में अपने आप को मूत्र से भीगा हुआ देखना

अर्थ (बाइबिलीय समझ):
यह अपमान, लज्जा, या आत्मिक अशुद्धता का संकेत है।

बाइबिलीय आधार:

"हे परमेश्वर, मुझ में शुद्ध मन उत्पन्न कर।" — भजन संहिता 51:10

खतरे का स्तर:

उच्च — अपमान।

तुरंत क्या करें:

शुद्धि और पवित्रीकरण के लिए प्रार्थना करें।

प्रार्थना संबंधी कार्यवाही (उपवास + भजन):

उपवास और प्रार्थना के लिए भजन 22 का उपयोग करें।

भविष्यवाणी-संबंधी प्रार्थना:

मैं यीशु के लहू से शुद्ध और पवित्र किया गया हूँ, यीशु के नाम में।

1035. स्वप्न में प्राथमिक विद्यालय की वर्दी पहने हुए देखना

अर्थ (बाइबिलीय समझ):

यह जीवन में रुकावट, ठहराव, या पीछे की ओर लौटने का संकेत है।

बाइबिलीय आधार:

"जब मैं बच्चा था... परन्तु जब मैं पुरुष हुआ, तो बचपन की बातें छोड़ दीं।" — 1 कुरिन्थियों 13:11

खतरे का स्तर:

उच्च — ठहराव।

तुरंत क्या करें:

हर पीछे की चाल को तोड़ें।

प्रार्थना संबंधी कार्यवाही (उपवास + भजन):

भजन 22 और भजन 24 के साथ प्रार्थना करें।

भविष्यवाणी-संबंधी प्रार्थना:

मेरा जीवन आग के साथ आगे बढ़ता है, यीशु के नाम में।

1036. स्वप्न में अंडरवियर खरीदना या धोना

अर्थ (बाइबिलीय समझ):
यह शुद्धि, पश्चाताप, और नैतिक सुधार का संकेत है, विशेषकर छिपे हुए क्षेत्रों में।
बाइबिलीय आधार:
"मेरे अधर्म से मुझे भली भाँति धो।" — भजन संहिता 51:2
खतरे का स्तर:
मध्यम — सुधार।
तुरंत क्या करें:
अपने मार्गों को सुधारें और पवित्रता का पीछा करें।
प्रार्थना संबंधी कार्यवाही (उपवास + भजन):
भजन 50 और भजन 51 के साथ प्रार्थना करें।
भविष्यवाणी-संबंधी प्रार्थना:
प्रभु, मेरी सहायता कीजिए कि मैं अपने मार्ग सुधारूँ और शुद्ध जीवन जीऊँ, यीशु के नाम में।

1037. स्वप्न में जाने-पहचाने या अनजाने लोगों द्वारा हमला होना

अर्थ (बाइबिलीय समझ):
यह आत्मिक हमला, टोना-टोटका का विरोध, या छिपे हुए शत्रुओं का संकेत है।
बाइबिलीय आधार:
"कोई हथियार जो तेरे विरुद्ध बनाया जाए सफल न होगा।" — यशायाह 54:17
खतरे का स्तर:
बहुत उच्च — सीधा हमला।
तुरंत क्या करें:
ज़ोरदार आत्मिक युद्ध की प्रार्थना में लग जाएँ।
प्रार्थना संबंधी कार्यवाही (उपवास + भजन):

3 दिन का उपवास करें और भजन 35 के साथ प्रार्थना करें।

भविष्यवाणी-संबंधी प्रार्थना:

मैं अपने जीवन के विरुद्ध हर टोने-टोटके के हमले को बाँधता हूँ, यीशु के नाम में।

1038. स्वप्न में अपने आप को किसी वाहन में देखना

अर्थ (बाइबिलीय समझ):

यह जीवन में गति, दिशा, और प्रगति का संकेत है।

बाइबिलीय आधार:

"यहोवा तेरे आने और जाने में तेरी रक्षा करेगा।" — भजन संहिता 121:8

खतरे का स्तर:

निम्न — गति।

तुरंत क्या करें:

सुनिश्चित करें कि आपकी दिशा परमेश्वर के साथ मेल खाती है।

प्रार्थना संबंधी कार्यवाही (उपवास + भजन):

भजन 121 और भजन 23 के साथ प्रार्थना करें।

भविष्यवाणी-संबंधी प्रार्थना:

मेरी यात्रा परमेश्वर के द्वारा निर्देशित है, यीशु के नाम में।

1039. स्वप्न में अपने वाहन को खराब होते देखना

अर्थ (बाइबिलीय समझ):

यह विलम्ब, रुकावट, या ठहराव का संकेत है।

बाइबिलीय आधार:

"भले मनुष्य के कदम यहोवा के द्वारा स्थिर किए जाते हैं।" — भजन संहिता 37:23

खतरे का स्तर:

उच्च — विलम्ब।

तुरंत क्या करें:
हर रुकावट के विरुद्ध प्रार्थना करें।
प्रार्थना संबंधी कार्यवाही (उपवास + भजन):
उपवास करें और भजन 37 तथा भजन 46 के साथ प्रार्थना करें।
भविष्यवाणी-संबंधी प्रार्थना:
मेरी यात्रा में हर विलम्ब दूर हो जाए, यीशु के नाम में।

1040. स्वप्न में अपने आप को वाहन चलाते हुए देखना

अर्थ (बाइबिलीय समझ):
यह अपने जीवन पर नियंत्रण, नेतृत्व, और दिशा का संकेत है।
बाइबिलीय आधार:
"मनुष्य अपने मार्ग की योजना करता है, परन्तु यहोवा उसके कदमों को निर्देशित करता है।" – नीतिवचन 16:9
खतरे का स्तर:
मध्यम – जिम्मेदारी।
तुरंत क्या करें:
अपने योजनाओं को परमेश्वर के अधीन करें।
प्रार्थना संबंधी कार्यवाही (उपवास + भजन):
भजन 25 और भजन 32 के साथ प्रार्थना करें।
भविष्यवाणी-संबंधी प्रार्थना:
परमेश्वर मेरे मार्ग और निर्णयों को निर्देशित करता है, यीशु के नाम में।

1041. स्वप्न में अपने आप को यात्री के रूप में देखना

अर्थ (बाइबिलीय समझ):
यह निर्भरता या नियंत्रण की कमी का संकेत है।
बाइबिलीय आधार:

"अपने सम्पूर्ण मन से यहोवा पर भरोसा रख।" — नीतिवचन 3:5

खतरे का स्तर:

मध्यम — निर्भरता।

तुरंत क्या करें:

समझें कि आपके जीवन को कौन चला रहा है।

प्रार्थना संबंधी कार्यवाही (उपवास + भजन):

भजन 23 और भजन 121 के साथ प्रार्थना करें।

भविष्यवाणी-संबंधी प्रार्थना:

परमेश्वर मेरे भाग्य का चालक है, यीशु के नाम में।

1042. स्वप्न में अपने आप को वाहन से गिरते हुए देखना

अर्थ (बाइबिलीय समझ):

यह अचानक गिरावट या स्थान खोने का संकेत है।

बाइबिलीय आधार:

"जो समझता है कि वह खड़ा है, सावधान रहे कि कहीं गिर न पड़े।" — 1 कुरिन्थियों 10:12

खतरे का स्तर:

उच्च — चेतावनी।

तुरंत क्या करें:

अचानक गिरावट के विरुद्ध प्रार्थना करें।

प्रार्थना संबंधी कार्यवाही (उपवास + भजन):

उपवास करें और भजन 37 तथा भजन 91 के साथ प्रार्थना करें।

भविष्यवाणी-संबंधी प्रार्थना:

मैं अपने भाग्य के स्थान से नहीं गिरूँगा, यीशु के नाम में।

1043. स्वप्न में अपने आप को वाहन में बहुत तेज़ गति से चलते हुए देखना

अर्थ (बाइबिलीय समझ):
यह दिव्य गति और तीव्र प्रगति का संकेत है।
बाइबिलीय आधार:
"यहोवा का हाथ एलिय्याह पर था... और वह अहाब से आगे दौड़ा।" — 1 राजा 18:46
खतरे का स्तर:
निम्न — तीव्रता।
तुरंत क्या करें:
आत्मिक रूप से तैयार रहें।
प्रार्थना संबंधी कार्यवाही (उपवास + भजन):
भजन 18 और भजन 102 के साथ प्रार्थना करें।
भविष्यवाणी-संबंधी प्रार्थना:
मैं दिव्य गति के साथ आगे बढ़ता हूँ, यीशु के नाम में।

1044. स्वप्न में अपने आप को वाहन में फँसा हुआ देखना

अर्थ (बाइबिलीय समझ):
यह ठहराव, सीमा, या विलम्ब का संकेत है।
बाइबिलीय आधार:
"उसने मुझे भयानक गड्ढे से निकाला।" — भजन संहिता 40:2
खतरे का स्तर:
उच्च — ठहराव।
तुरंत क्या करें:
ठहराव से छुटकारे के लिए प्रार्थना करें।
प्रार्थना संबंधी कार्यवाही (उपवास + भजन):
उपवास करें और भजन 40 तथा भजन 46 के साथ प्रार्थना करें।
भविष्यवाणी-संबंधी प्रार्थना:
मेरे जीवन का हर ठहराव टूट जाए, यीशु के नाम में।

1045. स्वप्न में अपने आप को वाहन में सुरक्षित पहुँचते हुए देखना

अर्थ (बाइबिलीय समझ):

यह सफल पूर्णता और भाग्य तक सुरक्षित पहुँचने का संकेत है।

बाइबिलीय आधार:

"यहोवा मेरे विषय में जो कुछ है उसे पूरा करेगा।" — भजन संहिता 138:8

खतरे का स्तर:

निम्न — पूर्णता।

तुरंत क्या करें:

परमेश्वर को धन्यवाद दें।

प्रार्थना संबंधी कार्यवाही (उपवास + भजन):

भजन 138 और भजन 126 के साथ प्रार्थना करें।

भविष्यवाणी-संबंधी प्रार्थना:

मैं अपने भाग्य में सुरक्षित पहुँचता हूँ, यीशु के नाम में।

W

1046. स्वप्न में कुएँ से पानी निकालना

अर्थ (बाइबिलीय समझ): यह सफलता, परिश्रम का प्रतिफल, और धैर्य के बाद सफलता का संकेत है। कुआँ खोदना भी उस परिश्रम को दर्शाता है जो शीघ्र ही आशीष उत्पन्न करेगा। **बाइबिलीय आधार:** "तुम आनंद के साथ उद्धार के सोतों से जल भरोगे।" — यशायाह 12:3 **खतरे का स्तर:** निम्न — सफलता। **तुरंत क्या करें:** धैर्य और विश्वास में बने रहें। **प्रार्थना संबंधी कार्यवाही (उपवास + भजन):** भजन 106 के साथ प्रार्थना करें। **भविष्यवाणी-संबंधी प्रार्थना:** मेरा सफलता प्रकट हो आग के द्वारा, यीशु के नाम में।

1047. स्वप्न में सूखा कुआँ देखना

अर्थ (बाइबिलीय समझ): यह गरीबी, उत्पादन की कमी, और आर्थिक सूखेपन का संकेत है। **बाइबिलीय आधार:** "मेरे लोगों ने अपने लिये हौद खोदे—फूटे हुए हौद जो पानी नहीं रख सकते।" — यिर्मयाह 2:13

खतरे का स्तर: उच्च — आर्थिक सूखापन। **तुरंत क्या करें:** हर अभाव की आत्मा को तोड़ें। **प्रार्थना संबंधी कार्यवाही (उपवास + भजन):**

भजन 72, भजन 135 और भजन 141 के साथ प्रार्थना और उपवास करें। **भविष्यवाणी-संबंधी प्रार्थना:** मैं अपने वित्त में हर सूखेपन और कठिनाई को अस्वीकार करता हूँ, यीशु के नाम में।

1048. स्वप्न में सफेद रंग देखना

अर्थ (बाइबिलीय समझ):

यह पवित्रता, धार्मिकता, और शांति का संकेत है।

बाइबिलीय आधार:

"वे मेरे साथ श्वेत वस्त्र पहिने फिरेंगे।" — प्रकाशितवाक्य 3:4

खतरे का स्तर:

निम्न — पवित्रता।

तुरंत क्या करें:

धार्मिकता में चलें।

प्रार्थना संबंधी कार्यवाही (उपवास + भजन):

भजन 93 के साथ प्रार्थना करें।

भविष्यवाणी-संबंधी प्रार्थना:

मेरा जीवन पवित्र किया गया है और शांति से भरा है, यीशु के नाम में।

1049. स्वप्न में कलाई घड़ी का उल्टा (एंटी-क्लॉकवाइज) चलना

अर्थ (बाइबिलीय समझ):

यह पीछे हटना, विलम्ब, और जीवन में गलत दिशा का संकेत है।

बाइबिलीय आधार:

"वे पीछे हट गए... धोखे के धनुष के समान।" — भजन संहिता 78:57

खतरे का स्तर:

उच्च — पिछड़ापन।

तुरंत क्या करें:

हर उल्टी प्रगति के विरुद्ध प्रार्थना करें।

प्रार्थना संबंधी कार्यवाही (उपवास + भजन):

भजन 60 और भजन 126 के साथ उपवास और प्रार्थना करें।

भविष्यवाणी-संबंधी प्रार्थना:

मेरे जीवन में हर नकारात्मक गति आग से नष्ट हो जाए, यीशु के नाम में।

1050. स्वप्न में पहिया या टायर देखना

अर्थ (बाइबिलीय समझ):

यह गति की शक्ति, दृढ़ता, और प्रगति का संकेत है। टूटा हुआ पहिया दिशा और शक्ति की कमी को दर्शाता है।

बाइबिलीय आधार:

"जीवित प्राणियों की आत्मा पहियों में थी।" — यहेजकेल 1:20

खतरे का स्तर:

मध्यम – स्थिति पर निर्भर।

तुरंत क्या करें:

शक्ति और स्पष्टता के लिए प्रार्थना करें।

प्रार्थना संबंधी कार्यवाही (उपवास + भजन):

भजन 90 के साथ प्रार्थना करें।

भविष्यवाणी-संबंधी प्रार्थना:

मैं सफलता के लिए अलौकिक शक्ति प्राप्त करता हूँ, यीशु के नाम में।

1051. स्वप्न में कलाई घड़ी का सही चलना

अर्थ (बाइबिलीय समझ):

यह स्थिर प्रगति और दिव्य समय के साथ मेल का संकेत है।

बाइबिलीय आधार:

"हर एक बात का एक समय है।" – सभोपदेशक 3:1

खतरे का स्तर:

निम्न – प्रगति।

तुरंत क्या करें:

निरंतरता बनाए रखें।

प्रार्थना संबंधी कार्यवाही (उपवास + भजन):

भजन 121 और भजन 136 के साथ उपवास और प्रार्थना करें।

भविष्यवाणी-संबंधी प्रार्थना:

मेरी प्रगति कभी बाधित नहीं होगी, यीशु के नाम में।

1052. स्वप्न में उज्ज्वल मौसम देखना

अर्थ (बाइबिलीय समझ):

यह सफलता, स्पष्टता, और दिव्य कृपा का संकेत है।

बाइबिलीय आधार:

"धर्मी का मार्ग चमकते हुए सूर्य के समान है।" – नीतिवचन 4:18

खतरे का स्तर:

निम्न – सफलता।

तुरंत क्या करें:

शीघ्र प्रकट होने की आशा रखें।

प्रार्थना संबंधी कार्यवाही (उपवास + भजन):

भजन 71 और भजन 72 के साथ उपवास और प्रार्थना करें।

भविष्यवाणी-संबंधी प्रार्थना:

मेरी सफलताएँ आग से प्रकट हों, यीशु के नाम में।

1053. स्वप्न में व्हेल देखना

अर्थ (बाइबिलीय समझ):

यह अवज्ञा और गलत दिशा का संकेत है, जैसे योना।

बाइबिलीय आधार:

"परन्तु योना भागने को उठा..." — योना 1:3

खतरे का स्तर:

उच्च — अवज्ञा।

तुरंत क्या करें:

पश्चाताप करें और परमेश्वर की इच्छा में लौटें।

प्रार्थना संबंधी कार्यवाही (उपवास + भजन):

भजन 49 और भजन 51 के साथ उपवास और प्रार्थना करें।

भविष्यवाणी-संबंधी प्रार्थना:

मेरे जीवन में हर अवज्ञा की आत्मा आग से नष्ट हो जाए, यीशु के नाम में।

1054. स्वप्न में कुश्ती में जीतना

अर्थ (बाइबिलीय समझ):

यह शत्रुओं और आत्मिक युद्धों पर विजय का संकेत है।

बाइबिलीय आधार:

"तूने परमेश्वर और मनुष्यों के साथ संघर्ष किया और प्रबल हुआ।" — उत्पत्ति 32:28

खतरे का स्तर:

निम्न — विजय।

तुरंत क्या करें:
प्रार्थना में विजय को स्थिर करें।
प्रार्थना संबंधी कार्यवाही (उपवास + भजन):
भजन 20 और भजन 24 के साथ उपवास और प्रार्थना करें।
भविष्यवाणी-संबंधी प्रार्थना:
मेरे भाग्य के हर शत्रु आग से नष्ट हो जाए, यीशु के नाम में।

1055. स्वप्न में पानी देखना
अर्थ (बाइबिलीय समझ):
यह परमेश्वर के वचन और आत्मिक सामर्थ का प्रतिनिधित्व करता है।
बाइबिलीय आधार:
"कि वह वचन के द्वारा जल के स्नान से उसे शुद्ध करे।" — इफिसियों 5:26
खतरे का स्तर:
निम्न — सामर्थ।
तुरंत क्या करें:
वचन में स्थिर रहें।
प्रार्थना संबंधी कार्यवाही (उपवास + भजन):
भजन 24, भजन 78 और भजन 100 के साथ प्रार्थना करें।
भविष्यवाणी-संबंधी प्रार्थना:
मेरी शक्ति परमेश्वर के वचन से नई होती है, यीशु के नाम में।

1056. स्वप्न में पानी गिरते देखना
अर्थ (बाइबिलीय समझ):
यह आशीषों की अधिकता, दिव्य कृपा, और आपकी सेवा के कारण आने वाली समृद्धि का संकेत है।
बाइबिलीय आधार:
"दो, तो तुम्हें दिया जाएगा... उंडेलते हुए..." — लूका 6:38
खतरे का स्तर:

निम्न – अधिकता की आशीष।

तुरंत क्या करें:

प्रकट होने के लिए स्वयं को तैयार करें और विश्वासयोग्य बने रहें।

प्रार्थना संबंधी कार्यवाही (उपवास + भजन):

भजन 100 और भजन 112 के साथ प्रार्थना करें

भजन 61, भजन 102 और भजन 144 के साथ उपवास और प्रार्थना करें

भविष्यवाणी-संबंधी प्रार्थना:

अविरल धन-सम्पत्ति ऊपर से मुझे आग के द्वारा प्राप्त हो, यीशु के नाम में।

आशीषों के खुले द्वार मुझे आग के द्वारा प्राप्त हों, यीशु के नाम में।

1057. स्वप्न में अपने आप को डूबते या पानी/बाढ़ से ढका हुआ देखना

अर्थ (बाइबिलीय समझ):

यह आत्मिक आक्रमण को दर्शाता है जो आपके करियर, वित्त, या भाग्य को गिराने के लिए है।

बाइबिलीय आधार:

"जब शत्रु बाढ़ की नाईं आएगा, तब यहोवा का आत्मा उसके विरुद्ध झंडा खड़ा करेगा।" – यशायाह 59:19

खतरे का स्तर:

अत्यंत उच्च – आत्मिक आक्रमण।

तुरंत क्या करें:

तुरंत गिरावट के विरुद्ध प्रार्थना करें।

प्रार्थना संबंधी कार्यवाही (उपवास + भजन):

भजन 2, भजन 3 और भजन 4 के साथ उपवास और प्रार्थना करें।

भविष्यवाणी-संबंधी प्रार्थना:

मेरे जीवन के विरुद्ध शत्रु की हर योजना अव्यवस्थित हो जाए, यीशु के नाम में।

1058. स्वप्न में बहता हुआ पानी या रुका हुआ पानी देखना

अर्थ (बाइबिलीय समझ):

बहता हुआ पानी शांति, उद्धार, और आत्मिक प्रवाह को दर्शाता है।

रुका हुआ पानी आत्मिक सूखेपन और वृद्धि की कमी को दर्शाता है।

बाइबिलीय आधार:

"जो मुझ पर विश्वास करता है... उसके भीतर से जीवन के जल की नदियाँ बहेंगी।" — यूहन्ना 7:38

खतरे का स्तर:

मध्यम — स्थिति पर निर्भर।

तुरंत क्या करें:

आत्मिक प्रवाह बनाए रखें और ठहराव से बचें।

प्रार्थना संबंधी कार्यवाही (उपवास + भजन):

भजन 51 और भजन 61 के साथ प्रार्थना करें

भजन 80 और भजन 81 के साथ प्रार्थना करें

भविष्यवाणी-संबंधी प्रार्थना:

परमेश्वर की शांति मेरे जीवन में राज्य करती है; मैं प्रतिदिन आत्मिक रूप से बढ़ता हूँ, यीशु के नाम में।

1059. स्वप्न में अपने परिवार के घर में बिजली का तार लगाना

अर्थ (बाइबिलीय समझ):

यह नेतृत्व की जिम्मेदारी और अपने परिवार को उठाने के लिए दिव्य बुलाहट का संकेत है।

बाइबिलीय आधार:

"तुम संसार की ज्योति हो।" — मत्ती 5:14

खतरे का स्तर:

निम्न — बुलाहट।

तुरंत क्या करें:

जिम्मेदारी स्वीकार करें और नेतृत्व में चलें।

प्रार्थना संबंधी कार्यवाही (उपवास + भजन):

भजन 27 के साथ प्रार्थना करें।

भविष्यवाणी-संबंधी प्रार्थना:

मेरे परिवार का नेतृत्व और उत्थान करने की कृपा मुझे दी गई है, यीशु के नाम में।

1060. स्वप्न में अपने आप को विवाह करते हुए देखना

अर्थ (बाइबिलीय समझ):

यह आशीषों, नई चीज़ों, या कुछ मामलों में आत्मिक विवाह का संकेत हो सकता है।

बाइबिलीय आधार:

“जिसने पत्नी पाई उसने उत्तम वस्तु पाई।” — नीतिवचन 18:22

खतरे का स्तर:

मध्यम — विवेक आवश्यक।

तुरंत क्या करें:

स्पष्टता और सुरक्षा के लिए प्रार्थना करें।

प्रार्थना संबंधी कार्यवाही (उपवास + भजन):

भजन 114 के साथ उपवास और प्रार्थना करें।

भविष्यवाणी-संबंधी प्रार्थना:

मेरी आशीषें आग के द्वारा प्रकट हों, यीशु के नाम में।

1061. स्वप्न में बुरे वस्त्र पहने स्त्री को प्रेम दिखाते हुए देखना

अर्थ (बाइबिलीय समझ):

यह आत्मिक पत्नी या दुष्ट आकर्षण को दर्शाता है।

बाइबिलीय आधार:

“उसका घर अधोलोक का मार्ग है...” — नीतिवचन 7:27

खतरे का स्तर:

अत्यंत उच्च — आत्मिक बंधन।

तुरंत क्या करें:

तुरंत छुड़ाई की प्रार्थनाएँ करें।

प्रार्थना संबंधी कार्यवाही (उपवास + भजन):

भजन 35 और भजन 69 के साथ उपवास और प्रार्थना करें।

भविष्यवाणी-संबंधी प्रार्थना:

मेरे जीवन के विरुद्ध नियुक्त हर दुष्ट स्त्री आग से भस्म हो जाए, यीशु के नाम में।

1062. स्वप्न में पूर्ण नग्न स्त्री देखना

अर्थ (बाइबिलीय समझ):

यह समुद्री आत्मा से जुड़ाव और भाग्य पर आत्मिक आक्रमण का संकेत है।

बाइबिलीय आधार:

"प्रभु यीशु मसीह को धारण करो..." — रोमियों 13:14

खतरे का स्तर:

अत्यंत उच्च — आत्मिक आक्रमण।

तुरंत क्या करें:

हर अधार्मिक वाचा को तोड़ें।

प्रार्थना संबंधी कार्यवाही (उपवास + भजन):

भजन 109 और भजन 69 के साथ उपवास और प्रार्थना करें।

भविष्यवाणी-संबंधी प्रार्थना:

हर समुद्री शक्ति के साथ मेरा हर संबंध टूट जाए, यीशु के नाम में।

1063. स्वप्न में युद्ध देखना

अर्थ (बाइबिलीय समझ):

यह परिवार या राष्ट्र में संघर्ष, खतरा, या अशांति का संकेत है।

बाइबिलीय आधार:

"यहोवा तुम्हारे लिये लड़ेगा।" — निर्गमन 14:14

खतरे का स्तर:

उच्च — संघर्ष।

तुरंत क्या करें:

शांति और सुरक्षा के लिए प्रार्थना करें।

प्रार्थना संबंधी कार्यवाही (उपवास + भजन):

भजन 122 के साथ उपवास और प्रार्थना करें।

भविष्यवाणी-संबंधी प्रार्थना:

हर युद्ध की आत्मा डाँटी जाए, यीशु के नाम में।

1064. स्वप्न में अपने आप को थका हुआ या कमजोर देखना

अर्थ (बाइबिलीय समझ):

यह निराशा, बीमारी, या आत्मिक थकावट का संकेत है।

बाइबिलीय आधार:

"वह निर्बलों को शक्ति देता है।" — यशायाह 40:29

खतरे का स्तर:

मध्यम — कमजोरी।

तुरंत क्या करें:

शक्ति और नवीनीकरण के लिए प्रार्थना करें।

प्रार्थना संबंधी कार्यवाही (उपवास + भजन):

भजन 41 और भजन 88 के साथ प्रार्थना करें।

भविष्यवाणी-संबंधी प्रार्थना:

मेरे जीवन की हर कमजोरी पलटकर नष्ट हो जाए, यीशु के नाम में।

1065. बिना परिणाम के कड़ी मेहनत करना (वेल्डर का स्वप्न)

अर्थ (बाइबिलीय समझ):

यह निष्फल परिश्रम को दर्शाता है — बहुत काम करना परन्तु कम प्राप्त करना।

बाइबिलीय आधार:

"तुम मजदूरी कमाते हो... और उसे छेद वाली थैली में रखते हो।" — हाग्गै 1:6

खतरे का स्तर:

उच्च — आर्थिक उत्पीड़न।

तुरंत क्या करें:

निष्फल परिश्रम के चक्र को तोड़ें।

प्रार्थना संबंधी कार्यवाही (उपवास + भजन):

(निर्देशानुसार प्रार्थना युद्ध में बने रहें)

भविष्यवाणी-संबंधी प्रार्थना:

मेरे जीवन में निष्फल परिश्रम की हर आत्मा नष्ट हो जाए, यीशु के नाम में।

1066. स्वप्न में दाखमधु पीना

अर्थ (बाइबिलीय समझ):

यह कृपा, आनंद, बुद्धि, और संबंधों या व्यवसाय में सफलता का संकेत है।

बाइबिलीय आधार:

"दाखमधु जो मनुष्य के हृदय को आनंदित करता है।" — भजन संहिता 104:15

खतरे का स्तर:

निम्न — आशीष।

तुरंत क्या करें:

बुद्धि और अनुशासन में चलें।

प्रार्थना संबंधी कार्यवाही (उपवास + भजन):

भजन 29 और भजन 119 के साथ प्रार्थना करें।

भविष्यवाणी-संबंधी प्रार्थना:

हे प्रभु, मेरी महानता के लिये मेरा ज्ञान और बुद्धि बढ़ा, यीशु के नाम में।

1067. स्वप्न में खो जाना और रास्ता न मिलना

अर्थ (बाइबिलीय समझ):

यह दिशा की कमी, भ्रम, और उद्देश्य के अभाव का संकेत है।

बाइबिलीय आधार:

"भले मनुष्य के कदम यहोवा के द्वारा स्थिर किए जाते हैं।" — भजन संहिता 37:23

खतरे का स्तर:

उच्च — भ्रम।

तुरंत क्या करें:

तुरंत दिव्य दिशा के लिए प्रार्थना करें।

प्रार्थना संबंधी कार्यवाही (उपवास + भजन):

भजन 16 के साथ प्रार्थना करें।

भविष्यवाणी-संबंधी प्रार्थना:

मैं जीवन में दिव्य दिशा और स्पष्टता प्राप्त करता हूँ, यीशु के नाम में।

1068. स्वप्न में अपने आप को स्थिरता से आगे चलते हुए देखना

अर्थ (बाइबिलीय समझ):

यह प्रगति, स्थिरता, और परमेश्वर की योजना के साथ मेल का संकेत है।

बाइबिलीय आधार:

"वह मेरे पांव हिरण के पांव के समान बनाता है।" – हबक्कूक 3:19

खतरे का स्तर:

निम्न – प्रगति।

तुरंत क्या करें:

विश्वास के साथ आगे बढ़ते रहें।

प्रार्थना संबंधी कार्यवाही (उपवास + भजन):

भजन 18 और भजन 121 के साथ प्रार्थना करें।

भविष्यवाणी-संबंधी प्रार्थना:

मैं अपने भाग्य की ओर स्थिरता से आगे बढ़ता हूँ, यीशु के नाम में।

1069. स्वप्न में अपने आप को पीछे चलते हुए देखना

अर्थ (बाइबिलीय समझ):

यह पीछे हटना, गिरावट, या पुराने संघर्षों में लौटने का संकेत है।

बाइबिलीय आधार:

"कोई भी जो हल पर हाथ रखकर पीछे देखता है, योग्य नहीं…" – लूका 9:62

खतरे का स्तर:

उच्च – पिछड़ापन।

तुरंत क्या करें:

हर पीछे जाने वाली गति को अस्वीकार करें।

प्रार्थना संबंधी कार्यवाही (उपवास + भजन):

भजन 40 और भजन 124 के साथ उपवास और प्रार्थना करें।

भविष्यवाणी-संबंधी प्रार्थना:

मैं जीवन में पीछे जाने से इंकार करता हूँ, यीशु के नाम में।

1070. स्वप्न में अपने आप को तेज़ दौड़ते हुए देखना

अर्थ (बाइबिलीय समझ):

यह गति, दिव्य त्वरण, और शीघ्र प्रगति का संकेत है।

बाइबिलीय आधार:

"इसलिये मैं ऐसे दौड़ता हूँ, परन्तु अनिश्चित रीति से नहीं।" — 1 कुरिन्थियों 9:26

खतरे का स्तर:

निम्न — त्वरण।

तुरंत क्या करें:

अपने लक्ष्य पर केंद्रित बने रहें।

प्रार्थना संबंधी कार्यवाही (उपवास + भजन):

भजन 60 और भजन 147 के साथ प्रार्थना करें।

भविष्यवाणी-संबंधी प्रार्थना:

मैं दिव्य गति के साथ अपने भाग्य में आगे बढ़ता हूँ, यीशु के नाम में।

1071. स्वप्न में अपने आप को दौड़ने में असमर्थ देखना

अर्थ (बाइबिलीय समझ):

यह सीमा, कमजोरी, या आत्मिक विरोध का संकेत है।

बाइबिलीय आधार:

"वे दौड़ेंगे और थकेंगे नहीं।" — यशायाह 40:31

खतरे का स्तर:

उच्च — सीमा।

तुरंत क्या करें:

प्रार्थना के द्वारा हर सीमा को तोड़ें।

प्रार्थना संबंधी कार्यवाही (उपवास + भजन):

भजन 27 और भजन 41 के साथ उपवास और प्रार्थना करें।

भविष्यवाणी-संबंधी प्रार्थना:

मेरे जीवन की हर सीमा टूट जाए, यीशु के नाम में।

1072. स्वप्न में अपने आप को श्वेत वस्त्र पहने हुए देखना

अर्थ (बाइबिलीय समझ):

यह धार्मिकता, पवित्रता, और दिव्य स्वीकृति का संकेत है।

बाइबिलीय आधार:

"वे मेरे साथ श्वेत वस्त्र पहिने फिरेंगे।" — प्रकाशितवाक्य 3:4

खतरे का स्तर:

निम्न — पवित्रता।

तुरंत क्या करें:

पवित्रता बनाए रखें।

प्रार्थना संबंधी कार्यवाही (उपवास + भजन):

भजन 24 और भजन 51 के साथ प्रार्थना करें।

भविष्यवाणी-संबंधी प्रार्थना:

मैं धार्मिकता और पवित्रता में चलता हूँ, यीशु के नाम में।

1073. स्वप्न में अपने वस्त्र को फटा हुआ या गंदा देखना

अर्थ (बाइबिलीय समझ):

यह लज्जा, पाप, या आत्मिक अशुद्धता का संकेत है।

बाइबिलीय आधार:

"इसके मैले वस्त्र उतार दो।" — जकर्याह 3:4

खतरे का स्तर:

उच्च — अशुद्धता।

तुरंत क्या करें:

पश्चाताप करें और शुद्धि खोजें।

प्रार्थना संबंधी कार्यवाही (उपवास + भजन):

भजन 51 और भजन 32 के साथ उपवास और प्रार्थना करें।

भविष्यवाणी-संबंधी प्रार्थना:

मेरे जीवन का हर दाग धोया जाए, यीशु के नाम में।

1074. स्वप्न में अपने आप को एक सुंदर घर में देखना

अर्थ (बाइबिलीय समझ):

यह आशीष, समृद्धि, और सुख का संकेत है।

बाइबिलीय आधार:

"तू घर बनाएगा और उनमें बसेगा।" – व्यवस्थान 28:5

खतरे का स्तर:

निम्न – आशीष।

तुरंत क्या करें:

परमेश्वर को धन्यवाद दें।

प्रार्थना संबंधी कार्यवाही (उपवास + भजन):

भजन 23 और भजन 112 के साथ प्रार्थना करें।

भविष्यवाणी-संबंधी प्रार्थना:

मैं समृद्धि और सुख में निवास करता हूँ, यीशु के नाम में।

1075. स्वप्न में अपने आप को टूटे हुए या गंदे घर में देखना

अर्थ (बाइबिलीय समझ): यह अस्थिरता, कठिनाई, या जीवन के उपेक्षित क्षेत्रों का संकेत है। **बाइबिलीय आधार:** "आलस्य के कारण छत झुक जाती है।" – सभोपदेशक 10:18 **खतरे का स्तर:** उच्च – अस्थिरता। **तुरंत क्या करें:** अपने जीवन को आत्मिक रूप से सुधारें और पुनर्स्थापित करें। **प्रार्थना संबंधी कार्यवाही (उपवास + भजन):** भजन 11 और भजन 46 के साथ उपवास और प्रार्थना करें। **भविष्यवाणी-संबंधी प्रार्थना:** मेरा जीवन पुनर्स्थापित और स्थापित किया जाए, यीशु के नाम में।

X

1076. स्वप्न में अपने आप को एक्स-रे प्रयोगशाला में देखना

अर्थ (बाइबिलीय समझ): यह स्वप्न दिव्य जाँच और आत्मिक प्रकट होने का संकेत है। परमेश्वर आपके जीवन की भीतरी स्थिति को प्रकट कर रहा है — वे बातें जो मनुष्यों से छिपी हैं पर आत्मिक जगत में दिखाई देती हैं। यह आपके आत्मिक जीवन या यहाँ तक कि शारीरिक स्वास्थ्य में छिपी हुई समस्याओं की ओर भी संकेत कर सकता है, जिन पर ध्यान देना आवश्यक है। **बाइबिलीय आधार:** "क्योंकि यहोवा सबके हृदयों को जाँचता है और सब विचारों की कल्पनाओं को समझता है।" — 1 इतिहास 28:9 **खतरे का स्तर:** मध्यम — दिव्य प्रकट होना और सुधार। **तुरंत क्या करें:** अपने जीवन की जाँच करें, जहाँ आवश्यकता हो वहाँ पश्चाताप करें, और स्वयं को परमेश्वर की इच्छा के साथ सीधा करें। **प्रार्थना संबंधी कार्यवाही (उपवास + भजन):** भजन 66 और भजन 89 के साथ प्रार्थना करें। **भविष्यवाणी-संबंधी प्रार्थना:** हे मेरे स्वर्गीय पिता, मेरे जीवन के भेद मुझे प्रकट कीजिए और मुझे अपनी इच्छा के अनुसार सीधा कीजिए, यीशु के नाम में।

1077. स्वप्न में एक्स-रे में क्षतिग्रस्त अंग देखना

अर्थ (बाइबिलीय समझ): यह छिपी हुई बीमारी, कमजोरी, या आत्मिक क्षति का संकेत है जो अभी शारीरिक रूप से दिखाई नहीं दे रही है। यह

चेतावनी है कि किसी बात को तुरंत चंगाई की आवश्यकता है – चाहे आपके शरीर में हो या आत्मिक जीवन में। **बाइबिलीय आधार:** "उसने अपना वचन भेजकर उन्हें चंगा किया, और विनाश से छुड़ाया।" – भजन संहिता 107:20

खतरे का स्तर: उच्च – छिपा हुआ खतरा। **तुरंत क्या करें:** चंगाई के लिए प्रार्थना करें और हर बीमारी को प्रकट होने से पहले रद्द करें। **प्रार्थना संबंधी कार्यवाही (उपवास + भजन):** भजन 103 और भजन 91 के साथ प्रार्थना करें। **भविष्यवाणी-संबंधी प्रार्थना:** मेरे जीवन की हर छिपी हुई बीमारी और कमजोरी आग के द्वारा चंगी हो जाए, यीशु के नाम में।

1078. स्वप्न में स्पष्ट और सही एक्स-रे परिणाम देखना

अर्थ (बाइबिलीय समझ): यह दिव्य स्वीकृति, आत्मिक पवित्रता, और परमेश्वर के साथ सीधी चाल का संकेत है। यह पुष्टि है कि आप सही मार्ग पर चल रहे हैं। **बाइबिलीय आधार:** "धन्य हैं वे, जिनके मन शुद्ध हैं, क्योंकि वे परमेश्वर को देखेंगे।" – मत्ती 5:8 **खतरे का स्तर:** निम्न – दिव्य पुष्टि। **तुरंत क्या करें:** पवित्रता और आज्ञाकारिता में बने रहें। **प्रार्थना संबंधी कार्यवाही (उपवास + भजन):** भजन 24 और भजन 15 के साथ प्रार्थना करें।

भविष्यवाणी-संबंधी प्रार्थना: मेरा जीवन परमेश्वर के सामने शुद्ध और ग्रहणयोग्य है, यीशु के नाम में।

1079. स्वप्न में एक्स-रे रिपोर्ट सुनना

अर्थ (बाइबिलीय समझ):

यह दिव्य संवाद का संकेत है – परमेश्वर आपके जीवन की स्थिति के बारे में आपको एक रिपोर्ट दे रहा है। यह निर्देश, चेतावनी, या दिशा हो सकती है।

बाइबिलीय आधार:

"जिसके सुनने के कान हों, वह सुन ले।" – मत्ती 11:15

खतरे का स्तर:

मध्यम — दिव्य निर्देश।

तुरंत क्या करें:

उस संदेश को गंभीरता से लें और उसके अनुसार कार्य करें।

प्रार्थना संबंधी कार्यवाही (उपवास + भजन):

भजन 25 और भजन 32 के साथ प्रार्थना करें।

भविष्यवाणी-संबंधी प्रार्थना:

मैं दिव्य दिशा और समझ को स्पष्ट रूप से प्राप्त करता हूँ, यीशु के नाम में।

1080. स्वप्न में अपने आप को ज़ायलोफोन बजाते हुए देखना

अर्थ (बाइबिलीय समझ):

यह घोषणा, उत्सव, और इस बात का संकेत है कि आपका भाग्य प्रकट होने वाला है। यह आनंदमयी प्रकट होने और पहचान का चिन्ह है।

बाइबिलीय आधार:

"तंत्री वाद्यों और बाँसुरी के साथ उसकी स्तुति करो!" — भजन संहिता 150:4

खतरे का स्तर:

निम्न — महिमा की घोषणा।

तुरंत क्या करें:

दृश्यता और प्रकट होने के लिए तैयार रहें।

प्रार्थना संबंधी कार्यवाही (उपवास + भजन):

भजन 71 के साथ प्रार्थना करें।

भविष्यवाणी-संबंधी प्रार्थना:

मेरी महानता संसार के सामने घोषित हो, यीशु के नाम में।

1081. स्वप्न में ज़ायलोफोन की ध्वनि सुनना

अर्थ (बाइबिलीय समझ):

यह स्वप्न आनंदमयी घोषणा, उत्सव, और आपके जीवन में शुभ समाचार के प्रकट होने का संकेत है। यह दर्शाता है कि शोक का समय समाप्त हो

रहा है और आनंद तथा उत्सव का समय प्रारंभ हो रहा है। परमेश्वर आपके विषय में कुछ अच्छा घोषित कर रहा है।

बाइबिलीय आधार:

"तू ने मेरा विलाप नृत्य में बदल दिया; तू ने मेरा टाट उतारकर मुझे आनंद का वस्त्र पहनाया।" — भजन संहिता 30:11

खतरे का स्तर:

निम्न — दिव्य आनंद।

तुरंत क्या करें:

परमेश्वर को धन्यवाद देना आरम्भ करें और शुभ समाचार के लिए तैयार हों।

प्रार्थना संबंधी कार्यवाही (उपवास + भजन):

भजन 30 और भजन 126 के साथ प्रार्थना करें।

भविष्यवाणी-संबंधी प्रार्थना:

मेरे जीवन का हर शोक आनंद में बदल जाए, और शुभ समाचार अभी मुझे प्राप्त हो, यीशु के नाम में।

1082. स्वप्न में टूटा हुआ ज़ायलोफोन देखना

अर्थ (बाइबिलीय समझ):

यह आनंद, उत्सव, या सफलता में विलम्ब या रुकावट का संकेत है। जो बात आपको खुशी देनी चाहिए, वह बाधित या रोकी जा रही है।

बाइबिलीय आधार:

"अपने उद्धार का हर्ष मुझे फिर से दे।" — भजन संहिता 51:12

खतरे का स्तर:

मध्यम — विलम्बित आनंद।

तुरंत क्या करें:

आनंद और सफलता की पुनर्स्थापना के लिए प्रार्थना करें।

प्रार्थना संबंधी कार्यवाही (उपवास + भजन):

भजन 51 और भजन 16 के साथ प्रार्थना करें।

भविष्यवाणी-संबंधी प्रार्थना:

मेरे आनंद और उत्सव में हर विलम्ब आग के द्वारा टूट जाए, यीशु के नाम में।

1083. स्वप्न में अपने आप को ज़ायलोफोन ठीक करते हुए देखना

अर्थ (बाइबिलीय समझ):

यह पुनर्स्थापना का संकेत है — परमेश्वर आपके जीवन के टूटे हुए क्षेत्रों को सुधार रहा है, विशेषकर आनंद, शांति, और भाग्य के क्षेत्रों को।

बाइबिलीय आधार:

"मैं तुम्हें उन वर्षों की हानि भर दूँगा..." — योएल 2:25

खतरे का स्तर:

निम्न — पुनर्स्थापना।

तुरंत क्या करें:

परमेश्वर की पुनर्स्थापना की प्रक्रिया पर भरोसा रखें।

प्रार्थना संबंधी कार्यवाही (उपवास + भजन):

भजन 126 के साथ प्रार्थना करें।

भविष्यवाणी-संबंधी प्रार्थना:

मेरे जीवन का हर टूटा हुआ क्षेत्र पूरी तरह पुनर्स्थापित हो जाए, यीशु के नाम में।

1084. स्वप्न में अपने आप को ज़ायलोफोन सिखाते हुए देखना

अर्थ (बाइबिलीय समझ):

यह बांटने, प्रभाव, और नेतृत्व का संकेत है। आपको दूसरों का मार्गदर्शन करने और अपने ज्ञान तथा वरदानों के द्वारा जीवनों को प्रभावित करने के लिए तैयार किया जा रहा है।

बाइबिलीय आधार:

"जो बातें तू ने मुझ से... सुनी हैं, उन्हें ऐसे विश्वासयोग्य लोगों को सौंप दे, जो औरों को भी सिखाने योग्य हों।" — 2 तीमुथियुस 2:2

खतरे का स्तर:

निम्न — नेतृत्व की बुलाहट।

तुरंत क्या करें:

प्रभाव के लिए अपने आप को आत्मिक और मानसिक रूप से तैयार करें।

प्रार्थना संबंधी कार्यवाही (उपवास + भजन):

भजन 78 and भजन 71 के साथ प्रार्थना करें।

भविष्यवाणी-संबंधी प्रार्थना:

मैं प्रभाव और असर का पात्र हूँ, यीशु के नाम में।

1085. स्वप्न में अपने आप को ज़ायलोफोन सीखते हुए देखना

अर्थ (बाइबिलीय समझ):

यह वृद्धि, विकास, और सीखने के एक नए चरण में प्रवेश का संकेत है। परमेश्वर आपको किसी बड़ी बात के लिए तैयार कर रहा है।

बाइबिलीय आधार:

"हमारे प्रभु और उद्धारकर्ता यीशु मसीह के अनुग्रह और ज्ञान में बढ़ते जाओ।" — 2 पतरस 3:18

खतरे का स्तर:

निम्न — वृद्धि।

तुरंत क्या करें:

सीखने योग्य और अनुशासित बने रहें।

प्रार्थना संबंधी कार्यवाही (उपवास + भजन):

भजन 119 के साथ प्रार्थना करें।

भविष्यवाणी-संबंधी प्रार्थना:

मैं बुद्धि, ज्ञान, और उत्कृष्टता में बढ़ता हूँ, यीशु के नाम में।

Y

1091. स्वप्न में पीला रंग देखना

अर्थ (बाइबिलीय समझ): यह पवित्र आत्मा की उपस्थिति, दिव्य प्रकाश, और आत्मिक आग से भरे जीवन का संकेत है। यह दर्शाता है कि परमेश्वर आपको गहरी संगति और आत्मिक संवेदनशीलता में ले जा रहा है। **बाइबिलीय आधार:** "परमेश्वर ज्योति है और उसमें अंधकार का लेश भी नहीं।" – 1 यूहन्ना 1:5 **खतरे का स्तर:** निम्न – दिव्य उपस्थिति। **तुरंत क्या करें:** अपने आप को पवित्र आत्मा के अधीन कर दें और गहरे आत्मिक जीवन का अनुसरण करें। **प्रार्थना संबंधी कार्यवाही (उपवास + भजन):** भजन 131 के साथ प्रार्थना करें। **भविष्यवाणी-संबंधी प्रार्थना:** हे सामर्थी परमेश्वर, मुझे अपने पवित्र आत्मा की आग से बपतिस्मा दे, यीशु के नाम में।

1092. स्वप्न में रतालू (जिमीकंद) को उखाड़ना

अर्थ (बाइबिलीय समझ): यह फसल, प्रतिफल, और लंबे समय से प्रतीक्षित आशीषों के प्रकट होने का संकेत है। यह वह समय है जब आपका परिश्रम दृश्यमान परिणाम देने वाला है। **बाइबिलीय आधार:** "जो आँसुओं के साथ बोते हैं, वे जयजयकार के साथ काटेंगे।" – भजन संहिता 126:5 **खतरे का स्तर:** निम्न – फसल। **तुरंत क्या करें:** प्रकट होने के लिए तैयार रहें और विश्वासयोग्य बने रहें। **प्रार्थना संबंधी कार्यवाही (उपवास + भजन):** भजन 96 और भजन 98 के साथ उपवास और प्रार्थना करें। **भविष्यवाणी-संबंधी प्रार्थना:** मेरी फसल और प्रगति का समय आग के द्वारा प्रकट हो, यीशु के नाम में।

1093. स्वप्न में रतालू (जिमीकंद) देखना

अर्थ (बाइबिलीय समझ): यह आत्मिक वृद्धि, पवित्रता, और स्थिरता का संकेत है। यह दर्शाता है कि आपका आत्मिक जीवन स्वस्थ है और आप सही मार्ग पर हैं। **बाइबिलीय आधार:** "नवजात बालकों के समान वचन के खरे दूध की लालसा करो, जिससे तुम उसके द्वारा बढ़ते जाओ।" – 1 पतरस 2:2

खतरे का स्तर: निम्न – आत्मिक वृद्धि। **तुरंत क्या करें:** वचन और प्रार्थना में बढ़ते रहें। **प्रार्थना संबंधी कार्यवाही (उपवास + भजन):** भजन 19 के साथ प्रार्थना करें। **भविष्यवाणी-संबंधी प्रार्थना:** मैं पवित्रता और आत्मिक सामर्थ में बढ़ता हूँ, यीशु के नाम में।

1094. स्वप्न में रतालू (जिमीकंद) खाना

अर्थ (बाइबिलीय समझ): यह आत्मिक पोषण, सामर्थ, और संतुष्टि का संकेत है। यह दर्शाता है कि आप आत्मिक रूप से पोषित हो रहे हैं और जीवन की यात्रा के लिए सुसज्जित किए जा रहे हैं। **बाइबिलीय आधार:** "मनुष्य केवल रोटी से नहीं, परन्तु हर एक वचन से जीवित रहेगा..." – मत्ती 4:4 **खतरे का स्तर:** निम्न – पोषण। **तुरंत क्या करें:** परमेश्वर के

वचन से जुड़े रहें।
प्रार्थना संबंधी कार्यवाही (उपवास + भजन): भजन 23 और भजन 34 के साथ प्रार्थना करें। **भविष्यवाणी-संबंधी प्रार्थना:** मेरा जीवन आत्मिक रूप से पोषित और सामर्थी बनाया जाता है, यीशु के नाम में।

1095. स्वप्न में सड़ा हुआ रतालू (जिमीकंद) देखना

अर्थ (बाइबिलीय समझ): यह भ्रष्टता, व्यर्थ अवसर, या आत्मिक गिरावट का संकेत है। जो चीज़ वृद्धि के लिए थी, वह नष्ट हो रही है। **बाइबिलीय आधार:**
"अपने लिए पृथ्वी पर धन इकट्ठा मत करो, जहाँ कीड़ा और जंग बिगाड़ते हैं।"— मत्ती 6:19 **खतरे का स्तर:** उच्च — नाश। **तुरंत क्या करें:** खोए हुए अवसरों को पुनः प्राप्त करें और अपने आत्मिक जीवन को पुनर्स्थापित करें। **प्रार्थना संबंधी कार्यवाही (उपवास + भजन):** भजन 51 और भजन 80 के साथ उपवास और प्रार्थना करें। **भविष्यवाणी-संबंधी प्रार्थना:** मेरे जीवन का हर व्यर्थ हुआ अवसर पुनर्स्थापित हो, यीशु के नाम में।

1096. स्वप्न में अपने आप को रतालू (जिमीकंद) बोते हुए देखना

अर्थ (बाइबिलीय समझ): यह भविष्य के लिए बीज बोने का संकेत है। यह दर्शाता है कि जो आप अभी कर रहे हैं — आत्मिक या शारीरिक रूप से — वह बाद में परिणाम देगा। **बाइबिलीय आधार:** "मनुष्य जो बोता है, वही काटेगा।" — गलतियों 6:7 **खतरे का स्तर:** निम्न — बोने का समय। **तुरंत क्या करें:** अपने कार्यों और निवेशों में सावधानी और उद्देश्य रखें। **प्रार्थना संबंधी कार्यवाही (उपवास + भजन):** भजन 126 के साथ प्रार्थना करें। **भविष्यवाणी-संबंधी प्रार्थना:** मैं जो भी बीज बोता हूँ, वह बहुतायत की फसल उत्पन्न करे, यीशु के नाम में।

1097. स्वप्न में आनंद के साथ रतालू (जिमीकंद) की कटाई करना

अर्थ (बाइबिलीय समझ): यह आनंदमयी फसल, प्रतिफल, और लंबे समय से प्रतीक्षित प्रतिज्ञाओं की पूर्ति का संकेत है। **बाइबिलीय आधार:** "जो रोते हुए बीज बोता है... वह निश्चय जयजयकार के साथ लौटेगा।"

— भजन संहिता 126:6 **खतरे का स्तर:** निम्न — फसल। **तुरंत क्या करें:** धन्यवाद दें और वृद्धि के लिए तैयार रहें। **प्रार्थना संबंधी कार्यवाही (उपवास + भजन):** भजन 126 और भजन 128 के साथ प्रार्थना करें। **भविष्यवाणी-संबंधी प्रार्थना:** मेरी फसल आनंद और बहुतायत के साथ आए, यीशु के नाम में।

1098. स्वप्न में किसी को आपका रतालू (जिमीकंद) चुराते हुए देखना

अर्थ (बाइबिलीय समझ): यह आशीष की हानि, चुराए गए अवसर, या आत्मिक चोरी का संकेत है। **बाइबिलीय आधार:** "जब शत्रु बाढ़ के समान आएगा, तब यहोवा का आत्मा उसके विरुद्ध झण्डा खड़ा करेगा।" — यशायाह 59:19 **खतरे का स्तर:** उच्च — हानि। **तुरंत क्या करें:** प्रार्थना के द्वारा चुराई गई आशीषों को वापस प्राप्त करें। **प्रार्थना संबंधी कार्यवाही (उपवास + भजन):** भजन 35 और भजन 20 के साथ उपवास और प्रार्थना करें। **भविष्यवाणी-संबंधी प्रार्थना:** हर चुराई गई आशीष आग के द्वारा पुनर्स्थापित हो, यीशु के नाम में।

1099. स्वप्न में अपने आप को दूसरों के साथ रतालू (जिमीकंद) बाँटते हुए देखना

अर्थ (बाइबिलीय समझ): यह उदारता, आशीष बाँटना, और दूसरों के लिए आशीष बनने का संकेत है। **बाइबिलीय आधार:** "उदार प्राणी मोटा किया जाएगा।" — नीतिवचन 11:25 **खतरे का स्तर:** निम्न — आशीष। **तुरंत क्या करें:** उदारता में बने रहें। **प्रार्थना संबंधी कार्यवाही (उपवास + भजन):** भजन 41 और भजन 112 के साथ प्रार्थना करें। **भविष्यवाणी-संबंधी प्रार्थना:** मैं दूसरों के लिए आशीष हूँ और मुझे किसी बात की कमी नहीं, यीशु के नाम में।

1100. स्वप्न में रतालू (जिमीकंद) खोजते हुए पर न मिलना

अर्थ (बाइबिलीय समझ): यह फसल में देरी, छूटा हुआ अवसर, या निराशा का संकेत है। **बाइबिलीय आधार:** "तुम बहुत खोजते हो, परन्तु

वह थोड़ा ही निकलता है।" – हाग्गै 1:9 **खतरे का स्तर:** मध्यम – देरी। **तुरंत क्या करें:** अपने जीवन को पुनः सीधा करें और दिव्य हस्तक्षेप के लिए प्रार्थना करें। **प्रार्थना संबंधी कार्यवाही (उपवास + भजन):** भजन 25 और भजन 90 के साथ उपवास और प्रार्थना करें। **भविष्यवाणी-संबंधी प्रार्थना:** मेरी फसल में हर देरी टूट जाए, यीशु के नाम में।

Z

1101. स्वप्न में ज़ेब्रा देखना

अर्थ (बाइबिलीय समझ): यह स्वप्न व्यापार में महानता, विशिष्टता, और अनेक क्षेत्रों में विस्तार (समूहिक प्रभाव) का संकेत है। परन्तु संबंधों में यह अस्थिरता, दो मन का होना, या अविश्वास का भी संकेत दे सकता है।

बाइबिलीय आधार: "द्विधा मनुष्य अपनी सब चालों में चंचल होता है।" – याकूब 1:8 **खतरे का स्तर:** मध्यम –दोहरा अर्थ (सफलता या अस्थिरता)।

तुरंत क्या करें: ध्यान केंद्रित रखें और संबंधों तथा कार्य में सत्यनिष्ठा बनाए रखें।

प्रार्थना संबंधी कार्यवाही (उपवास + भजन):भजन 92, भजन 102 और भजन 112 के साथ उपवास और प्रार्थना करें।

साथ ही भजन 49 और भजन 51 के साथ 3 दिन का उपवास करें।

भविष्यवाणी-संबंधी प्रार्थना:हे मेरे स्वर्गीय पिता, मुझे महानता में ले चल और मुझे धार्मिकता में स्थापित कर, यीशु के नाम में।

1102. स्वप्न में प्राणी उद्यान (चिड़ियाघर) जाना

अर्थ (बाइबिलीय समझ): यह विरोध के बीच सफलता का संकेत है। आप शत्रुओं से घिरे हो सकते हैं, परन्तु फिर भी आप विजय पाएंगे और उन्नति करेंगे। **बाइबिलीय आधार:** "तू मेरे शत्रुओं के सामने मेरे लिये मेज़ बिछाता है।" — भजन संहिता 23:5 **खतरे का स्तर:** निम्न — विरोध में विजय। **तुरंत क्या करें:** आत्मविश्वासी और केंद्रित रहें। **प्रार्थना संबंधी कार्यवाही (उपवास + भजन):** भजन 1 और भजन 34 के साथ प्रार्थना करें। **भविष्यवाणी-संबंधी प्रार्थना:** मैं हर विरोध के बीच सफलता प्राप्त करता हूँ, यीशु के नाम में।

1103. स्वप्न में ज़िप (शरीर को ढकना) देखना

अर्थ (बाइबिलीय समझ): यह नग्नता के ढके जाने का संकेत है — शारीरिक और आत्मिक दोनों। यह लज्जा, गरीबी, और प्रकट होने से छुटकारे को दर्शाता है। **बाइबिलीय आधार:**"उसने मुझे उद्धार के वस्त्र पहनाए हैं।" — यशायाह 61:10 **खतरे का स्तर:**निम्न — आवरण और पुनर्स्थापना। **तुरंत क्या करें:** परमेश्वर का धन्यवाद करें और उसके आवरण के नीचे बने रहें। **प्रार्थना संबंधी कार्यवाही (उपवास + भजन):** भजन 18 और भजन 37 के साथ 3 दिन का उपवास करें। **भविष्यवाणी-संबंधी प्रार्थना:** मेरी नग्नता ढकी गई है और मेरा जीवन पुनर्स्थापित हुआ है, यीशु के नाम में।

1104. स्वप्न में टूटी हुई ज़िप या खुली हुई ज़िप देखना

अर्थ (बाइबिलीय समझ): यह प्रकट होना, लज्जा, असुरक्षा, या आवरण के खोने का संकेत है। **बाइबिलीय आधार:** "उन्होंने जाना कि वे नंगे हैं।" — उत्पत्ति 3:7 **खतरे का स्तर:** उच्च — प्रकट होना। **तुरंत क्या करें:** आवरण और सुरक्षा की पुनर्स्थापना के लिए प्रार्थना करें। **प्रार्थना संबंधी कार्यवाही (उपवास + भजन):** भजन 51 और भजन 91 के साथ उपवास और प्रार्थना करें। **भविष्यवाणी-संबंधी प्रार्थना:** हर प्रकार की लज्जा और प्रकट होना यीशु के लहू से ढक दिया जाए, यीशु के नाम में।

1105. स्वप्न में अपने आप को ज़िप ठीक करते या बंद करते देखना

अर्थ (बाइबिलीय समझ): यह पुनर्स्थापना, सुरक्षा, और उन क्षेत्रों पर पुनः नियंत्रण पाने का संकेत है जो उजागर या टूटे हुए थे। **बाइबिलीय आधार:** "वह मेरे प्राण को बहाल करता है।" — भजन संहिता 23:3 **खतरे का स्तर:** निम्न — पुनर्स्थापना। **तुरंत क्या करें:** प्रार्थना और अनुशासन में बने रहें। **प्रार्थना संबंधी कार्यवाही (उपवास + भजन):** भजन 23 और भजन 121 के साथ प्रार्थना करें। **भविष्यवाणी-संबंधी प्रार्थना:** मेरे जीवन का हर टूटा हुआ क्षेत्र पुनर्स्थापित और सुरक्षित हो गया है, यीशु के नाम में।

BIBLICAL DREAM SYMBOLS LIST (बाइबिलीय स्वप्न चिन्ह सूची)

A

1. Altar – वेदी – समर्पण, बलिदान – उत्पत्ति 8:20

2. Angel – स्वर्गदूत – दिव्य संदेश – मत्ती 1:20

3. Ark – जहाज़ (नौका) – उद्धार, सुरक्षा – उत्पत्ति 7:1

4. Anointing Oil – अभिषेक का तेल – पवित्र आत्मा की शक्ति – 1 शमूएल 16:13

5. Arrow – तीर – वचन या आक्रमण – भजन संहिता 38:2

6. Axe – कुल्हाड़ी – न्याय, काटना – मत्ती 3:10

7. Army – सेना – आत्मिक युद्ध – प्रकाशितवाक्य 19:14

8. Ashes – राख – पश्चाताप, नम्रता – अय्यूब 42:6

9. Anchor – लंगर – आशा, स्थिरता – इब्रानियों 6:19

10. Authority – अधिकार – आत्मिक प्रभुत्व – लूका 10:19

B

11. Baby – बच्चा – नई शुरुआत – यशायाह 9:6

12. Bread – रोटी – प्रावधान, वचन – मत्ती 4:4

13. Blood – लहू – वाचा, छुटकारा – 1 यूहन्ना 1:7

14. Boat – नाव – यात्रा, सेवकाई – लूका 8:22

15. Book – पुस्तक – नियति, लेखा – दानिय्येल 7:10

16. Branch – डाली – वृद्धि, मसीह – यूहन्ना 15:5

17. Bride – दुल्हन – कलीसिया, वाचा – प्रकाशितवाक्य 19:7

18. Bridge – पुल – परिवर्तन – यूहन्ना 14:6

19. Bow – धनुष – वाचा – उत्पत्ति 9:13

20. Burial – दफ़न – अंत, परिवर्तन – रोमियों 6:4

C

21. Chain – ज़ंजीर – बंधन – यशायाह 61:1

22. Crown – मुकुट – प्रतिफल, अधिकार – याकूब 1:12

23. Cloud – बादल – परमेश्वर की उपस्थिति – निर्गमन 13:21

24. Cross – क्रूस – बलिदान – लूका 9:23

25. Cup – कटोरा – भाग, नियति – मत्ती 26:39

26. City – नगर – प्रभाव – मत्ती 5:14

27. Candle – दीपक – प्रकाश, प्रकाशन – भजन संहिता 119:105

28. Cave – गुफा – छिपना, तैयारी – 1 शमूएल 22:1

29. Cornerstone – कोने का पत्थर – मसीह आधार – इफिसियों 2:20

30. Crying – रोना – संकट, प्रार्थना – भजन संहिता 34:17

D

31. Darkness – अंधकार – अज्ञान, बुराई – यशायाह 60:2

32. Door – द्वार – अवसर – प्रकाशितवाक्य 3:8

33. Desert – जंगल – परीक्षा – व्यवस्थाविवरण 8:2

34. Dove – कबूतर – पवित्र आत्मा – मत्ती 3:16

35. Death – मृत्यु – परिवर्तन – यूहन्ना 11:25

36. Deliverance – छुटकारा – स्वतंत्रता – भजन संहिता 34:17

37. Dust – धूल – नम्रता – उत्पत्ति 3:19

38. Dragon – अजगर – शैतान – प्रकाशितवाक्य 12:9

39. Dew – ओस – आशीष – होशे 14:5

40. Daylight – दिन का उजाला – प्रकाशन – यूहन्ना 11:9

E

41. Eagle – उकाब (गरुड़) – सामर्थ, दृष्टि – यशायाह 40:31

42. Earthquake – भूकंप – दिव्य हिलाना – इब्रानियों 12:26

43. Enemy – शत्रु – विरोध – मत्ती 13:39

44. Eye – आँख – दृष्टि, समझ – मत्ती 6:22

45. Ear – कान – परमेश्वर को सुनना – मत्ती 11:15

46. Exile – निर्वासन – अलगाव – यिर्मयाह 29:4

47. End – अंत – पूर्णता – सभोपदेशक 3:1

48. Enemy attack – शत्रु आक्रमण – युद्ध – इफिसियों 6:12

49. Eating – खाना – ग्रहण करना – यिर्मयाह 15:16

50. Escape – बच निकलना – छुटकारा – भजन संहिता 124:7

F

51. Fire – आग – शुद्धिकरण – मलाकी 3:2

52. Fish – मछली – आत्माएँ – मत्ती 4:19

53. Flood – बाढ़ – न्याय – उत्पत्ति 7:17

54. Fruit – फल – चरित्र – गलतियों 5:22

55. Field – खेत – संसार – मत्ती 13:38

56. Father – पिता – परमेश्वर का अधिकार – मत्ती 6:9

57. Fasting – उपवास – नम्रता – मत्ती 6:16

58. **Feet – पैर** – चाल, दिशा – भजन संहिता 119:105

59. **Fence – बाड़** – सुरक्षा – यशायाह 5:2

60. **Foundation – नींव** – स्थिरता – मत्ती 7:25

G

61. **Garden – बाग़** – संगति – उत्पत्ति 2:8

62. **Gate – फाटक** – अधिकार – मत्ती 16:18

63. **Gold – सोना** – पवित्रता – प्रकाशितवाक्य 21:18

64. **Grave – कब्र** – छिपा हुआ, मृत्यु – यूहन्ना 11:38

65. **Glory – महिमा** – परमेश्वर की उपस्थिति – निर्गमन 33:18

66. **Gift – वरदान** – अनुग्रह – रोमियों 6:23

67. **Goliath – गोलियत** – बड़ा समस्या – 1 शमूएल 17:4

68. **Garment – वस्त्र** – पहचान – यशायाह 61:10

69. **Growth – वृद्धि** – परिपक्वता – 2 पतरस 3:18

70. **Grapes – अंगूर** – आशीष – गिनती 13:23

H

71. **Hand – हाथ** – शक्ति – यशायाह 41:10

72. **Harvest – फसल** – प्रतिफल – मत्ती 9:37

73. **Head – सिर** – अधिकार – 1 कुरिन्थियों 11:3

74. **Heart – हृदय** – आंतरिक जीवन – नीतिवचन 4:23

75. **Heaven – स्वर्ग** – परमेश्वर का राज्य – मत्ती 6:10

76. **Hell – नरक** – न्याय – लूका 16:23

77. **House – घर** – जीवन – इब्रानियों 3:6

78. **Healing – चंगाई** – पुनर्स्थापना – यशायाह 53:5

79. **Horn – सींग** – शक्ति – भजन संहिता 18:2

80. **Hunger – भूख** – इच्छा – मत्ती 5:6

I

81. **Idol – मूर्ति** – झूठी आराधना – निर्गमन 20:3

82. **Iron – लोहा** – शक्ति – दानिय्येल 2:40

83. **Ink – स्याही** – लेखा – यिर्मयाह 36:18

84. Inheritance – विरासत – प्रतिज्ञा – इफिसियों 1:11

85. Invitation – निमंत्रण – बुलाहट – मत्ती 22:2

86. Illness – बीमारी – कमजोरी – याकूब 5:14

87. Increase – वृद्धि – आशीष – उत्पत्ति 26:12

88. Israel – इस्राएल – परमेश्वर के लोग – रोमियों 9:6

89. Instruction – निर्देश – बुद्धि – नीतिवचन 4:13

90. Image – प्रतिरूप – पहचान – उत्पत्ति 1:27

ADDITIONAL (EXTENDED SYMBOLS)
अतिरिक्त (विस्तारित चिन्ह)

I

251. Agreement – सहमति – एकता – मत्ती 18:19

252. Betrayal – विश्वासघात – चेतावनी – लूका 22:48

253. Blessing – आशीष – अनुग्रह – गिनती 6:24

254. Burden – बोझ – चिंता – मत्ती 11:28

255. Burning bush – जलती हुई झाड़ी – बुलाहट – निर्गमन 3:2

256. Battle field – युद्धभूमि – युद्ध – 1 शमूएल 17:48

257. Broken vessel – टूटा हुआ पात्र – नम्रता – भजन संहिता 51:17

258. Broken wall – टूटी हुई शहरपनाह – असुरक्षा – नहेमायाह 1:3

259. Broken heart – टूटा हुआ हृदय – खेद – भजन संहिता 34:18

260. Builder – बनाने वाला – बुद्धि – मत्ती 7:24

261. Calling – बुलाहट – उद्देश्य – रोमियों 8:30

262. Captivity – बंधुआई – बंधन – भजन संहिता 126:1

263. Cleansing – शुद्धिकरण – पवित्रीकरण – 1 यूहन्ना 1:7

264. Command – आज्ञा – अधिकार – यहोशू 1:9

265. Cry for help – सहायता के लिए पुकार – प्रार्थना – भजन संहिता 18:6

266. Darkness lifting – अंधकार हटना – प्रकाशन – यशायाह 60:1

267. Deliverer – छुड़ाने वाला – उद्धार – भजन संहिता 18:2

268. Discipline – अनुशासन – सुधार – इब्रानियों 12:6

269. Division – विभाजन – संघर्ष – मत्ती 10:34

270. Door closed – बंद द्वार – देरी – प्रकाशितवाक्य 3:7

271. Empty vessel – खाली पात्र – आवश्यकता – 2 राजा 4:3

272. Escape route – बच निकलने का मार्ग – छुटकारा – 1 कुरिन्थियों 10:13

273. Exposure – प्रकट होना – सत्य प्रकट हुआ – लूका 12:2

274. Falling – गिरना – अस्थिरता – भजन संहिता 37:24

275. Favor – अनुग्रह – कृपा – भजन संहिता 5:12

276. Fear – भय – विश्वास की कमी – 2 तीमुथियुस 1:7

277. Fire altar – अग्नि वेदी – आराधना – लैव्यव्यवस्था 6:13

278. Foundation shaking – नींव का हिलना – परीक्षा – इब्रानियों 12:27

279. Gift received – प्राप्त वरदान – अनुग्रह – याकूब 1:17

280. Giving – देना – उदारता – लूका 6:38

281. Glory cloud – महिमा का बादल – उपस्थिति – निर्गमन 40:34

282. Growth seed – वृद्धि का बीज – विकास – मरकुस 4:27

283. Hidden treasure – छिपा हुआ खजाना – राज्य – मत्ती 13:44

284. Holy ground – पवित्र भूमि – आदर – निर्गमन 3:5

285. Hunger satisfied – भूख का तृप्त होना – परिपूर्णता – मत्ती 5:6

286. Increase harvest – बढ़ी हुई फसल – आशीष – उत्पत्ति 26:12

287. Joy overflow – उमड़ता हुआ आनंद – आत्मा – रोमियों 15:13

288. Kingdom expansion – राज्य का विस्तार – वृद्धि – प्रेरितों के काम 6:7

289. Light shining – प्रकाश का चमकना – प्रकाशन – यूहन्ना 1:5

290. Living water – जीवन का जल – आत्मा – यूहन्ना 7:38

291. Open gate – खुला फाटक – प्रवेश – भजन संहिता 24:7

292. Overflow cup – उमड़ता हुआ कटोरा – बहुतायत – भजन संहिता 23:5

293. Protection hedge – सुरक्षा की बाड़ – सुरक्षा – अय्यूब 1:10

294. Refining fire – शुद्ध करने वाली आग – पवित्रीकरण – जकर्याह 13:9

295. Restoration – पुनर्स्थापना – चंगाई – योएल 2:25

296. Rising up – ऊपर उठना – पदोन्नति – भजन संहिता 113:7

297. Running race – दौड़ दौड़ना – उद्देश्य – इब्रानियों 12:1

298. Standing firm – दृढ़ खड़ा रहना – विश्वास – इफिसियों 6:13

299. Victory shout – विजय का जयघोष – जय – यहोशू 6:20

300. Waiting – प्रतीक्षा – भरोसा – यशायाह 40:31

301. Abundance – बहुतायत – उमड़ती हुई आशीष – यूहन्ना 10:10

302. Accuser – दोष लगाने वाला – शैतान दोष लगाता है – प्रकाशितवाक्य 12:10

303. Adoption – गोद लिया जाना – मसीह में पुत्रत्व – रोमियों 8:15

304. Affliction – क्लेश – परीक्षा और वृद्धि – भजन संहिता 34:19

305. Agreement – सहमति – एकता और मेल – आमोस 3:3

306. Alarm – चेतावनी – परमेश्वर की ओर से चेतावनी – यहेजकेल 33:3

307. Ambush – घात – छिपा हुआ आत्मिक आक्रमण – यहोशू 8:2

308. Armor – हथियारबंद कवच – युद्ध में सुरक्षा – इफिसियों 6:11

309. Assembly – सभा – विश्वासियों का इकट्ठा होना – इब्रानियों 10:25

310. Awakening – जागृति – आत्मिक पुनर्जीवन – रोमियों 13:11

II

311. Banner – ध्वज – परमेश्वर में विजय – निर्गमन 17:15

312. Baptism – बपतिस्मा – मसीह में नया जीवन – रोमियों 6:4

313. Barrier – बाधा – प्रगति में रुकावट – यशायाह 59:2

314. Battle cry – युद्ध का नारा – युद्ध की घोषणा – न्यायियों 7:20

315. Beggar – भिखारी – निर्भरता या कमी – लूका 16:20

316. Binding – बाँधना – बुराई पर अधिकार – मत्ती 18:18

317. Bitter water – कड़वा पानी – परीक्षा या कठिनाई – निर्गमन 15:23

318. Blessing hand – आशीष देने वाला हाथ – अनुग्रह और उत्तराधिकार – उत्पत्ति 48:14

319. Blindness – अंधापन – आत्मिक अज्ञान – यूहन्ना 9:39

320. Breakthrough – सफलता का फूट पड़ना – देरी के बाद विजय – मीका 2:13

III

321. Captivity broken – बंधुआई का टूटना – स्वतंत्रता बहाल – भजन संहिता 126:1

322. Chariot – रथ – दिव्य गमन – 2 राजा 2:11

323. Chosen – चुना हुआ – दिव्य चुनाव – यूहन्ना 15:16

324. Cleansing water – शुद्ध करने वाला जल – आत्मिक नवीनीकरण – यहेजकेल 36:25

325. Closed heaven – बंद आकाश – आशीष में देरी – व्यवस्थाविवरण 28:23

326. Commanding voice – आज्ञा देने वाली आवाज़ – परमेश्वर का अधिकार – भजन संहिता 29:4

327. Confession – अंगीकार – पश्चाताप और शुद्धिकरण – 1 यूहन्ना 1:9

328. Covenant table – वाचा की मेज़ – परमेश्वर के साथ सहभागिता – निर्गमन 24:9

329. Cry of travail – प्रसव-पीड़ा की पुकार – मध्यस्थता – यशायाह 66:8

330. Curtain torn – पर्दा फटना – परमेश्वर तक पहुँच – मत्ती 27:51

IV

331. Deliverer – छुड़ाने वाला – उद्धार और बचाव – भजन संहिता 18:2

332. Double portion – दुगना भाग – वृद्धि और उत्तराधिकार – 2 राजा 2:9

333. Dry ground – सूखी भूमि – परीक्षाओं में स्थिरता – निर्गमन 14:22

334. Dry bones – सूखी हड्डियाँ – पुनर्जीवन और पुनर्स्थापना – यहेजकेल 37:5

335. Discipline rod – अनुशासन की छड़ी – परमेश्वर की ओर से सुधार – नीतिवचन 13:24

336. Divine light – दिव्य प्रकाश – प्रकाशन और सत्य – 2 कुरिन्थियों 4:6

337. Dominion – प्रभुत्व – परमेश्वर द्वारा दिया गया अधिकार – उत्पत्ति 1:28

338. Door knocking – द्वार खटखटाना – परमेश्वर की ओर से निमंत्रण – प्रकाशितवाक्य 3:20

339. Drunkenness – मतवालापन – आत्मिक नियंत्रण की कमी – इफिसियों 5:18

340. Dwelling place – निवास स्थान – परमेश्वर की उपस्थिति – भजन संहिता 91:1

V

341. Early rain – पहली वर्षा – आशीष की शुरुआत – योएल 2:23

342. End-time sign – अंतिम समय का चिन्ह – भविष्यसूचक चेतावनी – मत्ती 24:3

343. Enlargement – विस्तार – क्षेत्र का बढ़ना – यशायाह 54:2

344. Escape door – बच निकलने का द्वार – छुटकारे का मार्ग – भजन संहिता 124:7

345. Established – स्थापित – परमेश्वर में स्थिरता – भजन संहिता 1:3

346. Eternal life – अनन्त जीवन – उद्धार की प्रतिज्ञा – यूहन्ना 3:16

347. Exaltation – उन्नति – परमेश्वर द्वारा पदोन्नति – भजन संहिता 75:6

348. Exchange – अदला-बदली – मसीह में परिवर्तन – यशायाह 61:3

349. Expectation – आशा भरी प्रतीक्षा – विश्वास और आशा – नीतिवचन 23:18

350. Eye opened – आँख खुलना – आत्मिक दृष्टि – 2 राजा 6:17

VI

351. Faith – विश्वास – परमेश्वर पर भरोसा – इब्रानियों 11:1

352. Falling star – गिरता हुआ तारा – पतन या घमण्ड – यशायाह 14:12

353. Famine – अकाल – आत्मिक सूखापन – आमोस 8:11

354. Father's house – पिता का घर – स्वर्ग या अपनापन – यूहन्ना 14:2

355. Fear of God – परमेश्वर का भय – आदर और बुद्धि – नीतिवचन 9:10

356. Field harvest – खेत की फसल – काटने के लिए तैयार आत्माएँ – यूहन्ना 4:35

357. Fire from heaven – स्वर्ग से आग – दिव्य अनुमोदन – 1 राजा 18:38

358. First fruit – पहिला फल – परमेश्वर को समर्पण – नीतिवचन 3:9

359. Foot washing – पाँव धोना – शुद्धिकरण और नम्रता – यूहन्ना 13:5

360. Foundation rock – चट्टान की नींव – मसीह में स्थिरता – मत्ती 7:25

VII

361. Gate opened – खुला फाटक – प्रवेश दिया गया – यशायाह 45:1

362. Gathering – एकत्र होना – लोगों की सभा – भजन संहिता 50:5

363. Gift of Spirit – आत्मा का वरदान – आत्मिक सामर्थ – 1 कुरिन्थियों 12:7

364. Glory revealed – महिमा प्रकट होना – प्रकट उपस्थिति – रोमियों 8:18

365. God's voice – परमेश्वर की आवाज़ – दिशा और आज्ञा – निर्गमन 19:19

366. Good shepherd – अच्छा चरवाहा – मार्गदर्शन और देखभाल – यूहन्ना 10:11

367. Grain – अन्न – प्रावधान और आपूर्ति – उत्पत्ति 41:49

368. Great light – महान ज्योति – सत्य का प्रकाशन – यशायाह 9:2

369. Ground shaking – भूमि हिलना – न्याय या परिवर्तन – हाग्गै 2:6

370. Guard – पहरेदार – दिव्य सुरक्षा – भजन संहिता 121:7

VIII

371. Hand lifted – उठा हुआ हाथ – प्रार्थना और समर्पण – 1 तीमुथियुस 2:8

372. Harvest time – फसल का समय – प्रतिफल का मौसम – सभोपदेशक 3:2

373. Healing oil – चंगाई का तेल – पुनर्स्थापना और चंगाई – याकूब 5:14

374. Heavenly host – स्वर्गीय सेना – स्वर्गदूतों की गतिविधि – लूका 2:13

375. Hidden manna – छिपा हुआ मन्ना – आत्मिक पोषण – प्रकाशितवाक्य 2:17

376. High place – ऊँचा स्थान – अधिकार की स्थिति – 1 राजा 3:2

377. Holy fire – पवित्र आग – शुद्धिकरण – यशायाह 6:6

378. Hope restored – आशा की पुनर्स्थापना – विश्वास का नवीनीकरण – रोमियों 15:13

379. House built – बना हुआ घर – स्थिरता और आज्ञाकारिता – मत्ती 7:24

380. Humbling – नम्र किया जाना – सुधार और वृद्धि – याकूब 4:10

IX

381. Increase oil – बढ़ता हुआ तेल – प्रावधान की बढ़ोतरी – 2 राजा 4:6

382. Inheritance secured – उत्तराधिकार सुरक्षित – प्रतिज्ञा पूरी हुई – यहोशू 21:45

383. Inner chamber – भीतरी कोठरी – गुप्त प्रार्थना का स्थान – मत्ती 6:6

384. Intercession – मध्यस्थता – दूसरों के लिए खड़ा होना – यहेजकेल 22:30

385. Invitation feast – निमंत्रण भोज – राज्य की बुलाहट – लूका 14:16

386. Iron gate opened – लोहे का फाटक खुलना – सफलता का द्वार – प्रेरितों के काम 12:10

387. Image restored – प्रतिरूप बहाल – मसीह में नवीनीकरण – कुलुस्सियों 3:10

388. Illumination – प्रकाश मिलना – सत्य को समझना – भजन संहिता 119:130

389. Impartation – संचार – आत्मिक हस्तांतरण – 2 तीमुथियुस 1:6

390. Instruction scroll – निर्देश का पत्र – परमेश्वर का वचन प्राप्त करना – यहेजकेल 3:1

X

391. Joyful shout – आनंद का जयघोष – विजय का उत्सव – भजन संहिता 47:1

392. Judgment seat – न्याय का आसन – परमेश्वर के सामने उत्तरदायित्व – 2 कुरिन्थियों 5:10

393. Justification – धर्मी ठहराया जाना – धर्मी बनाया जाना – रोमियों 5:1

394. Journey forward – आगे की यात्रा – बुलाहट में प्रगति – फिलिप्पियों 3:13

395. Joy oil – आनंद का तेल – परमेश्वर की ओर से हर्ष – यशायाह 61:3

396. Jars filled – घड़े भरना – बढ़ा हुआ प्रावधान – 2 राजा 4:3

397. Justice served – न्याय पूरा होना – धर्मी न्याय – यशायाह 1:17

398. Jubilee trumpet – जुबली की तुरही – स्वतंत्रता और पुनर्स्थापना – लैव्यव्यवस्था 25:9

399. Jehoshaphat victory – यहोशापात की विजय – स्तुति विजय

लाती है – 2 इतिहास 20:22

400. Jesus appearing – यीशु का प्रकट होना – दिव्य प्रकाशन – प्रेरितों के काम 9:3

XI

401. Kingdom keys – राज्य की कुंजियाँ – खोलने का अधिकार – मत्ती 16:19

402. King's favor – राजा का अनुग्रह – पदोन्नति और कृपा – एस्तेर 5:2

403. Kingdom expansion – राज्य का विस्तार – परमेश्वर के काम की वृद्धि – प्रेरितों के काम 6:7

404. Knowledge increase – ज्ञान की वृद्धि – भविष्यवाणी की समझ – दानिय्येल 12:4

405. Kneeling prayer – घुटनों पर प्रार्थना – परमेश्वर के प्रति समर्पण – लूका 22:41

406. Kindling fire – आग जलाना – पुनर्जीवन की शुरुआत – 2 तीमुथियुस 1:6

407. Keeper of vineyard – दाख की बारी का रखवाला – जिम्मेदारी – श्रेष्ठगीत 1:6

408. Kingdom war – राज्य का युद्ध – आत्मिक लड़ाई – प्रकाशितवाक्य 12:7

409. King's table – राजा की मेज़ – आदर और पुनर्स्थापना – 2 शमूएल 9:7

410. Key of David – दाऊद की कुंजी – खोलने/बंद करने का अधिकार – प्रकाशितवाक्य 3:7

XII

411. Living water – जीवन का जल – पवित्र आत्मा का प्रवाह – यूहन्ना 7:38

412. Light shining – प्रकाश चमकना – सत्य प्रकट होना – यूहन्ना 1:5

413. Lost sheep – खोई हुई भेड़ – पुनर्स्थापना – लूका 15:4

414. Lifting up – ऊपर उठाना – परमेश्वर द्वारा पदोन्नति – भजन संहिता 113:7

415. Ladder ascending – सीढ़ी ऊपर उठना – स्वर्ग से संबंध – उत्पत्ति 28:12

416. Lamp burning – जलता हुआ दीपक – तैयार रहना – मत्ती 25:1

417. Land inheritance – भूमि का उत्तराधिकार – प्रतिज्ञा पूरी होना – भजन संहिता 37:29

418. Lion roaring – सिंह की दहाड़ – अधिकार और साहस – नीतिवचन 28:1

419. Loosed chains – खुली हुई ज़ंजीरें – छुटकारा – प्रेरितों के काम 16:26

420. Love overflowing – उमड़ता हुआ प्रेम – अनुग्रह और करुणा – रोमियों 5:5

XIII

421. Morning star – भोर का तारा – मसीह का प्रकाशन – प्रकाशितवाक्य 22:16

422. Mighty wind – प्रचण्ड वायु – पवित्र आत्मा की गति – प्रेरितों के काम 2:2

423. Manna – मन्ना – दैनिक प्रावधान – निर्गमन 16:15

424. Mercy seat – करुणासन – प्रायश्चित्त – निर्गमन 25:17

425. Mountain moving – पर्वत का हटना – विश्वास की शक्ति – मत्ती 17:20

426. Multitude – भीड़ – वृद्धि और आशीष – उत्पत्ति 22:17

427. Mouth opened – मुँह खुलना – सत्य बोलना – यहेजकेल 3:27

428. Messenger angel – संदेशवाहक स्वर्गदूत – दिव्य संदेश – दानिय्येल 9:21

429. Measure pressed – दबा हुआ नाप – बहुतायत की आशीष – लूका 6:38

430. Midnight deliverance – आधी रात का छुटकारा – सफलता का क्षण – प्रेरितों के काम 16:25

XIV

431. New covenant – नई वाचा – मसीह के द्वारा अनुग्रह – लूका 22:20

432. New garment – नया वस्त्र – नई पहचान – कुलुस्सियों 3:10

433. New heart – नया हृदय – आत्मिक नवीनीकरण – यहेजकेल 36:26

434. Narrow gate – संकरा फाटक – उद्धार का मार्ग – मत्ती 7:14

435. Night watch – रात का पहरा – प्रार्थना में जागरूकता – भजन संहिता 63:6

436. Net breaking – जाल का टूटना – बहुतायत की आशीष – लूका 5:6

437. New song – नया गीत – परमेश्वर की स्तुति – भजन संहिता 96:1

438. Name written – नाम लिखा जाना – उद्धार की सुनिश्चितता – प्रकाशितवाक्य 20:15

439. Nourishment – पोषण – आत्मिक वृद्धि – 1 तीमुथियुस 4:6

440. Nations gathered – जातियों का इकट्ठा होना – वैश्विक फसल – मत्ती 24:14

441. Open scroll – खुली हुई पुस्तक-पट्टी – प्रकाशन प्रकट हुआ – प्रकाशितवाक्य 5:9
442. Overflow river – उमड़ती हुई नदी – आत्मा की बहुतायत – यहेजकेल 47:5
443. Offering accepted – भेंट स्वीकार की गई – परमेश्वर के साथ अनुग्रह – उत्पत्ति 4:4
444. Olive branch – जैतून की डाली – शांति बहाल हुई – उत्पत्ति 8:11
445. Open hand – खुला हुआ हाथ – प्रावधान दिया गया – भजन संहिता 145:16

446. Outpouring – उंडेला जाना – आत्मा उंडेली गई – योएल 2:28
447. Overcoming – जय पाना – मसीह में विजय – प्रकाशितवाक्य 3:21
448. Open eyes – खुली आँखें – सत्य की समझ – लूका 24:31
449. Obedient servant – आज्ञाकारी दास – विश्वासयोग्यता का प्रतिफल – मत्ती 25:21
450. Order restored – व्यवस्था बहाल – दिव्य समरेखण – 1 कुरिन्थियों 14:40
451. Praise – स्तुति – आराधना के द्वारा विजय – भजन संहिता 22:3
452. Presence – उपस्थिति – परमेश्वर निकट है – निर्गमन 33:14
453. Provision – प्रावधान – परमेश्वर आपूर्ति करता है – फिलिप्पियों 4:19
454. Protection – सुरक्षा – दिव्य आड़ – भजन संहिता 91:4
455. Purity – पवित्रता – पावनता – मत्ती 5:8
456. Purpose – उद्देश्य – बुलाहट – रोमियों 8:28
457. Pursuit – पीछा / खोज – परमेश्वर की खोज – भजन संहिता 63:1
458. Patience – धैर्य – परमेश्वर की प्रतीक्षा – याकूब 1:4
459. Peaceful sleep – शांतिपूर्ण नींद – परमेश्वर से विश्राम – भजन संहिता 4:8
460. Path straight – सीधा मार्ग – मार्गदर्शन – नीतिवचन 3:6
461. Refining fire – शुद्ध करने वाली आग – पवित्रीकरण – जकर्याह 13:9
462. Restoration – पुनर्स्थापना – पुनर्प्राप्ति – योएल 2:25
463. Revival – जागृति – आत्मिक जागरण – हबक्कूक 3:2
464. Rejoicing – आनन्द मनाना – परमेश्वर में आनन्द – फिलिप्पियों 4:4
465. Refuge city – शरण नगर – सुरक्षा – भजन संहिता 46:1

466. Righteousness – धार्मिकता – परमेश्वर के सामने सीधा ठहरना – मत्ती 6:33
467. Reconciliation – मेल-मिलाप – परमेश्वर के साथ शांति – 2 कुरिन्थियों 5:18
468. Renewal – नया होना – नई शक्ति – यशायाह 40:31
469. Reaping harvest – फसल काटना – प्रतिफल – गलातियों 6:9
470. Running race – दौड़ दौड़ना – उद्देश्य – इब्रानियों 12:1
471. Salvation – उद्धार – छुटकारा – रोमियों 10:9
472. Sanctification – पवित्रीकरण – अलग किया जाना – 1 थिस्सलुनीकियों 4:3
473. Shield of faith – विश्वास की ढाल – सुरक्षा – इफिसियों 6:16
474. Spiritual battle – आत्मिक युद्ध – लड़ाई – इफिसियों 6:12
475. Strength renewed – नई की गई शक्ति – सामर्थ्य – यशायाह 40:31
476. Sword drawn – निकाली हुई तलवार – युद्ध के लिए तैयारी – यहोशू 5:13
477. Standing firm – दृढ़ खड़ा रहना – स्थिरता – इफिसियों 6:13
478. Storm calmed – शांत किया गया तूफ़ान – शांति बहाल – मरकुस 4:39
479. Shepherd voice – चरवाहे की आवाज़ – मार्गदर्शन – यूहन्ना 10:27
480. Seed growing – बढ़ता हुआ बीज – प्रगति – मरकुस 4:27
481. Temple cleansing – मन्दिर की शुद्धि – पवित्रीकरण – यूहन्ना 2:15
482. Test of faith – विश्वास की परीक्षा – कसौटी – याकूब 1:3
483. Treasure hidden – छिपा हुआ खजाना – राज्य का मूल्य – मत्ती 13:44

484. Thanksgiving – धन्यवाद – कृतज्ञता – 1 थिस्सलुनीकियों 5:18
485. Transformation – रूपान्तरण – नवीनीकरण – रोमियों 12:2
486. Teaching – शिक्षा – निर्देश – नीतिवचन 4:1
487. Throne room – सिंहासन कक्ष – दिव्य अधिकार – प्रकाशितवाक्य 4:2
488. Trumpet call – तुरही की पुकार – चेतावनी – 1 कुरिन्थियों 15:52
489. Truth revealed – सत्य प्रकट हुआ – ज्योति – यूहन्ना 8:32
490. Trust – भरोसा – निर्भरता – नीतिवचन 3:5
491. Unity of believers – विश्वासियों की एकता – आशीष – भजन संहिता 133:1
492. Upright path – सीधा मार्ग – धर्मी जीवन – नीतिवचन 4:18
493. Understanding given – समझ दी गई – बुद्धि – याकूब 1:5
494. Unshakable kingdom – अटल राज्य – स्थिरता – इब्रानियों 12:28
495. Unfolding plan – खुलती हुई योजना – परमेश्वर की इच्छा – यिर्मयाह 29:11
496. Unseen realm – अदृश्य लोक – आत्मिक वास्तविकता – 2 कुरिन्थियों 4:18
497. Unstoppable growth – न रुकने वाली वृद्धि – राज्य का विस्तार – मत्ती 13:31
498. Unlocked door – खुला हुआ द्वार – प्रवेश दिया गया – प्रकाशितवाक्य 3:8
499. Unbroken covenant – अटूट वाचा – विश्वासयोग्यता – उत्पत्ति 17:7
500. Unfailing love – अचूक प्रेम – परमेश्वर का स्वभाव – विलापगीत 3:22

501. Victory crown – विजय का मुकुट – प्रतिफल – 2 तीमुथियुस 4:8
502. Vine branch – दाखलता की डाली – मसीह से जुड़ाव – यूहन्ना 15:5
503. Voice from heaven – स्वर्ग से आवाज़ – दिव्य निर्देश – मत्ती 3:17
504. Vessel filled – भरा हुआ पात्र – पवित्र आत्मा – प्रेरितों के काम 2:4
505. Valley lifted – तराई उठाई गई – पुनर्स्थापना – यशायाह 40:4
506. Vision fulfilled – दर्शन पूरा हुआ – प्रतिज्ञा पूर्ण हुई – हबक्कूक 2:3
507. Victory shout – विजय की पुकार – जय – यहोशू 6:20
508. Veil removed – परदा हटाया गया – प्रकाशन – 2 कुरिन्थियों 3:16
509. Vessels multiplied – पात्र बढ़ाए गए – प्रावधान – 2 राजा 4:6
510. Vineyard fruit – दाख की बारी का फल – उत्पादकता – यूहन्ना 15:8
511. Water flowing – बहता हुआ जल – आत्मा का जीवन – यूहन्ना 7:38
512. Word planted – बोया हुआ वचन – सत्य ग्रहण किया गया – याकूब 1:21
513. Watchfulness – चौकसी – सतर्कता – मत्ती 26:41
514. Way prepared – मार्ग तैयार – मार्गदर्शन – यशायाह 40:3
515. Wellspring – जल का सोता – जीवन का स्रोत – नीतिवचन 4:23
516. Wheat harvest – गेहूँ की कटनी – आत्माएँ – मत्ती 13:30
517. White robe – श्वेत वस्त्र – धार्मिकता – प्रकाशितवाक्य 7:9

518. Wind blowing – बहती हुई हवा – आत्मा की गति – यूहन्ना 3:8
519. Wisdom – बुद्धि – परमेश्वर का ज्ञान – नीतिवचन 9:10
520. Worship – आराधना – समर्पण – यूहन्ना 4:24
521. Yielding fruit – फल लाना – आत्मिक वृद्धि – यूहन्ना 15:2
522. Yoke easy – सहज जूआ – मसीह में अनुग्रह – मत्ती 11:30
523. Year of favor – अनुग्रह का वर्ष – आशीष – लूका 4:19
524. Young strength – युवावस्था की शक्ति – नवीनीकरण – यशायाह 40:31
525. Yielding heart – समर्पित हृदय – अधीनता – भजन संहिता 51:17
526. Yoke broken – जूआ टूट गया – छुटकारा – यशायाह 10:27
527. Yielded life – समर्पित जीवन – आज्ञाकारिता – रोमियों 6:13
528. Youth restored – जवानी बहाल – नवीनीकरण – योएल 2:25
529. Yielding ground – फलदायी भूमि – तैयार हृदय – लूका 8:15
530. Year completed – वर्ष पूरा हुआ – परिपूर्णता – सभोपदेशक 3:1
531. Zion dwelling – सिय्योन का निवास – परमेश्वर की उपस्थिति – भजन संहिता 132:13
532. Zeal for God – परमेश्वर के लिए जलन – उत्साह – रोमियों 12:11
533. Zero beginning – शून्य से शुरुआत – नई शुरुआत – उत्पत्ति 1:1
534. Zone of authority – अधिकार का क्षेत्र – प्रभुत्व – लूका 10:19
535. Zechariah vision – जकर्याह का दर्शन – भविष्यसूचक सन्देश – जकर्याह 1:1

536. Zion joy – सिय्योन का आनन्द – उत्सव – यशायाह 35:10
537. Zeal consuming – भस्म कर देने वाला उत्साह – भक्ति – यूहन्ना 2:17
538. Zenith (highest point) – सर्वोच्च बिन्दु – पदोन्नति – भजन संहिता 75:6
539. Zephaniah promise – सपन्याह की प्रतिज्ञा – पुनर्स्थापना – सपन्याह 3:17
540. Zion protection – सिय्योन की सुरक्षा – सुरक्षा – भजन संहिता 125:1
541. Broken chain – टूटी हुई ज़ंजीर – स्वतंत्रता – प्रेरितों के काम 12:7
542. Broken wall – टूटी हुई शहरपनाह – असुरक्षा – नहेमायाह 1:3
543. Broken heart healed – टूटे मन की चंगाई – पुनर्स्थापना – भजन संहिता 147:3
544. Broken altar restored – टूटी वेदी बहाल – जागृति – 1 राजा 18:30
545. Broken yoke – टूटा हुआ जूआ – छुटकारा – यशायाह 10:27
546. Broken bread – तोड़ी हुई रोटी – बलिदान – लूका 22:19
547. Broken vessel used – टूटा पात्र उपयोग में – नम्रता – 2 कुरिन्थियों 4:7
548. Broken ground – टूटी भूमि – तैयारी – होशे 10:12
549. Broken pride – टूटा घमण्ड – दीन किया जाना – नीतिवचन 16:18
550. Broken silence – टूटी हुई चुप्पी – प्रकाशन – आमोस 3:7
551. Open gate wide – फाटक पूरा खुला – प्रवेश – भजन संहिता 24:7
552. Open heaven fully – आकाश पूरा खुला – अनुग्रह – मलाकी 3:10

553. Open scroll read – खुली पुस्तक-पट्टी पढ़ी गई – प्रकाशन – प्रकाशितवाक्य 10:9

554. Open path clear – खुला मार्ग स्पष्ट – मार्गदर्शन – भजन संहिता 119:105

555. Open hand giving – खुला हाथ देता हुआ – प्रावधान – व्यवस्थाविवरण 15:8

556. Open eyes seeing – खुली आँखें देखती हुई – अंतर्दृष्टि – भजन संहिता 119:18

557. Open ears hearing – खुले कान सुनते हुए – आज्ञाकारिता – यशायाह 50:5

558. Open mouth speaking – खुला मुँह बोलता हुआ – अधिकार – मत्ती 10:20

559. Open door wide – द्वार पूरा खुला – अवसर – 1 कुरिन्थियों 16:9

560. Open book revealed – खुली पुस्तक प्रकट – भाग्य / नियति – दानिय्येल 7:10

561. Rising sun – उगता हुआ सूर्य – नई शुरुआत – मलाकी 4:2

562. Rising up – ऊपर उठना – पदोन्नति – भजन संहिता 113:7

563. Rising river – उठती हुई नदी – उमड़ना – यहेजकेल 47:5

564. Rising voice – उठती हुई आवाज़ – अधिकार – भजन संहिता 29:4

565. Rising wind – उठती हुई वायु – आत्मा की चाल – प्रेरितों के काम 2:2

566. Rising light – उठती हुई ज्योति – प्रकाशन – यशायाह 60:1

567. Rising faith – बढ़ता हुआ विश्वास – भरोसा – रोमियों 10:17

568. Rising strength – उठती हुई शक्ति – नवीनीकरण – यशायाह 40:31

569. Rising praise – उठती हुई स्तुति – आराधना – भजन संहिता 34:1

570. Rising kingdom – उठता हुआ राज्य – विस्तार – दानिय्येल 2:44
571. Standing firm – दृढ़ खड़ा रहना – स्थिरता – इफिसियों 6:13
572. Standing altar – खड़ी हुई वेदी – आराधना – उत्पत्ति 12:7
573. Standing stone – खड़ा हुआ पत्थर – स्मारक – यहोशू 4:7
574. Standing army – खड़ी हुई सेना – तैयारी – 2 तीमुथियुस 2:3
575. Standing watch – पहरे पर खड़ा – सतर्कता – हबक्कूक 2:1
576. Standing strong – मज़बूती से खड़ा – विश्वास – 1 कुरिन्थियों 16:13
577. Standing light – खड़ी हुई ज्योति – गवाही – मत्ती 5:16
578. Standing truth – खड़ा हुआ सत्य – वचन – यूहन्ना 17:17
579. Standing shield – खड़ी हुई ढाल – सुरक्षा – भजन संहिता 28:7
580. Standing in gap – बीच की दरार में खड़ा – मध्यस्थता – यहेजकेल 22:30
581. Overflow cup – उमड़ता हुआ कटोरा – बहुतायत – भजन संहिता 23:5
582. Overflow joy – उमड़ता हुआ आनन्द – आत्मा – रोमियों 15:13
583. Overflow grain – उमड़ता हुआ अन्न – प्रावधान – नीतिवचन 3:10
584. Overflow oil – उमड़ता हुआ तेल – अभिषेक – 2 राजा 4:6
585. Overflow blessing – उमड़ती हुई आशीष – वृद्धि – उत्पत्ति 26:12
586. Overflow river – उमड़ती हुई नदी – आत्मा का जीवन – यहेजकेल 47:5
587. Overflow praise – उमड़ती हुई स्तुति – आराधना – भजन संहिता 150:6
588. Overflow peace – उमड़ती हुई शांति – विश्राम – फिलिप्पियों 4:7

589. Overflow grace – उमड़ती हुई कृपा – अनुग्रह – रोमियों 5:20
590. Overflow love – उमड़ता हुआ प्रेम – करुणा – 1 यूहन्ना 4:7
591. Waiting patiently – धैर्य से प्रतीक्षा करना – भरोसा – भजन संहिता 27:14
592. Waiting on God – परमेश्वर की प्रतीक्षा – नवीनीकरण – यशायाह 40:31
593. Waiting door – प्रतीक्षा का द्वार – देरी – प्रकाशितवाक्य 3:7
594. Waiting harvest – प्रतीक्षा की फसल – समय – गलातियों 6:9
595. Waiting promise – प्रतीक्षा की प्रतिज्ञा – विश्वास – इब्रानियों 10:23
596. Waiting answer – प्रतीक्षा का उत्तर – प्रार्थना – लूका 18:7
597. Waiting season – प्रतीक्षा का मौसम – तैयारी – सभोपदेशक 3:1
598. Waiting light – प्रतीक्षा की ज्योति – आशा – भजन संहिता 130:6
599. Waiting breakthrough – प्रतीक्षा की सफलता – अपेक्षा – मीका 7:7
600. Waiting reward – प्रतीक्षा का प्रतिफल – विश्वासयोग्यता – प्रकाशितवाक्य 22:12
601. Walking straight path – सीधे मार्ग पर चलना – मार्गदर्शन – नीतिवचन 3:6
602. Walking in light – ज्योति में चलना – सत्य – 1 यूहन्ना 1:7
603. Walking by faith – विश्वास से चलना – भरोसा – 2 कुरिन्थियों 5:7
604. Walking with God – परमेश्वर के साथ चलना – संगति – उत्पत्ति 5:24
605. Walking through fire – आग में से चलना – परीक्षा – यशायाह 43:2

606. Walking through water – जल में से चलना – सुरक्षा – यशायाह 43:2
607. Walking upright – सीधा चलना – धार्मिकता – भजन संहिता 84:11
608. Walking forward – आगे चलना – प्रगति – फिलिप्पियों 3:13
609. Walking narrow way – संकरे मार्ग पर चलना – उद्धार – मत्ती 7:14
610. Walking in peace – शांति में चलना – विश्राम – कुलुस्सियों 3:15
611. Seeing light ahead – आगे ज्योति देखना – दिशा – भजन संहिता 119:105
612. Seeing open door – खुला द्वार देखना – अवसर – प्रकाशितवाक्य 3:8
613. Seeing throne – सिंहासन देखना – अधिकार – प्रकाशितवाक्य 4:2
614. Seeing cross – क्रूस देखना – बलिदान – लूका 9:23
615. Seeing fire – आग देखना – शुद्धिकरण – मलाकी 3:2
616. Seeing river – नदी देखना – आत्मा का प्रवाह – भजन संहिता 46:4
617. Seeing angel – स्वर्गदूत देखना – दिव्य सन्देश – मत्ती 1:20
618. Seeing ladder – सीढ़ी देखना – स्वर्ग से सम्बन्ध – उत्पत्ति 28:12
619. Seeing crown – मुकुट देखना – प्रतिफल – याकूब 1:12
620. Seeing sword – तलवार देखना – परमेश्वर का वचन – इब्रानियों 4:12
621. Running fast – तेज दौड़ना – तात्कालिकता – इब्रानियों 12:1
622. Running race – दौड़ दौड़ना – उद्देश्य – 1 कुरिन्थियों 9:24
623. Running away – भागना – भय या बच निकलना – योना 1:3

624. Running toward – की ओर दौड़ना – बुलाहट – फिलिप्पियों 3:14
625. Running with strength – शक्ति के साथ दौड़ना – नवीनीकरण – यशायाह 40:31
626. Running without falling – बिना गिरे दौड़ना – अनुग्रह – भजन संहिता 37:24
627. Running in victory – विजय में दौड़ना – जय – 2 शमूएल 22:30
628. Running with message – सन्देश लेकर दौड़ना – सुसमाचार प्रचार – यशायाह 52:7
629. Running upward – ऊपर की ओर दौड़ना – पदोन्नति – भजन संहिता 75:6
630. Running in light – ज्योति में दौड़ना – सत्य – यूहन्ना 8:12
631. Falling down – गिर जाना – दुर्बलता – भजन संहिता 37:24
632. Falling but rising – गिरना पर फिर उठना – पुनर्स्थापना – मीका 7:8
633. Falling into pit – गड्ढे में गिरना – खतरा – भजन संहिता 7:15
634. Falling enemy – गिरता हुआ शत्रु – विजय – भजन संहिता 9:3
635. Falling chains – गिरती हुई ज़ंजीरें – स्वतंत्रता – प्रेरितों के काम 12:7
636. Falling wall – गिरती हुई दीवार – सफलता – यहोशू 6:20
637. Falling pride – गिरता हुआ घमण्ड – दीन किया जाना – नीतिवचन 16:18
638. Falling darkness – गिरता हुआ अंधकार – ज्योति का जय पाना – यूहन्ना 1:5
639. Falling tears – गिरते आँसू – प्रार्थना – भजन संहिता 56:8
640. Falling burden – गिरता हुआ बोझ – मुक्ति – मत्ती 11:28
641. Eating bread – रोटी खाना – आत्मिक पोषण – मत्ती 4:4

642. Eating fruit – फल खाना – आशीष को ग्रहण करना – गलातियों 5:22
643. Eating scroll – पुस्तक-पट्टी खाना – वचन को ग्रहण करना – यहेजकेल 3:1
644. Eating honey – मधु खाना – वचन की मिठास – भजन संहिता 119:103
645. Eating meat – मांस खाना – आत्मिक परिपक्वता – इब्रानियों 5:14
646. Eating with others – दूसरों के साथ खाना – संगति – प्रेरितों के काम 2:46
647. Eating in peace – शांति में खाना – विश्राम – भजन संहिता 23:5
648. Eating in hunger – भूख में खाना – आवश्यकता – मत्ती 5:6
649. Eating new food – नया भोजन खाना – परिवर्तन – यशायाह 43:19
650. Eating abundance – बहुतायत खाना – प्रावधान – भजन संहिता 132:15
651. Drinking water – जल पीना – आत्मा का जीवन – यूहन्ना 4:14
652. Drinking wine – दाखमधु पीना – वाचा का आनन्द – मत्ती 26:28
653. Drinking bitter – कड़वा पीना – परीक्षा – निर्गमन 15:23
654. Drinking cup – कटोरा पीना – नियति – मत्ती 26:39
655. Drinking from river – नदी से पीना – नवीनीकरण – भजन संहिता 36:8
656. Drinking living water – जीवन का जल पीना – पवित्र आत्मा – यूहन्ना 7:38
657. Drinking in thirst – प्यास में पीना – परमेश्वर की प्यास – भजन संहिता 42:2
658. Drinking in peace – शांति में पीना – तृप्ति – यशायाह 55:1

659. Drinking overflow – उमड़ता हुआ पीना – बहुतायत – भजन संहिता 23:5
660. Drinking with Christ – मसीह के साथ पीना – संगति – प्रकाशितवाक्य 3:20
661. Hearing voice clearly – आवाज़ स्पष्ट सुनना – दिशा – यूहन्ना 10:27
662. Hearing trumpet – तुरही सुनना – चेतावनी – योएल 2:1
663. Hearing whisper – फुसफुसाहट सुनना – निकटता – 1 राजा 19:12
664. Hearing thunder – गर्जन सुनना – परमेश्वर की सामर्थ – भजन संहिता 29:3
665. Hearing call – बुलाहट सुनना – बुलाहट – रोमियों 8:30
666. Hearing instruction – निर्देश सुनना – बुद्धि – नीतिवचन 4:1
667. Hearing praise – स्तुति सुनना – आराधना – भजन संहिता 150:6
668. Hearing cry – पुकार सुनना – मध्यस्थता – भजन संहिता 34:17
669. Hearing word – वचन सुनना – विश्वास – रोमियों 10:17
670. Hearing command – आज्ञा सुनना – आज्ञाकारिता – व्यवस्थाविवरण 28:1
671. Speaking boldly – साहस से बोलना – अधिकार – प्रेरितों के काम 4:31
672. Speaking truth – सत्य बोलना – धार्मिकता – इफिसियों 4:15
673. Speaking life – जीवन बोलना – आशीष – नीतिवचन 18:21
674. Speaking Word – वचन बोलना – सामर्थ – इब्रानियों 4:12
675. Speaking in faith – विश्वास में बोलना – भरोसा – मरकुस 11:23
676. Speaking in prayer – प्रार्थना में बोलना – सहभागिता – मत्ती 6:9

677. Speaking with wisdom – बुद्धि के साथ बोलना – समझ – याकूब 1:5
678. Speaking prophecy – भविष्यवाणी बोलना – प्रकाशन – 1 कुरिन्थियों 14:3
679. Speaking peace – शांति बोलना – शान्त करना – मरकुस 4:39
680. Speaking praise – स्तुति बोलना – आराधना – भजन संहिता 34:1
681. Building house – घर बनाना – स्थापना – मत्ती 7:24
682. Building altar – वेदी बनाना – आराधना – उत्पत्ति 12:7
683. Building wall – दीवार बनाना – सुरक्षा – नहेमायाह 2:17
684. Building tower – गुम्मट / मीनार बनाना – शक्ति – नीतिवचन 18:10
685. Building temple – मन्दिर बनाना – परमेश्वर का निवास – 1 कुरिन्थियों 3:16
686. Building foundation – नींव बनाना – स्थिरता – लूका 6:48
687. Building city – नगर बनाना – प्रभाव – मत्ती 5:14
688. Building life – जीवन बनाना – वृद्धि – कुलुस्सियों 2:7
689. Building kingdom – राज्य बनाना – विस्तार – मत्ती 6:33
690. Building in wisdom – बुद्धि में बनाना – सफलता – नीतिवचन 24:3
691. Opening door – द्वार खोलना – अवसर – प्रकाशितवाक्य 3:8
692. Opening heaven – आकाश खोलना – प्रवेश – यहेजकेल 1:1
693. Opening eyes – आँखें खोलना – समझ – लूका 24:31
694. Opening ears – कान खोलना – परमेश्वर को सुनना – यशायाह 50:5
695. Opening scroll – पुस्तक-पट्टी खोलना – प्रकाशन – प्रकाशितवाक्य 5:9

696. Opening hand – हाथ खोलना – देना – भजन संहिता 145:16
697. Opening path – मार्ग खोलना – मार्गदर्शन – भजन संहिता 119:105
698. Opening gate – फाटक खोलना – प्रवेश – भजन संहिता 24:7
699. Opening heart – हृदय खोलना – ग्रहण करना – प्रेरितों के काम 16:14
700. Opening mouth – मुँह खोलना – सत्य बोलना – यहेजकेल 3:27
701. Closing door – द्वार बंद करना – सुरक्षा – उत्पत्ति 7:16
702. Closing heaven – आकाश बंद करना – देरी – व्यवस्थाविवरण 28:23
703. Closing eyes – आँखें बंद करना – विश्राम – भजन संहिता 4:8
704. Closing season – मौसम बंद होना – पूर्णता – सभोपदेशक 3:1
705. Closing battle – युद्ध का समापन – विजय – 2 इतिहास 20:22
706. Closing wound – घाव बंद होना – चंगाई – भजन संहिता 147:3
707. Closing gap – दरार बंद होना – पुनर्स्थापना – आमोस 9:11
708. Closing night – रात का समाप्त होना – भोर आना – भजन संहिता 30:5
709. Closing trial – परीक्षा का समाप्त होना – छुटकारा – भजन संहिता 34:19
710. Closing chapter – अध्याय बंद होना – परिवर्तन – यशायाह 43:18
711. Receiving gift – वरदान पाना – अनुग्रह – याकूब 1:17
712. Receiving blessing – आशीष पाना – अनुग्रह – गिनती 6:24
713. Receiving Word – वचन पाना – सत्य – याकूब 1:21

714. Receiving healing – चंगाई पाना – पुनर्स्थापना – यशायाह 53:5
715. Receiving crown – मुकुट पाना – प्रतिफल – 2 तीमुथियुस 4:8
716. Receiving promise – प्रतिज्ञा पाना – विश्वास – इब्रानियों 10:23
717. Receiving strength – शक्ति पाना – नवीनीकरण – यशायाह 40:31
718. Receiving wisdom – बुद्धि पाना – समझ – याकूब 1:5
719. Receiving Spirit – आत्मा पाना – सामर्थ – प्रेरितों के काम 1:8
720. Receiving peace – शांति पाना – विश्राम – यूहन्ना 14:27
721. Giving offering – भेंट देना – बलिदान – उत्पत्ति 4:4
722. Giving bread – रोटी देना – प्रावधान – मत्ती 14:19
723. Giving water – पानी देना – सेवा – मत्ती 10:42
724. Giving gift – उपहार देना – उदारता – लूका 6:38
725. Giving help – सहायता देना – प्रेम – गलातियों 6:2
726. Giving Word – वचन देना – शिक्षा – 2 तीमुथियुस 4:2
727. Giving praise – स्तुति देना – आराधना – भजन संहिता 150:6
728. Giving thanks – धन्यवाद देना – कृतज्ञता – 1 थिस्सलुनीकियों 5:18
729. Giving mercy – दया देना – करुणा – लूका 6:36
730. Giving life – जीवन देना – बलिदान – यूहन्ना 15:13
731. Standing in faith – विश्वास में खड़ा रहना – स्थिरता – 1 कुरिन्थियों 16:13
732. Standing in truth – सत्य में खड़ा रहना – वचन – यूहन्ना 17:17
733. Standing in light – ज्योति में खड़ा रहना – धार्मिकता – मत्ती 5:14

734. Standing in prayer – प्रार्थना में खड़ा रहना – मध्यस्थता – इफिसियों 6:18
735. Standing in strength – शक्ति में खड़ा रहना – साहस – यहोशू 1:9
736. Standing in victory – विजय में खड़ा रहना – जय – 1 कुरिन्थियों 15:57
737. Standing in grace – कृपा में खड़ा रहना – अनुग्रह – रोमियों 5:2
738. Standing in peace – शांति में खड़ा रहना – विश्राम – फिलिप्पियों 4:7
739. Standing in love – प्रेम में खड़ा रहना – नींव – इफिसियों 3:17
740. Standing in Christ – मसीह में खड़ा रहना – पहचान – कुलुस्सियों 2:7
741. Lifting hands – हाथ उठाना – आराधना – भजन संहिता 63:4
742. Lifting eyes – आँखें उठाना – अपेक्षा – भजन संहिता 121:1
743. Lifting burden – बोझ उठाना / हटाना – छुटकारा – भजन संहिता 55:22
744. Lifting head – सिर उठाना – आदर – भजन संहिता 3:3
745. Lifting voice – आवाज़ उठाना – स्तुति – भजन संहिता 47:1
746. Lifting standard – ध्वज उठाना – विजय – यशायाह 59:19
747. Lifting soul – प्राण उठाना – भरोसा – भजन संहिता 25:1
748. Lifting praise – स्तुति उठाना – आराधना – इब्रानियों 13:15
749. Lifting faith – विश्वास उठाना – भरोसा – मरकुस 11:22
750. Lifting light – ज्योति उठाना – प्रकाशन – यशायाह 60:1
751. Lifting strength – शक्ति उठाना – नवीनीकरण – यशायाह 40:31
752. Lifting glory – महिमा उठाना – आदर – भजन संहिता 24:7

753. Lifting prayer – प्रार्थना उठाना – मध्यस्थता – भजन संहिता 141:2
754. Lifting heart – हृदय उठाना – भक्ति – भजन संहिता 86:4
755. Lifting offering – भेंट उठाना – आराधना – मलाकी 1:11
756. Lifting faith high – विश्वास को ऊँचा उठाना – भरोसा – इब्रानियों 10:23
757. Lifting hope – आशा उठाना – अपेक्षा – रोमियों 15:13
758. Lifting joy – आनन्द उठाना – हर्ष – भजन संहिता 16:11
759. Lifting victory – विजय उठाना – जय – 2 कुरिन्थियों 2:14
760. Lifting kingdom – राज्य उठाना – विस्तार – दानिय्येल 2:44
761. Rising early – सबेरे उठना – परमेश्वर को खोजना – मरकुस 1:35
762. Rising light again – ज्योति का फिर उठना – पुनर्स्थापना – यशायाह 60:1
763. Rising strength renewed – उठती हुई नयी शक्ति – सामर्थ – यशायाह 40:31
764. Rising prayer – उठती हुई प्रार्थना – सहभागिता – लूका 18:1
765. Rising praise – उठती हुई स्तुति – आराधना – भजन संहिता 34:1
766. Rising faith strong – मज़बूत उठता विश्वास – भरोसा – रोमियों 10:17
767. Rising joy restored – उठता हुआ बहाल आनन्द – शान्ति / सान्त्वना – भजन संहिता 30:5
768. Rising voice loud – ऊँची उठती आवाज़ – अधिकार – भजन संहिता 29:4
769. Rising hope firm – दृढ़ उठती आशा – भरोसा – इब्रानियों 6:19
770. Rising kingdom power – उठती हुई राज्य की सामर्थ – प्रभुत्व – लूका 10:19

771. Breaking chains – ज़ंजीरें तोड़ना – स्वतंत्रता – प्रेरितों के काम 12:7
772. Breaking yoke – जूआ तोड़ना – छुटकारा – यशायाह 10:27
773. Breaking bread – रोटी तोड़ना – संगति – लूका 24:35
774. Breaking walls – दीवारें तोड़ना – विजय – यहोशू 6:20
775. Breaking ground – भूमि तोड़ना – तैयारी – होशे 10:12
776. Breaking silence – चुप्पी तोड़ना – प्रकाशन – आमोस 3:7
777. Breaking prison – कारागार तोड़ना – छुटकारा – प्रेरितों के काम 16:26
778. Breaking fear – भय तोड़ना – साहस – 2 तीमुथियुस 1:7
779. Breaking curse – शाप तोड़ना – छुटकारा – गलातियों 3:13
780. Breaking barrier – बाधा तोड़ना – प्रवेश – इफिसियों 2:14
781. Flowing river strong – बलवन्त बहती नदी – आत्मा का उमड़ना – यहेजकेल 47:5
782. Flowing oil – बहता हुआ तेल – अभिषेक – भजन संहिता 23:5
783. Flowing water clear – स्वच्छ बहता जल – पवित्रता – यूहन्ना 4:14
784. Flowing blessing – बहती हुई आशीष – अनुग्रह – उत्पत्ति 26:12
785. Flowing peace – बहती हुई शांति – विश्राम – फिलिप्पियों 4:7
786. Flowing joy – बहता हुआ आनन्द – आत्मा – रोमियों 15:13
787. Flowing light – बहती हुई ज्योति – प्रकाशन – यूहन्ना 1:5
788. Flowing grace – बहती हुई कृपा – दया – रोमियों 5:20
789. Flowing praise – बहती हुई स्तुति – आराधना – भजन संहिता 150:6
790. Flowing life – बहता हुआ जीवन – बहुतायत – यूहन्ना 10:10

791. Establishing covenant – वाचा स्थापित करना – प्रतिज्ञा – उत्पत्ति 17:7

792. Establishing throne – सिंहासन स्थापित करना – अधिकार – 1 राजा 2:12

793. Establishing kingdom – राज्य स्थापित करना – प्रभुत्व – दानिय्येल 2:44

794. Establishing house – घर स्थापित करना – स्थिरता – भजन संहिता 127:1

795. Establishing faith – विश्वास स्थापित करना – नींव – इब्रानियों 11:1

796. Establishing truth – सत्य स्थापित करना – वचन – यूहन्ना 17:17

797. Establishing path – मार्ग स्थापित करना – मार्गदर्शन – नीतिवचन 3:6

798. Establishing blessing – आशीष स्थापित करना – अनुग्रह – व्यवस्थाविवरण 28:1

799. Establishing peace – शांति स्थापित करना – विश्राम – यूहन्ना 14:27

800. Establishing victory – विजय स्थापित करना – जय – 1 कुरिन्थियों 15:57

801. Releasing blessing – आशीष को छोड़ना / प्रकट करना – अनुग्रह – गिनती 6:24

802. Releasing Spirit – आत्मा को प्रकट करना / उंडेलना – सामर्थ – प्रेरितों के काम 2:2

803. Releasing word – वचन को प्रकट करना / छोड़ना – अधिकार – यशायाह 55:11

804. Releasing healing – चंगाई को प्रकट करना – पुनर्स्थापना – यिर्मयाह 30:17

805. Releasing joy – आनन्द को प्रकट करना – शान्ति / सान्त्वना – भजन संहिता 30:5
806. Releasing peace – शान्ति को प्रकट करना – शान्ति – यूहन्ना 14:27
807. Releasing provision – प्रावधान को प्रकट करना – आपूर्ति – फिलिप्पियों 4:19
808. Releasing light – ज्योति को प्रकट करना – प्रकाशन – यशायाह 60:1
809. Releasing breakthrough – सफलता / प्रबल सफलता को प्रकट करना – विजय – मीका 2:13
810. Releasing grace – अनुग्रह को प्रकट करना – दया – इब्रानियों 4:16
811. Receiving abundance – बहुतायत को ग्रहण करना – उमड़ती हुई भरपूरी – यूहन्ना 10:10
812. Receiving promise fulfilled – पूरी हुई प्रतिज्ञा को ग्रहण करना – विश्वास – इब्रानियों 10:23
813. Receiving open heaven – खुले आकाश को ग्रहण करना – अनुग्रह – मलाकी 3:10
814. Receiving divine help – दिव्य सहायता को ग्रहण करना – शक्ति – भजन संहिता 121:2
815. Receiving deliverance – छुटकारे को ग्रहण करना – स्वतंत्रता – भजन संहिता 34:17
816. Receiving restoration – पुनर्स्थापना को ग्रहण करना – चंगाई – योएल 2:25
817. Receiving inheritance – विरासत को ग्रहण करना – आशीष – इफिसियों 1:11
818. Receiving authority – अधिकार को ग्रहण करना – प्रभुत्व – लूका 10:19

819. Receiving revelation – प्रकाशन को ग्रहण करना – सत्य – दानिय्येल 2:22
820. Receiving direction – दिशा को ग्रहण करना – मार्गदर्शन – भजन संहिता 32:8
821. Entering new season – नए मौसम / नए समय में प्रवेश करना – परिवर्तन – सभोपदेशक 3:1
822. Entering promised land – प्रतिज्ञात देश में प्रवेश करना – परिपूर्णता – यहोशू 1:3
823. Entering rest – विश्राम में प्रवेश करना – शान्ति – इब्रानियों 4:9
824. Entering presence – उपस्थिति में प्रवेश करना – आराधना – भजन संहिता 100:4
825. Entering covenant – वाचा में प्रवेश करना – प्रतिबद्धता – उत्पत्ति 17:2
826. Entering blessing – आशीष में प्रवेश करना – अनुग्रह – व्यवस्थाविवरण 28:2
827. Entering kingdom – राज्य में प्रवेश करना – उद्धार – यूहन्ना 3:5
828. Entering light – ज्योति में प्रवेश करना – सत्य – यूहन्ना 8:12
829. Entering joy – आनन्द में प्रवेश करना – उत्सव – मत्ती 25:21
830. Entering victory – विजय में प्रवेश करना – जय – रोमियों 8:37
831. Leaving old path – पुराने मार्ग को छोड़ना – मन फिराव – यशायाह 55:7
832. Leaving bondage – बन्धन को छोड़ना – स्वतंत्रता – निर्गमन 13:3
833. Leaving darkness – अंधकार को छोड़ना – ज्योति – कुलुस्सियों 1:13

834. Leaving past – अतीत को छोड़ना – नवीनीकरण – फिलिप्पियों 3:13
835. Leaving fear – भय को छोड़ना – साहस – यहोशू 1:9
836. Leaving sorrow – शोक को छोड़ना – आनन्द – भजन संहिता 30:5
837. Leaving wilderness – जंगल को छोड़ना – सफलता / प्रगति – व्यवस्थाविवरण 8:7
838. Leaving trial – परीक्षा को छोड़ना / उससे निकलना – छुटकारा – भजन संहिता 34:19
839. Leaving prison – कारागार को छोड़ना – रिहाई – प्रेरितों के काम 12:7
840. Leaving burden – बोझ को छोड़ना – विश्राम – मत्ती 11:28
841. Climbing mountain – पर्वत पर चढ़ना – परमेश्वर को खोजना – यशायाह 2:2
842. Climbing higher – और ऊँचा चढ़ना – वृद्धि – 2 पतरस 3:18
843. Climbing ladder – सीढ़ी पर चढ़ना – प्रगति – उत्पत्ति 28:12
844. Climbing in faith – विश्वास में चढ़ना – भरोसा – इब्रानियों 11:6
845. Climbing with strength – शक्ति के साथ चढ़ना – नवीनीकरण – यशायाह 40:31
846. Climbing to light – ज्योति की ओर चढ़ना – प्रकाशन – भजन संहिता 119:105
847. Climbing above fear – भय के ऊपर चढ़ना – विजय – 2 तीमुथियुस 1:7
848. Climbing in worship – आराधना में चढ़ना – निकटता – यूहन्ना 4:24
849. Climbing toward promise – प्रतिज्ञा की ओर चढ़ना – विश्वास – इब्रानियों 10:23

850. Climbing to throne – सिंहासन की ओर चढ़ना – अधिकार – प्रकाशितवाक्य 4:2
851. Sitting in peace – शान्ति में बैठना – विश्राम – भजन संहिता 23:2
852. Sitting with Christ – मसीह के साथ बैठना – अधिकार – इफिसियों 2:6
853. Sitting in wisdom – बुद्धि में बैठना – समझ – नीतिवचन 2:6
854. Sitting in presence – उपस्थिति में बैठना – संगति – भजन संहिता 16:11
855. Sitting under teaching – शिक्षा के अधीन बैठना – सीखना – नीतिवचन 4:1
856. Sitting in light – ज्योति में बैठना – सत्य – यूहन्ना 1:5
857. Sitting in joy – आनन्द में बैठना – हर्ष – भजन संहिता 16:11
858. Sitting secure – सुरक्षित बैठना – सुरक्षा – भजन संहिता 91:1
859. Sitting in grace – अनुग्रह में बैठना – कृपा – रोमियों 5:2
860. Sitting in victory – विजय में बैठना – जय – रोमियों 8:37
861. Resting in God – परमेश्वर में विश्राम करना – शान्ति – मत्ती 11:28
862. Resting beside waters – जल के पास विश्राम करना – ताज़गी – भजन संहिता 23:2
863. Resting in promise – प्रतिज्ञा में विश्राम करना – विश्वास – इब्रानियों 4:9
864. Resting from labor – परिश्रम से विश्राम करना – परिपूर्णता – यूहन्ना 19:30
865. Resting in light – ज्योति में विश्राम करना – सत्य – 1 यूहन्ना 1:7
866. Resting in joy – आनन्द में विश्राम करना – शान्ति / सान्त्वना – भजन संहिता 30:5

867. Resting in strength – शक्ति में विश्राम करना – नवीनीकरण – यशायाह 40:31

868. Resting in safety – सुरक्षा में विश्राम करना – संरक्षण – भजन संहिता 4:8

869. Resting in love – प्रेम में विश्राम करना – आश्वासन – 1 यूहन्ना 4:16

870. Resting in victory – विजय में विश्राम करना – जय – 2 कुरिन्थियों 2:14

871. Rejoicing greatly – बहुत आनन्दित होना – आनन्द – फिलिप्पियों 4:4

872. Rejoicing in trial – परीक्षा में आनन्दित होना – विश्वास – याकूब 1:2

873. Rejoicing in truth – सत्य में आनन्दित होना – ज्योति – यूहन्ना 8:32

874. Rejoicing in salvation – उद्धार में आनन्दित होना – छुटकारा – भजन संहिता 13:5

875. Rejoicing in presence – उपस्थिति में आनन्दित होना – संगति – भजन संहिता 16:11

876. Rejoicing in harvest – कटनी में आनन्दित होना – प्रतिफल – मत्ती 9:37

877. Rejoicing in promise – प्रतिज्ञा में आनन्दित होना – विश्वास – रोमियों 4:20

878. Rejoicing in victory – विजय में आनन्दित होना – जय – 1 कुरिन्थियों 15:57

879. Rejoicing in grace – अनुग्रह में आनन्दित होना – दया – इब्रानियों 4:16

880. Rejoicing in kingdom – राज्य में आनन्दित होना – प्रभुत्व – लूका 10:20

881. Finishing race – दौड़ को पूरा करना – पूर्णता – 2 तीमुथियुस 4:7
882. Finishing work – काम को पूरा करना – परिपूर्णता – यूहन्ना 17:4
883. Finishing season – मौसम / समय को पूरा करना – परिवर्तन – सभोपदेशक 3:1
884. Finishing battle – युद्ध को पूरा करना – विजय – 2 इतिहास 20:22
885. Finishing trial – परीक्षा को पूरा करना – छुटकारा – भजन संहिता 34:19
886. Finishing promise – प्रतिज्ञा को पूरा करना – विश्वास – इब्रानियों 10:23
887. Finishing path – मार्ग को पूरा करना – मार्गदर्शन – नीतिवचन 3:6
888. Finishing journey – यात्रा को पूरा करना – उद्देश्य – फिलिप्पियों 3:13
889. Finishing calling – बुलाहट को पूरा करना – आज्ञाकारिता – प्रेरितों के काम 20:24
890. Finishing strong – मज़बूती से पूरा करना – धीरज – मत्ती 24:13
891. Entering eternity – अनन्तता में प्रवेश करना – अनन्त जीवन – यूहन्ना 3:16
892. Entering glory – महिमा में प्रवेश करना – परमेश्वर की उपस्थिति – रोमियों 8:18
893. Entering heaven – स्वर्ग में प्रवेश करना – उद्धार – यूहन्ना 14:2
894. Entering rest eternal – अनन्त विश्राम में प्रवेश करना – शान्ति – इब्रानियों 4:9
895. Entering kingdom fully – राज्य में पूर्ण रूप से प्रवेश करना – प्रभुत्व – प्रकाशितवाक्य 21:1

896. Entering joy eternal – अनन्त आनन्द में प्रवेश करना – उत्सव – मत्ती 25:21
897. Entering light eternal – अनन्त ज्योति में प्रवेश करना – सत्य – प्रकाशितवाक्य 21:23
898. Entering peace eternal – अनन्त शान्ति में प्रवेश करना – विश्राम – यशायाह 26:3
899. Entering life abundant – बहुतायत के जीवन में प्रवेश करना – आशीष – यूहन्ना 10:10
900. Entering victory eternal – अनन्त विजय में प्रवेश करना – जय – प्रकाशितवाक्य 3:21
901. Eternal throne – अनन्त सिंहासन – परमेश्वर का अधिकार – प्रकाशितवाक्य 4:2
902. Eternal covenant – अनन्त वाचा – प्रतिज्ञा – इब्रानियों 13:20
903. Eternal kingdom – अनन्त राज्य – प्रभुत्व – दानिय्येल 7:27
904. Eternal light – अनन्त ज्योति – परमेश्वर की महिमा – प्रकाशितवाक्य 21:23
905. Eternal peace – अनन्त शान्ति – विश्राम – यशायाह 26:3
906. Eternal joy – अनन्त आनन्द – हर्ष – भजन संहिता 16:11
907. Eternal life flow – अनन्त जीवन का प्रवाह – आत्मा – यूहन्ना 7:38
908. Eternal victory – अनन्त विजय – जय – 1 कुरिन्थियों 15:57
909. Eternal rest – अनन्त विश्राम – पूर्णता – इब्रानियों 4:9
910. Eternal glory – अनन्त महिमा – आदर – रोमियों 8:18
911. God seated – परमेश्वर विराजमान – प्रभुता – भजन संहिता 47:8
912. God reigning – परमेश्वर राज्य कर रहा है – अधिकार – प्रकाशितवाक्य 19:6

913. God speaking – परमेश्वर बोल रहा है – प्रकाशन – निर्गमन 19:19
914. God revealing – परमेश्वर प्रकट कर रहा है – सत्य – दानिय्येल 2:22
915. God guiding – परमेश्वर मार्गदर्शन कर रहा है – दिशा – भजन संहिता 32:8
916. God protecting – परमेश्वर रक्षा कर रहा है – सुरक्षा – भजन संहिता 121:7
917. God providing – परमेश्वर प्रावधान कर रहा है – आपूर्ति – उत्पत्ति 22:14
918. God healing – परमेश्वर चंगा कर रहा है – पुनर्स्थापना – यिर्मयाह 30:17
919. God delivering – परमेश्वर छुड़ा रहा है – स्वतंत्रता – भजन संहिता 34:17
920. God restoring – परमेश्वर बहाल कर रहा है – नवीनीकरण – योएल 2:25
921. Christ reigning – मसीह राज्य कर रहा है – अधिकार – प्रकाशितवाक्य 19:16
922. Christ guiding – मसीह मार्गदर्शन कर रहा है – चरवाहा – यूहन्ना 10:11
923. Christ saving – मसीह बचा रहा है – उद्धार – लूका 19:10
924. Christ healing – मसीह चंगा कर रहा है – पुनर्स्थापना – मत्ती 8:17
925. Christ teaching – मसीह सिखा रहा है – सत्य – यूहन्ना 8:12
926. Christ calling – मसीह बुला रहा है – उद्देश्य – मत्ती 4:19
927. Christ forgiving – मसीह क्षमा कर रहा है – अनुग्रह – 1 यूहन्ना 1:9
928. Christ strengthening – मसीह बल दे रहा है – सामर्थ – फिलिप्पियों 4:13

929. Christ interceding – मसीह मध्यस्थता कर रहा है – प्रार्थना – रोमियों 8:34
930. Christ returning – मसीह लौट रहा है – आशा – प्रेरितों के काम 1:11
931. Spirit moving – आत्मा चल रही है – सामर्थ – प्रेरितों के काम 2:2
932. Spirit filling – आत्मा भर रही है – सामर्थ्य प्रदान करना – प्रेरितों के काम 1:8
933. Spirit guiding – आत्मा मार्गदर्शन कर रही है – सत्य – यूहन्ना 16:13
934. Spirit teaching – आत्मा सिखा रही है – बुद्धि – यूहन्ना 14:26
935. Spirit revealing – आत्मा प्रकट कर रही है – अंतर्दृष्टि – 1 कुरिन्थियों 2:10
936. Spirit comforting – आत्मा शान्ति दे रही है – शान्ति – यूहन्ना 14:16
937. Spirit renewing – आत्मा नया कर रही है – जीवन – तीतुस 3:5
938. Spirit empowering – आत्मा सामर्थ दे रही है – शक्ति – रोमियों 8:11
939. Spirit interceding – आत्मा मध्यस्थता कर रही है – प्रार्थना – रोमियों 8:26
940. Spirit sealing – आत्मा मुहर कर रही है – आश्वासन – इफिसियों 1:13
941. Kingdom established forever – राज्य सदा के लिए स्थापित – प्रभुत्व – दानिय्येल 2:44
942. Kingdom filled with light – राज्य ज्योति से भरा – महिमा – प्रकाशितवाक्य 21:23

943. Kingdom without end – अन्तहीन राज्य – अनन्तता – लूका 1:33
944. Kingdom inheritance – राज्य की विरासत – प्रतिज्ञा – मत्ती 25:34
945. Kingdom reward – राज्य का प्रतिफल – विश्वासयोग्यता – प्रकाशितवाक्य 22:12
946. Kingdom authority – राज्य का अधिकार – सामर्थ – लूका 10:19
947. Kingdom peace – राज्य की शान्ति – विश्राम – रोमियों 14:17
948. Kingdom joy – राज्य का आनन्द – उत्सव – रोमियों 14:17
949. Kingdom righteousness – राज्य की धार्मिकता – पवित्रता – मत्ती 6:33
950. Kingdom glory – राज्य की महिमा – उपस्थिति – 1 कुरिन्थियों 2:9
951. Final victory – अन्तिम विजय – जय – प्रकाशितवाक्य 21:7
952. Final judgment – अन्तिम न्याय – जवाबदेही – इब्रानियों 9:27
953. Final reward – अन्तिम प्रतिफल – आशीष – प्रकाशितवाक्य 22:12
954. Final rest – अन्तिम विश्राम – शान्ति – इब्रानियों 4:9
955. Final glory – अन्तिम महिमा – आदर – रोमियों 8:18
956. Final redemption – अन्तिम छुटकारा – उद्धार – रोमियों 8:23
957. Final restoration – अन्तिम पुनर्स्थापना – नवीनीकरण – प्रेरितों के काम 3:21
958. Final promise fulfilled – अन्तिम प्रतिज्ञा पूर्ण हुई – विश्वास – इब्रानियों 10:23
959. Final kingdom revealed – अन्तिम राज्य प्रकट हुआ – प्रभुत्व – प्रकाशितवाक्य 11:15

960. Final joy eternal – अन्तिम आनन्द अनन्त – हर्ष – भजन संहिता 16:11

961. New heaven revealed – नया स्वर्ग प्रकट हुआ – अनन्तता – प्रकाशितवाक्य 21:1

962. New earth established – नई पृथ्वी स्थापित – नवीनीकरण – प्रकाशितवाक्य 21:1

963. New Jerusalem – नया यरूशलेम – परमेश्वर का नगर – प्रकाशितवाक्य 21:2

964. New creation – नई सृष्टि – रूपान्तरण – 2 कुरिन्थियों 5:17

965. New light eternal – नई अनन्त ज्योति – महिमा – प्रकाशितवाक्य 21:23

966. New life complete – नया जीवन पूर्ण – उद्धार – यूहन्ना 3:16

967. New covenant fulfilled – नई वाचा पूर्ण – अनुग्रह – इब्रानियों 8:6

968. New promise completed – नई प्रतिज्ञा पूरी – विश्वास – इब्रानियों 10:23

969. New kingdom eternal – नया अनन्त राज्य – प्रभुत्व – दानिय्येल 7:27

970. New joy everlasting – नया सनातन आनन्द – उत्सव – यशायाह 35:10

971. God all in all – परमेश्वर सब में सब – परिपूर्णता – 1 कुरिन्थियों 15:28

972. Glory filling all – महिमा सब को भर रही है – उपस्थिति – हबक्कूक 2:14

973. Light covering all – ज्योति सब को ढाँप रही है – प्रकाशन – यशायाह 60:1

974. Peace covering all – शान्ति सब को ढाँप रही है – विश्राम – फिलिप्पियों 4:7

975. Joy filling all – आनन्द सब को भर रहा है – हर्ष – भजन संहिता 16:11

976. Kingdom ruling all – राज्य सब पर राज्य कर रहा है – प्रभुत्व – प्रकाशितवाक्य 19:6

977. Christ above all – मसीह सब से ऊपर – अधिकार – कुलुस्सियों 1:18

978. Spirit in all – आत्मा सब में – जीवन – रोमियों 8:11

979. Truth over all – सत्य सब पर – वचन – यूहन्ना 17:17

980. Victory over all – सब पर विजय – जय – 1 कुरिन्थियों 15:57

981. God's plan complete – परमेश्वर की योजना पूर्ण – उद्देश्य – रोमियों 8:28

982. God's promise fulfilled – परमेश्वर की प्रतिज्ञा पूरी – विश्वास – इब्रानियों 10:23

983. God's will done – परमेश्वर की इच्छा पूरी – समरेखण – मत्ती 6:10

984. God's glory revealed – परमेश्वर की महिमा प्रकट – उपस्थिति – रोमियों 8:18

985. God's kingdom established – परमेश्वर का राज्य स्थापित – प्रभुत्व – दानिय्येल 2:44

986. God's peace reigning – परमेश्वर की शान्ति राज्य कर रही है – विश्राम – यशायाह 26:3

987. God's joy complete – परमेश्वर का आनन्द पूर्ण – हर्ष – यूहन्ना 15:11

988. God's truth standing – परमेश्वर का सत्य स्थिर – वचन – यूहन्ना 17:17

989. God's love eternal – परमेश्वर का प्रेम अनन्त – दया – 1 यूहन्ना 4:8

990. God's victory final – परमेश्वर की विजय अन्तिम – जय – प्रकाशितवाक्य 21:7
991. Eternal worship – अनन्त आराधना – स्तुति – प्रकाशितवाक्य 5:13
992. Eternal light shining – अनन्त ज्योति चमक रही है – महिमा – प्रकाशितवाक्य 21:23
993. Eternal peace reigning – अनन्त शान्ति राज्य कर रही है – विश्राम – यशायाह 26:3
994. Eternal joy flowing – अनन्त आनन्द बह रहा है – हर्ष – भजन संहिता 16:11
995. Eternal life secured – अनन्त जीवन सुरक्षित – उद्धार – यूहन्ना 3:16
996. Eternal kingdom standing – अनन्त राज्य स्थिर – प्रभुत्व – दानिय्येल 7:27
997. Eternal glory revealed – अनन्त महिमा प्रकट – आदर – रोमियों 8:18
998. Eternal truth abiding – अनन्त सत्य बना रहता है – वचन – यूहन्ना 17:17
999. Eternal victory declared – अनन्त विजय घोषित – जय – 1 कुरिन्थियों 15:57
1000. God forever reigning – परमेश्वर सदा राज्य कर रहा है – प्रभुता – प्रकाशितवाक्य 22:5

निष्कर्ष

विवेक, अधिकार, और दिव्य समझ में चलना

आपने केवल एक पुस्तक नहीं पढ़ी है।
आपको एक आत्मिक साधन दिया गया है।

स्वप्न उन सबसे अधिक अनदेखे, फिर भी सबसे सामर्थी तरीकों में से एक हैं, जिनके द्वारा परमेश्वर अपने लोगों से बात करता है। सम्पूर्ण पवित्रशास्त्र

में, परमेश्वर ने स्वप्नों और दर्शनों के द्वारा भेद प्रकट किए, अपने दासों को चेतावनी दी, जातियों को दिशा दी, और नियतियों को प्रकट किया। वही परमेश्वर आज भी बोल रहा है। पर प्रश्न यह नहीं है — क्या परमेश्वर बोल रहा है? प्रश्न यह है — क्या हम समझ रहे हैं? बाइबल घोषणा करती है: "बात को गुप्त रखना परमेश्वर की महिमा है, परन्तु बात की खोज-बीन करना राजाओं की महिमा है।" — नीतिवचन 25:2 स्वप्न छिपे हुए सन्देश लेकर चलते हैं। वे प्रायः प्रतीकात्मक, कई परतों वाले, और आत्मिक स्वभाव के होते हैं। समझ के बिना, कोई व्यक्ति दिव्य निर्देशों को अनदेखा कर सकता है, चेतावनियों की उपेक्षा कर सकता है, या उन अवसरों को खो सकता है जो उसके जीवन को सदा के लिए बदल सकते थे। इसी कारण व्याख्या महत्त्वपूर्ण है। यह स्वप्न शब्दकोश केवल आपको जानकारी देने के लिए नहीं लिखा गया, बल्कि आपको सुसज्जित करने के लिए लिखा गया है — ताकि आप विवेक में बढ़ें, आत्मिक ढाँचों को पहचानें, और रात में जो कुछ आप देखते हैं, उसके प्रति सही प्रकार से प्रतिक्रिया कर सकें। फिर भी, एक बहुत महत्त्वपूर्ण बात है जिसे आपको हमेशा याद रखना चाहिए: यह पुस्तक एक मार्गदर्शिका है — पवित्र आत्मा का स्थान लेने वाली नहीं। हर स्वप्न को अन्ततः प्रार्थना में परमेश्वर के पास वापस ले जाना चाहिए। पवित्र आत्मा अन्तिम व्याख्याता है। इस पुस्तक में जो लिखा है, वह आपको समझ देता है, पर आत्मा आपको सटीकता और पुष्टि देता है। बाइबल कहती है: "परन्तु स्वर्ग में एक परमेश्वर है जो भेदों को प्रकट करता है..." — दानिय्येल 2:28

जब आप सीखी हुई बातों को लागू करना आरम्भ करेंगे, तब आप एक बात पर ध्यान देंगे: आपकी संवेदनशीलता बढ़ेगी। आपकी समझ गहरी होगी। आपकी प्रतिक्रिया अधिक तीखी और स्पष्ट हो जाएगी। आप वहाँ भी ढाँचे देखने लगेंगे जहाँ दूसरे लोग केवल भ्रम देखते हैं। आप वहाँ भी सन्देश समझने लगेंगे जहाँ दूसरे लोग केवल रहस्य देखते हैं। इसी प्रकार आत्मिक परिपक्वता बढ़ती है। उसी समय, आपको बुद्धि का भी प्रयोग करना चाहिए। हर स्वप्न हर किसी के साथ साझा नहीं किया जाना चाहिए। हर

व्याख्या को हल्के में नहीं लेना चाहिए। कुछ स्वप्न तत्काल प्रार्थना माँगते हैं। कुछ उपवास माँगते हैं। कुछ धैर्य माँगते हैं। और कुछ उन बातों की पुष्टि होते हैं जो परमेश्वर पहले ही आपसे कह चुका है। विवेक केवल अर्थ जानने के बारे में नहीं है — यह इस बात को जानने के बारे में है कि अगला कदम क्या उठाना है। इस पूरी पुस्तक में आपने देखा है कि कुछ स्वप्न आशीष लेकर आते हैं, जबकि कुछ आक्रमणों को प्रकट करते हैं। कुछ उन्नति की घोषणा करते हैं, जबकि कुछ छिपी हुई लड़ाइयों को उजागर करते हैं। आपकी जिम्मेदारी डरना नहीं है — बल्कि सही प्रतिक्रिया देना है। बाइबल हमें आश्वासन देती है: "निश्चय प्रभु यहोवा बिना अपने दास भविष्यद्वक्ताओं पर अपना भेद प्रगट किए कुछ भी नहीं करता।" — आमोस 3:7 इसका अर्थ है कि चेतावनियाँ भी परमेश्वर की दया का एक चिन्ह हैं। परमेश्वर प्रकट करता है ताकि आप प्रार्थना करें। परमेश्वर प्रकट करता है ताकि आप तैयारी करें। परमेश्वर प्रकट करता है ताकि आप जय पाएं। जब आप इस पुस्तक से आगे बढ़ें, तो इसे अपनी जीवन-शैली बना लें: सोने से पहले प्रार्थना करें अपने स्वप्नों पर ध्यान दें उन्हें लिख लें समझ की खोज करें और प्रार्थना तथा आज्ञाकारिता के साथ प्रतिक्रिया करें यदि आप यह लगातार करते रहेंगे, तो आपका आत्मिक जीवन एक दूसरे स्तर पर चला जाएगा। तब आप अन्धे होकर नहीं चलेंगे। आप समझ-बूझ के साथ चलेंगे। आप विवेक के साथ चलेंगे। आप अधिकार के साथ चलेंगे। और सबसे महत्त्वपूर्ण — आप परमेश्वर की वाणी के साथ समरेखण में चलेंगे। इस सत्य को याद रखें: स्वप्न सन्देश हैं। व्याख्या समझ है। परन्तु आज्ञाकारिता ही वह है जो परिणाम उत्पन्न करती है। प्रभु आपके आत्मिक नेत्रों को खोले, आपके विवेक को तीखा करे, और आपको बुद्धि में स्थिर करे, जब आप उसमें बढ़ते जाएँ।

Book of Dr Arvind Ephraim in Hindi

1. चंगायी की प्रक्रिया में आराधना और स्तुति की क्या भूमिका है?: परमेश्वर की चंगाई छूने के लिए आस्थापूर्ण आराधना का निमंत्रण

2. आपके चंगाई को रोकने वाले कुछ कारण क्या हैं?: परमेश्वर के चंगाई को अनुभव करने के लिए बाधाओं को दूर करना
3. आम धारणा और बाइबिलिक उपचार के बारे में भ्रांतियाँ: मिथकों का खं डन और सत्य को अपनाना
4. तेल से अभिषेक करने से चंगाई में क्या भूमिका होती है?
5. शालोम और चंगाई: परमेश्वर की शांति और संपूर्णता को जीवन के हर क्षेत्र में अपनाना
6. हमारा शत्रु कौन है?: दुष्टता की शक्तियों को पहचानना
7. कैसे शैतान हमारे जीवन में धोखे का उपयोग करता है?: शत्रु की रणनी तियों को उजागर करना और परमेश्वर के सत्य में स्थिर रहना
8. शैतान हमारे परमेश्वर पर भरोसे को क्यों निशाना बनाता है?
9. कैसे हमारे आत्मिक शत्रु हम पर हमला करता हैं?: आत्मिक युद्ध को स मझें और इसे परास्त करें
10. शैतान हमें कौन–से आम झूठ बोलता है?
11. आप कैसे जान सकते हैं कि स्वास्थ्य से संबंधित कोई बात आध्यात्मि क युद्ध है या नहीं?
12. जब मैं दूसरों के लिए प्रार्थना करता हूँ तो मुझे दुष्टात्मिक सपने और बाधाएँ क्यों मिलती हैं?
13. भविष्यदर्शी मध्यस्थता का अर्थ: भविष्यदर्शी मध्यस्थता की गहराइयों में मार्गदर्शन
14. आत्मिक युद्ध: मसीही मार्गदर्शिका: आत्मिक युद्ध के बारे में और इसे कैसे लड़ें और जीतें।
15.सपनों पर 100 प्रश्न
16. यीशु का लहू: 100 जीवन-परिवर्तनकारी प्रश्नों के उत्तर
17:स्वर्गदूतों, दुष्टात्माओं और आत्मिक अधिकार पर 100 प्रश्नों के उत्तर: परमेश्वर की व्यवस्था, गिरे हुए सामर्थ्यों और मसीह में विश्वासी की स्थिति का बाइबलीय अध्ययन
17. 40 दिन का संपूर्ण बाइबिलीय उपवास मार्गदर्शक
18. स्वर्ग की दिव्य अदालत

19. दुष्ट आत्माओं को कैसे निकाला जाए

www.ingramcontent.com/pod-product-compliance
Lightning Source LLC
LaVergne TN
LVHW090253210926
848480LV00001B/6
9798904312213